本书译自

欧洲侵权法与保险法丛书

第 **19** 卷

（欧洲侵权法与保险法中心与
奥地利科学院欧洲侵权法研究所共同编辑）

本书主编／[荷] 威廉·范博姆
[奥] 迈因霍尔德·卢卡斯
[瑞士] 克丽斯塔·基斯林
译 者／徐 静

侵权法与管制法

撰写人

比亚特·阿斯克兰（Bjarte Askeland）

菲利普·比耶（Philippe Billet）

克劳斯·比特里奇（Klaus Bitterich）

威廉·范博姆（Willem H. van Boom）

菲力波·安德烈埃·基亚韦斯（Filippo Andrea Chiaves）

伊娜·艾伯特（Ina Ebert）

米夏埃尔·富尔（Michael Faure）

法布里奇奥·弗拉基亚（Fabrizio Fracchia）

莫尼卡·雅盖尔斯卡（Monika Jagielska）

克丽斯塔·基斯林（Christa Kissling）

罗布·科滕哈根（Rob J.P. Kottenhagen）

佩皮塔·科滕哈根—埃德泽斯（Pepita A. Kottenhagen–Edzes）

克里斯蒂安·兰施泰因（Christian Lahnstein）

弗朗索瓦·利谢尔（François Lichère）

迈因霍尔德·卢卡斯（Meinhard Lukas）

乌尔里希·马格努斯（Ulrich Magnus）

阿蒂拉·迈尼哈德（Attila Menyhárd）

阿尔韦托·蒙蒂（Alberto Monti）

卡伦·莫罗（Karen Morrow）

安东尼·奥格斯（Anthony Ogus）

佩德罗·德尔奥尔莫（Pedro del Olmo）

马歇尔·沙波（Marshall S. Shapo）

格热戈日·兹米亚（Grzegorz Żmij）

中国法制出版社
CHINA LEGAL PUBLISHING HOUSE

图书在版编目（CIP）数据

侵权法与管制法／（荷）范博姆，（奥地利）卢卡斯，（瑞士）基斯林主编；徐静译．—北京：中国法制出版社，2012.12

ISBN 978 - 7 - 5093 - 4136 - 0

Ⅰ.①侵… Ⅱ.①博…②卢…③基…④徐… Ⅲ.①侵权行为 - 民法 - 研究 - 世界②行政干预 - 法学 - 研究 - 世界 Ⅳ.①D913.04②D90

中国版本图书馆 CIP 数据核字（2012）第 249532 号

北京市新闻出版局出版境外图书合同登记号　图字 01 - 2010 - 1151
Translation from the English language edition：
Tort and Regulatory Law Edited by Willem H.
van Boom，Meinhard Lukas，Christa Kissling
Copyright © Springer-Verlag Wien New York
All Rights Reserved

策划编辑：戴蕊　　　　　责任编辑：袁笋冰　　　　　封面设计：蒋怡

侵权法与管制法
QINQUANFA YU GUANZHIFA

主编/范博姆、卢卡斯、基斯林
译者/徐静
经销/新华书店
印刷/三河市紫恒印装有限公司
开本/880×1230 毫米　32　　　　　　印张/ 17.5　字数/ 495 千
版次/2012 年 12 月第 1 版　　　　　　2012 年 12 月第 1 次印刷

中国法制出版社出版
书号 ISBN 978 - 7 - 5093 - 4136 - 0　　　　　　　　　定价：45.00 元
北京西单横二条 2 号　邮政编码 100031　　　　　　　传真：66031119
网址：http：//www.zgfzs.com　　　　　　编辑部电话：66066627
市场营销部电话：66017726　　　　　　　　　邮购部电话：66033288

丛书中文版序

赫尔穆特·考茨欧[*]

欧洲侵权法与保险法中心（*European Centre of Tort and Insurance Law*, ECTIL, www. ectil. org）是在奥地利、德国和瑞士政府部门和保险公司的支持下于 1999 年在奥地利维也纳建立的。其宗旨是在国内、国际和共同的欧洲侵权法和保险法的领域内从事比较法律研究。除此之外，它曾是并且目前仍是欧洲侵权法团队的宏伟项目的机构依托。该团队由亚普·施皮尔于 1993 年创建，其宗旨是起草一部未来的欧洲侵权法，即《欧洲侵权法原则》。欧洲侵权法研究所（*Institute for European Tort Law*, ETL, www. etl. oeaw. ac. at）是由奥地利科学院于 2002 年 6 月创建的。欧洲侵权法研究所和欧洲侵权法与保险法中心合作从事侵权法的比较法研究。欧洲侵权法与保险法中心的重点主要在于应用法律研究，而欧洲侵权法研究所则主要关注基础问题。两个机构之间的持续合作展示出这两个重点经常可以成功地结合，并产生出既可以阐明基础问题又有实际相关性的研究成果。世界范围内超过 30 个法域的 250 多名专家和实务工作者都对欧洲侵权法研究所和欧洲侵权法与保险法中心的项目做出贡献。他们研究的结果出版后将近 40 卷，大多数列入"侵权法与保险法"系列丛书。除了对原则的评论外，我在这方面要提及下述研究项目：医疗事故；对非金钱损失的赔偿；社会保障对侵权法的影响；对人身伤害的赔偿；对人体的生物医学研究的责任和可保性；卫生保健部门的无过错赔偿；纯粹经济损失；恐怖主义；针对大众媒体侵害人格权的保护；

---

[*]　赫尔穆特·考茨欧（Helmut Koziol），欧洲侵权法与保险法中心主任、奥地利维也纳大学荣休教授。

侵权法与责任保险；侵权法中的儿童；侵权法与管制法；欧盟的侵权法；转基因生物引起的经济损失；惩罚性赔偿金；损害的合并与分割；欧洲人权法院法律体系中的侵权法；以及两卷本的"欧洲侵权法精要"，它们涉及有关自然因果关系和损害的重要案例。

两个机构还寻求通过对其他学者国际性的杰出研究提供发表的论坛来促进对欧洲和比较侵权法的理解和发展：同行参考的《欧洲侵权法杂志》。欧洲侵权法年会提供了对有关欧洲国内体系和欧盟法中的侵权法的最新信息和评论的进一步来源（年会的成果发表在"欧洲侵权法年刊"系列中，并由欧洲侵权法数据库提供补充）。

欧洲侵权法研究所和欧洲侵权法与保险法中心坚信比较研究基于诸多理由而成为必要，因而从事这一研究。鉴于这些理由对我们的中国同仁而言颇有干系，而不仅仅因为东亚地区也在讨论私法的协调，我认为在这方面说几句可能是很有用的。

首先，毫无疑问，每个人都会通过研究外国法律体系，通过努力去理解其他法律思维的方式，通过发现解决问题的新工具并通过听说其他国家的不同经验和解决途径而极大获益并受到启示。比较法——以及法律史——使人更为虚心，促进对基本观点的理解，解释共同的基础以及替代的解决方案，并且基于所有这些，极大地支持了改进现有法律体系或起草更好的新体系的机会。不言自明，它扩展了人们的视域，甚至激励人们不仅考虑邻近的或类似自身的法律体系，而且考虑远隔的法律体系。因而，欧洲侵权法团队以及欧洲侵权法研究所和欧洲侵权法与保险法中心通常包括来自中国、日本和韩国的法律工作者。基于类似的理由，中国同仁对欧洲法律体系及其发展有着很大的兴趣。我们对那些启动对欧洲侵权法研究所和欧洲侵权法与保险法中心出版的大量丛书的翻译工作，并因此使得我们研究工作的结论和理念得以引起我们中国同仁关注的人深表感激。而且，我们也想对那些从事对这些丛书的极为困难和艰辛的翻译工作的人表示谢意。

而且，也必须指出，外国法律体系越不同，从中获得启示就更危险。所谓"不同"，我不仅是指私法部分，比如侵权法，甚至整个私法中存在的不同，而且或多或少也包括贯穿整个法律体系的基本分歧。因而，欧洲法律人——美国侵权法对之有着激烈作用——应当考虑陪审团的影响，这对（绝大多数）欧洲法律体系而言仍属未知；他应当关注美国令人吃惊的承担程序费用的制度；关注美国范围狭隘得多的社会保障体系以及行政刑法在美国并不像在欧洲那么常见这一事实。这些因素中的一些可能有重要意义，例如，就承认惩罚性损害赔偿而言，美国和欧盟形成对比。

就私法特别是侵权法的协调而言，我们应当认为，对可为所有旨在协调其法律体系的国家接受的侵权法的共同观念的发展将面临相当多的困难：

不同法律体系以及它们的基本理念之间的深刻差异应当得到克服，基本不同的惯性法律思维方式也应得到调和。这一目标仅能通过首先了解其他法律体系，通过增加对其他法律体系惯性思维方式的理解，以及通过意识到实质上在所有法域会出现同样难题但使用了不同的工具来解决他们并且有时不同的考虑甚至是决定性的来达成。因而，来自不同国家的法律工作者深入的比较研究和宽泛的讨论是一个必要条件。否则，将不可能设计出一个可为所有相关国家接受的，并且可以作为将来协调甚至统一的路线图的新的并且一致的总体概念。

为了在促进协调中成功使用比较法，我们对工作方法的选择必须很认真。我愿意提及欧洲侵权法团队，它在起草《欧洲侵权法原则》时发展出下述程序。基于比较基础来讨论侵权法的基本主题。为了获得对不同法律体系有关任何特定主题所采用的方法的必要综述，该团队的成员起草了一份问卷，该问卷被发送给各个法律体系中受邀起草国别报告的专家。这些问卷包括了抽象的问题以及案例。

这一双重进路的理由就是，通常非常抽象的答案给人印象是，法律体系是类似的，或者恰恰相反，是非常不同的，但在考察有重大影响的案例的结果，可以发现，恰好相反。例如，侵权人是否应当赔偿因其过错行为造成的所有损害这一抽象问题可能从一个国家报告人那里获得"否定"的答案，而从另一个报告人那里获得"肯定的"答案。前者可能解释说，受害人不能就被告造成的、不具备充分性的（不能预见的）或者未为受侵犯的规则的保护性目的所纳入的损害获得赔偿。不过，如果要求提供支持专家主张的案例并询问其判决理由（*ratio decidendi*），可能会惊奇地发现，结果仍然是同样的，因为，第一个报告人否认责任是因为损害并未为规则的范围所覆盖，而另一个报告人则是认为缺失因果关系的要素而反对责任。

我想再次感谢所有从事欧洲侵权法研究所和欧洲侵权法与保险法中心研究丛书翻译和出版的同仁。我们很感激我们的中国同仁现在更容易注意到我们的研究，我们希望这一在中国和欧洲法律工作者之间的相互关系和合作将加深双方的共同关切。

丛书译序

译事多艰。自晋唐至于明清又迄于民国，前贤先辈仆继不绝者，尽欲追索异域光华，玉石相攻，以开中华文物之繁华生动。直面如此英雄气度，枯燥的译事之后，也倏然增添了一抔神圣与庄严。

本丛书之选译，均为欧洲侵权法与保险法中心累积数十年功力所成，内容涉及医疗责任、公私法衔接、损害赔偿、侵权法与管制法、侵权法与保险法、人格权等十个主题，洋洋数百万言，既有基础之夯实，又有前沿之展望；既有微观之精要，又有宏观之洞见——穷究人间大法，发幽今世正道，大义微言，锥指正义，当堪近世难得的学界盛典，饕餮美宴。

本套丛书选译，一则为介绍当代欧洲侵权法前沿与基础问题之研究状况，二则为我国侵权法研究与立法方向提供一全新视野。对立法而言，我国《侵权责任法》于2009年底颁布，2010年施行，但揆案条文，多属对从前司法解释所取得成果的继承，少有创新，甚至偶有不及，造成许多疏漏。其一，对于当代社会所出现之新生现象认识不足；某些新现象，如人体试验、大众媒体侵权等，是否应纳入侵权法范畴之中，其在侵权法中究竟如何定位、如何规制，立法与研究对此罕有言及。其二，随着社会交往日益扩大与复杂，当代侵权法之任务与界限相较之以往均产生了很大变迁，而我国侵权法立法之基本制度形态还大体保留着十九、二十两个世纪之交的面貌；对于侵权法功能之萎缩（社会保险、社会保障对侵权法功能之挤占），伦理体认之变化（过错责任原则与损失分散之较量），多有不及。其三，对于侵权法与公法衔接，关注不够。对此，本译丛均有涉及，对我国侵权法完善之意义，不言而喻。

对学术研究而言，本译丛之意义多体现于方法层面。目下国内比较法研究著述虽繁，但对于比较研究之方法却并无统一定见与成熟体系；

有所感想，或为学者个人天资所及，怀玉袖中，不愿示人，或为数十年研习所生之思维习惯，并无深刻检讨，遑论方法体系。而本译丛所选书目，均采用比较法之研究方法，对欧洲主要国家侵权法制度以调查问卷方式分专题予以调查，受访者牵涉甚广，学者、法官乃至律师等，均昭然在列，如此则可窥见对同一问题各国法体系之认知、定位与处理方式，既有学说理论，又有事务处理。如此比较，一可保证针对性，二可保证明确性，三可保证全面性。概念之厘定、制度之搭建、体系之旨归，同时并举，既有微观甄别，又有宏观比对，堪称良法，可资鉴戒。当然，如此方法之为可能，首先得益于欧洲侵权法统一这一时代大背景；至于我国，因无此等法体系统一之现实需求，故而对此方法之全盘继受也似无强烈必要。然则本译丛亦愿将其视为一种例证与鞭策，敦促我国学界学人，对国内现行比较法之研究方法、成果、感想，尽快加以体系化、科学化、实证化，使其不再仅为学人之俊秀者的一种洞见，而成为一种实证之科学，惠泽后来。

如此学问，对于我国立法学术助益之大，不言自明；而如此学问不能交通于汉语学界，殊为憾事。故而我辈虽不才，强自勉力，精选十册专著，译成汉语，介绍与我国学者。《孟子》中载，华夏古礼，以钟鼓为大器，新铸新成，必献牺牲以衅之，以其上可通天人，下可安社稷；译丛译者诸君，以一己之身，甘为觳觫牺牲，霜鬓皓髯，献给繁花初现的汉语学界。

然而，译事之功，仅是远征之始；译事虽毕，绝非学养可成。许章润教授曾主编德国法儒萨维尼之研究专刊，侈译国外经典，坚实备至；而在最后却忧心言道：汉语世界之学者，尚不具备欣赏萨维尼的水平。旅德学人虽摩肩接踵，不绝于途，而往往为一叶所障，"既至宝山，空手而归"。异曲同工者，欧洲侵权法与保险法研究中心主任、维也纳大学荣休教授赫尔穆特·考茨欧先生，在给本译丛作序时也谆谆告诫，比较法之难，不在语言交通，而在于概念体系、思维方式、方法论、乃至于法律共同体之不同体认；压抑原初的价值取向而单纯撷取其制度设计，颇难融于本土法制。东西学人，相隔万里，洞见斯同，可谓佳话；

然则郁结之中，也当引人思索。余以为，我国为继受法国家，而又受民族主义之影响，故而在继受之外，又当考虑本土固有制度与固有资源的开掘与匹配。如此历程，比之日本等单纯继受，更为艰辛；而惟其如此，则达成继受法制与本土资源之协调，就成了我辈学人天命所归。余想夫德国继受罗马法时，曾有"经由罗马法、超越罗马法"之豪言；而今，我辈处在如此机缘之间，心怀"经由德国法，超越德国法"之胸襟，重铸中华文明新一千年之法秩序，当不为过！

译事既毕，掩卷扪心。遥想夫唐人侈译梵文，而有中华数百年心性哲学之异彩纷呈，由法相而天台、而华严、而禅，绚烂无比；继起儒学之风，由昌黎而敦颐、而张载、而二程、而朱子，鼓荡天下八百余年，气象万千；而今，本译丛译事甫毕，虽不敢比肩于晋唐先烈，而青灯黄卷中，亦有片刻心雄：骐骥挽骏，尘随马去；学界同仁，共奋其袂，以其固执的啃食，咬穿文化的藩篱，为我中华文物制度，再开下又一个八百年！呜呼，踵烨增华，于斯为盛，如此，诚可馨香而祝之矣！

值此梓行之际，思及丛书所以大行天下者，则感慨之外，又心生感念：中国法制出版社不计利益得失，对本丛书之出版慨然应允，胸襟气度，殊值敬佩；中国人民大学法学院朱虎博士，为本译丛事务，奔忙劳顿，最终促成本译丛印行；出版社领导诸公及策划编辑戴蕊女士，慨允于前，牵线于中，敦促于后，兢兢业业，在此谨致谢忱。此外，本译丛诸位译者，均为当代中国青年才俊，联袂襄赞，共谋中国法学奠基大业；其中最应珍视者，不惟译事克竟，又有戮力同心、共酬大业之精旨，当堪旌表。

李昊[*]　谨识

---

[*]　北京航空航天大学人文与社会科学高等研究院副院长。

序　言

位于维也纳的欧洲侵权法与保险法中心以及奥地利科学院欧洲侵权法研究所于 2004 夏天开始合作研究"侵权法与管制法"的项目，这项由慕尼黑再保险公司（Munich Re）发起的研究，分析了存在于侵权法和行政法中重点强调有关环境保护的安全规则和条文之间的各种相互影响，这样的侵权法与管制法之间的边界问题的深入分析，无论是学界还是实务界对之都有浓厚的兴趣。

除了将奥地利、英格兰和威尔士、法国、德国、匈牙利、意大利、荷兰、挪威、波兰、西班牙、瑞士以及美国等 12 个国家的侵权法和管制法的法律状况的描述放在一起比较研究之外，这项研究不仅包含了保险视角和经济分析的专题报告，而且还包含了行政法和管制法视角的专题报告。最终结果是以比较分析方法总结，进而得出结论。

在这一点上，我们要表达我们对欧洲委员会、奥地利司法部和奥地利城镇协会的感激之情，他们为我们提供了财政支持。另外，我们要感谢欧洲侵权法与保险法中心以及奥地利科学院欧洲侵权法研究所的工作人员，尤其是马格·卡特琳·卡纳-施特罗巴赫（Mag. Kathrin Karner-Strobach），马格·马库斯·克尔纳（Mag. Markus Kellner），马格·克拉拉·雷内尔（Mag. Clara Reiner），法学学士及法学硕士菲奥娜·萨尔特-汤森（Fiona Salter-Townshend），文学硕士唐纳·斯托肯胡贝尔（Donna Stockenhuber），法学学士及法学硕士托马斯·蒂德（Thomas Thiede）以及法学学士及法学硕士瓦内萨·威尔科克斯（Vanessa Wilcox），因为有他们坚定的帮助才产生了这本书。最后但并不是最不重要的，承蒙奥地利维也纳大学荣休法律教授、欧洲侵权法与保险法中心和奥地利科学院欧洲侵权法研究所的执行主任（董事）赫尔穆特·考茨欧的帮助，他批判的与和善的建议给予我们有价值的支持，我们感激不尽！

威廉·范博姆、迈因霍尔德·卢卡斯以及克丽斯塔·基斯林
2007 年 9 月于维也纳／林茨／鹿特丹

目　　录

第一部分　国别报告

第二部分　专题报告

第三部分　比较分析与结论

导　言

克丽斯塔·基斯林[*]

一、问题

　　每一个从事侵权法实务的律师都必须同行政法规则和管制法规　　1
则打交道。就管制法定义而言，大部分致力于这项研究的学者认为
管制法是在私法领域之外制定的各社会领域的行为标准或规则。[1] 侵
权法领域的实务者处理过错责任问题时，由于有些条款被定性为所
谓的"保护性法律"，[2] 因而会面临行政法和管制法，但是这些"保
护性法律"在严格责任领域也或多或少具有重要性，比如：对于产
品责任。[3] 另一方面，系统地分析行政法与管制法同侵权法之间的相
互影响，不仅是早应该做的而且也具有很高的实践价值。

　　这项研究将主要聚焦于安全规章和旨在环境保护的规定。这些　　2
规则调整危险废品和地下污物的处理，经营设备的安全，麻醉药、
化学物品等这类潜在危险产品的许可，建筑物的安全，森林防火、

---

[*]　法学博士（瑞士，伯尔尼大学），奥地利维也纳欧洲侵权法与保险法中心研究成员。

[1]　有关定义请参照下文 *W. H. van Boom*，On the Intersection between Tort Law and Regulato-
　　ry Law – A Comparative Analysis，no. 1–4，especially no. 1.

[2]　参见 *H. Koziol*，Austria，in：H. Koziol（ed.），Unification of Tort Law：Wrongfulness
　　（1998）14.

[3]　根据 1985 年 7 月 25 日的欧洲共同体委员会的有关产品责任的《85/374 EEC》指令的
　　第 7 条 d 目，A Official Journal（OJ）L 210，7. 8. 1985，29 – 33，"作为该指令的结果，生
　　产商不应承担责任，如果它证明缺陷归因于产品遵守由公共行政机关颁布的强制管制"。

防害虫和防空气污染的保护，主体免受侵扰（比如噪音、热、臭味、冲击）的保护。在我上面提到的许多领域的法律，欧洲法律（指令和条例）的规则均被适用。因而，该项目涉及的问题之一是欧洲层面的。

3　　接下来的导论将概述提出某些一般问题。

二、行政法规则的违反

4　　在过错责任领域，必须考量违反行政法本身是否构成不法。比如在奥地利，仅违反这样的规则是不够的，还必须要求违法者违反注意义务。但是在德国，违反注意义务是过错要件的一部分。因此，在德国，危险品销售者仅未遵守许可证相关管制规定的行为就是不法。然而，在奥地利，仅当行为人违反了额外的注意义务[4]时才会被认定为不法。类似的分歧似乎在其他法律制度中也出现。

5　　如果侵权者的行为违法，人们还必须考量规则的保护性目的。一些欧盟成员国的法律制度，比如，不仅普通法制度，而且奥地利、德国、希腊、意大利、荷兰、葡萄牙和西班牙等国家的法律制度，都要求规则的建立是为了保护受害方免于遭受损失；除了比利时、法国和卢森堡之外。[5]

6　　侵权行为人也许能成功证明：如果他的行为完全遵照相关行政法规则仍旧会引起损害。那么必须考量这是否能够作为辩护的理由（合法的替代行为）。根据部分法律学者的意见，该问题的答案也依赖于所提及的法律规则的目标是否保障一种对受害方提供保证的特定程序。颁发许可证的必要条件也许就是这种法律规则。比如，如果缺陷药品的制造者没有取得许可证，他可能因此承担相应的法律

4　参照 infra *U. Magnus/K. Bitterich*，Tort and Regulatory Law in Germany，no. 30 f. and *M. Lukas*，Tort and Regulatory Law in Austria，no. 34，两者均进一步提及。

5　参见 the analysis of *Ch. v. Bar*，Gemeineuropäisches Deliktsrecht，vol. I（1996）no. 30 and 306 and *Ch. v. Bar*，Gemeineuropäisches Deliktsrecht，vol. II（1999）no. 222.

责任，即使他能证明自己虽未提出申请，但一旦申请，机构就会授予许可。

关于法律实体，另一重要的实际问题是谁将对未遵守约束法律　7
实体的行政法规则承担责任——是法律实体本身，还是实体组织里
的个人，抑或是二者兼而有之？

三、遵守行政法规则的行为

也许有人会认为如果侵权者的行为遵守了所有相关行政法规则，　8
就不应承担责任，因为他已经履行了公法的要求和标准（"管制遵守
的抗辩"）；然而另一些人也许会同样主张，这些规则的要求仅是最
低的标准。因此，一方面，我们不得不考量行政法和侵权法不同的
目标；另一方面，行政法是基于一般安全预期，而侵权法则是判断
个案的具体情境。

在这种语境下，知道当行政法（即法律、政府决定或其他公共　9
实体所作的类似行为）本身违反法定规定时的结果也是很有益的。
这里的问题是如果人们的行为遵守不法的行政法时，是否就不用承
担责任。

更为微妙的是存在明确许可的情形，比如：存在允许排放一定　10
量的某些物质的情形。这样的许可是否与侵权索赔相关（管制性许
可抗辩），还是侵权索赔主张仍然完全独立于行政许可？

四、其他原因的损害赔偿

到目前为止，我们仅提到违法行为的法律问题。然而，因违反　11
行政法规则承担损害赔偿的义务在行政法领域或者更广泛的法律责
任领域被发现。根据欧洲议会《2004/35/CE 号指令》和欧洲议会理

事会 2004 年 4 月 21 日《关于环境损害的预防和救济的环境责任》，[6] 例如，污染环境者必须支付恢复环境所需要的费用，即使这些方案与侵权法制度并不相符合。

12　　然而，即使侵权者的行为遵守了相关行政法规则，他仍旧有可能因为特定的理由被强制支付损害赔偿金，因为一些法律制度规定给予赔偿作为对行政法允许实施的某些行为的容忍义务的交换条件。损害赔偿金可能由受利益的一方提供，或者由基金提供，或者由政府提供。这样的损害赔偿方案在国家的审查制度下能否发展具有重大的意义。

五、本书的结构

13　　本书涉及以上提出的一些问题。它收集了欧盟 9 个成员国（奥地利、英格兰与威尔士、法国、德国、匈牙利、意大利、荷兰、波兰和西班牙）以及挪威、瑞士和美国的报告。这 12 个国家的报告是根据一个包含了实际案例和一般问题的问卷草拟而成。另外，这项研究的一部分是 4 个专题报告：一份报告关注意大利法中的行政侵权，特别涉及公共政府责任和私人的过失；另一份专题报告分析管制与侵权法之间的关系，并提供了目标和战略；另外两份报告进一步从保险和经济学的角度分析该主题。这些国别报告和专题报告通过比较法分析予以总结，进而得出结论。

6　OJ L 143, 30.4.2004, 56 – 75；此外参见 *B. A. Koch*, European Union, in: H. Koziol/ B. C. Steininger (eds.), European Tort Law 2002 (2003) 432 ff.

问　　卷

一、总述

1. 总体上来讲，在贵国，行政法规则对侵权法的影响是什么？

2. 在行政法规和侵权法相互作用的问题上，是否存在宪法上的界限或准则，比如：关于联邦法与州或者当地可适用的法规之间以及与行政法规则的保护目的之间的关系准则等？

3. 除了法定规定之外，违反哪种类型的行政法规（比如：规章、官方通知）的情形之下，能引起侵权责任？

4. 当行政法（比如法律或者由政府或者具有公共职能的实体所作的决定）本身违反法定规定的时候，根据私法，会有怎样的后果？因遵照约束其行为的违法的行政法规，而造成损害的人，是否不用承担责任？如果是，它是否与造成损害的人已经知道或者应该知道行政法规是违法的，有任何相关？

5. 如果行政法规自己调整违反它本身规则的结果，特别是给予刑事制裁，这样的规则是否被认为是综合性的（即不包括侵权请求）？在这方面侵权法和刑法如何相互影响？

6. 在何种条件下，行政法规则被认为是所谓的"保护性目的规则"？行政法规则的保护目的是否仅由行政法规决定，还是也由侵权行为法的总则决定？

7. 如果行政法规则约束一个法律实体，谁将对未遵守该规则承担责任？如果该实体机构的个人不得不承担各自的刑事责任或者行政责任，这是否也引起该人承担侵权责任？像这样的责任如何与法律实体的替代责任相互影响？

8. 在贵国，法律实体本身是否也要承担行政责任？像这样的责任在私法领域会有怎样的结果？如果适用行政责任，法律实体承担的行政责任是否也会引起侵权责任？法律实体的行政责任与它的替代责任如何相互影响？

二、旨在环境保护的安全规章和规定

1. （1）法定的安全规章和（2）旨在环境保护的规定对于侵权法有何重要性？

2. 在贵国，有关这些主题，在何种范围内认为侵权法与管制法有相同或者相似的目的？

3. 这些规章和规定本身是否被认为是具有保护目的的制定法？个人是否也包含在这些保护性规则范围之内？在你们的法律制度中，对这些规则的违反是否构成不法行为？或者它是否引起严格责任？

4. 如果是适用（严格责任），请详细描述有关安全规章或者环境保护采用的强制责任保险的法定方案。

三、过错责任

（一）对行政法规则的违反

1. 在过错责任领域，违反安全规章和环境法规则扮演何种角色？

2. 仅违反这样的规则就能构成不法性还是有额外的要求，比如：违反注意义务和过错？

3. 如果实施侵权行为的人违反了行政法规，他的责任在何种程度上依赖于规则的保护目的？

4. 在何种范围内，实施侵权行为的人被允许证明即使他遵守相关的规则行事，他仍然会造成损害？

5. 违反行政法规则在举证责任的分担上，有何种结果？尤其是就因果关系、不法性和过错而言？

6. 违反行政法是否能导致主张惩罚性赔偿？

（二）遵守行政法规则的行为

1. 即使侵权人遵守了所有相关的行政法规则，他是否也要承担侵权责任（以获得损害赔偿或者禁令为目的），或者你们的法律制度是否允许"管制性许可抗辩"？

2. 一般注意义务能否超过这些规则的范围？

3. 如果侵权人能够成功证明他是合法地行为（就相关的行政法规则而言），那么关于不法性和过错的举证责任的分担是否会有所不同？

四、其他原因的损害赔偿

1. 除了侵权法之外，是否还有其他法律的原因，比如：行政法本身或者是更加广泛的法律责任领域，强调因违反这样的规则所引起的损害赔偿责任？

2. 如果行政法规则许可侵害另一个人的利益，贵国的法律制度是否提供损害赔偿（或者是来源于受益者、基金或者是政府）？该赔偿请求的必要条件是什么？

五、案例

1. 1976 年，一家由 A 公司经营的化工厂，被允许可以排放一定量的废气到空气中。根据最近的技术标准，所规定的量可以以一个合理的费用显著地降低。然而，自从 20 世纪 70 年代以来，政府管制就没有升级校正调整过。因排放废气而遭受农作物损害的当地农民，能否向政府或者工厂经营者主张损害赔偿？这与农民本应该根据行政审查程序，申请审查或者撤销许可有关吗？

2. 一个有关职业危害的特定法规 A 迫使雇主在他们的车间里采取一定的保护措施。B 经营着一间一人车间，在那里没有雇工和参观者曾出现过，假设在该情形下管制规定不予以适用，一个偶然到车间参观的人受到伤害，B 是否仍然要承担侵权责任？

3. 公司 B 违反有关公共安全规则的各类规章很多年，尽管存在有权力处以罚金、甚至让 B 公司关门倒闭的政府机构，但是这些政府机构几乎没有采取行动，通知公司 B 这些违法行为。他们曾经参观该公司一次，并且列出一系列的公司应该补救的缺陷的清单。公司一直未补救这些问题，政府机构从未再回头来惩戒该公司。一段时间之后，一严重的事故在 B 公司发生，如果该公司严格遵守相关安全规则，该事故本应该可以避免发生的。

（1）受伤害的人能否让公司承担损害赔偿责任？如果可以，公司能否以缺乏监管部门的监督提出抗辩？

（2）受到损害的人能否主张从政府机构获得损害赔偿？

第一部分
国别报告

奥地利侵权法与管制法

迈因霍尔德·卢卡斯[*]

一、总述

1. 总体上来讲，在贵国，行政法规则对侵权法的影响是什么？

《奥地利民法典》第 1294 条提及"损害的原因"，并将违法行 1
为（*widerrechtliche Handlung*）或者不作为（*Unterlassungen*）行为与
意外事件（*Zufall*）作比较。根据《奥地利民法典》第 1295 条第 1
款规定的一般条款，违法的并且应受谴责的行为迫使侵权者支付损
害赔偿金给受害方。从而，可非难的违法行为的责任得以构成。所
有法律制度的规则，均会考量行为的合法性。[1] 因此，不仅民法的规
定，而且刑法和行政法的规定也必须加以考量。行政法形成了不同
于私法（《奥地利民法典》第 1 条）的公法子范畴。它规制政府当

---

[*] 奥地利约翰开普勒林茨大学，私法研究所，私法教授。

[1] 参见：*H. Koziol/R. Welser*, Bürgerliches Recht II（13th ed. 2007）312；*H. Koziol*,
Österreichisches Haftpflichtrecht I（3rd ed. 1997）no. 4/1 ff.；*E. Karner*, in：H. Koziol/P.
Bydlinski/R. Bollenberger（eds.）（KBB/*Karner*），Kurzkommentar zum ABGB（2nd ed.
2007）§ 1294 no. 1 ff.；*R. Reischauer*, in：P. Rummel（ed.）（Rummel/*Reischauer*），
Kommentar zum Allgemeinen bürgerlichen Gesetzbuch II（2nd ed. 1992）§ 1294 no. 6 ff.；
F. Harrer, in：M. Schwimann（ed.）（Schwimann/*Harrer*），ABGB-Praxiskommentar VI
（3rd ed. 2006）§ 1294 no. 6 ff.

局实体和程序方面公共职能的执行。[2] 以此为背景，"管制法"（*Verhaltensrecht*）能够被理解为：行政法所制定的关于各种有关社会和经济环境的行为规则或者标准的部分。[3]

2   奥地利的法律制度给予有价值的客体绝对的法律保护，比如生命、身体健康或者财产。[4] 仅在此基础上，每个人都应该谨慎（一般注意义务）（general duty of care）[5] 地对待法律保护的这些客体。这种具体的注意义务必须基于客观的注意基准作判断，立法者区分一般普通人的注意（《奥地利民法典》第 1297 条）和专家的注意（《奥地利民法典》第 1299 条）。在界定有关注意的基准时，行政法规则极为重要。它们能够比较清楚地让人们知道：立法者对法律保护的具体客体的预期行为是什么。如果侵权者没有履行这些行为，那么作为一项规则，就可以推定侵权者违反所提及的法律保护的客体的注意义务。

3   关于损害赔偿的规则，行政法规则的作用远不止是详细界定有关法律绝对保护的客体的注意的必要条件。事实上，它们更大的意义在于以何种资格被称为"保护性法规"（*Schutzgesetz*）：《奥地利民法典》第 1311 条第 2 句规定如果违反旨在预防意外损害的法律，使侵权者承担支付损害赔偿金的责任。在这种情形下，这显然不是意外责任独立于过错的问题。在一定程度上，《奥地利民法典》第 1311 条第 2 句清楚地表明违反法律导致侵权者承担损害赔偿责任，

2　参见 *W. Antoniolli/F. Koja*, Allgemeines Verwaltungsrecht（3rd ed. 1996）92 ff.

3　参见 *Antoniolli/Koja*（fn. 2）99.

4　*H. Koziol*, Österreichisches Haftpflichtrecht II（2nd ed. 1984）5 ff.；*Koziol/Welser*（fn. 1）312.

5　Rummel/*Reischauer*（fn. 1）§ 1294 no. 13；*Oberster Gerichtshof*（Supreme Court, OGH）in：Juristische Blätter（JBl）1953, 547；Evidenzblatt der Rechtsmittelentscheidungen（EvBl）in：Österreichische Juristen-Zeitung（ÖJZ）1959/174；Zeitschrift für Verkehrsrecht（ZVR）1959/211；EvBl 1968/258；Entscheidungen des österreichischen Obersten Gerichtshofs in Zivil –（und Justizverwaltungs-）sachen（SZ）43/177.

即使他不能预见他的行为结果，因为仅违反法律就已经足够成立过错。唯一的前提条件是侵权人也许被主观地指控他的行为已经客观地违反了保护性法规中的注意义务的事实。因此，检视过错的参照点不是法律保护的受损害的客体，而应是实际提及的保护性法规。[6]在这种语境下，我们谈及的是与《奥地利民法典》第 1311 条责任相连的减轻过错（*verkürzter Verschuldensbezug*）和《奥地利民法典》第1295 条第 1 款的一般性条款相比较。这也突出了与侵权法相关的行政法和刑法规定的特殊关联，这些情况都包含在《奥地利民法典》第 1311 条描述的情形中。

行政法规章在不依赖于过错的责任方面也同样重要。产品责任就是一个很好的例子。比如，这种意见被有关的《产品责任指令》（欧洲经济共同体 85/374）采纳，即违反《产品安全指令》中制定的产品标准至少推定构成《产品责任指令》中第 6 条意义内的产品瑕疵。在奥地利，欧洲经济共同体《产品安全指令 92/59/EEC》以1994 年《产品安全法》[7]的形式转化，该法规在 1995 年 2 月 1 日生效。该法规已经被 2004 年《产品安全法》取代，[8]于 2005 年 4 月 1日生效。此法的规定被定性为《奥地利民法典》第 1311 条意义范围内的保护性法规，[9]关于侵权责任，它们具有普遍的重要性。另外，根据基于《产品责任指令》和《产品安全指令》的欧洲法，《产品安全法》和《产品责任法》与它们的对应指令相辅相成：如果某项产品不符合《产品安全法》中制定的标准，那么它一定会在根本上

4

---

6 参见：*R. Welser*, Der OGH und der Rechtswidrigkeitszusammenhang, ÖJZ 1975, 1, 2 ff.；M. Karollus, Funktion und Dogmatik der Haftung aus Schutzgesetzverletzung（1992）84 ff.，269 ff.

7 Bundesgesetzblatt（Austrian Federal Law Gazette, BGBl）1995/63.

8 BGBl I 2005/16.

9 参见：*R. Welser/Ch. Rabl*, Produkthaftungsgesetz – Kommentar（2004）Vorbemerkungen no. 9，§ 5 no. 59；*W. Posch*, in：M. Schwimann（ed.）（Schwimann/*Posch*），ABGB-PraxiskommentarVII（3rd ed. 2005）PHG Einleitung no. 6.

被推定为存在瑕疵。然而，即使某项产品满足了《产品安全法》中的要求，在《产品责任法》第 5 条的意义内它也许仍然具有瑕疵，并可能据此引发责任。[10]

5　　在最后的分析中，鉴于与责任相关的具体规则在相关的法律来源中通常被发现，因此，行政法渊源在损害赔偿有关的法律方面具有重要的意义。然而，忽视它们与行政法规定通过具体情境相联系的事实，这些规则必须归因于与损害赔偿有关的法律，因此，直接地归于民法。

　　2. 在行政法规和侵权法相互作用的问题上，是否存在宪法上的界限或准则，比如：关于联邦法与州或者当地可适用的法规之间以及与行政法规则的保护目的之间的关系准则等？

6　　在奥地利，民事法律制度基本上属于联邦立法职权范围之内。在这样的背景下，我们必须确定被奥地利各州所采纳的行政法规定是否被看做是《奥地利民法典》第 1311 条意义范围内的保护性法规。这将意味着地方性立法对侵权行为法有一定的影响。除此之外，在一段时间内，根据地方性立法，奥地利判例法也被定性为保护性法规，[11] 这点在文献资料中未有相反观点的表达。[12] 对人身自由行为的相关限制的事实可能就是源于此，通过这些行为规则的布置安排，实际上指向地方法律规章的立法范围。因为根据《奥地利宪法》，联

10　参见：recital 36 of the General Product Safety Directive（2001/95/EC）："在 1985 年 7 月 25 日的有关缺陷产品责任的成员国近似的法律、管制和行政规定的欧洲经济共同体理事会85/374 指令意义内，这个指令不应该影响受害者的权利。"也参见 A. Broichmann, Das Produktsicherheitsgesetzals Vorgabe für die Produkt-und Produzentenhaftung（2001）34 ff.

11　OGH SZ 13/48；SZ 15/94；Zentralblatt für die juristische Praxis（ZBl）1935/44；SZ 18/3；SZ 34/39；ZVR 1967/97；ZVR 1969/204；ZVR 1984/139；SZ 59/92；Immobilienzeitung（ImmZ）1990, 287；Versicherungsrundschau（VR）1997, 107；Mietrechtliche Sammlung（Miet）45. 162；Baurechtliche Blätter（bbl）2004, 155.

12　*Koziol*, Haftpflichtrecht II（fn. 4）107；Schwimann/*Harrer*（fn. 1）§ 1311 no. 29.

邦法和地方立法并未分相应的等级层次，这也就是暗示在《奥地利民法典》第1311条语境范围内，它们被平等地对待和适用。[13] 其结果是，地方行政法规章在它的行政辖区范围内，在与侵权法相关的领域同样也应该被考虑。虽然这引起与侵权相关的法律地理上的差异，但其可能被奥地利法律制度的联邦结构证明是情有可原的。联邦法运用《奥地利民法典》第1311条去证实有关的损害赔偿法的效果，其中有些有关损害赔偿的法律由地方法的规则辅助。因此，在行政法与侵权法之间的相互影响上，并没有源于联邦国家和州之间权限的划分的具体限制。

根据《宪法》，与行政法规定的适用相关的具体规范和限制，在行政法规定被要求定性为保护性法规，并且其被呼吁用来作侵权责任判断的依据时，当然也必须被考虑。受宪法保障的主观权利（*Grundrechte*），与其相关的违反索赔可以在奥地利宪法法院作出，在这方面尤其值得注意：如果二审法院或者最高法院要求运用保留在宪法条款中的法律规则作为在损害赔偿诉讼中的保护性法律，那么，这些法院必须在宪法法院质疑这些法律规则。[14]

3. 除了法定规定之外，违反哪种类型的行政法规（比如：规章、官方通知）的情形之下，能引起侵权责任？

在实质性意义上，保护性法规也许就是所有的法律规范，因此也应包括规章（条例）。[15] 这遵从这样的事实：制定法下那些平等相关的行为规则可能来源于规章。因此，没有理由将这些立法行为做任何不同的对待。在案例法中，规章早期阶段也被归入在《奥地利

7

8

13　参见：*Karollus*（fn. 6）118 f.

14　参见：art. 140（1）*Bundes-Verfassungsgesetz*（Austrian Constitution，B-VG）；cf.，B-VG）；cf. *H. Mayer*，Bundesverfassungsrecht（3rd ed. 2002）no. III. 1.

15　*Karollus*（fn. 6）96 ff.；也参见 *Koziol*，Haftpflichtrecht II（fn. 4）102；Rummel/Reischauer（fn. 1）§ 1311 no. 4；*P. Brunner*，Die Zurechnung der Schadenersatzpflicht bei Verletzung eines "Schutzgesetzes" gem § 1311 ABGB，ÖJZ 1972，113，115.

民法典》第 1311 条之下。最高法院基于《奥地利民法典》第 1311
条中的"制定法"术语的历史认识支持这一主张，直到 1811 年立法
者以一种相当笼统的术语将此理解为由高级别的行政机关制定的任
何规章。[16]

9 根据《奥地利民法典》第 1311 条，[17] 案例法也包括个别行政法
令（决定）［decisions（Bescheide）］，尽管在这方面的情况比规章情
形要复杂得多。只要决定遵照法律，那么将决定作为保护性法规的
类型就没有任何问题。然而，如果个别主权性法令规定了比法律中
制定得更为广泛的责任，那么它就不能被假定为是保护性法规，否
则，受害方将享受实际上法律制度没有提供给他的权利。因此，鉴
于《奥地利民法典》第 1311 条，如果一项裁决仅是为了阐明法定行为
规则，它只会被考虑为具有关联性。因此，裁决的合法性必须根据调
整损害赔偿的法律规则进行审视，并且任何非法的决定必须被取消。[18]

10 内部行政规章（指导，包括被称为行政条例的）（directions, in-
cluding what are termed *Verwaltungsverordnungen*）被定性为保护性法律
的范围是值得商榷的。最高法院曾在裁决中肯定过这点，即将给予
士兵的"命令"（*Befehl*）看作保护性法规中责任的合格出发点。[19] 然
而，反对运用这样的内部行政规章作为侵权违法性裁判基础的观点认
为，它们的法律性质完全如同内部法规一样，仅限于提及的官方运作。

---

16 OGH in: J. Glaser/J. Unger (eds.), Neue Folge, Sammlung zivilrechtlicher Entscheidungen
 des OGH (GlUNF) 3037; see also GlUNF 3517.

17 OGH ZBl 1935/44; ZVR 1969/330; ZVR 1979/283; SZ 52/109; ZVR 1983/35; ZVR
 1990/85; ImmZ 1990, 287; bbl 2004, 203; 也参见 *Koziol*, Haftpflichtrecht II (fn. 4) 102;
 R. Welser, Haftungsprobleme der Wintersportausübung, in: R. Sprung/B. König (eds.),
 Das österreichische Schirecht (1977) 385, 422 f.; Schwimann/*Harrer* (fn. 1) § 1311 no.
 12; *J. Pichler*, Zur Haftung bei Schiunfällen, ZVR 1969, 59, 65 f.

18 *Karollus* (fn. 6) 103 ff.; 也参见 Rummel/*Reischauer* (fn. 1) § 1311 no. 4; KBB/*Karner*
 (fn. 1) § 1311 no. 4; 也参见 *E. Wagner*, Gesetzliche Unterlassungsansprüche im Zivilrecht
 (2006) 337 ff

19 OGH ZVR 1974/35.

企业内部行政规章仅把法人代表委托给负责执行它们的人,并不具有任何外部效果,其结果是它们也不能获得侵权法下的外部效果。[20]

技术标准(尤其是公认的像奥地利标准委员会标准)不具有这样的约束力,因此也不能被列为保护性法规。如果立法者在实质意义上提高它们到制定法的地位,情形会有所不同。除此之外,标准(Ö-Normen)作为合理的注意义务要求的概述,也许正确,也许不正确。此种情境仅排除它们被假定为保护性法规的可能性。[21]

4. 当行政法(比如法律或者由政府或者具有公共职能的实体所作的决定)本身违反法定规定的时候,根据私法,会有怎样的后果?因遵照约束其行为的违法的行政法规,而造成损害的人,是否不用承担责任?如果是,它是否与造成损害的人已经知道或者应该知道行政法规是违法的,有任何相关?

在奥地利,私法和公法之间的相互作用存在争议,尤其是与损害赔偿相关的法律。特别是我们必须考虑,产生于行政法规章的精确行为规则如何与《奥地利民法典》第1259条第1款制定的注意义务的一般要件相关。公法下的受理问题必须正确地、严格地区别于私法下的受理问题。尽管公法调整个人与国家之间的关系,私法调整私的个体之间的关系,从这我们仍可以总结出:某些事情根据公法是被允许的而根据私法可能就是被禁止的。[22]

11

12

---

20 *Karollus*(fn. 6)115 ff.;Rummel/*Reischauer*(fn. 1)§ 1311 no. 4.

21 Rummel/*Reischauer*(fn. 1)§ 1311 no. 5;KBB/*Karner*(fn. 1)§ 1311 no. 4;Schwimann/*Harrer*,(fn. 1)§ 1311 no. 29;OGH JBl 1972, 569;ZVR 1984/17.

22 *F. Kerschner*, Umwelthaftung im Nachbarrecht, JBl 1993, 216, 220;*R. Thienel*, Verfassungsrechtliche, Grenzen für das vereinfachte Genehmigungsverfahren nach § 359b GewO, Zeitschrift, für Verwaltung(ZfV)2001, 718, 731 fn. 63;*T. Giefing*, Der Begriff des Kompetenzkonfliktes, JBl 2003, 221, 232;OGH 4 Ob 173/03f;Recht der Umwelt(RdU)2003, 151;*Wagner*(fn. 18),400 ff.;dissenting:*H. Mayer*, Kontrolle der Verwaltung durch ordentliche Gerichte? ÖJZ 1991, 97;*M. Hecht/G. Muzak*, Umwelthaftung im Nachbarrecht, JBl 1994, 159.

这种观点要求进一步的证实：作为考查侵权责任违法性的决定性因素的人格权（法律保护的绝对客体）引起私法下的法律关系，因为在《奥地利宪法》第 10 条第 1 款（参见边码 6）的意义内，人格权是民法体系的核心部分之一。除了在私法中对生命、健康和财产进行保护之外，行政法规章通常给资产和健康提供保护。如果行政法规定许可未满足私法中制定的合理注意要求的某种类型的行为，不论根据行政法这样的行为会如何评判，它们也许会引起私法中的责任。尤其是当侵权者清醒地认识到或者应该清醒地认识到行政法规定与更高位阶的正当的法令（比如：违反法律或者规章的决定）相矛盾时，这就适用。

5. 如果行政法规自己调整违反它本身规则的结果，特别是给予刑事制裁，这样的规则是否被认为是综合性的（即不包括侵权请求）？在这方面侵权法和刑法如何相互影响？

13 　　如果行为不仅违反了公共秩序，而且引起对其他人的损害，这样的行为通常不仅在《奥地利刑法》或者《奥地利行政刑法》中会有法律后果，并且也许会引起侵权法原则下的责任。[23] 尽管刑罚或者执行处罚旨在满足保护公共秩序和安全的特殊预防目的，侵权法是为了给损失提供补偿。侵权法责任的可能性除了通过法院（在行政机构的情形中同样适用）给予处罚之外，其还被这样的事实证明：受处罚的行为的受害者也许会以"私人一方"的身份参与刑事司法或者执行程序，主张他私法下的索赔，即其损害赔偿索赔。[24]

因此，非正式地，根据刑事的或者行政的强制规定，刑事的或者强制执行处罚的命令没有以任何方式排除损害赔偿要求的可能性。事实上，民法中的行为规则可以是来源于刑事或者强制执行法律的规则，提及的刑事或者强制执行规则在不带有其他特征的情况下被

23　参见 *Karollus*（fn. 6）216 ff.

24　参见 §47 和 366 *Strafprozessordnung*（刑事诉讼法典，StPO）.

直接并入侵权法。[25]

6. 在何种条件下，行政法规则被认为是所谓的"保护性目的规则"？行政法规则的保护目的是否仅由行政法规决定，还是也由侵权行为法的一般原则决定？

不是每一个行政法规定都平等地构成《奥地利民法典》第1311条的意义内的保护性法规。如同我们已经解释的一样，行政法规定是仅定义一般注意义务的含义，还是另外又正当化其作为真正的保护性法规的分类，有着重大的差异。在《奥地利民法典》第1311条第2句中规定的责任情境的特殊意义由抽象的风险控制组成：只有那些在损害发生之前确立参照点并且因此与法律保护的精确对象相区别的行为规则被涵盖。

条款的保护性目的的考察以相关行为规则的详细规定为先决条件。保护性目的必须被确定，因为简单的（纵使应受责难）行为规则的违背本身并不能证实损害赔偿请求。相反，必须考察提及的行为规则是否旨在预防损害的发生，比如事实上发生了什么。[26] 为了回答这些问题，之前的实际立法者的意图必须被考量。是否对脱胎于当时立法者意图的保护性目的进行客观目的论调查，这是有争议的问题。由于我们正在处理行为规则转变成侵权责任领域的具体问题，所以主观目的论和客观目的论的解释方法的基本关系对该问题的回答有决定性的关联。[27] 这种"间接的影响"提供给行为规则一个最初的立法者几乎没有考虑的范围。

始于1960年[28]的一个规则正好例证该问题：某大城市的市政委员会发布一规章，要求饲养的狗必须一直用绳子拴着。根据委员会

14

15

16

25　参见 *Karollus*（fn. 6）220 ff.

26　*Koziol*，Haftpflichtrecht I（fn. 1）no. 8/21；Rummel/*Reischauer*（fn. 1）§ 1295 no. 8 ff. ；KBB/*Karner*（fn. 1）§ 1295 no. 9.

27　参见 *Karollus*（fn. 6）354 f.

28　OGH EvBl 1960/127.

会议的会议记录，该规章的目的是保护公共花园。最高法院被要求澄清狗咬伤小孩的损害是否被严格命令的保护目的所涵盖。最高法院肯定这一点，并且同时宣布由市政委员会提出的理由没有意义。考茨欧赞同该客观的路径，而且也乐于接受这样的事实：最高法院没有聚焦于规则起草者"短视的动机"，而是基于理性立法者通过这样的规定本应该追求的目的。[29] 根据赖肖尔（Reischauer）的看法，由行为规则所涵盖的保护性区域必须是基于实际立法者的意图作出判断。提及的立法者的权限也必须予以考量。上面提到的情况中，根据赖肖尔的看法，人们不能忽视这样的事实：市政当局甚至没有发布旨在保护不被狗咬的行为规则的权限。[30]

7. 如果行政法规则约束一个法律实体，谁将对未遵守该规则承担责任？如果该实体机构的个人不得不承担各自的刑事责任或者行政责任，这是否也引起该人承担侵权责任？像这样的责任如何与法律实体的替代责任相互影响？

17   根据《奥地利民法典》，即使法人没有实施侵权行为，[31] 它也许会因为它的代理人的侵权行为而承担责任。首先，根据一般条款（《奥地利民法典》第1315条，第1313a条），[32] 法人必须为其代理人的行为负责。其次，它同时必须为其代表人的损害行为承担责任。根据最近较多的案例法，这不仅包括它的执行人员，而且也包括所有具有独立的、管理的或者监管职能的人。[33]

18   《奥地利行政刑法》第9条与源于行政法规定的行为规则相联

---

29   *Koziol*, Haftpflichtrecht I（fn. 1）no. 8/29.

30   Rummel/*Reischauer*（fn. 1）§ 1311 no. 10.

31   OGH JBl 1978, 543.

32   *B. A. Koch*, in: Koziol/Bydlinski/Bollenberger（eds.）（fn. 1）（KBB/*Koch*）§ 26 no. 16;
　　　参见例如 OGH SZ 60/49.

33   *R. Ostheim*, Gedanken zur deliktischen Haftung für Repräsentanten anlässlich der neueren Rechtsprechung des OGH, JBl 1978, 57 ff.; *Koziol*, Haftpflichtrecht II（fn. 4）375 ff.; KBB/*Koch*（fn. 32）§ 26 no. 16; SZ 51/80; ecolex 2004, 524.

系，必须予以进一步的观察。[34] 该规定界定了有关法人和商法中的合作伙伴的行政强制责任。《奥地利行政刑法》第 9 条第 2 款规定，在外部代表公司的执行主体有权或者甚至有义务任命一个或者多个人作为负责机构负责遵守行政规章。该规定最初制定是出于与行政法相关的法的执行。由于法人仅可能受到有限处罚，并且与刑事司法的情况相比，它们并不因此而根据行政强制法规被考虑承担侵权责任，所以必须有自然人被拿来当做执行规则的承受人。然而，这种观念不能转移到民事法律，因为民事法律中法律实体的侵权责任的原则被认可。因此，在民法条款中，《奥地利行政刑法》第 9 条不能改变法人在被提及的情形下的义务受领人的特征。换句话说，尽管负责的代理机构被委任，法人机构仍旧是义务的承担者。[35]

8. 在贵国，法律实体本身是否也要承担行政责任？像这样的责任在私法领域会有怎样的结果？如果适用行政责任，法律实体承担的行政责任是否也会引起侵权责任？法律实体的行政责任与它的替代责任如何相互影响？

自从 2006 年 1 月 1 日《集体责任法》[36] 开始生效[37]以来，奥地利关于法人和合伙人应受惩罚的问题已经有重大的改变。该法界定"集体组织"（尤其是法人和合伙）对刑事和可惩罚性的行为承担责任的前提条件和它们是如何被处罚的。集体组织应受处罚的标准是这样的事实：行为是为了它自己的利益，或者行为导致了集体组织

19

34　参见 *Karollus*（fn. 6）246 ff.

35　参见 *Karollus*（fn. 6）248 ff.；也参见 *M. Lukas*，in：M. Lukas/R. Resch（eds.），Haftung für Arbeitsunfälle，am Bau（2001）38 f.

36　BGBl I 2005/151.

37　参见 *E. Köck*，Zur Regierungsvorlage eines Verbandsverantwortlichkeitsgesetzes，JBl 2005，477；*R. Soyer*，Neues Unternehmensstrafrecht und Präventionsberatung，Grundzüge des Entwurfs eines Verbandsverantwortlichkeitsgesetzes（VbVG）-neue Herausforderungen für die Anwaltschaft！Anwaltsblatt（AnwBl）2005，11；*W. Brandstetter*，Strafbarkeit juristischer Personen ab，1.1.2006！ecolex 2006，6.

所负的义务的违反。除此之外，应受处罚依赖于被提及的行为是否由决策者（*Entscheidungstrager*）或者雇员（*Mitarbeiter*）承担。如果决策者非法地、应受处罚地触犯了法律，那么集体组织就必须为决策者的可惩罚行为承担责任。决策者包括总经理、执行委员会成员或者具有法定职权的官员（*Prokuristen*）、监事会成员或者董事会成员，并且也包括对集体组织的经营施加重大影响的人。

20　　集体组织不承担仅是雇员自己纯粹的可罚行为的责任，因为雇员已经引起法定的情形。集体组织必须另外促使行为完成或者显著地推动它，即通过这样的事实：决策者在具体情境中未曾采取预期要求的或者合理的注意义务，尤其是未采取重要技术的、组织的或者人力资源的措施以预防这样的行为。

21　　《集体责任法》有关集体组织的侵权责任后果至今为止还未详细地审查。[38] 很明显的是：可能为决策者或者雇员的行为承担刑事或者强制法律责任的集体组织，如果由可惩罚的行为引起的损害被违反的刑事规则的保护目的涵盖，那么，集体组织必须承担民事责任。然而，根据《集体责任法》，适格的决策者也会被规则认为是民法所规定的代表人，其行为效果归结于集体组织，集体组织的有关侵权责任没有根据《集体责任法》而发生大的改变。有关雇员的侵权责任也可能同样的适用，因为在这方面，《集体责任法》预先假定的条件至少是决策者的过失，除了提及的雇员的可惩罚性行为之外。在这种可供选择的情况之下，我们无论如何必须假定，在选任与监督方面存在民法上的过错将正当化侵权责任。这不构成代理人的责任，而是可直接归咎于集体组织的代表人自己过错的责任。

38　参见 *H. Koziol*, Die auβervertragliche Unternehmerhaftung im Diskussionsentwurf eines neuen österreichischen Schadenersatzrechts, JBl 2006, 18, 19 fn. 10.

二、旨在环境保护的安全规章和规定

1. （1）法定的安全规章和（2）旨在环境保护的规定对于侵权法有何重要性？

基于欧洲法要求的安全规章密集网络已经在奥地利慢慢发展。这包括与为了技术设备、机械、产品和服务的安全所订立的技术标准的规则一起建立的环境标准。[39] 这样的标准不仅在正式的实体意义上的法律中得以发现，并且也在由私人组织和机构主张的所谓技术规则之中找到。如同我们已经解释的一样，这样的非法定标准不构成《奥地利民法典》第1311条意义内的保护性法规。[40] 尽管如此，这方面也间接地承认了它们的重要性，因为相关的行政规章通常基于公认的技术规则。一个例子是《产品安全法》第5条第3款（参见边码5），根据该条款，产品的安全要求特别地基于技术和知识的状态来判断。这一规则证明了非法定的技术或者工程标准的实际重要性。

然而，基于《奥地利民法典》第1311条，相关产品安全的法定要件对于侵权责任具有直接的重要性，因为它们被认为是有效的保护性法规。[41] 但是，根据《奥地利民法典》第1295条第1款规定的一般侵权责任，法定的和非法定的技术标准在界定一般注意义务方面具有同样的重要性。比如，最高法院曾经宣布：标准包含习惯上合理的注意要求的总结。[42] 因此，规则的违反至少在表面证据上意味

22

23

---

39 这个标准很重要，但不是在任何情况下都对一般的注意标准（参见上文边码2）起决定性作用，公众也许会在一定的情形之下对个人有合理的期待。参见 *Koziol/Welser*（fn. 1）312；上文边码4和下文边码40及其之后内容。

40 参见上文边码11。

41 参见 *Welser/Rabl*（fn. 9）§ 5 no. 59.

42 OGH 30 January 1990, 5 Ob 515/90 ecolex 1990, 543.

着可以推定注意义务的违反。但是，在这样的语境下，与其他保护性法规有关的情形相反，举证责任实际倒置的推定似乎不具有正当化理由。

24　　与关于产品安全的法定要件一样，鉴于法定环境保护规则也旨在保护个人，所以法定环境保护规则也必须在《奥地利民法典》第1311条意义范围内被定性为保护性法规。[43] 根据最高法院的观点，这一最后的前提在与环境相关的行政规章的情形中并未被无疑问地满足。在一项裁决中，法院宣布：与保护自然相关的法律规定不是旨在保护与财产相关的个人利益，而是为了保护一般公众的利益。[44] 这排除了它是保护性法规的假设。相比之下，《贸易、商业和产业管制法》对运作设施的规定有助于保护生命、健康和邻人的财产（以及其他物权）。因此《奥地利民法典》第1311条在违反这些规定的情况下发挥作用。[45]《水权法》中制定的有关保护水资源洁净的规章被定性为保护性法规，[46] 另外，《水权法》本身包含了损害赔偿的具体规定。

　　2. 在贵国，有关这些主题，在何种范围内认为侵权法与管制法有相同或者相似的目的？

25　　《产品安全法》和《产品责任法》互为补充并且共同组成产品质量相关的法律，该法律旨在确保整个国内市场。首先，预防由于瑕疵和不安全产品导致的损失。其次，如果预防失败，理赔应被保证。[47] 但是，《产品安全法》不仅规定了《产品责任法》第5条意义

43　参见 *P. Rummel/F. Kerschner*, Umwelthaftung im Privatrecht (1991) 6 ff.

44　OGH 10 October 2002, 1 Ob 313/01b SZ 2002/128.

45　OGH JBl 1993, 532 with cmt. by *F. Kerschner*; 1 Ob 41/94; JBl 1998, 657; JBl 2002, 390 with cmt. by *F. Kerschner*; Recht der Wirtschaft (RdW) 2004, 725.

46　OGH SZ 57/16; SZ 57/134; JBl 1991, 247; JBl 1991, 580; ZVR 1994/97; SZ 70/159; Schwimann/*Harrer* (fn. 1) § 1311 no. 29.

47　Schwimann/*Posch* (fn. 9) Einleitung PHG no. 7.

范围内的产品瑕疵评价的重要决定性因素；而且，如同我们上面已经解释的一样，它的规定被认为是保护性法规。[48] 因此，《产品安全法》不仅考虑有关产品相应安全标准的公共利益。在一定程度上，它追求的目标是保护人类生命和健康不受暴露的危险产品（《产品安全法》第1条）的侵害。该规则旨在保护个体。基于此，它也许被理解为《奥地利民法典》第1295条第1款一般条款的一般注意义务要件的一种表达。在这方面，很明显的一致性可被观察到。我们不能忽视这样一个事实：安全产品的公共利益与受影响的企业界的具体利益之间的平衡成为像《产品安全法》那样的相关行政法规定的基础。除了这些可能在立法程序中有不同影响的经济利益之外，必须考虑这样的事实：与产品和服务相关的安全规章一般仅能考虑典型的风险。因此，它们不能确凿地界定合理注意的要件。所有这些都证实提及的行政规章与侵权损害赔偿的规定充其量是互相补充，但是，也许在某种情境下，甚至为相对方的利益服务。

这也尤其适用于环境保护规章，其中，经济利益，尤其是工业的经济利益，扮演着重要且突出的角色。只有以此方式，这样的事实才能被解释：奥地利几十年努力创设一部环境责任法律，至今却未获成功〔但是，由于《环境责任指令》（2004/35/CE）的因素，现在在这方面存在行动的现实需要〕。[49] 除了这些之外，奥地利赞同现代环境保护规定的执行主要由公法实施。[50] 因此，私法，以及其中的侵权法，仅是提供辅助补充作用。这样的私法只要求涵盖官方许

26

---

48 参见上文边码4。

49 参见 *M. Hinteregger*, RL-Vorschlag zur Umwelthaftung, ecolex 2002, 301；*M. Kisslinger*, Checkliste: Das neue EG-Umwelthaftungsrecht in Kürze, RdU 2004, 98；cf. also the government bill concerning a federal statute on environmental liability with regard to the prevention and remedying of environmental damage (*Bundes-Umwelthaftungsgesetz*, B-UHG), Nummer 95 der Beilagen zu den Stenographischen Protokollen des Nationalrates (BlgNR) 23. Gesetzgebungsperiode, (GP).

50 Schwimann/*Harrer* (fn. 1) Vorbemerkungen § 1293 ff. no. 42.

可活动的剩余风险，从而确保这些风险已经引起的索赔的财政结算。[51]

3. 这些规章和规定本身是否被认为是具有保护目的的制定法？个人是否也包含在这些保护性规则范围之内？在你们的法律制度中，对这些规则的违反是否构成不法行为？或者它是否引起严格责任？

27   我们已经讨论过行政法中安全规章的性质和作为保护性法规的环境保护规定。尽管安全规章被看做旨在保护个人的抽象风险禁令，并因此而被视为保护性法规，但其并不是与环境相关的行政法规章那样的无疑问的情形。与自然保护相关的法律条文尤其旨在保护一般公众。个人并不被他们的保护性目的涵盖。然而，根据案例法，《贸易、商业和产业管制法》中与产品设备相关的条款和《水权法》的规定并不是这样的情形。《森林法》、《矿资源法》、《危害场所恢复法》、《垃圾废品处理法》和《洁净空气法》的规定都确立了批准的义务，也旨在保护个体。因为这些规定大部分旨在保护邻人，所以个人保护通常明显依赖于他们与受管制活动的邻近程度。

28   违反有关产品安全规章通常引起产品责任法中的责任，而不论其是否有过错，因为《产品责任法》第 5 条第 1 款宣称，考虑所有的情境，如果产品没有具备预期的安全，其就具有瑕疵。如同我们之前已经解释的一样，这种预期在相关的安全规章中被详细界定，尽管是按照最低标准的途径。[52]

29   除此之外，根据《奥地利民法典》第 1311 条适用的观点，对安全规章的违反也许会引起侵权责任，受害方的举证责任有一定程度的放宽。根据案例法，如果发现有一个很明显的对相关保护性法规

---

51   OGH SZ 57/16；SZ 57/134；JBl 1991, 247；JBl 1991, 580；ZVR 1994/97；SZ 70/159；Schwimann/*Harrer*（fn. 1）§ 1311 no. 29.

52   参见上文边码 4。

的违反，侵权者必须证明他不具有可归责性。[53] 举证责任的倒置是基于《奥地利民法典》第 1298 条，也包含对注意义务的客观违反（仅明显地发现违反保护性法规时）的举证责任。[54] 关于因果关系也一样，案例法基于《奥地利民法典》第 1311 条也规定了受害方举证责任的放宽。一些裁决甚至也指出举证责任的倒置。[55] 尽管这在文献资料[56]中遭到反对，但是，如果保护性法规旨在预防的已经发生的确切损失，受害方会被要求同时提供表面证据。[57] 这些举证责任的放宽适用于违反与环境相关的行政规章的情形，如果这些规章被定性为保护性法规。

4. 如果是适用（严格责任），请详细描述有关安全规章或者环境保护采用的强制责任保险的法定方案。

有法律效力的奥地利法律包含保险责任的强制要求，尤其是对 30
危险工厂的经营者。[58]《机动车法》第 59 条包含实践中最重要的强制责任保险的规定。在奥地利，它与机动车登记相关。飞机、海上船只和吊车行业也有类似的规定。《核责任法》第 10 条明确规定了广泛的保险义务。《基因工程法》第 79j 条包含一个相似的规定。合同第三方责任保险义务也存在于有关通过高压远程运输网络运送天然气（《天然气处理法》第 14 条第 1 款第 2 项）和管道运送产品中

53　OGH SZ 51/109；ZVR 1998/3；ZVR 2001/17；see also Schwimann/*Harrer*（fn. 1）§ 1298 no. 22；dissenting：*R. Reischauer*，Der Entlastungsbeweis des Schuldners（1978）188 f.；*Koziol*，Haftpflichtrecht I（fn. 1）no. 16/40；KBB/*Karner*（fn. 1）§ 1298 no. 4.

54　*Reischauer*（fn. 53）116 ff.；*Koziol*，Haftpflichtrecht I（fn. 1）no. 16/15；*Karollus*（fn. 6）177；KBB/*Karner*（fn. 1）§ 1298 no. 2

55　OGH ZVR 1980/266；ZVR 1985/1；ZVR 1985/9；dissenting：OGH ZVR 1988/174.

56　参见 *Koziol*，Haftpflichtrecht I（fn. 1）no. 16/37，39；KBB/*Karner*（fn. 1）§ 1311 no. 6.

57　*R. Welser*，Schutzgesetzverletzung，Verschulden und Beweislast，ZVR 1976，1，6 f.；*Koziol*，Haftpflichtrecht I（fn. 1）no. 16/39；KBB/*Karner*（fn. 1）§ 1311 no. 6；OGH ZVR 1978/89；EvBl 1996/18；JBl 2000，113.

58　参见 *M. Hinteregger*，Die Pflichthaftpflichtversicherung aus zivilrechtlicher Sicht，VR 2005，44.

（《管道法》第 13 条）。

31　　有关产品安全，《产品责任法》第 16 条制订了充足保险的要求：产品的制造商和进口商必须以业务范围内的方式和习惯诚信行为，通过合同保险或者采取其他适当的措施做好准备，保证《产品责任法》中的支付损害赔偿的义务得以满足。《垃圾废品处理法》第 70 条规定了更一般的充足保险措施的义务。根据这些规定，须申报的废品处理只有在作申报书的人事前已经进行了安全处理或者已经提供充足保险时发生。

32　　服务行业当中，办理充足保险的要件也适用于律师、公证人、受托人、专利代理人、保险经纪人、认证服务供应商、专家证人、法庭口译、仲裁人和进行法庭安全检查的公司。合同第三方责任保险政策也意味着一种提供充足保险条款的工具。[59]

三、过错责任

（一）对行政法规则的违反

1. 在过错责任领域，违反安全规章和环境法规则扮演何种角色？

33　　就与损害赔偿相关的法律而言，安全规章和环境法规定没有特殊的地位，因为只要他们有相关的保护目的，在《奥地利民法典》第 1311 条意义范围内，它们也可以被定性为保护性法规。基于此，该问题和接下来的问题也许会被比较简洁地回答：作为保护性法规的相关规定的分类以许多途径简化了责任。[60] 作恶者必须承担责任，哪怕他并没有损害法律保护的客体，而仅是违反了保护性法规。另外，受害方的举证责任变轻了，关于行为违法性和因果关系的问题，可以存在举证责任倒置。

59　参见 *Hinteregger*，VR 2005，44.

60　参见上文边码 29。

2. 仅违反这样的规则就能构成不法性还是有额外的要求，比如：违反注意义务和过错？

如果保护性法规为了将某一抽象风险拒之门外而要求或者禁止某个具体行为，那么与规定不符的行为就会被看做是违法行为，但并不是必然地违法。被侵权者投入到市场的产品未遵守法定的安全标准的简单事实可能指向非法，但是，在这方面，并不允许给予决定性的判决。[61] 为了引起支付损害赔偿的义务，对侵权者而言，采取与提及的关于保护性法规客观意义上的注意义务相反的行动，也是必需的。然而，当该标准得到满足时，如果控告不能用来反对侵权者的相关行为，责任就应被排除。与行为相关的个人指控也许只能针对在行为当时有能力作出合理决策的个体。因此，可归责性依赖于侵权者的身体、心理和年龄。[62]

3. 如果实施侵权行为的人违反了行政法规，他的责任在何种程度上依赖于规则的保护目的？

根据一贯的案例法，违反保护性法规的侵权者仅对法律旨在预防的损失承担责任。[63] 在此语境下，在由吕梅林（Rümelin）提出的德国法详细定义的意思范围内，[64] 已经将人身的和物质的保护性目的做了区分。提及的行为规则是否旨在将其产生损失的精确方式和实际性质拒之门外以及受害方是否确实被保护免受这样的损失，这样的问题是需要审查的主题。当审视人身保护的客体时，我们也必须考虑被违反的规则是否旨在保护个体的问题。必须考虑这样的事实：行政规章不是为了保证提起人身损害赔偿请求，而是追求完全不同

34

35

---

61 参见 *Koziol*, Haftpflichtrecht I（fn. 1）no. 4/14；Rummel/*Reischauer*（fn. 1）§ 1311 no. 6；*Karollus*（fn. 6）159 ff.；KBB/*Karner*（fn. 1）§ 1311 no. 5

62 参见 *Koziol*, Haftpflichtrecht I（fn. 1）no. 5/8 ff.

63 参见 Rummel/*Reischauer*（fn. 1）§ 1295 no. 7 f.，§ 1311 no. 10.

64 *M. Rümelin*, Die Verwendung der Causalbegriffe im Straf-und Civilrecht, Archiv für die civilistische Praxis（AcP）90（1900）171, 304 ff.

的目的。这也是根据保护法规定的性质，人身保护为什么一直被拒绝的原因，如同我们上面已经提到的一样。[65] 然而，为了一般公众的利益，规章已颁发的事实并不排除由其派生出损害赔偿主张的可能性。它唯一的准则是规章至少也有保护受害方的意图。[66] 但是，受影响方的保护不能来自行为规则的简单的反射效果。

4. 在何种范围内，实施侵权行为的人被允许证明即使他遵守相关的规则行事，他仍然会造成损害？

我们必须考虑的是：是否使违法行为的致害方对在合法行为情况仍然将引发的不利也要承担责任是行为规则的目的？如果行为规则为了预防损害禁止具体的行为，那么当已经合法地行为仍导致了相同损失的发生时，就不再有任何责任基础存在。[67] 然而，对合法行为的信赖并不带来免除责任的后果，如果违反的行为规则主要不是针对损失预防的目标，而是旨在无条件地连接具体程序保护的第三方客体的介入。[68] 在这样的情形下，如果损失的发生是不可避免的，即使他的行为是合法的，案例法也使侵权者承担责任。[69] 在这种情况下，损害赔偿的请求取得重要的处罚诱导和预防功能：规则的目标在于阻止任何方式的具体运作引起的损失。比如，如果在刑事诉讼中受控方未遵守相关的规定而被拘留，就是这样的情形。[70]

65　参见上文边码24。

66　Rummel/*Reischauer* (fn. 1) § 1311 no. 10；OGH SZ 28/127.

67　OGH ZVR 1956/132；ZVR 1978/314；SZ 51/126；JBl 1992, 316；ZVR 1993/122；ZVR 1999/97；Schwimann/*Harrer* (fn. 1) § 1301 f. no. 54；KBB/*Karner* (fn. 1) § 1295 no. 14；dissenting：*Karollus* (fn. 6) 399 ff.；也参见 *H. Koziol*, Rechtmäßiges Alternativverhalten-Auflockerung starrer Lösungsansätze, in：H. -J. Ahrens/Ch. von Bar/G. Fischer/A. Spickhoff/J. Taupitz (eds.), Festschrift für E. Deutsch (1999) 179.

68　参见 *Koziol*, Haftpflichtrecht I (fn. 1) no. 8/65；F. Harrer, Schadenersatz wegen hoheitlicher Freiheitsentziehung, Zivilrecht aktuell (Zak) 2005, 9；Schwimann/*Harrer* (fn. 1) § 1301 f. no. 55；KBB/*Karner* (fn. 1) § 1295 no. 14.

69　OGH SZ 54/108；SZ 59/141；Österreichische Richterzeitung (RZ) 1996/51.

70　OGH SZ 54/108.

然而，此处考虑在安全规章和环境规定的情况下，如果即使他 37
的行为合法时损失仍然引起，侵权者一般来说不承担责任。但是，
侵权者被要求证明：因违反法律而导致增加的风险在考虑的情况下
并未发生。举证责任的分配因相关的处罚和预防的原因而正当化。[71]

5. 违反行政法规则在举证责任的分担上，有何种结果？尤其是
就因果关系、不法性和过错而言？

如同前已解释的一样，当适用《奥地利民法典》第 1311 条时， 38
案例法采取了违法性的举证责任倒置。[72] 如果构成违反保护性法规，
首先假定违反法规是归咎于侵权者的行为客观上违反了他的注意义
务。因此，肇事者的事情是，证明即使他已经尽了必须的合理注意，
一般人也不能认识到由保护性法规所规定的客体。像这样的违反保
护性法规的举证责任倒置，文献资料中大部分都反对。[73] 相反，作者
们恳求支持表面证据的适用。[74] 这样，肇事者的非法行为仅由违反保
护性法规隐含。这一表面证据在考察因果关系时同样产生影响。如
果由保护性法规设计预防的损失已经确切发生，那么因果关系的存
在也许能根据表面证据得出结论。[75]

6. 违反行政法是否能导致主张惩罚性赔偿？

不合理的惩罚性赔偿在奥利地法律中被排除，即使在与产品安 39
全规章和环境规定相联系的法律中。

（二）遵守行政法规则的行为

1. 即使侵权人遵守了所有相关的行政法规则，他是否也要承担
侵权责任（以获得损害赔偿或者禁令为目的），或者你们的法律制度

---

71 参见 *Koziol*, Haftpflichtrecht I（fn. 1）no. 8/67.

72 参见上文边码 29。

73 参见 *Reischauer*（fn. 53）188 f.；*Koziol*, Haftpflichtrecht I（fn. 1）no. 16/40；KBB/*Karner*（fn. 1）§ 1298 no. 4.

74 参见 KBB/*Karner*（fn. 1）§ 1311 no. 6.

75 参见 Rummel/*Reischauer*（fn. 1）§ 1298 no. 4.

是否允许"管制性许可抗辩"？

40 　　即使行政规章旨在保护个体，比如安全规章，它们也不能决定性地界定目的在于保护生命、人身安全或者财产的注意义务。所以，即使所有相关的行政规章都得到遵守，侵权者也许还是违反了他的注意义务，并因此使他自己承担责任。[76] 换句话说，奥地利法律体系并不允许"管制遵守抗辩"。

41 　　然而，行为有可能被存在法定授权进行具体行为的事实正当化。[77] 一个例子是安全部队使用武器的权利。如果法定授权撤销处于风险中的人保卫自己的权利，要求该人遭受风险或者攻击，官方许可甚至能够排除行为的非法性。然而，这样的效果并不适用于任何一官方许可。例如，众所周知的有关设施安装的官方许可，官方许可只有在将邻居的利益恰当考虑进去的程序中被授予时，抗辩的权利才能被撤销。[78] 如果重要的情境在官方批准以后发生改变，以及如果邻居没有权利申请这方面随后规定的要求，那么官方许可没有任何有关侵权法的正当效果。[79]

　　2. 一般注意义务能否超过这些规则的范围？

42 　　就像上面解释证明的一样，[80] 在相关损害赔偿法律的语境内观察到的一般注意义务，也许超越了在行政法规章中制定的注意的要件。但是，如果官方许可有正当的效果，这尤其适用。

76　参见 *Koziol*, Haftpflichtrecht I（fn. 1）no. 4/99；*P. Oberhammer*, in：M. Schwimann（ed.）（Schwimann/*Oberhammer*），ABGB-Praxiskommentar II（3rd ed. 2005）§ 364 no. 18；OGH EvBl 1968/21；JBl 1997, 658.

77　参见 *Koziol*, Haftpflichtrecht I（fn. 1）no. 4/99.

78　参见 *K. Spielbüchler*, in：P. Rummel（ed.）（Rummel/*Spielbüchler*），Kommentar zum Allgemeinen bürgerlichen Gesetzbuch I（3rd ed. 2000）§ 364a no. 4；*Koziol*, Haftpflichtrecht I（fn. 1）no. 4/99；*B. Eccher*, in：Koziol/Bydlinski/Bollenberger（eds.）（fn. 1）（KBB/*Eccher*）§ 364a no. 3；OGH JBl 1989, 646.

79　OGH JBl 1996, 446 with cmt. by *P. Jabornegg* = EvBl 1996/83 = ecolex 1996, 162 with cmt. by *G. Wilhelm* = RdU 1996, 39 with cmt. by *F. Kerschner*.

80　参见上文边码41。

3. 如果侵权人能够成功证明他是合法地行为（就相关的行政法规则而言），那么关于不法性和过错的举证责任的分担是否会有所不同？

即使侵权行为法中的一般注意义务远远超过了行政规章制定的注意义务，至少基于表面证据，[81] 遵守行政规章就不构成违法行为。在这样的语境下，没有举证责任倒置的假设。然而，必须注意，无论是案例法还是在文献资料中，对这个问题都没有给出清晰的意见。

四、其他原因的损害赔偿

1. 除了侵权法之外，是否还有其他法律的原因，比如：行政法本身或者是更加广泛的法律责任领域，强调因违反这样的规则所引起的损害赔偿责任？

有关损害赔偿的具体法律规定在很多行政法律中出现，尤其在环境领域。不考虑其实际的管制语境，从它们的性质来讲，这些都是民事法律规定，都是以对个别行政法规定条文增补的方式被颁布。[82] 具体的例子是《森林法》（第 53 条 – 第 57 条）、《基因工程法》（第 79a 条 – 第 79j 条和第 101a 条及其之后条文）、《矿产资源法》（第 160 条 – 第 169 条）和《水权利法》（第 26 条）中制定的规定。相关的规定都无视过错构建责任。它们终止了基于纯粹的侵权责任可能引起的责任漏洞，尤其是在环境责任范围内。尽管如此，但这些提及的规定仅是孤立的规则。在这样的背景下，《环境责任指令》的即将转换将意味着真正的进步。[83] 除了这一指令之外，在财产法（《奥地利民法典》第 364 条及其之后条文）调整的框架范围之

43

44

81　Cf. OGH JBl 1983, 324.

82　参见 KBB/*Eccher*（fn. 78）§ 364a no. 7.

83　参见下文边码 49。

内，应该对相邻土地所有者（*Nachbarhaftung*）之间的责任作出参考性的意见。土地所有人可以禁止其邻居产生排放物，因为他们超过了惯常相关的地方标准，并且严重损害其对房地的使用（《奥地利民法典》第364条第2款）。[84] 在这种排放废气的情况下，除了损害赔偿（依赖于过错）的诉讼之外，受影响的相邻财产的所有人可以申请禁令救济（*Unterlassung*）（不依赖于过错）和除去妨碍（*Beseitigung*）的诉讼。[85] 但是，即使超出了邻地责任的范围，在（潜在）被告的违法行为即将发生的情形下，潜在侵权责任的受害者能够提起申请禁令的请求。该主张不依赖于过错。[86]

2. 如果行政法规则许可侵害另一个人的利益，贵国的法律制度是否提供损害赔偿（或者是来源于受益者、基金或者是政府）？该赔偿请求的必要条件是什么？

45 如同已经提到的一样，[87] 官方对经营性设施的批准也许是侵犯邻人保护的客体的正当理由。在提及的情况中，排放废气也许是因为矿山或者其他被批准的设施产生。即使排放超过了当地的正常标准，但邻人一定会遭受这些设施排放的废物。因为许可意味着中止请求以与设施运作的侵权责任相同的方式被排除，所以《奥地利民法典》第364a条规定遭受了超出当地正常水平的废气排放损失的邻居要求支付损害赔偿的独立请求权。[88] 很明显，在这种特殊的赔偿主张下，违法性和过错不是问题。[89]

46 从《奥地利民法典》第364a条类推，如果因另外的许可（不被

---

84 如果排放是在官方正式许可的情况下因为经营性设施产生，一项特殊的规则（《奥地利民法典》第364a条）就会被适用。参见上文边码41和下文边码45及其之后内容。

85 参见 KBB/*Eccher*（fn. 78）§ 364 no. 13 f.

86 参见 *Koziol/Welser*（fn. 1）302.

87 参见上文边码41。

88 参见 Rummel/*Spielbüchler*（fn. 78）§ 364a no. 4 ff.；Schwimann/*Oberhammer*（fn. 76）§ 364a no. 9 f.；KBB/*Eccher*（fn. 78）§ 364a no. 5 ff.

89 Schwimann/*Oberhammer*（fn. 76）§ 364a no. 9.

该条款包含）导致不存在的风险出现，并且已经遭受损害的邻居因此而未及时申请因他才能生效的中止请求时，不考虑过错的损害赔偿请求将被允许。[90]

五、案例

1. 1976 年，一家由 A 公司经营的化工厂，被允许可以排放一定量的废气到空气中。根据最近的技术标准，所规定的量可以以一个合理的费用显著地降低。然而，自从 20 世纪 70 年代以来，政府管制就没有升级校正调整过。因排放废气而遭受农作物损害的当地农民，能否向政府或者工厂经营者主张损害赔偿？这与农民本应该根据行政审查程序，申请审查或者撤销许可有关吗？

A 不能基于《奥地利民法典》第 1311 条承担责任，因为当局没有要求他采取进一步的行动减少排放。然而，经营者违反一般注意义务是否需要承担责任值得质疑。在最后的分析中，经营者也许依赖于已存在的官方正式批准。尽管如此，但在比较法的案例中，奥地利最高法院认为经营者的行为具有不法性。[91] 但在那时，基于已经改变的情形，毗连土地的所有人还没有申请有关经营的额外要求的权利。鉴于这样的法律保护漏洞，最高法院裁决：在类似的案例中受影响的邻居可以对经营者提起中止请求。但是，该案例法至少可能已经部分地过时，因为相邻所有主在这样的情形之下现在已经拥有作出这种申请的权利（《贸易、商业产业管制法》第 79a 条第 3 款）。[92] 如果当局违法地未遵守相邻所有人申请发布的相关额外要件，

47

---

90   OGH JBl 1993, 653; JBl 1995, 785; JBl 1997, 521; KBB/*Eccher* (fn. 78) § 364a no. 7; Schwimann/*Oberhammer* (fn. 76) § 364a no. 9.

91   参见上文边码 79。

92   KBB/*Eccher* (fn. 78) § 364a no. 3; Schwimann/*Oberhammer* (fn. 76) § 364a no. 3 ff.

那么，由于已经改变了的利益和考虑新的法律情形，由相邻所有人作出的中止请求将再次生效。在该案中，对工厂经营者的侵权损害赔偿主张也是可能的。如果相邻所有人未能利用他们自己的申请权利，情况也许就会不同。

48　　　　关于潜在的公共责任的法律地位也会有差异。案例法事实上已经重复宣布当贸易部门在利益已经发生改变的情形下，非法地、应受谴责地未发布必要的经营规定存在公共责任。[93] 但是，不考虑当局的过错，如果受害方应受谴责地未实施反对当局的法律救济，则不能请求损害赔偿（《国家责任法》第2条第2款）。因此，在该案中，损害赔偿请求的主张也依赖于这点。

　　　　2. 一个有关职业危害的特定法规 A 迫使雇主在他们的车间里采取一定的保护措施。B 经营着一间一人车间，在那里没有雇工和参观者曾出现过，假设在该情形下管制规定不予以适用，一个偶然到车间参观的人受到伤害，B 是否仍然要承担侵权责任？

49　　　　根据案例法，规章被设计为保护雇员，不仅是保护雇员他们自己本身，也保护在授权的基础上进入风险领域的其他个体。[94] 但是，在车间进行一次性参观的参观者并不包括在该个体群里。因此，B 根据《奥地利民法典》第 1311 条不用承担责任。B 是否已经违反对受害方的一般注意义务值得质疑。在这方面，B 的注意义务必须作特别考虑。这种义务的范围决定性地依赖于这个车间是否能够自由进入。[95] 如果这就是案件事实，那么不遵守雇员保护规章也许就同样地意味着 B 对现负义务的违反。

　　　　3. 公司 B 违反有关公共安全规则的各类规章很多年，尽管存在

93　参见 *W. Schragel*, Kommentar zum Amtshaftungsgesetz（3rd ed. 2003）no. 145；OGH SZ 63/166.

94　OGH Miet 31. 153；SZ 63/38；Rummel/*Reischauer*（fn. 1）§ 1311 no. 13.

95　Cf. KBB/*Karner*（fn. 1）§ 1294 no. 6.

有权力处以罚金、甚至让 B 公司关门倒闭的政府机构，但是这些政府机构几乎没有采取行动，通知公司 B 这些违法行为。他们曾经参观该公司一次，并且列出一系列的公司应该补救的缺陷的清单。公司一直未补救这些问题，政府机构从未再回头来惩戒该公司。一段时间之后，一严重的事故在 B 公司发生，如果该公司严格遵守相关安全规则，该事故本应该可以避免发生的。

（1）受伤害的人能否让公司承担损害赔偿责任？如果可以，公司能否以缺乏监管部门的监督提出抗辩？

B 显而易见地违反了安全规章，毫无疑问它必须承担支付已发生的损失赔偿费用。当局没有监督不能改变 B 的过错。

（2）受到损害的人能否主张从政府机构获得损害赔偿？

受害方也许会主张公共责任的索赔请求，因为当局也未满足义务的要求采取行动保护受害方。[96] 由于公共机构已经知晓 B 违反了安全规章，所以为了请求存在公共责任，[97] 公共机构一方的过错必须确定。

50

51

---

96 Cf. OGH JBl 1993, 320; *Schragel* (fn. 93) no. 145.

97 参见 *Schragel* (fn. 93) no. 142 ff.

英格兰和威尔士侵权法与管制法

卡伦·莫罗*

一、总述

1. 总体上来讲，在贵国，行政法规则对侵权法的影响是什么？

1   这章主要涉及英格兰和威尔士适用的法律，但伴随着一些适用于所有英国（UK）法律制度的意见。作为初步意见，应该指出，行政法这个术语在英国法中有特别的意义（与它过去在民事管辖权限内运用的方式相比较，相对地有限）。行政法，一般来说，形成公法的一个子类别，通常囊括有关"构成、结构、权力、义务、权利以及从事公共政策管理的政府各个机构的责任的法律"。[1] 行政法这个术语在这篇文章中运用的意义在英国法中更常见地被管制法这个术语包含。英国法的一般立场是，国家倡导的管制制度已经发挥作用的情形中，普通法被降级为辅助作用。这一一般的看法被上议院在剑桥供水有限公司诉东县皮革厂上诉案（*Cambridge Water Co. Ltd v Eastern Counties Leather* [1994] 2 Appeal Cases（AC）264）的环境侵权案中以鲜明的姿态在宣判时的附带意见中得到认可："……鉴于如

---

* 贝尔法斯特女王大学法学学士，伦敦国王学院法学硕士，斯旺西辛格顿公园斯旺西大学法学院环境法教授。

1 *A. Bradley/K. Ewing*, Constitutional and Administrative Law（12th ed. 1997）697 f.

此为人熟知和精心设计的立法现在……是适宜的………法院就没有必要适用普通法达到同样的目的。"[2] 事实上，它可以说，管制法在规制环境时起着主要作用，辅以司法审查管制，普通法则发挥着非常次要的支持作用。[3] 尽管如此，它仍然可以说它至少是对抓住公法和私法责任之间所有重要界限的细微差别的一种挑战。[4]

在英国，基于管制的国家主要在公共利益中运作，同时作为规则，并不是给根据该制度授权的活动干扰的个人私权利提供赔偿形式的补救。管制法和普通法在这方面的作用最好看做是互补的，[5] 后者通过填补管制制度中间存在的空白有助于加强管制制度，[6] 在执行方面尤其如此。当然，作为最低限度的功能，普通法提供主要管制制度未提供的个人权利在环境语境中被干扰的补救措施。[7] 在更抽象的层次上，普通法救济措施的有效性有助于开放更广泛的环境利益（即使受限于代表私有财产的利益）的论辩，一个引起争议但可以说是又值得去做的事业。

侵权法合乎上文提到的一般情况，就管制法而言，侵权法的主要功能是提供一种可能的方法，当个人权利被有关过失法律中的另一人的过错（或者更异乎寻常的不作为）或者因严格责任的另一人的行为干扰时，通过此方法可寻求损害赔偿。这些可能潜在地向违

2

---

2   Per Lord Goff 305 f.

3   批判的观点见：*K. Stanton/C. Willmore*, Tort and Environmental Pluralism, in: J. Lowry/ R. Edmunds（eds.）, Environmental Protection and the Common Law（2000）93 ff.（in subsequent footnotes: Lowry）

4   *M. C. Harris*, Powers Into Duties – A Small Breach in the East Suffolk Wall, Law Quarterly Review（L. Q. R.）113（1997）398 ff.

5   参见，例如 *J. Murphy*, Noxious Emissions and Common Law Liability: Tort in the Shadow of Regulation, in: Lowry（fn. 3）51 ff.

6   *J. Steele*, Private Law and the Environment: Nuisance in Context, Legal Studies（L. S.）1995, 236 ff.

7   参见 *D. McGillivray/J. Wrightman*, Private Rights, Public Interests and the Environment, in: T. Hayward/J. O'Neill（eds.）, Justice, Property and the Environment（1997）144 ff.

法的行为人寻求或者从该地区负有管制责任的公共主体寻求。公共机构也许会因为它的业务角色（执行一系列的法定职能）或者它的管制能力（造成损害的授权活动）被起诉。[8] 前面情形的责任在英国侵权法中是极不寻常的，作为一般规则，不存在第三方侵权的责任［除了在非常有限的情境中，参见 1970 年的多赛特·亚齐安诉房屋办事处案（*Dorset Yacht v Home Office*［1970］AC 1004）和因管制语境引起的随后的案件，参见下文边码 11］。但是，1998 年《人权法案》的生效（其中将《欧洲人权公约》纳入英国法）及其适用于公共机构，[9,10] 已经在这方面重新开辟了新的潜在而丰富的诉讼领域（参见下文边码 3）。

3　　　之前被视为普通法中公平解决的领域基于《人权法案》而得以重新主张的诉求的潜在可能性，在麦克纳诉英国铝业有限公司（McKenna v British Aluminium Ltd［2002］Environmental Law Reports（E. L. R.）30）中得以证明。许多索赔者提起由邻居工厂产生的有关噪

8　应当指出，这种区别本身不是无可争议的，也不是无争议的，但是，尽管存在源于广泛评论者的犀利批评，但在这方面，它通常仍被法院采用。

9　1998 年《人权法案》第 6 条指出：

"（1）公共当局以不符合公约权利的方式行为是不合法的。

"（2）第（1）款不能适用于以下行为，如果某行为

"（a）由于基本法的一项或者多项条款规定，该当局不得实施不同的行为；或者

"（b）基本法或根据基本法作出的一项或多项规定不能被解释或赋予与公约权利一致的效力，该当局实施行为旨在使那些规定生效或执行。

"（3）在这条里'公共当局'包含——

"（a）法院或者法庭，以及

"（b）任何其职责具有公共性质的人，但不包括议会或者正在履行议会职责的人。

"（4）在第（3）款里的'议会'不包含行使司法职能的上议院。

"（5）依第（3）款（b）项，若某一具体行为属私人性质，则个人不属公共当局。

"（6）'行为'包括不作为，但不包括以下疏于——

"（a）向议会引入或提出法案建议；或者

"（b）制定任何基本法或者补救命令。"

10　有关第 6 条对法院的影响在 *Douglas v Hello*［2001］2 All England Law Reports（A. E. R.）289 案中描述得很清晰。

音、排放物和侵犯隐私之类的诉讼。问题在于这样的事实：索赔者是儿童，缺乏受影响土地的必要的所有权利益，这也是上议院在亨特诉加纳利码头公司案（Hunter v Canary Wharf［1997］2 All England Law Reports（A. E. R.）426）的裁决中反复重申的。这样的请求不能提起侵扰诉讼，但是反而可以根据《人权法案》援引"类似侵扰的普通侵权"保护第 8 条第 1 款的权利。英国铝业申请驳回该案，但是尼贝格尔（Nueberger）法官拒绝这样做，其依据是，该领域的法律处于发展的状态并且法院在这一特定背景中将如何选择使《人权法案》产生效力是不确定的。

　　存在一个法律区域，尤其是在侵权法和管制法之间联系特别紧密的地带（准确地讲是规定重叠而不是互补），即法定侵扰的法律。法定侵扰是管制法和普通法有效的混合。相关规定在 1990 年《环境保护法》第 3 章能找到。它们提供一种比源于普通法更方便，但是不广泛通用的寻求本质上基于公共健康的侵扰的索赔路径。侵扰的这种分类明显具有很严重的（如果间接）环境后果，并且与各种类型的管制控制相吻合。《环境保护法》第 79 条描述了某些被禁止的国家事务，如果它们"有损健康"[11] 或者属于侵扰。[12] 在这方面的案例法趋向于认为根据法定侵扰条款投诉的侵扰必须存在诸如影响身体舒适——这种路径比适当的普通法采用的要狭窄些，并且有限制性。其原因就在于法定侵扰制度运行的主要责任掌握在地方当局手中，环境保护法使当局承受了双重责任：在他们的区域范围内检查这样的侵扰存在并且对市民因侵扰所做的投诉给予回应。如果认为这样的侵害存在，或者有可能发生，或者可能再发生，当局有责任

4

---

[11]　这是有害的，或者有可能引起损害，要求追溯到早期根据 1936 年《公共健康法》的法定侵扰规定。

[12]　这是普通法定义的公的或者私的侵扰，*National Coal Board v Neath Borough Council*［1976］2 A. E. R. 478.

发出消减通知指出：消除侵扰的要件；列出必需的任何工作；以及允许诉讼的时间。未遵守该消除通知，根据《环境保护法》第80条第4款，就属于违法。如果这样的不遵守通知发生，地方当局可以采取多种诉讼路径中的一种：消除侵扰本身，根据第81条第4款[13]恢复这样做的费用，因为未遵守而向地方法院的提起简易诉讼，或者向高级法院提起诉讼。但是，地方当局不能垄断享有对法定侵扰提起诉讼的权利。如果地方当局拒绝行动或者行动失败，《环境保护法》第82条第1款规定了法定侵扰"受害方"的诉讼，允许公众直接到地方法院诉讼。如果市民在他们对法定侵扰的诉讼中获得成功，侵扰将被消除或者它的再次产生将被遏制（第82条第2款），并且在标准范围内处以高达5级水平的罚金，即使没有任何损害赔偿金将支付给受害的个人。尽管如此，但这样的诉讼对受影响的个人也有一些好处：因为他们当场解决问题并且他们比在普通法诉讼中要少些复杂和消耗时间少。但是，对个人遭受了重大干扰，将保证重大赔偿的情形，普通法诉讼将提供最好的选择。

5　　　管制体制偶尔通过管制制度运行提供受不利影响的个人诉讼的权利，但更寻常的是，它们事实上是在排除普通法诉讼。这些问题首先通过法定解释得到解决，参见东萨福克河水利局诉肯特案（*East Suffolk Rivers Catchment Board v Kent*［1941］AC 74）。侵权（尤其是过失）和法定规定之间的关系主要在上议院联席会议审理、布朗-威尔金森（Browne-Wilkinson）裁决的试验性案件中予以阐释，这些案件是：X（未成年人）诉贝德福德郡议会（*X*（*Minors*）*v Bedfordshire County Council*［1995］2 AC 633）。这包含两个虐待孩子的案件和三个教育案件。每个案件牵涉作为被告的地方当局，关注违反法定义务的关联索赔和普通法过失，并且这些问题被考虑剔除适用。

13　第81A条规定：在从房屋所有人处可以恢复这些费用时，地方当局能够正式通知，他们构成上述房屋的收费。

许多重要的规则从该诉讼中出现：首先，诉讼是否为违反法定义务的侵权是一个法定解释问题。其次，公共机构根据法定权力行为的事实不必然排除普通法中的过失诉讼，而受与注意义务有关的通常要件[14]和涉及公共机构的情形中的特定适用的检验标准的约束。凯恩（Cane）确定这些为："兼容性的问题"（比如：如果它不能与提及到的法律相兼容，那么普通法义务就不能被施加。这与上文提到的违反法定义务的侵权法律解释问题很近似，不可能为索赔者进一步打开大门）。下一个是关于"不合理的争点"［在行政法中义务或者权力的实施是否要满足安百利不合理性（Wednesbury unreasonableness）[15] 的检验标准］。最后，就是"司法裁判问题"（这个问题在一般侵权尤其在过失侵权当中能否可诉）。[16] 第三，公共机构的雇员不可能对索赔者负有普通法上的注意义务，其依据是如果他们受雇于公共机构而给出他们的专业建议，他们被认为不用承担对个人的专业注意义务［这被裁决适用于虐待儿童案以及最有可能适用于环境局工作人员的路径。然而，该路径是在 D 诉东伯克希尔社区保健基金案（*D v East Berkshire Community Health NHS Trust*［2005］2 All England Direct Law Reports（Digests）（A. E. R.（D））292）的裁决中被锤炼］。在替代方案中，如果注意义务被认为由个人雇员负担（如同在教育案中裁决的一样），那么它受专业过失通常检验标准的约束

14　这些在 *Caparo Plc v Dickman*［1990］2 AC 605 案中表述为近因性、可预见性以及施加注意义务被视为是公平、正义与合理的。当被适用于涉及公共机构的索赔时，后者的考虑是最有影响力的，参见 *P. Cane*, Suing Public Authorities in Tort, L. Q. R. 112（1996）13 ff.

15　由行政法上的公共机构对不合理行为的检验标准包含在 *Associated Provincial Picture Houses Ltd v Wednesbury Corporation*［1948］1 King's Bench（K. B.）223 案中，该案裁决公共机构权力内的行动可能受到挑战，其依据是采取的行动是"如此不合理，以至于没有合理的机构可以采取它"。

16　*Cane*, L. Q. R. 112（1996）13 ff.

——伯勒姆检验标准（Bolam test）。[17] 第四，公共机构对他们雇员侵权行为的替代责任问题取决于直接义务是否由机构负担——在其中的情形下，有关雇员所有行为的责任将产生，无论是否由过失；或者它不负有直接义务，也就因此不会有替代责任。[18] 索赔的请求最终被剔除。关于遵循 X 案的公共机构民事责任的地位可以总结为如下："对它们行使法定职能的诉讼成功的机会……现在非常小。在概念层次上，有一点似乎很清楚，在施加普通法的注意义务与相关法律方案不相一致的地方或者在受质疑的裁决或者诉讼是否不合理（并且因此具有过失）的裁判要求法院宣判它认为超越其权限或者它关注的恰当范围问题的地方，法院不会受理有关行使法定裁量权的过失诉讼。"[19]

6　　这也可以说，上议院在 X 案的路径创造了接近于基于地方当局的法定职能索赔的过失程序的完全豁免的某些事情。但是，随后的事态发展并未证明这一点，特别参见上议院 D 诉东伯克希尔社区保健基金案（*D v East Berkshire Community Health NHS Trust*［2005］2 A. E. R.（D）292）[20] 的裁决。在虐待儿童方面的 X 案以根据《欧盟人权公约》的诉讼而告终，如同 Z 诉英国（*Z v United Kingdom*［2002］34 EHRR 3）案一样。索赔者的主要论点是上议院在 X 案中的裁决根据第 6 条第 1 款已经否认他们公平聆讯的权利和所有已经被否认的违反公约第 13 条的有效救济措施。欧洲人权法院的多数裁决未违反第 6 条，因为索赔者已经在法院待了一整天，并且很详细

17　*Bolam v Friern Hospital Management Committee*［1957］1 Weekly Law Reports（W. L. R.）582 指出在专业过失情形中，如果专业人员的行为与那时被提及的学科里主管机构的专业意见接受的实践一致，专业人员将满足必须的注意标准。

18　*Cane*, L. Q. R. 112（1996）19 f.

19　*Cane*, L. Q. R. 112（1996）21 f.

20　也参见，*T. P. v UK*［2002］European Human Rights Reports（EHRR）2.

地考虑他们的案件。[21] 虽然如此，但其他的违反情况被发现，从而使得第 13 条被视为在这些方面被侵害。

支撑法定权力的普通法义务的存在及其程度问题适用的关键——如果存在些许差异——在于作为与不作为的区别。总体来讲，法院将仅在特殊情境下将施加不作为责任（参见边码 8）。 7

就不作为而言，从历史上看，案例的主要方针关注在规制公共 8
卫生法定方案的语境下未履行法律责任导致的财产损害。格罗索普诉赫斯顿艾塞华斯地方委员会案（*Glossop v Heston and Isleworth Local Board* [1879] 12 Chancery Division（Ch D）102）开始了将公共机构行使法定职能引起的持续性损害从侵扰法律的传统普通法救济措施中分离的趋势，将重点转向新兴的法定语境。[22] 检察总长诉多金穷人监护联盟案（*Attorney-General v Guardians of the Poor Union of Dorking* [1881－82] Law Reports（L. R.）20 Ch D 595）裁决在侵扰中受不利影响的财产所有人将得不到任何救济，除非提及的公共机构积极地导致了问题的产生。赫斯基思诉伯明翰公司案（*Hesketh v Birmingham Corporation* [1922] 1 King's Bench（K. B.）260）进一步澄清该问题，指出：在公共卫生语境下涉及的未履行法律责任的案件的唯一救济路径是根据相关法律规定的赔偿机制。有关行使法定权力的不作为的法律传统地位在东萨福克河水利局诉肯特案中表达："在法定机构仅被赋予权力时，不能通过未实施该权力的理由，使它承担许多市民所受的任何持续损害的责任。"根据罗默（Romer）勋爵的观点，这种立场继续代表现状，直到上议院扩张主义者在安斯诉莫顿·伦敦区委会（*Anns v Merton London Borough Council* [1978] AC

21　这是 *Osman v UK* [1998] 29 EHRR 245 案裁决的直接对照。
22　这种法律上的发展是在 *S. Coyle/K. Morrow*, The Philosophical Foundations of Environmental Law: Property, Rights and Nature（2004）chap. 5, The Changing Face of Environmental Law 159 ff 中详细讨论的。

728）案的裁决，尽管该案相关部分与墨菲诉布莱顿伍德区议会（*Murphy v Brentwood District Council*［1991］1 AC 398）案中的正好相反。

9   在侵权语境下，对公共机构不履行责任的立场具有现代权威的案例是斯托弗恩诉怀斯（*Stovin v Wise*［1996］AC 175）案。在该案中，地方机构在作为高速公路管理局的能力内，已经清醒地意识到路旁边的土堤正在成为道路的会合点，根据 1980 年的《高速公路法》，该局必须为其不安全承担责任。这个堤位于第三方的土地上，地方机构已经写信给第三方寻求许可移除该堤，但是没有任何回应。索赔者是一个骑摩托车的人，他在会和处与一个汽车驾驶员相撞，随后受伤。汽车驾驶员被裁决有责任，但是他主张地方机构因为未行使有关高速公路的法定义务和权力，导致违反普通法注意义务的赔偿。上议院多数裁决认为委员会不用承担责任，其依据是设定的法定义务在这个语境下不是（与高速公路维护相关）干涉主义者，并且另外也没有任何清晰的损害赔偿规定保留在制定法中。至于就法定权力与普通法责任之间的关系而言，斯托弗恩裁决如果注意义务被发现，公共机构未实施提及的权力必须是不合理的（在公法意义上）以及关于事实没有这样的不合理性被发现。霍夫曼（Hoffmann）勋爵的发言代表了大多数人的意见，他很了解这样的事实：法律规定包含广阔的自由裁量的领域，这些领域不适合法律干预。财政问题也是一个考量的因素，如同霍夫曼勋爵指出："由公费开支提供服务是一件事情，当提供服务失败引起损失并且公众支付赔偿费用时则是另外一件事情……要求损害赔偿费用的支付增加了公众基金的负担，在施加这样的额外负担之前，法院应该确信这是议会的意图所在。"霍夫曼显然关心承认公共机构运作的更广泛的背景和避免不必要地歪曲设定它们优先次序的方式。如果说该案具有争议，这样的说法未免太过保守——索赔者在一审和在上诉法院中获胜，并且也说服两位英国上议院法官赞同他的观点——所以，该问题在接下来的情形中被检验也就不足为奇了。

在古德斯诉东萨塞克斯郡（*Goodes v East Sussex County Council* ［2000］1 Weekly Law Reports（W. L. R.）1345）案中，上议院重新审视法定义务与普通法责任的关系问题。该案试图裁决地方当局是否根据1980年《高速公路法》或者普通法，承担在糟糕的天气里未撒沙砾于公路的责任。上议院裁决地方当局没有任何法定的义务去做这些，因为撒沙砾不在法律要求的"维护"定义范畴之内。但是，后面的斯托弗恩案件显示：虽然对公共机构实施公共职能时违反普通法注意义务的索赔是困难的，但它不是不可能的：不合理偶尔能被发现，如同肯特诉格里菲斯（*Kent v Griffiths* ［2001］Queen's Bench（QB）36）案，甚至政策领域也被发现可由法院审理，如同在巴雷特诉恩菲尔德伦敦自治市（*Barrett v Enfield London Borough Council* ［2001］2 AC 550）案一样。地方机构行使法定权力的责任问题重新被提及是在兰诉布伦南和托贝自治市（*Lam v Brennan and Borough of Torbay* ［1997］Personal Injuries and Quantum Reports（P. I. Q. R.）488）案的上诉法院裁决的规划法语境下。在该案中，地方机构作为规划管理局在它的能力范围内已经授权许可作为喷涂作业的规划机构，该作业实施时引起侵扰，没有责任被裁决。

第二组案例主要集中于有关公共机构管制职能的失职，这种失职使其他人给索赔者导致损害。这些案件包含袁坤宇诉香港总检察长（*Yuen Kun Yeu v Attorney General for Hong Kong* ［1988］AC 175）和希尔诉西约克郡警察局长（*Hill v Chief Constable West Yorkshire Police* ［1989］AC 53）和奥斯曼诉弗格森（*Osman v Ferguson* ［1993］4 A. E. R. 344）案。第一个案子关注的是财政服务管制，其中公司在香港证券交易所的登记给予了错误信息。错误的材料没有被发现并且公司已经正式上市。当公司营业失败，索赔者损失了金钱并且对监管者的过失索赔。该案在进入枢密院之前结束，裁决索赔者未负有注意义务，因为监管者的行为不是为了保护个人投资者的利益而是为了公共利益。后一个案件关注的是治安和犯罪预防。在希尔案中，之后被人熟知的约克郡利刃连环杀手的受害人之一的妈妈起诉警察，她主张在凶手杀害她女儿之前，警察存在过失，导致没有逮捕该杀手。法院拒绝判决警察对索赔者负有注意义务，因为这会扩张至整个社会的在逃犯——另外，法院认为存在强烈的反对施加责任的公共政策理由，主要围绕着防御治安危险。在奥斯曼案中，一个教师对一个小学生的反感已为人所知，并被报告给警察。警察未采取行动，之后该小学生和他的父亲被该教师攻击，结果引起一个死亡另一个受伤。即使这样，因为与希尔案的情形有所不同，在该案中，存在潜在索赔者的有限类别——该小学生和他的家庭——虽然如此，但是没有注意义务被判决，因为警察并不被认为对公众负有过失的注意义务。因此，这些牵涉公共机构给第三方机会导致他人损害的案件中，没有一个案件的索赔者成功地使法院判决被提及的公共机构应承担最终遭受损害的侵权责任。这种路径更一般地契合了上文所提及的案件的类型化，其表明在英国侵权法中一般不愿意因第三方行为给公共机构施加过失侵权责任。一个牵涉很广的环境问题的典型例子能够在兰德凯庆公司诉国际油污赔偿基金（*Landcatch Ltd v The International Oil Pollution Fund* [1999] 2 Lloyds' Reports 316）案中被发现，该案发生在布雷号（Braer）油轮灾难之后。石油泄露的一个结果是国务卿施加环境紧急排除命令，禁止出售受污染区域生长的鱼。结果，索赔者失去了生意，从而提起针对国务卿的诉讼——在公法上索赔者没有请求权，因为命令是有效地作出的，从而他依据侵权法的请求也失败了。

12　　最近上诉法院的一个裁决进一步说明法院在地方机构比只是不作为做得更多的情形中的更激进路径。在凯恩诉森林区议会（*Kane v*

New Forest District Council [2002] 1 L. R. 312）案中，市政委员会在规划机构权限范围之内行为，被判决因为过失对索赔者造成的人身损害承担责任，该损害是由于它未确保规划协议被遵守的结果。这些协议关注为新房建设发展推动人行道的建设。当人行道没有实施任何必需的工作而被开放后，索赔者走在人行道上被严重地伤害。该索赔者的案件最初失败了，但是基于1990年的《城镇乡村规划法》被上诉法院允许了，其依据是，实施规划条件的大意是人行道不能开放除非它是安全的，以至于不会涉及规划部门的责任。该案与基于委员会创造了危险源而不是简单未除去危险的斯托弗恩案有区别。该案可能对法定机构因为实施法定职能导致损害的责任有潜在而深远的影响。

不作为的问题，在法定公共卫生管制的语境下，以相当不同的基于马尔契奇诉泰晤士水务有限公司（*Marcic v Thames Water Utilities Ltd* [2002] QB 929）案情形的《人权法案》的外观再次崭露头角。自从1992年起，马尔契奇拥有一座房子和花园，其已经重复遭受了维多利亚污水系统的洪水，该系统已经变得没有能力处理大量的污水并且正流进它们的地表水。马尔契奇最后不得不采取措施阻止他的房子被肮脏的污水所淹没，但是他的花园仍然常常遭受洪水。根据1991年《水业法》适用于这些污水渠，泰晤士水务有限公司负有根据法定注意义务提供和改善公共下水道系统并且保证下水道高效地排水的义务。泰晤士水务有限公司有许多洪水和污水处理问题以及有限的预算去做这些，也因此不能处理所有在这方面引起的问题，所以它采用了计分制，以便在这方面设置优先事项。目前在该系统下，没有任何关于马尔契奇情形的被救济的现实可能性，因为许多同样糟糕的问题在其他地区存在。马尔契奇根据《水业法》第18条有权向水务总干事投诉这样的事态，但反而是根据莱兰兹诉弗莱切（*Rylands v Fletcher* [1868] L. R. 3 House of Lords（H. L.）330）（在一审中被驳回）案中所确定的规则提起过失和侵扰的民事诉讼；以及违反法定义务［在斯托弗恩诉怀斯（Stovin v Wise［1996］AC 923）案中，它也被驳回］的诉讼，并且主张对方违反《人权法案》第 6 条第 1 款。高级法院判决马尔契奇基于《人权法案》的请求，尤其有关他根据《欧盟人权公约》第 8 条和《第一议定书》第 1 条的权利。这其中的一个后果是他要求损害赔偿的资格仅从 2002 年 10 月 2 日延伸，当《人权法案》开始生效时。在达成裁决的过程中，法院适用公平衡量的标准，如同在鲍威尔及雷纳诉英国（*Powell & Rayner v UK*［1990］12 EHRR 355）案中讨论的一样，并且运用格拉诉意大利（*Guerra v Italy*［1998］26 EHRR 357）案的先例施加不作为责任。该案后来由泰晤士水务有限公司上诉并且由马尔契奇提出交叉上诉。上诉法院维持了一审法院裁决中的人权要素。另外，泰晤士水务有限公司被判决承担侵扰的责任。因此，马尔契奇普通法上的损害赔偿的权利代替依据《人权法案》的该权利，并且他有权利要求他所遭受所有干扰期间的损害赔偿。法院还认为根据《水业法》第 18 条的法定补救不适合满足马尔契奇的要求以及违反法定义务的索赔作为结构问题被禁止。有关在个人权利与公共利益之间达成"公正衡平"的问题，法院特别地提出关于决定相当于合适住处的赔偿问题。实际上，上诉法院的裁决允许普通法和《人权法案》取代已建立的具体法定制度，违背自从 19 世纪已经建立的正统。在更实际的水平，它对污水处理承担人具有潜在的沉重财政负担。马尔契奇诉泰晤士水务有限公司（*Marcic v Thames Water Utilities*［2003］United Kingdom House of Lords（UKHL）66）案中的问题在上议院不可避免地结束。上议院支持了泰晤士水务有限公司的上诉，它采取的观点是根据《水业法》确立的管制制度，连同司法审查形式的法院的司法监督，都足以保护个人的公约权利和提供救济措施，马尔契奇未有效使自己选择其中的任何一个。另外，他们的高等法官认为水务总干事应该在一个比他们自己更有利的位置确定在马尔契奇立场的人和泰晤士水务有限公司其他顾客之间恰当的平衡。在这种情况下，他们的高等法官遵循欧洲人权法院大法庭在哈顿诉英国（*Hatton v United Kingdom*［2003］37 EHRR 28）中采用的路径。事实上，他们的大法官回到 19 世纪已经大部分被解决的正统位置上，即普通法不应该施加责任（包括那些侵扰的责任）于与议会已经置入合适位置的法定制度不一致的法定承办人身上。

在马尔契奇案的判决中扮演一个突出的角色的损害赔偿问题也 14
明显地出现在丹尼斯诉国防部（*Dennis v Ministry of Defence*［2003］England and Wales High Court（Administrative Court）（EWHC）793）案中。在该案当中，索赔者拥有一块相当大的在英国皇家空军基地附近的土地，并且遭受鹞式战斗机噪音引起的严重侵扰。他们请求损害赔偿以及有关于此的声明。在一审中，法庭认为噪音着实等于严重的侵扰并且该侵扰因持续性和不可预测性而恶化。法院也认为被告不是从事正常的土地利用，即使是在 21 世纪的语境下。考量的主要问题是索赔者遭受的干扰能否被认为是公共利益而有正当理由。遵从马尔契奇诉泰晤士水务有限公司（*Marcic v Thames Water Utilities*［2002］QB 929）案，巴克利（Buckley）法官的意见是只有参照公共利益，合理必要的干预才被认为是正当的。他进一步决定，公共利益抗辩只有在侵扰语境中被允许支持，如果它基于同样的事实在《人权法案》中能够成功。在一审中，他裁决公共利益要求皇家空军继续飞行，但不是索赔者应该承担公共利益的成本。巴克利裁决正义要求声明应被拒绝，但是损害赔偿金被判予，包括索赔者的持续资本的价值损失和他们过去以及未来利用和舒适的损失。

公共机构的不当行为引起根据格迪斯诉巴恩水库所有者（*Geddis* 15
v Proprietors of Bann Reservoirs［1878］3 Appeal Cases（App Cas）430）案规则的责任，该案指出，对根据法规授权所为的行为导致的损害，

由于缺乏过失，因此不存在普通法上的责任。[23]

16   牵涉潜在侵扰责任的案例法已经出现了，存在比过失案件更多的成功案件，但是索赔者的胜诉率仍然比较低。有关该问题的主要先例是曼彻斯特公司诉法恩沃斯（*Manchester Corporation v Farnworth* [1929] 1 K. B. 533）案。在该案中，地方机构根据议会的私行为经营一个电站以便于发电。该活动的一个结果是二氧化硫的排放，其将会导致法恩沃斯周边农田的严重有形损害。他在一审中提起侵扰诉讼，但是败诉了。其中，由上诉法院考虑的问题是法定授权。此处提及的制定法是不寻常的，与一般实践相反，赔偿因为它的运营受到不利影响的人的损害在法律中没有任何相关的规定。这种情形通常会创设一个推定即法院会干涉并给予补救。然而，这样的情形，即公共机构的行为追求所谓的"繁重的法定公共义务"[24] 意味着法院将面对困难的裁决。法院不确信法恩沃斯所遭受的侵扰是因为法律（其保证没有行为会撒谎）授权的活动不可避免的结果，从而批准禁令（暂停12个月）禁止该工厂的运营直到终止或者减缓侵扰的行动被采取为止。该决定被上议院的大多数人肯定。[25] 应当指出，根据法律，不仅是公共机构与生活侵扰有关的行为隔绝，私人公司作为法定承担者的行为也享受着类似（尽管有更多地狭义解释[26]）地免除责任，在没有过失的情形下——参见默西码头及哈伯信托公司诉吉布斯（*Mersey Docks and Harbour Trustees v Gibbs* [1866] L. R. 1 HL 93 案）。

17   有关侵扰的案例法和根据莱兰兹诉弗莱切案规则的责任必须与遵循由上议院在剑桥供水有限公司诉东县皮革厂上诉案（*Cambridge*

---

23   在这种语境下，过失地导致损害将被定性为损害是可以避免的。

24   Per Scrutton LJ 559 f.

25   *Farnworth v Lord Mayor, Aldermen and Citizens of Manchester* [1930] AC 171.

26   参见 Halsbury's Laws of England, Administrative Law, vol. 4 § 186.

Water v Eastern Counties Leather [1994] 1 A. E. R. 53）中裁决的环境
案件有关的一些谨慎一起阅读。根据该案，现在已经确定，为了确
保普通法上的责任，损害一定在损害发生的同时要能够预见。该案
涉及典型的但是法律上也有争议的历史污染的问题。剑桥供水有限
公司是一个私人的自来水公司，拥有地面上有钻孔的土地，被许可
从钻孔中抽水满足其顾客的饮用需求。用于皮革生产的化学品四氯
乙烯（Percholoroethylene）从东县皮革厂附近的位置浸出并将地下蓄
水层的水污染了，而且该蓄水层的水被抽起来满足供给，剑桥供水
有限公司对此并不知情。当《欧盟饮用水指令》（Dir. 80/778/EEC）
被采用时，这就变成了问题。该指令禁止在剑桥供水有限公司供应
饮用水的现有水平上有四氯乙烯的存在。剑桥供水有限公司不得不
停止它使用的钻孔并且寻找替代的资源。剑桥供水有限公司根据莱
兰兹诉弗莱切案的规则提起对皮革厂的过失侵权和侵扰的诉讼程序。
在一审中，剑桥供水有限公司的主张未得到支持，因为持续的损害
不被认为从遗漏发生的同时相对少量的四氯乙烯的逃逸可以预见。
剑桥供水有限公司在上诉法院的侵扰诉讼根据巴兰诉汤姆林森
（*Ballard v Tomlinson* [1885] 29 Ch D115）案相当晦涩的先例取得成
功，该案中法院认定提供抽取未受污染的地下水的自然权利。上议
院允许剑桥供水有限公司的上诉，裁决该案主要是侵扰（仅将巴兰
诉汤姆林森案的规则认定为侵扰的辅助），并且拒绝给皮革公司施加
责任，因为当最后一次四氯乙烯溢出时，损害在 20 世纪 70 年代不
能够合理地被预见。[27] 通过将环境侵权的预见性问题放在中心位置
上，上议院已经严重阻碍作为环境保护工具的潜在的普通法部门的
发展潜力——戈夫（Goff）勋爵已经明确指出这项任务应该留给议
会，尤其是影响环境的活动不断增加法定管制的情境中。该方法可

27　G. *Cross*, Does only the Careless Polluter Pay? A Fresh Examination of the Nature of PrivateN-
　　uisance, L. Q. R. 111（1995）445 ff.

以说是基于枢密院在国际油船（英国）诉莫特斯码头及工程有限公司（*Overseas Tankship（UK）v Morts Dock and* Engineering Co. Ltd ［1961］AC 388）和国际油船（英国）诉米勒轮船公司（瓦贡·马德案二）（*Overseas Tankship（UK）v Miller Steamship Co. Pty Ltd（Wagon Mound No. 2）*［1967］AC 617）案中的观点，及上议院认为过失内含的意思是；它不应该在同一侵权下，普通法中恢复财产损害比恢复人身伤害要容易些。在该案中，可预见性在侵扰和过失侵权中被认为都是承担责任所必需的，尽管该方法（为瓦贡·马德案[28]的裁定明确排除）扩展到莱兰兹诉弗莱切案被认为是有很多争议的。[29] 立法可能应付一切可能发生的事情的想法当然是极其荒谬的，当其面对承认普通法填补法律制度空隙的作用时，这一想法便会消失。一种观点普遍认为［由甘迪（Ghandi）提出最有力的雄辩］，剑桥供水有限公司案的裁决标志着"……普通法原则作为与环境污染相斗争的一个很重要的武器的任何发展的结束"。[30]另一种比较少些激进的观点认为剑桥供水有限公司案似乎至少是吸收了莱兰兹诉弗莱切案侵扰的主流规则，[31] 因此使后者的诉讼基础显得多余。然而，这似乎并未证明上议院随后在传思科公司诉斯托克市区委员会（*Transco Plc v Stockport Metropolitan Borough Council*［2004］2 AC 1）案的裁决。该案涉及一项由传思科公司提出的要求保护由于被告人市政委员会拥有的公寓大楼的供水水管泄漏而被侵蚀的煤气管道操作的索赔。此

28　*Overseas Tankship（UK）v Morts Dock and Engineering Co. Ltd*［1961］AC 388 per Viscount Simonds 427 f.

29　参见，例如，*L. Dolding/R. Mullender*，Environmental Law：Notions of Strict Liability，Journal of Business Law（J. B. L.）1995，93 ff.

30　*P. R. Ghandi*，Requiem for Rylands v Fletcher，Conveyancer and Property Lawyer（Conv.）1994，Jul/Aug，309 ff.

31　一种考虑的路径在 *V. Phillips*，Future Prospects For Pollution Actions Under the UK Common Law，International Company and Commercial Law Review（I. C. C. L. R.）1994，5（3）109 ff 案中。

处不存在地方机构的任何过失侵权，与澳大利亚的伯尼港务局诉琼斯通用航运公司（*Burnie Port Authority v General Jones Pty. Ltd* [1994] 68 Australian Law Journal（A. L. J.）331）案相比，在该案中，多数意见认为，在澳大利亚法律中，莱兰兹诉弗莱切案已经被吸收进过失侵权的法律。在传思科案中，上议院拒绝消灭英国法规则，然而，他们赞同（不是没有争议[32]）的观点是，莱兰兹诉弗莱切案规则不是作为真正的独立的责任种类，而仅是一般侵扰法的分支。另外，上议院高级法官强调：虽然他们想保留莱兰兹诉弗莱切案的规则，但是，将来它的适用将是比较狭窄的。宾厄姆（Bingham）勋爵总结该规则如下："土地占有者能够证明另一土地的占有者已经引起或者保持他的土地面临一种不同寻常的危险或者一种非同一般的或者异常情境下的有害物质时，在我看来，是有权利从那个占有者那里追偿因为有害物质泄漏导致他的财产利益任何损害的赔偿，仅受天灾或者陌生人的抗辩，而无需证明过失"。[33] 有趣的是，传思科案的被告人地方机构实际上根据法定义务供水给提及的该公寓大楼，并且在这方面斯科特（Scott）勋爵评论道："运用土地开展活动不能定性为不合理，如果它已经被法律授权或者被法律要求。较之法定权力的事实，利用是一种自然的和普通的土地利用……鉴于其对该公寓占有者的法定义务，该委员会别无选择，只能提供供水。严格责任不能因为该委员会做了这些事而施加在其身上。"[34] 尼科尔斯（Nichols）勋爵将马尔契奇案（上文边码13中讨论）中采用的管制职能与提供污水收集系统类似方法的适用结合在一起："当水灾发生时，根据法律，第一个实施的步骤是……水务总干事……作为行业的管制者，将考虑是否颁布执行命令……只有当承办人未遵守执行

32　*D. Nolan*, The Distinctiveness of Rylands v Fletcher, L. Q. R. 121 (2005) 421 ff.

33　[2004] 2 AC 1 at page 11.

34　§ 89.

命令时，个别住户才可能会提起关于排水不良的诉讼。与之并行的普通法权利同样存在，当未做出执行命令时，这将使法定计划化为乌有，因此，遭受了水灾的个别住户自身也许会向法院提起诉讼"，[35]成文法继续优于普通法似乎也能确保。

18　　然而，这种鲜明姿态的先例并不是唯一设置在索赔者试图使用"环境"侵权方面的障碍——类似的不情愿适用普通法也可以在由霍普诉英国核能公司（*Hope v British Nuclear Fuels（BNFL）*［1994］*E. L. R.* 320）案提供的完全不同的语境中发现。该案涉及由 1954年《原子能管理局法案》施加的严格责任制度的适用。请求是由两人做出的：一人主张她的女婴染上并且死于癌症；第二人说她自己已经染上癌症，在每一案中，都因为各自的父亲在英国核能公司的塞拉菲尔德工厂工作时接触过辐射。这些案子最终涉及因果关系——两个索赔者都必须使法院确信，通过权衡各种可能性，从被告的工厂接触的辐射已经导致了或者实际造成了他们的损害。[36]该问题最终沦为竞争的专家证据之间的竞赛，并且法官并未被代表索赔者利益而给出的材料所信服。另外，索赔者试图依靠法定民事责任恢复他们的纯粹经济损失或者精神损害的情形还未见成功。这是被马尼奥汉德公司诉英国原子能管理局（*Magnohard Ltd v the United Kingdom Atomic Energy Authority*［2003］Scots Law Times（*S. L. T.*）1083）、蓝环工业集团诉国防部（*Blue Circle Industries plc v Ministry of Defence*［1998］3 A. E. R. 385）和梅尔林诉英国核能公司（*Merlin v British Nuclear Fuels*［1990］2 QB 557）案中各种各样的但是同样都无果而终的索赔证明了的。

19　　基于索赔环境责任中的因果关系也是格雷姆和格雷姆诉瑞侃公

---

[35]　§ 35.

[36]　这一利用包含在 *Bonnington Castings Ltd v Wardlaw*［1956］AC 613 案中的因果关系的检验标准的经典构想。

司（*Graham and Graham v ReChem*［1996］E. L. R. 158）（当时是英国法律历史上第二长的民事案件）案中的核心问题。索赔者拥有靠近瑞侃公司的危险废物焚烧炉的一个农场。他们主张他们的土地已经被污染并且他们自己和他们的牲畜的健康已经被焚烧炉的排放物聚氯联苯、二噁英和呋喃不利的影响。他们以过失侵权和侵扰为由提起诉讼。该案最终集中在因果关系上。[37] 索赔者面对的主要的问题是，尽管焚烧炉产生聚氯联苯、二噁英和呋喃，但是这些物质在环境中是无处不在的。该案再次变成了冲突的专家证据[38]之间的竞赛，并且索赔者再次没有成功说服法院。有趣的是，法院最近表明他们自己更愿意采取宽松的态度对待涉及其他情况的科学的不确定情形中的因果关系。上议院在费尔柴尔德诉格伦安息所殡仪服务公司（*Fairchild v Glenhaven Funeral Services Ltd*［2001］Court of Appeal（Civil Division）（EWCA Civ）1881）案的裁决很明显地体现了这一点。该案涉及索赔者关于她丈夫死于间皮瘤的过失侵权诉讼，间皮瘤是暴露在石棉的单纤维中导致的疾病。索赔者的丈夫为不同的三个雇主工作，这三个雇主都经营石棉，并且他们在保护其雇员的健康和安全方面都有过失。法院考虑到被告对过失的承认和科学知识的状态不可能判断哪一个雇主的过失导致损害发生的事实，认为被告实质上增加损害的风险就足以引起责任。当上议院明确指出他们在费尔柴尔德案中的判决代表的是应该受限制解释的一般规则的例外时，这借鉴了早期（更多被批评）的麦吉诉国家煤炭委员会（*McGhee v National Coal Board*［1973］1 W. L. R. 1）案的先例。[39] 该裁决导致因果关系的整个棘手问题以及科学不确定性在其他领域被重新审视是可能的，并且基于环境损害的案件将不可避免地以这为特征。

37　参见 *A. Layard*, Balancing Environmental Consideration, L. Q. R. 113（1997）254 ff.
38　参见 *K. Morrow*, Nuisance and Environmental Protection, in：Lowry（fn. 3）139 ff.
39　特别是上议院在 *Wilsher v Essex Area Health Authority*［1988］1A. E. R. 871 案的裁决。

20 公害[40]也被加入到环境不利影响语境下的服务中予以考虑，就像在艾伦诉海湾石油精炼公司（*Allen v Gulf Oil Refining Ltd* ［1981］AC 1014）案的情形一样。在该案中，议会[41]的私人行为授权建立一座炼油厂。相邻的财产所有人随后投诉侵扰并且提起了索赔诉讼，认为，尽管提及的法律授权炼油厂的建设，但它并未明确地授权它的经营，因此，并未排除炼油厂经营者的侵扰责任。上议院认为炼油厂的经营是由法律含蓄地授权，并且任何因经营导致的不可避免的侵扰应获侵扰诉讼程序的豁免。这个结论仍然达成，尽管法院无视通常采取的严格限制的路径对待允许法定权力干扰个人普通法上权利的事实。[42] 在艾伦案中，上议院也确定因为法定权力的行使引起侵扰的必然性的证明责任在于行使这些权力的人。然而，如果法律指出，法定权力行使引起侵害的情况下，普通法的第三方提起诉讼的合法权利仍然存在，那么，普通法上的一般规则就适用——参见鲍威尔诉福尔（*Powell v Fall* ［1880］5 Queen's Bench Division（QBD）597）案。

21 在亨特诉金丝雀码头公司（*Hunter v Canary Wharf Ltd* ［1997］AC 655）和奥尔德姆市委员会诉梅德韦码头公司（*Gillingham Borough Council v Medway（Chatham）Dock Co.* ［1993］QB 343）案中，有关授权活动的侵扰诉讼也被提起。这些案子牵涉在企业区[43]被许可的建筑施工和根据规划法分别授权的商用码头的经营。每一个案件中，索赔者都未胜诉。在亨特案中，请求失败是因为索赔者缺乏引起诉讼的土地的必要的所有权利益。奥尔德姆市委员会案中提出的观点

---

40 公害的不利对多数人造成影响，在英国法律中一般是犯罪，但是在某种情形之下它也能裁决个人侵权诉讼，只要索赔者可以证明他们所遭受的一般说来超出公害的损害，参见 *A-G v P. Y. A. Quarries* ［1957］2 QB 169.

41 议会的私行为不是由政府首创，反而是程序的结果，据此，议会被请求（例如由公司）实施它有关特定项目或者活动的立法权力。

42 参见，例如，Halsbury's Laws of England, Administrative Law, vol. 5 § 195.

43 被设计为简化规划管制以便促进快速发展控制的区域。

在很多方面更有趣，因为它涉及主要的规划法。在这一案件中，市政委员会以规划机构的身份行为，已经批准规划许可，授权将一个海军船坞变成一个更加繁忙的商业船坞，给当地民众产生不利的环境影响。委员会对根据 1972 年《地方治理法》第 222 条提起的侵扰诉讼作出回应。它可能通过改变已经授予的规划许可的方式来处理该问题；尽管这样做将必须支付损害赔偿。无论如何，侵扰的主张失败的依据是，批准规划许可已经改变该地区的特性。

2. 在行政法规和侵权法相互作用的问题上，是否存在宪法上的界限或准则，比如：关于联邦法与州或者当地可适用的法规之间以及与行政法规则的保护目的之间的关系准则等？

铭记英国宪法的非法典化的性质，在英国，公共机构的行为可能被法律挑战的主要的一般的方式（撇开内部法律具体机制）是通过索赔的司法审查（a Claim for Judicial Review）。[44] 索赔的司法审查部分受 1981 年《高级法院法》[45] 第 31 条调整以及受《民事诉讼规则》[46] 新规则 22 的第 54 章规制。然而，根据规则的第 54.3 条第 2 款，法院根据索赔的司法审查作出损害赔偿的判决是可能的，但这是很少见的情况。这样的索赔只有在索赔者能够证明除了在请求中他们公法上的权利被侵犯之外，还要证明他们在私法上比如合同中或者侵权中的权利也被干扰才能获得成功。另外，法院必须确信，索赔者以民事诉讼的方式而不是以司法审查的方式进行，这样的请求才会给予损害赔偿的判决。因此，可以看出，虽然某些个人私法权利被侵犯的损害赔偿通过索赔的司法审查程序得以奏效，但是这仅是例外，而不是规则。其他的救济措施比索赔的司法审查方式更

22

44　前身为司法审查的适用。

45　前身是 1981 年《最高法院法》第 54 条，后来被 2005 年《宪法改革法案》重新命名。

46　英格兰和威尔士《民事诉讼规则 2000》（第 4 条），被英格兰最高法院和威尔士县法院第 2092 号决议修改。

容易奏效些。这些包含了一些公法上的具体的救济措施：撤销命令
（前身是调卷令），强制命令（前身是履行责任令），禁止令（前身
是禁令）和禁令的补救办法以及在私法中也可用的声明。在行政法
中（并且实际上也在私法中），法院通常也许不会（除非欧盟法被援
用）适用禁令来反对作为法律实体的官方，尽管在这种情境下，声
明也许会被授予。然而，禁令在反对个别部门和部长时是有效的
［参见 M 诉房屋办事处案（*M v Home Office*［1994］1 AC 377)］。就
司法机关的宪法地位而言，声明的运用比运用替代方式的争议要少
些，但是一般达到同样的结果。在私法语境中，在更广泛的国家利
益与受影响的个人利益相冲突的地方，禁令也可能证实问题——在
侵扰案件中这已经证实了一个特别让人烦恼的问题，因为普通法的
传统立场是如果索赔者成功地证明他们有理，他们将有权利申请禁
令，这或多或少是理所当然的事。在此情境下，根据《人权法案》
的较近期的案例法，损害赔偿已经脱颖而出（参见上文边码 14）。

23　　　有关管制机构法定职能不履行的索赔，可能依据司法审查程序，
由与请求相关的事情有"充分利益"的个人（法人或者自然人）[47]
提起。在管制法中，法院往往相当慷慨地给予出庭资格。例如，在
R 诉皇家污染监察署、农业、渔业及食品部长、单方绿色和平组织
（*R v Her Majesty's Inspectorate of Pollution（HMIP）and the Minister of
Agriculture, Fisheries and Food, ex parte Greenpeace*［1994］2 Common
Market Law Reports（CMLR）548）案中，奥托恩（Otton）法官情愿
将绿色和平组织作为有地方和国家成员资格的非政府组织并因特定
领域的专门知识而享有良好信誉来给予其起诉权利，以挑战被告
HMIP 许可的（通过现有的同意的变化）塞拉菲尔德（Sellafield）热

---

[47] 自然人将被赋予比非政府组织更广泛范围的救济措施，非政府组织可能普遍发现它们
的补救措施被宣告为宣示性补救——参见，例如，*R v Secretary of state for Foreign Af-
fairs, ex parte World Development Movement Ltd*［1995］1 A. E. R. 611.

氧后处理厂的试验。绿色和平组织主张变化是不恰当的，且需要有新的同意。然而，请求因其本身的条件而失败了。根据《电离辐射指令 80/836/Euratom》第 6 条规定的要件，核活动引起的暴露于辐射应当预先是合理的，这一要件被认为在项目的规划阶段，因议会和监管者都对该问题给予考量的事实得以满足。

由个人在宽泛的环境语境下提出的挑战的例子能在 R 诉波尔顿 MBC、单方科尔曼 (*R v Bolton MBC, ex parte Kirkman* [1998] Journal of Planning Law (JPL) 787) 案中发现。尽管该案在这一问题上被认为有争议，但是，最终，起诉权被认为没有问题。该案涉及由当地居民根据 1990 年《城镇和乡村规划法》发起的针对在他家旁边建立一个大的垃圾焚烧炉的授权规划许可的司法审查诉讼。科尔曼的论点大部分都集中在根据《环境保护法》第 1 章的综合污染控制许可制度一部分的最佳切实可行的环保方案概念的适用上。科尔曼宣称当地规划局和一审法官在考量授权规划许可的最佳切实可行环保方案的问题上都犯了错误，并且各自拒绝许可。科尔曼主张，政府可持续发展的政策要求垃圾废物案中作出规划决定必须与最佳切实可行的环保方案一致，从而，因为在本案中未做出任何替代物费用的详细评估，所以当地规划局就有失职之嫌。法院得出的结论认为，即使缺乏这样的评估，但这个事情已经被恰当地处理。高度令人怀疑的是这是否是实际情况，而法院不愿意去干预则几乎更加明显。科尔曼案件和绿色和平组织案件表明，就起诉权而言，法院也许会比较慷慨地允许进入司法审查，但是成功地挑战管制机构裁决的可能性还是很遥远。因为英国大部分环境法的特征是执法具有高度自由裁量的性质，所以该情形部分地盛行。环境局已经改进了检控政策，[48] 该政策部分旨在构建执行路径并且使其更加透明，但事实仍然

48　Available at www. environment-agency. gov. uk.

是相关法律给予如此宽的自由度给管制者，以至于有效地挑战他们基于行政法基础作出的决定存在很大问题，尤其是越权。

除了由索赔司法审查提供的稍微受限制的损害赔偿路径之外，法院有判决违反 1998 年《人权法案》的救济措施的新权力（尽管同样地被限制）。[49] 根据第 6 条第 1 款，他们或许授予这样的救济或者补救措施或者下这样的命令针对公共机构，因为他们认为作为或者被建议的作为被看做非法是"公平并且适当"的。一般而言，根据《人权法案》第 8 条第 3 款，损害赔偿能够被判予的条件是，当已经考虑了其他被授予的救济措施以及它裁决的后果之后，法院仍确信对索赔者"提供恰当的满意"是必要的。还有其他具体限制适用于民事责任区域，根据第 8 条第 2 款和第 6 款，损害赔偿仅能被判予，根据《人权法案》，他们在民事诉讼中也同样有效。根据第 8 条第 5 款，公共机构被裁决承担损害赔偿责任，它同样被视为根据 1978 年《民事责任法》承担索赔者遭受的损害赔偿责任。

3. 除了法定规定之外，违反哪种类型的行政法规（比如：规章、官方通知）的情形之下，能引起侵权责任？

24　　污染罪除了刑事责任之外，英国的管制法偶尔给污染者施加一定形式的清理费用的法定民事责任，[50] 包含由环境局在清理应该由污染者负责的污染事件时发生的费用。一个例子能够在 1991 年（经修订）的《水资源法》第 161 条中发现，根据该规定，环境局能够要求"造成或者明知而许可"提及的污染的人偿还"合理费用"。类似的规定在 1990 年《环境保护法》第 59 条（关于消除未经授权在土地上堆积的废物）和 1990 年《城镇和乡村规划法》第 215 条（关于影响市容的土地的要素）中被发现。更大问题的是于 1995 年修订

49　Halsbury's Laws of England, Administrative Law, vol. 4 § 157.

50　对这方面施加责任的一般性讨论，参见 *C. Shelbourn*, Historic Pollution—Does the Polluter Pay? JPL 1994, 703 ff.

的 1990 年《环境保护法》，该法试图给在受污染的土地方面施加责任。

4. 当行政法（比如法律或者由政府或者具有公共职能的实体所作的决定）本身违反法定规定的时候，根据私法，会有怎样的后果？因遵照约束其行为的违法的行政法规，而造成损害的人，是否不用承担责任？如果是，则该人知道或者应该已经知道行政法规是违法的，是否有任何相关性？

法定机构潜在地排除经过授权、根据法律实施的活动的责任，这取决于提及的立法的措辞。作为一般原则，涉嫌违反法律规定本身不提供普通法诉讼的充分依据——参见隆霍公司诉壳牌石油公司（*Lonrho Ltd v Shell Petroleum Co. Ltd*（*No.* 2）[1982] AC 1730）案。另外，有关现行观点中该种类型责任的要件，参见 X（未成年人）诉贝德福德郡议会（*X*（*Minors*）*v Bedfordshire County Council* [1995] 2 AC 633）（上文边码 5）案适用的讨论。无论如何，法院趋向于狭窄地解释法定权力，如同在博伊斯诉帕丁顿区委员会（*Boyce v Paddington Borough Council* [1903] 2 Chancery（Ch.）556）案表明的一样。遵守管制性许可并不必然意味着许可证的持有者与普通法诉讼绝缘，然而它可能以某种方式告知法院这种语境下过错的分析，这通过对巴登以及奥伯里诉 BPC（*Budden & Albery v BPC* [1980] JPL 586）（参见下文边码 45）案中采用的路径类推来论证。

25

另外的具体规则适用于不同的公共行动者。在普通法上，政府有侵权责任的一般豁免权。[51] 然而，法律很大程度上通过 1947 年《王权诉讼法》[52] 废除[53]该豁免。在该情境下政府的定义包含政府和

26

51　对政府公务员的个人（不是政府的）行为的诉讼可能有效，只要其对索赔者负有法律义务，参见 *M v Home Office* [1994] 1 AC 377.

52　参见 generally Halsbury's Laws of England, Administrative Law, vol. 4 § 182 ff.

53　存在很多被排除的领域，相关的例子比如国防（第 11 条）和司法问题（第 2 条第 5 款）。

它的工作人员或者代理人。主要法律规定如下：根据 1947 年该法的第 2 条第 1 款 a 项的内容，政府因为他的雇员[54]或者代理人[55]所犯的侵权行为而负有通常的民事责任；根据第 2 条第 1 款 b 项一般雇主责任规则的适用；根据第 2 条第 1 款 c 项有关所有权和财产占有的一般法律责任制度的适用；以及根据第 2 条第 2 款未遵守法定义务，这种法定义务可能专门适用于具体的官方，也可能是适用于政府以及其他工作人员的更一般的法定义务，这都可能引发诉讼。但是无论如何，受质疑的法定条款必须表明其规定或明或暗地涉及官方。[56]

27　　普通法上其他公共机构也可能为过失侵权、侵扰、非法侵入以及其他侵权承担责任。这样的责任适用于东萨福克河水利局诉肯特案（*East Suffolk Rivers Catchment Board v Kent* [1941] AC 74）案中讨论的领导机构未能以应有的谨慎行事。任何诉讼的权利取决于索赔者处于设计的公众类型之内，法律是为了他们的利益而存在。作为公共政策的问题，无义务一般地被认为归属于像"广大公众"这样的广大阶层——一般参见希尔诉西约克郡警察局长（*Hill v Chief Constable of West Yorkshire* [1988] QB 60）案。该路径被适用在韦尔诉东苏格兰水资源管理局（*Weir v East of Scotland Water Authority* [2001] S. L. T. 1205）案更狭窄的"环境"语境中。然而，在某些情境中，法律可能使公共机构因为违反法定义务或者违反普通法义务[57]承担责任。这样的机构同样可能为已获授权的侵权行为承担责任。[58]

54　在普通法语境中术语"雇员"的意思，参见 the House of Lords' decision in *Bank voor Handel en Scheepvaart NV v Administrator of Hungarian Property* [1954] AC 584. 根据第 2 条第 6 款，政府责任仅延伸至直接或者间接地从特定的确定的公共基金中获得报酬的官员。基于本报告的目的，最重要的政府公务员是政府部长。

55　这包含第 38 条第 2 款的独立承包人。

56　参见 Halsbury's Laws of England, Statutes, vol. 44（1）（Reissue § 1321）.

57　参见，例如 *Blue Circle Industries plc v Ministry of Defence* [1998] 3 A. E. R. 385.

58　*Campbell v Paddington Corporation* [1911] K. B. 869.

虽然英国法的公职不当行为存在具体的侵权行为，但因为这要 　28
求公职人员带有损害索赔者的意图或者有明知行为越权的方式可能
损害索赔者的意图而实施其权力，这种情形是非常稀少的。参见三
河区委员会诉英格兰银行及其管理者（*Three Rivers District Council v
Governor and Company of the Bank of England*（*No.* 3）［2000］3
A. E. R. 1）案。

最后，存在公职人员违反普通法或者法定义务的个人民事责任　　29
的可能性。惩罚性赔偿在涉及压迫、任意和违宪行为[59]方面是有效
的，但是这些目前并不扩展到侵扰[60]和过失侵权，[61] 这两种侵权最有
可能与管制法相互影响。在特定情况下，也存在保护从事公共健康
保护的官员不承担个人责任[62]的条款。

5. 如果行政法规自己调整违反它本身规则的结果，特别是给予
刑事制裁，这样的规则是否被认为是综合性的（即不包括侵权请
求）? 在这方面侵权法和刑法如何相互影响?

作为一般规则，法院认为在法律规定了救济措施的地方应该优　　30
先，并且应该被继续执行——参见马尔契奇诉泰晤士水务有限公司
案（上文边码 13 的讨论）。因为刑事法律诉讼一般是在公共利益
（私人控告在这方面有可能，但是在实践中很少）中被提起，所以他
们通常不处理私人抱怨。在某些情形下，受不利影响的个人也许会
提起侵权诉讼，只要他们能确定他们没有任何法定救济措施并且他
们属于普通法的范围（参见 X（未成年人）诉贝德福德郡议会案，
上文边码 5 的讨论）。

6. 在何种条件下，行政法规则被认为是所谓的"保护性目的规

59　*Rookes v Barnard*［1964］AC 1129.

60　*AB v South West Water Services Ltd*［1993］1 A. E. R. 609.

61　Ibid.

62　参见，例如，sec. 305 Public Health Act 1936.

则"？行政法规则的保护目的是否仅由行政法规决定，还是也由侵权行为法的总则决定？

31　　"保护性目的规则"的概念在英国法中并不普遍被适用。但是，管制法中的法定条款，尤其是环境法和公共健康法，通常明确指出，它们的目标是着眼于保护环境和（或者）人的健康，因此，可以说，该概念隐含在很多管制法中。因此，英国法中被广泛称为"保护性目的"的内容是法定的，而不是基于普通法。

　　7. 如果行政法规则约束一个法律实体，谁将对未遵守该规则承担责任？如果该实体机构的个人不得不承担各自的刑事责任或者行政责任，这是否也引起该人承担侵权责任？像这样的责任如何与法律实体的替代责任相互影响？

32　　政府雇员不用为他下属的行为承担责任，除非他们直接或者含蓄地命令这些实施的被投诉的行为。[63] 如果是这种情况，那么部长责任公约就得以适用，从而使得政府雇员通过其取决于部长的行为的法律和政治责任来避免其个人责任，参见卡尔多纳诉工程专员（*Carltona v Commissioner of Works* [1943] 2 A. E. R. 560）案。除此之外的责任将取决于实际的侵权者。其他公共机构替代地为他们自己的雇员和代理人的行为负责，其责任方式与私营雇主相同，因此，他们将会为他们的人员在任职期间实施的侵权行为承担责任。如果个人所为的行为不是任职期间的行为，他们将为其侵权行为承担个人责任。

　　8. 在贵国，法律实体本身是否也要承担行政责任？像这样的责任在私法领域会有怎样的结果？如果适用行政责任，法律实体承担的行政责任是否也会引起侵权责任？法律实体的行政责任与它的替代责任如何相互影响？

63　Halsbury's Laws of England, Administrative Law, vol. 4 § 183.

在特殊情境下,"私人实体"在英国可以受行政法约束,如同在 33
雷吉娜诉兼并委员会 (*R. v Panel on Take-overs and Mergers ex parte
Datafin Plc* [1987] QB 815) 案中裁决的一样。如果私人实体实施公
共职能以及它们的作用是由制定法支撑,法院将适用行政法于这样
的实体。在《人权法案》第 6 条中包含的公共机构的定义的适用比
在司法审查中运用的要广些,并且因此,《人权法案》救济在某些情
形下对私人实体也可以有效。虽然可以通过司法审查索赔(参见上
文边码 22),但是这种情形中取得私法权利遭受侵害的损害赔偿金
是极端困难的。另外,对包含在 X(未成年人)诉贝德福德郡议会
案(参见上文边码 5)案的规则的适用,意味着对行政法的违反而
引起侵权责任是可能的,但仅是微乎其微的可能性。私人实体在许
多法定制度下,必须承担清污费的民事责任。英国环境法趋向于利
用刑法,以法定罪行的形式,比如以下规定:《环境保护法》的第
23 条和第 33 条以及 1991 年《水资源法》第 85 条。这些规定与根据
法律施加人身损害和财产损害民事责任的规定连在一起,比如《水
业法》第 209 条,《环境保护法》第 73 条第 6 款所规定的。另外,
环境局有权力处理污染造成的损害,并且向法院申请要求弥补因污
染责任而产生的合理开支,比如《环境保护法》第 27 条和《水资源
法》第 161 条所规定的。

二、旨在环境保护的安全规章和规定

1. (1)法定的安全规章和(2)旨在环境保护的规定对于侵权
法有何重要性?

法定规章在这一领域优先于侵权普通法作为一个规则,可参见 34
R 诉埃克塞特市委员会 (*R v Exeter City Council, ex parte J. L. Thomas
& Co. Ltd* [1991] 1 QB 471) 案。法定管制的优先性是因为其特殊性

以及已经获得议会的认可——上文边码13，参见马尔契奇诉泰晤士水务有限公司（*Marcic v Thames Water Utilities Ltd*［2002］QB 929）案。

2. 在贵国，有关这些主题，在何种范围内认为侵权法与管制法有相同或者相似的目的？

35　　就出现的情况而言，当管制法和普通法之间存在某些重叠（参见法定侵扰的讨论，上文边码4）时，这两种法律制度的目的一般有很大的区别。侵权法的存在是为了保护私人的和个人的权利与利益；在"环境"侵权的语境下，这些原则上主要涉及财产权（侵扰责任的情形以及根据莱兰兹诉弗莱切案中的规则）和较小程度上的人身伤害（过失）。另一方面，管制法的存在是为了保护法律定义的公共利益；在环境法律语境里，这些通常牵涉环境保护本身以及保护其中的人类利益和与其相关的利益，比如，公共健康。

3. 这些规章和规定本身是否被认为是具有保护目的的制定法？个人是否也包含在这些保护性规则范围之内？在你们的法律制度中，对这些规则的违反是否构成不法行为？或者它是否引起严格责任？

36　　在某种程度上，规章被认为是具有保护性目的的法律。包含在主要立法（比如1990年《环境保护法》和1995年《环境法》）中的规定典型而明显地指出它们的目标（以及根据它们制定的法定文件的目标）是保护环境和人类健康。然而，尽管这最终是基于个别法律的法定解释问题，但在法定授权活动语境内的这种规定的通常焦点是广大公众，而不是个人，如同在上文边码9中斯托弗恩诉怀斯案中讨论的一样。

37　　违反污染控制法律有可能使被告招致严格责任，例如，《环境保护法》第2章第33条和《水资源法》第85条中关于废品的规定的情形。在后一领域（其借助源于19世纪并形成于1974年的《污染控制法》中关于水污染的规定，这是现行制度的前身），法院有最多的机会来澄清环境法中严格责任的运用。根据法律的规定，对于导致或者明知会导致受控制水域污染而许可的行为,[64] 法律施加法定的严格责任。对这些条款的解释导致争议的产生,[65] 尤其是因为它们在法律中未被界定，而是在案例法中被解释的。

　　首先，有必要理解"导致"与"明知而许可"之间的区别。在这一领域的主要的权威性案例——环境局（原国家河流管理局）诉皇后汽车公司（*Environment Agency（Formerly National Rivers Authority*)[66] *v Empress Car Co（Abertillery）*Ltd［1998］1 A. E. R. 4810 案中，霍夫曼（Hoffmann）勋爵解释说："……在第一种情形，被告所做的必须是已经引起了污染；而在第二种情形，他的不作为一定已经导致它的产生。作为和不作为之间的区别归因于……这样一个事实：当污染的原因是不作为时，议会已经规定了作为的义务。"

　　近几年来出现了相当多数量的案例法关注污染控制法中"导致"这个术语的解释。该问题根据 1974 年《污染控制法》的制度，由上议院在阿尔方塞尔诉伍德沃德（*Alphacell v Woodward*［1972］2 A. E. R. 475）案中有影响力地被考虑。用威尔伯福斯（Wilberforce）勋爵的话说："……导致……一定需要被赋予常识性的含义，并且，我本人蔑视采用比如像原因，有效原因或介入的新原因之类的提炼。"[67] 然而，他补充这是受制于但书的，即因第三方或者自然力的行为就没必要讨论这一问题。"导致"污染的问题在威奇文区委员会诉国家河流管理局（*Wychavon District Council v National Rivers Authority*［1993］1 W. L. R. 125）案中根据《水资源法》制度提出来予以考量，该案涉及与《水资源法》107 条第 1 款 C 项措词相同的形式。

38

39

64　如同《水资源法》第 104 条中界定的一样。

65　*N. Parpworth*, Causing Water Pollution and the Acts of Third Parties, JPL 1998, 752 ff.

66　环境局取代国家河流管理局并且遵照 1995 年《环境法》有最高的污染监督权。

67　Per Lord Wilberforce 479.

国家河流管理局主张由于 1990 年 3 月 11 日和 12 日的风暴流出物，委员会已经造成未经处理的污水流进埃文河。在 3 月 12 日，委员会以塞弗恩特伦特水务公司（Severn Trent Water）代理人的身份行为，清理在排水管道中的阻塞物，污染由此停止。案件的争议点是：委员会是否因为他们未更加及时地发现原因而"导致"污染。上诉法院法官沃特金斯（Watkins）引用阿尔方塞尔案中威尔伯福斯勋爵的观点，并进一步说："……'导致'……一定包含某些积极地运作或者作为河流污染结果涉及的一系列运作；'明知而许可'……牵涉预防污染失败，这种预防污染的失败必然伴随有认知。"在本案中，污染不是委员会的运作或者是积极行为的结果，因此他们不被认为已经导致污染。上议院在国家河流管理局诉约克郡水务服务公司（*National Rivers Authority v Yorkshire Water Services Ltd*〔1995〕1 AC 444）案中支持了这一路径。然而，该路径被证明极具争议，因为它允许被告在他们的行为中具有极大的自由度，使他们能够比较容易地逃脱明显属于严格责任制度的法律责任。

40 　　上议院借机澄清已经变得极端混乱的法律区域，并且在皇后汽车公司诉国家河流管理局（*Empress Car Co（Abertillery）Ltd v National Rivers Authority*〔1998〕1 A. E. R. 481）案中转向更为苛刻的立法意图。在该案中，皇后汽车公司拥有一块带有柴油罐的工业用地，这个场所的出水直接排放到河里。油罐已经恰当装有污染控制装置，但是皇后汽车公司为了更加容易取得燃料而不顾控制。出水管有塞子但未被塞住。现场有故意破坏的记录。晚上，油罐的塞子被侵权者打开并且柴油流进了院子里接着就流到河里。皇后汽车公司被环境局以导致污染控告。公司被定罪，并且在上议院他的上诉最终结束。皇后汽车公司主张它并未导致污染，因为它没有为任何积极的行为。相反，公司声称侵入者导致了污染的产生。该案的法官则认为，由他们已经做的经营业务的方式，公司的角色足以被认为导致污染。另外，法官也认为，在本案中，侵入者的行为并未阻断因果关系链，因为唯有"非同一般"事情才能满足这一条件。因此，皇后汽车公司承担导致污染的责任，即使侵入者是污染发生的直接原因。该路径借鉴了上诉法院在由司法部长转交的法律问题（Attorney General's Reference（No. 1 of 1994）［1995］E. L. R. 227）中的裁决，即如果独立且不同地行为被卷进来，那么超过一方的主体将可能承担"导致"污染的责任。

"明知而许可"这个术语从整体上讲，已经证明比"导致"少些争议，但是，也根据《污染控制法》制度在普里赛诉克罗马克（*Price v Cromack* ［1975］2 A. E. R. 113）案中由法院予以考量。在该案中，当存放在自己土地上的泻湖的泥浆流进河里时，农场主以"导致"污染被控告。农场主与动物产品公司签有合同，允许该公司排放到其土地上的泻湖里。基于这些事实，法庭裁决，农场主"许可"在泻湖里垃圾废物的堆积，但是没有"导致"它。然而，这案子确实采纳了更加严格的"导致"污染的路径，要求被告一方有"积极的行为"，这是后来在皇后汽车公司案中被拒绝的。

一般的规则是，法定机构并未使被告免受普通法上的诉讼，如果他们的过失行为适用于有关水的活动——参见格迪斯诉班恩水库所有者（*Geddes v Bann Reservoir Proprietors* ［1878］3 App Cas 430）案。另外，在斯考特—怀特黑德诉国家法院委员会（*Scott-Whitehead v National Court Board* ［1985］53 Property & Compensation Reports（P & CR）263）案中，裁决认为，水管理局有注意义务提醒沿河的业主，同意排放的行为可能引起不利影响。然而，基于规章以及后来案例法的公共权限的转变，例如墨菲诉布莱顿伍德区议会（*Murphy v Brentwood District Council* ［1991］1 AC 398，Stovin v Wise ［1996］AC 175）案和 X（未成年人）诉贝德福德郡议会（*X*（*Minors*）*v Bedfordshire County Council* ［1995］2 AC 633）案，似乎对现行法律的责任发

41

42

生影响。

43　　作为一般规则，除非提及的法律文件允许，法定权力不得以这样的干扰个人权利的方式被实施，这在英国法中具有悠久的历史权威——参见阿格诉伯明翰市委员会（*A-G v Birmingham Borough Council*［1858］4 Kay & Johnson's Vice Chancellor's Reports（K. &J.）528）案。另外，该案是有关污水排放导致水污染的确定的权威，即如果污染是因为违反法定规定（尤其是《水业法》第117条第5款和第6款导致的，那么律政司可能对责任人提起诉讼。在这样的诉讼中，案例法已经有很悠久的历史，以至于对律政司来说不必证明损害——参见阿格诉科克茅斯地方委员会（*A-G v Cockermouth Local Board*［1874］L. R. 18 Eq 172）案。

　　4. 如果是适用（严格责任），请详细描述有关安全规章或者环境保护采用的强制责任保险的法定方案。

44　　1990年《环境保护法》第2章废物处理许可制度以间接手段通过第36条规定许可证只有被"合适的并且恰当的人"持有，从而引入了事实上的保险要求。在第74条规定的该术语的定义包含投保人必须显示他们有足够的财政资源到位以处理与其活动相关的潜在责任的要求。鉴于所需要的大量废物清理资金，这就使得保险条款成为必要。

三、过错责任

（一）对行政法规则的违反

1. 在过错责任领域，违反安全规章和环境法规则扮演何种角色？

45　　作为一般规则，并不存在为遵守管制法而完全排除普通法上的民事责任的规则。因此，"预期检验标准"是英国普通法上仅有的有限关联。法律责任的避免依赖于适用的法律的措辞和案件事实。因

此在巴登以及奥伯里诉 BPC （*Budden & Albery v BPC* ［1980］ JPL
586）案中当被告遵守法律时，不存在有关含铅汽油销售的过失侵权
责任。另一方面，行政指导的内容能够被看做是可以预见过失的迹
象，虽然没有什么比这更确凿。这在萨瓦奇诉费尔克拉夫（*Savage v
Fairclough* ［2000］ E. L. R. 183）案中被讨论。在该案中，被告的农
场活动不利地影响索赔者的水质量。第一审中，主审法官裁决养猪
的单位未达到农业、渔业和粮食部（the Ministry of Agriculture Fisher-
ies and Food（MAFF））指示的良好农业实践标准，但另外，他们的
农业活动确实遵守了良好的实践要求。法官进一步发现，将良好的
农业实践和"假设的好农民"的标准都考虑进来，相关类型的损害，
比如由于农业活动导致的相邻的供给水的污染，也不会合理地被预
见。索赔者上诉失败。另外，正如谢尔本（Shelbourn）指出的一样，
在正在继续进行以及可以预见的损害的情形中（因为与历史上的污
染不同，如同上文边码 17 讨论的剑桥供水有限公司诉东县皮革厂上
诉案中一样），可能存在侵扰和过失侵权的潜在责任。[68]

2. 仅违反这样的规则就能构成不法性还是有额外的要求，比如：
违反注意义务和过错？

仅违反法定规则本身不能构成违法性，参见上文边码 25 隆霍公　46
司诉壳牌石油公司案。对于根据法律以普通法产生的责任，必须满
足在 X（未成年人）诉贝德福德郡议会（在上文边码 5 中讨论）案
中制定的要件。

3. 如果实施侵权行为的人违反了行政法规，他的责任在何种程
度上依赖于规则的保护目的？

违反相关行政法规与索赔相关，因为它属于违反法定义务问题　47
的一部分，参见 X（未成年人）诉贝德福德郡议会案（在上文边码

68　*Shelbourn*, JPL 1994, 705 f.

5 中讨论)。

4. 在何种范围内，实施侵权行为的人被允许证明即使他遵守相关的规则行事，他仍然会造成损害？

48　　　这一证明在普通法上可以允许，它也构成法定机构辩护的一个实际要素——参见艾伦诉海湾石油精炼公司（上文边码 20）案的讨论。然而，一般情形是，法院将要求以给他人造成最小干预的方式实施法定权力，参见阿格诉伯明翰市委员会案。但是，该方法并未排除这样的干预，也没有真正保证普通法上它应该产生的救济——参见上文边码 13 讨论的马尔契奇诉泰晤士水务有限公司案。

5. 违反行政法规则，在举证责任的分担上有何种结果？尤其是就因果关系、不法性和过错而言？

49　　　虽然被告需要证明他是基于对法定授权的信赖，其对索赔人所主张的权利的干扰被相关行政法规认为是正当的，但是一般的举证责任仍属于索赔者，并且如果相关的管制规定被违反时，这将更加难以确定。

6. 违反行政法是否能导致主张惩罚性赔偿？

50　　　该问题在英国上诉法院 AB 诉西南水务公司（*AB v South West Water Services Ltd*［1993］QB507）案的裁决中在环境法的语境内得以审视。随着被告在公害刑事诉讼中被定罪之后，本案的公害侵权被 180 人提起，他们主张他们已经遭受了疾病，因为他们消费了被告经营的饮用水处理工厂被偶然污染的饮用水。他们主张被告的雇员行为傲慢，并且还说该厂的雇员积极地误导市民，因此，加重遭受的损害。上诉法院确认，对判决惩罚性赔偿的检验标准仍然如同在鲁克斯诉巴纳德（*Rookes v Barnard*［1964］AC 1129）案中陈述的一样。该案指出惩罚性赔偿只有在这样的地方有效：存在政府公务员的压迫、任意或者违宪行为；或者被告的行为累计取得的利润超过任何支付给索赔者损害赔偿的费用。法院还进一步认为惩罚性赔偿被限制在鲁克斯案确定的类型的那些行为种类以内，它们不能被扩张到其他领域。[69] 在这种情况下，因为西南水务是一个私有的公司，它不能归入第一类别，[70] 索赔者也不能证明它属于第二类的事实。法院认为，1964 年之前，[71] 惩罚性赔偿不能被适用于公害，并且拒绝考虑扩张它们到其他领域。

（二）遵守行政法规则的行为

1. 即使侵权人遵守了所有相关的行政法规则，他是否也要承担侵权责任（以获得损害赔偿或者禁令为目的），或者你们的法律制度是否允许"管制性许可抗辩"？

该问题取决于具体情境和法定语境。作为一般规则，无过失即无诉讼，正如在李水利局诉赫特福德公司（*Lea Conservancy Board v Hertford Corporation* [1884] 48 Justice of the Peace Reports（JP）626）案中一样。该案中，对于河道里被排放的污水，当相关法律要求最为人知的净化手段在排放之前被使用并且它被遵守，那么就不认为等同于过失。然而，在阿格诉哈克尼地方委员会（*A-G v Hackney Local Board* [1875] L. R. 20 Eq 626）案的情形中，类似的污染被裁决未由适当的法律制度正当化。

在野树宾馆诉伦敦哈罗区委员会（*Wildtree Hotels Ltd v Harrow London Borough Council* [2001] 2 AC 1）案中，这个问题也被触及到，虽然是比较间接地。该案牵涉根据 1965 年《强制购买法》（第56 条）第 10 条提起的作为道路扩宽计划负面影响的取得财产的临时

51

52

69　一种受批判的路径见 A. *Reed*, Exemplary Damages: A Persuasive Argument for Their Retention as a Mechanism of Retributive Justice, Civil Justice Quarterly（C. J. Q. ）1996, 130 ff.

70　与在欧盟法中采取的"与国家纵向相关（emanation of the state）"术语的定义相比较，这里采取相对狭义的观点，就像在 *Foster v British Gas* [1991] 2 A. E. R. 705 案中决定的一样，扩张到法定的承担者。

71　然而，惩罚性赔偿在后来的公害案件中被判决：*Guppys（Bridport）v Brookling & James* [1984] 269 Estates Gazette（E. G. ）846, discussed by R. G. *Lee*, Exemplary Awards and Environmental Law, J. B. L. 1993, 287 ff.

干扰损害赔偿请求。在这里，法定条款重复了普通法上侵扰方面的规定，即如果根据法定权力合法地实施的工程导致了损害，当该法律的规定并不合理时，将允许提起侵扰诉讼，损害赔偿将被允许支付。法院认为，继雷·彭妮和东南铁路公司（*re Penny and South Eastern Railway Co* ［1857］7 Ellis & Blackburn's Queen's Bench Report（E & B）660）案之后，如果根据普通法不存在任何诉讼，那么，根据法律将不会有诉讼。

2. 一般注意义务能否超过这些规则的范围？

53　　　要做到这一点，虽然不一定不可能，但也比较困难，因为作为英国法中一般的路径，给予法定条款首要的地位，参见 X（未成年人）诉贝德福德郡议会（上文边码 5 讨论）案中由法院采取的这些问题的路径的讨论。

3. 如果侵权人能够成功证明他是合法地行为（就相关的行政法规则而言），那么关于不法性和过错的举证责任的分担是否会有所不同？

54　　　在这种情形之下的举证责任的分配最终依赖于法律解释，因为被告有效地主张其行为的法定权威——参见都市庇护区管理人诉希尔（*Metropolitan Asylum District Managers v Hill* ［1881］6 App Cas 193）案。作为一般规则，证明法律授权特定行为的责任在于试图从行为中受益的被告，并且因此，他们必须证明被设计的法律旨在消除索赔者在私法中通常享有的权利——参见上文都市庇护区管理人诉希尔案。

四、其他原因的损害赔偿

1. 除了侵权法之外，是否还有其他法律的原因，比如：行政法本身或者是更加广泛的法律责任领域，强调因违反这样的规则所引起的损害赔偿责任？

存在一些法定民事责任条款和清理费用的法定责任条款，参见 55
上文边码 24 为此所作的讨论。

2. 如果行政法规则许可侵害另一个人的利益，贵国的法律制度
是否提供损害赔偿（或者是来源于受益者、基金或者是政府）？该赔
偿请求的必要条件是什么？

目前，在英国的这一领域中的法律，损害赔偿是一个棘手的问 56
题，尽管作为当前一个重要的问题，它确实看起来正在向前发展，
特别是根据《人权法案》，参见马尔契奇诉泰晤士水务有限公司案
（见边码 13）和丹尼斯诉国防部案（见边码 14）的讨论。

五、案例

1. 1976 年，一家由 A 公司经营的化工厂，被允许可以排放一定
量的废气到空气中。根据最近的技术标准，所规定的量可以以一个
合理的费用显著地降低。然而，自从 20 世纪 70 年代以来，政府管
制就没有升级校正调整过。因排放废气而遭受农作物损害的当地农
民，能否向政府或者工厂经营者主张损害赔偿？这与农民本应该根
据行政审查程序，申请审查或者撤销许可有关吗？

诉讼能否被农场主提起以及针对谁提起将取决于法律的措辞。 57
作为土地法律，无论如何，法律在科学术语上相对过时的事实并不
影响它的适用。议会至上的规则意味着，就英国法院而言（没有任
何欧盟法维度），他们必须按照实际情况适用法律，不管它的局限
性，只要它是依法完成和可以适用的——在实际情况中没有任何事
会因此随时显示它不是。在类似情境中，主要的法律制度（涉及根
据制定法而不是根据法定制度颁布的许可证直接行为的主体）被确
认在马尔契奇诉泰晤士水务有限公司（见边码 13）案中。

2. 一个有关职业危害的特定法规 A 迫使雇主在他们的车间里采

取一定的保护措施。B 经营着一间一人车间，在那里没有雇工和参观者曾出现过，假设在该情形下管制规定不予以适用，一个偶然到车间参观的人受到伤害，B 是否仍然要承担侵权责任？

58 　　忽略具体立法的不适用的情况下，根据侵权法一般原则，B 可能对根据 1957 年《占用者责任法》的合法参观者承担责任，并且，在较小的程度上，对根据 1984 年《占用者责任法》（修改）[72] 的非法参观者也要承担责任。

　　3. 公司 B 违反有关公共安全规则的各类规章很多年，尽管存在有权力处以罚金、甚至让 B 公司关门倒闭的政府机构，但是这些政府机构几乎没有采取行动，通知公司 B 这些违法行为。他们曾经参观该公司一次，并且列出一系列的公司应该补救的缺陷的清单。公司一直未补救这些问题，政府机构从未再回头来惩戒该公司。一段时间之后，一严重的事故在 B 公司发生，如果该公司严格遵守相关安全规则，该事故本应该可以避免发生的。

　　（1）受伤害的人能否让公司承担损害赔偿责任？如果可以，公司能否以缺乏监管部门的监督提出抗辩？

59 　　这些受害人在符合侵权通常规则的情况下，可能会以普通法对公司提起诉讼。遵守法定要件不是决定性的——这将取决于案件的事实以及相关立法的措辞——参见巴登以及奥伯里诉 BPC 案。公司以缺乏监管机构的监督作为辩护理由，不太可能取得申诉成功。

　　（2）受到损害的人能否主张从政府机构获得损害赔偿？

60 　　这将首先需要讨论法定解释的问题，并且最终将根据 X（未成年人）诉贝德福德郡议会案中的规则决定。该案失败的最大可能性是基于索赔者无法确定自己作为韦尔诉东苏格兰水资源管理局案中存在的法定制度意欲保护的群体。

72　通过 2000 年农村和通行权法案。

法国侵权法与管制法

菲利普·比耶　弗朗索瓦·利谢尔[*]

该报告中提到的大部分案例法和文章都能在官方网站"www. legifrance. gouv. fr"中找到。法国法典的引用来自于官方的翻译，在同样的网站中也能找到。

一、总述

1. 总体上来讲，在贵国，行政法规则对侵权法的影响是什么？

两种类型的责任是有区别的：民事责任（比如，保护第三方例如邻居，环境保护协会，本地的经营者……）和刑事责任。　1

在民事责任的情形中，原则是行政许可不能损害第三方权利（*sous réserve du droit des tiers*）。这意味着如果一个人的行为遵守相关行政法规则而导致了损害，他应该给第三方支付损害赔偿，不能因为存在授权而免除责任。然而，该原则应当考虑个别关注原则这一例外（参见下文边码 23）。　2

关于一般民事责任，两种类型的责任应该关注：客观责任和主观责任。前者迫使受害者在产生损害的事实与损害之间建立客观的

---

[*]　菲利普·比耶（Philippe Billet）教授，公法博士（环境法方向），法国第戎勃艮第大学公法教授，法国环境法协会主席。弗朗索瓦·利谢尔（François Lichère）教授，法国蒙彼利埃第一大学公法教授。

联系，而后者要求受害者证明责任人的过错。比如，当存在结果义务或者在标的有隐藏的瑕疵的情况下，客观责任在合同不履行的情形中发生。责任人的行为对于他的责任没有任何影响。在不可抗力、第三方的行为或者受害者自己行为的情形之下，可能存在免责。主观责任是以需要证明责任人的过错为特征。一种过错的类型由行为的不法性组成，但不法性不是唯一的过错类型。例如，在未尊重手段义务的情形下，合同责任可能会被引起（*obligation de moyens*）。侵权责任通常基于过错（《法国民法典》第 1382 条："任何行为使他人受损害时，因自己的过失而致行为发生之人对他人负赔偿的责任"；《法国民法典》第 1383 条："任何人不仅对其行为所致的损害，而且对其过失或者懈怠所致的损害，负赔偿责任。"）。过错的证明由受害者承担。

3　　刑事责任就大不相同。尽管这个报告是基于侵权法，但是，在环境和安全领域简洁讲述刑法和行政法之间的相互作用的话题也许不是无用的，并且在法国作为原告也能在刑事诉讼中主张损害赔偿。这样获取损害赔偿的方式有时被原告因为经济目的得以运用，因为他们节省了一些交给国家的裁决费用。如果运营中的公司遵守它已经被授予的行政许可，尽管污染已经发生，原则上它都不用承担刑事责任。比如，《环境法典》¹ 第 L. 216 − 6 条表明，如果排放污水到水里是由公共机构授权的，只有当它没有尊重授权中规定的行政要求时污染者才可能被起诉。

1　直接或间接向地表水、地下水或领海内的海水中排放、倾倒或让流入任何对民众健康或对动植物有害，哪怕是临时性的影响（第 L. 218 − 73 条和第 L. 432 − 2 条提及的损害除外），以及对正常供水造成重大改变或减少浴场区用水的行为，被科处有期徒刑 2 年，并处以罚金 75 000 欧元。当排放是通过法令授权的，仅当该法令的规定未得到尊重时，该段条款方被适用。法院也可能迫使被定罪的人按照第 L. 216 − 9 条设定的程序恢复水环境。上述刑事处罚及措施同样适用于向地表水、地下水及领海之内的海水、海滨和海岸大量倾倒和遗弃固体废弃物的行为。这些规定不适用于从船上向海水中排放和倾倒固体废弃物的行为。

　　然而，如果制定法明确抑制对环境有害的行为，不论是有行政许可的存在，还是遵照行政许可提到的规定，都不能阻止运营的公司承担刑事责任，除非在制定法中有其他的说明。在旨在保护环境的具体刑事罪行中，如果他或者她不遵守行政许可，不管对环境是否存在损害，该人可能承担刑事责任。如果环境损害也发生，因为侵权以及存在的具体刑事犯罪两种侵害（比如像水污染），运营的公司可能被处以罚金。在法国法中，不存在环境损害方面的一般刑事犯罪。

　　根据法国法，民法和刑法都被考虑构成私法。公法涉及国家的一些特殊规则，比如像国家权力之间的关系（宪法性法律），公共机构的财政规则（所谓的公共财政，其中包括税法）或者规制公共机构和市民之间关系的规则（行政法）。然而，有时，当公共机构像私法主体一样行为时，公共机构和市民之间的关系会被私法规则调整。管制法没有特别的法律，但这个概念（在法语中叫做 *régulation*，在英语当中，没有相同意义的单词，在法语中与术语 *réglementation* 的意思对应）最近经常出现。其基础是存在一套新的规则和工具调整某些问题，都是基于软法以及例如半官方机构的特殊机构。法语术语 *régulation* 有时被运用在更广泛的意义上描述公共行为新的形式，这些新形式中国家的直接行为（比如在经济中）比过去少得多，而是试图干预以在不同利益中保持某种平衡。[2]

　　2. 在行政法规和侵权法相互作用的问题上，是否存在宪法上的界限或准则，比如：关于联邦法与州或者当地可适用的法规之间以及与行政法规则的保护目的之间的关系准则等？

　　在行政法和侵权法之间相互作用上不存在直接的宪法性界限。　4

2　参见 *J. -Cl. Thoering*，L'usage analytique du concept de régulation, in: J. Commaille/B. Jobert（eds. ），Les métamorphoses de la régulation politique, Librairie Générale de Droit et de Jurisprudence（LGDJ），collection（series, coll. ）"Droit et société"（1998）35 – 53.

尤其是，由于法国是单一制的国家（尽管从最近的宪法改革以来，被称为分散状态），所以在这个领域内，国家与地方机构之间没有做任何区分。

然而，两个宪法性含义应被提及。第一是有关私法院，比如普通法院（民事或者刑事），与行政法院之间的独立。法国宪法委员会1987年裁决：行政法院的存在有其宪法理由（基于迄今为止由法律规定的不间断的传统推断），以至于议会不能废除它们。[3] 因此，法律不能给予民事法院司法审查的管辖权，除非是在它们的"天然的"领域（比如公民身份推测）或者是为了正确的司法行政（*bonne ad-ministration de la justice*）目的而创建管辖权障碍的方式〔正如在《竞争法》和1987年7月6日法令发生的一样，其给予巴黎上诉法院——竞争委员会（*Conseil de la concurrence*）裁决的司法审查权〕。就普通法院的私主体当事人的责任而言，司法裁判权首先取决于一个行政行为的解释或者效力。然而，上面的原则并不必然意味着在民事法院给出判决之前，行政法院的预审裁决必须先作出。案例法和制定法都已经承认在某些情形下，私法院不用参照任何行政法院，就能够作出裁决。首先，自从1992年6月22日法令简化以往复杂的法理以来〔现在的《刑法典》（*Code pénal*）第111-5条〕，在刑事法院前，它总是这样的情形。[4] 第二，民事法官有解释管制的司法裁判权，但是既没有解释个别行政行为的裁判权，也没有宣布任何行政行为（或者管制或者个人行为）违法[5]的裁判权，除非该管制涉及私的财产或者个人权利。如果行政机构的作为（或者不作为）

3　CC, 23 January 1987, in: *M. Long/P. Weil/G. Braibant/B. Genevois/P. Delvolvé*, Les Grands arrêts de la jurisprudence administrative（14th ed. 2003）668 – 677.

4　"刑事法院有解释管制或者个别性质的行政决定的司法裁判权，并且鉴别依赖这样的审查处理刑事案件的解决方式的合法性。"

5　Tribunal des conflits（Jurisdictional Court, TC），16 June 1923, Septfonds, in: *Long/Weil/Braibant/Genevois/Delvolvé*（fn. 3）247 – 251.

以某种方式引起环境损害或者任何机构（不管是公共机构还是私的实体）在公共建设工程中以这样的方式行为，它或者他可能要在行政法院承担责任，因此，一些具体规则的适用不同于在普通法院适用的规则。虽然如此，但是，宪法性司法裁判权并不延伸至公共机构的责任。这就暗示，当前的行政法院有关公共行政机构的责任的司法管辖权能够由法律移交到民事法院。

第二个含义来自于宪法委员会（*Conseil constitutionnel*）的判例和新的环境宪章（new *charte constitutionnelle de l'environnement*）。第一个含义在 1982 年已经评估，原则上，任何人的任何行为，只要是导致了他人的损害，因过错致损害发生的人应该赔偿损害。[6] 由 2005 年 3 月 1 日宪法法案增加到宪法的新的环境宪章（*charte constitutionnelle de l'environnement*）第 4 条走得更远：根据法律所提到的情形，每个人必须对他或者她导致的环境损害赔偿负责。现在，赔偿的义务不仅在针对他人的损害情形中有规定，而且在针对包括那些不应被占用的环境任何部分的损害中也得以规定。这就使得针对单独的生态损害赔偿得以认可。就"每一个人"而言，根据宪法委员会在其他区域的案例，这一术语涉及不管是个人还是法律实体都要受这种责任的约束。[7] 这一新的宪法性义务可以与 2004 年 4 月 21 日有关环境责任的《2004/35/CE 的欧盟指令》（the European Directive 2004/35/CE of 21 April 2004 on environmental liability）兼容，该指令涉及环境损害的预防与赔偿，而未考虑给第三方造成的损害。这样的"义务"仍然受到限制。责任人只需仅起促成作用，而并不是必须完全承担损害赔偿。因此，这也许意味着集体损害赔偿必须增加以便

6　CC, 22 October 1982, Loi relative au développement des institutions représentatives du personnel, Revue Dalloz（D.）1983, 189, note *Y. Luchaire*.

7　CC, 18 December 1998, décision（decision, déc.）no. 98 – 404, Loi de financement de la sécurité sociale pour 1999, D. 2000, sommaire（summary, somm.）63, observations *F. Mélin-Soucramanien*.

赔偿所有的损害，比如像现在法国法中通常产生的赔偿基金一样
[为恐怖主义和自然灾害的受害者等等：参见高等行政法院（*Conseil
d'Etat*）的报告]。[8] 这就引起一个问题，即新宪章是否引入了针对环
境的直接或间接损害的一般无过错责任原则，即客观责任。[9] 这样的
解决方式与 2004 年 4 月 21 日有关环境责任的《2004/35/CE 欧盟指
令》不相违背，因为后者未规定单独的责任制度。该指令的第 4 条
允许法律在环境损害里抛弃过错要件。主要的理由在于这样的事实：
在该领域里，过错的举证可能存在困难，尽管损害的因果关系众所
周知。因为宪法已经规定只有责任人起促进作用，所以它能被看做
是"客观责任"的对应之物，这暗示出，法律不仅必须设置责任的
上限，而且必须设置赔偿机制。此处这种新的宪法安排的主要限制
就出现：没有制定法，它也许不能被执行。如果议会在这个区域不
能起作用，那么也许存在该新原则的某些后果。

    3. 除了法定规定之外，违反哪种类型的行政法规（比如：规
章、官方通知）的情形之下，能引起侵权责任？

5   原则上，就损害归因于侵害而言，行政机关的任何类型的侵害
都能引起侵权责任。这涉及公共行政机关和个人两方面。

    由争议法庭（*Tribunal des conflits*）在著名的布兰科（*Blanco*）
案裁决中提出的国家责任原则（和更一般地任何公共机构），[10] 使得
公共行政机构被关注。在布兰科案中，这意味着，该责任既不是一
般的，也不是绝对的。现在，这种责任可能被看做是一般的，但是
它的强度变化取决于法官对公共实体的严重过错、简单过错或者根
本没有过错的要求。与这样的一般责任对应的事实是，国家责任不

---

8   CE, Responsabilité et socialisation du risque, in：Etudes et documents du Conseil d'Etat
    （2005）197 ff.

9   *J. Bizet*, La responsabilité environnementale：pour une application européenne raisonnée,
    Document（document, Doc.）Sénat（27 May 2003）no. 317, 16 ff.

10 TC, 8 February 1873, in：*Long/Weil/Braibant/Genevois/Delvolvé*（fn. 3）1 ff.

能基于私法（后者的目标在于解决私人之间的争端）而被决定，而是必须被公法规则调整。这就暗示国家责任有它自己的特殊规则，即必须在国家权利和私人权利之间进行协调。

当私人在民事法院未执行任何规章或者官方通知时，其可能要承担侵权责任。

然而，一些像指令和通知（*directives* and *circulaires*）之类的具体行政行为的两种责任都必须放在一边。指令（准则）（*The directives*）是规定公共行政机关在自由裁量权力情形中的准则或者指导。行政通告（*circulaires*）是向上级提出撤回以及评论文本和案例法以便执行它们的文本。它们当中没有强制性的，所以违反它们都不会引起刑事责任或者民事责任。尽管如此，但是，在行政通告的情形下，违反这些定期出版的文本有时可能被认为是注意义务的违反。

4. 当行政法（比如法律或者由政府或者具有公共职能的实体所作的决定）本身违反法定规定的时候，根据私法，会有怎样的后果？因遵照约束其行为的违法的行政法规，而造成损害的人，是否不用承担责任？如果是，它是否与造成损害的人已经知道或者应该知道行政法规是违法的，有任何相关？

关于民事责任，与行为人行为时所依照的行政法的违法性无关。该法的不法性不能排除他或者她承担责任。某人知道行政法是违法的事实也不能被考虑进来，作为《法国民法典》第 1382 条的结果："任何行为使他人受损害时，因自己的过失而致行为发生之人对该他人负赔偿的责任。"此时，人们应将"任何行为"解释为包含了知道以及不知道行为的违法性。

民事法官能够对运营的公司颁布禁令以停止损害。禁令的性质根据所提及的规则变动：在环保分类设施的情形下（《环境法典》第 L. 511 - 1 条到第 L. 517 - 2 条），民事法官不能命令该设施的关闭。根据特别立法，这样的裁决继续存在于国家议员手中。尽管如

6

此，民事法官也可能命令采取措施停止对邻居的打扰，只要在实践中它没有导致该设施的关闭。采取这样的措施，不用考虑行政规定，因为这些规定被设定总是不损害第三方权利。

在环保分类设施范围之外，民事法官可以颁布任何类型的禁令，包括设施的关闭，无论如何：

·仅违反行政规则，未损害私人财产，或者更一般地损害，不允许将该问题提交法院以要求法院颁布禁令给经营中的公司。必须有对特定利益造成的损害。

·法官能够采取措施以预防损害，而不用考虑财政后果，即使在实践中它导致公司解散员工。

·禁令不能排除法官判决给予受害者损害赔偿。

就刑事责任而言，由于犯罪和刑罚的合法性源于拉丁谚语"法无明文规定不为罪"（*principe de la légalité des délits et des peines*），事情就有所不同。如果某人被起诉所依据的文本不再合法，他就不能够被判刑。在这样的情形中，被告人可以导致其被控告的文本不合法进行抗辩。被告不能被要求承担刑事责任，即使他知道这样的行为是非法的并且不应该按照非法行为而行为。但是如果他或者她在法律规定必须要有授权而没有任何授权地在某地方开采，该人可能被控告。例如，许多可能给环境造成损害的活动需要更高一级的长官（*préfet*）授权——地方政府代表（《环境法典》关于环保分类设施的第 L. 511 – 1 条及其随后法条）。[11] 某人没有任何授权或者具有授权但明知授权是非法而行为的简单事实，构成刑事犯罪，因为他是

---

11 "当前标题的规定适用于工厂、车间、仓库、工作位置和一般地适用于所有由私人或者实体经营或者所有的设施，其可能对邻居的便利，或者公共卫生和安全，或者农业，或者对自然和环境的保护，或者对自然保育的地点或者对纪念物或者古迹遗产的要素，引起危害或者障碍，当前条款的规定对在《矿工法》第 1 条和第 4 条定义的矿场经营也可适用。"

故意违反法律的。[12]

然而，我们必须牢记《刑法》第122 – 4条所指出的："某人所为由立法或者规章条款授权或者规定的行为不用承担刑事责任。某人所为的由合法机关命令的行为不用承担刑事责任，除非该行为明显违法。"

5. 如果行政法规自己调整违反它本身规则的结果，特别是给予刑事制裁，这样的规则是否被认为是综合性的（即不包括侵权请求）？在这方面侵权法和刑法如何相互影响？

如同上文所提到的，行政许可的授予不能损害第三方的权利。行政法规定刑事制裁的事实不能排除损害赔偿请求或者依据其他理由的刑事诉讼。违法能够有效地导致其他侵害。

例如，在没有任何规定的授权之下，在排水沟中排放污水的情形，这将导致刑事犯罪，即使没有任何污染发生（《环境法典》第L. 216 – 8条）。[13]

如果污染发生，当该污染损害身体健康、动物或者植物时，犯罪者同样能够被控告（《环境法典》第L. 216 – 6条）。[14] 例如，如果

7

---

[12]　最高上诉法院，刑事庭，25 May 1994, *M. Louvet.*

[13]　"I. ——没有应有的授权而行为、运营、安装或者建造，以下的将被处以两年监禁和处以18 000欧元的罚金：

"1. 进行这样的行为；

"2. 指示或者进行这样的运营；

"3. 运营这样的装置或者建造；

"4. 执行或者参与这样的安装或者建造的执行。

"II. ——对于重复犯罪的，罚金可增加到150 000欧元。

"III. ——倘若定罪，法院可能命令停止经营或者停止利用或者停止安装该建造物。法院也可能裁决临时强制执行。

"IV. ——法院可能要求前段描述的措施以及要求该位置恢复到原始条件，在第L. 216 – 9. 条制定的程序的框架内。

"V. ——依据第L. 216 – 9条规定的程序，法院处理违反声明义务的诉讼可能命令经营必须停止，或者装置的利用或者建造必须禁止。"

[14]　参见上文脚注1。

渔业协会受到损害，它可能在同一刑事程序中主张损害赔偿。

然而，在民事法院，不仅是在行为属于刑事犯罪（在这样的情形下，刑事受害者将以原告的身份参加到诉讼中也要求损害赔偿）时可以寻求民事责任，而且在每一次受害者能够证明任何行为将导致他的损害时也可以寻求民事责任，在该意义上的有关民事损害赔偿问题，侵权法似乎比刑事法律更加完善。

6. 在何种条件下，行政法规则被认为是所谓的"保护性目的规则"？行政法规则的保护目的是否仅由行政法规决定，还是也由侵权行为法的总则决定？

8　　　在法国法中并没有所谓的"有保护目的规则"。尽管如此，在某些活动应该接受更高级的授权的意义上，行政法规则有时能够被看做是保护性规则。这一制度中所蕴含的行政控制，允许公共机关施加一些旨在保护不同利益的条件。例如，在之前提到的"环保分类设施"领域，长官能够要求尊重限制性措施，以避免任何对身体健康和环境的风险。

9　　　当保护可能直接出现在动物保护领域时，《环境法典》第 L. 411C‐1 条指出：

"Ⅰ——当一种具体的科学利益或者保护生物遗产的必要性证明非家养动物物种或者非耕植物生命保护的正当理由时，下列行为将禁止：

"1. 偷盗或者毁坏卵或者巢穴；切割、毁坏、捕捉或者盗取、故意干扰，以及对任何这些物种实行动物标本剥制术，或者无论是死的还是活的，对其运输、贩卖、利用、占有、要约出售、销售或者购买；

"2. 毁坏、砍断、切割、连根拔起、采摘或者偷猎这些植物物种或者花朵，或者在它们生长周期内针对这些物种的任何其他形式，对其运输、贩卖、利用、要约出售、出售或者购买、占有从自然环境中提取的标本；

"3. 毁坏、改变或者退化这些动物或者植物物种的具体生长环境；

"4. 毁坏含有化石的场所，那些化石能够使人研究生物世界的历史，就如同早期人类活动一样，并且从这样的场所，毁坏或者偷盗化石。

"II——当与提及的物种有关的禁令生效时，制定在 I 的 1 或者 2 中的占有禁止令不适用于依法制作的标本。"

《环境法典》第 L. 411 - 2 条赋予政府以某种方式行为的权力，以便能确保保护：

"行政法院的判决根据下面的设定界定条件：

"1. 全面列出非家养动物和非栽培植物物种的清单，从而保护；

"2. 设定常设的或者临时禁令的时长，以便让提及到的自然种群或者它们的栖息地得以恢复，以及在它们极易受到伤害的环境和期间的动物物种的保护；

"3. 它们所适用的国家领土的面积，包括公众沿海地区和领水；

"4. 捕捉动物或者样本物种作为科学研究目的的许可证的交付；

"5. 实施中的有关搜索、追捕和为拍照和录音而予以靠近的法律，包含野生动物和任何物种的摄影比赛以及这些法律被执行的地域，以及这些地区之外有关受保护的物种；

"6. 除了为保存和培养这些物种的目的的自然栖息地之外，被授权主持和培养列在第 L. 411 - 1 条款中 I 的 1 和 2 中的物种标本的机构必须遵守规则；

"7. 第 L. 411 - 1 条 I 的 4 提及的保护场所的列表，避免它们退化的具体保护措施，以及为了科学研究或者教学目的的移除化石的特殊许可证的交付。"

在违反保护环境的规则未给环境造成任何损害本身被制裁的范 10

围内，保护也可能是间接的。例如，《环境法典》第 L. 514 - 9 条引起对未获得规定的事先授权的任何活动的制裁，它们即使未对环境造成明显的损害：

"Ⅰ.——营运没有获得规定授权的设施处以一年监禁和 75 000 欧元的罚金。

"Ⅱ.——在定罪的时候，法院也许会禁止设施的利用。如果授权是在本法律规定的条件稍后的时期内被签发，该项禁令将会失效。此时，可以裁定临时禁令的执行。

"Ⅲ.——法院也可以要求房屋和地基的复原并设定履行的时间限制。

"Ⅳ.——在之后的情形中，法院也许会：

"1. 要么中止判决的宣告，并且制作恢复房屋和地基的最长时间的禁令，并且支付迟延履行情形之下法院决定的每天的罚款；第 L. 514 - 10 条规定有关判决宣告的中止在该情形中可以适用；

"2. 或者命令恢复房屋和地基的工作应该自主实施，使应受谴责方承担费用。"

当保护旨在行政规则时，只有行政法规则是直接地受保护，而身体健康和环境是间接地受保护的。

当任何授权的给予不损害第三人权利时，之前所提及的规则的保护会得到加强。法院随后裁决，法律或者规则对行为许可的事实不能使这样行为的人不受《法国民法典》第 1382 条明文规定的一般注意义务的约束。例如，如果合作农场知晓产品对蜜蜂是有毒的，且未通知邻居，鉴于合作农场不能忽视其拥有的蜂箱，尽管合作农场遵守了规则，但他是有责任的。[15]

7. 如果行政法规则约束一个法律实体，谁将对未遵守该规则承

15　Cour de cassation, Civ. 2ème (2nd civil chamber), 14 June 1982, *Coopérative agricole de Limours*.

担责任？如果该实体机构的个人不得不承担各自的刑事责任或者行政责任，这是否也引起该人承担侵权责任？像这样的责任如何与法律实体的替代责任相互影响？

就私人而言，人们应该牢记《法国民法典》第1384条第5款的规定，"主人和雇主对仆人与受雇人因执行受雇的职务所致的损害，应负赔偿责任"的一般责任。该条也可在行政法规则中适用。该条的基本原理在这样的思想中被发现，即雇员是按照主人的命令行事，后者原则上负担他们雇员的过错。主人可以被免除责任，如果他给出证据证明，导致损害的雇员的行为是在他的职能之外，没有任何主人的授权，并且带有与其工作任务无关的意图。[16]

违反行政法规则对该责任没有任何影响，唯一的后果可能是导致行政制裁的可能性。例如，如果某人为了执行车辆年检拥有特许状，因而忽视遵守行政规则，那么他的许可证可能被暂停或者被撤销，但是，该人所在的汽车修理行将不会直接但是会间接地被制裁，因为他的雇员不再被允许执行这项任务。

关于刑事责任，雇员将被要求承担刑事责任（如果适用），即使他的行为在工作期间是遵照他主人的命令，因为该情形是在上述《刑法》第122－4条的范围之外。主人也将作为帮凶被起诉。有关刑事审判中的民事责任，受害者可以起诉雇员，但是，雇员只有在其行为是在他的义务范围之外时，他才承担最终责任，在相反的情形之下主人承担责任。在某人义务范围之外的行为的概念与不当行为/行为服务的目的（个人的过错/服务的过错）（*faute personnelle/faute de service*）有关。如果雇员犯了特别地、格外严重的过错或者实施了个人动机恶劣的行为，在法理上就认为是个人过错。

在刑事法律中，如果雇主允许他的雇员违反刑法，雇主可以被

16　Cour de cassation, Plén. (plenary session), 25 February 2005, *Costedoat*.

追究刑事法律责任，因为雇主有义务保证刑法得到遵守。

如果主人是法律实体，相同的规则适用。因为根据法国法，现在任何法律实体（除国家之外）都可能因为它的常设机构的侵权行为而承担责任（《刑法》第121－2条）。[17] 该制度未免除个人的刑事责任。当没有任何个人可能被起诉时，该制度的基本原理主要在于找到一个人（法律实体）承担刑事责任。这可能引起刑事审判中的民事责任。

然而，现在，在刑事审判中的刑事责任和民事责任，比在民事审判中的过失领域里的要求少。被称为福雄（*Loi Fauchon*）的2000年7月10日法案，采用一种新的规定，即《刑法》第L.121－3条。[18] 该条强调行政法规则的重要性，即当没有行政法规则适用时，可能更迅速地引起刑事过失责任。

8. 在贵国，法律实体本身是否也要承担行政责任？像这样的责任在私法领域会有怎样的结果？如果适用行政责任，法律实体承担的行政责任是否也会引起侵权责任？法律实体的行政责任与它的替代责任如何相互影响？

12　　　就法国而言，公共实体是唯一遭受"行政责任"的人（例如，

17　根据在第121－4条和第121－7条以及由法律或者管制规定的情形中阐明的区别，除了国家之外，法人为其机构或者代表为法人的利益所犯的罪行承担刑事责任。然而，地方公共机构和它们的组织只在通过公共服务委托公约实施它们活动的过程中所犯的罪行招致刑事责任。受第121－3条第4段规定的约束，法人的刑事责任不排除肇事者和同一行为帮凶的自然人的责任。

18　"在没有犯罪意图时，不存在重罪或者轻罪。但是，危害他人的故意是一种轻罪，在这方面法律如此规定。在法律如此规定的地方，在鲁莽、过失或者未遵守法律或者规章施加的应有注意义务的情形下，轻罪也存在，凡考虑他的作用或者职能的恰当性质，以及他的能力和权利的恰当性质和手段的恰当性质，确定罪犯未显示通常的谨慎，那么对他有效。在如同上段提到的情形一样，未直接促使导致损害的自然人，但是其创造或者促成创造允许损害发生的情形，其未采取措施使损害避免，凡表明他们已经打破了由法律或者规章以明显地故意的方式施加的注意义务或者预防措施或者已经犯下特定的不当行为，该行为使另一人暴露在他们已经意识到的特别严重的危险中，他们应承担刑事责任。在不可抗力的情形下，不存在轻罪。"

行政审判中的责任）。因为我们这项研究的目的是了解行政责任，例如，与行政法规则相关的私的实体责任，一些考量因素必须被指出。法国对公共行政机关的责任体制在于所谓的"污者自负"（*principe du pollueur-payeur*）原则。在环保分类设施情形中的政府代表或者其他情形下的市长能够给予正在污染的运营公司行政制裁。他们都能要求公司对被污染的场所消除（*dépolution*）污染，如果公司不照做，他们可以迫使它支付一笔相当于消除（*dépolution*）污染估计需要的费用，当公司遵照消除污染的程序时，该笔费用可以偿还给它。如果它仍然不消除污染，他们可以要求其他人做这项工作，并且要求污染者买单。然而，当污染是在开发利用结束之后引起的，国务委员会给该程序设定了一个限制。污染者重建场所的义务在开发利用结束30年之后停止，如果这种开发利用的结束为公共行政机关知晓，并且污染未被掩饰。[19]

这一行政程序不能排除第三方（邻居，环境协会）的民事请求。这两种程序之间没有任何影响。民事请求也可能在土地所有者和在该土地上经营的公司之间引起。如果土地的价值低于开发利用之前的土地价值，尽管它已经被清除干净，土地所有者或者能基于这样的条款在合同中有规定而采取合同诉讼；或者在过错能够被证明（《法国民法典》第1382条）、又或者基于某人对某物的监管责任（《法国民法典》第1384条），而采取合同之外的请求（侵权或者准侵权）（*responsabilité délictuelle ou quasi-délictuelle*）。

二、旨在环境保护的安全规章和规定

1. （1）法定的安全规章和（2）旨在环境保护的规定对于侵权

---

19 CE, Assemblée（Assembly, Ass.），8 July 2005, *Société Alusuisse-Lonza-France.*

法有何重要性？

13   有关安全规章的责任与侵权法一般制度之间没有真正的区别。故意或者过失违反安全规章构成过错，就有可能导致民事责任。但是当他或者她遵守了所有的安全规定时，该人也可能被要求承担责任，因为存在一般注意义务（参见上文边码6）。例如，简单的事实是，一个人虽然遵守了所有的规划法，但是在其占有非正常干扰邻居（*troubles anormaux du voisinage*）的情形下，并不能免除其承担责任。在某种程度上，安全或者环境法规在关于侵权法问题上是相当中立的。

然而，环境法坚持保护性规则的执行。被法律认可的环境保护协会（*associations agrées de protection de l'environnement*）（《环境法典》第 L. 141 - 1 条）[20] 能够代表一般的索赔者起诉侵权者损害他们旨在保护的环境（《环境法典》第 L. 141 - 2 条）。[21] 该规定的基本原理是推动告发人起诉经营中的公司，即使他在其他方面可能未这样做。这些协会同样能在行政法院诉讼。[22]

民事法官也能颁布禁令，全面检修受损的场所，以替代支付损

----

20 "如果他们已经开展他们的活动至少3年，该协会注册的法定活动范围在自然保护、生存环境、水资源保护、空气、土壤、遗址和风景以及城镇规划领域，或者那些其目的是控制污染和侵扰的协会，并且，一般而言，原则上为保护环境做了实际工作，那么，这些协会可能由行政机关授予批准。在下莱茵省、上莱茵省和摩泽尔省的部门，批准程序适用于至少登记3年的协会，这些协会被称为'经批准的环境保护协会'。该批准是根据国务委员会法令制定的条件被授予的。当协会不再履行批准它被要求的条件时，该批准可能被撤销。该协会实施在上文第一段提到的领域里的活动以及在1995年2月3日之前获得批准可被认为是根据该条款获得批准。根据该条款所作的裁决必须遵守调整争议问题的程序。"

21 "根据第 L. 141 - 1 条批准的环境保护协会以及在第 L. 433 - 2 条中提到的协会被要求，在现行的法律和管制框架内，参与公共机构的环境诉讼。"

22 "其目的是保护自然和环境的任何协会可以在行政法庭为有关这种保护的任何申诉提起诉讼。任何根据第 L. 141 - 1 条批准的环境保护协会被认为有权对任何与其目的和法定活动直接相关、对环境或者它被批准的活动范围的全部或者部分产生损害影响的行政裁决进行反对。"

害赔偿费用的命令。

最后，预防原则（《环境法典》第 L. 110 - 1 条）[23] 能够加强过错概念。在不远的将来，这能够导致法律越来越多地作废免责条款，因为该原则减少了不可预见的范围。

《消费者保护法》第 L. 221 - 1 条也设定了一般安全原则："产品和服务必须，在正常的利用条件下，或者在其他能被专业人士合理预见的情形下，提供可以被合理地预见的安全，而且必须对公众的健康没有任何危险。"因此："当这样的风险不是立刻能够明显地，没有足够前兆地呈现在消费者面前时，负责营销产品的人应该提供消费者足够的信息，使消费者能在它的正常的或者合理地可以预见的使用寿命期间评估产品固有的风险，从而保障防范它们。"（《消费者保护法》第 L. 221 - 1 - 2 条）。因为该原则的适用，消费者可以选择不同的诉讼：

・在因产品引起事故的情形中，由于违反安全义务（《刑法》第 226 - 1 条），消费者能够与刑事诉讼一起寻求损害赔偿。销售产

23　"I. ——自然区域、资源和栖息地、遗址和风景、空气质量、动物和植物物种以及生物多样性和它们促成的平衡是民族共同遗产的一部分。

"II. ——他们的妥善保护、开发利用、修缮恢复和良好管理是共同利益，既可以满足当代人们对身体健康及社会发展的需要，也不危害未来的社会发展和人们的需求，即有助于促进国家持续发展。然而从事对国家这些共同财富的妥善保护、开发利用、修缮恢复及良好管理必须在有关法律规定的范围内，遵照下列原则进行：

"1. 预防原则，根据该原则，在缺乏确定性的情况下，应基于当前的科学和技术知识，必须不延迟地并且恰当地以经济的、可以接受的成本，采取有效的预防严重风险以及给环境造成不可挽回的损害的措施；

"2. 预防和纠正并举的原则，主要侧重于从源头治理，在费用开支可接受的范围内，使用现有的最好技术，及时开展对给环境造成损害的灾害的预防和补救行动；

"3. 污染者付费原则，根据这一原则，为预防污染、减少污染以及同污染作斗争所采取一切措施引起的费用，应由污染的制造者承担；

"4. 参与原则，根据该原则，每个人都有权获取有关环境的信息，包含有关危害物质和活动的信息，并且凭借此，公众参与对环境或者城市和乡村规划产生重大影响的项目发展的过程。"

品的人承担刑事责任。《刑法》第223-1条对下列行为处以刑罚："明显地故意违反由任何法律或者规章施加的具体安全义务或者谨慎，直接使他人暴露在立即死亡的风险或者可能导致自残或者永久伤残的损害中。"对这一规定的触犯在证明符合以下要件时，即使不存在损害也能构成侵权，即：因违反规章而引起死亡或者严重人身损害的风险，并且该风险是由故意而非过失所引起。

就民事诉讼而言，未履行安全的责任意味着无过错证明。产品带有安全风险在市场上出售的唯一事实足以引发民事索赔。受害者只需证明当他或者她买产品时缺陷存在。

·如果政府机构未采取本来可以阻止损害的措施，受害者也能寻求国家责任。这是因为这样的事实，即行动的义务在政府部门的肩上："在严重或者即时危险的情况下，消费者事务部和其他相关的部门，共同签发一个命令，在不超过一年的期间内暂停生产、进口、出口和使用产品，以及如果没有其他任何降低危险的方式，就会将产品召回或者毁损，而不管它是免费提供或者是分期付款。他们还被授权发布产品流通时的警告和使用时的注意事项的命令，并被授权召回流通的产品，以调换或修理产品或者部分或全部偿还款项。"（《消费者保护法》第L.221-5条）。

2. 在贵国，有关这些主题，在何种范围内认为侵权法与管制法有相同或者相似的目的？

14 　　　初步看来，侵权法和管制法规则没有相同或者是近似的目的。前者的目标在于恢复损害，而后者的目标在于通过事先声明、事先授权或者禁止的方式预防损害发生。尽管如此，侵权法也能够被看做具有预防目的，因为它是建立在一般注意义务的基础之上。

3. 这些规章和规定本身是否被认为是具有保护目的的制定法？个人是否也包含在这些保护性规则范围之内？在你们的法律制度中，对这些规则的违反是否构成不法行为？或者它是否引起严格责任？

所有这些规章和规定都是预防性的，因此，暗含着保护性目的。　15
但是，这些规则的目标随着相关领域的变动而变化。有时规章仅有
保护性目的，就如同保护动物和植物物种的情形一样。大多数时候，
这些法规有几个目的：环保分类设施的法律反对通过占有对邻居的
非正常骚扰，同时，也确保人们的安全和保护农业、环境和名胜古
迹。

　　因此，个人有时被包含在这些保护性法规内，尽管不是一直如
此。以行政行为或者不作为的方式对这些规则的违反，构成了公共
机关的不法行为。他们也许看到这种行为（或者在原告引发裁决之
后不作为的默示裁决）被行政法院撤销，行政法院将依法颁布禁令。
同时，同样的裁决可能使得公共机关承担责任，如果该行为导致损
害（比如，授权处理被列为危险品的商品）。如果这样的规则被私人
违反，将引起严格责任。

　　4. 如果是适用（严格责任），请详细描述有关安全规章或者环
境保护采用的强制责任保险的法定方案。

　　三个有关安全规章或者环境保护的强制责任保险的例子将被提　16
到。第一个源于《环境法典》第 L. 218 - 2 条，[24] 涉及运输超过 2 000
吨汽油在法国登记的船舶的所有人。保险必须包含由《1992 年 11 月
27 日国际公约》固定的责任比例。没有这种保险，这些船舶不能进
入法国港口，但是该公约规定了责任的上限数额。

　　一个相同的上限在第二个有关核材料运输的强制责任保险的例
子中发现。被 1968 年 10 月 30 日法律采用的 1960 年 6 月 29 日《巴
黎公约》设定经营剩余核材料设施的公司的客观责任（即受害者无

---

[24] "受在第 L. 218 - 1 条中提到有关国家财产的船舶的国际公约的规定的约束，在法国港
口登记和运输 2 000 吨以上碳氢化合物的散装货物船舶所有人，如果无法证明他遵照
上述公约第 7 条的规定为其船舶办理了足额保险或数额上等同于任何单一事件责任数
额的经济担保，不得容许其船舶从事商贸活动。"

需证明过错）——如果这样的公司位于签订条约的国家。该规定要求保证核材料的运输安全，直到他们到达最后经营该设施的公司（收款人）的签订了该公约的国家或者是没有签订该公约的国家的港口。如果核材料从一个没有签订该公约的国家到位于法国的公司，后者将会承担从出口国家的港口到法国的设施运输责任。该规定的期间是在核事故发生后的 10 年（或者在核材料被盗取事件发生之后的 20 年）。损害赔偿的上限被规定为 2.3 亿欧元（在法国过境运输核材料的 2.3 亿欧元没有被《巴黎公约》包含）。

基于《环境法典》第 L. 423 – 16 条的规定，[25] 猎人也会受到强制保险的约束。

其他两个规定必须被提到，尽管它们不涉及强制保险，但是涉及强制经济担保（《环境法典》第 L. 516 – 1 条[26]和《环境法典》第 L. 552 – 1 条[27]）。

---

[25] "猎人必须已经为任何狩猎活动或者扑杀害虫引起的人身伤害的狩猎责任办理保险，该保险涵盖法国被授权从事狩猎的公司的无限制数额以及对其受害者或者它们的法定代表人没有任何扣除的民事责任，根据相同的条件，该保险还必须涵盖由猎狗引起损害的猎人的民事责任。"

[26] "该活动的起点是，在首次授权之后或者在授权之后出现经营者的改变，属于由国务委员会法令界定的可能引发重大污染或者事故风险的设施，或者属于采矿和废物储存的设施，都应服从经济担保的规定。基于风险的性质或者每类设施的缺点，这些担保注定包含位置的监视、设施的安全、事故发生时在停业前或停业后的任何干预措施以及停业后的恢复。它们不包含经营者对任何可能遭受设施引起的事故或者污染损害的第三方应有的赔偿。国务委员会法令确定担保的性质和固定担保数额所根据的规则。第 L. 541 – 26 条规定不损害行政罚款程序，任何未遵守经济担保方面的义务将引发第 L. 514 – 1 条规定的提存程序，除此之外，任何刑事诉讼可能会启动。"

[27] "对于建造物或者设施引发的风险的可能的金钱后果明显与相关的资本价值不成比例的，当局为批准授权运营负责可能使该批准服从金钱担保的规定，由国务委员会批准的法令对相关建造物设置分类，规则设定担保的数额——其必须适应可预见的风险后果——以及它执行的方法。"

三、过错责任

（一）对行政法规则的违反

1. 在过错责任领域，违反安全规章和环境法规则扮演何种角色？

违反这些规则的本身构成了侵权责任的过错。尽管这些规则的缺失不能排除任何人承担责任，但是对这些规则的违反将会使过错比较容易确立。相同的原则适用于行政法院的公共行政机关的行政责任。   17

在刑事责任的情况下，人们必须牢记，引起损害发生的人，只要一个具体的罪行已经犯下，就会被控告。

2. 仅违反这样的规则就能构成不法性还是有额外的要求，比如：违反注意义务和过错？

违反规则的简单事实构成违法性以及没有任何必要证明注意义务的违反和过错。注意义务的违反仅在没有安全规则或者环境规则存在的情况下是必须规定的。在通过占有对邻居非正常干扰的情况下，不需要有过错存在，规则的违反将使对非正常干扰的证明比较容易。   18

3. 如果实施侵权行为的人违反了行政法规，他的责任在何种程度上依赖于规则的保护目的？

答案取决于与受害者有关的损害的性质。例如，在水污染引起鱼死亡的情况下，此时，法规的宗旨在于保护水生动物群，如果他没有遭受任何损害，邻居将不能要求损害赔偿，因为鱼不是他的财产。只有渔业协会能够要求损害赔偿。公共行政机关也不能要求损害赔偿，因为鱼和水不是它们的财产，即使他们能够起诉污染者（引用在上文脚注 1 中的《环境法典》第 L. 216 - 6 条）。许多年以   19

前，猎人因为猎杀狼而被起诉。他被宣告无罪，因为狼在那时不在狩猎的受保护动物的清单之列。但是如果动物保护协会一旦要求损害赔偿，它们将会从猎人那里获得赔偿，即使是象征性的。侵权责任一般是独立于规则的保护性目的的，但是它们有时具有联系，因为在违反保护性法规的情况下，过错比较容易成立。

4. 在何种范围内，实施侵权行为的人被允许证明即使他遵守相关的规则行事，他仍然会造成损害？

20　　严格遵守相关的规则不排除任何人承担侵权责任，因为任何人都要受一般注意义务的约束。导致损害发生的简单事实证明他或者她没有遵守一般注意义务。

5. 违反行政法规则在举证责任的分担上，有何种结果？尤其是就因果关系、不法性和过错而言？

21　　违反行政法规则使过错较容易成立，因为这样的违反本身就构成过错。但这样的违反是不够的：受害者仍然有证明责任，必须证明他或者她已经遭受了损害，并且这样的损害是与违反行为有关。证据的确立是受害人索赔最困难的部分。水污染并不必然导致损害，如果损害发生，它可能是多个因素的结果，例如其他本身不是污染源的物质的存在。受害人将不得不证实是不同产品的结合导致了污染，并且必须起诉可疑的经营者们。

6. 违反行政法是否能导致主张惩罚性赔偿？

22　　在法国法中，惩罚性赔偿的概念没有真正的意义。侵权法仅有的目的是赔偿损害。制裁被施加只有在刑事犯罪的情形中能够被适用。即使在刑事法院的损害赔偿请求也只有补偿的目的，而没有惩罚性目的。另外，清理干净受污染场所的强制令也不具有惩罚性目的。

（二）遵守行政法规则的行为

1. 即使侵权人遵守了所有相关的行政法规则，他是否也要承担侵权责任（以获得损害赔偿或者禁令为目的），或者你们的法律制度是否允许"管制性许可抗辩"？

就像之前提到的一样（上文边码 1），在民事责任的情形下，原则上是，行政许可不能损害第三方的利益（*sous réserve du droit des tiers*）。如果某人的行为遵守相关的行政法规则，导致了损害（例如根据授权排水的大坝水污染导致鱼的死亡），他必须赔偿第三方的损害，不能因为存在授权而免除责任，甚至即使在严格遵守许可证或者许可的情形之下。民事责任有时甚至被适用于由于监管对象导致的无过错责任［在法国法中，污染物质（工业废物）被看做是监管的对象］。基于"因占有而非正常干扰邻居"理论，同样也存在无过错责任：如果某个授权活动造成污染或者噪音，并且给邻居造成固定性的损害，邻居可以通过证明损害影响他们的身体或者损害他们的物品或者他们物品的利用来寻求经营的公司的责任。

然而，具有合法授权经营的公司依据行政规则行为的责任受限于所谓的个别关注原则（*principe de préoccupation individuelle*）。该原则规定在《建筑和住房法》第 L. 112 – 16 条中，其含义为如果在环境侵扰出现之后才申请建筑许可证的，房屋占有者不能获得损害赔偿。相同的规则适用于在随后出现的侵扰附近购买或者租赁房屋的情形。在这样的情形下，经营中的公司应该遵守行政法规则，并且不能改变开发利用的条件。如果它不能遵守这些规则或者之后开发利用的条件有所改变，当第三方遭受损害并且给出证据证明因果联系时，它可能被要求承担民事法律责任。

2. 一般注意义务能否超过这些规则的范围？

基于上述《法国民法典》第 1382 条规定的原则，任何经营的公司都受一般注意义务的约束，如同已经提到的一样，行为遵守相关行政法管制或者授权的简单事实不能免除任何主体的侵权责任。

另外，一些管制通过规定与所谓的预防原则（*principe de precau-*

tion）相关的特别注意义务而走得更远。例如，获得授权种植转基因生物的任何人必须给出有关风险的信息，并且不断更新这些信息（《环境法典》第 L. 532 - 4 条）。[28] 该条款是关于持续性注意义务的规定：如果某人没有给出有关信息，尽管他或者她未忽视被授权之后风险已经演变的事实，但仍可能要承担责任。

相同的原则可见于《法国民法典》第 1386 - 12 条第 2 款的规定，"在损害是由人体某一因素或者因此产品引起时，生产者不可以援引第 1386 - 11 条第 4 款的免责情形。在产品已经投入流通之后十年期间内，面对产品自身暴露的瑕疵缺陷，如果生产者未采取适当的措施去避免瑕疵的损害后果，则生产者不可以援引第 1386 - 11 条第 4 款和第 5 款的免责情形的条款"。从第一次授权被给予起，生产者就必须保持与任何科学调查并驾齐驱，去发现有关他的产品或者产品组成部件的缺陷，在给消费者带来真实危险的情况下，应该通知其顾客，或者是控制产品或者甚至召回它们。然而，该义务当前仅限制于有缺陷的产品。

3. 如果侵权人能够成功证明他是合法地行为（就相关的行政法

28　"I. ——当批准在设备里首次利用转基因生物时，经营者应在向公众出售之前提交信息文件。

"II. ——这些被提交到设备所处的镇公所的文件，是由政府机构盖过章，不包括任何企业或者商业秘密信息或者受法律保护的任何信息，或者其暴露可能损害经营者利益的信息，其包括：

"1. 有关设备活动的一般信息以及有关提交的批准申请的调查目的的信息；

"2. 任何有关可能在设备中使用的转基因生物分类的任何有用信息和有关遏制措施，在事故发生时的干预手段以及批准的与第 L. 532 - 3 条一致的技术对策的信息；

"3. 凡是可以适用的地方，由有关批准申请的基因工程委员会给予的裁决的摘要；

"4. 基因工程委员会的地址，在那里市民可以充分注意到。

"III. ——收集的综合意见和依据第 L. 531 - 3 条提到的年度报告里的意见特征采取的任何行动的信息。

"IV. ——如果批准仅包含给市民健康或者环境提供不严重风险的非致病性转基因生物的利用，该条款的规定不适用。

"V. ——国务委员会法令设置该条款申请的条件。"

规则而言），那么关于不法性和过错的举证责任的分担是否会有所不同？

如果侵权者的行为遵守相关的行政法规则，在举证责任的分配 25 上不存在任何的直接后果。但是，在行为遵守它们的情形下，过错的成立要比在违反它们的情况下困难些。

四、其他原因的损害赔偿

1. 除了侵权法之外，是否还有其他法律的原因，比如：行政法本身或者是更加广泛的法律责任领域，强调因违反这样的规则所引起的损害赔偿责任？

侵权者在民事审判中可能承担责任，但是当受害人在刑事诉讼 26 中请求犯罪行为导致的民事损害赔偿时，侵权者在刑事审判中也可能承担民事责任。

在行政审判中，在公共机构违反这样的规则时，行政法一般也提供使得公共机构承担民事责任的救济措施。该救济在这种情形下的变动取决于损害发生的原因和具体的情形。例如，如果因公共行政机关经营的废物处理工厂机能障碍导致的受害者基于违反相关规则的理由起诉公共行政机关，他或者她必须给出违反的证据。但在同样的情形中，如果受害者基于通过占有对邻居造成非正常的干扰的理由起诉公共行政机关，或者，如果受害者不是邻居，而基于他或者她是公共作业（即不利用它）第三方的理由，他或者她将不必给出在这些情形下过错的证据。如果公共行政机关证明它们已经以正常的方式（*entretien normal de l'ouvrage public*）维护公共作业，它们通常被免除责任，但是在违反了旨在保护环境或者施加安全的规则情形下，他们将不能被免责。只有在受害者自己的过错或者不可抗力事件的情况下，公共行政机关能够部分或者全部免除责任。

2. 如果行政法规则许可侵害另一个人的利益，贵国的法律制度是否提供损害赔偿（或者是来源于受益者、基金或者是政府）？该赔偿请求的必要条件是什么？

27 　　行政法规则可能导致对他人利益的侵害，即使行为是合法的。在这样的情形下，法理上允许受害者在以下两种情形中在行政审判中请求公共行政机关的损害赔偿。

　　首先，由制定法导致的受害者的损害能够得到赔偿，如果以下的条件得到确保。如果制定法规定了赔偿（或者限制或者禁止它），人们应该认为该制定法是全面的。如果它没有规定，则根据国务委员会的判例，要求法官必须寻求议会的意图。如果任何意图都未被发现，有可能导致得出这样的结论，议会是默示地排除国家责任，国家必须承担由法律造成的损失。但是，该损失必须是特殊的（仅与某些人有关）并且是非正常的（损失必须比正常的任何人生活的社会中的不方便要高），因为国家不能承担所有制定法的后果。[29] 在这样的情形下，国家没有过错是必需的。例如，1976 年 7 月 10 日的有关自然保护法的规则，当适用此文本时，国务委员会并没有排除国家的责任。因此，它必须承担因为一种叫做鸬鹚的鸟类的增殖对鱼造成损害的赔偿责任，归因于基于 1976 年 7 月 10 日法案的行政法规规定的禁止捕杀它们。[30]

　　相同的原则适用于公共行政机关适用国际条约（*CE*, *Ass.* , 30 *March* 1966, *Compagnie générale d'énergie radio-électrique.* ）时导致的损害。

　　其次，当没有制定法适用时涉及另一种情形。国务委员会的早

29　CE, Ass. , 14 January 1938, *Société anonyme des produits laitiers "La Fleurette"*, in: *Long/ Weil/Braibant/Genevois/Delvolvé* (fn. 3) 323 – 329.

30　CE, Section（Section, Sect. ）, 30 July 2003, *Association pour le développement de l'aquaculture en région Centre et autres*.

期判例裁决即使在行为合法时，当因其行为发生损害，相关的公共
行政机关也必须承担它的行政行为的责任，受约束的条件是所遭受
的损害是特殊的而且是非正常的。[31] 这样的判例法的基本原理在于保
证公民之间的平等性，因为行政行为导致在公共负担面前平等性被
打碎（*rupture d'égalité devant les charges publiques*）。国家委员会将此
案例法规则扩张至合法的不作为行为。因为制定法存在的情形之下，
无过错必须要被证明。

五、案例

1. 1976 年，一家由 A 公司经营的化工厂，被允许可以排放一定
量的废气到空气中。根据最近的技术标准，所规定的量可以以一个
合理的费用显著地降低。然而，自从 20 世纪 70 年代以来，政府管
制就没有升级校正调整过。因排放废气而遭受农作物损害的当地农
民，能否向政府或者工厂经营者主张损害赔偿？这与农民本应该根
据行政审查程序，申请审查或者撤销许可有关吗？

首先，由于确立了行政许可不能损害第三方的权利（参见上文） 28
的原则，农场主能够向经营的公司请求赔偿。因为它能被看作是通
过占有对邻居造成非正常性的干扰（*trouble anormal de voisinage*）或
者甚至基于《法国民法典》第 1384 条（参见上文）的理由。规章
未被升级的事实与此无关。最高上诉法院裁定，"在环保分类设施领
域"，经营的公司必须通过调整它的设施自身功能以适应新的规章，
即使它的授权还未得到升级。该案涉及的国内垃圾储存的情形在
1991 年由长官（*Préfet*）授权。从 2001 年 1 月 1 日起，除了由 1992

31　CE, 30 November 1923, Couitéas, in: *Long/Weil/Braibant/Genevois/Delvolvé* (fn. 3) 252 – 259.

年 7 月 13 日法案（现在的《环境法典》第 L. 541 - 24 条 [32]）规定的最终废物之外，索赔者要求经营的公司停止储存废物。经营的公司拒绝遵守新的规章，最高上诉法院（the Cour decassation）禁止它储存废物而不是每日处罚的最终废物（最高法院，第一民事法庭，2005 年 10 月 25 日）。就行政责任而言，例如，公共行政机关的责任，没有文件规定相关行政机关应调整许可证以适应新的规章。尽管如此，第三方（邻居，协会……）能够要求公共行政机关调整它。如果在合理的期限内（délai raisonnable），它仍然不以这样的方式行为，它可能因为不作为而在行政审判中承担责任。最近关于所谓的"石棉丑闻"（scandale de l'amiante）案件表明一种苛刻的法理学演变。法国因为它处理吸入石棉尘土的方式已经承担责任。两项过错被承认。在 1977 年之前，国家因为没有采取旨在保护相关人员的管制承担责任，因为自从 20 世纪 50 年代起，它还未意识到对相关工人的"身体健康的严重风险"。在已经知道了这样的风险后，它本应该进行科学研究以衡量该风险并且采取相关的管制。在 1977 年 8 月 17 日法令之后，它强调有关在建筑物建造中利用石棉的规则，国家因为延迟调整规章与最近的科学调查相一致而承担责任，该科学调查本来可以降低石棉暴露的起始点以及进行研究以检查相关的法规是否足够充足。[33]

既然判例已经得到发展，那么，如果任何人能证明根据科学知识或者至少是严重的怀疑，国家还未将安全管制施加给相关的产业公司，国家就要承当责任。

关于农场主审查或者撤销许可证的不作为的发生率问题，人们

---

[32] "特殊企业废物，由于其危险的性能出现在由国务委员会法令规定的清单上，不得存放在接收其他类型废物的储存设施里。从 2002 年 7 月 1 日起，储存废物处置的设施仅被授权接受最终废物。"

[33] CE, Ass. , 3 March 2004, *Ministre de l'emploi et de la solidarité.*

应该牢记，在任何情况下，不存在行政程序对于民事程序的优先权，并且，民事法官也没有任何对公共行政机构的不法性评价的司法裁判权，除了特殊的情况之外。这些特殊情况与这项研究没有关联。为了回答这个问题，必须区分三个假设条件：

（1）如果农场主没有要求公共机关修改许可证或者要求废止许可：如果工厂遵守了规则，但是损害了农场主，将不存在任何公共责任（例如政府或者是其他公共行政机构的责任），除非植物在许可证授予之前被种植，在许可证被移交之后以相同的条件继续存在。在后一种情形下，农场主必须证明公共行政机构因为过错未施加更加严格的规定。未采取要求废止或者撤销许可证的事实没有任何影响。

（2）如果农场主要求公共机构修改许可证，但是，后者没有做，只有在公共机构未采取行动被认为是存在过错时公共责任才可以被要求。如果几个条件都是存在的，就将是如此的情形；它本应该采取行动但是他未做，尽管最初的规定不足以确保环境保护或者第三方的保护；它没有对一段较长的时间内要求了几次的农场主做出回答。无论如何，反对公共行政机构的行为对反对经营公司的行为没有任何影响。

（3）如果农场主要求公共机构修改许可证，并且确实修改了，但是采取的措施不够充分，这对经营公司的民事责任问题仍然没有任何影响。农场主可能寻求公共机构的责任，如果他证明措施的不充分导致了损害的发生。那么，他能够获得包括全部损害的损害赔偿金，因为这里不存在任何由于公共机构的失败导致的损害赔偿金的限制。

2. 一个有关职业危害的特定法规 A 迫使雇主在他们的车间里采取一定的保护措施。B 经营着一间一人车间，在那里没有雇工和参观者曾出现过，假设在该情形下管制规定不予以适用，一个偶然到车间参观的人受到伤害，B 是否仍然要承担侵权责任？

29 　　在这样的情形之下，如果利害攸关的受害者是参观者或者雇员，雇主的责任就有区别。有关参观者，根据损害的原因，B 可能以两种方式承担责任。如果损害是由比如机械之类的东西导致，《法国民法典》第 1384 条即将适用："一个人不仅要为他自己的行为导致的损害承担责任，而且必须为他所负责的人的行为导致的损害承担责任，或者是为由他所监护的物件导致的损害承担责任（1922 年 11 月 7 法令）。但是，若某人占有（不论其占有之基础如何）全部或者部分建筑物、或者是占有可移动的财产，其占有的财产发生火灾，该占有人不用承担火灾导致第三方损害的赔偿责任，除非能证明火灾是归咎于他的过错或者是归咎于他需要负责的人的过错（1922 年 11 月 7 日法令）。该规定也许不适用于业主和租客之间的关系，这种关系仍然由《法国民法典》第 1734 条和第 1733 条调整（1970 年 6 月 4 日，第 70－459 号法令）。父亲和母亲，在他们行使'亲权'的范围内（2002 年 3 月 4 日第 2002－305 号法令），连带承担与他们一起生活的未成年孩子导致的损害赔偿责任；主人和雇主，承担由他们的仆人或者雇员因为他们被雇行使职责所导致损害的责任；教师和工匠，承担由他们的学生和工匠在他们监督的期间内造成损害的责任（1937 年 4 月 5 日法令）。以上的责任是存在的，除非父亲和母亲，或者工匠证明他们无法预防引起责任发生的行为（1937 年 4 月 5 日法令）。关于教师的已经导致损害的行为过错，不谨慎、过失必须由原告在审判时证明，这与一般法相一致。"判例在适用该条款时，是非常严格的。所有人将要承担责任（例如因机械的保护措施不够充分或者石油坑的存在导致的地陷），除非受害者严重的过错（*faute charactérisée*）被认为是不可预见的或者无法避免的。[34] 后者由

34　Cour de cassation, Civ. 2ème, 11 January 2001, *Beaudron v. SNCF*.

这样的事实构成，即：已经采取所有预防措施阻止人们进入工作间（上锁、显示禁止进入的标识），虽然如此，受害者仍然强行进入，只有这样的情况下，所有人将被免责。

否则，《法国民法典》第 1382 条和第 1383 条将被适用："任何行为使他人受损害时，因自己的过失而致行为发生之人对该他人负赔偿责任"，并且"任何人不仅对其行为所致的损害，而且对其过失或者懈怠所致的损害，负赔偿的责任"。但是该责任比在某人监护之下的物件责任的要求要低。如果受害者行为是基于《法国民法典》第 1383 条和第 1382 条的理由，更多的是考虑他的或者她的过错。所有人将部分地被免责，当他的过错（没有上锁或者是没有显示标识）不是唯一地造成损害（例如石油坑），并且如果损害能够被看做是受害人唯一的过错造成，他或者她根本不用承担责任（例如受害人启动机器或者是站在设备上并且受伤）。

关于雇员和参观者的解决方式的不同，是因为他们与雇主的合同有关，因为《劳动法》（*Code du travail*）施加对工人的安全义务在雇主的肩上。但是，证明责任在于雇员。他们必须证明雇主明知风险的存在，未采取足够的措施防止事故的发生。它同样也在于每个人在工作时，根据他所受教育和可能性，对他们自己的安全的注意和小心（《劳动法》第 230 - 3 条）。这也许引起这样的事实，在一定的情境下，工人必须为他们的不合理的错误承担责任（不可原谅的）（*faute inexcusable*）。

3. 公司 B 违反有关公共安全规则的各类规章很多年，尽管存在有权力处以罚金、甚至让 B 公司关门倒闭的政府机构，但是这些政府机构几乎没有采取行动，通知公司 B 这些违法行为。他们曾经参观该公司一次，并且列出一系列的公司应该补救的缺陷的清单。公司一直未补救这些问题，政府机构从未再回头来惩戒该公司。一段时间之后，一严重的事故在 B 公司发生，如果该公司严格遵守相关安全规则，该事故本应该可以避免发生的。

（1）受伤害的人能否让公司承担损害赔偿责任？如果可以，公司能否以缺乏监管部门的监督提出抗辩？

30 　　受伤的人能够要求公司承担损害赔偿责任，只要他们证明损害的存在，并且确立损害和公司行为之间的因果联系。

　　公司不能以机构的不作为作为抗辩的理由。法国法适用"没有人会主张自己的过错"（*Nemo auditur propriam turpitudinem allegans = Nul ne peut alléguer de sa propre turpitude*）的拉丁原则。这意味着，没有一个人通过主张机构或者任何公共机关本应该进行干预能够阻止他们自己承担责任。

　　（2）受到损害的人能否主张从政府机构获得损害赔偿？

31 　　目前，在民事法院向公司主张损害赔偿请求，受害方能够对任何负责安全要求的机构或者公共机关请求损害赔偿金：国家诉讼或部长或长官（*Préfet*）诉讼的缺失（地方政府代表）——或者城市委员会对市长诉讼的缺失的行政诉讼，该法院不仅有司法审查的管辖权，而且还有向公共机构主张损害赔偿的管辖权。

　　受害方照例必须证明损害，机构的过错和二者之间的因果联系，但是就私人活动的公共控制而言，如同上文的例子一样，由国务委员会裁决的法国行政案例法首次要求有公共机构不当行为的存在（严重的过错或者是重大的过失行为）（*faute lourde*）。判例已经发展，不当行为（*faute lourde*）仅在特殊的情形下被要求，比如紧急或者复杂的情形。除此之外，法官现在还考虑，在正常情况下，监管机构有时间避免任何过错，因此，监管公司的简单过错就能够导致罚款。例如，国务委员会现在要求森林控制的简单过错（欧盟指令2005年3月25日，法国坎特赞镇）。

德国侵权法与管制法

乌尔里希·马格努斯　克劳斯·比特里希*

一、总述

1. 总体上来讲, 在贵国, 行政法规则对侵权法的影响是什么?

作为引言, 应该简单地概述作为侵权法过错责任的基础条款　1
《德国民法典》(*Bürgerliches Gesetzbuch*) 第 823 条。根据《德国民法
典》第 823 条第 1 款, 某人"故意或者过失不法侵害生命、身体、
健康、自由、所有权或者其他权利的, 应该赔偿因为这些侵害引起
的损害。"[1] 三个要素必须存在:《德国民法典》第 823 条第 1 款
(侵权行为的立法定义的客观要素)(objective element of the statutory
definition of a tortious act; *objektiver Tatbestand*) 所列举的权利受到侵
害, 违法性 (*Rechtswidrigkeit*) 和过错 (主观要素)(subjective ele-
ment; *Verschulden*)。鉴于有些行为只是间接地造成了损害, 特别是

---

*　乌尔里希·马格努斯, 教授, 博士, 德国汉堡大学民法、国际私法和比较法教授; 汉
堡上诉法院法官。克劳斯·比特里希, 德国汉堡大学, 主要从事于公共采购法和私法
之间相互影响的博士后研究。他获得德国研究基金会的奖学金。
1　《德国民法典》的翻译 (除了第 906 条第 1 款第 2、3 项之外) 是取自 *S. Goren*, The
German Civil Code (1994). 德国违法行为的条文翻译也参见 *B. S. Markesinis*, The Ger-
man Law of Torts (4th ed. 2002) 14 – 18.

在不作为侵权的情况下,《德国民法典》开始生效之后不久,[2] 德国法院就发展出了维护安全和保护第三方免受损害的注意义务（所谓的交往安全义务）（so-called *Verkehrssicherungspflicht* or simply *Verkehrspflicht*）[3], 将侵权行为的立法定义予以明确。一般来说,《德国民法典》第 823 条第 1 款注意义务的意思是迫使那些创造了危险源的或者至少在其能够影响的范围之内允许这样的危险继续的人采取所有的合理的措施保护其他人免于遭受来自于这些危险源的风险。[4] 在这种情况下, 法院会根据各种因素, 特别是公众的合理预期, 来确定当事人应承担义务的具体内容。[5] 违反交往安全义务是否应该归入到《德国民法典》第 823 条第 1 款规定的客观方面, 还是应归入到违法性, 甚至是过错里面, 一直存有争议。[6] 占支配地位的观点似乎是人们必须在"客观水平"上将交往安全义务（*Verkehrspflicht*）考虑进去。

2　Reichsgericht in Zivilsachen（Supreme Court of the German Reich for Civil Matters, RGZ）52, 373 is considered to be the starting point of this process. 参见 *K. Larenz / C. -W. Canaris*, Lehrbuch des Schuldrechts, vol. II/2（13th ed. 1994）400. 交往安全义务案例法创建的列表（按字母顺序归类）能够在 *H. Sprau*, in: O. Palandt（Palandt/Sprau）, Bürgerliches Gesetzbuch（65th ed. 2006）§ 823 no. 185 ff 中发现。

3　参见 *Markesinis*（fn. 1）86, and for the terminology *Ch. v. Bar*, Entwicklungen und Entwicklungstendenzen im Recht der Verkehrs(sicherungs)pflichten, Juristische Schulung（Jus）1988, 169.

4　参见, 例如, Bundesgerichtshof（Federal High Court for Civil Matters, BGH）, Neue Juristische Wochenschrift（NJW）2001, 2019, 2020; NJW 1990, 1236 ff.; *Larenz / Canaris*（fn. 3）399 f. § 836 – 838 BGB 是该原则的法定表达。

5　这种路径的一个例子是有关香烟或者糖果生产者过错责任的案例法。法院拒绝警告消费这些通常需要的商品风险的义务, 因为普通消费者知晓这些风险。参见, 例如 Oberlandesgericht（Court of Appeal, OLG）Hamm, Entscheidungen zum Wirtschaftsrecht（EWiR）2004, 935, annotation by *M. Adams / C. Merten*; OLG Düsseldorf, Versicherungsrecht（VersR）2003, 912. As a counter-example see Entscheidungen des Bundesgerichtshofs in Zivilsachen（Federal Supreme Court for Civil Matters, BGHZ）116, 60 = NJW 1992, 560, 有关甜茶叶给儿童造成蛀牙的风险（Kindertee）。

6　参见下文边码 30。

《德国民法典》第 823 条第 2 款指出："违反以保护他人为目的的法律者，负相同的义务。如果根据法律的内容并无过失也可能违反此种法律的，仅在有过失的情况下，始负赔偿义务。"一般来说，《德国民法典》第 823 条第 2 款使法院在侵权法之外的其他法律部门确立的行为标准被违反时判决损害赔偿金。鉴于《德国民法典》第 823 条第 1 款已对某些权利提供了保护，第 2 款的作用是在于，当这些权利有被侵害之虞时，虽然还未被现实侵害，但因为意在保护他人的法律（所谓的保护法）（*Schutzgesetz*）被违反，可据此确定相应的侵权责任。[7]《德国民法典》第 823 条第 2 款另一个重要的目的是开放侵权法对纯粹经济损失的保护。如果规定了旨在保护他人财产利益的行为标准的法律被认为是保护性法律，索赔者就有权利要求在故意或者过失[8]违反法律的情形下的纯粹经济损失的损害赔偿，不管《德国民法典》第 823 条保护的权利是否被侵害。[9]

应该指出的是，《德国民法典》第 823 条不仅是损害赔偿请求的法律基础，也是与《德国民法典》第 1004 条一起，作为旨在获得禁止令或者消减侵扰命令的强制令的法律基础，例如，如果损害已经引起，或者通过环境的污染将马上被引起。民法上的这种诉讼，相对于行政法旨在实现一项个人权利的诉讼，可以单独被提起。在公法和私法体制下，为获法律保护而提出的具体请求也有所差别，原

7　*G. Wagner*, in: Münchener Kommentar zum Bürgerlichen Gesetzbuch（MünchKomm/*Wagner*）, vol. V/2（4th ed. 2004）§ 823 no. 319.

8　参见《德国民法典》第 823 条第 2 款第 2 句。

9　MünchKomm/*Wagner*（fn. 7）§ 823 no. 320. 其他的保护受害方免遭纯粹经济损失基本侵权责任规定是《德国民法典》第 826 条（故意造成损害的人和以违反公共政策的方式行为的人的责任；*vorsätzliche sittenwidrige Schädigung*）。从实际的角度来看，就安全和环境管制领域的侵权法和行政法之间的关系而言，《德国民法典》第 826 条没有多大相关性。

则上这些请求应予分别裁决。[10]

2　　行政法规则对德国侵权法的影响[11]是一个话题，该话题不是由明确的法律规定所产生，而是由一些例外所引出。[12] 盛行的观点是，损害行为是否构成侵权的判断标准是该行为必须是自主作出。但是，当裁决相关责任条款的不同要素是否存在时，[13] 所提及的行为也是受行政法规则调整的事实必须被考虑。关于《德国民法典》第 823 条第 1 款的一般注意义务，德国法院倾向于将基于行政法规则的行为标准或者公共机构裁决视为具有严格约束力。[14] 但是，另一方面，他们又接受这样的标准作为侵权法所要求的何种注意标准的一个重要

10　参见，例如，对在联邦《排放控制法》范围内的工业区（*Bundesimmissionsschutzgesetz*，BImSchG），*H. D. Jarass*，Bundesimmissionsschutzgesetz（6th ed. 2005）§ 10 no. 99, 99a.

11　"行政法"指调整无论实体还是程序方面政府执行公共职能的公法的一部分，本报告中"管制"这个术语是被用来界定通过执行各种（技术的）标准来处理针对公众或者个人令人厌恶的或者最小化风险的行政法分支，其中执行的标准包括保证相关行为或者产品遵守这些标准的程序（参见下文边码19）。

12　参见，例如，《排放控制法》第 14 条规定在由审批机关颁发许可证的情况下，禁止针对设备运营提气禁令程序。

13　参见，例如，*E. Steffen*，Haftung im Wandel, Zeitschrift für die gesamte Versicherungsissenschaft（ZVersWiss）1993, 13, 24 f. ; relative autonomy；MünchKomm/*Wagner*（fn. 7）§ 823 no. 321: no "blind" application of administrative law rules；*J. Hager*, in: J. von Staudingers Kommentar zum Bürgerlichen Gesetzbuch mit Einführungsgesetz und Nebengesetzen（Staudinger/*Hager*），§ 823 – 825（13th ed. 1999）§ 823 no. E 34；*Larenz/Canaris*（fn. 3）416；*v. Bar*, Jus 1988, 169, 172 f. ; *H. Versen*, Zivilrechtliche Haftung für Umweltschäden（1994）155 f. ; *J. Kohler*, in: J. von Staudingers Kommentar zum Bürgerlichen Gesetzbuch mit Einführungsgesetz und Nebengesetzen（Staudinger/*Kohler*），Umwelthaftungsrecht（2002）Einl zum UmweltHR no. 270, 276, 286 ff. , 302 ff. 以及对该主题学者采取的不同观点的总结，no. 286, 301 f.

14　参见，例如，BGH, Transportrecht（TranspR）2004, 356；BGH, NJW 1999, 2815, 2816；BGHZ 139, 79, 83 = NJW 1998, 2905, 2906；NJW 1997, 582, 583；BGHZ 99, 167, 176 = NJW 1987, 1009, 1011；MünchKomm/*Wagner*（fn. 7）§ 823 no. 578. 仅有的反例似乎是备受批评的裁决 BGHZ 62, 265, 270: § 27 subs. 1 *Bundesjagdgesetz*（《联邦狩猎法》，BJagdG）授权主管机关迫使狩猎权利人降低野生动物的数量。该规定旨在预防由比赛导致的损害和联邦最高法院根据超越行政法规则的《德国民法典》第 823 条第 1 款考虑扩展注意义务。

指示。因此，相关的行政法规则规定了最低的标准，[15] 但是未阻止法院根据实际案件中的事实要求更高的注意或者谨慎等级。这也同样适用于技术（安全和环境）标准，其能在执行部门（*Rechtsverordnungen*）的管制中，在行政指令比如有关空气污染控制的技术指令以及有关噪音消除的技术指令或者通过私人标准机构发展起来的其他成套的规则（比如德国工程师协会）中被发现。[16]

《德国民法典》第906条第1款的法律概念为这种观点提供了法律根据。《德国民法典》第906条处理不动产所有人对于通过侵入或者其他干扰[17]而利用其土地导致的非实质性损害的容忍义务。1994年，第2句和第3句被加入到《德国民法典》第906条第1款中，宣称根据行政法，排放未超过边界或者近似值（限制或者准则[18]），原则必须被容忍，但这仅仅是"作为规则"，例如，作为一个准则，而不是对民事法院有约束力的规定。[19] 因此，它可能被总结为，就行

---

[15] *Steffen*, ZVersWiss 1993，13，24；Staudinger/*Hager*（fn. 13）§ 823 no. E 34；Staudinger/*Kohler*（fn. 13）Einl zum UmweltHR no. 273.

[16] Münch /*Wagner*（fn. 7）§ 823 no. 268 ff.，578；Staudinger/*Kohler*（fn. 13）Einl zum UmweltHR no. 276.

[17] 《德国民法典》第906条，涉及环境责任的最重要的民法规定（虽然是物权法的一部分），宣称："（1）在干涉不损害或者较轻微损害土地的使用的范围内，土地所有权人不得禁止煤气、蒸气、臭气、烟、煤烟、热气、噪声、震动和其他来自他人土地类似干涉的侵入。轻微损害通常是指，根据规定查明和估算的干涉未超出法律或者法令确定的极限数值或者标准数值。上述规定同样适用于根据《排放控制法》第48条颁布包含有技术标准的一般行政规定中的数值。（2）在按当地通行的使用方法使用他人的土地引起重大损害，而且不是采取此种使用者在经济上可望获得的措施所能阻止的范围内，同样适用上述规定。"

[18] 参见下文脚注166及其之后内容。

[19] The 1994 amendment confirmed earlier decisions of the BGH regarding § 906 BGB. Cf. BGH, NJW 1995，132，133；BGHZ 121，248，252 f. = NJW 1993，1656，1657；BGHZ 120，239，254ff. = NJW 1993，925，929 f.；BGHZ 111，63，65 f.，68 = NJW 1990，2465，2466；BGHZ 92，143，151 ff. = NJW 1985，47 ff.（the famous Kupolofen-decision）；to § 906 BGB 在1994年经修正，参见，例如 BGH，NJW 2004，1317，1318；NJW 1999，1029，1030.

政法规则（以及相关的技术或者环境标准）规定的"正常"情况下的必要安全预防措施而言，他们充当民事法院的准则，从而有助于法律的确定性以及司法机关的效率。[20] 但是，当以某种方式适用过错责任制度时，法院仍然有最后决定权保证私人权利的全面和充足的保护。

3　　侵权法和任何其他的行为法律标准之间的自然连接是《德国民法典》第 823 条第 2 款。许多涉及安全要求或者环境保护的行政规定在《德国民法典》第 823 条第 2 款的意义范围内被考虑为保护性法律。案例法依旧显示出，虽然其他法律根据《德国民法典》第 823 条第 2 款也可以适用，但大多数金钱损失赔偿的请求是基于《德国民法典》823 条第 1 款被裁决的。这一事实在某种程度上可以解释为上文提及的由法院创建的全面注意义务（交往安全义务）的产物。无论如何，旨在保护他人的行政法规则与关于旨在预防或者消除侵扰[21]的索赔的《德国民法典》第 823 条第 2 款（和《德国民法典》第 1004 条第 1 款第 2 项）深切相关。

4　　在某种程度上，[22] 行政法规则也对责任有影响，而不管是否有过错，[23] 除了《德国民法典》第 833 条第 1 项确定的某些动物持有人的严格责任之外，例如《产品责任法》（*Produkthaftungsgesetz*），《医药制剂法》（*Arzneimittelgesetz*）第 84 条，或者《环境责任法》（*Umwelthaftungsgesetz*）等特殊法律[24]的颁布。尽管在严格责任领域，并不

20　参见 Staudinger/*Kohler*（fn. 13）Einl zum UmweltHR no. 276.

21　参见，例如 BGH, NJW 1997, 55；BGHZ 122, 1 = NJW 1993, 1580；BGH, NJW 1976, 1888：所有有关对违反建筑法规则的活动禁令诉讼。

22　参见 Staudinger/*Kohler*（fn. 13）Einl zum UmweltHR no. 309 f.

23　参见 *Larenz/Canaris*（fn. 3）601 ff.；Staudinger/*Kohler*（fn. 13）Einl zum UmweltHR no. 94 ff.；*J. Fedtke/U. Magnus*, German Report on "Strict Liability", in：B. A. Koch/H. Koziol（eds.）, Unification of Tort Law：Strict Liability（2002）；《德国民法典》第 834 条第 2 句，第 836 条－第 838 条不形成严格制度的一部分。它们基于过错推定确立责任。

24　法院有权限创造或者扩展严格责任规定，参见 BGHZ 55, 229, 234 = NJW 1971, 607, 608.

要求有过错或者注意义务的违反，[25] 但当决定受害方所遭受的损失是否是经营者严格负责的设施（操作风险）的经营风险的结果时，[26] 行政法是有重大意义的。

2. 在行政法规和侵权法相互作用的问题上，是否存在宪法上的界限或准则，比如：关于联邦法与州或者当地可适用的法规之间以及与行政法规则的保护目的之间的关系准则等？

根据《基本法》第 74 条第 1 款第 1 项，包含侵权法的民法（*bürgerliches Recht*）属于联邦共同立法权（竞合立法权）的范围，例如，联邦立法旨在最终阻止州就相同的主题重复立法。当根据《德国民法典》第 823 条第 1 款考虑注意义务时，由州或者地方政府机构创建的民事责任规定将可能具有违宪性，[27] 其是反对规定于或者基于非联邦行政法规则的行为标准的约束力的理由之一。[28] 另一方面，《德国民法典》第 823 条第 2 款使这样的标准转化成侵权法，而不管其负责的立法主体。只要州或者当地政府机构的目的旨在服务于公共目的，该公共目的在其立法权限之内，例如事故预防（危害防止）（*Gefahrenabwehr*），由此，有关侵权法的立法权限的宪法规定未被违反。[29] 因此，建筑师未遵守州的建筑规章（建筑法规）（*Bauordnungsrecht*），可能根据《德国民法典》第 823 条第 2 款被追究责任，而不考虑这些规章是州法律的一部分的事实。[30] 对于当地法

5

---

25 因为严格责任制度通常仅包含物质损失并且一般规定责任限制，例如，有关损害赔偿金的最大数额，过错责任仍然很重要，即使受害方根据严格责任条款被赋予权利。

26 参见，例如 § 6 subs. 2 UmweltHG dealing with rules of evidence regarding causation.

27 Entscheidungen des Bundesverfassungsgerichts (Supreme Federal Constitutional Court, BVerf-GE) 45, 297, 345 = NJW 1977, 2349, 2355.

28 参见脚注 192。

29 Staudinger/*Hager* (fn. 13) § 823 no. G 12. See for a detailed analysis A. *Spickhoff*, Gesetzesverstoβ und Haftung (1998) 100 ff., 105.

30 MünchKomm/*Wagner* (fn. 7) § 823 no. 323.

律规定在冰的表面撒盐（或者沙）的责任也是同样的情况。[31]

6　　一般的宪法界限以遵守宪法性规定的方式适用侵权法规定的法院义务，即根据《基本法》第 1 条第 3 款的宪法性权利（基本权利）（*Grundrechte*）。[32] 宪法性权利要求一定的保护标准，这些标准立法主体必须贯彻执行，但是作为一个原则性的问题，创造某些法律规则的义务无法源于宪法。[33] 此时，在没有法定规定适用时，它在立法权限内或者在法院选择提供充分保护手段的权限内。鉴于这种自由裁量权，学者一致确认侵权法规定的合宪性，尤其是根据《德国民法典》第 823 条第 1 款法院确立的有关全面的注意义务的合宪性。[34]

　　3. 除了法定规定之外，违反哪种类型的行政法规（比如：规章、官方通知）的情形之下，能引起侵权责任？

7　　有关法律规定的类型，在《德国民法典》第 823 条第 2 款意义范围内，旨在保护他人的法律必须是《德国民法施行法》第 2 条形式意义上的规范，例如，任何联邦、州或者当地立法机关制定的法律无需考虑其作为私法、公法或者刑法的特征。因此，《基本法》[35]，联邦或者州议会的正式立法，执行部门的条例（*Rechtsverordnungen*，法规命令）或者类似于地方性制定法的自治立法（*Satzungen*，规

31　Staudinger/*Hager*（fn. 13）§ 823 no. G 12.

32　对宪法权利对私法的影响这个有些争议的问题的细节，参见 *C. -W. Canaris*, Grundrechte und Privatrecht（1999）24 ff. 就法院根据《德国民法典》第 906 条第 2 款第 2 句（通过类推的方法）施加给动产所有人忍受侵入的义务未批准他们赔偿请求而言，联邦法院适用《德国民法典》第 906 条的合宪性受到挑战；参见 MünchKomm/*Wagner*（fn. 7）§ 823 no. 626；Staudinger/*Kohler*（fn. 13）Einl zum UmweltHR no. 121.

33　参见，例如，BVerfGE 96, 56 = NJW 1997, 1769, 1770；*H. Schulze-Fielitz*, Technik und Umweltrecht, in：M. Schulte（ed.）, Handbuch des Technikrechts（2003）443, 446.

34　参见，例如，*G. Spindler*, in：H. G. Bamberger/H. Roth（eds.）（Bamberger/Roth/*Spindler*）, Kommentar zum Bürgerlichen Gesetzbuch（2003）Vor § 823 no. 10；*Canaris*（fn. 32）77.

35　Bundesarbeitsgericht（Federal Labour Court, BAG）, NJW 1967, 843：art. 9 subs. 3 GG；Bamberger/Roth/*Spindler*（fn. 34）§ 823 no. 169：art. 3 subs. 3 sent. 2 GG.

章），有资格适用《德国民法典》第823条第2款。[36] 根据事故保险
方案制定的事故预防管制是否符合规范标准也是一个有争议的问
题。[37]

行政裁决（*Verwaltungsakte*）明显地不符合《德国民法典》施行 8
法第2条[38]的规范标准。通常，对行政指令（*Allgemeine Verwaltungs-vorschriften*，一般性的行政规则）也是一样，因为当执行行政法时，
不决定政府和个人[39]之间的外部关系的权利与义务，它们只约束当
局。并且对私人标准也是一样，比如，德国标准协会的标准（*Deut-sches Institut für Normung*，*DIN*），[40] 因为私人标准化机构缺乏立法
权。[41] 相应地，如果规范参考这样的标准，只有规范本身可能根据
《德国民法典》第823条第2款被看做是保护性法律。[42]

因此，并不直接规定个人义务而包含针对期待行为的抽象规定 9
的法规，通过行政裁决（例如命令或者经营许可）的具体形式得以

36　参见，也关于习惯法或者法官造法，*Spickhoff*（fn. 29）75 ff, 86.

37　参见 *P. Salje/J. Peter*，UmweltHG（2nd ed. 2005）§ 18 no. 12；MünchKomm/*Wagner*
　　（fn. 7）§ 823 no. 324 采取不同的观点。

38　下文边码9，参见 BGH, NJW 1995, 132, 133；BGHZ 122, 1, 3 ＝ NJW 1993, 1580. 作
　　为一个例外，从该规则 § 33 subs. 1 *Gesetz gegen Wettbewerbsbeschränkungen*（Anti-trust
　　Act, GWB）宣称由反垄断机构施加的责任必须被视为《德国民法典》第823条第2
　　款意义内的保护性法律。

39　这是有关基于《联邦排放控制法》第48条制定的行政指令的争议性问题，例如 *TA
　　Lärm und TA Luft*；cf. Staudinger/*Hager*（fn. 13）§ 823 no. G 15；denied, e. g. , by
　　MünchKomm/*Wagner*（fn. 7）§ 823 no. 326；for the adverse opinion see *P. Salje*，Anlag-enhaftungsrecht，in：Schulte（ed.）（fn. 33）271, 291；Staudinger/*Kohler*（fn. 13）Einl
　　zum UmweltHR no. 68.

40　BGHZ 139, 16, 19 ＝ NJW 1998, 2814, 2815.

41　Staudinger/*Hager*（fn. 13）§ 823 no. G 13. 关于《德国民法典》第823条第1款，私
　　（以及法律）的标准被认为是有关侵权法要求的注意标准的重要暗示（但是没有约束
　　力）；参见 BGH, NJW 2001, 2019, 2020；以及参见上文边码2。

42　MünchKomm/*Wagner*（fn. 7）§ 823 no. 326；Staudinger/*Kohler*（fn. 13）Einl zum Um-weltHR no. 68；dissenting as far as the *TA Luft and TA Lärm* 或者其他指令被关注，其根据
　　《联邦排放控制法》第48条规定的特殊程序被制定。

设计，这一过程形成有关规范标准的一些考量。一般的共识是，如果某法规旨在保护个人，那么这项机制不会反对授权行政机关的法规被视为《德国民法典》第 823 条第 2 款意义内的保护法。其论据是，只要所需求的行政决定已经事实上颁布，那么排除所有要求执行行政机构裁决的行政法规则不是合法的。[43] 因此，例如，规定了经营工厂特殊义务（所谓的操作员职责）的《联邦排放控制法》（*Bundesimmissionsschutzgesetz*）第 5 条，不能与《德国民法典》第 823 条第 2 款一起被适用，除非污染控制机构已经指示经营者采取一定的措施（根据《联邦排放控制法》第 17 条和第 22 条）。根据德国最高法院，就所规定的行为而言，民事法院受行政决定的约束，即使该决定与法律相反。[44] 就约束效力的充分性而言，行政决定是合法有效的就足够了。民事法院不得以合法性的理由审查它。因此，如果一个舞蹈学校的建筑许可证苛以采取某些措施减少噪音的义务，邻居将被许可禁令救济以及根据《德国民法典》第 823 条第 2 款和第 1004 条的规定，舞蹈学校的义务将被执行。

4. 当行政法（比如法律或者由政府或者具有公共职能的实体所作的决定）本身违反法定规定的时候，根据私法，会有怎样的后果？因遵照约束其行为的违法的行政法规，而造成损害的人，是否不用承担责任？如果是，它是否与造成损害的人已经知道或者应该知道行政法规是违法的，有任何相关？

10 　　该问题最有可能是在行政裁决的情况下引起，例如，工业设施的经营许可证，未满足授权性法规的要件，因为许可证规定的措施

43　BGHZ 122, 1, 3 = NJW 1993, 1580: 关于在建筑许可证中噪音消减的规定；Staudinger/*Kohler* (fn. 13) Einl zum UmweltHR no. 67.

44　BGHZ 122, 1, 5 = NJW 1993, 1580, 1581. 就对预期行为足够精确的描述的法定权力的干预而言，最高法院的意见是受到批评的；参见 Bamberger/Roth/*Spindler* (fn. 34) § 823 no. 153；MünchKomm/ *Wagner* (fn. 7) § 823 no. 334 f.；Staudinger/*Kohler* (fn. 13) Einl zum UmweltHR no. 67.

不足以保护他人权利，例如，对源于该设施散发出来的令人讨厌的物质。根据调整一般行政程序的规定，[45] 只有某些明显的并且严重的错误才引起行政裁决无效，然而，原则上，违法的裁决仍然有效力，直到它们被法院或者当局废除。如果行政决定遭受无效的理由，根据《德国民法典》第823条第2款，与义务人的合法行为不符合不能等同于侵权行为，因为，如同上文提到的（上文边码9），在法律要求行政裁决创建义务的情形下，没有公共机构的裁决，法律不能被看做是保护法。[46] 如果错误并未引起无效，甚至违法的行政裁决具有拘束力，[47] 从而相应地，《德国民法典》第823条第2款下的责任必须被否认。

但是，作为行政裁决，不能推翻侵权法（上文边码2）中的一般注意义务，违法许可证的持有者可能根据《德国民法典》第823条第1款承担责任。在这样的情形下，过错问题需要有合理的考量：如果一个许可证由许可机构颁布，原则上，责任人可能假设，它是有效的并且与所有法律规定[48]是一致的，以及规定的措施将足以控制被许可的行为潜在的危险影响。为了确立索赔，受害方因此必须证明，考虑具体的情境，损害方确实已经知道或者本应该知道许可证是违法的，并且因此，其他的或者更有效的措施本应该必要地预防损害。因为该种举证责任的分配，《德国民法典》第823条第1款的责任将是这种类型情形的例外。[49]

5. 如果行政法规自己调整违反它本身规则的结果，特别是给予刑事制裁，这样的规则是否被认为是综合性的（即不包括侵权请

45　§ 43 f. *Verwaltungsverfahrensgesetz*（Administrative Procedure Act, VwVfG）.
46　BGHZ 62, 265, 266 ff. ＝ NJW 1974, 1240；*Spickhoff*（fn. 29）84.
47　参见 BGHZ 122, 1, 5 ＝ NJW 1993, 1580, 1581, and supra no. 9.
48　BGH, NJW 1980, 2578, 2579.
49　参见 *B. Balzereit/K. Kassebohm/R. Kettler*, Umwelthaftung und Versicherungsschutz, Betriebsberater（BB）1996, 117, 119.

求)？在这方面侵权法和刑法如何相互影响？

11   如果行为不仅干扰了公共治安，而且对于其他个人也造成损害，一个不成文但是无争议的原则，即这样的行为也可能引起根据《刑法》或者《管制犯罪法》的责任，如同侵权责任一样。[50] 当制裁旨在一般公共利益中的"法律或者秩序"的维持，侵权法能够使个人为了自己的利益寻求损害赔偿。违反行政法可能被当做犯罪（或者罪行）受到控诉的事实并不正式排除也不自动地引起《德国民法典》第823条的侵权责任。

12   根据《德国民法典》第823条第1款，（刑事的）罪行是否是侵权行为必须自治地决定，但是必须关注这样的事实，即行政法规则要求的行为标准原则上对侵权法有最低标准的效力。[51] 当决定法律的行政法规则本身规定的制裁是否在《德国民法典》第823条第2款下适用时，一般的侵权法原则也是适用的（参见下文边码13及其之后内容）。制裁的威胁必须被考虑。作为经验法则，如果侵害仅构成犯罪，行政法规则的保护性目的可能被否认，然而，刑事制裁的威胁原则上表明保护性法规（*Schutzgesetz*）是存在的。[52]

　　6. 在何种条件下，行政法规则被认为是所谓的"保护性目的规则"？行政法规则的保护目的是否仅由行政法规决定，还是也由侵权行为法的总则决定？

---

50   *Ch. v. Bar*, Gemeineuropäisches Deliktsrecht, vol. I（1996）no. 601. 例如，通过根据《刑事诉讼法》第403条及其之后条文的规定将刑事诉讼和损害赔偿请求的可能性连接起来得以证明。

51   关于由或者基于行政法规则确立的标准之间的关系，参见上文边码2以及下文边码22和边码43及其之后内容。

52   参见 *Larenz/Canaris*（fn. 3）438 ff. 根据所谓的"Subsidiaritätsdogma"of the BGH（补充原则；参见 BGHZ 125, 366, 374 = NJW 1994, 1801, 1804；BGHZ 116, 7, 14 = NJW 1992, 241, 242），如果受害方在没有权利要求侵权损害赔偿金的情况下已经被充分地保护，法律的保护性目的应该被否认，参见 *Spickhoff*（fn. 29）129 ff. 该原则不被联邦最高法院适用，如果法律规则规定了刑事制裁；参见 Staudinger/*Hager*（fn. 13）§ 823 no. G 5 f., G 17.

《德国民法典》第 823 条第 2 款被设计为侵权法和其他规定行为 13
标准的部门法之间的联系（上文边码 3），因为相关法律规则通常不
会明确地决定它们和《德国民法典》第 823 条第 2 款的身份地位，
对于法院而言，决定它们特别的保护目的是比较重要并且是苛刻的
任务，因为过于宽松的路径将意味着与《德国民法典》第 823 条第
1 款贯彻的侵权法的基本特征相反而扩大责任，即不是确立仅受到危
害的权利的责任，并且也不是为了保护个人的财产本身，而仅仅是
当损失是《德国民法典》第 823 条第 1 款保护的权利损害的结果。

当考虑行政法规则的保护性目的时，联邦最高法院为了《德国 14
民法典》第 823 条第 2 款的目的而修改的一般构建原则一样适用。
如果适用，出发点是法律的措辞和筹备工作文件（*travaux
préparatoires*）。如果法律未明确地提及某些个人权利，在《德国民法
典》第 823 条第 2 款的意义内，[53] 这必须被看做是反对保护性目的的
暗示。另一方面，《德国民法典》第 823 条第 2 款不以法律规则的唯
一目的是个人权利的保护为先决条件。[54] 即使法律主要是因为一般公
共利益的理由存在，这并不排除它的保护特征本身，[55] 只要对个人利
益的保护效力不只是间接地或者不只是临时的。[56] 作为有关《德国民
法典》第 823 条第 2 款适用的适当性的法规构建的特性，必须指出
的是，在特别大的程度上，必须注意法律文本中的所谓保护规范。[57]
为了避免与侵权法总的体系摩擦，对以下问题的比较合理的决定是
必要的，即对非侵权法律规则的违反是否应该引起损害赔偿的权利。
决定性的检验标准是询问创建损害赔偿的请求的出现是否合适、充
分以及是否可以容忍铭记侵权法的一般目的和《德国民法典》第

53　BGHZ 100, 13, 15 = NJW 1987, 1818, 1819.

54　BGHZ 122, 1, 4 = NJW 1993, 1580, 1581.

55　BGHZ 116, 7, 13 = NJW 1992, 241, 242.

56　BGHZ 100, 13, 18 ff. = NJW 1987, 1818, 1819；BGHZ 89, 383, 400.

57　BGHZ 106, 204, 206 ff. = NJW 1989, 974, 975. 参见 *Spickhoff*（fn. 29）102 ff., 105.

823 条第 2 款的那些特殊目的。[58]

15   受质疑的法律规则可能是民法、刑法或者行政法的一部分，不管该法律规则的来源如何，上述这些原则都适用。但是它肯定要考虑到，在行政法中，一个类似的问题可能引起，有关在行政法院个人权利的诉讼问题。通过适用所谓的保护规范理论（保护规范的范围检验标准）（*Schutznormtheorie*），行政法院已经解决许多行政法规则保护性目的问题，民事法院通常毫不犹豫地采纳行政法院的实践做法。[59]

7. 如果行政法规则约束一个法律实体，谁将对未遵守该规则承担责任？如果该实体机构的个人不得不承担各自的刑事责任或者行政责任，这是否也引起该人承担侵权责任？像这样的责任如何与法律实体的替代责任相互影响？

16   行政责任一般由《管制犯罪法》调整。根据《管制犯罪法》第30 条，如果公司管理人员的一员违反了约束公司的行政法规则，公司将"亲自"被罚款。如果一个"普通的"员工犯了管制罪行，考虑到《管制犯罪法》第 14 条确立的参与犯罪的行政责任，该第 30条可能仍然适用。《管制犯罪法》第 30 条未被履行时，行政责任将施加给法律实体中确实进行了违法行为的员工。另外，有关管理层成员的活动，《刑法典》和《管制犯罪法》都规定了由法律实体实

---

58 BGHZ 66，388，390 ＝ NJW 1976，1740，1741. 对这些原则如何由法院适用的例子，参见 *Markesinis*（fn. 1）886 ff.

59 BGHZ 86，356，362 ＝ NJW 1983，1795，1796；BGHZ 66，354，355 f. ＝ Monatsschrift für Deutsches Recht（MDR）1971，41. See MünchKomm/*Wagner*（fn. 7）§ 823 no. 342；Staudinger/ *Kohler*（fn. 13）Einl zum UmweltHR no. 69；Staudinger/*Hager*（fn. 13）§ 823 no. G 22.

施的罪行归咎于管理人员的法定规定的具体要件。[60] 因此，例如，公司的董事不能基于行政法规则仅涉及他所代表的公司的理由逃避刑事和管制制裁。而且，《管制犯罪法》第130条给公司所有人施加采取适当措施监管的义务，以保证约束所有人的法定义务在经营公司的过程中不被违反。

引起违反行政法规则的侵权责任，是否受制于刑事制裁或者行政制裁，遵循它自己的规则。法律实体的义务必须由特别代表身份的个人行为履行，例如，作为公司的机构（例如董事或者经理）。代表人基于他们作为代表机构的地位并且根据他们与公司的雇佣合同，必然要履行公司的义务。因此，公司代表未遵守施加给公司的义务构成了他对公司义务的违反，以及关于第三方，可能根据《德国民法典》第823条和第31条[61]引起公司责任。另一方面，作为法律实体的代表的个人行为的个人侵权责任可能在他们违反不仅约束法律实体而且约束他们的代表[62]的义务的情况下引起，或者在他们作为一个共同犯罪人（参见《德国民法典》第840条）未成功阻止员工违反法律时[63]。但是即使不存在实际参与犯罪，因为公司的代表不知道员工犯下了侵权行为或者创造了危险，联邦最高法院认为注意义务的违反也可能引起公司代表的个人责任，如果他没有采取措施避免

60　《刑法典》第14条第1款第1项宣称："以法人之执行机构或成员行为之人，如果某一法律规定以特定之个人身份、关系或情况（特定之个人特征）为可罚性之基础，当代理人不具备此等特征而被代理人具备时，则代理人的行为仍适用该法。"也参见《违反秩序法》第9条。

61　《德国民法典》第31条宣称："董事会、董事会成员或者其他正式任命的代表，在履行其职责、引起损害赔偿义务的行为致对第三方的任何损害时，由社团对该损害承担责任。"

62　参见，例如，BGHZ 133, 370, 375 = NJW 1997, 130, 131：缴纳社会保险费的义务；MünchKomm/*Wagner*（fn. 7）§ 823 no. 382.

63　参见 BGHZ 110, 323, 335 = NJW 1990, 2877, 2880；BGHZ 109, 297, 303 f. = NJW 1990, 976, 977；Staudinger/*Hager*（fn. 13）§ 823 no. E 66.

权利被侵害，因为他处于担保人的地位。[64] 在公司代表机构的组成多于一人时，每一个成员负完全责任，不存在将注意义务托付给公司低等级的员工的可能性，有关在公司代表机构内部员工之间托付注意义务，联邦最高法院接受这样的托付，只要不存在各个代表不充分履行自己义务的暗示。因此，在任何情况下，监督的义务（*Überwachungspflicht*）仍然保留。[65]

由联邦最高法院发展的代表[66]的个人侵权责任原则被一些学者作为归咎风险和判断注意义务的方式之一的"专业"责任承担的适用情形所支持。[67] 但是针对德国联邦法院的路径，一个主张通常被提出，即它忽视了受限于公司资产的公司责任与代表的独特的直接责任之间的区别。[68] 但是，如果代表的注意义务被恰当地决定，则这样的怀疑应该显著地降低。[69] 尤其是，不存在代表的注意义务等同于公司的义务的规则。[70] 另外，如果过错要件被恰当决定，个人责任的不恰当风险不会引起，在某种程度上，对管理人员而言，法律确定性可能通过审计或者认证程序获得。[71]

64　BGHZ 109, 297, 303 = NJW 1990, 976, 977. 参见 *Ch. v. Bar/J. Rogge*, Limitation and Mitigation in German Tort Law, in: J. Spier（ed.）, The Limits of Liability-Keeping the Floodgates Shut（1996）17, 23 f.

65　BGHZ 133, 370, 378 = NJW 1997, 130, 132.

66　这些原则甚至可能包含下级领导层；参见 MünchKomm/ *Wagner*（fn. 7）§ 823 no. 396.

67　*Larenz/Canaris*（fn. 3）422; MünchKomm/*Wagner*（fn. 7）§ 823 no. 399; *B. Grunewald*, Die Haftung von Organmitgliedern nach Deliktsrecht, Zeitschrift für Handelsrecht（ZHR）1993, 157, 451, 455 ff., 仅支持有关对市民负有注意义务的机构的个人责任（例如在冰面撒沙子的义务），而不包括在受害方是法律实体已经订立的合同的一方当事人时。

68　参见，例如，*M. Lutter*, Zur persönlichen Haftung des Geschäftsführers aus deliktischen Schäden im Unternehmen, ZHR 1993, 157, 464, 473 ff.

69　Staudinger/*Hager*（fn. 13）§ 823 no. E 68; MünchKomm/*Wagner*（fn. 7）§ 823 no. 400; *Grunewald*, ZHR 1993, 157, 451, 457.

70　MünchKomm/*Wagner*（fn. 7）§ 823 no. 377; Staudinger/*Hager*（fn. 13）§ 823 no. E 68; *Grunewald*, ZHR 1993, 157, 451, 458 f. 参见，例如，BGH, NJW 1987, 372, 374: 一个化工企业的实验室的领导在不充分的产品说明的情形下，不承担责任。

71　参见 Staudinger/*Kohler*（fn. 13）Einl zum UmweltHR no. 78.

代表的个人责任独立于法律实体的替代责任。根据《德国民法 17
典》第 31 条，如果代表的行为引起公司责任，根据侵权法的一般原
则，[72] 代表仍然亲自承担责任。受害方可能寻求两被告的损害赔偿，
其在法人破产或者已经消灭[73]以及对公司的请求已经超过时效规定的
情形下尤其重要。[74]

8. 在贵国，法律实体本身是否也要承担行政责任？像这样的责
任在私法领域会有怎样的结果？如果适用行政责任，法律实体承担
的行政责任是否也会引起侵权责任？法律实体的行政责任与它的替
代责任如何相互影响？

行政责任也可能意味着，法律实体将面临赔偿费用的请求，该 18
费用是公共机构为了避免或者减小法律实体可能要承担的危险不得
不支出的。在德国联邦共和国内，根据据州的《警察职能法》，对不为
人所接受的危险规定了一般法律框架以作为州的职能（安全）（*Ge-
fahrenabwehr*），所诉请的费用的赔偿可能来自于干扰公共治安的人
（*Störer*）。"干扰者"被定义为某人直接地通过他的行为导致危险源，
或者对对象实施实质控制，并且因此对对象的危险状况承担责任的
人。《警察职能法》毋庸置疑地规定雇主为他雇员的行为承担责任，
在不为人所接受的危险领域，过错从来不是国家干预的必要条件，
当人们对此铭记于心时，后者是明显的。[75]

同样，侵权责任不是直接地受"干扰者"责任的影响。在土壤
污染的情形下，不动产所有人可能根据《德国民法典》第 823 条第
1 款和第 2 款请求损害赔偿；或者如果适用《德国民法典》第 906
条第 2 款第 2 项，当国家干预（例如，基于《联邦土壤保护法》）且

72　BGHZ 109, 297, 302 = NJW 1990, 976, 977; NJW 1974, 1371, 1372.
73　参见 BGHZ 109, 297 = NJW 1990, 967.
74　参见 BGH, NJW 2001, 964.
75　参加 *C. Gusy*, Polizeirecht (4th ed. 2000) no. 276 ff.

未使全部损害变得好起来时，不动产所有人可能请求损害赔偿。由于这样的干预是为了公共利益而实施，它们既未排除也未自动地引起法律实体的侵权责任。[76] 一般的规则得以适用。因此，因为违反约束法律实体[77]的注意义务可能引起《德国民法典》第 823 条第 1 款的侵权责任，或者根据《德国民法典》第 823 条第 2 款，当法律实体由保护法规规定有责任时可能引起侵权责任。[78] 基于《德国民法典》第 31 条，法律实体对它们代表权限内的侵权承担责任，包括在选择、指示和根据《德国民法典》第 831 条监督员工（但是有辩解的可能性）上的过错。但是，这些替代责任规定中相对严格地措辞不能被看做是法律实体责任的最终规定，因为它已经被法院通过以避免公司行为引起风险的方式采取组织公司的一般义务的途径显著扩张了。而且，需求的标准将由行政法的相关的义务指示。根据《德国民法典》第 823 条第 1 款和第 31 条，有过错的公司机构引起公司的侵权责任，[79] 没有辩解的可能性。

二、旨在环境保护的安全规章和规定

1. （1）法定的安全规章和（2）旨在环境保护的规定对于侵权法有何重要性？

76　侵权赔偿的前提条件必须自治决定，其正如上文提到的一样（上文边码 2 和下文边码 22 及其之后段落和边码 43 及其之后段落），不排除侵权法和行政法之间的某些互动关系。

77　BGHZ 109, 297, 303 = NJW 1990, 967, 968；NJW 1973, 1602, 1603；MünchKomm/ *Wagner*（fn. 7）§ 823 no. 377.

78　BGHZ 133, 370, 375 = NJW 1997, 130, 132.

79　如果必需的组织措施已经委派给不被《德国民法典》第 31 条所包含的雇员，这本身等于独立违反恰当地组织公司的义务，为此，参见法律实体的替代责任的其他扩展和修改（例如，BGH, Neue Juristische Wochenschrift Rechtsprechungsreport（NJW-RR）1996, 867, 868；NJW 1980, 2810, 2811；BGHZ 49, 19, 21 = NJW 1968, 391）；*J. Fedtke/U. Magnus*, Liability for Damage Caused by Others under German Law, in：J. Spier（ed.）, Unification of Tort Law：Liability for Damage Caused by Others（2003）105, 109 ff.

作为开场白，应该简短地浏览安全和环境标准在行政法中执行　19
得如何：因为技术重要性的增加以及在欧洲法律[80]的影响下，有关安
全规则的紧密网络已经发展起来。旨在技术设施、机械、产品和服
务的安全标准与环境标准一样，能在法律法规、行政规章（*Rechts-
verordnungen*）和指令（*Allgemeine Verwaltungsvorschriften*）中找到。[81]
安全和环境标准的重要的非制定法来源是所谓的工程标准，其是由
代表集团经济、工业或者工艺和贸易群体利益的私的组织和机构所
创建。重要的全国性的[82]私的标准化组织是，例如，德国工程协会
（成立于 1856 年[83]）、德国电子工程协会、德国标准协会和环境保护
基金会德国委员会。在欧洲层面，欧洲标准化委员会、欧洲电工技
术标准化委员会和欧洲电信标准协会应予以提及。

　　安全或者环境规则的基本特征是相关的法律法规仅确切地阐述
抽象的安全规定并且其细节需要参考行政规章或者指示以及私的标
准，例如，通过笼统地提及"可以接受的工程标准"（公认的技术规
则[84]）或者类似的释义。[85]《设备和产品安全法》第 4 条，安全规章

80　所谓的欧洲安全管制的"新路径"，由 *D. Langner*, Technische Vorschriften und Normen,
　　in: M. Dauses（ed.）, Handbuch des EU-Wirtschaftsrechts, C. VI. , no. 7 ff. ; *J. Geiβ/W.*
　　Doll, Geräte-und Produktsicherheitsgesetz-GPSG（2005）2 ff. 所描述。

81　这些具有合法约束力的标准是由政府创建（所谓的"exekutivische Standardsetzung"），
　　但伴随专家成制度化地参与（所谓的"Technische Ausschüsse"，技术标准委员会，参
　　见，例如 § 13 *Geräte-und Produktsicher heits gesetz*（《设备和产品安全法》, GPSG）或者
　　§ 31 lit. a BImSchG）. 这些委员会也可能独立地创建技术标准，这些标准后来由政
　　府批准并且在相关的官方公报上公布。参见 *M. Kloepfer*, Instrumente des Technikrechts,
　　in: Schulte（ed.）（fn. 33）111, 137 f.

82　存在大约 150 种国家组织参与创建技术标准，参见 *Kloepfer*（fn. 81）138.

83　*Kloepfer*（fn. 81）134 给予简短的历史概述。

84　参见，例如， § 2 subs. 1 *Haftpflichtgesetz*（Public Liability Act, HaftpflG）.

85　对于法律、规章和（私的）安全标准的相互作用，参见 *P. Marburger*, Die Regeln der
　　Technik im Recht（1979）53 ff. ; *Versen*（fn. 13）69; *Schulze-Fielitz*（fn. 33）452. 因此，
　　私的标准也是减轻立法机构的手段，以保持安全规章的弹性和支持私人的主动性；参
　　见 *Kloepfer*（fn. 81）135 ff.

的一个基本法律规定，是一个典型的例子。它运用一个概括条款，规定仅当不威胁利用产品的人或者第三人的安全和健康时，产品可以上市，但是对于具体要求，产品必须满足具体的主管行政部门的具体管制（参见《设备和产品安全法》第 3 条）或者其他标准以及一些非制定法等级的技术规定。尽管这些本身不具有合法的约束力，但非制定法技术或者工程标准[86]也因此对行政法规则施加重要的影响。

20   根据联邦最高法院[87]一直所持的观点，不管是制定法或者非制定法安全规则，也不论是官方的执照或者许可证，都不能根据《德国民法典》第 823 条第 1 款在具有约束效力意义上决定第三方的注意义务（*Verkehrspflichten*）。然而，由管制法规则所执行的标准是很重要的，在案件无异常的情境时，甚至对决定公众合理地期待每一个社会成员的注意标准起决定性的因素。通过规定一个什么是期待的"注意"的最低标准，当正考虑的侵权请求中包含技术方面的因素时，[88] 它们给民事法院提供一个重要的准则。而且，安全规则可能会对过错的问题以及因果关系的举证责任的分配有影响。[89] 执行安全标准的行政法规则也可能有资格适用《德国民法典》第 823 条第 2 款。然而，即使许多法律规则涉及旨在保护个人的产品安全，案例法显示，在这方面，它们的意义受法院在《德国民法典》第 823 条第 1 款的基础上发展起来的一般注意义务的综合性和完整性的影响。[90] 另一方面，存在类似区域，其与《德国民法典》第 823 条第 2 款相联系，安全规则可能获得决定性的意义，例如，如果施加采取超过一

---

86 *Kloepfer*（fn. 81）136.

87 参见，例如，BGH, NJW 2001, 2019, 2020；BGHZ 139, 43, 48 = NJW 1998, 2436；BGHZ 92, 143, 151 f. = NJW 1985, 47, 49.

88 MünchKomm/*Wagner*（fn. 7）§ 823 no. 272. 参见上文边码 2 及下文边码 43 及其之后内容。

89 下文边码 35 及其之后内容。

90 MünchKomm/*Wagner*（fn. 7）§ 823 no. 617；*Versen*（fn. 13）70.

般注意义务范围的措施的义务。[91]

旨在环境保护的侵权法规定的重要性从侵权法是民事环境责任　21
法的一个支柱的事实中很明显看出。[92] 就受保护的权利而言，侵权法
是全面的，并且不像许多环境（严格）责任规定那样，没有先决条
件，即损害是由某种类型的工厂或者设施造成的，在当事人之间的
空间关系内或者通过像地面、空气、水资源等环境"路径"的方式。
因此，它被认为在环境责任领域是很重要的。[93] 造成环境损害可能等
同于违反一般注意义务并且引起根据《德国民法典》第 823 条第 1
款提出的损害赔偿请求。[94] 侵权法规定的注意标准受到了旨在保护环
境规定的重大影响，比如像《联邦排放控制法》以及像噪音减少技
术手册（*TA Lärm*）和空气卫生技术指导手册（*TA Luft*）这样特定的
规章和指令。相关的标准必须当做准则一样进行考虑，例如，当决
定危险源是否被识别、什么样的措施是必需的以及什么样的措施适
当地控制危险源时。一个例子是涉及工厂排放的边际值（*Grenzw-erte*）。作为规则，就遵守排放的边际值必要的措施而言，侵权法将
不会接受以高的经济开支作为借口。

2. 在贵国，有关这些主题，在何种范围内认为侵权法与管制法
有相同或者相似的目的？

安全规章要求生产者或者服务提供者的充分的事故预防措施，　22

---

[91] 这是有关制造商根据《设备和产品安全法》召回缺陷产品义务的讨论，参见
MünchKomm/*Wagner*（fn. 7）§ 823 no. 620 to § 7, 9 *Produktsicherheitsgesetz*（Product
Safety Act, ProdSG – 现在由《设备和产品安全法》取代）。

[92] 作为统一的环境责任法在德国不存在，必须参考其他许多不同领域的法律，参见
Staudinger/*Kohler*（fn. 13）Einl zum UmweltHR no. 49 ff.

[93] 参见，例如，Staudinger/*Kohler*（fn. 13）Einl zum UmweltHR no. 33 f.

[94] BGHZ 142, 227, 233 = NJW 1999, 3633, 3634；BGH, NJW 1984, 233, 234；NJW 1976,
46. 根据《德国民法典》第 823 条第 2 款，作为违反保护性法律的后果的责任又在很
大程度上被《德国民法典》第 823 条第 1 款取代；Staudinger/*Kohler*（fn. 13）Einl zum
UmweltHR no. 65.

因此，像侵权法一样，有助于个人权利的保护。另一方面，事故预防不是安全管制的唯一目的。它们的其他基础性任务是在国内或者国际（尤其是欧洲）角度，为产品上市提供一个法律框架，并且在这方面，管制法规则必须在市场参与者的利益之间找到平衡点。具体而言，一方面是生产商，另一方面是消费者，以及部分利益和一般的公共利益之间。作为潜在冲突目的之间的一个折中[95]的结果，[96]安全规章或者适用这些规章的公共机构可能因此决定一个比预期更低的安全标准，例如，有关疲于应付经济问题的企业分支机构的利益或者相反，因为一项新的技术不能被使用。[97] 尤其是，但不是唯一地，就私的标准而言，这些标准化的过程能否保证利益衡量的公平可能被质疑，特别是就公共机构缺乏独立评价的能力而言，这些标准是否将一般公共利益恰当地考虑进去[98]。在标准化的过程中，批评还基于经济利益的过度影响（尤其是大规模的企业），公众的不充分参与和透明度的缺乏。[99] 另外，与侵权法的法律情形相反的是，公共机构受他们权限和职责限制的约束。法定的或者非法定的安全规章以及许可决定或者监督机构，因此仅密切注意由它们权限一般包含的情形引起的风险。最后，安全管制不能提供任何一个可以想象得到的情形中的每一个可以想象得到的风险的详细细节。它几乎不可能跟上技术和科学的发展步伐，因此，如果一个国家试图规定全面

95　Cf. Bamberger/Roth/*Spindler*（fn. 34）§ 823 no. 252；*Salje/Peter*（fn. 37）§ 8 no. 34. 妥协的需要在欧盟内部市场安全管制中尤其明显，在那里共同点必须被发现，实际上，成员国独立地控制产品安全的可能性在这所谓的统一标准中是非常有限的；参见 *Kloepfer*（fn. 81）148.

96　参见 BGHZ 70, 102, 107 = NJW 1978, 419, 420；*Steffen*, ZVersWiss 1993, 13, 24.

97　某些行政法明确地在所谓的"保护条款"中宣称某些政策方面的重要性，例如，§ 1 no. 2 GenTG. 参见 *Schulze-Fielitz*（fn. 33）445.

98　*Kloepfer*（fn. 81）143；*Schulze-Fielitz*（fn. 33）449；*Jarass*（fn. 10）§ 48 BImSchG no. 63.

99　参见 *Kloepfer*（fn. 81）143 ff.

的标准，技术发展停止的风险将被引起。[100]

从这些技术标准的特色来看，明显的是安全规章和侵权法的目的明显地不同。在一定范围内，这两种法的领域具有共同的保护个人的目标，安全规章以及像许可证要求等之类的具体手段，作为直接影响市场参与者的一种方式是由侵权法的间接路径补充的，从而使得遭受缺陷产品或者服务导致损害的人有寻求损害赔偿的权利。侵权法可能因此而进一步促使创建遵守公众安全预期的新的动机。但是，鉴于安全标准的局限性和缺陷，必须强调指出，侵权法在损害的情况下，不仅独立地完成提供损害赔偿的任务，而且考虑实际案件的情境，完成保证个人权利的全面保护的任务。因此，侵权法可能构建超越公法安全管制的行为标准。[101]

环境法是通过行政法规则创设行为标准的领域，同时由于在现代社会，人类自然资源的保护是最重大的目标，因而特别受一般公共利益的影响。但是环境法也必须在经济的需求和自然的保护以及依赖清洁空气、水等生存的个人之间找到折中点。因此，在环境法领域，技术标准的目的不仅严格，而且能促使技术革新。[102] 在排放控制法律中尤其是如此，其对个人的保护在很大程度上取决于各种各样的排放物和排放物的边际值（限制）。边际值不必代表着最大限度的安全和环境保护，但是基于预测和评估包括政策考量，因此通常接受剩余风险。[103] 另一个环境标准的重要目标是促使行政法规的统一

23

[100] MünchKomm/*Wagner*（fn. 7）§ 823 no. 270；*Schulze-Fielitz*（fn. 33）450 f.

[101] 参见，例如，BGH, NJW 2001, 2019, 2020；NJW 1997, 582, 583；Bamberger/Roth/*Spindler*（fn. 34）§ 823 no. 251 f.；MünchKomm/*Wagner*（fn. 7）§ 823 no. 270；and infra no. 43.

[102] 参见 *Schulze-Fielitz*（fn. 33）443；Staudinger/*Kohler*（fn. 13）Einl zum UmweltHR no. 292.

[103] 参见 Entscheidungen des Bundesverwaltungsgerichts（Supreme Federal Administrative Court, BVerwGE）72, 300, 316 = Neue Zeitschrift für Verwaltungsrecht（NVwZ）1986, 208, 212；*Schulze-Fielitz*（fn. 33）453 f.；Staudinger/*Kohler*（fn. 13）Einl zum UmweltHR no. 292.

执行,[104] 其解释需要以一种抽象的方式设计,将一般平均的情形考虑
进去。尽管当局执行环境法在某种程度上可能考虑案件的具体情境,
但它们的决定是基于在特定时间点的事实并且不存在任何保证他们
能够在之后实施额外的措施。[105]

毕竟,该情形与安全规章领域基本是相同的。在某种程度上,
环境法和侵权法具有共同的目标。但是,在环境法中,个人权利的
保护在其中是政策方面的,[106] 只有侵权法能够提供个人全面的保护。
行政法合法地声明的行为引起的损害的风险由谁承担的决定必须由
侵权法作出,[107] 例如,因为它自愿地接受剩余风险或者因为一个错误
的预测。因此,在可诉的损害是由环境污染或者一般地说,在涉及
像空气,水或者土壤那样的自然资源导致侵害《德国民法典》第
823 条保护的权利或者利益的事件过程中,自治的侵权法有助于环境
的保护。而且,民事责任的威胁也可能构成额外的遵守环境法的一
个动机。[108]

3. 这些规章和规定本身是否被认为是具有保护目的的制定法?
个人是否也包含在这些保护性规则范围之内?在你们的法律制度中,
对这些规则的违反是否构成不法行为?或者它是否引起严格责任?

24   旨在保护环境的安全规章和规定本身不被认为是《德国民法典》
第 823 条第 2 款意义内具有保护目的法律。此时适用一般原则。[109] 因
为安全规章旨在保护消费者或者专业利用者以及与生产者和服务者

---

104   BVerwGE 114, 342 = NVwZ 2001, 1165 (to the *TA Luft*).

105   Staudinger/*Kohler* (fn. 13) Einl zum UmweltHR no. 295.

106   对于公共机关的决定基本也是真实的。参见 E. *Steffen*, Verschuldenshaftung und
     Gefährdungshaftung für Umweltschäden, NJW 1990, 1817, 1818.

107   Staudinger/*Kohler* (fn. 13) Einl zum UmweltHR no. 293; *Versen* (fn. 13) 155.

108   Staudinger/*Kohler* (fn. 13) Einl zum UmweltHR no. 33, 293.

109   上文边码 13 及其之后的内容。被认为包含保护性规范的法律清单在 Palandt/*Sprau*
     (fn. 3) § 823 no. 61 ff. 中可能发现,以及在 Staudinger/*Kohler* (fn. 13) Einl zum Um-
     weltHR no. 69 ff. 中有关环境法的内容。

构成契约关系的个人，所以许多这些规章被认为是《德国民法典》第 823 条第 2 款中的保护法（*Schutzgesetz*）。[110] 这对环境法规则同样是适用的，如果它们的意图不仅在于保护自然资源本身，而且也在于保护个人的权利，例如，邻人的健康和财产。[111] 就如上面所提到的一样，[112] 行政法院制定的保护规范理论规定关于是否适用《德国民法典》第 823 条第 2 款提供了重要的指示。不过，如果行政法否认保护目的，根据一般原则，这样的条款就不可能是保护法（但也不排除）。[113] 如果根据保护规范理论，行政法规则是为了个人的利益而存在，这样的规则一般有资格根据《德国民法典》第 823 条第 2 款适用。不言而喻的是，所有潜在受管制活动影响的个人没有必要都被这样的条款包含。而安全规章通常旨在保护潜在的与产品或者机械有联系的人，环境法规则通常规定受管制的行为和潜在的受影响的个人之间物理上的接近。[114]

很大程度上讲，根据《产品责任法》，安全规章的违反，将引起严格责任，因为《产品责任法》第 3 条中的产品缺陷（*Produkt fehler*）的法律定义涉及公众对产品安全的合理预期。而且，这些涉及最低标准的预期被安全规章所接受。旨在保护环境的规定未被相较宽泛的严格责任规定包含。相反，在 20 世纪的百年历程中，严格责任通过特殊的立法行为采用，每一立法行为包含了某些类型的设施或者活动的潜在危险，[115] 最重要的是《环境责任法》，它包含《环境

25

---

110 参见，例如，*Geiβ/Doll*（fn. 80）§ 4 no. 84，regarding § 4 subs. 1 and 2 GPSG.

111 参见 MünchKomm/*Wagner*（fn. 7）§ 823 no. 624 ff. ; Staudinger/*Kohler*（fn. 13）Einl zum UmweltHR no. 70 ff.

112 上文边码 15。

113 参见 Staudinger/*Kohler*（fn. 13）Einl zum UmweltHR no. 69.

114 例如，根据《排放控制法》，工厂经营者的保护性目的仅包含邻居（在法律意义内，即潜在地受工厂排放影响的人们；"Schutz der Nachbarschaft"）。参见 MünchKomm/*Wagner*（fn. 7）§ 823 no. 629.

115 参见 *H. Kötz/G. Wagner*，Deliktsrecht（10th ed. 2006）no. 31, 190 ff.

责任法》第 1 条附录中所列举的各种各样类型的工厂和设施。

26   未遵守旨在保护环境的安全规章或者规定，根据《德国民法典》第 823 条第 1 款，在注意义务被违反的情况下，可能构成侵权行为，或者根据《德国民法典》第 823 条第 2 款，例如与《设备和产品安全法》第 4 条有关缺陷产品和机械的规定联系在一起，也可能构成侵权行为。[116] 受害方可能根据严格责任或侵权责任规定提出并发之诉。[117]

    4. 如果是适用（严格责任），请详细描述有关安全规章或者环境保护采用的强制责任保险的法定方案。

27   强制保险是一种减少受害方面临无力偿还的侵权者的风险而加强侵权责任的手段。这样的手段与严格责任相联系具有特别重要的意义，因为一个高效的、简便的损害赔偿方式有助于社会对高风险活动的接受。在德国法中，强制责任保险被规定，例如，通过《强制责任保险法》第 1 条对机动车辆的持有者,[118] 通过《民用航空法》第 2 条第 1 款第 3 项以及第 43 条第 1 款对民航企业或者通过《货物运输法》对有关长途货物运输。[119] 除此之外，所谓金融安全的概念（有义务提供足够的保险）（*Deckungsvorsorge*）占了首要地位。最近的两个例子是《环境责任法》第 19 条和《基因技术法》第 36 条。根据这些规定，设备的经营者，根据相关立法，其有义务提供足够的有关潜在索赔的保险，可能通过签订一个充分的责任保险合同或者通过获得由金融机构颁发的一般免除（*Freistellungserklärung*）的证

---

116 关于侵权责任的前提条件的违法性，参见下文边码 30。

117 Atomgesetz（《原子能法》，AtG）第 25 条第 1 款与《核能领域的第三方责任公约》第 6 条一起规定责任的渠道，这是德国法的唯一例外，参见 *Larenz/Canaris*（fn. 3）630.

118 《强制责任保险法》（PflVG）第 5 条第 2 款对保险人施加签订保险合同的法律义务（"Kontrahierungszwang"）。受害方的法律地位通过《强制责任保险法》第 3 条授予对保险人的直接请求以及第 12 条确立赔偿基金进一步得到改善。

119 参见 *E. R. Prölls/A. Martin*, Versicherungsvertragsrecht（27th ed. 2004）Vorbem. IV.

书来履行该义务。但是在实践中，这种选择并不存在，因为金融机构不会主动提供必要的一般免除证书。因此，《环境责任法》第19条事实上规定强制保险，[120] 但是未规定保险公司签订合同的法律义务。

三、过错责任

（一）对行政法规则的违反

1. 在过错责任领域，违反安全规章和环境法规则扮演何种角色？

在不作为或者间接侵害的情形下，保护其他人免受自己影响范 **28** 围之类的危险源施加的潜在损害的注意义务（*Verkehrspflicht*）的违反是《德国民法典》第823条第1款的侵权责任的前提条件。[121] 一般注意义务或多或少是一个概括条款，法院在实际案件中恰当地将其适用到具体情境中。因此，侵权法所预设的注意标准是案例法引致的，例如，涉及生产者、医生、酒店业主、建筑师、建筑公司等的活动。不言而喻的是，恰当的注意标准的合理裁决对法院而言是一个困难的差事，必须牢记的是，技术进步与安全规章和环境规则领域在很大程度上有牵连。因此，它对法的确定性和法院裁决效率的重要贡献在于，民事法院可能参考安全规章和环境法规则（包含行政规章中的技术标准或者通过这样的规则授权创建的指令）作为在这样的规定的范围之内的有关活动的最低标准（上文边码2）。私的标准同样也适用，不管是相关的行政法规则并入到私的标准中还是其他的各自专业领域的专业知识的相关表达。[122]

在正常的情况下，相关规章或者标准的违反通常构成《德国民 **29**

---

120 *Salje/Peter*（fn. 37）§ 19 no. 16.

121 上文边码1。

122 *Jarass*（fn. 10）§ 48 no. 62 f.；MünchKomm/*Wagner*（fn. 7）§ 823 no. 272；*Geiβ/Doll*（fn. 80）§ 4 no. 83.

法典》第 823 条第 1 款的注意义务的违反。因此只需要问，作为例外，损害方是否依然实施了《德国民法典》第 823 条第 1 款要求的注意义务，例如，采取除了相关标准规定的之外的安全措施。然而，案例法表明，法院通常必须作有关被告已经遵守所有相关的行政法规则的侵权责任的裁决。因为管制法作为一种指导性的规则，这暗示着被告满足了根据侵权法预设的注意标准。因此，在这类案件中，管制法能促使法院关注相关的标准是否包含了手中案件情境的必要安全方面和在实际案件中是否存在特殊性即要求比相关标准规定的注意程度要高。相应地，索赔者面临的问题是要表明损害方应受约束的注意义务超过最低标准。[123]

2. 仅违反这样的规则就能构成不法性还是有额外的要求，比如：违反注意义务和过错？

30 　　德国侵权法中的违法性的概念总括了《德国民法典》第 823 条第 1 款保护的个人权利受侵害所致的责任以及根据第 823 条第 2 款对旨在保护其他个人法律的违反的责任。然而，在后者的情形中，违法性清晰地指向法律秩序不赞成的行为，在前者的情形中，法律似乎认为，导致损害即是违法的，而不考虑法律秩序如何评价导致损害的行为。因此，关于《德国民法典》第 823 条第 1 款，上面提出的问题的答案必须考虑以结果为导向和以行为为导向的违法性概念之间的区别。

　　注意义务的违反是否是《德国民法典》第 823 条第 1 款意义范

---

[123] 参见 OLG Celle, NJW 2003, 2544, 2545：因使用产品而遭受损害的索赔者不得不证实遵守所有有关产品安全的行政法规则的生产商仍然违反了基于结构设计缺陷的注意义务（"Konstruktionsfehler"）。

围内的违法性的前提条件在德国侵权法上是古老的也是仍旧未解决[124]
的争议。将《德国民法典》第 823 条第 1 款作为结果导向性规定的
学术路径的意思是侵害《德国民法典》第 823 条第 1 款中所列举的
权利本身暗示了违法性（doctrine of *Erfolgsunrecht*），而其他人采取的
观点是违法性总是预先假定导致侵害的实质行为的法律评价（doc-
trine of *Handlungsunrecht*）为前提条件。现在遵循第一种路径的流行
的观点仅在于，损害是由故意导致或者作为行为的直接结果。但是
就间接侵害或者不作为导致的侵害而言，依据《德国民法典》第
823 条第 1 款所定义的侵权不会违法地犯下，除非行为的法律标准表
明被违反，最重要的可适用的情形是作为一般注意义务的交往安全
义务的情形。[125] 这一注意义务是否与《德国民法典》第 276 条第 2
款[126]意义内的过失的意义相同是另一个受争议的问题。[127] 民事法院通
常在客观意义上（*äußere Sorgfalt*）的注意义务之间进行区分，询问
何种注意标准一般地规定以避免损害以及作为过错要件的一部分的
过失（*innere Sorgfalt*）[128] 问题。[129] 在该概念中，客观意义上的注意义

---

[124] G. *Wagner*, Grundstrukturen des europäischen Deliktsrechts, in: R. Zimmermann（ed.），
Grundstrukturen des europäischen Deliktsrechts（2003）189, 215; see also U. *Magnus*, Ein
einheitliches Deliktsrecht für Europa? Europäisches Wirtschafts- und Steuerrecht（EWS）
2004, 105, 110; *Markesinis*（fn. 1）79 ff.

[125] Palandt/*Sprau*（fn. 3）§ 823 no. 26; v. *Bar*, Jus 1988, 169, 173.

[126] 《德国民法典》第 276 条第 2 款（之前的《德国民法典》第 276 条第 1 款第 2 句）宣
称："不履行普通注意的人的行为具有过失。"

[127] 参见 G. *Wagner*, Öffentlich-rechtliche Genehmigung und zivilrechtliche Rechtswidrigkeit
（1989）218.

[128] 例如，生产商的一般注意义务要求缺陷产品不能上市（"*äußere Sorgfalt*"）。如果——
事后询问——生产者未采取一个通常仔细的生产者必须采取的预防缺陷产品销售的措
施，那么他的行为在《德国民法典》第 276 条第 2 款意义范围内有过失（"*innere
Sorgfalt*"），参见 *Larenz/ Canaris*（fn. 3）369.

[129] BGHZ 80, 186, 197, 199 = NJW 1981, 1603, 1605 f.; 参见 Palandt/*Sprau*（fn. 3）§
823 no. 54; v. *Bar*, Jus 1988, 169, 173; 其他学者怀疑这种区分的必要性; 参见, 例如
H. *Heinrichs*, in: O. Palandt（Palandt/*Heinrichs*），Bürgerliches Gesetzbuch（63th ed. 2004）
§ 276 no. 15（该问题在以下版本中未被提及）。

务的违反是属于《德国民法典》第 823 条第 1 款侵权行为的客观定义，并且，其本身暗示着违法性。这样，侵权者必须表明具有法律认可的正当理由以确定他的行为不是违法的。[130] 因此，如果违反代表最低行为标准的管制法规则，则本身构成交往安全义务[131]的违反已经发生，该行为以指示的方式被认为违法，而没有进一步的要件要求。

31   在《德国民法典》第 823 条第 2 款的范围内，违反旨在保护他人（*Schutzgesetz*）权利的法律表明违法性是毫无争议的。[132] 因此违反根据《德国民法典》第 823 条第 2 款有资格作为保护性法适用的行政法规则本身构成违法行为。[133]

     3. 如果实施侵权行为的人违反了行政法规，他的责任在何种程度上依赖于规则的保护目的？

32   侵权者的责任一般取决于《德国民法典》第 823 条第 1 款相关注意义务（*Verkehrspflicht*）的保护范围（保护区）（*Schutzbereich*）或者《德国民法典》第 823 条第 2 款的保护规范（保护法）。保护目的所涉及的受保护的人的类型（个人保护区）（*persönlicher Schutzbereich*）、受保护的权利和利益（实质性的保护范围）以及受保护的个人免遭的风险性质会受到严格的限制。[134] 所有这三个限制，可能适用于安全和环境管制。例如，可能安全管制旨在保护生命、健康、身体和财产，但是不保护纯粹经济损失。[135] 第三个方面的限制提及这样

---

130   对违反"交往安全义务"情形下违法性的指示，参见 *Larenz/ Canaris*（fn. 3）406；*v. Bar*, Jus 1988, 169, 174；*Wagner*（fn. 127）80.

131   参见上文边码 2。

132   Palandt/*Sprau*（fn. 3）§ 823 no. 59.

133   《德国民法典》第 906 条未限制保护免受由《德国民法典》第 823 条第 2 款以及保护性法律一起许可的侵入（BGHZ 122, 1, 6 = NJW 1993, 1580, 1581；Staudinger/*Hager*（fn. 13）§ 823 no. G 3）.

134   Staudinger/*Hager*（fn. 13）§ 823 no. G 24 ff.；MünchKomm /*Wagner*（fn. 7）§ 823 no. 278 ff.

135   *Salje*（fn. 39）291.

一个事实，即法律规则规定或者禁止一定的行为仅是阻止危险或者是某种类型的风险（功能或者模式的范围）（*funktionaler or modaler Schutzbereich*）。例如，《管制犯罪法》第263条（诈骗，欺骗）的目标仅在于保护受害人在欺骗的影响下进行的金钱处置引起的个人财产免受损失。风险的性质或者遭受侵害的方式也可能与《德国民法典》第823条第1款的一般注意义务有关。[136] 类似于保护性法律，这样的义务不是必须防范每一个可以想象到的风险。例如，生产者因为他未给用户提供有关他的产品潜在危险的警告，只有损害是由于他应该警示的危险导致损害发生时才承担责任。[137] 但是如果存在产品为何引起损害的独立理由，受害方可能不依赖于未曾给予这样的警告。

4. 在何种范围内，实施侵权行为的人被允许证明即使他遵守相关的规则行事，他仍然会造成损害？

如果侵权者遵守了相关的法律，也仍然导致损害，他是否能逃脱责任是索赔者依靠的责任条款恰当构建的问题。作为一个原则问题，责任条款的保护性目的不能包含如果损害方未违反法律（另外合法的行为，[138] 合法的替代行为）（so-called *rechtmäßiges Alternativverhalten*，rightful alternative behaviour）仍然导致的损害。[139] 举证责任在侵权者一方。此时，仅证明在合法行为的情形下也会导致损害的可能性是不够的。[140]

5. 违反行政法规则在举证责任的分担上，有何种结果？尤其是

33

136　MünchKomm/*Wagner*（fn. 7）§ 823 no. 282.

137　BGH, NJW 1987, 372, 374.

138　BGH, NJW 2000, 661, 663；BGHZ 120, 281, 285 f. ＝ NJW 1993, 520, 522.

139　Staudinger/*Hager*（fn. 13）§ 823 no. E 72. 参见，例如，BGH, NJW-RR 2005, 1185, 涉及被告的抗辩，履行铺撒冰面的义务将"毫无意义"；BGH, MDR 1961, 762：如果损害因为"自然"的原因而必然会发生，那么，未曾维护航道并不必然促成责任。

140　BGH, NJW-RR 1995, 937.

就因果关系、不法性和过错而言？

34   根据《德国民法典》第 823 条第 1 款确立的损害赔偿请求，受害方必须证明被告受注意义务的约束（交往安全义务），由《德国民法典》第 823 条第 1 款所保护的权利的损害是因为故意或者过失违反这项义务而引起的（其表明违法性[141]），并且最后需证明是因为他的权利损害导致的损失。[142] 根据《德国民法典》第 823 条第 2 款的请求要求受害方证明违反旨在保护其权利或者利益（保护法）（*Schutzgesetz*）的法律，以及因为这样的违反导致的损害，并且还有最后一项，被告的过错[143]（其仅参考违反保护性法律[144]）。

35   有关在客观意义上违反注意义务，作为《德国民法典》第 823 条第 1 款侵权责任的基本前提条件，法院通常降低原告应该履行的证明标准，因为此处举证责任的转换意味着过错责任和严格责任的违法的相似性。[145] 因此，由于陷入建筑物的坑中而受损害的索赔者，必须证明建筑公司未恰当保证建筑位置的安全。由于法律以及私的安全标准原则上反映了侵权法期待实施的注意，它一般足以证明相关标准的违反。[146] 甚至举证责任分配的转换是在损害方未遵守监测其专业活动影响的义务的情形下被考虑，例如，生产过程,[147] 工业工厂的排放或者在摇滚音乐会的噪音等级,[148] 以及未遵守记录该结果（检查结果和安全义务）（*Überprüfungs-und Befundsicherungspflicht*）的情

---

141   上文边码 30。

142   对确立因果关系的责任的细节（so-called "haftungsbegründende Kausalität"）以及履行因果关系的责任（so-called "haftungsausfüllende Kausalität"），参见 *U. Magnus*, Causation in German Tort Law, in：J. Spier（ed.），Unification of Tort Law：Causation（2000）63 ff.

143   参见 BGH, NJW 1985, 1174, 1775.

144   流行的观点，参见，例如 Palandt/*Sprau*（fn. 3）§ 823 no. 60；MünchKomm/*Wagner*（fn. 7）§ 823 no. 350.

145   BGH, NJW 1985, 1774, 1775.

146   MünchKomm/*Wagner*（fn. 7）§ 823 no. 315.

147   BGH, NJW 1993, 528, 529.

148   BGH, NJW 2001, 2019, 2020.

形下。这相当于违反独立（互补）注意义务，并使得规定有关旨在保护索赔者权利的注意义务是否已经被违反问题的举证责任的转换合法化。[149]

关于因果关系，如果索赔者结合一般经验规则，确立特有的事件过程并得以表明违反注意义务已经导致损害，[150] 则法院允许适用表面证据（*Anscheinsbeweis*[151]）。在损害是义务或者法律规则意图避免的性质的条件下，适用表面证据的情形是违反一般注意义务（交往安全义务）或者旨在保护他人权利（*Schutzgesetz*）的法律。[152] 例如，行政法要求工厂经营者遵守边际排放值（排放限制）（*Emissionsgrenzwerte*），旨在避免通过空气污染造成损害的缘由。如果受害方健康受损是因为废气中毒引起的，证明工厂经营者未观察相关的边际值，这可能被看做是因果关系的表面证据。[153] 案例法表明表面证据在违反

36

---

149 参见 BGHZ 129，353，361 f. = NJW 1995，2162，2164（liability of the producer of goods）；*M. Kloepfer*，Umweltrecht（3rd ed. 2004）§ 6 no. 156；Staudinger/*Kohler*（fn. 13）Einl zum UmweltHR no. 247，285：违反监测排放物的义务也可能引起（可反驳的）推定因果关系。

150 BGH，NJW 1985，1774，1775；NJW 1984，360，362；Staudinger/*Kohler*（fn. 13）Einl zum UmweltHR no. 244.

151 法院犹豫是否完全将举证责任转换至这样的程度：除非被告证明相反的情况，否则因果关系将被推定（BGH，NJW 1985，1774，1775）。另一个例子是 BGHZ 114，273，276 = NJW 1991，2021，2022：因为在未遵守有关建筑工地安全的德国标准化学会的标准不久之后，损害在该地点发生，所以因果关系被推定。举证责任的倒置在被告阻碍联邦法院获得证据的情形中被考虑，NJW 1983，2935，2936.

152 BGH，NJW 1994，945；Palandt/*Sprau*（fn. 3）§ 823 no. 54，80；MünchKomm /*Wagner*（fn. 7）§ 823 no. 316，356；Staudinger/*Hager*（fn. 13）§ 823 no. E 72，G 39.

153 BGH，NJW 1997，2748；BGHZ 92，143，146 f. = NJW 1985，47，49. 但即使表面证据不被确立，仅合理要求必须被施加。如果索赔者不能陈述全部的细节，例如，关于易受伤害的排放和健康损害之间的关系，因为他缺乏专业知识并且未意识到被告的内部流程，索赔者的请求依靠某种程度上的推定可能是足够的（BGH，NJW 1997，2748，2249）.

预防事故管制（事故预防条例[154]）、被接受的工程标准[155]、德国标准化学会（DIN－)[156] 或者德国电器工程师协会（VDE－)标准[157,158]的情形下也可适用。但这必须仅作为一个经验法则。证据的标准是否被降到有利于受害方最终取决于案件的具体情境。

37　　　如同《德国民法典》第 276 条第 1 款第 1 项和第 2 款规定一样，如果损害方故意或者过失地行为，过错存在，例如，未曾一般注意。注意的相关标准不参考侵权者个人的行为能力而是参考大众可能合理预期的标准（*objektivabstrakter Sorgfaltsmaβstab*）。[159] 违反一般注意义务（客观意义上的安全交往义务，参见上文边码 30）表明其表面过错。[160] 在保护性法律以一种足够精确的方式描述禁止行为的条件下，《德国民法典》第 823 条第 2 款也允许过错的表面证据，如果受害方成功证明该法的客观要素得到履行。[161]

6. 违反行政法是否能导致主张惩罚性赔偿？

38　　　在报复的意义上讲，德国法中的损害赔偿责任没有惩罚的目的，[162] 相反，侵权损害赔偿请求的主要目标是赔偿因为违法性行为引起的损失。在可能与德国法的基本原则相反的的背景下，联邦最高法院明显地倾向于判决惩罚性赔偿。[163] 但是，这并不排除损害预防方

154　违反这样的规章构成由这样的违反导致的工作损害的表面证据：BGH, NJW 1984, 360, 362；NJW 1978, 2032, 2033.

155　BGH, VersR 1972, 767.

156　BGH, NJW 2001, 2019, 2020；BGHZ 114, 273, 276 ＝ NJW 1991, 2021, 2022.

157　OLG Saarbrücken, NJW 1993, 3077, 3078（因果关系被推定)。

158　有关注意义务表面证据的适用（"交往安全义务"）参见，例如，BGH, NJW 1994, 945, 946.

159　参见 Palandt/*Heinrichs*（fn. 129）§ 276 no. 15

160　Palandt/*Sprau*（fn. 3）§ 823 no. 80.

161　BGHZ 116, 104, 114 ＝ NJW 1992, 1039, 1042；BGH, NJW 1985, 1774, 1775；MünchKomm/ *Wagner*（fn. 7）§ 823 no. 355；*Kötz/Wagner*（fn. 115）no. 247.

162　参见 MünchKomm/*Wagner*（fn. 7）Vor § 823 no. 36 ff.

163　BGHZ 118, 312, 338 f. ＝ NJW 1992, 3096, 3103.

面被考虑进去。预防是侵权民事责任背后的法律政策之一被广泛接受。即使这并不意味损害赔偿的金额一般地评估了有关预防的方面。[164] 存在一些例外，人们可能认为这是私法惩罚性要素的复苏。[165] 例如，疼痛和痛苦的损害金额的评估可能将预防和法律救济方面考虑进去，尤其当争议点是故意和严重侵害人格权利时以及当侵权者的行为取得利润时。[166] 行政法规则在类似严重的情境下被违反时，[167] 人们也许将考虑这样的政策考量。

(二) 遵守行政法规则的行为

1. 即使侵权人遵守了所有相关的行政法规则，他是否也要承担侵权责任（以获得损害赔偿或者禁令为目的），或者你们的法律制度是否允许"管制性许可抗辩"？

作为开场白，必须强调的是，"管制性许可"（例如，行政法律 **39** 规则或者裁决的合法化效果；所谓的合法化效应）本身不被允许作为德国侵权法的辩护。相反，引起损害的行为遵守所有相关的行政法规则的事实的影响必须在相关的不同群体内被讨论。

根据联邦法院一直所持的观点，[168]《德国民法典》第906条适用 **40** 于根据《德国民法典》第823条的侵权请求，大意是，在《德国民法典》第906条存在的容忍排放物的义务的范围内，不存在侵权责

---

164 Palandt/*Heinrichs*（fn. 129）Vorb v § 249 no. 4；cf. *P. Marburger*, Grundsatzfragen des Haftungsrechts unter dem Einfluss der gesetzlichen Regelungen zur Produzenten- und zur Umwelthaftung，Archiv für civilistische Praxis（AcP）192（1992）1，30 f. ：在侵权法上赔偿方面仍然优先。

165 参见 *v. Bar*（fn. 50）no. 605.

166 BGHZ 128，1，15 ff. = NJW 1995，861，864 f.；OLG Hamm, NJW-RR 2004，919，922 f.；也参见 BVerfG, NJW 2000，2187，2188. 另一个例子是《德国民法典》第611条第2款和第3款；参见 Palandt/*Heinrichs*（fn. 129）Vorb v § 249 no. 4.

167 Staudinger/*Kohler*（fn. 13）Einl zum UmweltHR no. 118，指出赔偿的义务能够被看做是在环境责任领域撤去侵权者利润的一种工具。

168 例如，BGHZ 90，255，258. 如果不动产未被提及而是非土地财产（动产），这也适用。参见 BGHZ 92，143，148 = NJW 1985，47，49.

任并且因此不存在损害也没有禁令[169]可以获得。《德国民法典》第906 条第 1 款宣称一块土地的所有人必须容忍排放或者其他干扰，只要这些排放或者干扰没有或者至少没有重大损害地利用他的财产（参见上文边码 2 和脚注 14）。根据《德国民法典》第 906 条第 1 款第 2 项，"作为一个规则"（通常），如果法律或者规章所贯彻的边际值[170]或者近似值[171]被遵守，排放被认为是非实质的（微不足道的）（*unwesentlich*）。第 3 项补充同样适用于基于《联邦排放控制法》第 48 条的行政指令规定的边际值或者类似值（尤其是空气卫生技术指导手册和噪音减少技术手册），只要它们代表当前的技术状态（*Stand der Technik*）。[172] 然而，因为民事法院不是严格地受相关排放控制法的标准的约束，有关案件的具体情境，仍然存在自主考量的空间。[173] 尽管存在相关边际值被遵守的事实，但排放仍可能是实质性的，例如，如果个人的财产被损害。[174] 因此，《德国民法典》第 906 条第 1 款第 2 项确认了侵权法自治[175]的原则。

根据《德国民法典》第 906 条第 2 款第 1 项，即使是严重的干扰也必须忍受[176]，如果它们在当地是合乎习俗的（*ortsüblich*）并且以

---

[169] 与《德国民法典》1004 条一起（比照适用，如果就权利而不是其他动产而言）：所谓的"准保全性禁令"。

[170] "Grenzwert"（界定排放或者侵入的最大值）.

[171] "Richtwert"（不是严格的最大值；在特殊情境下可能被超越）. 参见 *Versen*（fn. 13）196 f.（由空气卫生技术指导手册提供的边际值）.

[172] 参见 BGH, NJW 2004, 1317, 1318.《德国民法典》第 906 条第 1 款第 1 句不包含像德国标准化学会、德国工程师协会或者德国电器工程师协会标准之类的私的标准。但是如果这样的标准得到遵守，这表明侵入是非实质的。参见 *P. Bassenge*, in：Palandt（Palandt/*Bassenge*）（fn. 3）§ 906 no. 17；*Salje/Peter*（fn. 37）§ 18 no. 28.

[173] BGH, NJW 2004, 1317, 1318；NJW 1999, 1029, 1030；NJW 1997, 2748, 2749；NJW 1995, 132, 133；Staudinger/*Kohler*（fn. 13）Einl zum UmweltHR no. 267.

[174] 参见 BGHZ 92, 143, 149 = NJW 1985, 47, 48；BGH, NJW 1999, 1029, 1030.

[175] 上文边码 2.

[176] 在实质的侵入而受害方必须容忍情形下，他可能有理由要求赔偿，基于《德国民法典》第 906 条第 2 款第 2 句，参见下文边码 47.

合理的支出也是不能避免的，从而根据《德国民法典》第 823 条的目的而被认为是合法的。关于地方标准（*Ortsüblichkeit*），区划图的意义（城市土地）是一个有些争议的问题。德国联邦最高法院认为区划法的文书只作为关于何种类别的用途是符合当地习俗的指示，除此之外涉及该区域实际呈现的用途[177]。因此，仅与建筑计划一致（建造规划）本身并不意味着干扰利用合乎当地习俗（*ortsüblich*）。关于合理性的开支，所有有关工厂排放产生的遵守边际值的必要措施必须被采取。如果这些措施被采取，表面证据[178]被允许，即进一步的措施是不合理的。

　　除了《德国民法典》第 906 条所包含的干扰损害的问题之外，"管制性许可抗辩"主要讨论有关行政决定允许某些活动（许可证）（*Genehmigungen*），例如经营许可证（经营或者投资批准）（Betriebs - or Anlagengenehmigung）。关于该问题并不存在一般性的判决，因为根据公法，不同类型的许可证与基于程序和决定有关的私利益的影响有显著差异，从而许可证的法律效果也有显著差异。如果潜在的受影响的个人私的利益不是因为机构的决定造成的，造成损害的活动的许可证已经颁发作为唯一的理由排除侵权责任将很难被理解。这同样适用于明显不是旨在全面管制的各类许可证，例如，建筑许可证（Baugenehmigung），因为州的建筑管制法律（《建设规划法》）宣称这样的许可证被授予，不考虑民法下的其他个人权利（不损害第三方的权利）。[179] 因此，基于《德国民法典》第 823 条（与《德国

41

177　BGH, NJW 1983, 751, 752；对建筑许可同样适用，参见 BGHZ 140, 1, 9 = NJW 1999, 356, 358. Cf. Bamberger/Roth/*Spindler*（fn. 34） § 823 no. 18；Staudinger/*Kohler*（fn. 13）Einl zum UmweltHR no. 268；*Kloepfer*（fn. 149）§ 6 no. 21. 但是，只要干扰者还未获得必要的建造许可证，就可以推定该干扰利用不是符合当地习惯的，除非它确定许可证将被颁发。（参见 BGHZ 140, 1, 9 = NJW 1999, 356, 358）.

178　Staudinger/*Kohler*（fn. 13）Einl zum UmweltHR no. 269.

179　参见，例如 § 69 subs. 2 sent. 3 Hamburgische Bauordnung（Building Regulations of Hamburg, HBauO）.

民法典》第 1004 条一起）对已经获得建筑许可证的建筑工程的禁令，是可能的。[180]不考虑民法下的权利，颁发许可证的另一个例子是根据《水资源法》第 7 条的水特权（*Wasserhaushaltsgesetz*）。[181]必须强调的是，根据民事法律这样限制权利的效果对大多数类型的行政许可是典型的。在相关法律授权的机构颁布的许可中，私人权利的明确保留不是必需的。

另一方面，存在各种类型的明确地排除民法索赔的许可（*Genehmigung mit Präklusionswirkung*）。[182]这适用于，例如，根据《联邦排放控制法》（第 14 条第 2 项），根据《水资源法》第 11 条特定的深远水特权和根据《行政程序法》（*Verwaltungsverfahrensgesetz*）第 75 条第 2 款第 1 项所谓的官方决定以及要求像高速公路、机场等某些公共工程项目的计划的批准。排除的效力可能包含所有有关许可主体（例如《水自然法》第 11 条[183]）或者仅是他们其中的某些类型。[184]因此，在排除效力的范围内，凭借行政法律中各自明确的规定，侵权法接受"管制性许可抗辩"。

42　　管制性许可异议最终影响《德国民法典》第 823 条第 2 款的侵权责任和环境刑事犯罪法的规定，只要它们以这些犯罪人的行为没有行政许可或者与行政法规则施加的义务相反（《刑法典》第 324 –

180　BGH, NJW 1983, 751；进一步讨论参见 *Kloepfer*（fn. 149）§ 6 no. 21.

181　BGH, NJW 1977, 763, 764.

182　Staudinger/*Kohler*（fn. 13）Einl zum UmweltHR no. 279. 该排除效果在某种意义上是通过主管机构在作出决定时，有义务将潜在受该项目影响的反对者及其相关权利考虑进去，从而使其得到弥补，参见 *Wagner*（fn. 127）124 ff. -also to constitutional requirements.

183　*Kloepfer*（fn. 149）§ 6 no. 19.

184　参见 Bamberger/Roth/*Spindler*（fn. 34）§ 823 no. 19. 例如，《排放控制法》第 14 条仅排除旨在让许可设施停止运营的请求，但允许要求设施运营人提供保护措施的请求；如果由于当前技术状态，保护措施无法实施或者不具经济合理性，则受害人只能要求损害赔偿。技术状态以及合理性是由民事法院自治决定的；参见 Staudinger/*Kohler*（fn. 13）Einl zum UmweltHR no. 282.

330 条)[185] 为前提条件。刑法规定的前提条件是否被满足的判断唯一地基于行政法（所谓的 *Verwaltungsrechtsakzessorietät*），[186] 这样，"管制性许可抗辩"包含于保护性法规本身之中，从而因此被《德国民法典》第823条第2款所允许。

2. 一般注意义务能否超过这些规则的范围？

根据联邦最高法院一直所持的观点，[187] 当根据《德国民法典》第823条第1款决定一般注意义务时（交往安全义务），官方许可证、许可证、安全检查以及相关（安全和环境）规章或者指令不能约束民事法院。民事法院适用侵权法的一般原则判断注意义务是否存在以及在这样的义务下，在实际情况下什么是被要求的。自主确定注意义务可能会引起取得相关官方许可证已经足够的裁决。[188] 但是案例法表明，法院通常施加超过相关行政法规则的注意义务的标准。如同上文边码22及其之后内容所提到的一样，特别是由于当局或者认证机构是基于有限的事实基础颁布许可证或者执照并且通常仅考虑与其法律权限相关的某些安全方面，这是具有正当理由的。鉴于这样的事实：即使（欧洲的）技术协调的法律也只确立了可反驳的推测，即如果产品符合所谓的协调标准（协调区）（*harmonisierter Bereich*），它就符合基本的（立法）安全规定，并且因此，另一方面，允许通过偏离这些标准的措施来满足这些要件，由此，我们必须得出结论，申请许可证的规定一般不旨在全面的并且最终稳固的

43

185　参见 Staudinger/*Kohler*（fn. 13）Einl zum UmweltHR no. 272. 作为"Schutzgesetz"（保护法）适用，例如《刑法典》第324条以及第324条之a涉及水、土壤或者空气的污染；参见 *Salje*（fn. 39）290.

186　参见 *Wagner*（fn. 127）23 f.

187　比较，例如 BGH, TranspR 2004, 356；BGH, NJW 1999, 2815, 2816；NJW 1998, 2905, 2906；BGHZ 99, 167, 176 = NJW 1987, 1009, 1011.

188　例如，旅行团的组织者仅需要检查德国的旅馆经营者是否已经获得所有必需的许可证（有关消防、卫生的法律等等）；BGHZ 103, 298, 305 = NJW 1988, 1380, 1382.

标准。[189] 关于（不仅，[190] 但是主要）私的标准，另一反对其在侵权法内具有约束力的主张是标准化过程不是单纯的科学过程，而是评估的结果。因为这样的评价潜在地决定侵权责任，这是民事法院的任务，而不是标准化组织和机构的任务。[191] 另外，当创建标准时，侵权法的严格附件不符合标准的两个特征，[192] 即滞后性的问题以及寻求妥协的必要性。[193] 这两个特征都特别明显地涉及边际值（限制），其通常被经济利益[194]所影响并且因此接受固有的剩余风险。[195] 在这样的背景下，安全和环境法律规则明显地不得被解释为对民事法院具有严格约束力的最后固定的注意标准，除非存在一个明确的规定这么说才行。[196]

44　　相应地，侵权法根据《德国民法典》第823条第1款施加在工业设施的经营者、生产者等身上独立的一般注意义务，不考虑他们的行为是否也受到行政法规则约束的事实。[197] 侵权法不允许将自己责任委托给公共机构。[198] 技术的或者环境的标准、许可证、执照等不能

189　参见 BGH, NJW 1998, 2905, 2906：有关根据《爆炸物法》的许可证（*Gesetz über explosionsgefährliche Stoffe*, SprengG）。

190　关于对标准化过程实施广泛影响的专家的一般合法性问题，参见 *Kloepfer*（fn. 81）143 f.

191　MünchKomm /*Wagner*（fn. 7）§ 823 no. 273.

192　参见 *Salje/Peter*（fn. 37）§ 6 no. 34

193　参见上文边码22；关于环境法，参见 Staudinger/*Kohler*（fn. 13）Einl zum UmweltHR no. 291.

194　BGHZ 70, 102, 107 = NJW 1978, 419, 420：边际值可能不足以有效地保护像孩子之类的敏感个人的权利。参见 for the *TA Luft* 1976, *Versen*（fn. 13）196 with fn. 538.

195　参见 BVerfGE 49, 89, 143 = NJW 1979, 359, 362 f.：如果立法者允许危险技术的利用（核电厂），尽管剩余风险仍然存在，它未违反宪法。

196　由于立法机构的理由，这样的规则仅可能通过联邦法确立；参见 *Spickhoff*（fn. 29）65.

197　毫无疑问，侵权法可能要求生产商不让产品上市，即使它的市场不受任何管制；BGH, NJW 1979, 2309, 2310：销售汽车给没有任何驾驶执照的未成年人。

198　MünchKomm /*Wagner*（fn. 7）§ 823 no. 578；*G. Wagner*, Das neue Produktsicherheitsgesetz: Öffentlich-rechtliche Produktverantwortung und zivilrechtliche Folgen Teil II, BB 1997, 2541, 2542.

免除个人根据实际情境，[199] 采取合理措施控制风险的义务。因此，根据侵权法，明显的危险来源必须被控制，即使它还没有或者不足以被 DIN 标准涵盖，[200] 并且生产者也不可以从他的产品已经被官方授予许可的事实而得出结论说，主管机关本应发现产品有错误的结构设计，从而主管部门不能免除独立的事故预防责任。[201] 这同样适用于给予产品用户指示以及给他们有关危险的警告的义务。有关产品标签、警告或者安全建议的法律和规章表明要求的注意标准，但未提供侵权法中有关个人权利的保护什么是预期的最终规定。[202] 如果义务人已经取得他可以轻易运用的特殊能力，[203] 根据侵权法规定的标准也可能超过行政法标准。在案件的具体情境中，法院也可能会裁决，注意义务已经通过行政法规定的其他方式履行。[204]

3. 如果侵权人能够成功证明他是合法地行为（就相关的行政法规则而言），那么关于不法性和过错的举证责任的分担是否会有所不同？

有关侵权之诉的举证责任的总体分配在上文边码 34 中有描述。 45
如果被告确认他的行为遵守了相关的行政法规则，结果将是根据上文边码 34 及其之后内容列举的原则，受害方所要求的证明标准将不会降低。

有关通过排放或者类似的侵害造成的损害，《德国民法典》第906 条规定了具体的证明责任的分配。以一种干扰的方式利用土地的

199　BGH, NJW 2001, 2019, 2020; Bamberger/Roth/*Spindler*（fn. 34）§ 823 no. 20.

200　BGHZ 103, 338, 342 = NJW 1988, 2667, 2668.

201　BGHZ 99, 167, 176 = NJW 1987, 1009, 1011; NJW 1987, 372, 373：关于《道路交通许可规章》中的牌照（§ 19 *Straßenverkehrszulassungsordnung*, StVZO）或者《医药制剂法》（§ 25 AMG）.

202　BGH, NJW 1998, 2905, 2906; NJW 1987, 372, 373.

203　*Spickhoff*（fn. 29）67; Staudinger/*Hager*（fn. 13）§ 823 no. E 70.

204　对于有限的时间内，较低的安全标准在侵权法下可能被接受，例如，如果机械发生故障没有即时修复的可能性，警告的通知就足够了；MünchKomm/*Wagner*（fn. 7）§ 823 no. 273.

被告，必须依赖于索赔者根据《德国民法典》第 906 条第 1 款以及第 2 款第 1 项对他这种利用的容忍义务。他必须证明这样的义务是存在的，因为利用原告的土地导致的侵害要么是微不足道的，或者如果是重大的，是符合当地的习惯（当地习俗），并且以合理的代价是不可以避免的。如果干扰者成功证明他已经遵守规定在行政法规则中的相关的边际值或者近似值，[205] 这意味着非实质性的损害。[206] 那么，此时由索赔人来推翻这种指示。一个类似的机制适用于过错。如果索赔者确证，实际情况是根据《德国民法典》第 823 条第 1 款中的注意义务引起的情境为特征，其已经超过了行政法规定的措施，那么违法行为是存在的。但是作为一个工厂的经营者也许原则上取决于行政法施加予他的措施的效力，他对行政法的遵守表明不存在过错。[207]

四、其他原因的损害赔偿

1. 除了侵权法之外，是否还有其他法律的原因，比如：行政法本身或者是更加广泛的法律责任领域，强调因违反这样的规则所引起的损害赔偿责任？

46

除了侵权责任之外，对行政法规则的违反也可能构成对合同的违反。如果合同的主体未遵守行政法规则，这可能被认为是没有履行合同义务。例子是水质不足的自来水供应，[208] 受辐射污染的婴儿食品的销售，[209] 有毒的木材防腐剂的销售[210]或者过去受危险废物污染的土地

---

205 参见上文边码 40。

206 参见 BGH, NJW 2004, 1317, 1318.

207 BGH, NJW 1997, 2748, 2749；BGHZ 92, 143, 151 f. = NJW 1985, 47, 49；Staudinger/ *Kohler*（fn. 13）Einl zum UmweltHR no. 275.

208 BGHZ 17, 191, 195.

209 Amtsgericht（Magistrates'Court, AG）Kiel, NJW 1987, 2748.

210 AG Kassel, Verbraucher und Recht（VuR）1987, 39, 40.

的销售。[211,212] 如果由行政法规则或者其他相关的技术标准规定的边际值被超越，这原则上根据合同法[213]就构成产品、服务、出租对象等的缺陷。甚至怀疑合同的主体未遵守相关行政法标准可能构成缺陷。[214]

除了侵权法之外，另一作为违反行政法结果的赔偿义务的基础是无因管理原则（所谓的无因管理）（*Geschäftsführung ohne Auftrag*）。例如，如果公共机构采取了措施避开因为某人无视行政法规则导致的危险，从而索赔他们支付的费用。[215] 而且，作为规则，特殊的条款规定公共机构开支的偿还优先。[216]

2. 如果行政法规则许可侵害另一个人的利益，贵国的法律制度是否提供损害赔偿（或者是来源于受益者、基金或者是政府）？该赔偿请求的必要条件是什么？

一个重要的可适用的"赔偿"请求的情况是《德国民法典》第 47
906 条第 2 款第 2 项。[217] 该规定涉及给受害方的土地造成不符合当地习惯的严重干扰的情形。[218] 如果这样的干扰不能通过干扰者合理的开支（《德国民法典》第 2 款第 1 项）避免，受害方必须忍受他们，但是如果排放损害恰当（符合当地习惯）利用受害方的土地，《德国民

211　BGH, NJW 1999, 3777.

212　进一步的例子由 Staudinger/*Kohler*（fn. 13）Einl zum UmweltHR no. 112 给出。

213　OLG Köln, NJW-RR 1991, 1077, 1078.

214　参见 BGH, NJW 1969, 1171, 1172; Staudinger/*Kohler*（fn. 13）Einl zum UmweltHR no. 112.

215　例如，BGHZ 40, 28, 30 = NJW 1963, 1825, 1826, 已经裁决当局有权这么做，但是德国联邦法院的意见备受批评（参见 Staudinger/*Kohler*（fn. 13）Einl zum UmweltHR no. 115）。

216　Palandt/*Sprau*（fn. 3）Einf v § 677 no. 16 f.

217　《德国民法典》第 906 条第 2 款第 2 句宣称："据此（即根据第 1 句，如果实质的损害是因遵守当地习惯的利用和以合理的费用不可预防而导致的），土地所有人必须忍受干扰，如果该干扰超过可合理期待的限度，侵害对其土地作当地通常的使用或者侵害其土地的收益的，土地所有人可以向另一块土地的使用人请求适当的金钱偿。"

218　参见上文边码40。法院扩展《德国民法典》第 906 条的适用范围到个人财产（动产），主张甚至不动产所有人不得不忍受的侵入也必须被动产所有人忍受；BGHZ 92, 143 = NJW 1985, 47 ff. 对这和《德国民法典》第 906 条第 2 款第 2 句的其他延伸参见 Staudinger/*Kohler*（fn. 13）Einl zum UmweltHR no. 85 ff.

法典》第 906 条第 2 款第 2 项保证恰当的金钱赔偿的请求（合理的货币补偿）。过错不是前提条件。赔偿评估根据强制征用情形下申请赔偿的原则进行。[219] 除了作为一般规则的《德国民法典》第 906 条之外，一些行政法规定了忍受损害的义务——例如，通过某些正式获准的工业设施——其超过了《德国民法典》第 906 条的规定。一个重要的例子是《联邦排放控制法》第 14 条。[220] 该规定排除旨在禁止被许可的工厂经营的请求。受害方可能仅请求保护措施，或者如果这样的措施以合理的开支是不可能的，就请求赔偿。

《德国民法典》第 906 条第 2 款第 2 项也可（类推）适用于许多类似情形，其中法院强迫土地的所有人容忍排放或者其他的侵扰，尽管根据《德国民法典》第 906 条第 1 款和第 2 款第 1 项的条件规定这样的义务是不存在的。这也许是干扰者是一个（私的[221]）为直接公共福利利益提供服务的企业[222]的情形，例如，在电力供应领域，[223] 在适当的时间因为法律或者事实的理由，[224] 受害方不能申请禁令程序，或者在受害方的土地以某个方式被影响不被《德国民法典》第 906 条包含的情形，例如，不是由《德国民法典》第 906 条第 1 款列举的干扰。[225]

48　　　德国法规定在某些类似情形下的基金损害赔偿制度，但是，不是

219　参见 Palandt/*Bassenge*（fn. 172）§ 906 no. 27.

220　《排放控制法》第 14 条是一私法规定（参见 BGHZ 102，350，352 = NJW 1988，478）。涉及《排放控制法》第 14 条类似问题的某些行政法参考（例如 § 11 LuftVG；§ 7 subs. 6 AtG），其他确立独立赔偿规定（例如 § 8 subs. 3 WHG）. 参见 Staudinger/ *Kohler*（fn. 13）Einl zum UmweltHR no. 84.

221　关于被赋予独立自主权力的企业导致的侵入参见 Palandt/*Bassenge*（fn. 172）§ 906 no. 37.

222　BGHZ 144，200，205 = NJW 2000，2901，2902.

223　Palandt/*Bassenge*（fn. 172）§ 906 no. 39.

224　BGHZ 155，99，103 = NJW 2003，2377，2378；BGHZ 142，227，235 = NJW 1999，3633，3534；NJW 1999，1029，1030. 这些裁决受到批评；参见 Staudinger/*Kohler*（fn. 13）Einl zum UmweltHR no. 90.

225　BGHZ 142，227，235 = NJW 1999，3633，3635.

特别地为被行政法合法许可的个人权利的侵害而规定的。相反，这样的基金涉及不同的方面，例如，如果侵权者的机动车未被投保，那么索赔不能实现的风险与《强制责任保险法》[226] 第 1 条中的持有者的义务相矛盾，或者农民由于被供应从废品处理厂受污染的余渣而遭受损失的情形。[227] 在这些例子里，对违法行为的较好的个人权利的保护是寄希望于法律政策的理由。解决一些关于许多（合法的）私的或者专业活动[228]积累的影响的结果导致的损害的基金，在德国法中不存在。[229]

五、案例

1. 1976 年，一家由 A 公司经营的化工厂，被允许可以排放一定量的废气到空气中。根据最近的技术标准，所规定的量可以以一个合理的费用显著地降低。然而，自从 20 世纪 70 年代以来，政府管制就没有升级校正调整过。因排放废气而遭受农作物损害的当地农民，能否向政府或者工厂经营者主张损害赔偿？这与农民本应该根据行政审查程序，申请审查或者撤销许可有关吗？

由于工厂经营者不是直接被主管机关要求采取额外措施降低排放量，《德国民法典》第 823 条第 2 款的责任可能不被考虑。因为根据像《联邦排放控制法》这样的排放控制法律，工厂经营者的义务 ⁴⁹

---

226 参见《强制责任保险法》第 13 条。

227 参见 § 9 *Düngemittelgesetz*（Fertilizers Act）；*Kloepfer*（fn. 149）§ 19 no. 246.

228 在这样的情况下，侵权法不能提供损害赔偿。例如，旨在赔偿作为森林死亡综合征结果引起的森林损害的诉讼失败；BVerfG, NJW 1998, 3264；BGHZ 102, 350 = NJW 1988, 478.

229 政策讨论仍然发生。参见，例如 Staudinger/*Kohler*（fn. 13）Einl zum UmweltHR no. 318, 323 f.；*D. Medicus*, Umweltschutz als Aufgabe des Zivilrechts-aus zivilrechtlicher Sicht, in：Umwelt-und Technikrecht（UTR），vol. 11（1990）5, 26 f.；*Marburger*, AcP 192（1992）1, 33 f. 作为基金的替代，国家赔偿责任的实施根据公平原则被假定（"Billigkeitshaftung"）；参见 *Kloepfer*（fn. 149）§ 6 no. 202.

需要由当局表达具体的形式，它们作为保护法，无行政裁决（参见上文边码9）就不被适用。但是，《德国民法典》第823条第1款的客观要件得到满足：工厂经营者，公司A，从它的工厂产生的废气排放到空气里，损害了农场主的财产。工厂是危险的来源，经营者必须以某种方式控制，以阻止对邻人的损害。在这方面，工厂经营者不被允许仅依靠通过许可证施加在他身上的标准。[230] 未采取足够的措施预防由于工厂的排放引起的损害构成违反经营者注意义务（*Verkehrspflicht*）。但是，根据《德国民法典》第906条第1款第1项，其也可以适用于侵权损害赔偿，农场主必须忍受排放，如果他们仅是非实质性地损害财产的利用。根据《德国民法典》第906条第1款第2项，如果由法律或者规章规定的临界值没有被超过，那么排放被认为是非实质性的。这里就是这样的情况（假设废气的排放量是由行政机构根据这样的临界值决定的），但是，相关的政府规章在这方面没有遵守最近的技术标准。因为《德国民法典》第906条第1款第2项明确允许例外（作为一种规则），这些规则过时的事实必须被考虑进来（同样参见《德国民法典》第906条第1款第3项）。而且，在本案中，排放量是实质的，因为它们确实给农场主的财产造成了损害。[231] 根据《德国民法典》第906条第2款第1项容忍排放的义务未引起，因为废气的数量能够以一种合理的成本减少。因此，如果公司A未成功证明在案件的具体情境中其过错不存在，[232] 那么根据《德国民法典》第823条第1款它必须支付损害赔偿金。

农场主的请求也可能根据《德国民法典》第906条第2款第2项被认为是正当的，因为该规定无视过错，即使它并未给予损害赔

230　参见上文边码44；特别是有关排放物 BGHZ 92, 143 = BGH, NJW 1985, 47, 49；Landgericht（District Court, LG）Münster, NJW-RR 1986, 947, 953.

231　参见 BGH, NJW 1999, 1029, 1030.

232　违反注意义务超越遵守的边际值，如同此处的例子一样，表明存在过错。一方面参见上文边码37，另一方面参见上文边码45。

偿，但一个公平的赔偿（合理的货币补偿）（*angemessener Ausgleich in Geld*）也应包含收入损失。[233] 在受害方不能在适当的时间内因为事实上的理由（*faktischer Duldungszwang*）获得禁令的情况下，法院加以必要的变更适用《德国民法典》第 906 条第 2 款第 2 项。[234] 因此，索赔是否具备充分的理由依赖于农场主是否已经在行政法院[235]或者民事法院要求以法律保护的方式预防因为排放所遭受的损害以及在这样的案件情境中，农场主是否有足够的理由采取这样的措施。如果他根本不知道有关排放的事情，或者不知道排放的潜在危险，同时，对于他来讲，如果申请对工厂经营者的诉讼的成本风险或者事前成功的前景是不合理的，就不存在驳回索赔的理由。[236] 假设因为排放遭受的损害本可以被降低，如果农场主采取合理的步骤去实施额外的保护工厂邻居的措施的话，根据《德国民法典》第 254 条基于共同过失的理由，降低索赔是可能的。

最后，在《联邦排放控制法》第 14 条第 2 项的基础上，请求也可能被认为是正当的，如果化工厂的许可证是根据《联邦排放控制法》颁布的。就像我们上文已经看见的一样，这样的许可证并不排除根据民法的损害赔偿请求。[237] 在容忍排放损害的实际义务的情形下，该规定像《德国民法典》第 906 条第 2 款第 2 项一样，经过必要的修改后适用。[238]

---

[233] 根据《环境责任法》，如果工厂是《环境责任法》第 1 条附件 1 中列举的设施，工厂经营者也可能承担责任，不管是否有过错。

[234] BGHZ 155，99，103 = NJW 2003，2377，2378；BGHZ 142，227，235 = NJW 1999，3633，3534；BGHZ 90，255，262 f. = NJW 1984，2207，2208.

[235] 在行政法院对邻居的法律保护参见 *Jarass*（fn. 10）§ 10 no. 99 f.，§ 17 no. 60 f.，§ 24 no. 23.

[236] Cf. BGHZ 111，158，163；BGHZ 90，17，32；BGH，NJW 1984，1876，1877；LG Münster，NJWRR 1986，947，951.

[237] 参见上文边码 41 与脚注 184。

[238] Staudinger/*Kohler*（fn. 13）Einl zum UmweltHR no. 93；LG Münster，NJW-RR 1986，947，952.

50 根据《德国民法典》第 839 条第 1 款[239]和《基本法》[240] 第 34 条第 1 项（所谓公务员[241]的国家责任），对国家的损害赔偿的请求以公务员任意或者过失违反对第三方的官方义务（*drittbezogene Amtspflicht*）为前提条件，当授予许可证或者以他未命令额外的措施来减少排放时。公共机构的行为遵守旨在保护邻人免受排放量侵害的法律规则的义务被看做是对第三方的义务，[242] 但是在本案中不存在违反这项义务，因为公共机构的行为与法律是一致的。[243] 除此之外，根据《德国民法典》第 839 条第 1 款第 2 项，[244] 如果另外一个侵权者（工厂经营者，公司 A）必须给予受害方损害赔偿，国家责任是附属的。

2. 一个有关职业危害的特定法规 A 迫使雇主在他们的车间里采取一定的保护措施。B 经营着一间一人车间，在那里没有雇工和参观者曾出现过，假设在该情形下管制规定不予以适用，一个偶然到车间参观的人受到伤害，B 是否仍然要承担侵权责任？

51 受害方不能依靠《德国民法典》第 823 条第 2 款，因为相关的安全规章不能适用于有关第三方，而仅是适用于雇员。[245] 关于《德国

---

239 《德国民法典》第 839 条第 1 款第 1 句宣称："公务员故意或者过失地违反他对第三人所负的职务上的义务，必须向第三人赔偿因此引起的任何损害。"

240 《德国基本法》第 34 条第 1 句宣称："如果任何人，在实施委托于他的公职中，违反他对第三方的官方义务，责任原则上在于国家或者雇用他的公共机构。"（取自 *Fedtke/Magnus* (fn. 79) 111）.

241 参见 *Fedtke/Magnus* (fn. 79) 110 f.

242 参见 *Salje/Peter* (fn. 37) § 18 no. 16.

243 基于不充分的法定安全要件，国家责任不能被假设，因为立法主体不受对第三方的义务的约束；参见 Palandt/*Sprau* (fn. 3) § 839 no. 49. 这同样适用于行政指令，因为它们意图在一般公共利益中协调法律的执行；BGH, NJW 1971, 1699, 1700；不同的看法，参见，*Marburger* (fn. 85) 556.

244 《德国民法典》第 839 条第 1 款第 2 句宣称："公务员只有过失的，仅在受害方不能以其他方式获得赔偿时，受害才能向公务员请求赔偿。"

245 参见 MünchKomm/*Wagner* (fn. 7) § 823 no. 325：根据事故保险方案制定的预防事故的规章。通过类推方式的职业危害制度的适用在有关参观者的这些规定中需要一个非故意的法律空白。根据《德国民法典》第 823 条第 1 款考虑"交往安全义务"时，这样的空白似乎不存在。就这些规章的规定适合一般化的安全预期而言，参观者间接地从有关职业安全的特定需要设计的安全规章中获利。

民法典》第 823 条第 1 款，注意义务和过错的规定需要考量。如同上文提到的一样（上文边码 2 和边码 43 及其之后内容），侵权法下的注意义务必须独立于行政法规则决定。原则上，公众可能期待车间的所有人采取合理的措施避免事故。预防事故的相关规章反映了车间引起的典型风险的有关专业知识，以及当考虑《德国民法典》第 823 条第 1 款[246]的一般注意义务时，其必须被考量，甚至超过了他们的适用范围。因此，B 是否承担责任，是 B 在其车间预防事故的注意义务的保护性目的的适当确定问题。有些人未被授权进入房间或者建筑物，可能不属于相关注意义务旨在保护的群体。从另一方面来讲，必须考虑是否存在自由进入风险区或者受害人的进入是否被该设施的一般用途包含。[247] 因此，当某人想了解 B 而进入工厂时涉及到参观者，《德国民法典》第 823 条第 1 款施加旨在预防工作车间的事故的注意义务。因为 B 未采取职业危险规章规定的措施，他已经违反了他的注意义务。这等同于过错的表面证据。[248] 根据《德国民法典》第 823 条第 1 款 B 要承担责任。

3. 公司 B 违反有关公共安全规则的各类规章很多年，尽管存在有权力处以罚金、甚至让 B 公司关门倒闭的政府机构，但是这些政府机构几乎没有采取行动，通知公司 B 这些违法行为。他们曾经参观该公司一次，并且列出一系列的公司应该补救的缺陷的清单。公司一直未补救这些问题，政府机构从未再回头来惩戒该公司。一段时间之后，一严重的事故在 B 公司发生，如果该公司严格遵守相关安全规则，该事故本应该可以避免发生的。

（1）受伤害的人能否让公司承担损害赔偿责任？如果可以，公司能否以缺乏监管部门的监督提出抗辩？

---

246 MünchKomm/*Wagner*（fn. 7）§ 823 no. 274.

247 参见 *Larenz/Canaris*（fn. 3）423 f.

248 参见 MünchKomm/*Wagner*（fn. 7）§ 823 no. 274.

52　　　　不考虑处理职业事故的规章（其本应优先[249]），根据《德国民法典》第 823 条第 1 款，受害方有权要求损害赔偿。政府机构监督 B 公司行为的权力不能降低 B 的一般注意义务。即使政府机构未参观 B 以及未列出缺陷清单，B 也不能假定他的设施满足规定的安全标准。缺乏监督一般不是侵权法的借口。[250]

　　（2）受到损害的人能否主张从政府机构获得损害赔偿？

53　　　政府主管机构的公务员实施委托他们执行的公职行为（委托行使公职）（*in Ausübung eines ihm anvertrauten öffentlichen Amtes*）。根据《德国民法典》第 839 条第 1 款与《基本法》第 34 条第 1 项，国家责任的一个更进一步的前提条件是机构的公务员违反了施加在他们身上的对第三人的义务。如果公共安全规则旨在预防事故，对 B 公司处所而言，为了潜在受缺陷威胁的人们的利益，强制执行这些规则和监督责任公司[251]的义务存在。因为机构访问 B 处所的过程中从未注意已经确定的缺陷，这样的义务被违反。考虑到本案件的具体情境，因果关系和过错要件也存在。但是，正如上文所讲（参见上文边码 50），《德国民法典》第 839 条第 1 款第 1 项规定在过失造成未执行必要的安全措施的情况下的国家附属责任。因为公司 B 是有义务进行赔偿的，国家责任依赖于主管公务员失职的重大过失（*grobe Fahrlässigkeit*）与《德国民法典》第 839 条第 1 款第 2 项未包含的重大过失的评估。

249　参见 § 104 *Sozialgesetzbuch* VII（Social Security Code VII, SGB VII）不包括人身损害的雇主责任，除非是故意造成的。

250　参见 BGH, NJW 1977, 763, 764.

251　参见 BGH, NJW 1993, 1784, 1785；NJW 1965, 200；NJW 1963, 1821, 1823；*H.-J. Papier*, in：Münchener Kommentar zum Bürgerlichen Gesetzbuch（MünchKomm/*Papier*），vol. V/2（4th ed. 2004）§ 839 no. 242.

匈牙利侵权法与管制法

阿蒂拉·迈尼哈德*

一、总述

1. 总体上来讲，在贵国，行政法规则对侵权法的影响是什么？

在匈牙利的法律理论和实践中，侵权法规章似乎是在行政法规   1
章和民法之间的一道难以逾越的障碍。这一难以逾越的障碍是与独
立于行政规章的侵权法中的违法性和过错的自治概念一起建立的。
在匈牙利法律术语中，公法是调整国家和国家组织的结构和活动的
法律，¹ 而行政法是调整国家机关组织、决策和执行活动的法律。²
不存在一般的可以接受的区别于公法和行政法的管制法概念。

匈牙利侵权法的基础规范是《匈牙利民法典》基于过错责任的   2
第339条第1款，它促使侵权者为其违法造成的损害承担责任，并
且允许侵权者只有在他能证明他的行为在既定的情境中是一般的预
期时免责。损害、过错、因果关系和违法性是责任的前提条件，过
错和违法性是两个不同的要素。过错是客观的概念；没有遵守行为

---

* 匈牙利布达佩斯罗兰大学法学院民法系博士，民法副教授。

1 *T. Lábady*, A Magyar magánjog（polgári jog）általános része（The General Part of Hungarian
  Private（Civil）Law）（2002）22.

2 *M. Világhy/Gy. Eörsi*, Magyar Polgári Jog I.（Hungarian Civil Law）（1962）15.

的一般标准本身构成过错。一般而言，不法性概念的理论基础是，造成损害将会被认为是违法，除非法律明确地规定其他的理由。如果侵权者能够证明在某些情况下造成的损害由法律明显地使其具有合法性，他将不承担责任。[3] 换句话说，引起他人损害的行为是不法的，并且之后造成的后续损害也一直是违法的。违法性应该被推定，并且在未对具体法定规章造成违反的情形中也能确定。根据今天流行的理论，违法性和过错是责任区分的两个前提，在一些案件中，它们甚至很难区别开来。[4] 侵权法中的违法性概念是私法中的一个类别，独立于违反法定规定（私法的或者公法的规章）而确立的违法性。

3　　因此，根据违法性的自治概念，它所遵循的是，即使在缺乏违反法定规定时，侵权者仍然要承担责任——另一方面——侵权者的行为与法定规定或者行政许可相一致本身不能阻止侵权者承担责任。[5] 然而，法定规定的违反可能在损害的识别中扮演重要的角色。从确定适用的制度的角度来看，如果损害的识别是重要的（例如，究竟是严格责任，还是过错责任），具体规章的违反将会对法院具有指示作用。

4　　然而，法院实践从未与以下所遵循的路径一致过，即引起对他人损害的行为是违法的并且之后所造成的后续损害始终是违法的。法院试图尽量找到某些被侵权者违反的法律规范，以便于确立责任，即使这不是必需的要件，或者如果他们仅是想拒绝请求，只是简单

3　*Gy. Eörsi*, A polgári jogi kártérítési felelősség kézikönyve（A Handbook of Civil Law Liability）（1966）no. 221. 抗辩是比如受害人的同意、必要性、行使授权的权利等等。

4　*Eörsi*（fn. 3）no. 252.

5　*B. Lenkovics*, A környezetszennyezés polgári jogi szankciói（The Civil Law Sanctions of Environmental Damage），in：L. Asztalos/K. Gönczöl（eds.），Felelősség és szankció a jogban（Liability and Sanction in the Law）（1980）317 ff. , 324.

主张侵权者的行为不是违法的。[6] 违反某些法定条款可能提供——尽管最初的侵权法规制理论背景不会使其成为必须——给法院确立违法性和责任的重要参考点。匈牙利的法院实践对违法性原则的考虑始终处于变化的状态。

在过错考量中，行政法规章也可能扮演重要的角色。侵权者可 5
能通过证明他的行为是符合行为标准的要求来免除自己的责任。遵守行政法规章规定的行为本身并不意味着侵权者没有过错，但行政法规章可能对某一具体案件中所要求的行为标准可能是什么和应该是什么提供重要的指导意见。

2. 在行政法规和侵权法相互作用的问题上，是否存在宪法上的界限或准则，比如：关于联邦法与州或者当地可适用的法规之间以及与行政法规则的保护目的之间的关系准则等？

不存在这样的界限或者准则。规章必须与宪法规定和宪法性原 6
则相一致。民法典和民事法律规章包括侵权法规章同样也是一样的。

3. 除了法定规定之外，违反哪种类型的行政法规（比如：规章、官方通知）的情形之下，能引起侵权责任？

对任何类型的法定规定或者行政法的违反能够引起侵权责任。 7
违反行政法不是确立损害赔偿责任的必要前提条件。行政规章在损害的认定和给法官提供指导参照点的实际功能独立于立法体系等级中的法律规范的位阶。

4. 当行政法（比如法律或者由政府或者具有公共职能的实体所作的决定）本身违反法定规定的时候，根据私法，会有怎样的后果？因遵照约束其行为的违法的行政法规，而造成损害的人，是否不用

---

6 Bírósági Határozatok（Supreme Court Reports, BH）2005 no. 12（Supreme Court, Legf. Bír. Pfv. III. 22. 883/2001.）；BH 2005 no. 17.（Pécs High Court of Justice, Pécsi ítélőtábla Pf. III. 20. 356/2004.）. 法院在这些裁决中拒绝仅提到不存在违法性而未提及如同本应由一般学说要求的那样的明确允许引起损害的规范的原告的索赔请求。这些案件都与行政法规章的适用无关联。

承担责任？如果是，它是否与造成损害的人已经知道或者应该知道行政法规是违法的，有任何相关？

8　　匈牙利法院在拒绝由于不当立法引起的损害赔偿请求方面是一致的。[7] 法院坚持，立法者自身的行为不能违法；即使根据其他更高层次的法定规定法律并未被采用，其自身也不是非法的。然而，似乎法院拒绝国家不当立法引起的损害赔偿请求的理由应该被重新审视，一种新的国家豁免学说应该被创立。作为这种做法的根本基础的老的国家豁免学说明显会被抛弃。匈牙利理论似乎接受了由欧洲法院（European Court of Justice）实务确立的新的责任形式的可能性，并且存在一种有力的主张，国家立法的侵权责任和未贯彻执行欧洲联盟（European Union）立法的国家责任将被一起进行评估并且应由相同的理论解释提起。[8] 制定行政法而引起的对法定规定的违反主要是一个公法问题。

9　　由此可以得出，如果有人因为行为遵守约束他的违法的行政法律而引起损害，他应该被判定在行使法定条款所规定的权利，由此，他将不承担导致的不法损害的责任；所以责任将不成立。另一方面，未采取必要步骤开始公法程序试图解决冲突的人（例如，通过宪法法院开创宪法监督），可能要为这样的不作为承担责任。公职人员或者机构、当局等，不应被要求监督现行法律以及解决法律系统中的冲突问题。

　　5. 如果行政法规自己调整违反它本身规则的结果，特别是给予

7　BH 1994 no. 31（Supreme Court, Legf. Bir. Pf. IV. 20. 827/1993. sz.）; BH 1994 no. 312（Supreme Court, Legf. Bir. Pfv. X. 23. 120/1993/4. sz.）.

8　*Gy. Fülöp*, Az állam kártérítési felelőssége a közösségi jog megsértése esetén（The Liability of the State for Infringement of EU Law）, Polgári Jogi Kodifikáció 6（2003）18 ff. ; *L. Kecskés*, Európa-jogi tapasztalatok az állam jogszabályalkotással okozott károkért való felelősségének megalapozásához（European Law Experiences in Establishing State Liability for Damage Caused by Legislation）, Polgári Jogi Kodifikáció 4（2003）3 ff.

刑事制裁，这样的规则是否被认为是综合性的（即不包括侵权请求）？在这方面侵权法和刑法如何相互影响？

如果行政法本身调整违反它自己规则的后果，这样的规则应该 10 不会被认为是与侵权法有关的综合性法规以及不会被认为是包含立法者打算附加到某些规范的违反的所有结果。违反行政法的公法结果并不排除侵权请求。即使这种目的论的减少适用于合同法，[9] 但这也不适用于侵权索赔的情形。虽然存在一些有关由犯罪[10]引起损害责任的特殊规定，但它们不影响侵权法和刑法之间的相互作用。

6. 在何种条件下，行政法规则被认为是所谓的"保护性目的规则"？行政法规则的保护目的是否仅由行政法规决定，还是也由侵权行为法的总则决定？

规范保护目的的学说在匈牙利侵权法理论和实务中至今还没有。 11 法院可能将规范的目的作为因果关系的要素予以考虑，主张侵害规范与损害之间没有因果关系，因为规范应该是为了不同的目的，但这可能导致比规范保护目的学说更严格的结果。

7. 如果行政法规则约束一个法律实体，谁将对未遵守该规则承担责任？如果该实体机构的个人不得不承担各自的刑事责任或者行政责任，这是否也引起该人承担侵权责任？像这样的责任如何与法律实体的替代责任相互影响？

法律实体应该承担自己的责任，不必证明其员工行为的违法来 12 确立它们的责任。如果法律实体没有遵守相关的规章，它们作为法律实体就要为它们自己的不法行为承担责任。

---

9 只要不存在合同违反法律的任何特殊法律后果时，合同应该因为违法而无效。如果存在特殊的后果（例如，刑事制裁、刑罚、撤销许可等等），合同不能基于违法被认为无效。但是，这不排除由于合同的不道德的性质而宣称其无效的可能性。《匈牙利民法典》第 200 条第 2 款。

10 这样的时效可能更长（《匈牙利民法典》第 360 条第 4 款）和该责任不能被合同排除（《匈牙利民法典》第 342 条第 1 款）。

13 作为雇主的法律实体应承担它们员工的行为责任。如果员工引起与其工作相关的第三人的损害，除非法律有其他规定，雇主应该承担对受害人的责任（《匈牙利民法典》第 348 条）或者如果公司的经理导致第三人损害也应如此（2006 年关于公司第 4 号法案第 30 条第 1 款）。只要普通法救济措施无法阻止损害或者受害方诉诸普通法律救济措施阻止损害，在政府机构的管辖范围之内导致的损害责任应该被确立。除非法律规章有其他规定，这些规定也应该适用于法院或者检察院管辖权内导致损害的责任（《匈牙利民法典》第 349 条）。

14 法律实体自己行为的责任与它们的员工、经理、公务员、官员等的行为的替代责任之间的相互影响或者关系在匈牙利理论和实务中，某些方面不是很清楚。只要法律实体的责任不因为没有员工应该承担责任的理由被排除，替代责任与法律实体个人行为责任之间就存在区别。原告也不需要证明法律实体员工的不法行为来确立法律实体的责任。另一方面，目前尚不清楚，替代责任和法律实体自己责任之间的界限应该划在何处。从侵权法和管制法之间交叉的前景来看，雇主的替代责任也包含了其雇员是公共责任主体的情形。例如，如果员工违反了公法规章，因此导致损害，如果员工的行为是在雇佣关系之内，雇主应该承担损害责任。只要其他的责任前提条件都得以满足，雇员的公法或者刑法责任引发雇主在侵权法中的替代责任。

  8. 在贵国，法律实体本身是否也要承担行政责任？像这样的责任在私法领域会有怎样的结果？如果适用行政责任，法律实体承担的行政责任是否也会引起侵权责任？法律实体的行政责任与它的替代责任如何相互影响？

15 法律实体还受公法责任的约束。私法中不存在任何这样责任的直接后果，但确立公法责任（包括刑法）将一定确立过错责任下的过错。如果侵权者违反了法律规范，他的行为与要求的行为标准不一致，所以，事实上，他就不能根据过错责任制度（《匈牙利民法典》第339条）免除自己的责任。从这个观点来看，如果损害和确立行政责任的行为之间的因果关系已经被确立，行政责任几乎当然确立法律实体的侵权责任。法律实体的行政法责任和它的替代责任的相互影响与法人的私法责任相同。法人的行政责任和私法责任要加以区分。法人在行政程序中的责任和根据公法标准的责任，不能包含损害赔偿责任。

二、旨在环境保护的安全规章和规定

1.（1）法定的安全规章和（2）旨在环境保护的规定对于侵权法有何重要性？

违反旨在保护环境的法定安全规章或者规定不应是责任的必须前提条件。然而，因为环境损害的责任根据《匈牙利民法典》第345条是严格的，[11] 所以损害的认可和决定它是否与环境相关很重要，因为这决定案件是根据严格责任制度还是根据过错责任制度。规章也许提供法院适当的方法来决定损害是否应该被看做是环境损害。另一方面，因为法院——尽管最初的违法性原则不会使其成为必须——通常寻求对某些法律规范的违反来建立责任，所以证明某些规范的违反有助于确立违法性。在消费品销售中所使用的预期标准的方式，作为履行合同或者违反合同的标准——根据我的观点——在未遵守法定规章的侵权责任的构建中，并没有扮演很重要的角色。一般的路径聚焦于如同责任岌岌可危的行为相对人的一般标准一样的预期，预期（例如消费者）会被考虑作为一般规定的行为

[11] 侵权者可能被免除责任，只要证明损害的原因是不可避免的，并且不属于侵权者的活动范围之内（《匈牙利民法典》第345条）。

标准来测试，例如，行为的一般标准或者注意义务要求与这样的预期相一致。

2. 在贵国，有关这些主题，在何种范围内认为侵权法与管制法有相同或者相似的目的？

17　　在匈牙利法律理论中，侵权法的目标和管制法的目标并没有一起被考虑。厄尔希（Eörsi）认为，通过预防和在社会上分配损失，保护免遭不道德行为的侵害是侵权法的主要功能。[12] 1995 年第 LIII 号法令中关于环境保护的一般规则，在其序言中宣称，法案的主要目的是保护和保存自然遗产和自然价值。在这方面，基于抽象层面，侵权法的目标和环境法的目标是相似的。然而，该问题至今在匈牙利还没有成为讨论或者争论的主题。类似的相关性似乎没有出现在法律实务的层面上。

3. 这些规章和规定本身是否被认为是具有保护目的的制定法？个人是否也包含在这些保护性规则范围之内？在你们的法律制度中，对这些规则的违反是否构成不法行为？或者它是否引起严格责任？

18　　因为在匈牙利侵权法律实务和理论中，规范的保护目的看上去并不具有相关性，所以从这样的观点来看，在实务和理论中，环境保护规章的保护目的并没有被考虑。在匈牙利法律理论和实务中，损害赔偿金的判决并不与权利的侵害或者受保护的法律利益有着不可逃脱的联系，除了非财产性损害之外，此时人格权利的侵害是责任的必要前提条件。

19　　1995 年第 LIII 号法案界定损害不仅是实际的损害（damnum emergens）、损失的利润（lucrum cessans）和修理的费用，而且包括因为环境质量降低或者个人或个人群体在社会上的生存条件的恶化引起的非财产性损害。损害的定义依赖于人们对物质的和非物质的

12　　*Eörsi*（fn. 3）no. 4 ff.

损害的传统观念（该法案第 81 条第 1 小段）。因此，《匈牙利民法典》以及环境保护法规定的特殊规章包含对个人的保护。立法者似乎并不想将任何个人从这些规范的保护目的中排除出去。由《2004/35/CE 指令》采用的环境损害本身的分类在匈牙利侵权法中还未贯彻执行。

根据《匈牙利民法典》第 345 条，对环境保护立法的违反应该 20 构成违法行为，引发严格责任。[13]

4. 如果是适用（严格责任），请详细描述有关安全规章或者环境保护采用的强制责任保险的法定方案。

不存在任何有关安全和（或者）环境保护采用的强制责任保险 21 的法定方案。特殊强制责任保险计划已经在车辆的运营、提供医疗服务、会计师和律师方面被采用。使环境承受某些活动的人可能必然对包含的损失提供保证或者根据《环境保护法》（the Environmental Protection Act）第 101 条他们有义务进行责任保险。至今为止，根据匈牙利规章，不存在任何强制责任保险计划贯彻执行。

三、过错责任

（一）对行政法规则的违反

1. 在过错责任领域，违反安全规章和环境法规则扮演何种角色？

由于侵权法中违法性的自治概念，安全规章和环境法律的违反 22 不是责任的前提条件。然而，最近的案件中，法院基于违法性的缺失而拒绝了一索赔请求，即使不存在任何特殊的规定允许在那样的

---

[13] 《匈牙利民法典》第 345 条第 1 款指出，进行涉及大量危害的活动的人应该为因此导致的任何损害负责。能够证明引起的损害是因为不可避免的原因，超出所涉及大量危害活动的领域的应该解除该人的法律责任。这些规定也应该适用于以危害人类环境的活动的方式给他人造成损害的人。

情形中引起损害。这意味着在法院实务中似乎存在侵蚀违法性原始概念的一种趋势。[14] 法院通常试图找到某些被侵权者违反的法律规范以构建责任，即使这不是一个必需的要件。法院的该路径经常被批评为是错误的并且与违法性的基础自治概念不一致。我认为，现在已经变得清晰的是，这些原始的违法性的理论概念应该被修订。违法性作为责任的必须前提条件应该被看做是与过错或者是因果关系一样的复杂范畴。已经如此做的法律实务，不是错误的，而是对原来简单化理论的不堪一击的证明。复杂的路径，能保持违法性的概念像过错和因果关系那样的弹性，与匈牙利弹性制度契合，也与匈牙利侵权法的设计相契合，[15] 并且允许法院在风险分配和风险分散上发挥更大的自由裁量权。然而，以一种弹性的方式解释违法性的趋势在法院实务中是不清晰的。

23　　　侵害如此规章的其他作用可能在过错情形下找到，尽管过错在私法和侵权法中都是一独立于行政法的自治概念，所以侵害法定规章很难对应于行为标准规定的行为。未曾遵守规章规定的要件几乎当然地构成过错。

　　2. 仅违反这样的规则就能构成不法性还是有额外的要求，比如：违反注意义务和过错？

24　　　单纯的安全规章和环境法的违反构成不合法，但是不构成违法性。过错必须确立，违法性的确定也一样。然而，如果侵权者的行为已经违反了法律规范，他证明他的行为如给定的情境中一般预期

14　参见上文脚注7。

15　作为诉讼中的法律，匈牙利侵权法是具有弹性的制度，如同由沃尔特·威尔伯格斯（Walter Wilburgas）已经确立的一样，法院的裁决是衡量每个侵权案件不同要素的结果：W. Wilburg, Entwicklung eines beweglichen Systems im Bürgerlichen Recht（Rede gehalten bei der Inauguration als Rector magnificus der Karl-Franzens-Universität in Graz am 22. November 1950）（1950）and id., Zusammenspiel der Kräfte im Aufbau des Schuldrechts, Archiv für die civilistische Praxis（AcP）163（1963）346 ff.

的一样可能比较困难。环境损害的责任是严格的，所以过错不是责任的必需的前提条件。

3. 如果实施侵权行为的人违反了行政法规，他的责任在何种程度上依赖于规则的保护目的？

既然规则的保护目的或者类似的学说在匈牙利侵权法中还未能 25追踪到，那么，侵权者的责任不能依赖于规则的保护目的。在这些目的显著地偏离规范目的的情况下，法院可能"打破"因果关系链，基于相关的因果关系缺失的理由而拒绝请求。

4. 在何种范围内，实施侵权行为的人被允许证明即使他遵守相关的规则行事，他仍然会造成损害？

如果因果关系是由侵权人的不作为而建立，侵权者可能被允许 26证明如果他遵守了相关的规则，也会引起损害。[16] 如果侵权者证明即使他遵守了他的作为义务，损害仍然会发生，损害与不作为之间的因果关系将不能确立。

5. 违反行政法规则在举证责任的分担上，有何种结果？尤其是就因果关系、不法性和过错而言？

有关作为责任前提条件的因果关系和损害的举证责任有赖于原 27告。侵权者可能通过证明过错的不存在而免除自己的责任，所以在这方面，举证责任的分担有赖于被告和损害违法性的推定。在这方面，侵权者证明损害的合法性也一样。如果行政法规则有关侵权法举证责任的分担有不同，是法律规范冲突的问题，此时一般的原则是应该适用特别法将优于一般法（*lex specialis derogat legi generali*），并且行政法规章中举证责任的分担将优先。

---

16 如果存在行为的法律义务，不作为也可能是与损害相关的原因；侵权者以不作为的方式违反这些要件，并且，假如他行为了，损害就不会发生。在这样的情况下，所有这些要件都满足。在不作为的情况下，通过未开始本可以避免损害的因果程序，责任构成。如果义务的违反不是损害的本质原因，违反义务的人不应该承担责任。BH 2002 no. 227（Supreme Court, Legf. Bir. Pf. V. 20.676/1998. sz.）。

6. 违反行政法是否能导致主张惩罚性赔偿?

28   匈牙利的法律实践或者法律理论中，惩罚性损害赔偿不被接受。行政法规则的违反不能引起惩罚性赔偿的请求。

（二）遵守行政法规则的行为

1. 即使侵权人遵守了所有相关的行政法规则，他是否也要承担侵权责任（以获得损害赔偿或者禁令为目的），或者你们的法律制度是否允许"管制性许可抗辩"?

29   行政法和私法之间，有关不法行为责任的难以逾越的障碍的意思是侵权者在公法行为中的合法性不意味着它在侵权法中也应被看做是合法。侵权者在公法中行为的合法性本身不能许可一个人导致对他人的损害。[17] 这样，匈牙利法律制度不允许"管制性许可抗辩"（"regulatory permit defence"）。遵守法定的或者个人的许可使侵权者的行为在公法中合法，但是不能使得他在侵权法中也合法。许可本身不能构成侵权者民事法律责任的免除。在最近的案件中，最高法院决定——确立行之有效的做法——邻地上的手机发射塔给土地的价值造成贬损，根据侵权责任的一般规则，应该给予损害赔偿，并且移动电话公司应该承担责任，即使必要的许可已经授予允许在某些地方建手机发射塔。[18] 无论是在匈牙利法院实务还是在理论中，都不承认"管制遵守抗辩"和"管制性许可抗辩"之间的区别。从盛行的"难以逾越的障碍"理论的内部逻辑径路来看，这样的区别没有任何意义。分界线是在合法和非法导致的损害之间。如果规章本身造成合法的损害，并且豁免——明示或者暗示地——承担损害赔偿责任的侵权人，造成损害应该被看做是合法的，从而侵权者不是必须支付赔偿。如果规章允许侵权者造成损害，但规定了支付赔偿

---

17   例如，BH 1999 no. 449（Supreme Court, Legf. Bír. Pfv. I. 23. 084/1998. sz.）；BH 2000 no. 244（Supreme Court, Legf. Bír. Pfv. X. 21. 156/1999. sz.）.

18   BH 2006 no. 184（Legf. Bír. Pfv. III. 20. 852/2005. sz.）.

的义务，那么造成损害应该被看做支付赔偿义务下的合法行为。

2. 一般注意义务能否超过这些规则的范围？

遵守法定的或者个人的许可也不意味着侵权者的过错不能被确　30
立。所需的行为标准暗示是根据法定的或者个人的许可行为，但不
仅限于这一点。所需的一般注意义务可能超出存在的先决条件和遵
守法定的或者个人的许可。

3. 如果侵权人能够成功证明他是合法地行为（就相关的行政法规
则而言），那么关于不法性和过错的举证责任的分担是否会有所不同？

既然法定的或个人的许可自身不能构成抗辩的理由，侵权者不　31
能——无论是关于违法性还是过错都不能——通过证明行为遵守了
相关的行政法规则，倒置举证责任的分担。

四、其他原因的损害赔偿

1. 除了侵权法之外，是否还有其他法律的原因，比如：行政法
本身或者是更加广泛的法律责任领域，强调因违反这样的规则所引
起的损害赔偿责任？

除了《匈牙利民法典》，行政法可能规定因为公法规章引起损害　32
赔偿责任，但是，如果它这样做，它一般重提侵权法。不存在责任
的替代理由或者支付赔偿义务的其他原因。也不存在具体的禁止性
的或者是强制性的禁令救济（这些禁令救济中，作为私的一方的索
赔者可能基于被告的行为是不符合管制法的理由要求损害赔偿）。然
而，《匈牙利民法典》，规定遭受损害的人的具体请求。根据《匈牙
利民法典》第341条，处于遭受损害危险中的人有权请求潜在的侵
权者禁止从事危险的行为或者被法院强迫要求采取必要的措施以阻
止损害。因此，如果必要的话，可以要求提供保证。另外，根据民
事诉讼规则，原告可能要求临时的措施，即如果避免即刻的危险损

害成为必要，或者其他根据法律条文确定的先决条件能满足，法院临时性地为原告作出裁决［《匈牙利民事诉讼法》（Hungarian Civil Procedure Act）第 156 条第 1 款］。

2. 如果行政法规则许可侵害另一个人的利益，贵国的法律制度是否提供损害赔偿（或者是来源于受益者、基金或者是政府）？该赔偿请求的必要条件是什么？

33　　不存在合法地造成损害的赔偿的一般条款。含有许可造成他人损害的条款的法律规范应该规定补偿是否应该支付。只有在它是通过规章明确地规定造成的损害是合法的，才存在补偿请求。在某些情况下，受害者没有损害赔偿（补偿）请求的权利是否必须忍受损害的问题是一个宪法性问题。宪法法院必须裁决许可造成其他人损害却没有补偿的法律规范是否与有关财产保护的宪法条文一致。

五、案例

1. 1976 年，一家由 A 公司经营的化工厂，被允许可以排放一定量的废气到空气中。根据最近的技术标准，所规定的量可以以一个合理的费用显著地降低。然而，自从 20 世纪 70 年代以来，政府管制就没有升级校正调整过。因排放废气而遭受农作物损害的当地农民，能否向政府或者工厂经营者主张损害赔偿？这与农民本应该根据行政审查程序，申请审查或者撤销许可有关吗？

34　　从违法性和过错的自治概念来看，遵循在 1976 年授予的许可排放一定量的废气到空气中本身不应该阻止公司 A 承担因为排放导致的农场主损害的责任。该路径的必然结果是即使农场主有可能要求政府通过行政程序的方式修改化工厂的许可，未做这样的要求不应该与对工厂的侵权索赔相关联。如果人们保持侵权法和管制法独立，并且认为许可不能免除侵权者的责任（正如我们所做的一样，也许更使问题过于简单），既然这（许可证的修改）不能阻止工厂造成损害，要求修正许可的行动失败应该也无关联。

如果根据《匈牙利民法典》第 345 条规定的严格责任制度，损 35
害被认为是环境损害，那么公司 A，作为被告，只有证明原告的损害是受该活动范围之外的原因影响，并且是无法避免的，才可能免除它自身，开脱责任。既然不是这样的情况，那么，公司 A 就应该承担责任。

如果损害不被看做是环境损害，就不属于《匈牙利民法典》第 36
345 条规定的严格责任，公司 A 作为被告，根据过错责任制度可能通过证明它的行为如同既定情境中一般人所预期的行为一样来免除自己，开脱责任。这一定会被法院考虑。如果法院认为，在既定的情境中，以合理的费用能显著降低污染的最新技术的实施本应该是对行为的一般要求，公司 A 应该承担责任。它们遵守法定要件的事实本身并不意味着它们的行为与一般行为标准相一致。

法院当然很不情愿接受由于政府未贯彻执行正确的立法的政府 37
责任。国家的不作为——包括政府以及当地的市政府——在匈牙利法院实务中，立法并不构成不法行为除非如果有其他超国家立法或者法院实践的规定。根据现时的法院实践，针对政府的索赔，匈牙利法院不会考虑。

2. 一个有关职业危害的特定法规 A 迫使雇主在他们的车间里采取一定的保护措施。B 经营着一间一人车间，在那里没有雇工和参观者曾出现过，假设在该情形下管制规定不予以适用，一个偶然到车间参观的人受到伤害，B 是否仍然要承担侵权责任？

因为应该考虑 B 的责任，并且基于民法的侵权法规章的理由裁 38
决，那么通常的责任标准应该被适用。根据《匈牙利民法典》第 339 条的一般责任规则，存在四个责任的前提条件，如果这些前提条件都被满足，侵权者一定支付损害赔偿金。这四个前提条件是：损害；损害的违法性；侵权者的行为与所遭受损害之间的因果关系和侵权者行为的归责性（过错）。如果应是严格的法律责任，因为侵权者的活动是造成损害的原因，该原因被认为是极端危险的，那么，侵权者只有通过证明损害的原因超出了他的活动的范围并且是不可避免的才能豁免自己（《匈牙利民法典》第345条）。

39 　　损害和因果关系在这样的情况是既定的。在该案中，B 未被规章许可造成损害，所以他不能主张：他已经被授权可以给参观者造成损害。存在具体的法律迫使雇主在他们的车间里采取一定措施的事实不能影响违法性的考量。在没有造成损害的特殊法定许可的情况下，违法性应该被确立。在这个案件中关键的可能是过错问题和法定要件对该案中要求的行为标准的影响。

40 　　如果案件是属于《匈牙利民法典》第339条的过错责任制度，它必须考虑，特殊的规章是否暗示：在案件不属于立法的范围时，就不必执行这样的措施，因为实际的危险的风险非常低，并且这样的风险不能因为其他的原因现实化。该案就是这样的情形，它可能确定即 B 的行为是符合既定的情形中一般人的预期，并且行为与要求的行为标准一致，B 不用承担责任。如果——独立于法定规章——此种情形要求的行为标准是为了确保一定的保护措施在这样的车间（因为这里似乎是这样的情形）被贯彻执行，B 就应该承担责任。

41 　　根据《匈牙利民法典》第345条，如果 B 在车间里所从事的活动被认为是极端危险的，B 应该承担责任除非他能证明损害的原因已经超出他的活动范围，并且是不可避免的。这里不是这样的情况，所以 B 应该承担责任。不论是基于过错责任制度还是在严格责任制度下，都不是类似替代责任的结果；B 的责任是他自己行为的责任。

　　3. 公司 B 违反有关公共安全规则的各类规章很多年，尽管存在有权力处以罚金、甚至让 B 公司关门倒闭的政府机构，但是这些政府机构几乎没有采取行动，通知公司 B 这些违法行为。他们曾经参观该公司一次，并且列出一系列的公司应该补救的缺陷的清单。公司一直未补救这些问题，政府机构从未再回头来惩戒该公司。一段时间之后，一严重的事故在 B 公司发生，如果该公司严格遵守相关安全规则，该事故本应该可以避免发生的。

（1）受伤害的人能否让公司承担损害赔偿责任？如果可以，公司能否以缺乏监管部门的监督提出抗辩？

是的，公司本应该在既定的情形中如同一般人预期的一样地行为，它应该为它自己的行为承担责任。遵守安全规则本身是符合行为标准的。公司 B 的行为不是在既定的情形中所预期的一样。公司不能成功地以缺少监管机构的监督来提起抗辩，因为一个人不能通过证明另一个人没有根据注意义务的要求行为来豁免自己的责任。

42

（2）受到损害的人能否主张从政府机构获得损害赔偿？

在匈牙利法院实务中，已经确立当局应该为没有执行他们的法定义务而导致的损害承担责任。[19] 政府机构应该证明导致损害的合法性或者它的行为是与要求的行为标准相一致的来免除自己的责任。法定义务的不作为是匈牙利法律理论和实践中可以接受的责任理由。[20] 在该案中，可能认为政府机构要求的行为标准是监督和控制它的决定的执行。没有履行这个义务，机构导致损害，没有与规定的行为标准一致，机构将承担责任除非它能依仗在该情形中允许造成损害的法定规定。法院将会推定认为，公司 B 和政府机构作为复合的侵权者连带地对原告承担责任。

43

19　BH 2005 no. 430（Supreme Court, Legf. Bfr. Pfv. Ⅵ. 22. 288/2004.）. 该裁决确立的原则是如果公共机构控制它的决定失败，它应对遭受假如决定已经被恰当执行，本不应该引起损害的人承担损害赔偿责任。

20　上文脚注 16。

意大利侵权法与管制法

阿尔韦托·蒙蒂　菲力波·安德烈埃[*]

一、总述

1. 总体上来讲，在贵国，行政法规则对侵权法的影响是什么？

1　　通过努力综合一个复杂问题，人们可能会说行政法规则对意大利侵权法的影响至少是双重的。

2　　首先，因为《意大利民法典》第 2043 条指出，除其他之外，支付损害赔偿金的义务只有在"违法损害"（*danno ingiusto*）的情况下才引起，所以行政法中关于"违法损害"法律概念的影响值得讨论。

3　　根据《意大利民法典》第 2043 条，什么构成违法损害？这在过去几十年间，在意大利法官和学者之间已经有很大争议。起初，只要损害是产生于对绝对权利的侵害（例如所有权、限制物权、生命、自由、人身安全、人格权等），损害就被认为是"违法的"；在随后的阶段，意大利案例法认为，侵害受害方的相对权利（例如获得第

---

[*]　阿尔韦托·蒙蒂（Alberto Monti），意大利米兰博可尼大学法学硕士，博士，比较法副教授。菲力波·安德烈埃（Avv. Filippo Andrea Chiaves）博士，1996 毕业于法学专业，从 1999 年起成为一名律师。他于 2001 年在佛罗伦萨大学完成他的比较法博士学位论文。他在米兰博可尼大学作为兼职教授，教授法学和经济学课程很多年，并且在意大利博洛尼亚大学获得比较侵权法法律硕士和经济学硕士。

三方履行合同的权利）也构成违法损害。[1]

在 1980 年 3 月 31 日第 80 号立法法令颁布之后，意大利案例法 **4**
最近的演变通过允许某些被侵犯的合法权益也追讨侵权损害赔偿金，
从而显著扩大公共政府机构的民事责任范围和"违法损害"的概念。
实际上，需要记起的是，在意大利法律体系中，人们可能在"主观
权利"（*diritti soggettivi*）和"合法权益"（*interessi legittimi*）之间作
区分。[2] 总之，根据意大利法，私人当事人不拥有与政府机构实施的
权威权力或者自由裁量权相关的主观权利。例如，土地所有人没有
获得许可建造房子的"权利"；希望开始做生意的企业主没有获得所
需许可证的权利；保险公司或者其他金融机构的顾客没有使该机构
被主管机关监督或者监管以避免受破产影响的权利。[3] "主观权利"
和"合法权益"之间的区分是非常重要的，因为它不仅关系到责任
的问题，而且也关系到法院的选择。事实上，在意大利制度中，司
法裁判权在行政法院和普通法院之间分裂。传统上，侵犯合法权益
并不给予足够的立场向普通法院提出索赔，普通法院在 1998 年 3 月
31 日第 80 号立法法令颁布之前，是唯一被授予具有判决损害赔偿的
权力的法院。

因此，直到 1999 年 7 月 22 日意大利最高上诉法院联席会议上 **5**
作出的第 500 号突破性决定之前，由公共行政机构引起的仅侵害
"合法权益"的侵权损害赔偿都是不被允许的。正如人们所期待的一
样，第 500 号决定之后的图景有了根本性改变。事实上，现在，无
论是"主观权利"还是"合法权益"，只要公共行政机构是故意行
为或者过失造成损害，那么由于公共职能的违法实施引起的私人或

1　参见 *M. Bussani/B. Pozzo/A. Venchiarutti*, Tort Law, in：J. Lena/U. Mattei（eds.），Intro-
　duction to Italian Law（2002）217 ff.

2　参见 *D. Sorace*, Administrative Law, in：Lena/Mattei（eds.）（fn. 1）125 ff.

3　参见 *R. Caranta*, Governmental Liability after Francovich, Cambridge Law Journal（Camb.
　LJ）52（1993）272.

者实体获得侵权赔偿的权利就不依赖于受害方权利的正式资格。[4] 换句话说，根据《意大利民法典》第 2043 条，对主观权利（绝对的或者是相对的）的侵犯和对合法权益的侵害可能都构成"违法损害"。

6 　　然而，"请求之合法权益"（*interesse legittimo pretensivo*）与"反对之合法权益"（*interesse legittimo oppositivo*）之间的区别还是要区分，因为不同的标准适用于可补偿的损害赔偿金的评估。对"请求合法权益"的损害一定得通过旨在确定行政程序有利结论的合法预期的主观情形存在的预测判断的方式来衡量，而不仅是事实的预期；另一方面，为了获得违反"反对合法权益"的损害赔偿，在法院仅证明保留财产权利或者其他经济效用的利益已经被公共行政机构的违法和可归责的活动所损害就足够了。[5]

7 　　从程序的观点来看，为重申最近意大利最高上诉法院联席会议所作的决定，[6] 一般的规则是：是普通法院而不是行政法院有审理私个体或者实体为获得侵权损害赔偿而对公共机构提起诉讼的权限，[7] 因为要求损害赔偿的权利起因于不法的损害被认为是主观权利，而不考虑公共行政机构的行为过失或者故意侵害的权利的法律性质（"主观权利"或者是"合法权益"）。尽管有上述情形，但根据1998

4　Court of Cassation, Joint Sessions, 22 July 1999, judgment no. 500; see also Court of Cassation, III Session, 29 March 2004, judgment no. 6199; Court of Cassation, Joint Sessions, 24 September 2004, judgment no. 19200.

5　Court of Cassation, III Session, 10 February 2005, judgment no. 2705; see also Court of Cassation, I Session, 10 January 2003, judgment no. 157, Archivio Civile (Arch. Civ.) 2003, 1223.

6　Court of Cassation, Joint Sessions, 24 March 2005, judgment no. 6332.

7　Court of Cassation, Joint Sessions, 24 September 2004, judgment no. 19200; Court of Cassation, Joint Sessions, 2 April 2003, judgment no. 5082.

年 3 月 31 日的第 80 号立法法令，[8] 还存在一些情形，其中行政法院既对因违法行政行为的无效导致的损失拥有绝对的司法裁判权，也对因此引起的损害赔偿拥有绝对的司法裁判权。[9]

最后，应当注意的是，根据《意大利民法典》，如果导致损害的行为是通过法律制度以某种方式证明是有理由的，损害不是违法的。比如，如果损害是由某人的合法的自卫行为，[10] 受害方同意的行为，[11] 或者必要的状态下导致的。[12] 与现在分析的目的相关的是，其他的正当理由，可能在《意大利刑法典》第 51 条和第 53 条中找到，这两条分别关于权利的行使或者义务的遵守以及武器的合法使用。[13] 尤其是，《意大利刑法典》第 51 条中 "遵守义务" 的抗辩包含遵守施加公法义务的强制规则以及遵守公共机构的合法命令。在公共机构不合法命令的情况下，代理人如果不能质疑命令的合法性，那么他或者她同样也会被免除责任。

行政法规则影响意大利侵权法的第二种方式涉及过错的概念。正如下文将要更加详细讨论的一样（参见下文边码 28 和边码 29），违反行政规定本身也许就暗示着违法者的过错。事实上，根据意大利法，过错作为过失、缺乏谨慎、缺乏技能的结果而产生，而且也作为违反法律、规章、命令和指导的结果[14]而产生。因此，违反以保护性目的为特征的行政规则，如果保护性规则旨在预防由违法者导

8

9

8　参见 1998 年 3 月 31 日第 80 号立法令第 33－35 条（关于：公共服务、公共建设工程、土地和城市规划），由 2000 年 7 月 21 日第 25 号法律修改，也参见：Constitutional Court, 5－6 July 2004, judgment no. 204; Court of Cassation, Joint Sessions, 31 March 2005, ordinance no. 6745.

9　根据 2000 年 7 月 21 日第 205 号法律；另外，当行政法院有司法管辖权时，它们也能判决损害赔偿金，而不是仅当它们拥有专属管辖权时。

10　《意大利民法典》第 2044 条和《意大利刑法典》第 52 条。

11　《意大利刑法典》第 50 条。

12　《意大利民法典》第 2045 条和《意大利刑法典》第 54 条。

13　参见最高上诉法院, III Session, 24 February 2000, judgment no. 2091.

14　参见《意大利刑法典》第 40 条。

致的损害，那么根据《意大利民法典》第 2043 条和《意大利刑法典》第 40 条等同于过错。

2. 在行政法规和侵权法相互作用的问题上，是否存在宪法上的界限或准则，比如：关于联邦法与州或者当地可适用的法规之间以及与行政法规则的保护目的之间的关系准则等？

10　　根据《意大利宪法》第 28 条，公职人员和公共雇员（比如公务员）根据刑法、民法和行政法，为他们侵害权利的行为直接地并且是个人地承担责任。民事责任扩大到国家和公共法律实体。[15] 1957年 1 月 10 日第 3 号总统法令第 22 条第 1 款（有关国家的非军事雇员）确立了雇员在执行他们义务的过程中给人们带来违法损害时，应该个人承担所造成的损害赔偿责任。反过来，前面所提法令的第23 条，基于第 22 条的目的，具体规定：如果损害的引起是因为雇员的故意或者严重的过失行为导致对第三方权利的侵害，那么损害就是违法的。案例法和学者解释上面提到的 1957 年 1 月 10 日总统第 3号法令的相关规定（第 18 – 30 条）在认定公共行政人员和雇员可能个人亲自承担责任上是一致的，如果并且只需他们故意地或者是重大过失（*dolo o colpa grave*）地行为，那么公共政府机构对第三方就必须承担民事责任，甚至在因为一般过失（*colpa lieve*）导致违法性损害的情形也是如此。

3. 除了法定规定之外，违反哪种类型的行政法规（比如：规章、官方通知）的情形之下，能引起侵权责任？

11　　如同在上文边码 9 中讨论的那样，过错可能因为违反制定法、

15　有关国家和公共法律实体对其公职人员和雇员所为的行为的连带责任的限制，参见最近：*V. Tenore*，Responsabilità solidale della P. A. per danni arrecati a terzi da propri dipen-denti：auspicabile il recupero di una nozione rigorosa di occasionalita necessarià con i fini isti-tuzionali，Lex italia，2，2005；Court of Cassation，III Session，9 February 2004，judgment no. 2423；Court of Cassation，III Session，18 March 2003，judgment no. 3980；Court of Cassation，III Session，13 November 2002，judgment no. 15930.

规章、命令和指令而引起。[16] 因此，根据《意大利刑法典》第40条和《意大利民法典》第2043条，如果保护性规范旨在阻止违法行为人导致这些类型的损害，那么违反以保护性目的为特征的行政法规则等同于具有过错。需要注意的是，根据意大利法律，过失行为可能引起侵权法责任，只要《意大利民法典》第2043条设置的所有要件都得到满足。具体而言，这些要件包括：（1）故意的或者过失的行为；（2）违法损害；（3）因果关系；（4）行为能力。

4. 当行政法（比如法律或者由政府或者具有公共职能的实体所作的决定）本身违反法定规定的时候，根据私法，会有怎样的后果？因遵照约束其行为的违法的行政法规，而造成损害的人，是否不用承担责任？如果是，它是否与造成损害的人已经知道或者应该知道行政法规是违法的，有任何相关？

如同前文所述，根据《意大利刑法典》第51条"遵守义务"的抗辩免除代理人遵守公共机构违法命令而行为的责任，只要该代理人不能质疑命令的合法性，或者由于事实性的错误，他或者她相信，命令是合法的。 12

5. 如果行政法规自己调整违反它本身规则的结果，特别是给予刑事制裁，这样的规则是否被认为是综合性的（即不包括侵权请求）？在这方面侵权法和刑法如何相互影响？

根据意大利法律，侵权（民事）责任、行政责任和刑事责任在很大程度上可能重叠，因为刑事规则和（或者）行政制裁不能排除侵权请求。换句话说，相同的事实情形，可能在意大利法律制度不同的层面带来效果，所以，例如相同的行为可能使代理人受到刑事制裁、行政制裁和（或者）损害赔偿的侵权责任。然而，值得提醒的是，根据意大利法律，调整民事责任、刑事责任和行政责任的实 13

---

16 参见《意大利刑法典》第40条。

体性和程序性规则非常不同。

6. 在何种条件下，行政法规则被认为是所谓的"保护性目的规则"？行政法规则的保护目的是否仅由行政法规决定，还是也由侵权行为法的总则决定？

14　　行政法规则的保护性目的不仅是能够被法律自身所决定，而且可以通过授权的法院确立违反该规则的代理人的过错来决定。

7. 如果行政法规则约束一个法律实体，谁将对未遵守该规则承担责任？如果该实体机构的个人不得不承担各自的刑事责任或者行政责任，这是否也引起该人承担侵权责任？像这样的责任如何与法律实体的替代责任相互影响？

15　　这依赖于已经被违反的公法规则和因为这样的违反而施加的制裁的类型（刑事的或者行政的）。[17] 当刑事制裁直接针对实体中的个人时，[18] 行政制裁可能直接针对实体自身。侵权责任并不直接遵循行政责任，因为他们基于不同的要件。私法中实体的民事责任基于《意大利民法典》第 2043 条和第 2049 条及其之后内容。根据《意大利民法典》第 2049 条，实体对它的雇员在履行他或者她的任务时所造成的侵权承担连带责任；如果违法行为仅是由分配给雇员的任务引起的，实体也承担责任。

16　　如同之前提到的一样，根据《意大利宪法》第 28 条，在某些条件下，公务员因为侵害权利的违法行为而直接地由个人承担刑事责任、民事责任和行政责任，但是民事责任扩张到国家和公共法律实体。

8. 在贵国，法律实体本身是否也要承担行政责任？像这样的责

17　参见，例如，Title III of Legislative Decree no. 196 of 30 June 2003［《个人信息保护法》（Personal Data Protection Code）］，其包含行政（第 161－165 条）和刑事（第 167－172 条）制裁。

18　对于在组织内确认刑事责任方的标准，参见最近：Court of Cassation, III Penal Session, 9 March 2005, judgment no. 12370.

任在私法领域会有怎样的结果？如果适用行政责任，法律实体承担的行政责任是否也会引起侵权责任？法律实体的行政责任与它的替代责任如何相互影响？

法律实体可能直接地受行政责任约束。例如，根据经修正的 2001 年 6 月 8 日第 231 号立法法令的规定，法律实体可能引起行政制裁，无论违法者是属以下个体的哪种类型：（1）代表、主管或者其他直接指示公司活动或者其中一个自治的业务部门的活动的人员——如果仅是事实上的也包括在内（以下称为"高层管理人员"）；或者（2）受高层管理人员指示和监督的人。为了使实体承担以上各种个体类型所犯罪行的责任（因此可被行政制裁），这些人所为的行为必须是为了公司的利益或者是对公司有好处的。因此，如果所犯的罪行是为行为人的独家利益，或者是第三方的利益，公司将不用承担责任。公司行政制裁的责任不必要求具体罪行的行为人的认定，或者他或者她确定有罪。而且，公司可能就意大利之外所犯下的罪行承担责任。公司责任在刑事审判中被确定和宣布，由有权审理实际犯罪的个人的同一个法官来审理。事实上，作为规则，公司和犯罪的行为人在同一个刑事审判中，都是被告。不是所有的罪行都能引发针对公司的行政制裁的适用：法令具体地确定了能够引起这个结果的罪行清单。该清单是全面的，并且因此，其他罪行的列入只能通过正式的法令修改的方式（不可能是法院裁决的结果）。

法律实体的行政责任对他们的民事责任没有直接的影响，无论是直接的还是替代的责任，就像上面所讨论的一样，都是由《意大利民法典》第 2043 条调整。值得注意的是，根据新环境法（经修正的 2006 年 4 月 3 日第 152 号立法法令）第 242 条和第 304 条，法律实体可能被要求承担清理费用的责任，以及在环境损害的情况下的预防和救济行动。它们也面临同样污染事件的民事责任，并且，不同的救济之间的协调可能变成该领域的问题。

二、旨在环境保护的安全规章和规定

1.（1）法定的安全规章和（2）旨在环境保护的规定对于侵权法有何重要性？

19　　对意大利侵权法而言，旨在环境保护的法定安全规章和规定是相当重要的。

20　　在违反1994年9月19日第626号法令规定的情况下，贯彻执行欧洲经济共同体关于在工作间最低健康和安全标准的《89/655/EEC指令》，例如，雇主可能为其雇员遭受的损害承担责任。

21　　违反新的《环境法》（经修正的2006年4月3日第152号立法法令）中制定的环境安全标准，相应地，可能会引起该法典中第242条的清理费用和第304条的中预防和救济行动以及该法第311条及其之后内容和《意大利民法典》第2043条中的民事责任。

2. 在贵国，有关这些主题，在何种范围内认为侵权法与管制法有相同或者相似的目的？

22　　然而，原则上，管制法通过在命令/控制类型的机制内，制定详细的规则来进行事前操作，侵权法通过法院，对施加给第三方的损害进行赔偿的强制执行来事后控制。然而，长远来看，管制法和侵权法的目标都是在于预防低效率行为以及对潜在受害者的保护。

3. 这些规章和规定本身是否被认为是具有保护目的的制定法？个人是否也包含在这些保护性规则范围之内？在你们的法律制度中，对这些规则的违反是否构成不法行为？或者它是否引起严格责任？

23　　是的，旨在环境保护的法定安全规章和规定一般被认为是保护性目的的法规。

24　　个人可能会，也可能不会被这些保护性规则所涵盖，得依赖于保护性规则的具体目标。1994年9月19日的第626号立法令的规定当然地涵盖了个体工人，然而，环境保护规则仅是间接地涵盖了个人的健康，并且个人在违反了环境保护规则时通常没有起诉资格。[19]

违反旨在环境保护的法定安全规章和规定可能等同于过错（*colpa*），并且可能引起侵权责任，但必须满足《意大利民法典》第2043条中所有的要件（上文边码9和边码11）。　　25

违反旨在保护环境的法定安全规章和规定，在某些情形中，同样可能引起严格责任。[20]　　26

4. 如果是适用（严格责任），请详细描述有关安全规章或者环境保护采用的强制责任保险的法定方案。

根据意大利法，强制的社会保险制度（INAIL）是为了遭受损害的雇员的赔偿而制定，这些雇员从事具有职业病或者工作场所事故引起某些危险的工作。这些工作涵盖的类型在已修正的1965年6月30日的总统第1124号法令中列举。[21] 保险费是由雇主支付，雇主在一定的条件下，被免除保险所涵盖的损害责任。[22]　　27

三、过错责任

（一）对行政法规则的违反

1. 在过错责任领域，违反安全规章和环境法规则扮演何种角色？

违反行政规定（包括安全规章和环境法）可能本身就暗示着侵权者构成侵权的过错。正如之前所述一样，根据侵权法一般原则，　　28

19　参见 *Bussani/Pozzo/Venchiarutti*（fn. 1）217 ff.

20　参见例如，《环境法》第242条及其之后内容和第304条及其之后内容（经2006年4月3日第152号立法令修正）。

21　也参见《2000年2月23日第38号立法令》第13条，扩展强制保险范围到所谓的生理损害（*danno biologico*）。

22　根据《1965年6月30日第1124号总统法令》第10条，雇主是不能免除民事责任的，在他或者她必须为工作相关的伤害或者疾病承担刑事责任时。

如果侵权者有过错，过错责任就引起（《意大利民法典》第2043条），并且，过错不仅是因为过失、缺乏谨慎或者是缺乏技能，而且也因为违反制定法、规章、命令和准则（《意大利刑法典》第40条定义的过错也被认为适合于民事法律）。因此，任何违反包含预防措施的特别行政规定（包括安全规章和环境法领域），例如，以保护目的和明确的预防目标为特征，如果违法者的侵权行为构成了违反讨论中典型的行政规定的特殊目的，则可能意味着过错。例如，粗心的司机在红灯时没有停车导致的事故构成过错行为，因为司机违反了行政规定（例如《道路交通法》），其明确目的在于通过给汽车司机施加在红灯时停车的义务保证道路交通安全。在所有这些情况中，过错责任的发生，必须存在：（1）违反明确的施加预防措施的特殊行政规定，（2）未满足讨论中的行政规定的明确要求。

29　　在环境法领域，新《环境法》（经2006年4月3日第152号立法令修正）第311条第2款规定，违法者对国家的任何故意或者过失行为或者不作为，违反法定规则、管制规定或者是一般注意标准时，不管其引起损害、变质或者毁坏环境是部分的还是全部的，都需承担责任。

　　2. 仅违反这样的规则就能构成不法性还是有额外的要求，比如：违反注意义务和过错？

30　　请参看上文的回答（上文边码9、11、28和29）。如果违反的规则是为了预防目的而特别制定的预防措施，并且，作为违反的结果，这些规则的目标落空且未被遵守，此时，过错的产生仅是作为违反行政规则的一个结果，包括安全规章和环境法的领域。而且，像上面所讲的一样，所讨论的具体行政规则可能施加特别的需要满足的要求。因此，如果满足《意大利民法典》第2043条所有要件，一旦违反规定并且未满足规则的特殊要求，过错责任即将产生。

　　3. 如果实施侵权行为的人违反了行政法规，他的责任在何种程度上依赖于规则的保护目的？

再次，请参照上文的（上文边码 28 和 29）回答。在违反行政 31
规定的情形之下，过错依赖于侵权者的行为构成对所讨论的行政法
规定制定的特有的、明确的目的的违反。

4. 在何种范围内，实施侵权行为的人被允许证明即使他遵守相
关的规则行事，他仍然会造成损害？

由于我们正在处理过错侵权责任的问题，那么民事责任相关原 32
则的适用就无视这样的事实：即过错不是过失或者粗心大意的结果，
而是侵犯行政法规定（*colpa specifica*）的结果。在所有这样的情况
中，意大利侵权法一般原则的适用意味着因果关系问题是相关的，
并且因此，代理人责任可能被任何影响因果关系的外部因素而降低
或者排除，例如，其他可能影响因果关系链的主要因果关系要素，
或者侵权受害者的共同过失。侵权者因此可能证明如果他的行为遵
守了相关规则，他也会引起损害：这引出了导致损害发生时同时出
现的外部因素的典型侵权法问题。在所有的这些情形中，违法者可
能避免责任，如果充分的证据证明损害是违法者行为领域之外的其
他因果关系要素引起的。换言之，如果损害发生，且可归因于违法
者的作为或者不作为，而不是归因于其他因果要素，假如根据《意
大利刑法典》第 40 条，她或者他能被认为有过错，那么，不管他是
否能证明如果他的行为遵守相关规则仍然会导致损害，违法者将仍
然被判定承担损害赔偿责任。

5. 违反行政法规则在举证责任的分担上，有何种结果？尤其是
就因果关系、不法性和过错而言？

根据意大利法，就侵权的过错要素而言，违反行政法规定具有 33
相关性。如之前所说的一样，过错要素由《意大利刑法典》第 40 条
所界定，这被认为适用于民事侵权：根据《意大利刑法典》第 40
条，过错可能源于过失、不谨慎或者是代理人缺乏技能，或者源于

代理人违反制定法、规章、命令和准则（包含行政法规定）。根据
《意大利民法典》第 2043 条，违法者过错的证明责任在于受害方。

6. 违反行政法是否能导致主张惩罚性赔偿？

34　　惩罚性损害赔偿在意大利法律制度中没有被仔细考虑，其由一般原则调整，即受害者仅仅能获得其实际所遭受到的损害的救济，多一分也不行。因此，违反行政法规则也不能能引起惩罚性赔偿的请求。

（二）遵守行政法规则的行为

1. 即使侵权人遵守了所有相关的行政法规则，他是否也要承担侵权责任（以获得损害赔偿或者禁令为目的），或者你们的法律制度是否允许"管制性许可抗辩"？

35　　根据意大利侵权法，即使他的行为遵守了所有相关的行政法规则，侵权者仍然可能承担侵权责任（为了获得损害赔偿或者获得禁令的目的），只要侵权法的要件满足，即：代理人的故意行为或者过错，代理行为与损害之间的因果关系，给受害人造成损害的违法性以及侵权者的行为能力。意大利法律制度不考虑"管制遵守抗辩"。在这方面，应该注意的是贯彻执行欧共体 2004/35/EC 指令的新《环境法》第 308 条（经修正的 2006 年 4 月 3 日第 152 号立法令），规定经营者不必承担预防或者补救行动的费用，如果他或者她能够证明环境损害或者损害威胁是遵守公共行政机构颁布的强制命令或者指示的结果。而且，如果经营者证明他或者她不是任意或者过失的行为，当废气排放或者项目是由遵守实施的共同体法的公共机构明确授权时（"管制性许可抗辩"的一种），他或者她就不必承担预防或者救济措施的费用。然而，请注意，根据意大利法，既然承担预防和救济费用的责任不是污染事件的仅有的结果，那么，根据新《环境法》第 311 条和《意大利民法典》第 2043 条，经营者仍然可能承担民事责任。

2. 一般注意义务能否超过这些规则的范围？

确实，一般注意义务可能超过这些规则。然而，在过错责任问题上，举证责任一般在于原告，除了在特殊的例子中通过法律的作用使举证责任倒置或者是推定过错，尽管这样的案例可能很难被认为是过错责任的案件，而被判断为是严格责任的例子。这其中的一个例子是《意大利民法典》第 2043 条之后的几个特殊条文所提供的，这些规则为特殊情形的处理规定了特殊的制度。例如《意大利民法典》第 2047 条到第 2049 条调整一些替代责任的案件，即：导师对在他照看下的人（通常是未成年人或者是精神不健全的人）实施的行为承担责任（《意大利民法典》第 2047 条）；父母、教师和校长对于在他们监护之下的小学生导致的侵权承担责任（《意大利民法典》第 2048 条）。根据《意大利民法典》第 2047 条，关于监护人的举证责任，监管者为了避免责任必须证明他们已经采取了所有可能的、表面看来能够实质避免伤害的措施（其包含了由法律或者是行政法律并不是严格地施加的措施）。类似地，民法典规定了与危险活动相关的特殊制度：根据《意大利民法典》第 2050 条，"任何人在进行危险活动时给他人造成的任何损害，根据危险的性质或所用手段的特征，在未证明已采取全部适当的措施以避免损害的情况下，行为人要承担赔偿责任。"（作者的翻译）。该规则旨在规制有社会效用并且本身被认为是合法、但是它们非常可能导致第三方损害的活动。危险活动的实施者为了避免责任必须证明，已经采取了每一个尽可能的措施来避免损害，包含由法律不是严格施加的措施。基于这样的规则，法院有时裁决，注意义务已经超过了坚持适用的法律和（行政的）规章的范围，这意味着需要采取任何可能的预防性措施来避免损害。最近，该规则被法院在烟草诉讼纠纷中援引：在一个实例中，雪茄制造商被判决要承担因为没有告知烟民与吸烟相关联的身体健康风险而导致损害的赔偿责任。尽管在 1990 年以前，不

36

存在行政法律给制造商施加在雪茄包装上设置警告告知消费者与吸烟相关风险的义务，尽管裁决伴随有很大争议，但法院仍判决雪茄制造者承担没有告知烟民这样风险的责任，即使烟草工厂已经遵守了所有当时存在的调整烟草产品销售的法律和规章。[23] 类似领域的法律要求证明所有可能的措施都已经被采取来避免损害，包含不是制定法或者行政规定施加的措施，这是隐含的要求。2003 年 6 月 30 日第 196 号立法令的规定（《个人信息保护法》）是以保证和保护个人和法律实体的秘密和隐私为目的，并且也以规范个人信息处理和储存的电子数据库为目标。法律规定了一些规制数据处理的具体规则和违反这些规则的行政和刑事的制裁。根据《个人信息保护法》第 15 条，作为个人信息处理的结果，导致他人损害的任何人承担《意大利民法典》第 2050 条（例如如同上面提到的一样，该条款调整因为实施危险活动而引起的侵权责任）的补救责任。基本上，为了索赔任何经济损失，受害者必须简单证明损害的存在，而信息库的所有人只有通过证明已经采取了所有可能的预防措施避免损害，才可能避免责任。

3. 如果侵权人能够成功证明他是合法地行为（就相关的行政法规则而言），那么关于不法性和过错的举证责任的分担是否会有所不同？

37　　请参考上面的答案（上文边码 36）。一般地讲，在过错责任中，举证责任由原告承担。然而，正如上文所见，存在一些情形，法律

23　罗马上诉法院（App. Roma），7 March 2005, decision no. 1015, Stalteri. 现在，该裁决在最高院待定；随后一级法院的几个裁决已经拒绝了这种观点，按照学者的观点，不存在通知义务并且烟草产品的生产和销售可能不被定性为危险活动：参见 P. G. Monateri, I danni da fumo: classico e gotico nella responsabilità civile, nota critica a App. Roma, 7 March 2005, no. 1015, Corriere Giuridico（Corriere giur.），no. 5/2005, 673 no. 3; Court of Brescia, 10 August 2005, Danno e Responsabilità（Danno e Resp.），no. 2005, 1210 ff.

要求原告只是证明损害，并且被告可能避免责任仅须证明已经采取了所有可能措施来预防损害的发生，包括但不限于完全遵守适用的法定的行政法和规章。然而，这些例子，可能很难划分为纯粹的过错责任情形，因为他们似乎在被告身上施加了严格责任制度。

四、其他原因的损害赔偿

1. 除了侵权法之外，是否还有其他法律的原因，比如：行政法本身或者是更加广泛的法律责任领域，强调因违反这样的规则所引起的损害赔偿责任？

除了侵权法之外，还有其他法律渊源强调由于违反包含于法律体系中的规则导致的损害责任。在环境污染领域，例如，依据新《环境法》（经 2006 年 4 月 3 日立法法令修正）的规定，经营者根据第 242 条可能承担清理的费用，根据第 304 条，可能采取预防和救济行动，以及根据第 311 条承担民事损害赔偿金。 38

2. 如果行政法规则许可侵害另一个人的利益，贵国的法律制度是否提供损害赔偿（或者是来源于受益者、基金或者是政府）？该赔偿请求的必要条件是什么？

在市民利益被限制或者被侵害时，行政法允许补偿或者赔偿，对于这些情形，意大利法律体系予以仔细考量。其中的主要手段是征收，其是由《意大利宪法》和《意大利民法典》来规制。根据《意大利宪法》第 42.3 条，"私人的财产可能被征收，在法律为了公共利益的目的确定的和保证赔偿的情形下"。（作者的翻译）根据《意大利民法典》第 834 条，"不得全部或者部分地使任何所有权人丧失所有权，但是，为公共利益的需要，依法宣告征收并且给予合理补偿的情况不在此限。"（作者的翻译）征收是由特殊法定规定来调整的（2001 年 6 月 8 日第 327 号总统令）。《意大利民法典》第 39

838 条规定一个类似的由土地所有人放弃与国内耕地生产利益相关的补偿形式：土地可能被国家征收，并且土地所有人有权利要求"公平的补偿"。另外一个作为公民私人利益受到限制的结果的例子是由规制强迫实行的人役权、地役权和通行权的《民法典》提供的。根据《意大利民法典》第 1032 条，"某一土地的所有人有权在另一所有人的土地上设立役权；在欠缺契约的情况下，这一役权由法院判决设立。在法律特别规定情形下，也可以由行政机关进行这一设立。由法院判决规定地役权的条件并且确定应当支付的补偿金（他的私有权利受地役权的限制）"。类似的规则为了具体的地役权和人役权而规定（例如，经过另一土地所有人的沟渠的通行权：《意大利民法典》第 1038 条和第 1039 条）。

五、案例

1. 1976 年，一家由 A 公司经营的化工厂，被允许可以排放一定量的废气到空气中。根据最近的技术标准，所规定的量可以以一个合理的费用显著地降低。然而，自从 20 世纪 70 年代以来，政府管制就没有升级校正调整过。因排放废气而遭受农作物损害的当地农民，能否向政府或者工厂经营者主张损害赔偿？这与农民本应该根据行政审查程序，申请审查或者撤销许可有关吗？

40　　根据《意大利民法典》第 844 条，土地所有人可能无法阻止邻居排放烟、热、散发物、噪音和另一些排放物，只要考虑其位置他们没有超出一般的忍受限度。当局应该通过衡量私有利益与生产需求来适用该规则。某些优先的习惯做法可能被考虑进来。根据该规则，"可忍受的"排放物是被允许的，而不可忍受的排放物可能通过当局的禁令救济方式被阻止，除非生产需要要求不完全阻止它们。在所有这些情形下，如果降低排放物引起一个额外的负担（例如使履行的公司业务瘫痪），排放物将不能被阻止，相邻的受害者有权基于他的土地价值计算损害赔偿。必须注意的是，根据《意大利民法典》第 844 条的诉讼可能与根据《意大利民法典》第 2043 条的诉讼竞合。

在目前的情形中，根据《意大利民法典》第 844 条的目的，排放物可能被法院考虑为超过了普通忍耐性，即使他们并没有超过许可证中所规定的数量。[24] 民事诉讼的目的，与农场主已经根据行政审查程序申请审查或者撤销许可证无关，

2. 一个有关职业危害的特定法规 A 迫使雇主在他们的车间里采取一定的保护措施。B 经营着一间一人车间，在那里没有雇工和参观者曾出现过，假设在该情形下管制规定不予以适用，一个偶然到车间参观的人受到伤害，B 是否仍然要承担侵权责任？

在该案中，B 公司可能要承担严格侵权责任。根据《意大利民法典》第 2051 条规定，"任何人对其保管之物所导致的损害，均应承担责任，除非能够证明损害是意外事故所致"。正如之前所提到的一样，对某人保管之物的责任不是基于过错，而是严格责任的一种形式，所以与 B 在他的车间里没有采取一定保护措施的事实无关，只要《意大利民法典》第 2051 条所有要件都得到满足。

3. 公司 B 违反有关公共安全规则的各类规章很多年，尽管存在有权力处以罚金、甚至让 B 公司关门倒闭的政府机构，但是这些政府机构几乎没有采取行动，通知公司 B 这些违法行为。他们曾经参观该公司一次，并且列出一系列的公司应该补救的缺陷的清单。公司一直未补救这些问题，政府机构从未再回头来惩戒该公司。一段时间之后，一严重的事故在 B 公司发生，如果该公司严格遵守相关安全规则，该事故本应该可以避免发生的。

41

42

24　参见 Court of Cassation, III Criminal Session, 23 January 2004, judgment no. 9757；Court of Cassation, III Criminal Session, 19 March 2004, judgment no. 16728.

（1）受伤害的人能否让公司承担损害赔偿责任？如果可以，公司能否以缺乏监管部门的监督提出抗辩？

43　　是的，公司可能承担该损害的责任，根据意大利法律，公司不能提起缺乏监管机构监管的抗辩。

（2）受到损害的人能否主张从政府机构获得损害赔偿？

44　　是的，根据具体情境，受害人可能向政府机构主张缺乏监督而导致的损害。在一些最近的案子中，意大利证券交易委员会（Consob），因为在金融市场中过失实施监管操作者的义务而对投资者承担民事责任。[25] 受害方承担举证责任，证明所有侵权构成要件，即：违法性损害，因果关系和对适用的过失标准的违反。

25　参见 Tribunal of Rome, 26 July 2004, *Altavilla et al. v. Consob*, Il Foro Italiano（Foro It.）2005, I, 559; Danno e Resp. 2005, 767; 米兰上诉法院, 21 October 2003, *Stenghel et al. v. Consob et al.*, Giurisprudenza Italiana（Giur. It.）2004, 800; Società, 2004, 52; Court of Cassation, I Session, 3 March 2001, judgment no. 3132, *Gatti et al. v. Consob*, Banca Borsa e Titoli di Credito（BBTC）2002, II, 10; Foro It. 2001, I, 1139. 有关这样的请求的司法管辖权, 参见: Court of Cassation, Joint Sessions, 2 May 2003, ordinance no. 6719.

荷兰侵权法与管制法

罗布·科滕哈根　佩皮塔·科滕哈根-埃德泽斯*

一、总述

1. 总体上来讲，在贵国，行政法规则对侵权法的影响是什么？

行政法规制政府和市民之间的关系。行政法和刑法都属公法。　1
管制法涵盖一般法律规则。

原则上，违反行政法规则构成违法行为（《民法典》第 6 篇第
162 条第 2 款）。《民法典》第 6 篇第 162 条第 2 款表明，如果存在正
当的理由（例如不可抗力和自卫），违反行政法规则，不具违法性。

《民法典》第 6 篇第 162 条全文如下：　2

1）一个人对另一人为违法行为，并且该行为归咎于他，他必须
赔偿因行为受到的损害。

2）除了存在正当理由之外，以下的行为被认为是违法：侵害权
利，违反法定义务或者与适当的社会行为相关的不成文法规则的作
为或者不作为。

---

* 　罗布·科滕哈根（Rob J. P. Kottenhagen）是荷兰鹿特丹（Erasmus）大学私法副教授。
佩皮塔·科滕哈根-埃德泽斯（Pepita A. Kottenhagen-Edzes）是艾瑟尔河畔卡佩勒
（Capelle aan den IJssel）市政府高级法律顾问。她希望感谢市政府给她进行这项研究
的机会。本文是在个人的名义下写作的。

3）违法的行为可能归咎于他的行为人，如果它是因为他的过错或者根据法律或者社会观念认为是他必须负责的原因引起的。[1]

3　所以，一个成功的请求，根据《民法典》第 6 篇第 162 条，必须满足四个要件：

- ·违法性
- ·可归责性
- ·因果关系
- ·损害

第五个要件——相对性——在下文边码 23 中讨论。

4　法律学说和案例法有时指出，违反行政法本身并不构成侵权。根据这一观点，违反行政法规则，只有在也违反注意义务时才构成侵权。然而，根据现行法律，除非存在正当的理由，违反法定义务属于违法行为。[2] 如果一个人的行为遵守法定义务，他的行为因为侵害权利或者违反注意义务仍然可能是违法。

5　正如下文问题的答案将显现的一样，在荷兰法律中，违反行政法规则尤其在违法性和因果关系领域是重要的。

2. 在行政法规和侵权法相互作用的问题上，是否存在宪法上的界限或准则，比如：关于联邦法与州或者当地可适用的法规之间以及与行政法规则的保护目的之间的关系准则等？

6　不，根据荷兰法律，不存在这样的宪法界限或者是准则。

3. 除了法定规定之外，违反哪种类型的行政法规（比如：规章、官方通知）的情形之下，能引起侵权责任？

7　除了由荷兰正式立法者颁布的法律规定之外，侵权责任也可能基于侵害其他一般约束性的规章，例如有直接效力的欧共体法律规

1　翻译来自于 *P. P. C. Haanappel/E. Mackaay*, New Netherlands Civil Code, Patrimonial Law (1990) 298.

2　Asser-Hartkamp (2006) 4 III, no. 34, 54 and 55.

定，以及由省和市当局颁布的规章。对附于许可证的条件的侵害（例如基于环境法的许可证）也可能构成违法行为。[3]

4. 当行政法（比如法律或者由政府或者具有公共职能的实体所作的决定）本身违反法定规定的时候，根据私法，会有怎样的后果？因遵照约束其行为的违法的行政法规，而造成损害的人，是否不用承担责任？如果是，它是否与造成损害的人已经知道或者应该知道行政法规是违法的，有任何相关？

根据《宪法》第120条，法官不被允许根据《宪法》审查立法（和条约）。所以，在正式意义上说政府不会被判决承担立法责任。在这个意义上，立法应该做广义的理解。法官不被允许检验宪法的事实适用于正式意义上的通过、[4] 维持和执行立法的程序。[5]   8

在正式意义上，法官也不被允许以荷兰王国宪章和一般公平原则（像衡平原则）检验立法。[6] 对因为立法与国家的非成文法相冲突，检验其是否违法同样如此。[7]   9

当一般公平原则被制定在约束每一个人的条约和国际法组织的法令规定里时，该规则的例外就存在。根据《宪法》第94条，这样的规定将不会被执行。[8] 这样的情形中，正式意义上的立法具有违法性也是可能的，从而政府必须支付损害赔偿金。[9]   10

对无视欧洲法律而负有立法责任的政府而言，特别法律规则必须被适用，例如：当欧洲规章不被执行、太晚执行或者违法执行时。   11

一般约束性规章，其并不是正式意义上的立法，可能更快引起   12

3　参见 Hoge Raad（Dutch Supreme Court, HR）9 January 1981, Nederlandse Jurisprudentie（NJ）1981, 227 and Asser-Hartkamp（fn. 2）4 III, no. 34.

4　例如，当某方未被询问时，HR 19 November 1999, NJ 2000, 160.

5　Kluwer, Onrechtmatige daad V（losbladig）, comment 230.

6　Kluwer（fn. 5）comment 231 and 232.

7　Kluwer（fn. 5）comment 238.

8　Kluwer（fn. 5）comment 239 and 240.

9　参见 Asser-Hartkamp（fn. 2）4 III, no. 290g.

制定该规章的政府机构的侵权责任，[10] 例如，枢密院令，省和市的规章。这些规章以及它们通过的路径、维持和执行可能是侵权，因为他们无视更高级别的像正式意义上立法的规章。这些低一级别的规章也可能是侵权，因为他们违反了（不成文的）一般公平原则。

13　　所以法官能裁决政府机构是否能合理地不通过某些规章，当所有有关它的问题都被相互权衡时。[11] 其他一般公平原则是，例如，法的信赖原则和法的确定性原则。

14　　这样的规章的不法性可能导致案件中的政府机构侵权责任。另外一个可能性是法官颁布一个执行该规章的禁令。

15　　行政决定也可能侵权，[12] 并且他们可能被行政法院搁置在一边，例如当行政决定没有授权，没有充分的准备或者动机，或者是未遵守法律规定。[13] 在案件中，这样的决定被搁置在一边，受害人可以请求损害赔偿金。损害赔偿金可能在行政法院的同一程序（《行政法通则》第 8 篇第 73 条）或者民事法院的侵权索赔中被请求。

16　　当然，违法的裁决和损害之间一定存在因果关系，并且该侵权一定受该规则的原则范围的约束（参见上文边码 3 和下文边码 23）。

17　　在一些案例中，当决定未被行政法院搁置一边时，人们可以主张损害赔偿金（《行政法通则》第 8 篇第 73 条）。

　　5. 如果行政法规自己调整违反它本身规则的结果，特别是给予刑事制裁，这样的规则是否被认为是综合性的（即不包括侵权请求）？在这方面侵权法和刑法如何相互影响？

18　　不是，这样的规则不被认为是综合性的；侵权法主张并未被排除。

10　关于该话题的文本取自 Asser-Hartkamp (fn. 2) 4 III, no. 290h ff.

11　HR 16 May 1986, NJ 1987, 251.

12　政府机构在个案中的裁决参见 art. 1: 3 Algemene wet bestuursrecht (Statute on Administrative law, AWB).

13　Kluwer (fn. 5) comment 192.

如果在刑事程序中，证明某些事实已经犯罪并且已经被判决，19
这在民事诉讼程序中是令人信服的证据（《民事诉讼法》第 151
条）。除非被一些特殊的法律禁止，相反的证明仍然是可能的（《民
事诉讼法》第 151 条第 2 款）。然而，已经证明的事实不是必然地意
味着侵权已经发生。这要求已经证明的事实必须足以构成侵权。如
果在刑事程序中已经被证明的事实根据民法不构成侵权，在民事诉
讼中证明侵权已经发生仍然是可能的。

受质疑的事实在刑事诉讼中被证明已经足够。嫌疑人被惩罚不 20
是必需的。

如果刑事判决未构成令人信服的证据（例如，因为《民事诉讼 21
法》第 151 条的所有要件并未都被满足），刑事判决仍然能对民事程
序中的论证有影响，例如，法官可能推定具体事实已经发生（事实
自证）（res ipsa loquitur）。

6. 在何种条件下，行政法规则被认为是所谓的 "保护性目的规
则"？行政法规则的保护目的是否仅由行政法规决定，还是也由侵权
行为法的总则决定？

不存在具体的条件，规则的保护性目的是由立法者制定并且在 22
特定的规章本身中制定。

违反行政法规则的作为或者不作为可能构成违法性行为。然而，23
在特殊案件中，违反行政法规则是否构成违法性行为的结论有赖于
规则的原则范围的适用结果。这些原则被制定在《民法典》第 6 篇
第 163 条中：

"当被违反的规范不具有保护免受像受害人遭受的损害的目的 24
时，不存在修复损害的义务。"[14]

该条文规定，即使不法行为如同定义在《民法典》第 6 篇第 25

14　翻译来自于 *Haanappel/Mackaay*（fn. 1）299.

162 条中的一样已经发生（参见上文边码 2），请求可能仍然不会被允许：

（1）如果被违反的标准不是想保护原告（受害人），或者

（2）如果损害的类型或者损害引起的方式是在保护范围之外。

26　　　行政法制定规章本身的目的。然而，在侵权案件中，法官决定规则的目的是否保护受害者。这是《民法典》第 6 篇第 162 条这一开放性规范所固有的。这意味着行政规则的保护性目的在侵权案件中是由行政法和侵权法二者决定的。

　　　7. 如果行政法规则约束一个法律实体，谁将对未遵守该规则承担责任？如果该实体机构的个人不得不承担各自的刑事责任或者行政责任，这是否也引起该人承担侵权责任？像这样的责任如何与法律实体的替代责任相互影响？

27　　　如果法律实体没有遵守行政法规则，法律实体本身为没有遵守承担责任。在某些情境中，引起他人行为的个人或者是给予其他人指示以某种方式行为的个人可能承担刑事法律责任；参见《刑法典》第 51 条。

28　　　如果组织中的个人必须承担刑事责任，这并不意味着也存在侵权责任；参见上文边码 20 和边码 21。

29　　　如果法律实体中的个人能被判决承担侵权责任，则原告可以主张个人责任，并且根据《民法典》第 6 篇第 162 条主张侵权请求。然而，根据《民法典》第 6 篇第 170 条第 1 款，雇主可能被要求承担侵权责任（替代责任）。因此，原告有选择的权利。如果雇员承担责任，他可能向他的雇主追偿，除非他是故意地行为或者是有意识地莽撞地行为；参见《民法典》第 6 篇第 170 条第 3 款。

30　　　当雇主承担责任时，他可能向他的雇员追偿，只要他的雇员是故意地行为或者是有意识地、莽撞地行为。

　　　8. 在贵国，法律实体本身是否也要承担行政责任？像这样的责

任在私法领域会有怎样的结果？如果适用行政责任，法律实体承担的行政责任是否也会引起侵权责任？法律实体的行政责任与它的替代责任如何相互影响？

是的，法律实体可能承担行政责任。例如，如果法律实体没有满足法律条件或者是许可证的条件，法律实体可能被迫支付罚款或者甚至关闭该实体。 31

是否存在私法后果，依赖于法律实体能否承担侵权责任。 32

关于替代责任，参见上文边码29。 33

二、旨在环境保护的安全规章和规定

1.（1）法定的安全规章和（2）旨在环境保护的规定对于侵权法有何重要性？

·安全规章的重要性和侵权法中旨在环境保护的规定

安全规章和旨在环境保护的规定在荷兰侵权法中是比较重要的，[15] 尤其是当它们涉及旨在保护第三方免于遭受损害的安全规章时。环境保护的规章并不是总是有该具体目标，例如，由于它们旨在专门保护环境本身。除非另有提及，在这篇文章中，我们将参考上面定义的安全规章的含义。在某些情形中，这样的安全规章是否适用由法院裁判。 34

·不法性

在作为或者不作为的行为违反了法定规章（安全规范或者是环境规范）的情形中，这对于法院来说，在决定不法性的问题时可能很重要；一般参见上文边码4。 35

---

[15] 这篇论文的研究，尤其与受害人受伤或者死亡的损害赔偿责任有关。即使这样，这也许对其他像财产损害赔偿也是适用的。Cf. Asser-Hartkamp（2005）4 I, no. 434 and 434a.

· 因果关系

36 在一些情形中，当具体的安全规范被违反时，根据最高法院（参见下文边码 37）的观点，在必要条件的意义上，不法行为（违反规范）和损害之间的因果关系是被假设的。[16] 此时受害者不必证明因果关系（通常他必须证明，参见《民事诉讼法》第 150 条）。这里存在举证责任的转换：现在被告必须证明如果他没有违反安全规范，损害也仍然会发生。

37 对这些情形，最高法院已经制定作为安全规范[17]的规范资格的严格要件。[18] 第一个要件是必须存在违反旨在预防导致损害的具体危险发生的规范。第二个要件是，诉请违反安全规范的人必须使法院确信，规范旨在保护免受的危险已经现实化。

38 具体规范必须被违反的规则意味着违反一般注意义务不足以转换因果关系的举证责任。确实如此，例如《民法典》第 7 篇第 453 条制定的规范：医疗助手必须如同一个好的和有能力的医疗助手那样行为。当助手的行为违反了该规范，行为和损害之间的因果关系不能被推定，并且没有举证责任的转换。另一方面，真正无视某些医疗协议的行为，可能导致举证责任的转换。[19] 这对于违反喝太多酒的司机不被允许开车的规范同样也适用：如果他仍然这样行为，并且导致了交通事故，违反规范和交通事故之间的因果关系就会被假定。具体规范的目标是预防交通事故。[20]

---

16 在这篇文章中，我们谈到的是成文规则的违反。违反安全规范的特殊意义是，根据荷兰法，也适用于不成文规范。

17 在这篇文章中，我们将参考最近的最高法院的案例法。之前的案例法，它比较容易认定一个规范作为安全规范。

18 *C. H. van Dijk*, Omkeringsregel：HR 19 March 2004，NJ 2004，307 and HR 9 April 2004，NJ 2004，308，Tijdschrift voor vergoeding personenschade 2004，2，63 ff.

19 HR 19 March 2004，NJ 2004，307.

20 HR 8 April 2005，Rechtspraak van de Week（RvdW）2005，52.

受害者必须弄清楚的规则是：规范旨在保护免遭的具体危险已 39
经成为现实意味着，在损害引起归咎于其他原因的情形下，例如因
为交通事故，受害者必须证明损害是因为交通事故所导致。[21] 这也意
味着，在损害（例如疾病）可能是违反安全规范的环境结果或者是
其他原因导致的结果的情形中，不存在举证责任的转换。在这样的
情形下，确定环境受损导致损害是不太可能的。[22]

如果举证责任的转换不能基于违反安全规范，也许还存在这样 40
做的其他理由。[23] 然而，关于这个话题的讨论超出了这篇论文的范
围。

安全规范的违反也可能对损害何种程度上归咎于侵权者有影响。 41
这是因为这样的事实，即根据荷兰法，根据《民法典》第6篇第98
条，支付损害赔偿的义务范围也是由责任的性质和损害的性质决定：

只有与以这样的方式引起债务人责任的事件有关的损害，赔偿 42
才能被请求，即：作为事件引起的结果，该损害，在考虑其性质以
及责任的性质的同时，可能归咎于债务人。[24]

在违反的规范旨在保护第三方不受损害的意义上，安全规范的 43
违反构成具体的责任形式。因此，违反安全规范可能导致的结果是，
侵权者被迫赔偿他在其他情形中可能不必赔偿的损害，例如，不太
可能是违法行为的结果的损害。[25]

2. 在贵国，有关这些主题，在何种范围内认为侵权法与管制法
有相同或者相似的目的？

侵权法和管制法规则都有相同的目标：保护不受损害。管制法 44
一般的特征是：损害还没有发生，并且不存在损害将发生的直接威

---

21 HR 9 April 2004, NJ 2004, 308.

22 Asser-Hartkamp（fn. 15）4 I, no. 436e.

23 这似乎来自于，例如 HR 19 March 2004, NJ 2004, 307.

24 翻译来自于 *Haanappel*/Mackaay（fn. 1）268.

25 参见 Asser-Hartkamp（fn. 15）4 I, no. 434.

胁。在侵权法上，人们可能获得损害赔偿或者通过法院的强制令或者是禁令以试图预防损害。

45　　尽管这样，但是，个人可以以管制法规则提出上诉：例如，当一个涉及没有许可证的经营或者当一个涉及无视安全法规的经营时。因此，某些人指出另一些人的行为无视安全规则是可能的。在这样的情形下，人们可能要求政府维护规则。这样的意义上讲，行政规则是具体化的。

46　　另一方面，为了一般目标运用侵权法是可能的：例如，当一个压力集团为了保护他们希望保护的利益运用侵权法；参见《民法典》第 3 篇第 305a 条。

　　3. 这些规章和规定本身是否被认为是具有保护目的的制定法？个人是否也包含在这些保护性规则范围之内？在你们的法律制度中，对这些规则的违反是否构成不法行为？或者它是否引起严格责任？

47　　当安全规则或者是保护环境的规则被创建时，清楚的是，这些规则被认为是带有保护目的的法规。

48　　个人被这些保护性目的的规则所涵盖；参见上文边码 23。在侵权法中，当个人属于《民法典》第 6 篇第 163 条规则原则的范围之内时，他们是被保护的；参见上文边码 23。

49　　总体上，我们可以说，违反这样的规则构成不法性行为。参见上文边码 23。

50　　安全规范和保护环境的规范的违反一般不会引起严格责任。尽管这样，但严格责任在几种情形之下是可能的。然而，严格责任的形式不是基于安全规范或者环境法的违反，而是与某些事实的情境有关，比如，出售具有瑕疵的产品，危险的现实化内在于物质当中或者使用汽车引起交通事故。

　　4. 如果是适用（严格责任），请详细描述有关安全规章或者环境保护采用的强制责任保险的法定方案。

根据荷兰法，作为违反安全规范或者是环境规范的结果，没有　51
为自己的损害投保的义务。然而，就损害是由除了违反安全规范或
者环境规范之外的事实性情境导致的而言，由第三方引起的损害的
强制性保险是可能的。一个很好的例子是《机动车辆责任法》。该保
险是对已经遭受机动车事故伤害的人的保护。因为支付赔偿的权利
基于《机动车辆责任法》，所以无视安全规范不是要件本身。[26]

三、过错责任

（一）对行政法规则的违反

1. 在过错责任领域，违反安全规章和环境法规则扮演何种角色？
参见上文边码 1 和边码 34。　52

2. 仅违反这样的规则就能构成不法性还是有额外的要求，比如：
违反注意义务和过错？

违反这样的规则构成不法行为。不存在额外的规定，例如像侵　53
权者违反一般注意义务这样的要求。对于侵权责任，不法行为能归
咎于侵权者是必需的（参见上文边码 2）。原则上，不法性和归责性
是彼此独立的。原告必须提出请求，并且如果需要的话，证明违法
性和归责性。当不法行为或者不作为被确立时，实践中的过错通常
（但不是一直）被假定。如果是这样的情形，被告必须证明不存在过
错。关于过失不存在，法官可以向被告施加加重的激励义务。如果
被告成功地这样做了，原告可能要证明这里仍然存在过错。这种推
理方式（除其他）运用在违反安全规范的情形中。[27]

3. 如果实施侵权行为的人违反了行政法规，他的责任在何种程

26　Kluwer, Onrechtmatige Daad III. 9, comment 345.

27　参见 also Kluwer, Onrechtmatige Daad I (*Jansen*) art. 6：162 par. 3, comment 57 ff., 尤
其 comment 59. 1.

度上依赖于规则的保护目的?

54　　参见上文边码 22。

　　4. 在何种范围内，实施侵权行为的人被允许证明即使他遵守相关的规则行事，他仍然会造成损害?

55　　参见上文边码 4。在法律学说和案例法中，经常指出，违反行政法本身构成侵权。根据这种观点，只有当也存在违反注意义务时，行政法规则的违反构成侵权。

56　　无视法律规则的行为本身是不法的，因此，对侵权者不存在证明即使他的行为遵守了法律规则，损害也会发生的任何理由。尽管这样，在某些情形中，违反规章的行为已经被假定不具有违法性。[28]

　　5. 违反行政法规则在举证责任的分担上，有何种结果? 尤其是就因果关系、不法性和过错而言?

57　　参见上文边码 40 和边码 53。

　　6. 违反行政法是否能导致主张惩罚性赔偿?

58　　荷兰法中没有惩罚性损害赔偿。

(二) 遵守行政法规则的行为

　　1. 即使侵权人遵守了所有相关的行政法规则，他是否也要承担侵权责任 (以获得损害赔偿或者禁令为目的)，或者你们的法律制度是否允许"管制性许可抗辩"?

59　　荷兰法中没有"管制性许可抗辩"。当某人的行为遵守行政法时，在侵权法中，损害赔偿或者是禁令仍然是可能的，例如，当存在违反一般注意义务时。有关这一话题的主要案例要追溯到 1972年。[29] 该案事实如下。原告是一个果园的所有人。被告被授予许可在果园附近的一个小湖里倾倒生活垃圾。该倾倒行为吸引了很多鸟类。这些鸟类摧毁了原告的果园。根据最高法院的判决，在许可证规定

28　参见 Asser-Hartkamp (fn. 2) 4 III, no. 34, 54 and 55.

29　HR 10 March 1972, NJ 1972, 278 (*Lekkerkerker-Vermeulen*).

的限制内行为本身不受侵权责任保护。许可证在侵权责任上的影响依赖于三个因素：

- ·许可证的性质；
- ·许可证所追求的利益；和
- ·特殊案件的具体情境。

然而，该一般原则存在例外。当法定规章聚焦在某些具体情形时，人的行为遵守这些规章的抗辩可能更容易被接受。[30]   60

在科夫拉（Covra）案件中，[31] 也存在上述提到的构想的一般规则的例外。科夫拉被经济事务部颁发了一个基于《核能源法》的核废料储存的许可证。他们必须遵守和保持在某些条款的限制内。一个保护环境利益的基金会在行政法院启动了针对该经济事务部的诉讼程序。他们认为这个许可证是不法授予。   61

然而，根据行政法院的判决，该许可证不是不法授予。

于是，基金会启动了侵权诉讼，不是针对经济事务部，而是在民事法院针对被许可人科夫拉。基金会指出，如果科夫拉没有坚持许可证中更加严格的条款，他们的行为将构成侵权。

然而，荷兰最高法院民事庭判定，当许可证颁发时，已经进行了一般的利益衡量。因为行政法院支持许可证，根据最高法院的意见，所以在民事法律中给许可证规定更加严格的要求是不可能的。

因此，结论是当一方的行为遵守了许可证，根据行政法院的裁决，该许可证被认为不是不法授予，民事法院在公共利益的语境中，将不能再次在侵权情形中审判许可证。

事实上，基金会试图做的是运用侵权法的一般目标；在本案中是为了保护他们希望保护的利益，例如，环境。基金会基于公共利益的名义启动诉讼的可能性在《民法典》第 3 篇第 305a 条中制定。

---

30   *C. C. van Dam*, Zorgvuldigheidsnorm en aansprakelijkheid (1989) 97.
31   HR 17 January 1997, NJ 1998, 656 (*Covra-Miljoenen zijn tegen*).

根据该条款，具有完全法律能力的协会或者基金会有资格为了保护被其他人持有的类似种类的利益的目的而诉讼，因为根据协会的条款，它能促进这些利益。然而，这样的诉讼不能与金钱损害赔偿金有关。

因此，在荷兰法中，在这方面的差异是在公共利益和个人利益之间区分的。结论是即使行政法院裁决许可证不是不法授予，对于个人而言，启动一个针对许可证的侵权诉讼是仍旧有可能的。然而，一旦当这已经被行政法院裁决时，民事法院基于公共利益的衡量，将不会判决。在此情形下，基于侵权的请求将不会被实现。

2. 一般注意义务能否超过这些规则的范围？

62　　是的，可以参见上文边码4。

3. 如果侵权人能够成功证明他是合法地行为（就相关的行政法规则而言），那么关于不法性和过错的举证责任的分担是否会有所不同？

63　　是的，参见上文边码53。

四、其他原因的损害赔偿

1. 除了侵权法之外，是否还有其他法律的原因，比如：行政法本身或者是更加广泛的法律责任领域，强调因违反这样的规则所引起的损害赔偿责任？

64　　就我们知道的，不存在其他的原因。然而，存在在刑事程序中增加民事请求的可能性，参见《刑事诉讼法典》第51条。根据该条，由于刑事犯罪行为遭受了损害的人在刑事程序中可以包含损害赔偿请求。损害已经由于犯罪行为直接导致。当直接受害人死亡时，诉讼也可能由其亲属提起。在无视行政法规则也是犯罪行为本身时，这当然是唯一可能的情形。

2. 如果行政法规则许可侵害另一个人的利益，贵国的法律制度是否提供损害赔偿（或者是来源于受益者、基金或者是政府）？该赔偿请求的必要条件是什么？

《城乡规划法》第 49 条不得不首次被提到——尤其是因为它最近已经被修改[32]——因为其最适合解决该问题。当损害作为有关当地规划的裁决的结果而发生时，在受害人承担的损害不合理时，市长和市议员必须支付损害赔偿。它可能导致，例如房产贬值，当根据一个新的当地规划，房子可能被建造，然而根据前一个规划，这是不可能的。这可能引起已经存在的房产隐私的贬值。当赔偿通过其他方式仍然奏效时，不存在损害赔偿的权利。 65

关于地方规划的一些决定是通过政府基于第三方的要求而作的。例如，当一个地方规划的豁免被允许授予一个建筑许可证时，该许可证本身是违反当地规划的。根据《城乡规划法》第 49a 条，存在一个可能性，即政府同意请求者的请求，第三方即将遭受的损害将通过请求者支付赔偿给受损害的第三方。[33] 当请求者与政府签订合同，他被看做是市长和议员将作出的有关损害赔偿请求决定的利害关系方。[34] 这意味着原告能尽力在损害赔偿金的判决或者是损害赔偿金的数额上施加影响。 66

建设施工是政府可能侵害某人权利的情形的例子，然而同时，存在支付损害赔偿金的可能性（例如侵害财产权利导致纯粹经济损失）。 67

在其他几个规章中，如果行政法规则允许侵害其他人的利益，请求损害赔偿金也是可能的。然而，损害赔偿的规定和要件的规定 68

32　Staatsblad 2005, 305.

33　该条文包含在该法中，是在最高法院裁决（HR 2 May 2003, Landelijke Jurisprudentie Nummers（LJN）AF2848）之后。第 49a 条关注地方规划修改的需求或者某些地方规划条款的豁免需求。

34　Art. 49a par. 2 Wet op de ruimtelijke ordening.

在这些规章中都有差异。因此，不存在对这个问题的一般回答。这些规章中的大部分与政府本身的侵害有关，而不是与遵守行政法而侵害其他人权利的第三人有关。

69   一个很好的例子就是《强制采购法》：当为了达到公共目标，必须采购土地时，政府必须支付损害赔偿金。

70   在这方面，几个环境法令可能被提到。根据《土地保护法》第73条，当存在接受为了确定合法索赔人的土地是否已经被污染的而展开调查的义务时，人们可以为此请求损害赔偿金。这里不存在任何特殊的要件。根据《土地保护法》第74条第3款，如果损害能归咎于本人或者如果该人获得损害赔偿，将会不公正地富有起来时，该人没有权利要求损害赔偿。

71   根据《空气污染法》第60条，当政府必须利用不动产以确定空气污染时，合法索赔人能够获得损害赔偿金。

72   最后的例子是《环境保护法》的第15篇第20条，尽管在这一情形中，当损害因为行政决定而发生时，不存在侵害某些人的权利，但损害赔偿金仍能被主张，例如，当存在一个与适用某环境许可证有关的行政决定或者与环境许可证中规定的条款有关的行政决定时。当一个环境许可证明显地不是必须的，但根据新的规章或者在新的保护环境规章的情形它是必需的时候也一样适用。

73   除这些相当具体的法律之外，也存在由政府采取的行为引起的损害赔偿的更一般的权利。在这些情形中，当某人遭受了或者即将遭受损害并且当损害从其自身考虑不合理时，损害赔偿金必须支付。当政府不支付损害赔偿金时，行政决定可能被行政法院撤销。[35] 在民

35　参见 the leading cases of the Judicial Division of the Council of State 12 January 1982, Administratiefrechtelijke Beslissingen（AB）1982 299（*Paul Krugerbrug*）and 22 November 1983, AB 1984, 154（*Paul Krugerbrug II*）. 参见最近的案例法 K. J. de Graaf/A. T. Marseille, De werkelijke en wenselijke rechtmachtverdeling bij aansprakelijkheid voor publiekrechtelijk handelen, Nederlands Juristenblad（NJB）2004, 779 – 784.

事法院请求因为政府行为导致的损害赔偿金也是可能的。[36]

由于空气污染造成的损害，空气污染基金必须提及。根据该基 74
金，其具有因为空气污染导致的损害和因为身份不明的污染者导致
的损害的赔偿请求权利。[37] 因为在这些情形之下，污染者身份不明，
而损害发生是可能的——不管许可证是否存在——因为它是无法被
预见的。

最后，我们提及《民法典》第 6 篇第 168 条： 75

1）法官可能基于重要的社会利益的理由认为这样的行为必须忍
受，而拒绝要求获得禁止不法行为的禁令的诉讼。受害者根据该条
款，保留要求损害赔偿的权利。

2）在涉及第 170 条的情形中，公务员不用承担损害责任。

3）当存在支付损害赔偿金的判决或者提供的担保未被遵守时，
法官仍然可能颁布命令，禁止该行为。[38]

在某种程度上，该条款也与回答该问题有关，因为根据荷兰法， 76
遵守行政许可的行为可能在民法中是违法的。尽管法官将不会禁止
该行为，但受害者保留他请求损害赔偿的权利。在这方面，当侵害权
利或者违反一般注意义务时，行为是违法的（参见上文边码 4）。

五、案例

1. 1976 年，一家由 A 公司经营的化工厂，被允许可以排放一定
量的废气到空气中。根据最近的技术标准，所规定的量可以以一个

---

[36] HR 18 January 1991, NJ 1992, 638 (*Leffers-De Staat*). More recently, e. g., HR 3 April
1998, AB 1998, 256 (*Meiland-De Staat*) and HR 30 March 2001, RvdW 2001, 71. 参见
该主题 *P. C. Knijp*, Civielrechtelijke aansprakelijkheid van de overheid jegens derden voor to-
epassing van strafvorderlijke dwangmiddelen, Nieuwsbrief BW 2001, 91 – 93.

[37] Art. 15. 24 ff. Wet milieubeheer.

[38] 翻译来自于 *Haanappel/Mackaay* (fn. 1) 301.

合理的费用显著地降低。然而，自从 20 世纪 70 年代以来，政府管制就没有升级校正调整过。因排放废气而遭受农作物损害的当地农民，能否向政府或者工厂经营者主张损害赔偿？这与农民本应该根据行政审查程序，申请审查或者撤销许可有关吗？

77 农场主能够向工厂所有人主张侵权损害赔偿金。[39] 无论政府规章是否被校正，农场主在一定的限度内，有经营的注意义务。

78 这种情况在理论著作中，政府被假设为"次要的侵权人"。[40] 迄今，不存在关于当规章未被校正或者缺乏规章时，政府是否要承担责任问题的民事诉讼。在第一部分的第四个问题中观察得到，法官不被允许在宪法和荷兰王国宪章正式意义上审核立法。既然如此，根据范博姆和吉泽恩（Giesen）的观点，当因为疏忽而未创建立法，导致根本就没有立法时，这也同样是真的。然而，当绝对不存在不创建立法的正当理由时，要求较低级别的管制机构承担责任应该是可能的。[41]

79 我们赞同该观点。

  2. 一个有关职业危害的特定法规 A 迫使雇主在他们的车间里采取一定的保护措施。B 经营着一间一人车间，在那里没有雇工和参观者曾出现过，假设在该情形下管制规定不予以适用，一个偶然到车间参观的人受到伤害，B 是否仍然要承担侵权责任？

80 总体上来讲，当受害方满足了《民法典》第 6 篇第 162 条（上文边码 2）和《民法典》第 6 篇第 163 条（上文边码 23）的所有规定时，B 当然一般会被判定承担侵权责任。当管制规定本身不适用时，B 不能因为违反法定规范而承担侵权责任。

---

39 *W. H. van Boom/I. Giesen*, Civielrechtelijke overheidsaansprakelijk voor het niet voorkomen van gezondheidsschade door rampen, NJB 2001, 1675 - 1685.

40 *Van Boom/Giesen*, NJB 2001, 1676.

41 *Van Boom/Giesen*, NJB 2001, 1678 and 1679.

3. 公司 B 违反有关公共安全规则的各类规章很多年，尽管存在有权力处以罚金、甚至让 B 公司关门倒闭的政府机构，但是这些政府机构几乎没有采取行动，通知公司 B 这些违法行为。他们曾经参观该公司一次，并且列出一系列的公司应该补救的缺陷的清单。公司一直未补救这些问题，政府机构从未再回头来惩戒该公司。一段时间之后，一严重的事故在 B 公司发生，如果该公司严格遵守相关安全规则，该事故本应该可以避免发生的。

（1）受伤害的人能否让公司承担损害赔偿责任？如果可以，公司能否以缺乏监管部门的监督提出抗辩？

受害人能够要求公司承担侵权损害赔偿责任；根据《民法典》第 6 篇第 162 条和第 6 篇第 163 条；参见上文边码 2 和边码 23。然而，就公司而言，为缺乏法定机构的监管而提出抗辩是不可能的。   81

（2）受到损害的人能否主张从政府机构获得损害赔偿？

最高法院[42]只有一个案件涉及该问题，尽管事实稍微有点不同。1983 年，在一家叫博得哈（Boeddha）的餐厅里有消防安全控制。在 1988 年发生的火灾中，参观者都被烧伤和烧死。然而，根据法院的判决，在 1983 年到 1988 年之间，不存在政府当局承担额外控制的义务，因此，政府机构没有任何责任。   82

在低一级法院的案例法中，存在一些例子，在这些例子中受害人可以主张政府机构的损害赔偿。[43] 在所有这些案例中，责任是基于   83

---

[42] HR 22 June 2001, LJN AB2237 (*Restaurant "Boeddha"*).

[43] 最近关于该主题的是 *C. L. G. F. H. Albers*, Overheidsaansprakelijkheid voor gebrekkig toezicht en ontoereikende handhaving. De geest uit de fles? Nederlands Tijdschrift voor Burger-lijk Recht (NTBR) 2005, 482 – 496.

注意义务原则，[44] 但是这仅在特殊的情境中才有可能。如果行政机构不用它的权限去维持秩序，未曾这么做本身不是违法的。只有在存在非常严重的缺陷、故意或者违法建议和在监管中有严重缺陷的情形中，政府机构才会有责任。通常，维持的权限被假定为是行政机构的自由裁量。

84　　　在请求被否认的一个案件中，[45] 根据该案法院的判决，市政当局对住宅小区危险活动的合法化和容忍是不违法的。该案例法不同于行政法院的案例法；根据这些法院的判决，政府机构原则上存在维护秩序的义务。[46]

85　　　欧洲人权法院也有一个重要的裁决，其与海牙地区法院的观点相互矛盾。[47] 根据欧洲法院的判决，因不足控制或者没有维护秩序而违反《欧洲人权公约》第 2 条可能引致行政机构的责任。[48]

44　1990 年 8 月 9 日阿姆斯特丹上诉法院，Bouwrecht（BR）1991，308（Ruurlo）。在该案中，建筑许可证为在一个老式农舍里修复酒店而被申请。一名公务员注意到存在一种非常危险的情况：人们很容易从阁楼的窗口掉下来，因为它没有遵守许可证的规定建造。但是，他没有向市长和市参议员汇报该事。几个月之后，一个 14 岁的女孩从窗户掉下来并且严重受伤。根据阿姆斯特丹法院的意见，存在缺乏检查和控制的侵权责任。也参见 2003 年 8 月 26 日乌得勒支地方法院，Jurisprudentie Bestuursrecht（JB）2003/304（Oudewater）。在该案中，某人在没有充分的建造许可证的条件下，开始建造房屋，原告是其邻居，他们到公务员处表达他们对该项目的关注好几次。存在房子地层下陷的风险或者其他损害形式的地层下陷的风险。损害实际上引起，从而乌得勒支法院裁决市政当局由于许可的严重缺陷承担责任，最后参见 2004 年 5 月 26 日鹿特丹地方法院，Nederlandse Juridische Feitenrechtspraak（NJF）2004，508（Caldic Chemie BV-Rotterdam）. 仅当所有管制有非常严重的缺陷、故意或者违法建议和控制上严重缺陷的情形下，才存在责任。根据海牙法院 2003 年的意见，例如在烟花灾难中不是这种情形，从而政府不承担侵权责任，同样在该领域的其他情形中，侵权责任被否决。

45　海牙地方法院 2003 年 12 月 24 日，JB 2004/69（Vuurwerkramp Enschedé）.

46　*Albers*，NTBR 2005，488 ff.

47　欧洲人权法院 2006 年 6 月 18 日，European Human Right Cases（EHRC）2002，64.

48　参见 *Albers*，NTBR 2005，486 and *T. Barkhuysen/M. L. van Emmerik*，Europese grenzen aan het gedogen van gevaarlijke situaties en aan beperkingen van overheidsaansprakelijkheid bij ongelukken en rampen，Overheid en Aansprakelijkheid（2003），109 – 121.

挪威侵权法与管制法

比亚特·阿斯克兰[*]

一、总述

1. 总体上来讲，在贵国，行政法规则对侵权法的影响是什么？

在挪威，行政法对侵权法的影响是重大的。首先，一些行政法 1 法令包含了一些严格责任规则，以确保法令中的安全规章得到遵守。这些法令有，例如 1981 年 3 月 13 日第 6 号法令《污染防治法》和 1991 年 6 月 7 日第 24 号法令挪威《公共游乐场法》。在这些领域，法定的规定调整着侵权和赔偿。其次，行政规则在决定行动者是否以过错的方式行为时有很大的重要性。行政法规则往往规定标准程序，尤其是当它涉及安全规章时。这种类型的规定常被法官在决定被诉侵权的人的行为是否有过错时，当做准则来运用。

公法，我所指的是所有调整市民和国家之间，或者是其他公共机构之间关系的法律或者规定。行政法，我指的是所有谈论关于公共行政机构对市民的权限的法律或者规定和管制法。管制法，我所指的是所有阐述市民对政府机关的义务或者限制或禁止市民活动的法律或规定。

---

[*] 法学教授，执教于挪威卑尔根大学法学院。

2   　　总体上，行政法规则与侵权法的相互影响可以描述为导致一系列不同制裁的两种独立的路径。但是，法官无论何时遵循侵权路径，都会在一定程度上考虑将行政法规则作为前提或者作为必须已发生的整体大局中必须考量的一些事。被告已经违反了行政法规则的事实为说明他已经违反了他的注意义务总体上提供了一个好的论据。但是，这种推论依赖于正在审理的案件的具体事实。行政法和侵权法之间没有自动的链接。因此，行为者违反了行政法规则而并未违反他的注意义务是超乎想象的。在行政法规则的措辞非常严格时，这一情形尤其明显。一个例子就是 1977 年 2 月 4 日第 4 号法令《挪威工作条件法》："（雇主必须保障）噪音和振动减少到避免对雇员造成不必要的紧张的程度。"这样的规定在实际生活中并不都是按照字面进行解释，至少在作为认定雇主责任的法律基础时是这样的。因此，可以想象得到的是，规定被违反了却并未导致雇主责任。

　　2. 在行政法规和侵权法相互作用的问题上，是否存在宪法上的界限或准则，比如：关于联邦法与州或者当地可适用的法规之间以及与行政法规则的保护目的之间的关系准则等？

3   　　不存在任何影响行政法和侵权法相互作用的宪法界限。

　　3. 除了法定规定之外，违反哪种类型的行政法规（比如：规章、官方通知）的情形之下，能引起侵权责任？

4   　　除了法定条款之外，尤为重要的是，还存在许多与侵权法有关的行政规章。挪威的法律制度具有委托行政机构（比如行政机关或者部门）制定更加具体规定的传统。如果官方或者私人违反了此类受委托制定的规章，当原告请求侵权赔偿时，通常处于强势的情形。这样的违反通常具有很强的暗示：行为人存在过失。

　　4. 当行政法（比如法律或者由政府或者具有公共职能的实体所作的决定）本身违反法定规定的时候，根据私法，会有怎样的后果？因遵照约束其行为的违法的行政法规，而造成损害的人，是否不用承担责任？如果是，它是否与造成损害的人已经知道或者应该知道行政法规是违法的，有任何相关？

当行政法自身违反了法定义务，并不产生直接的效果。但是，只要任何市民以任何方式因为该违反而受到影响，他就可以起诉公共实体并且以这种方式使其改变行为。只要市民遭受经济损失，他就能起诉公共实体要求损害赔偿。他将处于强势的情形，因为当公共实体的行为超出了它的法律权限时，存在给予市民损害赔偿的传统。[1]

如果一个人的行为遵守了违法的行政法，他不会自动被排除在责任之外。任一法律主体如果他不遵守约束他的法律将会承担后果的一般规则在此处也适用（"error iuris semper nocet"）。这一原则的唯一的免责理由是对待他人行为合法性的错误信任是"情有可原的"。一个人错误的信任不能被谴责就是这样的情况。市民被行政法误导的事实可能是他的行为违反了侵权法标准"情有可原"的很有效的论据。如果有关什么是约束性法律的错误是"情有可原"的，该错误将被认为是不违法的。因此，行为者将被免责。

行为者的错误行为是否是"情有可原"的问题在过失问题的形式中有详细的描述。如果他应该知道行政法违反了法律，行为者将要承担责任。然而，对上述提及事实的"情有可原"的无知，将会被看做是非过失行为或者看作没有违反义务。因此，如果行为者知道行政法违反法律，他就被认为是故意行为。那么，情有可原的问题就根本不会引起，并且行为者将承担责任。

5. 如果行政法规自己调整违反它本身规则的结果，特别是给予刑事制裁，这样的规则是否被认为是综合性的（即不包括侵权请求）？在这方面侵权法和刑法如何相互影响？

---

1 *T. Eckhoff/E. Smith*, Forvaltningsrett（Public administration law）（7th ed. 2004）448 – 449.

8　　　刑事制裁的存在将不会阻止原告进行侵权诉讼。这另外一个例子是"双重路径的方法"（参见上文边码1）。一个简单的例子是《挪威道路交通法》，其第31条设定了违反交通行为规则的刑事制裁。即使司机根据这些规则被判了刑罚，他仍然可能基于同一事故面临侵权法上的请求；例如，如果他因为鲁莽驾驶损坏了另一辆车。

9　　　一些地区已经制定包含刑事制裁和侵权法规则的法令。关于此点的一个例子就是《挪威污染防治法》，其第78条设定了以一种有害方式污染的刑事制裁。另外，《挪威污染防治法》第55条规定了构成严格责任的规则，其适用于满足"污染损害"要件（参见《污染防治法》第53条第2款）的损害。

　　　6. 在何种条件下，行政法规则被认为是所谓的"保护性目的规则"？行政法规则的保护目的是否仅由行政法规决定，还是也由侵权行为法的总则决定？

10　　　挪威法律没有所谓的"保护性目的规则"的传统。在挪威法律中，关于此点，无论是条款，还是概念，都不存在。尽管如此，但行政法时常以保护一定的利益为目标。这些利益通常在行政法律的筹备工作中被确定并且被详细描述。

11　　　原则上，规则旨在保护某些利益的事实，可能与责任问题有关。可以想象得到，当法官决定侵权行为是否发生时，将衡量行为者是否违反了具有保护性目的的行政法规则。一个例子是1995年5月5日第19号规则（《挪威幼儿园法》）第3条第1小段第2句："孩子应该有在安全环境中进行各种活动的可能性。"如果一个幼儿园的小孩因为幼儿园不安全的体育设施而受伤，所提到的规则将使支持主张幼儿园所有者的行为具有过错的论据得到加强。

12　　　然而，行政法规则通常会自动适用，法院没有必要去审查规则是否具有一定的保护性目的。这就是在规则具有保护性目的时考虑同一行为的责任规则的通常情形。一个例子是人们违反了保护环境为目的的规则，比如《污染防治法》第 7 条（"任何人不能，做或者发起任何可能导致污染危险的事情……"）。此时，根据《污染防治法》第 59 条的严格责任，他将承担责任。

7. 如果行政法规则约束一个法律实体，谁将对未遵守该规则承担责任？如果该实体机构的个人不得不承担各自的刑事责任或者行政责任，这是否也引起该人承担侵权责任？像这样的责任如何与法律实体的替代责任相互影响？

在法律实体工作的任何雇员，原则上可能因为法律实体没有遵守规则承担责任，只要该雇员所处的立场是保证规则被遵守的个人。如果雇员的作为或者不作为等同于过失，他就可能为那些源于或者有因果联系的违反行政法的损害承担个人责任。 13

大多数情况下，法律实体本身是通过替代责任规则承担责任。1969 年 6 月 13 日的《挪威损害赔偿法》第 2－1 条的一般规则将会适用，只要雇员导致的损害在他的职业过程之内。因为我们现在正详细描述雇员引起的与他的雇主违反行政法规则有关联的损害的情形，所以该规定几乎是自动地被满足。当谈到雇员因为他或者她未遵守相关行政法规则而被施以罚款时，雇主将不会有法律责任。 14

8. 在贵国，法律实体本身是否也要承担行政责任？像这样的责任在私法领域会有怎样的结果？如果适用行政责任，法律实体承担的行政责任是否也会引起侵权责任？法律实体的行政责任与它的替代责任如何相互影响？

根据挪威法律，构建行政责任的特殊规则是不常见的。但是，一个例子是，《污染防治法》第 73 条给控制污染的公共机构对未遵守《污染防治法》设定的实体进行罚款提供法律基础。另外，许多管制性法令包含通过审判对法律实体罚款的法律基础。一个例子就是《污染防治法》第 78 条，它就是对法律实体未遵守《污染防治法》的法定规定进行罚金处罚的法律基础。实体被公共机构通过法 15

院或者行政部门处罚的事实，不影响其民事责任的问题。这就是上文边码 1 中提到的"双重路径的方法"适当的意图。当谈到普通民事责任时，公共实体可能像其他任何私主体一样因为损害赔偿金被起诉。向法院应诉的法律主体要么是国家要么是当地机关。国家的部门通常以这样的方式被提出，例如"代表国家的国防部"。相同的侵权法规则原则上适用于公共实体，除了一些有关市民有权利期待公共机关的行为标准的规则之外，参见下文的边码 16。

16   根据挪威法律，调整国家责任和其他公共机构责任的问题，比如，当地机构、县议会或者市政当局的责任问题的特殊规则已经发展起来了。当公共机关参与有关"控制、监督、服务或者援助"的活动时，这些特殊规则就会适用。当执行这些活动时，代表公共实体机构行为的行为者应该受比较宽松的行为标准约束。除非所显示的行为在实质程度上偏离了谨慎行为的标准，公共实体将不会承担责任。概括地说，该规则的内容是：公共实体在执行上述活动中，不用为普通的过失承担责任，而要求具备更高层次的符合条件的过失。[2] 这个规则的合理性主要是太严格的责任规则将可能会降低公共机构参与为了市民利益的活动的意愿。

17   人们必须注意的是：特殊责任的规则仅在普通市民的危险是由公共实体活动之外的事情引起时适用。据此，当一个公共实体参与降低自然形成的危险的"服务"时，要求具备有条件的过失的特殊规则将被适用。一个例子是 1970 年《法律时报》（最高法院案件的定期报道）第 1152 号案例：设置灯塔是为了保护通过挪威北部叫做"芬斯内斯海沟"比较狭窄的海域的船只。其中的一个灯泡坏了，并

---

2 对该规则的广泛介绍和批判的详细阐述，参见 *B. Liisberg*, Erstatningsansvaret for offentlig servicevirksomhet（Liability for public service activity）(2005). 也参见 *P. Lødrup*, Erstatningsrett（Tort Law）(5th ed. 2005) 161–166 and *N. Nygaard*, Skade og ansvar（Damage and Liability）(6th ed. 2007) 239–245.

且有一段时间内没有替换新灯泡。一艘船撞到了海岸，部分原因在
于即在于此灯泡没有更换。随后，该船的所有人起诉灯塔管理系统
——挪威当局，要求赔偿船损坏的损失。当局被宣告无罪。法院阐
明，责任的必要条件是被告的行为可以被描述为是"实质性地偏离
了"灯塔系统旨在提供的安全水平。在该案中，这个必要条件没有
得到满足。裁决的措辞暗示着法官的意见是，该船舶船员的行动本
应该更加小心谨慎，他们不应该像他们所做的一样，过于信赖灯塔
的指引。

  所提到的特殊规则的法律基础是制定在《挪威损害赔偿法》第
2－1条中的替代责任的一般规则。公共实体将因为它的雇员执行任
何过失或者过错行为相应地承担替代责任。不管过错的行为是否在
特别宽松的行为标准框架之内，即是否具备符合条件的过失要件属
于这一情形。   18

  在该法律的筹备工作中，它着重强调，该段的第一句的最后部
分的目标在于公共实体和所列举的特殊区域。³ 该段的内容是：责任
取决于代表公共实体行为的行为者是否遵守提及的公共服务的被合
理期待的要求。当适用这个标准时，人们应该将公共实体的预算水
平作为相关因素予以考虑。如果其预算水平低，则期待的等级被降
低到适当的程度。⁴ 该规则更加详细的内容是因该规则覆盖区域一系
列案件的"描绘"所产生的。⁵   19

---

3 Odelstingsproposisjon（Norwegian Peparatorial Work for Enactment, Ot. prp）no. 48（1965 –
   66）Om lov om skadeserstatning i visse forhold（On the Act on Compensation），34, 56 – 57,
   59 – 62, 79.

4 Innstilling om lov om Det offentliges og andre arbeidsgiveres erstatningsansvar m. m. , Innstill-
   ing II（Report on liability for public entities and other employers）（1964）24 – 25.

5 比较，尤其是在 Rt. 1970, 1052；Rt. 1991, 164；Rt. 1992, 453 和 Rt. 2000, 253 案中
   提到的裁决。

二、旨在环境保护的安全规章和规定

1. （1）法定的安全规章和（2）旨在环境保护的规定对于侵权法有何重要性？

法定的安全规章对挪威侵权法相当重要。一旦证明被告违反了这样的规则，这样的违反将是决定行为者是否已经违反了他的注意义务的实际起点。一般地，违反了这样规则的行为者不太可能被宣告无辜。很多时候，安全规章将发挥制定这种或者其他活动中具体注意义务的功能。有些时候，这将采取制定预期的形式。当谈到产品责任时，特定的安全等级在 1988 年 12 月 23 日第 104 号法令《产品责任法》第 2 - 1 条中明确规定：“……安全是用户或者是公众一般能够合理预见的。”依据 1976 年 6 月 11 日第 79 号法令的《产品控制法》，该安全等级必须被遵守。《产品控制法》是一部管制法律，以确保市场上的每一产品都处于控制之中。人们习惯依赖产品的公共控制的事实明显地影响着安全预期。一般地，管制法会影响消费者的预期。例如，1985 年 6 月 14 日第 77 号法令《规划和建筑法》有许多保证没有危险建筑被建设的法定条款，特别是比较参照《规划和建筑法》第 80 条。当谈到建筑时，管制制度相对严格并且建设过程被市政当局密切关注和控制的事实影响和增加预期的一般等级。

管制法和侵权法之间相互作用的一个例子是在 1984 年《法律时报》第 466 号案例中提到的案件。一辆火车与属于四个不同农场主的四头奶牛相撞。这些奶牛在开着门控的平交道口被放牧。奶牛自己跑到铁路轨道上，火车司机未能及时停车。农场主起诉挪威铁路，请求赔偿这些奶牛的损失。这里存在一个管制挪威铁路平交道利用的国家规定。该规定指出，利用平交道的人（平交道所处位置的土地所有人）有设法确保门关闭的义务。该规定也使挪威铁路有义务在如果平交道的利用人没有履行义务时使门闭合，它有义务给利用者以提醒和警告。铁路人员也有义务向地区主管汇报该事件。很明显，利用者没有履行他的义务，并且同样表明铁路人员从来没有给予利用者任何提醒和警告或者向地区主管报告该事件。因为铁路人员未遵守国家规定的他们的义务的事实，最高法院裁决铁路人员具有过错。

旨在环境保护的规定也是重要的，尤其是在"污染损害"的领域范围之内（参见挪威《污染防治法》第53条和第6条）。术语"污染损害"的意思是任何因为"污染"导致的损害。污染被定义在第6条中，包括：①在空气、水或者土壤中加入物质、液体或者气体，②振动和噪音，③光或者其他形式的放射物，④温度的操纵。导致这些损害的人将承担责任，即使他们履行了他们的注意义务。换句话说，参看《污染防治法》第55条，这种损害由严格责任调整。在实践中，该规则将会搁置普通侵权法规则的运用，因为原告运用《污染防治法》第55条和第53条制定的法定责任规则会比较容易得到赔偿。 22

人们也许还会补充说，环境的保护被认为是政治上一项极其重要的任务。除此之外，这点还通过这样的事实表现，即在1992年《挪威宪法》中实施的旨在保护环境的特殊规定。因此，人们可能期待，在某些领域，这样的政治观点对侵权法规则解释有影响，尤其是损害的概念和注意义务的问题。 23

2. 在贵国，有关这些主题，在何种范围内认为侵权法与管制法有相同或者相似的目的？

侵权法和管制法规则在很大程度上被认为有相同的目的，因为两种规则都是以预防行为者给其他市民或者是环境造成损害为目标。 24

3. 这些规章和规定本身是否被认为是具有保护目的的制定法？个人是否也包含在这些保护性规则范围之内？在你们的法律制度中，

对这些规则的违反是否构成不法行为？或者它是否引起严格责任？

25　　正如在上文边码 10 中提到的一样，在挪威法律中，"保护性目的规则"这个术语不被使用。规章和规定本身就其在法律的筹备工作中通常具体规定某些利益的保护的意义上，被看做是带有保护性目的的制定法。个人自然被这样的保护性目的所涵盖。参看下文边码 30，违反这样的规则将会在行为违反了部分挪威法律秩序的意义上构成违法性行为。但这种违法的结果将依赖于具体的情境和违反的严重性。有时，违反规章根本不会有任何后果。一般地，违反管制规则不会导致严格责任。

　　4. 如果是适用（严格责任），请详细描述有关安全规章或者环境保护采用的强制责任保险的法定方案。

26　　根据挪威法律，不存在许多被认为足够危险从而使制定确立强制保险的规则成为必要的活动。然而，购买责任保险却是非常普遍的，这样的事实降低了强制保险方案的需要。下文将提到存在的最重要的强制责任保险方案。

27　　根据挪威法律，有关安全规章的法定方案和在某些领域规定强制责任保险的法律被制定在两个独立的法令中。例如，1977 年 2 月 4 日第 4 号法令《工作条件法》规制工作时的安全。（除此之外，参看《工作条件法》第 7 条和第 8 条。）尽管如此，但如果一事故发生，则雇主责任将被强制责任保险所涵盖，该强制责任保险制定在 1989 年 6 月 16 日第 65 号法令的《工伤保险法》中。该法律第 3 条的内容是雇主有义务购买工作时所有事故的保险。类似的制度被引进到有关交通安全方面。一方面，1965 年 6 月 18 日第 4 号法令的《道路交通法》设定了许多安全规则，并且还有大量的委托给交通部制定的行政规章。另一方面，1961 年 2 月 3 日的《机动车辆责任法》第 15 条规定了每个汽车所有人的强制责任保险。该法进一步规定了保险范围的限制等。

有关核能源活动的安全规章制定在 1972 年 5 月 12 日第 12 号法   28
令的挪威《核能源法》中，参照比较其他条款：第 15 条。该法第
35 条迫使利用核能源的企业家对自己的责任投保。

三、过错责任

(一) 对行政法规则的违反

1. 在过错责任领域，违反安全规章和环境法规则扮演何种角色？

在过错责任领域，违反安全规章常常扮演重要的角色。[6] 如此规   29
则的存在通常增加对行为者的预期；如果他的行为没有遵守该规则，
可能比较容易推断他的行为有过失。[7] 另外，这些规则通常很明确指
出他本应该做什么。无论何时，被告没有以规则或者规章所规定的
行为方式行为的，他将更加容易地被认为具有过错。一个例子是
1987 年《法律时报》第 1346 号案例中关于跳台滑雪的案子。一跳
台滑雪俱乐部违反了有关应如何安排跳台滑雪的山的规则。一跳台
滑雪者在山的上半部摔倒，并且伤得很严重，因为他摔倒在一个为
了在雪很多时调整轨道而制作的钢结构上。这个事故的发生，部分
原因是因为几乎不存在积雪，因此，钢结构既没有被雪覆盖，也未
依照国际规定被固定。与跳台滑雪山相关的国内和国际的安全规章
在决定俱乐部是否有过失行为的过程中是很重要的。跳台滑雪俱乐
部未遵守如何确保钢结构安全的规定的事实等同于跳台滑雪俱乐部
具有过失。

2. 仅违反这样的规则就能构成不法性还是有额外的要求，比如：
违反注意义务和过错？

这个问题依赖于不法性的定义。在挪威的学说中，不法性的概   30

---

6 *Lødrup* (fn. 2) 130 – 135；Nygaard (fn. 2) 199 – 204.

7 参见 *Nygaard* (fn. 2) 202 – 203.

念意味着行为违反了法律秩序，而不管其本身是否有任何结果。在这个意义上，违反行政规则将构成不法性。[8] 但是，这还不足以要求赔偿。[9] 另外，侵权责任的常规要件一定得满足；例如经济损失、过错和因果关系。

31   但是，如果人们解释不法性为有意图的过错侵权行为，那么仅是违反这样的规则不足以构成不法性。原告不得不额外证明被告具有过错。但是，违反安全规章的事实将是一个很强的暗示，即存在义务的违反。

    3. 如果实施侵权行为的人违反了行政法规，他的责任在何种程度上依赖于规则的保护目的？

32   侵权者的责任一定程度上依赖于保护性目的的规则。这个理由是最高法院实践和理论评论者已经发展的有关管制法规则和侵权法规则之间关系的"相关性"或者"平行性"的原则。根据这一原则，对于责任问题的决定性因素是提及的被侵害的利益实际上是否被行政规章所保护。[10] 一个例子是 1957 年《法律时报》第 590 号案例中提到的裁决：一个 12 岁的男孩，当他的父亲在火车隧道里工作时，他加入了他的父亲（的工作）。这个男孩被火车撞伤，部分原因是因为火车司机没有按照为了工人安全而制定的安全规章给信号。该男孩起诉火车隧道公司。最高院法官的意见形成 3 比 2 的分歧，但是大多数的法官否认赔偿。大多数意见认定安全规章是用来保护工人的，而不是其他非法在隧道里面的人。尽管如此，但该裁决遭到了批评。[11]

    4. 在何种范围内，实施侵权行为的人被允许证明即使他遵守相

---

8   *Eckhoff/Smith*（fn. 1）449.

9   *H. P. Graver*, Alminnelig forvaltningsrett（General public administration law）（2nd ed. 2002）508 – 509.

10   *Nygaard*（fn. 2）204 – 205.

11   *Nygaard*（fn. 2）204.

关的规则行事，他仍然会造成损害？

侵权者被允许证明，即使他遵守了相关的规则，也会导致这样　33
的损害。

5. 违反行政法规则在举证责任的分担上，有何种结果？尤其是
就因果关系、不法性和过错而言？

根据挪威法律，有关违反行政法规则和举证责任分担之间的关　34
系没有明确的规则。在挪威法律中，有关举证责任总的路径是法官
必须在提交给他的所有证据的基础上裁决案件。[12] 如果一个人想要获
得一定的法律地位，那么该人就必须提供支持他请求的证据。相应
地，在侵权法中，原告必须承担举证责任，但是，无论何时，法官
发现有好的理由可以实行举证责任倒置时，他有这样做的权限。

一个例子是上文边码 21 中提到的案件。被告辩解，警告或者通　35
知不会阻止奶牛被火车撞。相应地，被告坚持，他们的过错不是造
成的损害的必要条件。法院指出，证明即使铁路已经给用户警告，
并且报告给区域主管，该事故还是会发生不能构成任何证据。法院
补充说，通过采取这样的措施，评估事故的风险降低到了何种程度
也是困难的。但是，法院裁决，上述不确定性的举证责任，必须施
加于铁路公司，因为该方有应受谴责的被动的过错。

6. 违反行政法是否能导致主张惩罚性赔偿？

违反行政法规则不能引起惩罚性赔偿的请求。根据挪威法律，　36
人们一般不会允许惩罚性损害赔偿。但是，存在给原告提供类似救
济的规则，参看挪威《损害赔偿法》第 3 – 5 条中的非经济损失赔偿
的特殊规则。法院实践和法律评论者一般接受这样的损害赔偿考虑
以惩罚的方式进行评估。[13] 但是，仅当提及的违反被认为是故意的或
者是严重过失的行为时，该制定法才会适用。

12　Tvistemålsloven 13 August 1915 no. 5（The Norwegian Litigation Act, tvml.） § 183.
13　*Lødrup*（fn. 2）378；*Nygaard*（fn. 2）169 – 171.

(二) 遵守行政法规则的行为

1. 即使侵权人遵守了所有相关的行政法规则，他是否也要承担侵权责任（以获得损害赔偿或者禁令为目的），或者你们的法律制度是否允许"管制性许可抗辩"？

37　　即使侵权者的行为遵守所有相关行政法规则，他仍可能在侵权中承担责任。这是双重路径方法的结果。可以想象的是，行为者以过错的方式行为，即使他行为时遵守行政法规则。在这样的情形中，他可能被裁决承担责任。

38　　因此，"管制性许可抗辩"在挪威法律中是一个无人知晓的概念。但是管制规则对责任问题仍然有一定的影响。当法官决定行为者是否已经违反他的注意义务时，他就会看重行为者毕竟遵守了行政法规则的事实。这个事实也许足够使其裁决行为者是"法律可以谅解的错误"（"unnskyldelig rettsvillfarelse"），参看上文边码6。然后，他就会被免责。原则上，行为者遵守行政法规则本身仍然不豁免他或者不自动地豁免他。明确许可做对受害者的利益领域有负面影响的事情同样也是一样。被许可的法律主体也许会承担责任，而无视该许可。[14] 但是，许可的存在也许会引起被许可人是"法律可以谅解的错误"的干预。

2. 一般注意义务能否超过这些规则的范围？

39　　原则上，一般注意义务确切地超过了这些规则。这就是双重路径方法的结果。行政法规则路径也许是为了其他的目的而创立，而不是为了避免伤害。相应地，可以想象的是，行政法规则并不足以保证一个活动不给其他市民带来危险。那么，行为者自身有义务以某种预防损害风险的方式作出反应。没有遵守这样的义务将使其自身承担责任。

14　*T. Falkanger*, Tingsrett（Property law）（5th ed. 2000）328 - 329；参见 Rt. 1974, 122.

3. 如果侵权人能够成功证明他是合法地行为（就相关的行政法规则而言），那么关于不法性和过错的举证责任的分担是否会有所不同？

原则上，侵权者成功证明他的行为合法的事实对于举证责任的　40
分担并不产生任何影响。根据挪威法律，总的出发点是举证责任在于原告（参看上文边码 34），然而，无论法官何时发现举证责任倒置将提供最好的解决方案，法官都有这样做的权限。但是，有一点应该提到，该权限相当少地运用在侵权法的法院实践中。如果侵权者遵守了提及的规章，举证责任将仍然在原告，在这样的情形中，法官当然没有任何动机进行举证责任的倒置。

四、其他原因的损害赔偿

1. 除了侵权法之外，是否还有其他法律的原因，比如：行政法本身或者是更加广泛的法律责任领域，强调因违反这样的规则所引起的损害赔偿责任？

关于行政法本身（如同已经提到的上文边码 22 一样），《污染防　41
治法》第 55 条施加严格责任给所有人或者工厂，以及财产或者是类似的能够通过污染导致损害的物体的经营者。然而，《游乐场法》第
7 条使得游乐场的所有者或者经营者对因为游乐场活动导致的任何人身损害承担无过错责任。两部法律都强调因为违反行政法规则导致损害的责任，例如《游乐场法》第 5 条、第 6 条和《污染防治法》第 7 条。

当谈到更广泛的法律责任领域时，人们可能提到 1961 年 6 月 16　42
日第 15 号法令的《邻居法》第 2 条和第 9 条，其构成了严格责任的法律基础。但是，最后提到的规则必须被认为是法典化的原则，其已经在法院实践中出现。违反《邻居法》第 2 条和第 9 条规则本身

构成责任。但是，违反提到的法律通常同时代表对保证邻居福祉和环境质量的行政法规则的违反。这一规则的例子是《规划和建筑法》第 70 条第 2 项和第 74 条第 2 项。

在《邻居法》中，存在禁令的特殊法律基础，参看《邻居法》第 7 条。该条文清楚地表明，邻居有确保纠正任何违反有关生活侵扰的第 2 条和第 9 条规则的权利。在私法的法令里通常有关于禁令的特殊规定，例如 1968 年 11 月 29 日的挪威《地役权法》第 17 条。但是，总体上，遭受法律主体不遵守管制法或者私法规则的私的一方有权向法院提起诉讼寻求禁令。法院将在它的裁决中指出不作为是违法的。然后，法院的裁决可能是私主体使警方的行政强制生效的法律基础，参看 1992 年 6 月 26 日第 86 号的《挪威强制执行法》第 4 - 12 条。带着他们手上的法院裁决，执行机关的官员（"执行机关"，警察机关的特殊部门，根据私法处理强制执行公民的权利）能够，例如，关闭未遵守有关调整污染许可限制在某一范围之内的规则的工厂。上面的制度也包含了私的主体不遵守既定许可的情形。但是，法院不能允许被禁止的活动继续存在的同时又保障受害方的赔偿。所提到的一般制度是二元的；一方要么是被禁止继续他的活动，要么是被允许继续他的活动。

2. 如果行政法规则许可侵害另一个人的利益，贵国的法律制度是否提供损害赔偿（或者是来源于受益者、基金或者是政府）？该赔偿请求的必要条件是什么？

43　　除了在该报告其他地方描述的一般侵权法规则之外，没有其他的赔偿基金或者工具是为行政法规则许可侵害另一个人的利益的特殊情形而设计的。

五、案例

1. 1976 年，一家由 A 公司经营的化工厂，被允许可以排放一定量的废气到空气中。根据最近的技术标准，所规定的量可以以一个合理的费用显著地降低。然而，自从 20 世纪 70 年代以来，政府管制就没有升级校正调整过。因排放废气而遭受农作物损害的当地农民，能否向政府或者工厂经营者主张损害赔偿？这与农民本应该根据行政审查程序，申请审查或者撤销许可有关吗？

毫无疑问，农场主可能向经营者请求损害赔偿金。最充足的法律基础可能是《邻居法》第 2 条和第 9 条。第 2 条第 2 款是为上面描述的实际情况而设计的特殊法律。该小段内容规定引起排放的被告将要承担责任，除非他已经做了"从技术上和经济上可能"预防该排放（损害）的事情。在法院实践和侵权法理论中，这样的规定被解释为成本和可能避免的损害之间均衡性的要求。[15] 以合理的成本达到降低的事实将使维持一个经济上本可能的降低变得容易。因此，农场主将处于一种强势的情形。[16] **44**

农场主也能够在《污染防治法》第 55 条、第 53 条和第 6 条的法律基础上起诉公司 A。排放物可能被认为是污染（"forurensning"）（参见第 6 条），并且给他的农作物造成的损害因此也被看做是"污染损害"，参见第 53 条。在这样的案件中，第 55 条的严格责任条款相应地适用。理论上，农场主也可能根据一般的、不成文过失责任的规则起诉经营者。 **45**

起诉政府的问题就更值得怀疑。在这一点上，人们必须牢记，关于"监管"、"控制"等公共责任的特殊规则在上文边码 8 中被描 **46**

---

15 参见 Rt. 1969, 757 和 *B. Askeland*, Uturvanderegelen i naboloven § 2（The rule on unnecessity in Neighbour Act § 2），Jussens venner（"Friends of the law" - Norwegian periodical on law, JV）1996, 326, 355 – 369.

16 在 1972 年《法律时报》第 142 号案例中提及的情形关注多大程度上铸造厂应该适用现代清洗方法，尽管这些方法那时在斯堪的纳维亚还不被人知晓。被告被确定无罪，但是最高法院的论证建议，如果在那时这些技术方法更加广泛地被人们知晓，被告就应该承担责任。

述。政府在保证现代技术设备得到应用方面的不作为很难等同于比普通过失更多的过失。比较 1970 年《法律时报》第 1152 号案例（参看上文边码 17），它不能被看做是对谨慎行为的实质性偏离。因此，原告可能无法提起针对政府的诉讼。

农场主本应可以根据行政法程序申请审查或者撤销许可的事实实际上与侵权问题没有关联。这是双重路径方法的结果。受害者对于侵害有要求侵权法上侵害赔偿的权利，而无视行政程序可能的结果。因此，行政法程序并未优先于侵权法。

2. 一个有关职业危害的特定法规 A 迫使雇主在他们的车间里采取一定的保护措施。B 经营着一间一人车间，在那里没有雇工和参观者曾出现过，假设在该情形下管制规定不予以适用，一个偶然到车间参观的人受到伤害，B 是否仍然要承担侵权责任？

47   或者基于不成文的严格责任规则，或者基于过失，B 都可能承担责任。当谈到严格责任问题，裁决依赖于威胁是否构成"持续的、典型的、非同寻常的风险"。[17] 根据挪威法律，存在许多概括符合这些要件情况的案例。[18] 公平地讲，法官在裁决是否适用严格责任规则时，事实上有自由裁量的界限。因为该种自由裁量，所以很难从稀缺的事实中辨认出法院是否会判决 B 承担责任。这个问题可能取决于参观者有没有可能进来并且危害他自己。

48   如果危害的危险性和谨慎的缺乏等同于侵权过失，B 也可能承担责任。对于 A，挪威法官可能将不会考虑运用法定的制度类推适用于雇员。提到的制度被确立与（通常地）雇主和雇员之间长远的合同关系有关联。在挪威法律方法内，这构成了与一次性参观者案件最基本的、相关的差异。这种差异将可能阻止任何类推方法适用

---

17   参见 *B. Askeland*, Norwegian report, in: H. Koziol/B. C. Steininger（eds.），European Tort Law 2004（2005）451 ff. no. 8.

18   这些情况被详细阐述和列举在 *Nygaard*（fn. 2）253 – 283 中。

的可能性。

3. 公司 B 违反有关公共安全规则的各类规章很多年，尽管存在有权力处以罚金、甚至让 B 公司关门倒闭的政府机构，但是这些政府机构几乎没有采取行动，通知公司 B 这些违法行为。他们曾经参观该公司一次，并且列出一系列的公司应该补救的缺陷的清单。公司一直未补救这些问题，政府机构从未再回头来惩戒该公司。一段时间之后，一严重的事故在 B 公司发生，如果该公司严格遵守相关安全规则，该事故本应该可以避免发生的。

(1) 受伤害的人能否让公司承担损害赔偿责任？如果可以，公司能否以缺乏监管部门的监督提出抗辩？

受害人可能明确地要求公司承担损害责任。一旦风险实际上成为现实，公司 B 未遵守机构的要求的事实本身将容易地，而且是相当可能地被认为是侵权过失。　49

缺乏监管可能会作为某种减轻情节进入案件当中，但是当谈到责任有无问题时，机构的不作为将不是决定性的因素。某种程度上，机构一方存在侵权过失，机构和公司将被认为是并存的侵权人。[19]　50

(2) 受到损害的人能否主张从政府机构获得损害赔偿？

受害人可以请求政府机构的损害赔偿金，但是几乎没有获得成功的可能。在这一点上，上文边码 16－18 中提到的特殊规则将适用，并且给原告带来了困难。正如上文提到的一样，像政府机构这样的公共实体只有在它们的不作为等同于符合条件的过失时才承担责任。政府机构确实列出了缺陷清单并且把它提供给公司的事实可能已经足够推断它们的行为符合市民应有的合理期待，请参看公共实体责任的规则。　51

例证在诉讼中提到的原则的案件是在《法律时报》1991 年第　52

19　参看 *W. V. H. Rogers*, Commentary ad Multiple Tortfeasors, in: European Group on Tort Law (ed.), Principles of European Tort Law, Text and Commentary (2005) 138 ff., 143.

954 号案例中提到的：一个旅行机构没有提供法律规定的担保。[20] 该机构安排了许多度假，但是最终破产。许多顾客事先已经为他们的度假付款，并且最后无法获得赔偿，因为破产财产没有任何金钱支持退款。在破产前的几个月，"旅行担保基金"通知挪威消费者的"申诉专员"（"ombudsman"）[21] 旅行机构缺乏担保的事实。消费者的"申诉专员"没有采取行动。旅行机构的消费者起诉了国家，请求赔偿他们损失。被告认为消费者的"申诉专员"的消极被动等同于过失，并且国家应该基于《挪威损害赔偿法》第 2-1 条长官负责的规则承担责任。法院裁决被告胜诉，因为过失的要素不足以满足公共实体责任的特殊规则的要件，公共实体责任要求具备符合条件的过失（比较上文边码 16）。

---

[20] 给予这样保证的义务是早期在前面有关旅行社的挪威法案中规定的，相同的义务现在根据 Pakkereiseloven 25 August 1995 no. 57 chapter 11（The Norwegian Act on Package Holidays）得出。

[21] 在挪威，在某些领域，有若干公共雇佣的人士监督市民的权利，他们的工作是确保市民的权利被其他公共实体尊重。存在为儿童、为病人、为不被性别歧视、为民事权利和为消费者权利的申诉专员。

波兰侵权法与管制法

莫尼卡·雅盖尔斯卡　格热戈日·兹米亚[*]

一、总述

1. 总体上来讲，在贵国，行政法规则对侵权法的影响是什么？

在波兰，有关民事法律关系，民法领域（作为私法的一部分）和行政法领域（作为公法的一部分）传统上是交织运用的。[1] 在法律学说中，此法与彼法之间的界限是由作为准则的规章的适用方法来勾划的。典型的民（私）法方法［相对于行政（公）法］是民事法律关系当事人之间的平衡。然而，波兰法律中无人知晓管制法的概念。因为这个项目，管制法可能被理解为在与货物生产、工业行为、履行服务或者其他环境影响有关的典型社会环境中设定一些行为标准的法律。这种管制法概念与其说是民法领域的概念，不如说

1

---

* 莫尼卡·雅盖尔斯卡（Monika Jagielska）博士，波兰卡托维兹西里西亚大学法学院行政法、私法和国际私法系讲师。格热戈日·兹米亚（Grzegorz Żmij），法学硕士，德国特里尔人，波兰卡托维兹西里西亚大学法学院讲师，法律顾问和仲裁员。

1 参见 A. *Stelmachowski*, Zarys teorii prawa cywilnego（1998）29.

是行政法（公法）领域的概念。[2]

2　　由于违法行为引起的行政法规定对民事法律关系影响的问题，在波兰法律文献中，仍然没有得到全面的确定。通常，撰写这些问题的作者聚焦于有关公共机关违法执行的国家责任问题上。[3]

3　　似乎几个因素可能导致这种状况。首先，无论何时，符合或者不符合行政法规则的行为的问题出现在私法实践中，大多数案件中，它涉及公共机关行为和与此有关的赔偿责任。其次，无论讨论的交易活动在何种情形下，并且尤其是涉及某些消极的环境影响活动，存在一个清晰的趋势是从以过错责任转移到严格责任，或者甚至基于异常风险的严格责任，此处，遵守或者不遵守一定的行政法规定的问题是次要的或者是不重要的。这种趋势尤其是在有关人类的生命和健康的案件中能被看到。在他们的裁判中，波兰法院一贯是倾向于对人身损害施加责任，即使该项活动是遵守许可和法律规则的。例如，专业的产品生产者应该明确地通知消费者有关使用产品可能引起的危险。如果他没有这样做，他就不能基于有国家卫生厅的正式证明和已经根据某个部门的行政命令设置警告在产品上的理由使自己免责。[4] 同时产品是根据波兰法律规范生产的事实也不能构成免

2　参见 *E. Łętowska*, Prawo cywilne a prawo administracyjne. Razem, ale nie do spółki. "Dobre" prawo cywilne, "złe" prawo administracyjne? Perwersyjne efekty współistnienia, in: A. Mączyński/M. Pazdan/A. Szpunar（eds.）, Rozprawy z polskiego i europejskiego prawa prywatnego, Księga pamiątkowa ofiarowana Profesorowi Józefowi Skąpskiemu（1994）217 ff.；*A. Wolter/J. Ignatowicz/K. Stefaniuk*, Prawo cywilne. Zarys części ogólnej（2nd ed. 2000）16, 17. Cf. in the administrative law writing, e. g., *J. Filipek*, Metoda administracyjnoprawna, in：*E. Knosala/A. Matan/G. Łaszczyca*（eds.）, Prawo administracyjne w okresie transformacji ustrojowej（1999）41 ff.

3　Further on this topic *M. Safjan*, Odpowiedzialność odszkodowawcza władzy publicznej（po 1 września 2004 roku）（2004）11 ff.

4　上诉法院在 Białystok, 30 November 2000, I ACa 340/00, Orzecznictwo Sądów Apelacyjnych（OSA）2001, no. 6, pos. 33 案中的裁决。

责条款。[5]

在这方面，必须特别注意调整危险产品导致损害的责任条款。在   4
那些条款中，产品遵守行政法标准的问题可能对生产商责任有重大意
义。如果产品危险特性的唯一理由是因为它遵守了法律规则（《波兰
民法典》第 449 条之 3），那么他就可能免除责任。该规章应该被严格
解释。它并不意味着生产者能通过证明产品符合法律规则来免除自己
的责任。相反——仅当他面临在不遵守法律规则就生产没有危险的产
品或者遵守规章却生产出危险产品之间的选择时才能这么做。[6]

行为遵守行政法规定和侵权责任角度下它的重要性的讨论可能   5
会在 1994 年 2 月 4 号法令——《地质和采矿法》（Geological and
Mining Law），[7] 2001 年 4 月 27 日法令——《环境保护法》（Environ-
mental Protection Law），[8] 和 2001 年 7 月 18 日法令——《水法》
（Water Act）[9] 的基础上颁布的私法判决中发现。

正如前面提到的一样，当我们处理以过错为基础的责任时，通   6
常产生导致损害的行为是否遵守行政法规则的问题。该问题主要有
关既定行为的违法性问题。

在波兰的法律学说中，存在有关"违法性"含义的争论。[10] 违   7

---

5 波兰最高法院的裁决（SN），4 December 1981，IV CR 433/81，Orzecznictwo Sadów Pols-
kich（OSP）1983，no. 3，pos. 55.

6 E. *Łetowska*，Prawo umów konsumeckich（2nd ed. 2002）122 f. ; *B. Gnela*，Odpowiedzialno
śċ za szkodę wyrządzoną przez produkt niebezpieczny（tzw. odpowiedzialność za produkt）
（2000）104 ; *M. Jagielska*，Odpowiedzialność za produkt（1999）163 ; *id.*，Podstawy odpow-
iedzialnośći za produkt（2004）79 f.

7 Dziennik Ustaw（Journal of Laws，Dz. U. ）1994，no. 27，pos. 96 as amended.

8 Dz. U. 2001，no. 62，pos. 627 as amended.

9 Dz. U. 2001，no. 115，pos. 1229 as amended. ; cf. decision of SN，26 September 2001，IV
CKN 466/00，LEX no. 56088.

10 Further *M. Sośniak*，Bezprawność zachowania jako przesłanka odpowiedzialności cywilnej za
czyny niedozwolone（1959）71 ff. ; *W. Czachórski*，in：Z. Radwański（ed. ），System prawa
cywilnego，vol. III，part 1，Prawo zobowiązań-częśċ ogólna（1981）530 ff.

法性的本质在于违反了约束法律秩序的法令。[11] 尽管关于后者一般有一致的意见，但是，在违法性的概念和过错的概念之间的关联以及违法性的范围这样的问题上是存在意见分歧的。

8　　在波兰民法学说中，存在作为侵权责任独立前提条件的违法性的独立性的传统争论。该争论具有一定的历史背景，并且是由于奥地利和德国民法学说相对于法国学说的冲突引起的，当时，波兰现代民法规章制度被创建。[12]《波兰民法典》第415条，其构成了《波兰民法典》中侵权责任的根本和一般基础，规定：无论任何人，因为他的过错，导致对他人的损害，应该承担补救的责任。在该条款的语境中，并没有直接提到违法性。

9　　根据已确立的观点，参考《波兰民法典》第415条的措辞，过错包含两个要素——客观的和主观的。那些要素是客观违法性和主观非难性。[13] 不同的观点认为违法性仅是过错的前提条件。[14]

10　　在文献资料中，重点强调，既然违法性意味着对具有约束力的法律秩序的违反，那么，违法性的概念对于法律的对立面是单一的，并且，它的内容对于所有的部门法都是一样的。分歧仅涉及到有关违反法律的范围和结果。[15] 从这样的立场出发，我们可能谈到民事违

11　*Sośniak*（fn. 10）102 f.；cf.，e. g.，*Czachórski*（fn. 10）533；*Z. Banaszczyk*，in：K. Pietrzykowski（ed.），Kodeks cywilny, Komentarz do artykułów 1 – 449[11]（4th ed. 2005）art. 415 no. 21.

12　参见 *Sośniak*（fn. 10）71 ff.

13　比较，例如，*R. Longchamps de Berier*，Polskie Prawo Cywilne, Zobowiazania（2nd ed. 1939, reprint 1999）234 f.；*W. Czachórski*，Zobowiazania. Zarys wykładu（8th ed. 1994）202.

14　参见，例如，*B. Lewaszkiewicz-Petrykowska*，Problem definicji winy jako podstawy odpowiedzialności z tytułu czynów niedozwolonych, Zeszyty Naukowe Uniwersytetu Łódzkiego, Seria I, Nauki Humanistyczno-Społeczne, no. 14, Prawo（1959）43；*G. Bieniek*，in：G. Bieniek（ed.），Komentarz do Kodeksu Cywilnego, Księga trzecia, Zobowiazania, vol. I（5th ed. 2003）221；*Z. Radwański/A. Olejniczak*，Zobowiazania – część ogólna（6th ed. 2005）no. 470, *Banaszczyk*（fn. 11）art. 415 no. 14.

15　*Sośniak*（fn. 10）89.

法性（分为合同和侵权违法性的区别），行政违法性，刑事违法性等等。[16]

2. 在行政法规和侵权法相互作用的问题上，是否存在宪法上的界限或准则，比如：关于联邦法与州或者当地可适用的法规之间以及与行政法规则的保护目的之间的关系准则等？

1997 年 4 月 2 日的《波兰共和国新宪法》[17] 采用了许多新的解决方法，旨在加强法治。行政法与调整侵权责任的民法之间的联系问题，主要包含在宪法第 77 条的内容中，该条款也调整公共权力机构的违法行为的责任问题。根据该条款，每个人都有请求由公共权力机构的违法行为导致损害的赔偿权利。最初，采用该条款引起宪法法院宣布《民法典》实体法调整有关违宪的公共机关违法行为的国家责任。[18] 宪法法院裁决的结果是《民法典》在这方面广泛的变化。[19]   11

到《波兰新宪法》生效，包括第 77 条和上面提到的宪法法院的判决，激励有关违法性概念的讨论。该讨论的两种立场看上去对这个分析都重要。   12

第一个涉及在《宪法》第 77 条的语境中，[20] 民事违法性的概念是否还要保留的问题，正如它所采取的一样，迄今为止，除了与具   13

---

16 比较 *Banaszczyk*（fn. 11）art. 415 no. 22.

17 Dz. U. 1997，no. 78，pos. 483.

18 2001 年 12 月 4 日宪法法院的裁决，SK 18/00，Orzecznictwo Trybunału Konstytucyjnego（OTK）2001，no. 8，pos. 256.

19 2004 年 6 月 17 日《民法典》修正案法案和其他法案，Dz. U. 2004，no. 162，pos. 1692.

20 基于《宪法》第 77 条，进一步讨论违法性（不法性）的意义：*K. Pietrzykowski*，Bez-prawność jako przesłanka odpowiedzialności deliktowej a zasady współżycia społecznego，in：M. Pyziak-Szafinicka（ed.），Odpowiedzialność Cywilna. Księga pamiątkowa Profesora Adama Szpunara（2004）172 ff. 和其他被引作者。

有约束力的法律相矛盾的行为之外，也有对社会交往原则的违反。[21]
换句话说，侵权者的行为如果正式地违反了这些法律规定能被认为
是违法吗？但是它如果是违反社会交往原则或者善良风俗呢？社会
交往原则是一个法定的概念，立法者在创建《波兰民法典》时，经
常参考它，而且其是建立在苏联法律基础上。它促使一部分学说制
定建议用善良风俗概念取代社会交往原则。根据目前现在对社会交
往原则的理解，他们意味着被波兰社会文化普遍接受的价值观，同
时，其组成欧洲文化遗产和元素。这些关于人们对其他人行为的原
则，律师仍然是对这些社会交往原则最感兴趣的，同时，这些原则
不是具有拘束力的法律规则。[22] 在法律学说中，一个最近提出的观
点，当前，民事违法性，包括作为责任前提条件的违法性，必须主
要被理解为某些遵守法律规定的行为的缺失。根据该观点，如果违
法性产生于一个特别的法律条款，像违反社会交往原则或则善良风
俗这样更为宽泛的违法性的理解是可能的。[23]

14 　　　上面提到的其次涉及的问题是，违反任何法律规定（包括行政
法）是否都对既定行为的违法性起决定作用，或者仅违反某些类型
的规则，侵害受既定法律规范保护、由议定的准则界定的利益，是
否可能构成侵权责任的前提条件？在文献资料中确定的观点认为如
果"侵权者的行为是直接针对受害方的利益，就是违法的。如果违

21　参见，例如，*Sośniak*（fn. 10）107, 109；*Czachórski*（fn. 10）533；*Radwański/Olejniczak*
　　（fn. 14）no. 472. 参见裁决 SN, 31 January 1968，III PRN 66/67，Orzecznictwo Sądów
　　Polskich i Komisji Arbitrażowych（OSPiKA）12（1968）pos. 261；从新的裁决，参见 SN,
　　19 February 2003，V CKN 1681/00，LEX no. 12742.

22　Z. *Radwański*, Prawo cywilne-część ogólna（7th ed. 2004）Nb. 82. Cf. D. *Szmyt-Biniaś*,
　　Klauzula zasad współżycia społecznego, Gdańskie Studia Prawnicze, vol. XIV（2005）867 ff.

23　*Pietrzykowski*（fn. 20）178.

法者违反的法律规范的目的是保护公共利益，大众的利益的话，[24] 损害赔偿的请求将不具有正当理由。"该观点在司法判决[25]和给定的所谓"相对违法性"术语或者对受害方行为的直接性[26]的学说中有所反应。因为这个观念有时被用来作为由违法行为导致损害的国家责任的缺失的正当理由，尤其是在公共机关的行为遵守这些法令时，它最近受到尖锐的批评。[27]

3. 除了法定规定之外，违反哪种类型的行政法规（比如：规章、官方通知）的情形之下，能引起侵权责任？

根据《宪法》第 87 条第 1 款，以下是波兰法普遍拘束力的来源：宪法，法律，签订的国家协议和行政命令。鉴于《宪法》第 87 条第 2 款的效力，地方立法的合法法令是颁布这些法令的主体在其有权限的地区内，波兰共和国法律的普遍拘束力的渊源。于是，一方面，1997 年 4 月 2 日《波兰共和国宪法》采用一个封闭的、具有普遍拘束力的法律渊源，另一方面，采取国内行政法渊源开放的制度。[28] 该制度由"总督"、领土自治政府机构以及由总督监管的当地政府管理机构（一般政府管理）和直接由中央政府机构监管的政府

15

24　A. *Szpunar*, Czyny niedozwolone w kodeksie cywilnym, Studia Cywilistyczne（SC）1970, vol. XV, 71; cf. Z. *Masłowski*, gloss on the decision of SN, 13 April 1962, OSPiKA 1963, pos. 3; B. *Lewaszkiewicz-Petrykowska*, Wina jako podstawa odpowiedzialności z tytułu czynów niedozwolnych, Studia Prawnicze i Ekonomiczne（SPE）1969, vol. II, 91; A. *Koch*, Związek przyczynowy jako podstawa odpowiedzialności odszkodowawczej w prawie cywilnym（1975）113.

25　比较，例如，decision SN, 13 October 1987, IV CR 266/87, with gloss L. *Stecki*, Nowe Prawo（NP）1990, no. 4-6, 225.

26　参见 R. *Kasprzyk*, Bezprawność względna, Studia Prawnicze（SP）1988, no. 3, 149.

27　M. *Safjan*, Problematyka tzw. bezprawności względnej oraz związku przyczynowego na tle odpowiedzialności za niezgodne z prawem akty normatywne, in: W. Popiołek/L. Ogiegło/M. Szpunar（eds.）, Rozprawy Prawnicze, Księga pamiątkowa Profesora Maksymiliana Pazdana（2005）1322 ff.

28　J. *Stelmasiak*, Węzłowe zagadnienia konstytucyjnych źródeł prawa administracyjnego, in: Księga Pamiątkowa Profesora Ryszarda Paczuskiego（2004）325.

行政机构（部门政府管理）颁布的地方立法的合法法令组成。[29]

16　　波兰于 2004 年 5 月 1 日成为欧盟的成员国。从那时起，欧洲法律制度成为波兰法律制度不可分割的组成部分。

17　　根据上面提到的相对违法性的思想，不存在一个先验的规范选择，似乎对具有普遍拘束力的法律规范的任何违反均可能潜在引起违反规范行为的违法性，并且，在存在责任的余下的必要条件时，可能会引起侵权责任。

　　4. 当行政法（比如法律或者由政府或者具有公共职能的实体所作的决定）本身违反法定规定的时候，根据私法，会有怎样的后果？因遵照约束其行为的违法的行政法规，而造成损害的人，是否不用承担责任？如果是，它是否与造成损害的人已经知道或者应该知道行政法规是违法的，有任何相关？

18　　如同已经提到的一样，1997 年 4 月 2 日《宪法》开始生效，引起有关公共机关违法行为的国家责任方面法律的根本变化。[30] 如果当立法者在制定法律或者行政主体在个案中颁布行政决定时，以一种违法的方式进行，这可能会导致国家或者自治政府法律实体的损害赔偿义务。但是，不是每一个违法性的案件都会引起这样的责任。违法性（无视立法不作为的特殊情况）独立地由法院的损害赔偿判决决定。它首先必须在由相关规章指示的程序中裁决。

29　*Stelmasiak*（fn. 28）326.

30　参见 *Safjan*（fn. 3）41 ff.；*M. Safjan*, Odpowiedzialność odszkodowawcza z tytułu bezprawia normatywnego, Ruch Prawniczy Ekonomiczny i Społeczny 2005, vol. 1, 14 ff.；也比较民法典修正案占支配地位的讨论：*R. Szczepaniak*, Odpowiedzialność za szkodę wyrządzoną wydaniem aktu normatywnego, Kwartalnik Prawa Prywatnego 1999, no. 3, 513 ff.；*M. Safjan*, Ewolucja odpowiedzialności władzy publicznej-od winy funkcjonariusza, do bezprawności normatywnej, Zeszyty Prawnicze Uniwersytetu Kardynała Stefana Wyszyńskiego 2003, no. 3, 143；*G. Bieniek*, Odpowiedzialność Skarbu Państwa za szkody wyrządzone przez funkcjonariuszy po wyroku Trybunału Konstytucyjnego z 4 grudnia 2001r., Przegląd Sądowy（PS）2002, no. 4, 3 ff.；*L. Bosek*, Odpowiedzialność odszkodowawcza państwa za zaniechanie ustawodawcze（Uwagi na tle wyroku Sądu Najwyższego z 24 września 2003 r.）, PS 2004, no. 11-12, 3 ff.

提及到的责任根据《波兰民法典》第417条之1第1款，由新 19
的《波兰民法典》第417条之1的规定来调整，如果损害已经由颁
布规范性法令引起，补偿损害的请求仅在所讲的法令在适当的诉讼
程序当中被宣布为不符合宪法、签订的国家协议或者法律时才能申
请。《波兰民法典》第417条之1第2款规定，如果损害已经由颁布
具有法律拘束力规则或者最终决定而引起，补偿可以在适当的诉讼
程序中裁决它们与法律不符之后被请求。这个也适用于当具有合法
拘束力的规则或者最终决定是在与宪法、签订的国际协议或者法律
不一致的基础之上颁布的情形。根据《波兰民法典》第417条之1
第3款，如果损害是因为没有颁布规则或者决定，但是法律规定有
颁布它们的义务，补偿可以在这种失职的违法性在适当的诉讼程序
中被裁决之后被请求，除非单行规章条例有其他规定。《波兰民法
典》第417条之1第4款规定如果损害已经因为未颁布规范的法令
引起，当颁布该法令是法律规定的义务时，这种失职的违法性应该
由审查补偿损害请求的法院裁决。

在所谓的规范违法性的情形中，例如，未遵守法律的规范性的 20
法令，[31] 上面提到的"适当的诉讼程序"应该与所谓的规范性法令
的等级控制相一致，由宪法法院实施，作为审查法律合宪性的一部
分，有关法律、[32] 签订的国际协议和由中央政府机构（《宪法》第
188条）颁布和控制实施的成文法令，在《宪法》第184条的基础
上，由最高行政法院审查上文提到的地方立方的法令是否与法律相
一致。[33] 值得一提的是与《波兰民法典》第417条之1第1款意义内

---

31 *Safjan*（fn. 3）42.

32 比较 *M. Jaśkowska*, Skutki orzeczeń Trybunału Konstytucyjnego dla procesu stosowania prawa
    wobec zasady bezpośredniego stosowania konstytucji, in：Instytucje współczesnego prawa ad-
    ministracyjnego, Księga jubileuszowa Profesora zw. dra hab. Józefa Filipka（2001）277 ff.

33 *Safjan*（fn. 3）44.

的法律不相符合的规范性法令也包含与共同体法[34]不相符合的规范性法令。与行政决定有关的"适当的诉讼程序"由相关的行政程序规定来规制，并且主要是 1960 年 6 月 4 日的法令——《行政程序法》[35]和 2002 年 6 月 30 日——《行政法院诉讼程序法》。[36]

21　　《波兰民法典》第 417 条之 1 立法者采用的结构的立法理由明显是出于对某些法律原则（与具有拘束力的规范性法令有关）和由合法地（最终）具有约束力的裁决和决定所创建的法律地位稳定性的保护的考虑。[37] 应该假设制定和适用法律的主体的责任是保证他们的规范性法令符合法律。另一方面，法律规范的收件人，不是机构或者国家或者自治领土的政府的代表，实质上有对规范性法令充满信心的权利，更何况，以适当程序撤销这样的法令不是在他的权力范围内，而是在法律所指示的实体权力范围内。这个观点可能受热舒夫上诉法院 1998 年 3 月 26 日[38]的裁决的支持，根据"与授权立法一致的行为不能基于授权法和基于由成文法授权颁布的规章而被认为违法，其所界定的冬天公共道路维原则不是机构的内部规章，也不是对道路管理者在冬天适当条件下遵守维护道路的义务的评估，其实施是为了决定《波兰民法典》第 417 条的责任要件，不考虑该条款就不能被实施。"

22　　但是，这个问题不像它看上去的那么简单。某些合法的法令，通过特别条款的力量，采用一原则，根据该原则，即使合法的法令在适当的个别法律的界限之内，也不能减轻侵权者的责任。[39] 一个例

34　*Safjan* (fn. 3) 54.

35　统一文本 Dz. U. 2000, no. 98, pos. 1071，经修正.

36　Dz. U. 2002, no. 153, pos. 1270，经修正。

37　*Safjan* (fn. 3) 42.

38　I ACa 66/98, OSA 1998, no. 11–12, pos. 48.

39　关于所谓的"法律损害"特性，参看：*A. Klein*, Kilka uwag w kwestii charakteru prawnego odpowiedzialności za szkodę legalną, Acta Universitatis Wratislaviensis no. 857, Prawo CXLIII (1985) 119 ff.

子可能是 2001 年 4 月 27 日的法令——《环境保护法》第 325 条，规定由环境影响导致的损害赔偿责任不能因为导致损害的活动基于裁决并且仍然在其界限之内的事实予以排除。我们在 2001 年 7 月 18 日的法令——《水法》的规定中遇到类似的情况。因此，可以假定，基于有缺陷的行政决定或者违反法律而颁布决定的行为，以某种方式给环境带来损害，不能减轻侵权者的责任。基于或者在规范性法令界限内的行为的问题将是没有意义的，无论何时，违法者的责任都是严格责任。

　　正如同附注一样，另一个问题应该被提及。在波兰和其他欧盟成员国中，实体行政法已大规模发展起来，这使得普通市民不可能知道既定的活动区域是否被数以千计的法律所调整。该现象伴随着承认所谓的"行政法律中法律普遍知晓的拟制"[40] 的行政法学说。简单地说，它是被普遍接受的规则引申出的效果问题，其归结于罗马法谚"不知法者不利"（*ignorantia iuris nocet*）。这似乎是说，问题应该作为过错问题的一部分被审视，具体而言，就是与既定类型相关的所要求的注意义务问题。如果是商业活动，就应该注意《波兰民法典》第 335 条第 2 款的措辞，根据该条款，债务人有关他商业活动的注意义务应该考虑该活动的职业特征来界定。这意味着注意义务的衡量被用来评估商人的行为，并假定他有义务知道规制他活动领域的法律。

　　5. 如果行政法规自己调整违反它本身规则的结果，特别是给予刑事制裁，这样的规则是否被认为是综合性的（即不包括侵权请求）？在这方面侵权法和刑法如何相互影响？

　　当行政法规定违反其规则时，除了民事责任之外还承担行政或

40　*Z. Duniewska*，Fikcja powszechnej znajomości prawa w prawie administracyjnym，in：E. Knosala／A. Matan／G. Łaszczyca（eds.），Prawo administracyjne w okresie transformacji ustrojowej（1999）27 ff.

者刑事责任，那么，为了决定规制那些特殊类型责任的条款是否互相排斥，它们应该通过具体条款被分析。即使在此处没有万能的原则被制定，但我们一般地可以假定，违法者因为相同的行为可以承担民事责任、刑事责任和行政责任。换句话说，我们可能涉及同时发生的多种责任理由。[41] 例如，根据 2001 年 4 月 27 日的法令——《环境保护法》的民事责任，不排除其他类型的法律责任，例如上面提到的那些责任类型。[42]

25　　同时，应该提到波兰法律也规定了法律实体的刑事责任。这一问题由关于在惩罚威胁下被禁止行为的集体实体责任的 2002 年 10 月 28 日法令调整。[43] 通过第 6 条的具体规定，集体实体对引起的损害的责任或者没有责任，基于其中列出的原则，不能排除损害的民事责任或者行政责任，或者是被禁行为的行为人的个人法律责任。

26　　为了举例说明同时存在多个责任理由，引用一个环境保护文献中的例子可能会有用处："因为违反《刑法》第 183 条所描述情境中的垃圾处理要求而导致环境损害的事件"。我们不能排除导致这样事件的任何人可能承担以上描述的各种类型的责任。如果：

　　·他是垃圾产生者，如同《环境法保护法》第 293 条的规定，应该被课以制裁费；

　　·违法者是组织机构（例如股份公司），只有该经营主体的成员的作为（或不作为）导致《刑法》第 183 条描述的情形时，才应该承担刑事责任；

　　·导致损害，受害方应该有请求赔偿损害的权利；

　　·《环境保护法》第 367 条中规定了前提条件，环境保护的最高监督者可以停止设备的运作；此外

41　参见 *A. Lipiński*, Prawne podstawy ochrony środowiska (3rd ed. 2005) 431.

42　*J. Machowski*, Ochrona środowiska. Prawo i zrównoważony rozwój (2003) 128.

43　Dz. U. 2002, no. 197, pos. 1661, 经修正。

· 只要规章调整集体实体的责任，课以制裁就是有可能的。[44]

在刑事诉讼判决结果中伴随的补偿性或者预防性责任，如同所　27
谓的惩罚措施的情形一样，对环境犯罪施加惩罚（《刑法》第46条
和第39条第5点）。

同时，值得一提的是，行政法有时使得法院在用尽具体行政程　28
序的条件下，对某些类型的损害赔偿提起诉讼，如同上面提到的在
2001年7月18日法令——《水法》第186条的规定一样。不满意由
适当的行政主体设定的损害赔偿的当事人还有权向法院主张请求。[45]

就刑事责任和民事责任的交织而言，我们应该面向调整民事诉　29
讼程序的一般规章，它对于刑事责任与民事责任之间的关系被证明
很重要。根据《民事诉讼法》第11条，在刑事诉讼程序中最终通过
的定罪判决的裁决对法院在民事诉讼程序中审视该案具有约束力。
但是，未被控告的人在民事诉讼程序中可能会提出所有排除或者限
制他民事责任的情境的借口。《民事诉讼法》第12条是值得回顾的
内容，根据它，由于刑事犯罪引起的金钱赔偿请求可能会在民事诉
讼程序中被提起，或者在刑事诉讼程序中法律规定的情况下被提起。

6. 在何种条件下，行政法规则被认为是所谓的"保护性目的规
则"？ 行政法规则的保护目的是否仅由行政法规决定，还是也由侵权
行为法的总则决定？

波兰行政法学说未区分任何特殊群体的"保护性目的规则"。这　30
种规范的区分是民事学说的特点，确切地说，是那些支持上文提到
的所谓"相对违法性"[46]概念的学者的特点。根据这一理论上的假
设，违反法律规则并不引起所有违反法律规则的行为违法性，而仅

44　*Lipiński*（fn. 41）431.

45　参见 decision SN, 4 June 2004, III CZP 27/04, Prokuratura i Prawo 2005, vol. I, 33.

46　该概念的主要支持者：A. Szpunar, Z. Masłowski, B. Lewaszkiewicz – Petrykowska,
A. Koch and J. Kasprzyk.

那些目的在于保护受害方利益的规则可以引起行为违法性。在该概念的创建者什普纳尔（A. Szpunar）看来，如果违反者所违反的法律规则的目的是保护公共利益和公众利益，[47] 损害赔偿请求将不具备正当理由。根据该概念的另一个支持者卡斯普日克（J. Kasprzyk）的观点，"从《波兰民法典》第415条表达的全部规范的视角来看，有重要意义的仅是这样具体的条款和它们保护另一人免受损害的目的仅在这样的范围内"。[48] 另外，作者用下面的例子支持他的观点："使用未登记的汽车在公路上行驶，在行政规则的意义内，明显是不法的。但是，它不是与民法典侵权规则相关的违法性的情况。赞同未遵守登记义务作为司机对交通事故的民事过错责任的正当理由的说法将会有困难。被违反的规则的功能和目的与民法典中有关违法性行为的条款的功能和目的存在区别。前者的目的是保护公众利益。后者的目的在于保护免遭损害，也就是授权受害人有请求损害赔偿或者预防损害请求的权利。"[49]

31　　如同上面提到的一样，这个概念最近遭到萨菲安（M. Safjan）的强烈批评。首先，根据他的观点，违法性的相对特征是合同责任的特质。[50] 其次，他发现该概念自相矛盾，因为相同的行为可能被认为是违法或者不违法，这取决于行为直接针对谁。[51] 最后，并且是最重要的是，他提出了对相对不法性概念的异议，认为它不可避免地导致责任要件的混乱，尤其是，通过在因果关系的范围内预测裁决的方式进入到另一个被适用的构成要件——因果关系的领域内。正因如此，这与立法者所采纳的充分的因果关系概念不相符合。[52]

47　*Szpunar*（fn. 24）71.

48　*Kasprzyk*（fn. 26）165.

49　*Kasprzyk*（fn. 26）166.

50　*Safjan*（fn. 27）1325.

51　*Safjan*（fn. 27）1326.

52　*Safjan*（fn. 27）1326，1328.

在未解决相对违法性概念潜在前提正确性的争论的情况下，应该强调的是，这一争论已经在司法裁决当中有所反映。[53]

32

7. 如果行政法规则约束一个法律实体，谁将对未遵守该规则承担责任？如果该实体机构的个人不得不承担各自的刑事责任或者行政责任，这是否也引起该人承担侵权责任？像这样的责任如何与法律实体的替代责任相互影响？

如果我们谈论的是谁将为代表法律实体或者在法律实体结构之内的个体行为的作为或者不作为遵守行政法规则承担责任的问题，那么，其答案自然是比较复杂的。不考虑有关国家和自治政府的法律实体的责任以及有关法律实体严格责任的考量（例如，根据《波兰民法典》第435条通过自然力运作的企业导致的损害责任），违法性基本上没意义，而聚焦于以过错为基础的责任也许是值得的。

33

讨论法律实体的过错责任，必须区别两组主要情况——自己行为责任（《波兰民法典》第416条）和他人行为责任（《波兰民法典》第429条，第430条）。根据波兰法律采纳的理论，基于所谓的"代理理论"和《波兰民法典》第416条，法律实体有义务赔偿由其代理人的过错造成的损害。《波兰民法典》第429条和第430条的责任，分别有关下属的责任和主管相关行为履行的人（履行辅助人）的责任。

34

在文献资料中，根据《波兰民法典》第416条和第430条，责任的主要的类似性常常被强调，例如它们都要求直接违法者（个人或者代表机构的个人行为或者下属）过错的确定。然而，在第429条情形下的责任，直接违法者的过错不是必须的，而且，法律实体可能会通过证明在人员选任或者请求被授权的个人、企业或者专门

35

53　比较，例如，裁决 SN（fn. 25）和新的裁决 SN, 27 April 2001, III CZP 5/01, OSP 2003, pos. 74 with critical gloss by *J. Widło*.

履行这样行为的机构履行行为时不存在过错来使其豁免。[54]

36   在法律实体结构内行为的特定自然人在刑事诉讼或者行政诉讼中被裁决的责任，不会自动地引起该人对受害方的侵权责任。在大多数情形下，该问题通常关系到被既定法律实体雇佣的人作为或者不作为。那么，通过 1974 年 6 月 26 日法令——《劳动法》第 120 条的特殊规定[55]，如果损害是由于雇员在他履行义务的过程中导致第三方的损害，仅雇主应该承担赔偿这样的损害责任。根据《劳动法》规定的原则（在实践中，责任仅限于等同于雇员三个月的薪酬，除非该雇员承认是故意的），雇员应该对赔偿了第三方损害的他的雇主负责。

37   因此，一般来讲，刑事诉讼程序或者行政程序中对特别个体、代理机构或者组织结构内下属在履行法律实体行为的过程中的行为责任的裁决，应该首先引起法律实体本身的责任。

    8. 在贵国，法律实体本身是否也要承担行政责任？像这样的责任在私法领域会有怎样的结果？如果适用行政责任，法律实体承担的行政责任是否也会引起侵权责任？法律实体的行政责任与它的替代责任如何相互影响？

38   在波兰，法律实体和自然人一样受行政法责任的约束。例如，从事商业活动的法律实体严重违反特许权中规定的条件或者其他开展商业活动应有的优惠条件必须考虑到，在 2004 年 7 月 2 日有关经济活动自由的法令第 58 条第 2 款的基础上，[56] 特许权授予机构将会撤销特许，这绝不应排除因为这样活动导致损害的侵权责任。

39   在这一点上应该回想到，如同上面提到的一样，有时，行政法

---

54   比较 J. Dąbrowa, Odpowiedzialność deliktowa osoby prawnej za winę własną i cudzą, SC 1970, vol. XVI, 18 ff.

55   统一文本 Dz. U. 1998, no. 21, pos. 94, 经修正。

56   Dz. U. 2004, no. 173, pos. 1807, 经修正。

对于赔偿请求规定了它自己的、独立的，也通常是最初的"行政的"
程序。

　　应该补充的是，与刑事法院最终确定犯罪的裁决的情形相反的 **40**
是，行政主体或者行政法院与行政责任有关的裁决，本质上并不约
束民事法院对侵权责任的裁决。

二、旨在环境保护的安全规章和规定

　　1.（1）法定的安全规章和（2）旨在环境保护的规定对于侵权
法有何重要性？

　　在波兰，安全规章一般基本由 2003 年 12 月 12 日的《一般产品 **41**
安全法》调整。[57] 该法案贯彻欧盟《2001/95/EC 一般产品安全指
令》[58] 的规定和改变之前存在的有同样主题和标题的 2000 年 1 月 22
日的基于前欧盟的《安全指令》而建立的法案。

　　就环境保护而言，恰当的规定是在 2001 年 4 月 27 日的《环境 **42**
保护法》[59] 中，其贯彻了 37 种欧盟各种各样方面不同的环境保护指
令。

　　在安全领域，存在两种互补的规则———一种（见以上的描述） **43**
属于行政法规则，并且规定了在安全领域中，国家和生产者的义务
框架，但是，没有授予个人损害赔偿的权利。这样的权利来源于第
二种规则——有关产品责任的规则，包含在基于《1985 年 7 月 25 日
85/374/EEC 产品责任指令》的《民法典》中（《波兰民法典》第
449 条之 1）。[60]

57　Dz. U. 2003, no. 229, pos. 2275.
58　官方公报（OJ）L 11/4, 15.1.2002, 4 - 17.
59　Dz. U. 2001, no. 62, pos. 627, 经修正。
60　OJ L 210, 7.8.1985, 29 - 33.

44   如同上面提到的一样，产品安全规则对侵权法起着互补的作用。产品责任（严格地与安全规章相联系）领域的侵权法基本要件在《波兰民法典》中被描述，其中类似产品或者危险产品的概念也被界定。尽管如此，但这些概念相当模糊（尤其是就危险产品而言）。因此，《一般产品安全法》，包含（其中）安全产品或者投入流通的安全产品的定义，在确定产品是否不安全时可被看做是指导。我们也必须记住，《一般产品安全法》列举了在产品安全问题上生产者的义务。所以如果我们要决定产品生产者是否违反了安全规则（尤其是如果我们想要推定过失——其在安全领域具有一定重要性），上面提到的合法的法令是相当重要的。但是，当然，有关产品安全方面的规则属于公法的范围，在私法规则的责任中不占主导地位。如同上面所讲的一样，产品安全问题在波兰是两套不同的规则规制——一个涉及行政法（在本文的语境中，其可以被称为管制法），其反映了《产品安全指令》的解决方法，第二种在《波兰民法典》的产品责任规则的框架中。根据《波兰产品安全法》第4－6条，如果产品没有给消费者造成危险（或者仅造成了最小的，可以接受的危险），那么它就是安全的。当衡量产品是否安全时，我们必须考虑（其中）正常的和可以预见的它的利用条件，它工作的方式，它的特征、结构、使用说明书、可能的相互作用、给予消费者的信息、消费者的特殊类型（小孩或者老人）等等。如果不存在产品安全的特殊欧盟规则，如果它完全符合波兰国内法规定的条件，那么投放到波兰国内市场的产品被认为是安全的。如果这样的规则不存在，产品的安全就根据不同的欧盟自愿规范、波兰规范、欧盟委员会的建议、好的实践规则、一般知识的现状以及消费者对产品安全的合理期待来衡量和评估。所以，正如从上面可以看到的一样，消费者的期待是独立于安全规则而构成产品安全的一个独立要件。即使产品遵守了法律规定，如果它不满足消费者的预期检验标准，它仍可能被认为是不安全的。必须强调的是，根据波兰安全法，就人的生命健康而言（《产品安全法》第 4 条），必须考虑更高的要求标准。以上提到的思考路径已经被波兰最高法院在无数的场合所确认，其在很多的裁决中清楚地陈述：如果产品不适合常规的用途和目的，[61] 遵守波兰规范并不能排除销售者或者生产者的责任。在波兰一系列的电视机爆炸案件当中，最高法院多次认定的事实是，产品根据波兰的法律规范生产，并且被允许进入流通领域，并不免除生产者的责任。产品的价值和它的功用（安全）因产品的合同、功能及目的而必须予以考虑。功能和安全比技术的规范标准要具有更高的优先性。

在环境规则中，同样也可以这么说，在该领域规定公法规则和私法规则之间关系的最重要的规则包含在《环境保护法》（第 322 条）中，指出：环境损害责任是由《民法典》的规则所规定，除非《环境保护法》的规定有所不同。这些不同的规则拓宽了民事责任，因为他们赋予一些公共实体（国家和社会）和生态组织向被理解为公共产品（第 2 节第 323 条）的环境引起损害的人请求损害赔偿的权利。它们也构建了由企业或者机构严重的或者非正常的风险导致损害的严格责任，即使它们不是通过自然的力量运作的。该法第 324 条允许基于严格基础请求企业家损害赔偿，即使他们的活动不是通过自然力量进行运作的（因为它在《民法典》中——《波兰民法典》第 435 条）。[62]

2. 在贵国，有关这些主题，在何种范围内认为侵权法与管制法有相同或者相似的目的？

我们可以观察到安全规章与民法典有关产品责任的规章之间密

45

46

61　Decision SN, Whole Civil Chamber, 30 December 1988 r., III CZP 48/88, OSNCP 1989, no. 3, pos. 30; decision SN 20 May 1997, II CKN 115/97; decision SN 4 December 1981, IV CR 433/81, OSP 1983/3/55; decision SN, 10 July 2002, II CKN 111/01.

62　E. *Radziszewski*, Prawo ochrony środowiska. Przepisy i komentarz (2003) 351 ff.

切的关系。这两套规则在一定程度上互补，[63] 因为它们或多或少在于达到共同的目标，但是通过采取不同的手段并且有时在不同的范围内。二者都被设计为预防危险产品被投入流通领域。安全规则目标在于有效的预防以及间或地惩罚。然而，产品责任规则的主要目标在于支付损害赔偿，并且预防功能相对没那么重要。[64]

47　　清楚地、毫无含糊地呈现民法规则与环境规则之间的关系不是一件容易的事情。这个问题在波兰文献资料中未被解决。毫无疑问，环境法在各种方面受民法的约束，但是——正如一些作者所讲的一样[65]——仅在其边缘。民法的主要目标在于个人权利的保护，其在环境责任范围内并不一直是正确的。首先，在环境损害赔偿范围内，民事责任规则的严格适用可能是不可能的（因为有时找到一个直接遭受损害的人是很困难的，因为真正的受害者是整体的环境），但是，根据《环境保护法》第 328 条，仍然存在损害赔偿的必要。因此，我们可以注意到拓宽了的环境概念——它几乎是被"个人地"对待，并且，一些人被准许进行旨在保护环境的公益诉讼（该法第 328 条）。[66]

48　　民事责任的赔偿功能在环境保护领域实现有时是不可能的，尤其是当损害不可能被恢复时。因此，环境损害责任的预防功能被着重强调和显露。[67] 尽管传统的民法律师接受它仍然比较有困难，但我们可以观察到（在环境法中）构建民事责任的趋势，甚至当损害还不存在但存在即将发生的威胁时。《环境保护法》规则赋予权利被侵害的人（或者公共机构）放弃权利的消极请求（该法第 81 条）。

63　以一种稍微不同的方式赋予民事法律规则额外的含义，J. Boć(ed.)，Ochrona środowiska (2004) 394.

64　*M. Jagielska*，Ogólne bezpieczeństwo produktów, Miscellanea Iuridica 2002, 36 ff.

65　Boć(fn. 63) 394.

66　*Machowski* (fn. 42) 124.

67　*Machowski* (fn. 42) 125.

比较传统民事责任规则和环境损害责任规则，主要的差异可能 49
在这些问题中观察到：例如甚至当没有个体直接遭受损害时的损害
赔偿请求权；不仅给遭受损害的个人，而且向作为整体的社会（由
一些合适的主体所代表）授予请求损害赔偿的权利；即使规则（例
如，有关污染）未被打破，也有可能引起责任；引起损害的任何人
承担连带责任。环境规则的行政特征和保护公共利益的需要证明了
这些差异是正当的。

另一方面，我们不能忘记几乎所有的特定规则（例如《环境保 50
护法》、《地质和采矿法》、《自然保护法》等）都不包含他们自身关
于责任的排除规则。在每个规章中，有作为基本理由的指示民事责
任的一般条款，通常包含在特别法令的一般条款有一些变化。如同
上面提到的一样，《环境保护法》第 323 条清楚地表明：在那些法令
中，在责任范围内，民法典的适用仅有很小的变化。根据《地质和
采矿法》第 91 条第 3 款，企业家基于民法典关于侵权责任的规定对
损害承担责任。

3. 这些规章和规定本身是否被认为是具有保护目的的制定法？
个人是否也包含在这些保护性规则范围之内？在你们的法律制度中，
对这些规则的违反是否构成不法行为？或者它是否引起严格责任？

违反保护性目的的安全规章本身（没有满足其他的要件）不能 51
导致任何种类的责任。因此，问题应该是以不同的方式提出：这样
的违反是否与过错或者严格责任有关？那么，我们必须申明，这样
的违反可能与在过错责任情形中推定违法性相关。上面提到的违法
性概念问题应该被援引。如果我们接受相对违法性的概念，那么，
我们必须考虑如果规则保护个人利益，并且——如果这样——如果
它们被违反。如果一个人不同意相对违法性的思想，那么区分利益
受到保护的空间将不存在。单纯地违反规则暗示着可以（但不是永
远是）导致责任的违法性。在严格责任的情况下，这样的违反实际

上不重要，在严格责任中，它既不是责任的要件也不是责任豁免的要件。唯一的明确例外在产品责任的范围内能够看见，产品责任中遵守规则的产品可能被认为是责任的豁免，如果它是产品的危险特征的一个原因的话（《波兰民法典》第449条）。

52　　在环境保护领域，情形有细微的差异。《环境保护法》第322条中包含的一般规则直接指向《民法典》和它的责任基础，例如《波兰民法典》第415条（有关过错责任）；《波兰民法典》第435条（有关企业家的严格责任）和《波兰民法典》439条（有关对将来损害的预防行为）。尽管如此，但正如上面提到的一样，这些规则是可以适用的，除非《环境保护法》有不同规定。而且，在该法令中，我们可能找到个人请求损害赔偿的两条基本理由。根据该法第323条的规定，环境不法影响直接威胁到任何人的权利，该人能够向对这样的危险负责的人请求赔偿或者恢复原状或者预防损害（例如建造适当的设施）或者甚至停止这样的活动。如果损害是由高风险企业导致，我们可能基于《波兰民法典》第435条，请求损害赔偿。这个条款中，企业家的严格责任被规定。但是它必须更加清楚地表明，该严格责任是——根据《民法典》——只专为通过自然力量运营的企业适用。然而，由于《环境保护法》，该责任被强加在任何高风险业务中。[68]

53　　环境保护规则的特殊特质也可能通过该法的第325条款的规定而强调，根据该条款，环境损害责任不能因实施引起损害的活动与行政裁决一致或者在行政裁决的框架内的事实而免除。

　　4. 如果是适用（严格责任），请详细描述有关安全规章或者环境保护采用的强制责任保险的法定方案。

54　　波兰法有关保险的规则主要包含在2003年5月22日的《保险

68　充满风险的商业定义可以在《环境保护法》第248条中找到。

活动法》中。[69] 人们可能仅会发现三种强制保险，其中没有一个涉及安全或者环境保护的问题。它们涵盖与驾驶和农业有关的风险。但是，保险责任可能因为其他的法律原因引起，不是一般的而是一个具体的特征（可适用于特殊活动分支的规则）。存在两种获得保护的方式：简单强制保险或者金融担保。

就安全而言，不存在强制的保险方案或者任何其他种类的强制保护。在环境保护领域，我们可能找到强制方案的痕迹，其中一些例子将被概括列出。它有关两个范围：海洋污染和核损害。第一个问题涉及 2004 年 4 月 19 日基础建设部有关船舶石油导致损害的民事责任金融担保证书命令的执行。[70] 根据该规定，船舶所有者有义务申请特殊的证书，只要他证明金融担保已经由银行颁布或者他已经将他船舶的石油导致的损害投了责任保险。事实上，全部规定贯彻到波兰法律 1969 年 11 月 29 日《布鲁塞尔公约》有关船舶的石油导致损害的责任规定中。在核损害的领域，立法的核心是在 2000 年 11 月 29 日的《核能法》中。[71] 根据该法第 103 条，经营核设备的人有义务为他的核能损害责任投保。必须再次表明的是，这些仅是最重要的强制保险方案的一些例子。其他原因引起的强制保险，例如《航空法》。

在波兰法中，保险在环境损害领域中的作用不是那么重要。一般来讲，在这个领域保险制度的引进将非常困难，并且甚至因为没有给予预期的效果而破坏它的法律建构。[72]

55

56

---

69 Dz. U. 2003, no. 124, pos. 1151, 经修正。

70 Dz. U. 2004, no. 114, pos. 1196, 经修正。

71 Dz. U. 2000, no. 161, pos. 1689, 经修正。

72 Boč(fn. 63) 402.

三、过错责任

（一）对行政法规则的违反

1. 在过错责任领域，违反安全规章和环境法规则扮演何种角色？

57　　如果人们要问，在安全规章和环境法规则的领域中有关过错责任实际作用的问题，我们可能明确地主张其作用不是很重大。在今天的波兰，尤其是被宽泛理解的环境保护领域的责任，很大程度上是严格责任，更甚者，有时建立在非正常的、严重的危险（《环境保护法》第324条）的基础之上。但是，严格责任不能被适用的地方，在实际条件中受害方执行其请求更加方便，因而基于过错诉诸责任成为必要。就责任的法律基础而言，《环境保护法》第322条指向《民法典》的规定，包括条文经过修改的《波兰民法典》第415条规定的侵权责任的基础。

58　　如果一个案件有关环境损害，第一项规定是看《环境保护法》第325条，根据该条，环境影响导致的损害责任，不会被引起该损害的活动是基于行政裁决并且是在其范围内实施的事实而排除。

59　　但是，在其他有关过错责任的案件中，违法性的问题可能具有根本重要性。

2. 仅违反这样的规则就能构成不法性还是有额外的要求，比如：违反注意义务和过错？

60　　违反行政法规则构成行为的违法性，从而提供侵权责任的构成要件。但是，因为补偿性责任，尤其是基于《波兰民法典》第415条（其是基于过错）的侵权责任，额外的构成要件是必要的，即：可非难的行为，损害以及损害和可非难行为之间充足的因果关系。如果构成要件中的某一个没有得到满足，上面提到的责任就不会被引起。

3. 如果实施侵权行为的人违反了行政法规，他的责任在何种程度上依赖于规则的保护目的？

如果没有采用或者拒绝上文描述的相对违法性的概念，就不能给出侵权者违反行政法规则何种程度上依赖于规则保护性目的的问题的回答。有关接受裁决行政规则的目的是否保护受害方利益的必要性的论据，包含在最初拒绝违反与受害方以及他被合法保护的利益无关的法律规范的责任的提案中。但是，另一方面，确定谁的利益由行政法规则保护可能通常比较困难。这主要适用于旨在环境保护的法律。

而且，如果我们推定，它仅是受法律合法保护的从行政法所属的公法中区别私法的利益，那么，为了保持一致性，我们不得不每一次推定受保护的利益是公共利益。从相对违法性概念的观点来看，其并没有很大的帮助。

因此，似乎任何违反行政法规则将潜在地导致违法者的违法行为。另一方面，我们不能完全忘记司法裁决，甚至在最近的判决中，其达到这一概念的原则。

4. 在何种范围内，实施侵权行为的人被允许证明即使他遵守相关的规则行事，他仍然会造成损害？

侵权者何种程度上被允许证明，如果他的行为遵守了相关规则，他仍然会导致损害的问题已经被司法裁决所解决。在 2005 年 1 月 14 日最高法院的裁判中详细陈述了下面的话：“被申请的损害赔偿请求所针对的被告不能请求：如果他合法地行为，受害方仍然保持同样的损害——当被告的实际行为构成违反本应防止损害的法律规范时。”[73]

5. 违反行政法规则在举证责任的分担上，有何种结果？尤其是就因果关系、不法性和过错而言？

73　III CKN 193/04, Biuletyn SN 2005, no. 7, 12.

65　　举证责任的分担问题一般由《波兰民法典》第 6 条调整，规定：事实的举证责任被分配给其法律效果源于事实的那一方。[74] 这个一般规则和《波兰民法典》第 415 条一起，暗示着侵权者责任的所有构成要件的举证责任被分配给受害方。因此，受害方有义务证明：损害的存在及其范围，违法者的行为和损害之间的因果关系，以及行为的可非难性和过错。[75]

66　　有时，受害方面对的任务可能不是一件容易的事情。实践中，有关违法者过错的事实推定可能会变得容易些，常被法院适用。行为的违法性可能是该推定的基础，其在很多案件中足以推定违法者应该承担责任。[76] 不同于过错，违法性本身不能成为事实推定的对象。[77] 但是，立法者有时采用有关违法性的法律推定，例如，在人身权利受侵害的案件中（《波兰民法典》第 24 条）。[78]

　　6. 违反行政法是否能导致主张惩罚性赔偿？

67　　"惩罚性赔偿"的现象是波兰法律学说感兴趣的对象，[79] 尽管它强调的制裁功能与现代民法格格不入。[80] 在波兰，现行的波兰民法不包含规定惩罚性赔偿的法律规范。而且，从比较法的观点来看，上文提到在刑事诉讼程序中施加的惩罚性措施对于某些罪犯似乎也不等同于"惩罚性赔偿"。

（二）遵守行政法规则的行为

　　1. 即使侵权人遵守了所有相关的行政法规则，他是否也要承担侵权责任（以获得损害赔偿或者禁令为目的），或者你们的法律制度

74　参见 *Radwański/Olejniczak*（fn. 14）no. 498.

75　比较 *Czachórski*（fn. 10）218.

76　*Radwański/Olejniczak*（fn. 14）no. 499.

77　比较 *Czachórski*（fn. 10）218；*Radwański/Olejniczak*（fn. 14）no. 499.

78　参见 *Radwański/Olejniczak*（fn. 14）no. 499.

79　参见 *E. Bagińska*, Odszkodowanie karne（punitive damage）w prawie amerykańskim, Państwo i Prawo（PiP）2001, vol. 9, 79 ff.

80　*Czachórski*（fn. 10）96.

是否允许"管制性许可抗辩"?

在过错责任的情形下,如果侵权者证明他已经遵守了所有相关 68
的法律规则,违法性的构成要件将不被适用,其有效地为侵权者开
脱责任。但是,可能存在该规则的某些例外。

首先——不同的裁决可能产生于明确的法律规定,如同在上文 69
提到的《环境保护法》第325条的情形一样。

其次——可能发生的是,尽管存在过错责任被排除的事实,另 70
一个责任可能产生——所谓的衡平责任。它的例子可能是《波兰民
法典》第417条之2第2款,根据该条款,如果给一方造成的损害是
由于公共权力的合法运行造成的,受害方可以请求全部或者部分赔偿,
并且对于持续损害的情形可以要求金钱赔偿,尤其是受害方没有工作
能力或者出现财政困难的状况,暗示着这种情形下衡平责任的需要。

再次——一个不同的结果可能产生于司法裁决采取的参照谨慎 71
行为规则的某些解决方式。

2. 一般注意义务能否超过这些规则的范围?

如同之前提到的那样,在波兰,违法性范围的问题在学说中和 72
司法裁决中是一个互相矛盾的主题,其首先适用于与社会交往原则
相反的行为的问题上。同样存在的问题是遵守谨慎行为规则(例如
在道路交通中)的问题是否应该属于违法性或者过错的范围之内。
学说建议从违法性领域中排除正确行为的原则,[81] 并且把它放入过错
领域内,否则,不是故意的过错概念将没有任何真正的内容。[82]

应该注意的是,波兰法院的一些裁决建议谨慎行为的一般规则 73
有时可能比在行政法中规定的安全规则走得更远。这个尤其适用于

81　*Sośniak*(fn. 10)83;*Szpunar*(fn. 24)51;*M. Sośniak*, Należyta staranność(1980)179. 另
　　一种观点:*M. Krajewski*, Należyta staranność-problem bezprawności, czy winy, PiP 1997,
　　vol. 5, 32 ff.

82　*Szpunar*(fn. 24)51.

有关产品责任的司法裁决，直到在那方面采用了详细的规章（《波兰民法典》第449条之1到第449条之11）之前，其一直仅基于《波兰民法典》第415条。[83] 因此1981年12月4日的裁判陈述如下："电视机设备的生产是符合波兰相关行政主体决定颁布的为生产和流通豁免法律规范的事实，在生产商被通知火灾是由于其生产设备的自燃导致的情形不能为生产商开脱责任，因为这对财产甚至是对他的顾客的健康和生命是有危险的，而且，如果生产商没有采取更换易燃隔热材料或者至少在产品使用说明书中警告消费者潜在风险的任何补救措施的话。在这个方面的过失构成过错，其为因此导致损害的民事责任提供正当的理由。"[84]

3. 如果侵权人能够成功证明他是合法地行为（就相关的行政法规则而言），那么关于不法性和过错的举证责任的分担是否会有所不同？

74　　正如上面提到的一样，在过错责任情形下（《波兰民法典》第415条），受害方有义务证明责任的所有构成要件的存在，尤其是违法性和过错。因此，由受害方证明违法者的作为或不作为违反了相关的法律规范，从而构成对应该遵守的注意义务原则的违反。

75　　如果侵权者证明他所为的行为是合法的，这样的证据应该本质上引起排除其侵权责任，因为违法性的构成要件不存在。但是，它未引起《波兰民法典》第6条一般证据规则的改变。

四、其他原因的损害赔偿

1. 除了侵权法之外，是否还有其他法律的原因，比如：行政法本身或者是更加广泛的法律责任领域，强调因违反这样的规则所引

83　参见 decision SN, 12 July 2002, V CKN 1112/00, LEX no. 57216

84　IV CR 433/81, OSP 1983, no. 3, pos. 55 with gloss by *Cz. Żuławska.*

起的损害赔偿责任？

在产品安全责任领域，《波兰民法典》有关产品责任的规则起着 76
主要作用，根据主流的观点——其是严格责任规则（或者至少是无
过错责任）。对于这一新制度是一种侵权责任或者合同外责任存在争
议。[85] 这些争议是由这些新规则所表达的方式导致的。它们不是在
《波兰民法典》第 3 篇第 6 章侵权中介绍，而是新的第 6 章之 1：产
品责任被加进来。另外，《波兰民法典》第 449 条之 6 规定，在产品
责任的范围内，侵权规则应该被"充分地"运用——所以不是直接
地。两个方面的因素使得一些作者认为我们必须区分产品责任和侵
权责任。[86] 根据他们的意见，产品责任不属于侵权责任体系，但是构
成一种新的责任——合同外责任。如果这样，将意味着一种新的，
第三类责任（除侵权和合同之外）被引进《波兰民法典》中。

其他一些作者强调上文引用的论据不足以主张一种新的责任类 77
型的建立，其仅有的问题是技术问题，不是法律本质的问题。

必须牢记的是，上文提到的规则目标仅在于保护人类和他们的 78
私人物品。其中，在企业对企业的营销关系和非人身损害领域中，
与产品责任规则是无关的。这一点上，主要的重要性仍然是传统民
事责任规则，包括合同的和侵权的。通常，这样的请求基于侵权责
任（《波兰民法典》第 415 条）和合同责任（《波兰民法典》的第
471 条）的一般规则。[87] 其中两类的案例都是建立在过错的基础上，
但是在合同责任中，过错是推定的。

---

85 *E. Łętowska*, Ustawa o ochronie niektórych praw konsumentów. Komentarz (2001) 113; *Gnela* (fn. 6) 281; *M. Jagielska*, Odpowiedzialność za produkt, Monitor Prawniczy (MoP) 2000, 496; *Czachórski* (fn. 10) 281; *P. Granecki*, Odpowiedzialność za produkt niebezpieczny. Charakter i miejsce w systemie odpowiedzialności, Przegląd Legislacyjny 2001, 33.

86 *J. Rajski*, Odpowiedzialność za produkt niebezpieczny w świetle nowych przepisów kodeksu cywilnego, Przegląd Prawa Handlowego (PPH) 2001, 23; *Gnela* (fn. 6) 280.

87 波兰法允许原告选择其中的责任制度（《波兰民法典》第 443 条）——当然，如果所有的构成要件都满足。

79   尽管这样，但几乎所有由最高院宣判的重要的产品责任判决都
建立在侵权的基础上，这主要与只有在侵权责任制度框架内，原告
才可以主张其遭受痛苦的精神损害赔偿的事实相关。波兰法院在产
品责任案件中不采取过错推定的一般规则，正如在一些欧盟国家发
生的一样，但是事实上，他们并不坚持原告证明产品生产商的过错。
在法庭前，原告仅必须说明过错高度的可能性。[88] 他们已经采纳"匿
名过错"[89] 的概念和有时运用事实自证的规则。[90] 引进严格责任的意
图已经很少而且通常都是失败。[91]

80   波兰法律制度提供了一些禁令救济的种类，通过禁令救济，（潜
在的）侵权责任中的受害者可以以消极请求的形式申请将来的禁令
主张。这些禁令看做是实体法救济的一部分。这样的请求也可能被
私的当事人申请。遵守或者未遵守所描述的法律规范或者既定的许
可问题在这样的案件中可能有一定的重要性。消极请求在《环境保
护法》第 81 条和第 323 条的基础上被允许。这样的请求也可能因为
《波兰民法典》第 222 条第 2 款与《波兰民法典》第 144 条（所谓的
《邻居法》）一起引起。它不允许损害赔偿请求，但是允许停止侵害
和恢复原状的消极请求。一般地，人们无法发现上文提到的禁令与
其他民事或者行政补救措施的累加（或者替代）的机会。[92]

81   1994 年 2 月 4 日的《地质和采矿法》[93] 描述的采矿和地质损害

---

88 *Gnela* (fn. 6) 173 ff.

89 A. *Szpunar*, Odpowiedzialność Skarbu Państwa za funkcjonariuszy (1985) 154 ff.

90 Decision SN, 6 August 1981, I CR 219/81, OSPiKA 1982, vol. 7 – 8, pos. 122.

91 正如在可口可乐案件中一样，上诉法院并没有同意下级法院的裁决：可乐瓶爆炸的责
任能够基于风险，因为该风险与工厂的运作紧密相连（《波兰民法典》第 435 条）。
1996 年 10 月 10 日在卡托维兹上诉法院的裁决，IACr 500/96，Wokanda 1998，no. 2，
40。

92 参见 A. *Stelmachowski*, in: Z. *Radwański* (ed.) /T. *Dybowski* (vol. ed.), System prawa
prywatnego, vol. 3, Prawo rzeczowe (2003) 292, 293.

93 Dz. U. 1994, no. 27, pos. 96, 经修正。

责任，规定任何遭受损害的人能够向导致损害的人或者未知的开采矿的企业请求恢复原状（该法第96条）。该请求是严格责任请求。

2. 如果行政法规则许可侵害另一个人的利益，贵国的法律制度是否提供损害赔偿（或者是来源于受益者、基金或者是政府）？该赔偿请求的必要条件是什么？

根据《波兰民法典》第417条之2，当人身损害是因为公共机关的法律行为所导致时，如果案件的情境（不能工作或者物质条件艰难）表明根据衡平责任它应该比较公平的话，遭受该行为的人可以请求物质和非物质损害赔偿。这就是所谓的法定损害赔偿责任。这种责任的构成要件是：实施（根据法律）公共权力，人身伤害，充足的因果关系和衡平。该规则通过这样的事实来解释，即：实施公共权力不能将负担和损害的风险加给个人，如果这样的损害不能避免且是因为实施这样的法定权力而引起的。[94]

如果对人类健康或者生命或者重要的公共利益的危险以其他方式不可能避免（该法典第161条），波兰《行政诉讼法》允许政府部门改变或者撤销最终的行政裁决。任何因为这样的改变或者撤销而遭受损害的人可以请求改变或者撤销决定的机关恢复原状。这种恢复原状限于真正的损害（利润损失）（damnum emergens）。该责任是无过错责任，只有两个构成要件：撤销的决定和损害。

在环境保护领域，人们可能在传统的侵权法规则背后发现不同的规则，其允许各种各样的请求。下面仅是一些例子。必须强调的是，除了上文和下文提到的那些法（例如《水法》，《自然保护法》等）之外，这样的规则可能在不同的规章中被发现。它们不构成同质规则体系。它们是为了实现特殊的利益而被创建。它们的一般特征是损害或者因为公共实体的法律行为引起或者因为某人的具有社

82

83

84

---

94 *Safjan* (fn. 3) 80.

会价值的活动引起或者被授权的实体实施某些活动引起，甚至是侵害另一人的权利。那么——就补偿而言——我们可以观察得到：降低赔偿的趋势（通常是利润损失）和损害赔偿与各种权利侵害之间的相关性。我们通常承认参加损害一方的部分义务以及从损害中受益之人的最终责任的降低。[95]

五、案例

1. 1976 年，一家由 A 公司经营的化工厂，被允许可以排放一定量的废气到空气中。根据最近的技术标准，所规定的量可以以一个合理的费用显著地降低。然而，自从 20 世纪 70 年代以来，政府管制就没有升级校正调整过。因排放废气而遭受农作物损害的当地农民，能否向政府或者工厂经营者主张损害赔偿？这与农民本应该根据行政审查程序，申请审查或者撤销许可有关吗？

85 根据波兰文献资料[96]、民法理论[97]和最高法院的判决中的意见[98]：污染的合法性（由许可污染的规范级别引起）并不排除民事责任。这种损害并不排除民事责任。即使法律许可（例如行政决定）被授予，该损害仍然被认为是非法的。企业家为排放有毒物质导致的损害承担责任，即使它们的集结并不超过法律规范的范围。根据《环境保护法》（第 325 条），环境损害的责任并不因为导致损害的活动是在行政决定的基础上实施并且在行政决定框架内的事实所排除。因此，该农场主可以请求工厂经营者赔偿损害。农场主已经根据行

---

95 *E. Łętowska*, Odpowiedzialność odszkodowawcza administracji, in：T. Rabska/J. Łętowski（eds.），System prawa administracyjnego（1978）469 ff.

96 *Machowski*（fn. 42）125；Boć（fn. 63）396.

97 《环境保护法》第 325 条。

98 Decisions SN, 7 April 1970, III CZP 17/70, OSP 1971, no. 9, pos. 169 and SN, 24 February 1981, IV 17/81, OSP 1982, no. 45 − 6, pos. 64.

政审查程序申请审查或者撤销许可是否相关的问题是比较次要的，并且它应该对赔偿标准没有任何影响。

国家责任立基于《宪法》第77条和《波兰民法典》第417条之上，被发生在2004年9月1日之前的所有案件排除适用。该规则在引进新规则的法律中有明文规定——2004年6月17日法律的第5条在国家责任问题方面对《波兰民法典》有所改变。[99] 因此，上文所描述的规则在该案中没有任何相关性。

2. 一个有关职业危害的特定法规A迫使雇主在他们的车间里采取一定的保护措施。B经营着一间一人车间，在那里没有雇工和参观者曾出现过，假设在该情形下管制规定不予以适用，一个偶然到车间参观的人受到伤害，B是否仍然要承担侵权责任？

《波兰民法典》第435条规定，从事依靠自然力量（蒸汽，天然气，电力，等等）运作经营的企业，为它的运作导致的任何损害承担责任，除非该损害仅是不可抗力的结果，或者它的产生是该受损害的人或者第三人独有的过错引起的。如果企业的活动与自然力的利用无关联，那么，第435条不能适用，侵权法的一般规则应该适用。它就是《波兰民法典》第415条，其强调过错责任。在这样的情形下，当然，已确定的违反采取保护措施的义务构成了违法行为。但是，基于第415条使企业承担责任，过错必须被证明，并且，我们可以考虑他的行为、过失等。我们也可能考虑共同过失，但我们仍然可以推定该案件中应该负担责任。

3. 公司B违反有关公共安全规则的各类规章很多年，尽管存在有权力处以罚金、甚至让B公司关门倒闭的政府机构，但是这些政府机构几乎没有采取行动，通知公司B这些违法行为。他们曾经参观该公司一次，并且列出一系列的公司应该补救的缺陷的清单。公

86

87

---

99 Dz. U. 2004, no. 162, pos. 1692.

司一直未补救这些问题，政府机构从未再回头来惩戒该公司。一段时间之后，一严重的事故在 B 公司发生，如果该公司严格遵守相关安全规则，该事故本应该可以避免发生的。

（1）受伤害的人能否让公司承担损害赔偿责任？如果可以，公司能否以缺乏监管部门的监督提出抗辩？

88　　回答这个问题的基本理由与前面问题的答案相同。公司将要么基于严格责任要么基于过错责任的理由承担责任，这取决于他从事的是何种类型的活动。如果是严格责任的情况（《波兰民法典》第435 条），那么政府机构仅有的不作为的事实不能构成豁免。如果这个活动没有涉及严格责任，而是过错责任（《波兰民法典》第 415 条），那么企业弥补缺陷活动的缺失，将仍然由于他的违法性和过失而意味着它的责任。政府机构的不作为，这唯一的理由不能豁免他们的责任。

（2）受到损害的人能否主张从政府机构获得损害赔偿？

89　　对这个问题的回答一般是否定性的。我们可以考虑国家责任或者公共实体责任，只要它有作为义务（通过法律）。那么我们可以考虑适用《波兰民法典》第 417 条第 3 款，根据该条款，主张因为判决或者未颁布决定导致损害赔偿是可能的，如果它的制定是强制性的话。在这样的案件中，公共实体的责任是可能的，但是我们仍然要考虑，在公共实体的放弃与损害之间是否存在因果关系（充足的）。

西班牙侵权法与管制法

佩德罗·德尔奥尔莫[*]

一、总述

1. 总体上来讲，在贵国，行政法规则对侵权法的影响是什么？

根据西班牙法律，如果过失导致损害，损害是可以补偿的。所以，有必要界定清楚过失或者过错的概念。很多时候，法律学者通过渐进的途径提供定义：（1）首先，"过错"被解释为偏离了理性人的行为标准；（2）如果损害是由专业人士导致的，他或者她的过错基于对技能法律的违反；并且（3）最后，如果某具体部门的事故发生是受被违反的行政规章约束，那这本身就应该推定过错的存在（如同下面即将解释的一样，如果被违反的法律目的符合的话）。

因此，从西班牙侵权责任的角度来看，违反行政规章的存在具有重大意义。违反行政法应该推定过错或者过失的存在，并因此推定潜在的侵权责任。但是，请注意，遵守所有法律和行政要求并不界定勤勉谨慎的标准。如同即将通过该报告看到的一样，西班牙法律可能将过失行为归因于被告，即使被告已经严格地履行了所有必要的行政要求。这是下面要进一步解释的。

1

2

---

[*] 法学博士，西班牙马德里卡洛斯三世大学私法系民法副教授（名誉教授）。

3 　　（1）西班牙侵权责任的出发点建立在《西班牙民法典》第1902
条的基础上，非常类似于《法国民法典》第1382条："任何行为使
他人受损害时，因自己的过失而致行为发生之人对他人负赔偿的责
任"。因此，西班牙侵权责任建立在众所周知的一般条款的基础上。

4 　　与第1902条相关的是，西班牙法院和法律学者都通常解释西班
牙侵权责任的构成不仅需要有行为、过错、损害和因果关系，而且
还需要有违法性。但是，最近存在一种趋势是拒绝违法性作为侵权
责任的构成要件，同时强调该要件是传统的解释方式。事实上，该
最近普遍流行的趋势暗示违法性通常基于行为，而不是基于导致的
损害，并且几乎总是与不能导致他人损害（不得损害他人）（*nemi-
nem laedere*）的一般义务的违反相联系，例如违法性的要件并未增加
许多（额外思想）到侵权制度中，实际上，它被包含到过错的思想
当中。[1]

5 　　传统的立场是任何导致他人（人身损害）或者财产的损害（物
质损害）是违法的并且是应该得到补偿的，除非有正当理由（没有

1 　这个在 *F. Pantaleón*, Comentario al artículo 1902, in: C. Paz-Ares et al. (eds.), Comen-
tario del Código civil (1993) 1994, who claims that wrongfulness is not a significant require-
ment in Spanish law. See also *M. Yzquierdo Tolsada*, Sistema de responsabilidad civilcontrac-
tual y extracontractual (2000) 111; *C. Asua*, La responsabilidad, in: Ll. Puig Ferriol et al.
(eds.), Manual de Derecho civil II (2000) 465; *F. Reglero* Campos, Conceptos generales y
elementos de delimitación, in: F. Reglero Campos (ed.), Tratado de responsabilidad civil
(2002) 46ff., 52; *E. Vicente Domingo*, El requisito de la ilicitud y la reparación del daño
corporal, Revistade Derecho Privado (RDP) 1990, 812; *E. Roca*, in: R. Valpuesta (ed.),
Derecho de obligaciones y contratos (2nd ed. 1995) 494; *E. Roca*, Derecho de daños (4th
ed. 2003) 73 and *P. del Olmo*, Responsabilidad por daño puramente económico causado al
usuario de informaciones falsas, Anuario de Derecho Civil (ADC) 2001, 302, amongst oth-
ers. The traditional position is given by *L. Díez-Picazo*, Derecho de daños (1999) 290; *J. L.
Lacruz et al.*, Elementos de Derecho civil II (2005) 468; *R. de Ángel*, Tratado de responsab-
ilidad civil (3rd ed. 1993) 258 ff.; *J. L. Concepción*, Derecho de daños (1997) 65 ff.; *J.
Santos Briz*, Comentario al artículo 1902 Cc, in: M. Albaladejo (ed.), Comentarios al
Código Civil y Compilaciones Forales (1984) 104 ff., amongst others.

滥用权利，自卫……）。[2] 所以，出发点是确立在非常一般的条款中的一般注意义务的存在：[3] 勿伤他人的义务（*alterum non laedere*），作为一个可靠的法律规则。基于之前所述，过错传统上仅被理解为注意义务和不能损害他人义务的违反，这比较容易界定。[4]

根据西班牙法律，过错通常被定义为实际上的行为与个案情境 6
中理性人采取的行为之间的差异（例如，实质上，勤勉谨慎的标准）。根据迭斯 – 毕加索（L. Díez-Picazo）的意见，过错意味着"偏离行为标准"。[5] 所以，如果被告的行为未遵守理性人的行为，结果将会被矫正。另外，如果相关部门的安全规章强加额外的要件，因此，任何违反其中的要件也等同于过失。一些作者已经注意到，事实上，被违反的规则的保护范围与导致的损害相一致是必要的，例如，法律的违反带来风险情形成为损害的最近原因。[6]

（2）根据西班牙法律，如果事故发生在受行政规章约束的部门 7
内，并且该规章被违反，法官的任务就被简化。适用勿伤他人的规则就不再是必需的，因为违法性要件被认为已经由违反法律的事实得以满足。其他不愿意适用违法性要件的作者建议作为违反的结果，被告的行为本身即为过失，但是，无论如何，他们的任务仍旧被简化了。

律师的任务作为适用于特定活动的安全规章的结果被简化，对 8

2　如同法国法一样的路径，西班牙法律似乎比较容易接受纯粹经济损失可修复的本质，规定须满足过错、损害和因果关系的一般要件。

3　如此一般和宽泛以至于他们似乎经常显得不合理，*F. Pantaleón*, Cómo repensar la re-sponsabilidad civil extracontractual（también la de las Administraciones Públicas），in：J. A. Moreno Martínez（ed.），Perfiles de la responsabilidad civil en el nuevo milenio（2000）440 and *Del Olmo*, ADC 2001, 311 provide an explanation and suggest certain amendments. .

4　比较清楚的解释在 *F. Peña López*, La culpabilidad en la responsabilidad civil extracontractu-al（2002）443 amongst others.

5　*L. Díez-Picazo*, La culpa en la responsabilidad civil extracontractual, ADC 2001 – III, 1017.

6　*Díez-Picazo*（fn. 1）358；*Yzquierdo Tolsada*（fn. 1）277 and *Reglero Campos*（fn. 1）188.

于这一效果，最初的解释是简单的并且几乎不会引起理论问题。但是，正如上面提到的一样，西班牙法律也考虑更加特殊的原则，根据该原则，勤勉谨慎的标准不仅由适用的行政法中确定的要件的实现来界定。实际上，根据卡瓦尼利亚斯（S. Cavanillas）的意见，"这是个双面规则：一方面，过错的存在不需要任何具体规则的违反；另一方面，确定在特殊规章制度中的要件的实现不足以排除被考虑为过失的可能性"。[7]

9　　下面我们检视来源于第二种想法的一些影响，即行政法的履行本身并不界定谨慎勤勉的标准：

　　·法院已经发展了"谨慎勤勉用尽原则"（*agotamiento de la diligencia*），凭借所有法律要件的满足不足以确定谨慎勤勉行为："必须的社交谨慎"的所有固有义务也必须满足。[8] 根据培尼亚（F. Peña）的观点，为了使被告免除责任，被告必须证明所有避免损害的可能性已经用尽。一旦情形被认为是危险的，并且因此潜在地有害，实际导致的损害可能证明不是所有必要预防措施都被采取。[9] 这种想法被最高法院支持："如果根据法律采取的担保，预见和避免任何能够预见和能够避免的损害未能成功的话，它们因此就是不充分、不全面的。因此，谨慎勤勉是不完全的"。[10] 引起损害的事实暴露规章预

7　*S. Cavanillas Múgica*, La transformación de la responsabilidad civil en la jurisprudencia（1987）49.

8　表达这种意见的还有其他许多人，by *Roca*, Derecho de daños（fn. 1）68；*Lacruz et al.*（fn. 1）474；*Díez-Picazo*（fn. 1）358；*L. Díez-Picazo*, Culpa y riesgo en la responsabilidad civil extracontractual, Anuario de la Facultad de Derecho de la Universidad Autónoma de Madrid（AFDUAM）2000, 158；*Cavanillas*（fn. 7）48；*Peña*（fn. 4）538；*Asua*（fn. 1）479. 西班牙案例法一个广泛的例子是由最高法院1995年2月15日和1995年5月6日的裁决所提供。

9　*Peña*（fn. 4）541.

10　这是一个非常普遍的来源于最高法院1981年2月12日裁决的引用。根据 *Lacruz et al.*（fn. 1）474，这种思考的方式诞生于20世纪30年代，因为一系列的铁路事故的法院裁判，以及后来一系列因为电力行为导致事故的案件的裁判。

防措施是不充分的。某些作者已经指出，由于这一思想结果，构建谨慎勤勉的法律定义是困难的或者是不可能的，从而，该问题被降低到仅是道德舆论。[11]

·基于如此宽泛和具有弹性的条款，过错要件的观点反复地被重复。所以，勤勉耗尽原则已经被解释为法院将《西班牙民法典》中确立的主观侵权制度改变成严格责任制度所遵循的路径之一。[12] 此外，已经指出，无论如何，根据这种宽泛的过失观点，[13] 如此弹性的和宽松的过错定义，将没有任何必要为那些可修复的情形采取严格责任制度。

·谨慎耗尽原则和严格责任之间的关系更加复杂。根据卡瓦尼利亚斯的观点，从法院首次检查所有规章要件被满足到然后允许被告尝试证明他的谨慎行为之间存在一段时间。但是，20世纪70年代开始，被告仅允许提供有关不可抗力（force majeure）的证据或者证明受害人自己是事故的直接原因（也就是说，仅事故发生时是谨慎勤勉标准未耗尽的证据）。正如大家很容易理解的是，勤勉耗尽原则在这两种情形中都有不同的影响。

·另外，已经指出，勤勉耗尽原则暗示着最高法院首次对行政规章的轻视。[14]

·此外，很显然，上面描述情形的特点是缺乏制定裁决的一致性，以及由此而产生的不确定性的程度：首先，一方面，我们不清楚法院何时运用它通常的目标手段或者技术，并且另一方面，也不清楚法院何时实际审视过错问题；同时，法院也不做较多的努力去描述必须耗尽的具体注意义务，因为，实际上不存在任何做这些努

11　*Díez-Picazo*（fn. 1）358.

12　参见，例如 *Díez-Picazo*，AFDUAM 2000，158；*Peña*（fn. 4）541；*Roca*，in：Valpuesta（ed.）（fn. 1）492 and *Asua*（fn. 1）479.

13　*Reglero Campos*（fn. 1）190.

14　*Cavanillas*（fn. 7）48.

力的必要，正如康拉德（J. Conrad）所申明的一样，需要是创造的
源泉。[15]

10   （3）总之，根据西班牙法，如果被告以判决事故发生的方式违
反任何行政法，那么过失的标准就被简化。但是，这个结果也不明
确，因为，不考虑被违反的法律的保护性目的，如果谨慎勤勉未耗
尽，法院就可能裁决被告必须支付给受害人损害赔偿金。[16]

11   违反行政法的重大意义也反映在西班牙侵权制度提供的谨慎勤
勉的积极定义中。虽然为了符合谨慎行为的标准，所有的安全规则
（尽管受保护性目的的限制）必须履行，但是进一步的要件随后由法
官在个案中确立。所以，谨慎勤勉的积极定义是悬而未决的，并且
法律不确定性的程度在增加。正如已经提到的一样，过错的定义随
后就被排除在法律的范围之外，成为法院手中的事实问题。[17]

     2. 在行政法规和侵权法相互作用的问题上，是否存在宪法上的
界限或准则，比如：关于联邦法与州或者当地可适用的法规之间以
及与行政法规则的保护目的之间的关系准则等？

12   在西班牙，该问题专门取决于在某些问题上构成法律保留的规
则，或者取决于各种区域审级之间分配权力（核心的、自治的和当
地机关）的规则。从被违反的法律的保护目的的角度来看（参见下
一个问题），如果这些规则被遵守，就不需要进一步的法律调整每个
具体制定的法律的范围。

     3. 除了法定规定之外，违反哪种类型的行政法规（比如：规

---

15 关于这种法律的不确定性，参见 *F. Pantaleón*, Comentario, Cuadernos Civitas de Jurispru-
dencia Civil（CCJC）1983 – III, 847 – 848；*Díez-Picazo*（fn. 1）24.

16 一种类似的情形在生产者的瑕疵产品责任中引起，由 1994 年 22 号法令调整。如同 *J.
Solé i Feliu*, El concepto de defecto del producto en la responsabilidad civil del frabricante
（1997）434 解释的一样，在现行产品规章中确立的要求（玩具，食品等）提供一套
最低的标准。如果违反这种行政规章，可能暗示瑕疵存在。换句话说，违反或者履行
这些规章作为瑕疵是否存在的推定，允许两种情况下相反的证据。

17 *Reglero Campos*（fn. 1）188.

章、官方通知）的情形之下，能引起侵权责任？

（1）从侵权责任的观点来看，任何类型行政法的违反可能都是   13
意义重大的。作为违反的结果，被告过失行为的推定，并不取决于
被违反的法律规定的级别。如下所述，被违反的法律的保护范围与
引起损害的类型相一致有多么重要。如果它们是一致的，那么它就
与被违反的法律是被列为制定法或者仅是规章无关。

有关此点的较好的例子可以在噪音侵权责任中发现。当原告报   14
告邻居制造噪音时，当地或者地方当局颁布的相应规章通常被用来
审查确定该噪音的等级是否超过标准。[18] 违反这些行政规定中的任何
一个，在民事侵权中，与违反法律规定有相同的分量。

（2）也许值得一提的是，西班牙法律实际上在行政制裁方面确   15
实有法律保留。[19] 违反法律义务可能使法律本身确定的行政制裁成为
必要。该行政制裁可能包括恢复原状或者支付导致损害的赔偿金义
务。尽管这些解释可能是牵强附会，在这种案件中，我们将会参考
由制定法单独地、必要地、施加的义务的违反。

4. 当行政法（比如法律或者由政府或者具有公共职能的实体所
作的决定）本身违反法定规定的时候，根据私法，会有怎样的后果？
因遵照约束其行为的违法的行政法规，而造成损害的人，是否不用
承担责任？如果是，它是否与造成损害的人已经知道或者应该知道
行政法规是违法的，有任何相关？

（1）如果规章或者行政法违法并且导致个人损害，这将成为公   16

---

18   *A. Macías Castillo*, El daño causado por el ruido y otras inmisiones（2004）280 提供一个好
    的解释和参考一些法院裁决。
19   *E. García de Enterría/T. R. Fernández*, Curso de Derecho administrativo I（8th ed. 2002）
    174 ff.《西班牙宪法》第 25 条的文字措辞可能引起某些怀疑，但是，宪法法院以各
    种形式的裁决已经完全澄清了这个问题。

共服务不充分甚至是充分的政府一般责任的情形，[20] 并且个人将获得国家的损害赔偿金。

17 目前，行政法学者对该责任的技术构造有不同意见。关于违法法令的采用，其争论在于它是否是严格责任的情形，或者，相反的，是否是过错责任的情形。同样也有争论的是，尽管该法令是违法的，但是政府是否可以试图证明它行为的合理性来排除自己的责任（例如，通过主张它的裁决所依据的规则被确立在案例法中）。无论如何，最近，最高院采取的裁决倾向于利用过错责任的理由，如果政府能证明非法的解决方式是符合逻辑的并且是良好构建的法律论证的产物，就能免除它的责任。[21]

18 （2）如果某个体进一步以违法规章或者行政法令作为行动准则导致另一个体的损害，他或者她初步被排除责任。[22] 在西班牙法律制度中，尽管大多数学者没有详细论述该问题，但权利的实施或者义务的履行应该免除当事人导致损害的责任。[23] 结论是依据《西班牙刑法典》中适用的条款达成的，因为《民法典》在这个问题上保持沉默。[24]

---

20 *L. Medina Alcoz*, La responsabilidad patrimonial por acto administrativo（2005）253 解释违法性即等于政府运作的不充分，例如，参见 *J. González Pérez*, Responsabilidad patrimonial de las Administraciones públicas（3rd ed. 2004）333 为特殊的有害管制行为的情形。

21 该问题的立场现在很好地在 *Medina Alcoz*（fn. 20）253–273 中被解释，参见第 265 页对案例法的解释。

22 根据 *J. C. Laguna de Paz* 的观点，Responsabilidad de la Administración por daños causados por el sujeto autorizado, Revista de Administración Pública（RAP）2001, 34, 被授权进行活动导致损害的一方必须自己修复上述损害："作为例外，政府可能被视为承担完全责任——和被授权的一方免除责任——当授权给予申请人虚幻的合法性外观和他的行为（技术的）充足时，这些不能由他通过适用相应的勤勉来反驳"。

23 *Pantaleón*（fn. 1）1995；*Díez-Picazo*（fn. 1）304；*Roca*, Derecho de daños（fn. 1）76；*Lacruz etal.*（fn. 1）469.

24 根据《刑法典》第 20 条第 7 项："下列各方应该被免除刑事责任……7. 任何人进一步地履行某些义务或者合法实施某些权利、任务或者职务时"。

　　刑法学者中的大多数意见是：如果上级命令违法，服从该命令　19
将免除当事人的刑事责任。[25] 尽管如此，某种形式的要件（主体的权
限和法律手续的履行）和实质要件（外观的合法性）仍旧需要满足。
从任何角度来看，与受法令约束的当事人意识到该法令是违法的事
实实际上可能是相关的。

　　5. 如果行政法规自己调整违反它本身规则的结果，特别是给予
刑事制裁，这样的规则是否被认为是综合性的（即不包括侵权请
求）？在这方面侵权法和刑法如何相互影响？

　　原则上，在行政法和刑法中确立的制裁都与所受到损害的侵权　20
请求完全兼容。为了描述在西班牙法律中其如何运作，我们将首先
检视侵权责任和刑事法律之间以及侵权责任与行政制裁之间的关系。
而且我们将从严格民法的观点，提供有关该问题的进一步评论。

　　（1）在侵权责任和刑事制裁如何相互影响的问题上有一个清楚　21
的出发点：任何被控告犯罪的人，也将为由此导致的任何损害承担
侵权责任。[26] 但是，因为历史的原因，源于刑事犯罪的侵权责任在民
法典和刑法典中都有规制，他们各自的条文之间存在一定的差异。
尽管每个人都接受法院可能审视民事问题，但大多数的意见是反对
两套不同的规则共存，并且建议根据《民法典》予以统一。[27] 实际
上，受到批判的西班牙立法者一般是因为其维持一个双重制度，当
他们在 1995 年制订新的《刑法典》时。[28]

　　这样，刑事法院也将解决违法者的侵权责任，除非受害者保留　22

---

[25]　为了分析和进一步的参考，参见 S. *Mir Puig*, Derecho Penal, Parte General（7th ed.
2004）492.

[26]　《刑法典》第 109 条阐述如下："在法律预设的条款中，法律规定为犯罪或者轻罪的事
件的执行使修复任何损失和损害的责任成为必要"。

[27]　参见 *Díez-Picazo*（fn. 1）269 ff.

[28]　参见 F. *Pantaleón*, Perseverare diabolicum-Otra vez la responsabilidad civil en el Código pe-
nal, Jueces para la Democracia（JpD）1993 – II.

他的民事诉讼于之后的民事诉讼案件中或者放弃这种诉讼。

23　　　在《刑法典》中保留的侵权责任条文最显著的差异指向第三方行为责任。问题也起因于侵权诉讼和刑事诉讼确立的不同法律限制。[29]

24　　　（2）关于行政制裁，《普通程序法》第130条第2项确定，除了施加的相应制裁之外，违法者必须恢复原状和支付导致的损害的赔偿金。[30] 而且，规制实施该制裁权力（《皇家法令1398号，1993年8月4日》）（Royal Decree 1398/1993, of 4 August）的程序的规章第22条解释：目的在于修复政府本身所遭受的损害。尽管一些作者不赞成，但似乎清楚的是，政府本身必须通过普通执行程序主张任何此类责任。[31]

25　　　正如即将在下文关于环境规章的章节看到的一样，一些规则也确立：政府可以裁决，甚至是命令，在这些情形下，损害赔偿金作为行政违法的结果应该给予个人。这明显是一个例外，因为这种在私人聚会中的冲突类型通常是由普通民事法院解决的。[32]

26　　　（3）倘若对违反确立有行政制裁的行政法并且引起个人损害的违法者主张纯粹的侵权赔偿，问题将根据在上文边码1和边码9中所描述的西班牙法律处理。

　　　6. 在何种条件下，行政法规则被认为是所谓的"保护性目的规

29　*M. Yzquierdo Tolsada*, La responsabilidad civil en el proceso penal, in: Reglero Campos（ed.）（fn. 1）445 ff., 471 ff.

30　*E. García de Enterría/T. R. Fernández*, Curso de Derecho administrativo II（8th ed. 2004）200 f.; *J. González Pérez/F. González Navarro*, Comentarios a la Ley de Régimen Jurídico de las Administraciones Públicas y del Procedimiento Administrativo Común（LRJAPPAC）II（2nd ed. 1999）; *J. A. Santamaría et al.*, Comentario sistemático a la LRJAPPAC（1993）387 f.; *F. Uría/F. Bueno*, Estudios y comentarios sobre la LRJAPPAC（1993）60. For general arguments from an environmental law perspective: *M. Calvo Charro*, Sanciones medio-ambientales（1999）152.

31　例如，*R. Parada*, Derecho Administrativo I（12th ed. 2000）517.

32　*García de Enterría/Fernández*（fn. 30）200 f.

则"？行政法规则的保护目的是否仅由行政法规决定，还是也由侵权行为法的总则决定？

根据西班牙法律，该问题没有明显的答案（参见我们上文对第 27
1 个问题的答案）。这似乎是说保护性目的根据侵权法基本被决定，因为即使所有适用的行政规则都被遵守（不管它们的保护目的），法院仍可能裁决过失存在的事实可以证明这一点。

不同于刑事案件，客观归责性问题（在德国法中称为"objektive 28
Zurechnung"）仅是最近被并入到西班牙侵权学说中。[33] 法院在民事侵权案件中客观责任的适用仍旧是值得怀疑的和应该探讨的，即使它被刑事法院普遍适用。[34] 除此之外，西班牙法律学者已经采用的客

---

[33] 这个理论甚至到了 1990 年仍被西班牙民法学者所忽视，when *F. Pantaleón*, Causalidad e imputación objetiva: criterios de imputación, in: Centenario del Cc II (1990) 1561 introduced it in Spain (and confirmed the current state of affairs). However, some previous articles did exist, referred to by F. Pantaleón, such as *S. Cavanillas*, Comentario, CCJC 1988, 383 and the references made by *F. Pantaleón*, Comentario a la STS de 4 de octubre de 1982, La Ley 1983 – II, 383. The situation in criminal law is very different. F. Pantaleón refers to doctrinal work by E. Gimbernat in 1966. At present, civil scholars regularly use these criteria: see *Lacruz et al.* (fn. 1) 485 – 486; *Díez-Picazo* (fn. 1) 340 ff.; *Roca*, in: Valpuesta (ed.) (fn. 1) 521; *P. Salvador Coderch*, Causalidad y responsabilidad, inDret 2002, passim; *M. L. Arcos Vieira*, Responsabilidad civil: nexo causal e imputación objetiva en la jurisprudencia (2005) 17; *F. J. Infante*, La responsabilidad por daños: nexo de causalidad y causas hipotéticas (2002) 149 ff.; *J. M. Pena et al.*, Derecho de esponsabilidad civil extracontractual (2004) 87 ff.; *C. Díaz-Regañón*, El régimen de la prueba en la responsabilidad civil médica (1996) 225; *Yzquierdo Tolsada* (fn. 1) 193; *De ángel* (fn. 1) 787 ff.; *B. Gutiérrez-Solar*, Culpa y riesgo en la responsabilidad por accidentes de trabajo (2004) 131. Objective imputability is criticised in an isolated manner by *I. de Cuevillas Matozzi*, La relación de causalidad en la órbita del Derecho de daños (2000) 66. However, *Concepción* (fn. 1) 84 ff. still followed traditional principles and refused to assume (or even describe) objective imputability criteria in 1997.

[34] *Reglero Campos* (fn. 1) 290 refers to Supreme Court Decision (Second Section) of 5 April 1983 (Repertorio Aranzadi (RA) 2242) 作为由适用客观可归责性的最高法院的裁决审视的第一刑事案件。作者也参考遵守充分因果关系理论的民事问题的某些最高院裁决并且阐述客观归责问题，但是找到基本定义是不可能的。这种观点近来被 *Arcos Vieira* 确认（注解 33），其提供丰富的案例法。

观归责性准则，通常包含被违反的法律的目的和风险的增加。

29 关于被违反法律的保护性目的，通常由最高法院著名的 1946 年 2 月 22 日判决（Repertorio de Jurisprudencia（RJ）253）来例证：该案涉及周日在离堆积炸药区域很近的工厂工作的一个工人的死亡。法院判决认为违反禁止在周日工作的规则不足以在因果关系上归咎责任，因为被违反的法律的目的是雇员的休息，不是他们的安全。[35]

30 另外一个例子是最高法院 1986 年 7 月 17 日的判决（RJ 4571）：一个小孩在正在建造中的水池淹死。法院强调，用于对拥有该处房产的市政委员会归咎责任的规章的目的在于①雇员在工作场所的安全和②对公众开放经营的泳池中的游泳者的安全。[36]

31 西班牙侵权法学者没有进一步提供关于客观归责性适用的详细论述。尽管他们已经表明法律的保护性目的是根本的，但是他们并没有将其理论叙述为用来决定同样的事情。另外，最高法院判决某些被告承担责任的正当理由遭到质疑，因为还不清楚最高院是否认可被违反的法律目的与最终发生的损害的避免的一致性，或者最高院在这些情况下，是否简单地通过运用严格责任来解决案件（例如忽视《西班牙民法典》包含过错侵权制度）。

32 最后请注意，在西班牙，被违反的法律目的能使法官限制侵权者的责任，但是被告的责任并不取决于被违反的任何行政规则（参见上文边码 9 – 11）。事实上，正如在我们对问卷第一部分第 1 个问题的回答一样（也参见下文边码 122 和边码 123），如果提及的事故未被违反的法律的目的所涵盖，行政法的违反并不能推定行为是侵权责任目的中的违法或者过失。但是，不能利用违反的存在更加容易地确定谨慎勤勉的标准的事实并不意味着工作就到此结束。超过被违反法律的保护性目的的范围，违反一般规则的注意义务，可能

---

35 参见 *Pantaleón*（fn. 1）1987 and, more recently, *Reglero Campos*（fn. 1）305.

36 *Yzquierdo Tolsada*（fn. 1）195.

仍然根据上面所解释的谨慎勤勉未耗尽的标准原则来审视。

7. 如果行政法规则约束一个法律实体，谁将对未遵守该规则承担责任？如果该实体机构的个人不得不承担各自的刑事责任或者行政责任，这是否也引起该人承担侵权责任？像这样的责任如何与法律实体的替代责任相互影响？

在侵权中主张损害赔偿金的情形下，侵权者可能仅是法律实体，或者是法律实体和通过法律实体导致损害的个人。法律实体责任和雇员责任之间的关系下文将检视。　　33

可能不必澄清的是，根据西班牙法律，仅违反行政法并不必然导致侵权责任。原则上，违反行政法本身可能使行政制裁或者甚至是一些开放性的罪行中的刑事制裁成为必要。其次，如果行政法的违反也引起损害，仅存在侵权责任。

我们的回答应在纯粹侵权责任、犯罪发生时的侵权责任和行政法律被违反的侵权责任之间作区分。此处前两个问题应该被审视，第三个问题应该在下一个问题中分析。　　34

（1）如果法律实体导致的损害涉及行政规则的违反，责任遵循上文边码 9 - 11 描述的一般规则。在雇主对其工人负责的情形中，法律实体的侵权责任可能基于《民法典》第 1902 条和第 1903 条第 4款。[37] 后一条文确立第三方行为责任的原则；前一条文规制个人和法律实体的责任。　　35

法律学者和法院都欣然允许《民法典》第 1902 条适用于法律实体导致的损害，不考虑源于过失行为要件的潜在问题。为了克服这一障碍，组织代表理论被当做支持被代表方为它的代表人的行为负　　36

---

[37] *E. Gómez Calle*, Los sujetos de la responsabilidad civil, La responsabilidad por hecho ajeno, in: Reglero Campos（ed.）（fn. 1）395 ff. , 421. § 4 of art. 1903 规定"有关他们的工人导致的损害，当在使用雇佣人员的分部提供服务时，或者作为履行他们任务的结果，［责任］应该归咎于所有人或者企业的主管或者公司。"

责的思想理由使用，包括任何人从他的管理人员和工作人员的行为中获益，就应该承担所指行为的损害后果的思想。另外，《民法典》第 1903 条第 4 款是近似地被适用。[38] 在某些情形下，在相反的意义上，不考虑法律实体的理论可能被运用。[39]

37　　鉴于前面所述，如果损害是由法律实体的管理主体或者代表故意导致（1902 条），或者由它的工人中的任何一人（第 1903 条第 4 款）导致，法律实体应该直接为导致的损害负责。[40]

38　　尽管凭借第 1903 条对法律实体归咎责任的理由值得质疑，但是《民法典》确立了过错责任的一种形式。事实上，第 1903 条最后 1 款规定法律实体应该免除责任，如果它能证明根据理性人的标准，它为了避免损害，已经谨慎勤勉地行为。[41] 因此，法律实体与直接造成损害的工人一起，为自己的过错对受害者承担责任（如第 1903 条）。在这种情况下，如同法律学者和法院的一般解释，法律实体和个人共同对受害者承担连带责任。

39　　另一方面，根据第 1902 条，法律实体应该一直是亲自地和直接地承担责任。但是，法律实体和个人（其行为归因于前者）都应该共同承担责任。

40　　最终宣布为其工人的行为负责的法律实体，进而根据第 1904 条对其工人提起追偿请求也是可能的。

41　　（2）关于刑法，应该在法律实体自身所犯的假定罪行和法律实体被宣布为另一方所为的罪行或者不轨行为承担侵权责任的情形之间作区分。从第一种观点来看，根据传统的大陆法，西班牙法律适用"法人不可能犯罪"的原则，即只有个体可能被处以刑事惩罚

38　*Gómez Calle*（fn. 37）421；*De Ángel*（fn. 1）313.

39　参见 *De Ángel*（fn. 1）315 ff.

40　*Roca*，Derecho de daños（fn. 1）80.

41　*Yzquierdo Tolsada*（fn. 1）254 指出法院已经使这责任严格。

（尽管行政制裁对法律实体仍然适用）。[42] 这就是说，如果某罪行是由法律实体所犯，相应的刑事惩罚可能辅之以《刑法典》第 129 条第 1 款设定的额外措施，其影响着法律实体本身，例如法人活动暂停或者公司的清盘。[43]

在罪行是由法律实体所犯的情况下，最根本的是决定谁是承担刑事责任的人。[44] 根据《刑法典》第 31 条，作为法律实体的董事或者代表的任何人将要承担刑事责任，即使犯罪的所有要件未被满足，只要这些要件由首要的实体满足。如同法律学者确认的一样，罪犯身份因此而扩张是为了避免另外引起无监管的免除处罚。[45]

关于由他人所犯罪行的第三方侵权责任的基本规则确定在《刑法典》第 120 条中。根据《刑法典》第 120 条，在承担侵权责任的各方当事人中间（除了父母或者未成年人的监护人），我们能够发现承担侵权责任的个体或者法律实体，（a）关于在媒体范围之内的个体所犯的罪行，（b）关于企业中因为员工的过错，违反相应规章所犯的罪行，（c）关于在任何类型行业或者企业中，由经理、董事或

42

43

---

42 参见 *M. Bajo/S. Bacigalupo*, Derecho Penal económico (2001) 119 ff. or *G. Quintero Olivares*, Manual de Derecho Penal (2nd ed. 2000) 643 ff.

43 参见 *Mir Puig* (fn. 25) 202 ff.《刑法典》第 129 条规定如下：

"1. 通过对事件的深思熟虑，并且在聆讯委托人或者它的法律代表之后，法官或者法庭基于足够证据可能施加以下制裁：

"a）在临时的或者决定性的基础上，关闭公司或其住所或者机构，临时性的关闭不能超过 5 年。

"b）公司、组织或者基金会的清盘。

"c）公司、基金会或者组织活动的暂停，最高为 5 年。

"d）不得进行任何未来的活动、商业性交易或者同一类型的业务，由于其中的罪行被犯下、促进或者隐蔽。这项禁令可能是临时的或者决定性的，如果是临时性的，禁令的期限可能不超过 5 年。

"e）公司的控制是为了保障雇员或者它的债权人的权利，因而在必要的限度内可达到最大值 5 年。"

44 *Quintero Olivares* (fn. 42) 643 ff.

45 参见 *M. Muñoz Conde/M. García Arán*, Derecho Penal, Parte general (5th ed. 2002) 479 f. or *Mir Puig* (fn. 25) 200.

者雇员所犯的罪行，和（d）关于个人通过车辆对第三方造成危险所犯的罪行。这种情形下的责任是严格责任和替代责任。[46]

8. 在贵国，法律实体本身是否也要承担行政责任？像这样的责任在私法领域会有怎样的结果？如果适用行政责任，法律实体承担的行政责任是否也会引起侵权责任？法律实体的行政责任与它的替代责任如何相互影响？

44　　不同于刑法，行政法通常对法律实体适用制裁。[47] 在西班牙法律制度中，许多行政法制裁在一系列不同法令和法律内被确定，这就是为什么在这个主题上规定一般规则比较困难的原因。另外，这些众多的制裁也有技术上和理论上的缺陷（正如法律学者所确认的一样[48]）。因此，我们应该专门审视《普通行政程序法》（Ley 30/92 del Procedimiento Administrativo Común or LPAC）以至在该问题上达成一般结论。

45　　（1）给法律实体施加行政制裁的基本前提明确地确定在《普通行政程序法》第 130 条第 1 款中，依据该条文，个人和法律实体都应该承担责任。如果法律实体受行政法约束却违反了该行政法，则会导致行政责任，并可能被适当地制裁。尽管比较明显的是，主体或者法律实体的代表人可能为了它们自己的利益行为，但是，由这些当事人实施的任何行为最后均归咎于法律实体。

46　　因此，问题是行政责任是否也可以归咎于参与到每个具体案件中的个体。西班牙法律规定了两种解决方式：①仅法律实体承担责任，作为该违反的行为者；或者②责任被累加，法律实体和它的代

46　参见，侵权法学说 *Gómez Calle*（fn. 37）421；*Yzquierdo Tolsada*（fn. 1）254. See, in criminal law doctrine, *Muñoz Conde/García Arán*（fn. 45）620 ff. or *Quintero Olivares*（fn. 42）698 ff.

47　参见 *García de Enterría/Fernández*（fn. 30）179.

48　*A. Nieto*, Derecho Administrativo sancionador（4th ed. 2005）17.

理人都承担责任。[49] 第一个解决方式是一般规则，尽管它有许多例外。

关于在公司活动过程中引起的违反环境问题的责任的一般规则是，主要法律实体应该专门承担责任，并且任何经理、董事或者技术人员应该免除责任。[50]　47

但是，存在某些例外：①根据《产业法》(the Industry Act)，公司所有者/经理和业务经理都应该承担责任，除了干预安装和维修设备和机械的任何当事人之外；②《海岸法》(the Coasts Act) 第 93 条和③1993 年 6 月《加泰罗尼亚废物法》(Catalan Waste Act 6/1993)，其同时将责任扩展到参与违反委托的任何个人和实体。　48

（2）直到现在，我们一直在研究违反行政法的潜在行政制裁。根据许多具体规章和《普通行政程序法》本身，违法者也有义务修复其导致的损害。正如看到的《普通行政程序法》第 130 条第 2 款规定的一样，任何制裁程序的行政责任应该可以与违法者恢复原状和支付相应的损害赔偿金兼容。除了可以适用的任何行政制裁之外，法律实体同时可能有义务修复或者赔偿因为违反导致的任何损害。　49

为了达至目的，存在某些与这个问题相关的规则，虽然没有限制：　50

·首先，《普通行政程序法》第 130 条第 3 款规定所有对违反法律义务承担责任的当事人，应受相应的制裁，应该共同承担责任。[51] 该法律规定是为义务约束各方当事人的情形而确定的，只有违反该

49　*Nieto*（fn. 48）361 ff.

50　*C. de Miguel*, Derecho español del medio ambiente（2nd ed. 2003）280. 关于法律职业风险法同样的评论见 *J. García Murcia*, Responsabilidades y sanciones en materia de seguridad y salud en el trabajo（2nd ed. 2000）56.

51　这种共同责任已经受法律学者质疑，尤其是有关"法无明文不为过失"原则在行政制裁中的适用性，并且偶尔被宪法法院审视。有人认为因为该定义在委托和责任之间作出区别，所以在刑法和与侵权相近的责任之间存有清晰的分界线。参见 *Nieto*（fn. 48）393 – 394.

规定才使共同责任成为必要。[52] 一个相关的例子是参与相同工程项目的开发商、建筑商和工程经理。

·其次，第130条第3款第2项确立每个制裁法应该裁决违法者和任何违反了防止第三方行政侵权义务的个人或者法律实体是否应该替代地或者共同地承担责任。法律学者已经指出，该责任是施加给保证人并且是过错责任和替代责任的情形。[53]

二、旨在环境保护的安全规章和规定

51 在审视该问题之前，我们提一下由卡瓦尼利亚斯（A. Cabanillas）所做的评论："西班牙法律当前的情形与法国法具有相似之处：法律没有特别地关注环境损害和相应的责任。"[54]

52 接下来，我们又一次提及基本前提（参见上文边码8），即根据西班牙法律，对引起的损害的承担责任，违反具体的规则不是必需的。另外，根据适用的行政法，谨慎勤勉的标准不是由当事人的行为来界定的。该一般原则也适用于西班牙环境法。

53 实际上，出发点是由坚固的案例法提供的且受各作者支持，其大意是：无论是行政许可或者是侵权者根据管制标准的行为都不能

---

52 *Nieto*（fn. 48）377. 也参见 *F. García Gómez de Mercado*, Sanciones administrativas: garantias, derechos y recursos del presunto responsable（2nd ed. 2004）90；*F. J. Garcia Gil*, Suma de las infracciones y sanciones administrativas（2000）39 f.；*González Pérez/González Navarro*（fn. 30）2623.

53 *Nieto*（fn. 48）378.

54 *A. Cabanillas*, La reparación de los daños al medio ambiente（1996）142.

排除给个体造成损害的责任。[55] 该原则在各种侵权责任案件中一般被确认，并且在环境损害具体情形中得以重申。

1. （1）法定的安全规章和（2）旨在环境保护的规定对于侵权法有何重要性？

为了提供西班牙法律在环境损害侵权责任情形中是如何运作的明确说明，必须在个人财产损害和权利损害以及什么被当做纯粹的环境损害之间做出区分。另外，不同部门法也许适用于这些情况。　54

（1）在环境损害中，个人或者私人财产遭受的损害（例如，对私有森林造成的损害）和对公共财产造成的损害（例如，受污染影响的海滩或者空气）之间存在差异。某些环境损害可能影响私人拥有的财产或者个人健康（例如"传统损害"，根据最近2004年的指令），或者可能影响公认的无主财产或者公共财产。　55

根据西班牙法律，必须区分各种损害行为的结果。因此，在西班牙，环境损害可能承担①源于由个人实施［或者②由政府实施］的损害行为的支付损害赔偿的义务，其并不等于刑事犯罪，也并不使刑事或者行政制裁成为必要；③源于某些环境保护的行政法律的法律结果（行政制裁和恢复受影响的环境），和④在《刑法典》中确立的有关"环境犯罪"的条款，因为犯罪通常包含侵权责任或者修复造成的损害的义务。　56

（2）根据前文所述，在西班牙法律制度下，两种类型的损害都　57

55　E. *Cordero Lobato*, Derecho de daños y medio ambiente, in: L. Ortega Álvarez（ed.），Lecciones de Derecho del medio ambiente（2002）485，其引用了案例法。根据该作者的观点，行政许可被授予未顾及任何第三方的权利。因此，不管这些获准的活动的目的，被许可人禁止造成他人的损害，行政法院认为许可证是一种可反驳的推定：不会造成任何损害。即如果已造成损害，许可证将会被取消。J. F. *Alenza*, Manual de Derecho ambiental（2001）121；J. *Jordano Fraga*, Administración y responsabilidad por daños al medio ambiente: la construcción del régimen jurídico de los daños ambientales, in: G. Ruiz-Rico Ruiz（ed.），La protección jurisdiccional del medio ambiente（2001）290 and *Cabanillas*（fn. 54）80 ff. are in agreement.

调整的方式解释如下：

①在传统损害中，确立在《民法典》中的普通侵权责任比较容易适用。

②在政府导致的传统损害情形中，根据侵权中国家责任的一般原则，这种情形应该比较容易获得赔偿，不需要进一步的要件。[56]

③在"纯粹环境损害"（不影响个人财产）的情形中，不存在任何困难，因为损害通常受为了保护各种环境问题（《水法》，《海岸法》等）而制定的许多行政法律的约束。正如即将在下文彻底审视的一样，除了确立违反环境规章的相应制裁之外，这些法律通常施加义务使受影响的环境恢复到原状。所以制裁和修复损害的义务都通过主管当局来施加。

④关于通过普通侵权责任修复纯粹环境损害的问题更加复杂（即使损害是由国家本身所为）。该制度相当明确地排除任何这样的修复，无论是规章还是案例法。但是，法律学者在这个主题上存有分歧（参见下文边码70）。

⑤大体上，似乎清楚的是，个人遭受的损害与行政责任的目的无关。[57] 例如，如果某公司对泄漏到河里的（污染物）承担责任，政府可能施加相应制裁并且命令对公共领域（或者其所属财产）造成的损害进行赔偿。但是，损害赔偿可能不会代表牛的饲养人的利益得以请求，例如，其饲养的动物喝了被污染的水。任何个人遭受的损害必须由个人自己在普通民事法院主张。但是，存在该一般原则的某些例外（参见下文边码72，脚注94）。

58　（3）作为一个总体结论，有关环境问题的环境损害责任，行政法的重大意义可能从四个不同的情境来检视：

①在侵权个体责任的情形下，根据《民法典》，环境法起到重要

56　参见 *González Pérez*（fn. 20）327.

57　如同 *De Miguel*（fn. 50）274 的解释一样。

的作用（参见上文边码2）：

· 如果导致损害的行为等同于对有关环境问题的行政法的违反，根据已经检视的一般规则（在上文边码2中），违法者过失的证据或者违法行为被促成。

· 如果导致损害的行为严格满足环境规章确立的要件，那么根据最高院经常适用的"谨慎耗尽"原则（参见上文边码9），仍然存在侵权责任的可能性。

②在由政府给私人财产造成损害的情形中，作为公共服务的后果，政府应该为导致个人任何的损害承担严格责任。国家责任（参见下文边码77）的严格特性在《普通行政程序法》第139条中明确地确定："个人应该有权获得造成他们财产和权利任何损害的相应公共当局的赔偿，除了在不可抗力的情形之外，只要是源于公共服务的充分或非充分的运作的损害"。

③环境规章在政府施加行政责任的情形下是极为相关的：政府仅可以施以制裁并且命令根据适用的法律许可的范围，恢复受影响的环境。

④另外，从刑法的角度来看，环境法是必不可少的，因为在《刑法典》中确立的"环境犯罪"是真正开放式的。[58] 根据西班牙法，刑事制裁也使源于犯罪的侵权责任成为必要，其从侵权责任的观点，提供一个新视角下的环境保护法。尽管刑法学者还没有非常重视这个问题，但是在纯粹的环境损害与传统损害之间仍然应该做

---

[58] 《刑法》第325条对这些目的极为重要，规定如下："当事人违反法律或者环境保护的一般规定，直接或者间接地向空气、土壤、底土、土地、水体、海洋或者地下水排放、溢漏、辐射、开采或者挖掘、埋葬、噪音、振动、注射或者溶解而导致对环境有影响的，应该施加6个月到4年的监禁，8到24个月的罚款和禁止实施开展业务或者贸易1到3年。这一规定同样适用于跨边地区以及那些可能会严重影响生态系统的水的集合。如果对人类健康存在严重风险，应该施加该监禁的上限年限"（作者的强调）。

区分。[59]

2. 在贵国，有关这些主题，在何种范围内认为侵权法与管制法有相同或者相似的目的？

59 西班牙法律制度对这个主要问题提供了明确的答案（其中在立法者，法律学者和法院之间保持着明显的差异），但是，在边缘问题中存在灰色地带。

60 （1）实证法在这点上是清楚的：在保护私人利益的侵权法与保护公共利益的行政法之间存在永久的区别。[60]

61 （2）根据法律学者的观点，似乎比较清楚的是政府行为的目的和目标在某些权限方面与侵权责任的目的和目标是有区别的。比较容易确定的是行政行为的一般目的和目标；在西班牙，侵权责任的主要目的是提供损害赔偿。尽管关于该问题出现了一些争论，但侵权责任被看做是一个制度时，通常不被用于威慑。[61] 但是，少数人认为，基于许多经济分析工作，是赞同侵权法的这一威慑目的的。[62]

62 与侵权法补偿目的相反，政府试图通过相应的许可证或者适用

---

59 这个解释见 *J. Muñoz Lorente*, La responsabilidad civil derivada de los delitos contra el medio ambiente y el alcance y contenido del artículo 339 del Código Penal: una regla de responsabilidad civil sui generis de los delitos medioambientales. Diferenciación entre los daños por contaminación y los daños estrictamente ecológicos, Revista Integral de Gestión Ambiental (RIGA) 2001, 47 ff.

60 这个出发点也确立在当前环境部执行 4 月 21 日 2004/35/EC 指令的草案工作中，根据第 3 条第 2 款（适用范围），"目前的法律不应该适用于人身损害、个人财产的损害或者任何类型的经济损失。任何前述所引起的责任应该根据适用的具体规章被检视"。

61 *Pantaleón*（fn. 3）441；*Díez-Picazo*（fn. 1）47；*M. Martín Casals*, Notas sobre la indemnización del daño moral en las acciones por difamación de la LO 1/1982, in: Centenario del CC II（1990）1256.

62 例如，*F. Gómez Pomar*, La responsabilidad por daño ecológico: ventajas, costes y alternativas（1996）23 and *J. I. Hebrero Álvarez*, El aseguramiento de la responsabilidad civil por daños al medio ambiente（2002）27 in the specific case of environmental damage. 威慑目的一般在 *P. Salvador/M. T. Castiñeira*, Prevenir y castigar（1997）117 ff. 中得到支持。

制裁来控制活动，从而避免环境损害。[63]

尤其是涉及环境法，西班牙侵权法和环境规章的目的和目标是 63
清楚的：[64] 无主环境财产（res nullius）或者属于公共领域的环境财
产由公法来保护，其中必须保护公共利益；另一方面，个人的健康
和财产基本上是根据私法受保护。[65] 一方面要规制环境，另一方面在
财产权利冲突的情形下要提供解决方案。[66] 这反映了环境是集体所有
的财产，但是它也可能受双方当事人之间纯粹的私人冲突的影响。

这一一般实情主要反映在以下思想中：环境法主要是行政法或 64
者公法性质，而几乎不具有侵权法或私法性质。[67] 刑法或者突出的公

---

63 *A. Bet*ancor, Instituciones de Derecho ambiental（2001）1267.

64 *M. J. Reyes López*, La responsabilidad civil ambiental, in：M. J. Reyes López（ed.），Dere-
cho ambiental español（2001）192 and *J. Jordano Fraga*, in：ibid. 133 表明在现行侵权法
之前已经存在。根据第一作者的观点，"民法典从严格的个人观点的视角被起草，由
此，环境仅是间接地被视为受保护的资产，只要它反映个人在他的物品或者资产里可
能遭受损害或者在人身伤害的情形中"。

65 参见 *M. J. Santos Morón*, Acerca de la tutela civil del medio ambiente：algunas reflexiones
críticas, in：Estudios jurídicos en homenaje al profesor Luis Díez-Picazo II（2003）3017；
Cordero Lobato（fn. 55）479；*R. Martín Mateo*, Manual de Derecho ambiental（3rd ed.
2003）58；*L. Gomis Catalá*, Responsabilidad por daños al medio ambiente（1998）64 ff. ；
Roca, in：Valpuesta（ed.）（fn. 1）518；*De Miguel*（fn. 50）332；*Díez-Picazo*（fn. 1）
124；*C. de Miguel*, La responsabilidad civil por daños al medio ambiente（2nd ed. 1997）
88；*A. Carrasco*, Responsabilidad de la Administración y medio ambiente, in：D. Bello
（ed.），La responsabilidad patrimonial de las Administraciones públicas（1999）315；*Alenza*
（fn. 55）120；*Macías Castillo*（fn. 18）276 ff. ；*J. Junceda*, Derecho ambiental（2002）75；
I. Lasagabaster et al., Derecho ambiental, Parte general（2004）25；*G. Díez-Picazo
Giménez*, La responsabilidad civil derivada de los daños al medio ambiente, La Ley（1996）
1890 ff. ；*C. Auger Liñán*, Problemática de la responsabilidad civil en materia ambiental
（1988）. 这种区别也被 *Betancor*（fn. 63）1243 承认，尽管在 1252 ff 中被批判。参见
Gómez Pomar（fn. 62）17. 的分析。

66 *Cordero Lobato*（fn. 55）479.

67 *Martín Mateo*（fn. 65）55 and *Cabanillas*（fn. 54）68；*M. C. Sánchez-Friera*, La responsab-
ilidad civil del empresario por deterioro del medio ambiente（1994）19；*Jordano Fraga*（fn.
55）287；*M. A. Parra Lucán*, La protección al medio ambiente：orientaciones de la jurispru-
dencia civil（1992）16.

共性的一面有它自己的特征，正如上文检视的源于犯罪的侵权责任一样。作为值得法律保护的资产，环境的特殊本质也反映在环境法的特征当中，即设定的有关个人财产保护的技术调整涉及公有财产的特殊情境时的困难，甚至公有财产常常是无形的。尽管如此，公有财产仍然可能被损害，即使在事故发生时个体当事人没有任何经济后果。[68]

65   进一步区分行政法目的和侵权法目的，它往往是说，根据私法的环境保护仅是间接的：[69] 私法被用来保护环境的限度在于它可能被分解成受损害影响的个人资产。换句话说，也许，环境仅受私法保护依赖于环境损害如何影响个人或者个人财产。在这方面，可能不必坚持的事实是，公共利益从遭受损害的私人所有的环境资产的个人防卫中受益。[70]

66   请注意我们一般的确信，侵权责任仅保护个人利益和权利，其同样适用于对个人充分或者不充分的公共服务运作的政府责任，[71] 例如，某港口当局泄露汽油，给船体造成损害并且阻截了一艘停泊的渔船。个人提出赔偿请求的可能性在《普通行政程序法》第139条（上文边码58中转录）中清晰地被预见。

67   鉴于前文所述，往往肯定的是，侵权责任很难被用作环境保护的目的。[72] 正如下文即将看到的一样，某些作者积极地赞同该观点，同时其他一些作者建议为了填补这些空白，必须在规章或者侵权责任的结构中作出改变。

68   （3）行政管制法与侵权法的目标和目的之间的基本差异，案例

---

[68] *Martín Mateo*（fn. 65）57.

[69] *Sánchez-Friera*（fn. 67）24 其中包括许多其他问题。

[70] *Hebrero Álvarez*（fn. 62）26. 一个类似的观点由 *Jordano Fraga*（fn. 55）287 提供。

[71] 这点由 *Carrasco*（fn. 65）315 比较好的解释。

[72] 但是，根据 *Hebrero Álvarez*（fn. 62）24，私法比公法适合保护环境，*Gómez Pomar's* opinion（fn. 62），passim，也类似。

法是比较清楚的。作为例子，我们参看最高院 1980 年 12 月 12 日的
著名判决（第 1 节）（RA 4747）："……规制火电厂的行政规则不能
阻止普通法院根据私法对电厂因开发利用所致的任何潜在损害的审
查。"另外，同一法院判决表明："对行政法的依从与遵守不能排除
由受害方或者利害关系人为保护他们的主观权利而对责任方提起的
任何潜在的民事诉讼；虽然行政法保护社会/公共利益，但侵权法保
护个人权利并且总是要求对导致的损害进行赔偿"。最高院 1989 年 1
月 16 日的裁决（RA 101）重申前面所述："遵守行政法不能排除受
害方或者利害关系人为了保护他们的主观权利而对责任方提起的任
何潜在的民事诉讼；同时，行政法保护社会/公共利益，侵权法保护
个人权利并且总是要求对导致的损害进行赔偿"。[73]

　　同样的观点在宪法法院 2001 年 11 号裁决中得到支持，凭借该　　69
裁决可以知道的是，当违反环境法时，如果个人权利或利益受到损
害，[74]仅引起个人的请求。

　　（4）侵权学者仅承认传统的侵权法过去可能只被用来补偿个人　　70
权利或者利益，可能不保护集体的或者分散的利益。但是，环境问
题超越侵权责任受限制的作用，在过去，其他学者积极地采取折中
立场，尽管这样，这种情况在减少，并且被相关学者拒绝。[75] 这些理
论可以总结如下：

73　在这方面，*Cordero Lobato*（fn. 55）279 参考最高法院 1979 年 6 月 28 日（RA 2553）、
　　1980 年 6 月 19 日（RA 2410）和 1990 年 10 月 27 日（RA 8053）的裁决。在本文中引
　　用的句子是从 1987 年 12 月 3 日最高院的判决中截取的。

74　*Cordero Lobato*（fn. 55）479 and *M. Gámez Mejías*, Jurisprudencia constitucional, La rele-
　　vancia constitucional de la contaminación acústica: el contenido ambiental de los derechos fun-
　　damentales, RIGA 2002, 关于该宪法法院裁决有评论，as well as L. Parejo, El derecho al
　　medio ambiente y la actuación de la administración pública, in: Ruiz-Rico Ruiz（ed.）（fn.
　　55）393.

75　*R. de Ángel*, Algunas previsiones sobre el futuro de la responsabilidad civil（1995）50 强调
　　环境损害是当前侵权责任面临的一个严峻的考验。

①虽然支持侵权责任的传统构造，但它的范围可能被扩展到保护环境，通过确信某些环境损害事实上侵害了个人主观权利。这就是 1994 年 12 月 9 日著名的"洛佩斯·奥斯特拉"（López Ostra）案中的情形，该案中，欧洲人权法院认为西班牙对净化器的放射物和振动对个人造成损害的负责。法院裁决损害侵害了私人和私人家庭的权利以及家庭隐私。

②由希望扩展侵权责任传统作用却仍运用其内在逻辑的作者所用的另一有前途的方法，是基于非财产损害的思想（疼痛，痛苦或者精神痛苦）。在西班牙，通常参考 1993 年 4 月 1 日最高法院所作的判决（第 2 节），直到现在，这是唯一支持环境损害请求而未改变个人权利的所有权问题的方向的案件。[76] 在判决中，某环境组织被认为是使某濒临灭绝的动物物种死亡的犯罪的受害方，并且获得因此导致的精神痛苦的损害赔偿金。该案件受到法律学者的批判，理由是其他组织提起诉讼请求的可能性没有明确的限制，其他组织也可以主张他们也受到了犯罪的影响；存在给环境造成损害的人施加过度责任的风险；环境组织可能被鼓励采取战略行为；并且最后，据称不存在公平的理由来支持每次环境被损害时都应给环境组织支付赔偿金。[77]

③另一方面，有些作者赞同采取更多的措施，从而调整侵权责任的传统逻辑，来涵盖集体利益的保护。[78] 因此，一些作者支持纯粹环境损害的民法保护。除了由评估问题和修复导致的损害之外，这将意味着个体和某些组织将被赋予提起请求的权利。这种作为原告的行为能力显然是意义重大的，因为在这种类型的损害中，严格来

76　*Reyes López*（fn. 64）188 or *Gómez Pomar*（fn. 62）50 肯定最高院裁决的孤立性质。

77　As per *Carrasco*（fn. 65）316.

78　它是有重大意义的，例如，*Reyes López*（fn. 64）190 确认传统责任的存在，但他也说它应该根据新的环境问题来解释。

讲，不存在任何当事人的个人财产遭受损害。

目前，没有任何法律理由超出个别地受影响的当事人来扩展原告的行为能力。虽然事实是《西班牙宪法》第45条可能被用来确定个人的环境权利，[79] 该条款作为所谓社会治理原则和经济政策被系统地放置在《宪法》中（《西班牙宪法》第39条及其之后内容），并且因此"根据实施的法律，也许只有在普通法院才能被请求"（第53条第3款）。[80] 另外，虽然不明确，《法官法》第7条与此有关，并且2000年制定的《民事诉讼法》没有改变这种状态。《民事诉讼法》承认了消费者和用户组织作为原告的可能性，但是忽略提及任何环境问题。

无论如何，允许个体作为原告的恰当性和可能性是有争议的。一些作者公开拒绝前文所述，而其他一些作者希望限制其在停止有害活动和恢复被改变的环境方面。换句话说，他们排除组织或者特

---

[79] 《西班牙宪法》第45条规定如下：

"1. 任何人都有权享受适合个人发展的权利，并且有义务维持它。

"2. 为了保护和提高生活的质量以及保护和恢复环境，公共机关应该保证所有的自然资源合理地被利用，预设一个必不可少的连带责任。

"3. 任何违反前面所述部分的当事人，应该受刑事或者行政制裁，因为根据法律，该情形可能而且应有义务修复导致的损害。"

[80] 但是，*Cabanillas*（fn. 54）190 主张依据《西班牙宪法》第45条，这是可能的现行法。*Parejo*（fn. 74）387 f. 解释该共同权利实际上存在并且被 Constitución Española（CE）所承认，但是该权利根据普通法获得保证。因此，《西班牙宪法》第45条之下环境权利是主观的，或者是"个别的法律情形"（尽管是不完和待决的必要保证）。传统意义上主观权利的更加严格的观点由 *Díez-Picazo*（fn. 1）121 提供。

设组织提起金钱损害赔偿请求的可能性。[81] 法律学者常参考美国法的"集体诉讼"，但这在纯粹环境损害索赔案件中几乎很难作为正当的理由。[82] 然而，这些作者提出的新奇理论未被法院适用。[83]

实施的草案第 17 条规定，某些非营利组织，在草案的范围之内有权作为政府的利害关系当事人行动，例如，在纯粹环境损害的情形中。另一方面，在刑事犯罪问题中，任何人包括个人和组织都有可能追捕环境犯罪。[84]

④此外，关于在环境问题上扩展侵权责任的作用的相同愿望，许多作者已经试图确定真正的环境权利作为主观或者基本权利而存在。[85] 如果这种路径成功，环境组织作为原告的能力将是次要的，因为任何他或她主张的环境权利遭受侵害的人能够提起个人诉讼。有

81　作为原告的行为能力的扩张由 *Cabanillas*（fn. 54）237 支持；*Hebrero Álvarez*（fn. 62）36；*Alenza*（fn. 55）98；*Reyes López*（fn. 64）232 ff.；*E. Moreno Trujillo*, La protección jurídico-privada del medio ambiente y la responsabilidad por su deterioro（1991）284 and also by *Gómez Pomar*（fn. 62）52（including damages）. Those clearly against include *Díez-Picazo*（fn. 1）127, *Carrasco*（fn. 65）316 and *Junceda*（fn. 65）74. *Cordero Lobato*（fn. 55）497 f. 在停止活动的请求中确实允许作为原告的这种行为能力，但是不要求恢复环境。该问题在 *Gomis Catalá*（fn. 65）226 ff. 中被详细审视；*R. Luquín Bergareche*, Mecanismos jurídicos civiles de tutela ambiental（2004）163 – 169 仅提供描述。例如，最高院的直接路径被确定在 1993 年 7 月 29 日最高院的裁决（RJ 6495）和 1994 年 4 月 8 日的裁决（RJ2900）中。

82　这个由 *Santos Morón*（fn. 65）3024 在脚注 37 中很好地解释。也参见 *Gomis Catalá*（fn. 65）222.

83　已经由 *Sánchez-Friera*（fn. 67）27 参考。

84　参见 *Gomis Catalá*（fn. 65）214.

85　*Cabanillas*（fn. 54）190 ff. 是赞成的，并且提供了所有这些理由的详尽的描述。也参见 *J. Jordano Fraga*, La protección del derecho a un medio ambiente adecuado（1995）413 ff.；*D. Loperena Rota*, Los principios del Derecho ambiental（1998）40 ff.；*F. Delgado Piqueras*, Régimen jurídico del derecho constitucional al medio ambiente, Revista Española de Derecho Administrativo（REDA）1993, 56；*C. Alonso García*, El régimen jurídico de la contaminación atmosférica y acústica（1995）92 ff.；*Alenza*（fn. 55）94 ff.；*Hebrero Álvarez*（fn. 62）32. 从宪法的观点来看，该问题的一个坚实简短的批评由 *Parejo*（fn. 74）382 ff. 提供。一个不太坚实和更加中立的路径是由 *Lasagabaster et al.*（fn. 65）256 ff. 给出。

一种尝试是将这种权利通过与其他已经存在的健康权和隐私权利合并，或者提供一种该权利的直接构建。有些人已经将该种主观权利建立在自然法的基础之上。

尽管如此，但这些诚实的尝试没有得到法律或者法院的支持。甚至根据拟议法原则，某些缺点已经被指出。主要的反对意见是无效率（在我们都有权利用环境索赔的情况下），并且基本不认为这种主观权作为真正的请求会被法院审查。这种构建在西班牙尤其不幸，因为合法权益不需要变成真正的主观权利享受侵权法保护。[86]

在未曾尝试用尽这个领域所有的立法可能性的情况下（因为《宪法》规定了裁决的宽泛的自由），可以清楚的是，至少在目前，所有的学说建议仅是不繁荣的实验。尽管《西班牙宪法》可能被用作主张环境权利，但保护这种权利的措施下放给了立法者。换句话说，就目前的立场来看，不存在被理解为使任何一方当事人有权在法院提起侵权索赔合法的受保护的利益的主观环境权利。

（5）总之，在西班牙，在环境问题上，侵权责任的补偿目的（包括政府对市民的侵权责任）与行政法的管制目的是明显不同的。这点在传统损害（由非合同责任所保护）和纯粹环境损害（由行政法所保护）的情况下是非常清楚的。在这两种思想的基础上，一些作者也提出现行法律制度使个人在纯粹环境损害的情形下有权提起索赔的可能性。 71

（6）类似于我们在环境损害中对侵权责任的审视，我们应该简短地描述行政环境制裁。我们不提及政府对受害个人的责任（其由侵权中的非合同责任所涵盖），而是提及根据西班牙各种有效的环境法律，继环境损害之后而可能发生的法律后果。该后果通常由行政 72

86　这个由 *Díez-Picazo Giménez*（fn. 65）1419 and *Santos Morón*（fn. 65）3023. 评论，西班牙侵权法的这种特征的解释是由 *Pantaleón*（fn. 1）1972 提供的。主观权利思想的批评也可以在 *Díez-Picazo*（fn. 1）121；*Carrasco*（fn. 65）312 ff. 中发现。

制裁（主要是罚款）和各种额外措施（许可的停止，许可证的撤销
等等）组成，其中具有重大意义的是恢复受损害的环境的义务。根
据每个具体的法律，这些分散的制裁规定可以做如下总结：[87]

①各种法律预设其中关注的行政违法行为的不同制裁，其遵循
的原则是在没有过错或者故意的情形下就不会被施加制裁（即无责
任就无刑罚）（*nulla poena sine culpa*）。[88] 但是，其中的一些规则确实
考虑给几个违法者或者法律实体施加共同制裁的可能性。[89]

②一些法律规定关注要求遵守法律的可能的公共诉讼。[90] 除此之
外，尽管有一些反对的意见，这个问题上的公共诉讼不会被普遍支
持。尽管如此，但报告违规的唯一可能性实际上是对所有人开放的
（1992 年第 30 号法令第 69 条第 1 款），如果程序不启动，[91] 原告就
不是程序的当事人，从而就可能不会将行政裁决上诉。

③恢复受损环境的义务通常包含在法律预设的损害中。[92] 当恢复
事物本来状态（清除非法工程，更换水资源等等）不可能时，它就
变成支付金钱赔偿的义务。此种义务至多试图补救给公共领域和政

87　*De Miguel*（fn. 50）271 ff.；R. de vicente Domingo, Régimen de las infracciones y sanciones en materia medioambiental, in：Reyes López（ed.）（fn. 64）117 ff. lists these laws.

88　*De Vicente Domingo*（fn. 87）104. 当犯违法行为时，故意或者过失的要件被清晰地确立在 art. 130 of Act 30/1992 LPAC 和宪法法院的裁决中（Judgments of the Constitutional Court of 26 April 1990 and 4 July 1991）。

89　*De Vicente Domingo*（fn. 87）106 refers to art. 51. 2 of Navarre Act 2/1993, of 5 March, 其关注导致野生动物伤害的狩猎队成员的连带责任，也参见 Valencia Act 11/1994 on natural parks in relation to liability for infractions. 对于法律实体的责任参见 *Betancor*（fn. 63）1313.

90　参见，例如 art. 109. 1 of the Coasts Acts. 关于该主题，*Reyes López*（fn. 64）238–239 表明提起公共诉讼的可能性是该法案独有的。但是，它在地区制定的法律中更常见并且这引起遵守《西班牙宪法》的问题，参见 *Gomis Catalá*（fn. 65）212. 另外，*Santos Morón*（fn. 65）3024 in fn. 34, 指出公共诉讼在地区环境法中更常见。

91　*Cordero Lobato*（fn. 55）498. 根据环境部审视现行草案第 16 条变换 35/2004/EC 指令，政府可能强制执行依法律职权或者依利害当事人的要求确立的责任。第 17 条解释利害关系人是谁和作为新事物包含非营利组织（如果某些要件被满足）。

92　例如，《水法》的修订版第 118 条，《自然公园和野生植物动物法》第 37 条，《废弃物法》第 36 条，《污染综合预防和防治法》第 36 条。

府财产导致的损害。[93] 但是，这种义务无论如何不能替代每个受害方可能在侵权中有权取得的损害赔偿金。[94]

3. 这些规章和规定本身是否被认为是具有保护目的的制定法？个人是否也包含在这些保护性规则范围之内？在你们的法律制度中，对这些规则的违反是否构成不法行为？或者它是否引起严格责任？

（1）西班牙法律对这个问题的最后部分作了比较清楚的回答。 73
在西班牙，出发点基本上基于过错责任，尽管如此，在实践中，最后引起严格责任：实际上，对于传统环境损害，在侵权责任上一般是严格的连带责任。[95] 责任不仅在违反环境行政规章时是严格的；一般地，严格责任适用于环境案件。但是，这并不是由法律明文认可的，而是由基于审视案例法的法律学说明确地确定的。[96] 在这个领域里，严格责任的思想与《民法典》第 1902 条确定的西班牙法律的过

93　例如，这个被 *Betancor*（fn. 63）1380 解释。

94　*Cordero Lobato*（fn. 55）494 和 *De Miguel*（fn. 50）274 都赞同，但是，正如 *De Vicente Domingo*（fn. 87）119 ff. 所解释的一样，1970 年 4 月 4 日的《狩猎法》（第 47 条第 1 款）、《2 月 22 日皇家法令 485/62》通过的《山脉管制法》和一些最近的区域法律使政府本身征收相应的损害赔偿金。这被 *Cordero Lobato*（fn. 55）批评，其后来在 "La liquidación de daños entre particulares en el procedimiento administrativo"，inDret 03/04/ 2003，6（there are some interesting conclusions at 9 ff. ）中审视该问题。关于《水法》，*Hebrero Álvarez*（fn. 62）86 建议政府应该衡量个体所遭受的损害。一方面，*Betancor* （fn. 63）1250 支持在某些情形下宣传人身损害，沿着这些相同的路线，并且基于环境损害的集体范围，*Gomis Catalá*（fn. 65）202 表明为了提请对私人财产造成环境损害的索赔，公共权力应该能够行动，而不是受害者。

95　实际上，法律学者通常强调导致环境损害的几方当事人应该共同地连带地对受害方承担责任，当损害的参与度不能被确认的时候。参见 *De Miguel*（fn. 50）353；*Santos Morón*（fn. 65）3020；*Alenza*（fn. 55）123. 相反的批评前述观点的意见是由 *Gómez Pomar*（fn. 62）72 – 73 and *Hebrero Álvarez*（fn. 62）33 所给予的。

96　*Cabanillas*（fn. 54）160 is unequivocal when ascertaining the opinion of legal scholars. 这种趋势被证明，例如，in *Santos Morón*（fn. 65）3021；*Cordero Lobato*（fn. 55）489；*Alenza* （fn. 55）120；*De Miguel*（fn. 50）356；*Reyes López*（fn. 64）195；*Hebrero Álvarez*（fn. 62）26；*Gómez Pomar*（fn. 62）54 – 56. 存在少数意见支持过错责任，这方面参见 *J. Santos Briz*（fn. 1）. For the most qualified criticism see *Diez-Picazo*（fn. 1）129. 其指出了严格责任的优势。

错责任一般规则相矛盾。

74　　为了给环境损害的严格侵权责任找到正当的理由，通常会参考现行法和一些一般原则。因此，《民法典》第 1908 条第 2 款指明所有者应该承担责任，"2）过量的对人身和财产有害的烟雾"，作为严格责任的形式。另外，基于传统的格言，"事物的优点同时也伴随着它的缺点"（*cuius est commodum eius est incommodum*），任何进行盈利活动的人也应该为这些行为带来的损害承担责任。污染企业固有的风险也常作为参考。由于该情况并不清晰，所以法律学者建议，应该作出法律确认来指示应受严格责任约束的案件。[97]

75　　该问题已经由法院澄清，虽然通常过错被推定，并且被指控的违法者有义务证明他的或者她的勤勉谨慎的行为。偶尔，过错的存在源于损害（尤其是当它可以被预见和避免时，以及是危险活动固有的时）被引起的唯一事实，从而确立一个无法反驳的推定。这引起过错与确定责任无关的结论，尽管最高院并没有真正地确认这一点。[98]

76　　检视传统损害的作者和分析该类案件判决的作者通常确信：西班牙环境损害具有的侵权责任严格本质。[99] 但是，在纯粹环境损害的情形下，这种确信稍微会不同，因为凭借环境行政法，恢复环境才会有可能。

77　　（2）有可能值得描述的是，当损害是归咎于政府时适用的责任制度。然而，侵权的一般规则是过错责任（第 1902 条），政府一般受严格责任约束。根据实证法（包括《西班牙宪法》第 106 条第 2 款确定的条文），政府对由于常规或者非常规的公共服务规定导致市民权利和财产的个体损害承担责任。因此，不需要证明相应公务员的过错和其随之而来的责任，只有在不可抗力（*force majeure*）或者

97　例如，参见 *Santos Morón*（fn. 65）3022。

98　*De Miguel*（fn. 50）356 引用许多案例法。也参见 *Gomis Catalá*（fn. 65）122。

99　这由 *Santos Morón*（fn. 65）3027–28 所解释。

损害源于开发风险的情形下，几个起作用的政府部门的连带性质才可以被排除。该责任可能在争讼的行政法院主张，即使个人与政府一起参与在损害中。[100] 应该指出的是，政府的责任是基于传统的侵权责任原则：它的目标是赔偿任何遭受损害的个人，无论是人身性质还是物质性质。因此，当政府自身导致了纯粹的环境损害时，赔偿将面临如同纯粹的侵权责任一样的困难。[101]

（3）实际上，在西班牙，违反行政规则构成违法行为。尽管这样，应该指出的是（参见上文边码4），一方面，在西班牙侵权责任制度中，存在对违法性要件的某些怀疑，另一方面，在西班牙，遵守相应的规章并不耗尽勤勉谨慎的标准。 78

（4）正如上文边码28检视的一样，被违反的规则的目的由私法学者所确认，并且最近才被侵权专家所支持。另一方面，行政规章没有规定一般的个人保护。 79

4. 如果是适用（严格责任），请详细描述有关安全规章或者环境保护采用的强制责任保险的法定方案。

（1）如同期待的一样，西班牙法律已经审视作为补偿和分担事故费用方式的保险的利用，包括环境损害责任。有人甚至建议保险本应有威慑效果，如果保险公司仅执行让企业承担控制它们自己潜在污染活动的政策。但是，在这个领域，存在有关保险的某些怀疑论，并且建议除了保险之外，应该建立额外的赔偿制度，尤其是通过赔偿基金。[102] 80

---

100 *Cordero Lobato*（fn. 55）498 – 500 提供了简洁并且清楚、全面的观点。

101 由 *Santos Morón*（fn. 65）3028 解释。

102 *Cabanillas*（fn. 54）277 – 294；*De Miguel*（fn. 50）363；*Hebrero Álvarez*（fn. 62）48 以及许多其他。请注意，正如其他国家一样，西班牙拥有保险池涵盖这样类型的损害。从1995年1月1日起，它作为公司的一个集团行动，建立在经济利益团体的基础上（"Agrupación de Interés Económico"），在1991年4月29日的第12法例中有界定，更多的信息参见 *Hebrero Álvarez*（fn. 62）251 ff.

81   在这方面的批评表明，在环境损害方面适用保险的特殊困难，尤其是在纯粹环境损害情形中。因此，以下批评已经被指出：机会和不确定性在一些环境损害的案件中起着重大作用（尤其是渐进式损害）；由于一般的侵权责任制度（无限制的责任等），保险公司面临困难；在相对新的领域，计算事故的发生率是困难的；而将许多现行行政规章归咎侵权责任于造成超过传统损害范围（尤其是恢复被改变的环境的损害）的污染的任何人纳入考虑的难度将更大。[103] 前面的批评也由 20 世纪 80 年代美国保险业所经历的危机所证实，据称是由于环境责任的增加而引起的。[104]

82   （2）某些西班牙法律，在有限的额度内施加办理强制侵权责任保险的义务。[105] 出发点是《保险法》第 75 条，其指出政府可以在由政府指定的任何活动中要求强制保险。所以，该问题从法律范围中删除，其是一个关于保险合同优先立法的新事物。[106]

83   尤其是涉及环境部门，基本存在两种施加强制保险的法律：

①1964 年 4 月 29 日第 25 号《核能源法》，进一步实施 1960 年 7 月 29 日制定实行的《有关核问题责任的巴黎公约》，其确立了严格责任，预设其中的数额并且要求强制保险（第 45 条和 56 条）。该强制保险可能被银行保证金所代替。实践中，西班牙原子池已经建立，它最大的相关特征是相应的规章在即时核能损害（在事故发生

---

103 *Cabanillas*（fn. 54）281 ff.；*De Miguel*（fn. 50）363. This is corroborated by *Luquín Bergareche*（fn. 81）173. In turn *Gómez Pomar*（fn. 62）58 ff. 详尽地描述他们和赋予他们资格。保险在这个领域面临的困难已经表明，从保险人的观点来看，由 ACBE's Financial Sector Working Group 在 1992 年 12 月的报告中提供，由 *Cabanillas*（fn. 54）281 ff. 提及。

104 这是由 *Gómez Pomar*（fn. 62）67 提及到。

105 参见 *Hebrero Álvarez*（fn. 62）78 on this final point. *Cabanillas*（fn. 54）279 强调强制保险固有的困难，因为企业的经营可能最终依赖于保险人是否决定同意必要的保险。这种思想已经由欧共体委员会在它的"环境损害修复绿皮书"中建议。

106 由 *Hebrero Álvarez*（fn. 62）78 指出。

之后的 10 年内导致或者通知违法者）和延缓核能损害（其超过时间限制）之间有影响。第一种类型的损害是由强制责任保险所涵盖，而后者是由国家来承担（《核能法》第 56 条）。[107]

②1998 年 4 月 21 日第 10 号《水法》，其与《833/1988 皇家法令》一起适用。该《皇家法令》仍然有效，尽管它是根据现在已经废止的 1986 年 5 月 14 日的《有毒有害废物基本法》而制定。根据这些规章，有毒物的经营者有义务办理保险和存储保证金，[108] 而废物生产者仅可能通过政府根据法律承担责任。[109] 明显的是，一个人可能既是经营者也是生产商，在这种情形下，应该适用前述制度中的第一种情形。无论如何，法律学者已经指出其是一个悖论，即在 1988 年，规章要求强制保险，但是保险部门却没有任何人愿意提供，最终通过提供意外污染赔偿解决问题，而这与法律规定相去甚远〔参见埃夫雷罗（J. I. Hebrero）[110]〕。请注意在这些规章中保证没有被涵盖，因为这是由相应的行政主体（现在通常是自治区负责该事[111]）来决定的事项。

③西班牙是《石油污染损害责任国际公约》的参与国，该公约于 1969 年 11 月 29 日在布鲁塞尔签订（1992 年更新）。根据该法，在公约范围内的任何船只的所有者应该办理强制保险。进一步的信息，请参考国际法。

目前，为了贯彻执行 2004 年 4 月的《2004/35/EC 指令》，一项

84

---

107 所有这些评论都是从 *Hebrero Álvarez*（fn. 62）81 ff. 中选取。

108 《水法》第 22 条第 2 款和《皇家法令》833/88 第 6 条第 2 款以及第 27 条第 1 款，参见 *Hebrero Álvarez*（fn. 62）88 ff. Hebrero 指出这是《西班牙环境法》首次预设强制保险。

109 *Alenza*（fn. 55）126 提及一方与另一方之间的不同对待。

110 *Hebrero Álvarez*（fn. 62）90. 也参见，对于第一个想法 E. *Pavelek Zamora*, Los seguros de responsabilidad civil y su obligatoriedad de aseguramiento, Cuadernos de la Fundación Mapfre Estudios（CFME）1992, 12（quoted by *Hebrero Álvarez*（fn. 62）89）.

111 *Hebrero Álvarez*（fn. 62）90.

条例草案正在酝酿之中，[112] 其为相关类型产业预设了严格责任和强制责任保险。根据容塞达（J. Junceda）对 2002 年草案（Draft Bill）的评论，这种严格责任有最高限度并且对所有其中被描述的环境活动强制保险。另外，当多方当事人为基于伴随的原因发生的损害承担责任时，存在共同责任。某些组织有权命令恢复环境，法律限制将会被扩张，甚至当提及的活动遵守了相关现行规章时，责任仍旧被适用。[113]

85　　转换 4 月 21 日《EC2004/35/指令》的该草案的现行版本确立了提供充分的财政保障以足够负担任何潜在的环境损害责任的义务。在这方面，通过特设基金（*ad hoc* fund）创建强制保险（第 14 条）是必要的，如银行担保或者技术储备。

86　　（3）目前，西班牙加入了欧盟创建的基金以及根据国际法建立的基金（例如为了石油污染损害的国际石油污染赔偿基金）。但是，在西班牙法律制度中，国内规章中没有类似基金。[114] 然而，法律学者的一般意见是这种类型的损害赔偿制度是非常有益的。[115]

87　　根据目前由该部支持转换 4 月 21 日《2004/35/EC 指令》的草案，国家基金应该被创建用来修复在某些情况下的环境损害（责任方没有过错，其持有相应的行政许可或者如果损害是由开发风险导致的）。该基金应该受到国家总财政预算的资助（第 15 条）。

88　　（4）由自治区制定的法律有时确实确立了施加强制保险义务的一般规则。一个例子是穆尔西亚[116]《1995 年 3 月 8 日环境保护的法

112　*Alenza*（fn. 55）126 提供了当时存在的条例草案的一些解释。

113　*Junceda*（fn. 65）76；*Reyes López*（fn. 64）200 - 201.

114　*Alenza*（fn. 55）125. 参见 *De Miguel*（fn. 65）272，其检视了由 81/1968 法案创建的森林火灾赔偿基金。

115　*Cabanillas*（fn. 54）304；*Jordano Fraga*（fn. 55）278；*De Miguel*（fn. 50）370；*Hebrero Álvarez*（fn. 62）48；*Gómez Pomar*（fn. 62）75 - 76.

116　参见由 *Peña*（fn. 4）154 - 155 作的评论。

令》，在活动对个人、财产或者环境的风险成为必需的情形中，如果这是由政府决定的，其稍微不正确地（因为没有澄清施加的责任类型）预设购买保险的义务。保险必须涵盖该法令中第46条所考虑的损害。

三、过错责任

（一）对行政法规则的违反

1. 在过错责任领域，违反安全规章和环境法规则扮演何种角色？

如同已经提到的一样，在西班牙法律中，安全规章和环境法在确定过错责任时起着非常重要的作用。违反这些法律会导致被告的行为被看做是过失，只要导致的损害是被法律的保护目的所包含。但是，如前文所述（参见上文边码2），即使是遵守所有规章也不必然使勤勉谨慎的标准被耗尽。 89

2. 仅违反这样的规则就能构成不法性还是有额外的要求，比如：违反注意义务和过错？

如同上文边码4解释的一样，西班牙法律学者对违法性要件是有争议的，学说和适用违法性要件的案例法都确定违反行政法本身就是违法性的证据。而且，如果责任的其余一般要件被满足，没有进一步（要件）被要求。这些一般要件之一是过错的存在，其通常被理解为仅是注意义务的违反。行政法的违反假定过错存在。 90

3. 如果实施侵权行为的人违反了行政法规，他的责任在何种程度上依赖于规则的保护目的？

为了确定侵权者的行为是否由于违反行政法而涉及过错或者违法性，引起的损害必须在被违反的法律的保护目的的范围之内。尽管西班牙侵权专家通常对前述没有明确地肯定，但是这种思想在著名的侵权法学者中间已经根深蒂固，并且已经逐渐被人们接受。尽 91

管法院没有明确地适用该责任原则，但是它们的裁决在很多场合确实在遵循它。

92 然而，正如上文边码9中所陈述的一样，所有适用的行政法规则被严格遵守的事实并不阻止法院考虑侵权者的行为过失。因此，如果法官裁决被告的行为已经违反了理性人的一般注意义务，法律保护目的就变得没那么重要。

4. 在何种范围内，实施侵权行为的人被允许证明即使他遵守相关的规则行事，他仍然会造成损害？

93 存在两种可能性的回答。首先，如果是以过错责任为基础，侵权者已经根据理性人标准行为的证明应该免除任何责任。另一方面，被告遵守所有行政规章不应意味着他已勤勉谨慎行为。换句话说，他的行为遵守适用的行政法的证据不应必然地免除其责任。

5. 违反行政法规则在举证责任的分担上，有何种结果？尤其是就因果关系、不法性和过错而言？

94 （1）如同已经解释的一样，违反适用的行政法意味着被告的行为应该被认为是过失（或者是违法）。这不是真正的推定，而仅是一个条件。违反行政法的一方可能避免这种过失条件的唯一方式是论证导致的损害超出了法律的保护目的。

95 （2）在西班牙法律中，关于因果关系和可能的因果关系推定，出发点是基于侵权者适当地证明因果关系的义务，关于这点，存在普遍的认同。但是，法院关于事实何时应该被看做已经被证明具有相当的弹性。当前在一般教科书中的观点由拉克鲁斯（J. L. Lacruz）总结如下："有关因果关系举证责任的分担，尽管不存在举证责任分担倒置的一般规则（在任何情况下都不可能），但是法院通常采用任何人能够潜在地导致损害或者应受注意义务约束的推定证据"。[117]

---

117 *Lacruz et al.* （fn. 1）488. 更多的支持这种观点的案例法在 *Arcos Vieira*（fn. 33）44 ff. 中提供。

因此，不存在构建因果关系推定的规则，即使在违反适用的行   96
政规定的情形下。同样的，也不存在通过证明所有行政法规定都被
满足来反驳因果关系的推定。

在法律学者当中，虽然一般的观点是反对一般因果关系的推定，   97
但是在诉讼中，无论何时重构所谓的"平衡臂"是必需的，如果带
有特别模糊的因果关系链的损害发生，因果关系推定可能会被用到
（例如医疗事故）。[118]

在这方面，通常参照的是最高法院 1996 年 1 月 22 日的裁决   98
（RJ 248）。该案中，一个被非法雇佣的工人在没有获得开采许可证
并且在未遵守适用的规章的矿藏开采地点死亡。最高法院最终裁决
该地点的所有者承担责任，有关过错的举证责任倒置，尽管一些作
者已经指出它更多是凭借法律推定（*praesumptiones iuris*）而不是事
实推定（*praesumptiones facti*）来推定因果关系链的情形，因为它不
清楚该重大事故是如何发生的。[119]

但是，大部分法院通常清楚因果关系必须被证明，如同已经解   99
释的一样，它们指明，必需的证据不被适用风险理论、严格责任或
举证责任倒置而逐渐侵蚀。[120]

6. 违反行政法是否能导致主张惩罚性赔偿？

---

[118] 正如像 *Pantaleón*（fn. 1）1983 解释的一样，也参见 *Díez-Picazo*（fn. 1）238 f.；*Santos Morón*（fn. 65）3020；*Yzquierdo Tolsada*（fn. 1）214；*Arcos Vieira*（fn. 33）46. 该种观点也由法院表明。后一个作者将最高法院 2004 年 6 月 10 日（RJ 3605）的裁决和 2004 年 10 月 4 日（RJ 5981）的裁决作为例子。但是，也存在相反的观点：*Cabanillas*（fn. 54）178，其否认西班牙法中存在这样的一般因果关系的推定，尽管他支持引入类似德国法中深思熟虑的推定，尤其是有关环境损害。参见 *Reglero Campos*（fn. 1）320 – 321.

[119] *Díez-Picazo*（fn. 1）238 – 239，引用 *Díaz-Regañón*，CCJC 1996 – III，另一方面，*Reglero Campos*（fn. 1）321 认为达成的结果是合理的。

[120] *Arcos Vieira*（fn. 33）35 – 36，其引用最高院 2001 年 6 月 29 日裁决（RA 1470）、2003 年 2 月 20 日裁决（RA 1174）、2003 年 2 月 12 日裁决（RA 1010），和 2003 年 6 月 22 日裁决（RA 5851）来支持他的观点。

100   在西班牙，惩罚性损害赔偿一般不被接受，如同已经解释的一样，西班牙侵权法的目的基本上是提供损害赔偿，因而，这未给惩罚性损害赔偿留有空间。[121] 但是，某些法律作者承认侵权责任可能间接地作为一种威慑。[122]

101   这就是说，应该指出，在故意或者重大过失导致损害的情况下，[123] 尽管带有限制和犹豫的观点，一些作者正开始倾向于赞成惩罚性赔偿。继前所述，在严格条款中提供超过实际遭受损害的赔偿的可能性，也不完全与制度不适合，事实上，某些个别案件被西班牙法律所承认。

102   一个例子是《一般社会保障法》，其预设，如果在工作场所由于缺乏管制预防措施导致职业事故或者疾病，如果工作场所是被遗弃的或者在糟糕条件中，或者如果职业安全被违反，[124] 财政捐款就要上升 30% 到 50%。该增长是由雇主负担并且可能不会获得保险赔偿。

103   沿着这一相同的路线，存在某些规则，当裁决可修复的损害时，其适用侵权者获取的为不当得利原则（其片面地忽视了纯粹损害赔偿的逻辑和完全支持制裁和预防目的[125]）。前述的例子是根据 1/82 法令，侵害某人的荣誉。相同的规则有时可能出现在环境法中，但在这样的语境下，就离制裁的目的更近了，因为该条款规制赔偿，其

---

121 *Diez-Picazo*（fn. 1）47；*Pantaleón*（fn. 3）441.

122 *Pantaleón*（fn. 1）1971–1973；*Asua*（fn. 1）468. See also *Concepción*（fn. 1）49.

123 *Reglero Campos*（fn. 1）77；*Peña*（fn. 4）203ff. The opinions of P. Salvador can be examined in *P. Salvador Coderch*, Punitive Damages, AFDUAM 2000 – IV. 关于惩罚性损害赔偿，在西班牙最著名的观点之一是由 *Salvador/Castiñeira*（fn. 62）163 ff. 给出的。萨尔瓦多（Salvador）教授的观点可能在 *P. Salvador Coderch*, Punitive Damages, AFDUAM 2000 – IV 中得到审视。

124 *Salvador Coderch*, AFDUAM 2000, 4. 有关已修订的《一般社会保障法》文本的第 123 条。

125 由 *X. Basozabal*, Enriquecimiento injustificado por intromisión en derecho ajeno（1998）95 解释。

取代不适用（或者不可能）的施加给侵权者的修复义务。[126]

偶尔，该争论聚焦于作为额外赔偿来源的非金钱损失的给予的 104
作用，即严格说来超越认可的造成的损害；它还断言：在故意损害
的情形下，以与《瑞士债法》类似的方式，因果联系有更宽泛的范
围。[127]

无论如何，似乎清楚的是，惩罚性赔偿可能不会作为一般规则 105
施加于人，甚至是当行政法已经被违反（不像意大利环境损害方面
的法律）时也是如此。任何预防和赔偿目的通常是留给行政制裁和
《刑法》的。

（二）遵守行政法规则的行为

1. 即使侵权人遵守了所有相关的行政法规则，他是否也要承担
侵权责任（以获得损害赔偿或者禁令为目的），或者你们的法律制度
是否允许"管制性许可抗辩"？

该答案很明显是肯定的，正如上文边码9所解释的一样。 106

2. 一般注意义务能否超过这些规则的范围？

在个人实施由政府颁发许可证授权的活动的情形中，对于任何 107
因为活动引起的损害责任，原则上归咎于个人。在命令实施某种活
动或者规章强制开展某项活动的情形中，会引起责任限制。这样的
情况下，个人将会被免除引起损害的责任。似乎可以这么讲，在这
样的案件中，政府本身[128]将会承担责任。

从阻止当前或者潜在的损害原告的活动的可能禁令来看，违反
行政规章也具有重大的意义。但是，在西班牙，描述该问题处于何

---

[126] *De Miguel* (fn. 65) 239 引用《海岸法》第 100 条第 3 款和《有毒有害废弃物基本法》
第 19 条。

[127] *Reglero Campos* (fn. 1) 63.

[128] 参见 for all *J. González Pérez* (fn. 20) 265. Art. 121. 2 of the Expropriation Act contained a
rule that was similar to the idea described herein. 根据这篇文章，"在公共服务中，补偿应
该由受让者支付，除非损害源于政府施加给受让者的条款，而且受害人必须履行它"。

种地位不是一件容易的事情。实际上，也许由于《拿破仑法典》决定性的影响，在普通民法中不存在系统的规章干预，因此，整件事情就变得复杂并且充满疑虑和不稳定。[129] 例如，对于停止导致邻居财产损害的活动的请求理由存在争论。对于是否适用法律滥用的理论（《西班牙民法典》第 590 条和第 1908 条第 4 款）存在怀疑或者对于是否运用严格侵权赔偿责任理论存在质疑。[130] 尽管如前所述，但实际的解决方式最终在案例法中达成，并且法律学说与在其他欧陆法律制度中达成的法律学说相当近似。[131]

鉴于西班牙案例法存在将这些情形归入损害赔偿责任下的广泛趋势，可能得出的结论是违反行政规章所起的作用与其在普通侵权责任案件中所起的作用类似（参见上文所述）。对那些主张《西班牙民法典》第 590 条规定了使潜在的危害活动停止的理由的人，行政规章也是非常重要的（所讲条款对现行行政法提供参考）。

另外，如果被告被行政许可证涵盖，传统上，案例法支持民事法院有参与解决个体之间冲突的权限，并且，在这方面，它们可能

129　但是，实际上，该问题在加泰罗尼亚受到系统地调整（1990 年 7 月 9 日的法令 13，有关消极诉讼、干预、地役权和邻居关系）。

130　《民法典》第 590 条："禁止在隔离墙或者邻近接壤的地方，建造水井、污水管道、沟渠、火炉、熔铁炉、牲畜棚、堆积腐蚀性物质、蒸汽产生的人工制品，或没有保持规章和当地实践中确定的距离，并且没有提供同一规章中确定的保护，建造其本身或者其产品是危险或有毒的工厂。在规章缺乏的情形下，在获取专家的意见之后，为了避免相邻财产或者建筑物的任何损害，应该采取认为必要的预防措施。"在这方面，参见 the Regulations on Disturbing, Unhealthy, Noxious and Dangerous Activities（approved by Decree dated 30 November 1961）。另外，第 1908 条第 4 款规定"产生于污水管道或者传染性物质的堆积物的物质，在它们的固有位置上未采取预防措施而被建造"的责任。

131　这个由 *F. J. Díaz Brito*, El límite de la tolerancia en las inmisiones y relaciones de vecindad（1999）17 解释。

命令采取措施以避免继续损害，甚至是使活动停止。[132] 当采取这些措施时，法官考量实施该危害活动的任何人和受该活动损害的人们之间的利益。[133] 另一方面，受害方也许会向争讼的法院专门呈文从而参与到给潜在有损害的活动授予许可的程序中，并且也可能要求政府采取行动确保该个人纠正他的行为以适应许可证的条件。

实际上，正如上文边码 9 所解释的一样，法院可能得出被告行为具有过失的结论，即使他的行为严格遵守所有适用的行政规则。

3. 如果侵权人能够成功证明他是合法地行为（就相关的行政法规则而言），那么关于不法性和过错的举证责任的分担是否会有所不同？

正如上文边码 2 所解释的一样，遵守行政法表面上需要排除过   108
失，但仅此而已。任何这样的遵守不能推定被告已经谨慎勤勉地行为，也不能推定他的善行。

关于这个问题，已经确定的是在邻居关系和非法侵入他人财产   109
的情形中，所有行政法律的履行都界定每次非法侵入他人财产的忍受级别。

---

132 作为一个法院裁决设法使损害活动停止的例子，法律学者通常参考 1997 年 5 月 30 日
最高院的裁决（RJ 4331）。案例法中大多数的意见与法律学者的大多数意见相吻合。
在这方面，参见 R. *Evangelio Llorca*，La acción negatoria de inmisiones en el ámbito de las
relaciones de vecindad（2000）257；*M. R. Díaz Romero*，La protección jurídico-civil de la
propiedad frente a las inmisiones（2003）47；*H. Díez García*，Comentario al artículo 590，in：
R. Bercovitz（ed.），Comentarios al Código Civil（2001）727 and *Díaz Brito*（fn. 131）66.
Against：*J. Egea*，Acción negatoria，inmisiones y defensa de la propiedad（1994）170 and
R. M. Méndez/A. E. Villata，Acción negatoria de servidumbres e inmisiones（1998）28.

133 根据 Catalonian Act 13/1990（参见上文脚注 129）第 3 条第 5 款，如果活动拥有行政许
可，那么受影响的所有者仅可以要求采取合理的措施避免损害（不是停止活动）和对
已经遭受的损害的赔偿。在西班牙法律中，这是新事物，不被最高院的民事法官所支
持。为证实这最后的想法，参见 *T. Hualde*，Inmisiones provocadas por establecimientos in-
dustriales autorizados，Revista Jurídica de Navarra 2005 – I，180.

四、其他原因的损害赔偿

1. 除了侵权法之外，是否还有其他法律的原因，比如：行政法本身或者是更加广泛的法律责任领域，强调因违反这样的规则所引起的损害赔偿责任？

110　　在西班牙法律中，唯一有重要意义的原则是在《普通行政程序法》中已经指明的原则，大意就是存在恢复原状的义务或者支付因行政制裁引起的损害赔偿金的义务。

2. 如果行政法规则许可侵害另一个人的利益，贵国的法律制度是否提供损害赔偿（或者是来源于受益者、基金或者是政府）？该赔偿请求的必要条件是什么？

111　　在行政法律行为不利地影响个人利益的情形下，该问题应该归入到征收法或者国家责任原则下。无论如何，受行政行为影响的个人应该被补偿，无论是通过在征收时接受公平的对价，还是（更大可能是）通过赔偿。

112　　在西班牙，大部分法律学者在征收和责任之间做明确的现行法区分，其不像其他国家基于强行占有的直接的或者偶然的性质。[134] 作为这种差异的结果，引起责任的法令不是直接地以强行占有为目的（如同征收情形中一样），而是有另外的目的，并且损害是偶然导致的。否则，如果行为是直接以侵害另一方的利益为目标，案件将会被征收法所涵盖。

113　　因此，下面可能对问卷提供答案：

　　·根据上文所述差异，或者通过征收程序或者另外依据国家责

---

[134] *García de Enterría/Fernández* (fn. 30) 251–377. See *M. Gómez Puente*, La inactividad de la Administración (3rd ed. 2002) 842 and *González Pérez* (fn. 20) 387. *Díez-Picazo* (fn. 1) 57 ff. 提供一些有趣的批评意见。

任原则，个人的利益实际上将会被补偿。

·为了获得这样的赔偿，要件被满足将是在每一个案件中确定的一般要求。

五、案例

1. 1976 年，一家由 A 公司经营的化工厂，被允许可以排放一定量的废气到空气中。根据最近的技术标准，所规定的量可以以一个合理的费用显著地降低。然而，自从 20 世纪 70 年代以来，政府管制就没有升级校正调整过。因排放废气而遭受农作物损害的当地农民，能否向政府或者工厂经营者主张损害赔偿？这与农民本应该根据行政审查程序，申请审查或者撤销许可有关吗？

（1）农场主实际上能够提起对化工厂的请求。它是前文提到的   114
仅适用一般规则的情形，被总结为如同证明被告勤勉用尽的要求一样。根据案例法，被告不仅必须证明它履行了所有可能的行政法，而且必须证明它已经采取了所有合理的措施避免导致损害（其显然不是此处的情况）。

总体而言，尽管这个问题还没有由西班牙法律学者彻底地检视，但农场主已经申请审查或者撤销许可的事实将不会影响请求。它可能是真实的，在那时，原告本应能够参加到授予许可证的程序中来，也本应能向行政机关要求改正或者停止有害活动。但是，仅只有在例外情形下，该种事实可能阻止他的请求，无论是通过禁止对自己行为提出质疑的原则，还是通过适用共同过失原则。

最高法院 1952 年 12 月 23 日的判决（第一部分）审查了一个与   115
所述案件非常类似的案件。除了对案件的是非曲直推论的重大意义之外，它涉及 1952 年引起的一场冲突，该冲突受一套制定于 1925 年规章的约束（其正如描述的案件一样，已经过时）。在该案中，原告是务农的并且是牲畜的养殖者，其投诉附近的水泥厂使他们的动物和庄稼蒙上灰尘。工厂主张它严格遵守 1925 年规章施加的要求，但最高法院裁决认为这个不足以将其行为视为是勤勉谨慎的。在这个裁决中，文字表述为："（由被告主张的）为了确定过错，只有违反法律的作为或者不作为才被看做是违法的理论是完全错误的。"关于被告遵守了管制要求，最高法院也陈述道："这些一般的和预防性的政府规定不能阻止受害方在他的权利被损害之后提起侵权诉讼。"

116 　　另外，最高法院裁决也建议，政府很可能对作为索赔理由的不充分服务不用承担责任。在这方面，最高法院指出工厂已经被政府命令改变它的生产程序，在最初遵守所收到的指示之后，它紧接着就继续使用原来的对其邻人财产更加有害的程序。

117 　　（2）似乎并不可能的是，农场主对政府的索赔会成功。正如法律学者和法院（下文边码 130 彻底解释）所解释的一样，政府不作为责任而不是积极行为责任是不容被强加的，不能仅基于权限的存在；而必须是未充分地提供行政服务。这些不充分的服务，在不作为责任情形中，基本上由在先行为义务构成（即政府不能自由地决定是否作为）。换句话说，当有义务履行这些义务时，政府服务没有履行这些义务。[135]

118 　　有关不作为的行政责任，必须区分的是具体行政行为的不作为（参见下文边码 129 及其之后内容）和制定规章的不作为。但是，在西班牙，不像在法国或者德国那样，不论是实施管制权力的义务还是因此导致的侵权责任都没有被广泛讨论。在西班牙，我们有的全部是谨慎的陈述，即责任可能因为在某一限定时间内未制定法律强制的规章而引起。尽管如此，但法院甚至在这样的情况下，也不情愿准许责任的请求。[136]

---

135 *González Pérez*（fn. 20）364.

136 *González Pérez*（fn. 20）335. On the matter，参见 *Gómez Puente*（fn. 134）852.

案例法中没有很多例子，为数不多的一个例子是最高院 1985 年 119
5 月 8 日的裁决（RJ 2339），该裁决承认要求赔偿的可能性。但是在
该具体案件中不适用它，因为没有实际损害的证据。在该案中，原
告是机场的雇员，其投诉政府没有制定相应的规章来实行它们职位
新的分类等级，而这消极地影响了他们的工资。

另一个例子是最高院 1989 年 12 月 4 日的裁决（RJ 9009），该裁 120
决拒绝接受据称是由延迟起草农产品最高价格列表造成的损害赔偿，
因为，据说销售已经不情愿地按照较低价格作出。也可参见最高院
1984 年 11 月 6 日的判决（RJ 5758）和 1993 年 2 月 26 日的判决
（RJ 1413）。

所以，我们只有假设本案中，政府在限定的时间内有升级相应 121
规章的法定义务，它才会承担责任。[137]

2. 一个有关职业危害的特定法规 A 迫使雇主在他们的车间里采
取一定的保护措施。B 经营着一间一人车间，在那里没有雇工和参
观者曾出现过，假设在该情形下管制规定不予以适用，一个偶然到
车间参观的人受到伤害，B 是否仍然要承担侵权责任？

实际上，西班牙法律确实关注 B 对偶尔到他车间参观的人承担 122
侵权责任的可能性。为了承担责任，B 的过错不能建立在违反职业
风险规章的基础上，因为该法的目的不是保护发生损害的偶然参观
者，而是保护工人。尽管如前所述，但案件仍然不是完全清晰。正
如已经提到的一样，在许多情况下，西班牙法律总是使勤勉谨慎标

---

137 有争议的是，基于《西班牙宪法》第 45 条在宪法体系中的位置，它是否能填补空白。
Gómez Puente（fn. 134）287 参考法国在这方面的经验。

准超过由法律和规章施加的具体义务。[138]

123   因此，在所述的具体案例中，事故的所有来龙去脉将被检视，尤其是 B 的车间是否违反有关约束企业主对偶尔参观者的注意义务和受害人本身是否干预了事故的问题。例如，B 警告过受害人存在危险机械吗？B 的车间条件恶劣并且其忽视本身是危险的状态吗？受害人有理由在车间吗？[139] 在回答这些问题时，如果恰当的话，西班牙法官可能会考虑本应适用于雇员的法律制度。尽管这样，对于西班牙法官而言，通过类推并公开适用雇员的这种法律制度并不常见。

124   法律学者给出了已经落成却仍然缺乏必要安全措施的车间的例子。如果参观者去参观落成的车间，在参观的过程中由于火灾导致受伤，他可以诉诸由《民法典》第 1902 条授予的一般权利的保护。另外一个例子是从周围没有必要防护网的工地上偶然落下的砖块砸伤一个过路者。[140]

125   1986 年 7 月 17 日的最高法院裁决（RJ 4571）是一个很好的例子（已经在上文边码 30 中提到），该案中一个小孩非法进入一个正在修建的市政水池，并且淹死。原告主张该水池是处于一种违法情形中，因为它违反了关于水洁净的相应规章，而且，职业风险规章也施加了用护栏保护沟渠的义务，在这个案件中，没有安装护栏。最高法院裁决不利于原告，并且指明："受害人淹死，而他的死亡明

---

138 这种思想也反映在工伤事故中，如果职业健康和安全规章被违反。参见 *Gutiérrez-Solar* (fn. 33) 152；*García Murcia* (fn. 50) 67；*E. Hevia-Campomanes et al.*, Los accidentes de trabajo y las enfermedades profesionales (2nd ed. 1993) 285 ff.；*J. A. Martínez Lucas*, La responsabilidad civil del empresario derivada de accidentes de trabajo y enfermedades profesionales (1996) 120 并且案例法被这些作者引用。

139 在这方面，根据 *P. Páramo Montero*, Responsabilidad empresarial (1995) 122, 雇主有义务保障在工作间的任何人的安全，源于他对生产车间的特征的认识。

140 第一个例子见 *M. Luque Parra*, La responsabilidad civil del empresario en materia de seguridad y salud laboral (2002) 56 in fn. 52, the second by *M. González Labrada*, Seguridad y salud en el trabajo y responsabilidad contractual del empresario (1996) 467 in fn. 48.

显与水的洁净或污染没有关系；他完全与水池建设工程无关，另外，该工程也瘫痪，这意味着相应的职业健康和安全措施不适用；并且最后，当工程靠近市中心时，安装两米的篱笆也仅仅是建议，从而缺少它也不能使被告承担责任"。最高法院继续表明："在本案中……当地公司已经采取超过法律要求的预防措施，因为原告主张的规章目标在于建设中的工程，是为了有益于和保护建设工人，并且，其他颁布的规章是保证水池完成之后的利用者和经营者的安全"。

因此，最高法院首先裁决被违反的规则不是受害者遭受事故的   126
原因；其次，由市政委员会采取的预防措施（关闭工地和提供监视）足以认定，在该案中它已经谨慎勤勉地行为，基本上是受害者本人造成了他自己不幸的死亡。

3. 公司 B 违反有关公共安全规则的各类规章很多年，尽管存在有权力处以罚金、甚至让 B 公司关门倒闭的政府机构，但是这些政府机构几乎没有采取行动，通知公司 B 这些违法行为。他们曾经参观该公司一次，并且列出一系列的公司应该补救的缺陷的清单。公司一直未补救这些问题，政府机构从未再回头来惩戒该公司。一段时间之后，一严重的事故在 B 公司发生，如果该公司严格遵守相关安全规则，该事故本应该可以避免发生的。

（1）受伤害的人能否让公司承担损害赔偿责任？如果可以，公司能否以缺乏监管部门的监督提出抗辩？

有关（1），根据上文（上文边码2）解释的一般规则，似乎清   127
楚的是，受害方可以要求公司 B 承担责任。在这个案件中，相关的是法律学者支持的环境损害严格责任以及行政法的违反无论如何必然构成过错。

而且，B 也许不能主张政府忽视违反法律的信息来排除其自己   128
的责任。这是因为存在诚实信用地行为的义务：任何人都不可以为自己的不当行为辩解（*nemo auditur propriam turpitudinem alegans*）。

这点在这个案件中是十分清晰的，不仅因为公司 B 不能主张未意识到适用的规章，而且因为政府已经通知它必须补救的缺陷。

（2）受到损害的人能否主张从政府机构获得损害赔偿？

129 　对（2）的回答更加复杂。出发点是政府保护环境的抽象义务不足以成为没有执行该义务的潜在责任的正当理由的事实。[141] 为了使政府承担没有监督第三方活动的责任，必须存在公共服务的非常规规定。

130 　实际上，与上文边码 77 中解释的一般规则正好相反，[142] 政府在这样的情形中不受严格责任（因此包括服务的充分运作的情形）的约束。这种态度改变的原因（由法律学者支持的）被法院清楚地解释为："政府的责任可能部分被消灭，如果它被允许在政府未能有效地遵守法律制定的目的的任何情形中引起（例如，监控犯罪，注意环境，控制道路交通，健康服务等），即使因果关系链是由已知的第三方引发的。"[143]

141　受到法院和法律学者的支持。参见 *Carrasco*（fn. 65）317 ff. ; *Cordero Lobato*（fn. 55）500–503. 也参见 S. *Galera Rodrigo*, La responsabilidad de las Administraciones públicas en la prevención de daños ambientales（2001）144 and *Laguna de Paz*, RAP 2001, passim. 当提到国家和它所授权的人的侵权责任时，后来的作者解释："以下阐述并不是荒谬的，大体上，行政侵权责任可能在三种情形下引起：第一，如果在授予某个未满足最基本要求的个体的活动许可证中存有重大过失时；第二，当损害是源于由法律或者例外地由公共行政部门（附属条款）之前确定的活动特征；第三，当非常规地实施它的监管和控制义务必然地导致损害结果，否则该结果不会发生时"。另一方面，一些法律学者已经指出，法律也许偶尔会施加提供服务的义务给某些政府部门，在这种情况下，仅有的不作为将使责任成为必要。为了说明这一点，兹提及《地方政府基本法》（"Ley de Bases de Régimen Local"），其要求当地行政机关提供垃圾收集服务，参见 *Alenza*（fn. 55）100–101.

142　正如 *Gómez Puente*（fn. 134）845 or *M. M. Zorrilla Suárez* 解释的一样，Reflexiones sobre la responsabilidad patrimonial por actos de supervisión, in: Nuevas líneas doctrinales y jurisprudenciales sobre la responsabilidad patrimonial de la administración（2002）217. 根据后者的观点，在这些不作为情形下，尤其在有监管第三方活动义务的情形下，严格责任的缺失和赔偿基金的存在与其他无过错责任的其他方式有关。

143　1993 年 3 月 17 日最高院裁决（第三部分）（RA 2037）。

在西班牙案例法中，法院开始检视由于恶劣的道路条件导致交通 131
事故的国家不作为的潜在责任。之后，该责任逐渐扩展到其他领域。

法律学者通常参考最高法院 1993 年 3 月 17 日的裁决（第三部 132
分），它是有关为什么仅未监督第三方的活动不足以要求政府承担责
任和为什么公共服务反而必须要不充分地被提供的一个好例子。这
个判决中，最高法院裁决政府对因为洪水导致某家地下室的损害承
担责任。洪水是由于这些年实施的各种建设工程逐渐阻塞河床的事
实引起的。最高法院强调的责任理由是政府意识到个体已经用非法
建设手段侵害了河流资源很多年，并且一直没有采取任何措施预防
这些。因此，政府的检查服务是不合法的。另外，最高法院指出：
因为洪水的始作俑者本是一个堵塞了整个通道的酒店老板，所以政
府能够提起针对该人的相应的追偿诉讼。

同样有趣的是最高法院 1982 年 3 月 15 日的裁决（第四部分）： 133
市政委员会在这个案件中不用承担责任，因为尽管它没有达到适用
的规章（禁止牛奶的散装销售）施加的结果，但是它实际上颁布了
有关该事项的告示，并且已经实施相应的检查和监督活动。

在问卷中描述的案件确实指明了政府未能有效地行为：首先， 134
因为鉴于有关 B 缺陷的信息，政府没有勤勉谨慎地行为；其次，它
在通知 B 必须补救的缺陷之后，随后没有采取任何措施。[144]

---

144 根据 *Cordero Lobato*（fn. 55）502，在未履行监督和控制第三方活动义务的责任情形下，
 根据受影响当事人报告的信息，公共政府部门的不作为一直足以成为不充分服务的证
 据，无论是在环境损害责任情形中，还是在其他领域中。在这点上，法院的意见是清
 晰的。参见：作为一个历史性裁决的例子，最高院 1975 年 10 月 11 日的裁决（第三部
 分）（RA 4572）和作为更近的案例，最高院 2001 年 2 月 6 日的裁决（第三部分）
 （RA 653）。更广泛的解释参见 *Carrasco*（fn. 65）322 and *González Pérez*（fn. 20）365.
 也参见 *Laguna de Paz*, RAP 2001, 32 ff. 更加空泛的是由 *Galera Rodrigo*（fn. 141）138
 提供的评论。最高院在 1986 年 10 月 28 日裁决（RA 6635）中认为公共政府部门必须
 为在缺乏警察控制的情形下示威者摧毁了一组扬声器的事实承担责任；该裁决表明，
 警察已经被通知该设备出现在现场。

135　　另一方面，如果在政府给 B 送达了必须补救的清单之后不久，描述的事故就发生，政府可能不会承担责任，因为它不能被主张控制服务是非常规的。实际上，政府活动本应弥补之前它接到 B 缺陷信息时不作为的非常规性，并且另外，在通知和事故之间经历的短暂时间意味着它的控制的非常规性不能被主张，正如在该案中存在行动时间的重大不充足一样。

136　　正如法律学者指出的一样，只要能证明损害在任何情况下都已经产生，即使政府已经充分实施了它的监督义务。此时，政府可能基于那时损害是由第三方故意或者过失行为导致的理由而排除其责任，该责任不能通过政府谨慎执行它的监督义务而避免。[145]

137　　公务员可能被《刑法典》第 329 条预设的犯罪所涵盖，在这样的情况下，政府也可能因为这个理由承担责任。[146] 该责任因为公务员犯罪的事实和犯罪本身就是未充分提供公共服务的证据的事实而正当化。[147]

138　　正如已经提到的一样，如果受害方主张 B 公司和政府都承担责任，那就有必要协调这些责任。尽管该问题在西班牙法中没有明确地被解决，但如果无法决定其中每一方对造成损害的贡献度，[148] 则双方似乎应该承担连带责任。

145　*Carrasco*（fn. 65）323.

146　根据《刑法》第 329 条，公务员应该承担责任，如果他或者她有意识地提供支持污染工业的信息或者其在相应的检查过程中隐瞒了任何违法的存在。

147　*Cordero Lobato*（fn. 55）502 who quotes art. 93 of the Coasts Act.

148　*Laguna de Paz*，RAP 2001，55. 共同责任在这些年的案例法中清楚地被支持，参见，例如，最高院 1995 年 2 月 23 日的裁决（RA 1280）。

瑞士侵权法与管制法

克丽斯塔·基斯林[*]

一、总述

1. 总体上来讲，在贵国，行政法规则对侵权法的影响是什么？

对瑞士法律而言，首先必须指出的是，一方面，民法和公法是 1
不同的领域，即有不同的立法和司法权力以及不同的程序。另一方
面，在民法和公法之间，总体上存在明显的相互依赖性，并且特别
关注行政法规则（毫无疑问其属于公法的一部分[1]）和（民事）侵
权法之间的关系。行政法规则——有关行政活动、政府机构和行政
程序的规则[2]——以各种方式影响着（民）侵权法：

（1）在瑞士法中，所有风险责任（Gefährdungshaftung）的情形 2
在《瑞士债法》之外的特殊法律中规制（Systematische Sammlung des

---

* 瑞士伯尔尼大学博士，奥地利维也纳欧洲侵权法与保险法中心研究成员。

1 *P. Tschannen／U. Zimmerli*, Allgemeines Verwaltungsrecht（2nd ed. 2005）§ 1 no. 22.

2 "Verwaltungsrecht" 术语的定义是在 *Tschannen／Zimmerli*（fn. 1）§ 1 no. 20 ff 中提供
的。

Bundesrechts 220）（《瑞士联邦法律系统摘要》，220）。[3] 尽管这些规章属于特殊法律（根据公法颁布的），但是，它们都被看做是民事法律责任规则。[4]

3　　　（2）在一系列的公共法律（包含被定性为民事法律责任规则的规则）中，赔偿仅限于人身损害和财产损害。[5] 在《瑞士债法》中，条文限定了"损害"的一般定义。根据瑞士联邦法院的意见，损害是建立在财产非自愿减少的基础上。从两种情形之间的差异，法院得出金钱损害的结论：受害者遭受损害之后的财产和他的（假定的）没有损害的财产。通常，所有经济地位或者财产价值都算作是财产（所谓的差异理论）（so-called *Differenztheorie*）。[6] 另外，通过特别法律中明示或者暗示的限制，立法者间接地界定私的个人利益的保护的限制，从而影响合法和违法的范围。[7]

4　　　（3）基于瑞士法律学说主流观点和法院裁决，如果损害行为违反保护受影响的权利的成文或者不成文的法律要求或禁止（违法性

3　参见在 *H. Rey*, Ausservertragliches Haftpflichtrecht（3rd ed. 2003）no. 1250 ff. 中的概述：art. 58 ff. Strassenverkehrsgesetz（《道路交通法》，SVG, SR 741. 01），art. 1 ff. Eisenbahnhaftpflichtgesetz（《铁路责任法》，EHG, SR 221. 112. 742），art. 64 ff. Luftfahrtgesetz（《航空法》，LFG, SR 748），art. 27 ff. Elektrizitätsgesetz（《电力法》EleG, SR 734），art. 3 ff. Kernenergiehaftpflichtgesetz（《核能责任法》KHG, SR 732. 44），art. 33 ff. Rohrleitungsgesetz（《管道法》，RLG, SR 746. 1），art. 27 Sprengstoffgesetz（《爆炸物法》，SprstG, SR 941. 41），art. 135 Militärgesetz（《军事法》，MG, SR 510. 10），art. 60 ff. Bevölkerungs-und Zivilschutzgesetz（《民防法》BZG, SR 520. 1），art. 15 Jagdgesetz（《狩猎法》JSG, SR 922. 0），art. 59a and 59a bis Umweltschutzgesetz（《环境保护法》，USG, SR 814. 01）. 也参见在 *A. Keller*, Haftpflichtbestimmungen（12th ed. 2004）中除了《瑞士债》之外的特殊法律的侵权法规则的集合。

4　参见 *Rey*（fn. 3）no. 33.

5　Art. 1 par. 1 and art. 11 EHG, art. 58 par. 1 SVG, art. 33 par. 1 RLG, art. 27 EleG.

6　Entscheidungen des Schweizerischen Bundesgerichts（Decisions of the Swiss Federal Court, BGE）116 II 444 Erwägung（consideration, E.）3a/aa.

7　*P. Widmer*, Wrongfulness, Function and Relevance under Swiss Law, in：H. Koziol（ed.）, Unification of Tort Law：Wrongfulness（1998）115 ff. , 117.

的客观理论）（the *objective theory of unlawfulness*），违法性就存在。[8]
这样的要求和禁止贯穿整个法律体系，例如，在民法和在目前情形
的利益格局中，在公法中，尤其是在刑法中。[9] 例如，已经尝试从
《环境保护法》和《水保护法》中获取保护性规范（更加详细的参
见下文边码 41 及其之后内容）。[10]

违反规则的违法性以两种形式出现：一是对受害方（生命、肢　　5
体、隐私、财产和占有）的合法的和绝对的（erga omnes）受保护
的权利（absolut geschütztes Rechtsgut）的侵害（在人身损害和财产
损害的情形中引起的违法性）。[11] 侵害一个绝对受保护的权利，当然
地引起对受害人受法律保护的违法侵害，除非存在这种侵害的正当
理由。[12] 在所有其他情况下，受绝对保护的权利未被侵害，如果目的
在于保护受害方利益免受实际已经发生类型的损害的行为规则（命
令或者禁令）被违反，违法性就存在［所谓的保护性规则（保护标
准），行为的违法性］（so-called *protective rule*（Schutznorm），*wrong-fulness of the conduct*）。[13] 后一种违法性的形式与纯粹经济损失和某些

8　参见 *R. Brehm*，Berner Kommentar zum schweizerischen Privatrecht，Obligationenrecht，
Allgemeine Bestimmungen，Die Entstehung durch unerlaubte Handlungen（BK-*Brehm*），vol.
VI/1/3/1（3rd ed. 2006）art. 41 OR no. 33d；BGE 123 II 581 E. 4c，每一个都进一步参
考了法院裁决和学说。

9　BK-*Brehm*（fn. 8）art. 41 OR no. 33d and no. 38f ff.；*Rey*（fn. 3）no. 697 and 706 ff.

10　*H. R. Trüeb*，in：Vereinigung für Umweltrecht/H. Keller（eds.），Kommentar zum Umwelts-chutzgesetz（USG-*Trüeb*），vol. IV（2nd ed. 2004）art. 59a no. 32，with reference to *Th.
Jäggi*，Neue Haftungsbestimmungen im Umweltschutzgesetz，Schweizerische Juristen-Zeitung
（SJZ）1996，249 ff.，251 f. and *A. Petitpierre-Sauvain*，La responsabilité du pollueur：
Révision de la LPE et droit souhaitable，La Semaine Judiciaire（SJ）1996，17 ff.，19.

11　BK-*Brehm*（fn. 8）art. 41 OR no. 35 ff.；*Rey*（fn. 3）no. 682 ff.

12　*Widmer*（fn. 7）117.

13　BK-*Brehm*（fn. 8）art. 41 OR no. 38b ff.；*Rey*（fn. 3）no. 695 ff.；see also *Widmer*（fn.
7）117 f. and 120 f.

相对权利被侵害的情形相联系。[14]

6   （4）公法也包含了行政和技术规则，制定在法律、条例、规章和内部行政指示中，其被用来保护譬如一般公众、交通参与者和雇员。[15] 这些规则具体规定在具体情形中（例如在道路交通中）必须施加的注意义务。[16] 它们与上文边码 5 中提到的"保护规则"存在区别，其与违法性的语境具有相关性。行政规章在侵权法中确实起作用，但仅作为考量过错的因素。[17] 如果提及的规则的目的是预防损害，违反这些规则至少可能被看做过失存在的指示。但是，如果注意义务被施加，具体的情形可能实际上需要偏离这些规则（例如，为了避免道路交通的碰撞，穿越大街上的斑马线）。[18] 同样的道理，遵守这些规则不是必然意味着过失就不存在，因为具体的情境可能要求额外考量注意义务（有关安全和环境规章的更多细节，参见下文边码 34 及其之后内容）。[19]

2. 在行政法规和侵权法相互作用的问题上，是否存在宪法上的界限或准则，比如：关于联邦法与州或者当地可适用的法规之间以及与行政法规则的保护目的之间的关系准则等？

7   《瑞士联邦宪法》和《瑞士民法典》总则中包含关于民法和公法领域的立法权力的规则。

8   根据《瑞士宪法》第 122 条第 1 款，联邦立法者在民法领域拥

---

14 参见 *Rey*（fn. 3）no. 696，参照 no. 703 ff. and no. 713 ff.；BK-*Brehm*（fn. 8）art. 41 OR no. 37e and 38d.

15 *K. Oftinger/E. W. Stark*, Schweizerisches Haftpflichtrecht, vol. I（5th ed. 1995）§ 5 no. 98.

16 *Oftinger/Stark*（fn. 15）§ 5 no. 98；*Rey*（fn. 3）no. 872.

17 BK-*Brehm*（fn. 8）art. 41 OR no. 54, with further references.

18 *Rey*（fn. 3）no. 872 f.；*Oftinger/Stark*（fn. 15）§ 5 no. 98，每一个都进一步参考了瑞士学说和法院裁决；*P. Widmer*, Fault under Swiss Law, in：P. Widmer（ed.）, Unification of Tort Law：Fault（2005）281 ff., 293 no. 47；BK-*Brehm*（fn. 8）art. 41 OR no. 185.

19 *Oftinger/Stark*（fn. 15）no. 98，进一步参考法院裁决；*Rey*（fn. 3）no. 874，进一步参考瑞士学说和法院裁决；*Widmer*（fn. 18）293 no. 48.

有专属立法权。这些权力是全面的，包含所有的民事（或者私的）法律，[20] 远到基于瑞士法律学说"民法"定义的扩展。基于《瑞士宪法》第 122 条第 1 款和《瑞士民法典》第 5 条第 1 款，同时与《瑞士民法典》终编第 51 条联系在一起，这实质上将州排除在民事立法权的范围之外，尽管它确实允许州在狭窄范围内具体立法。[21]

公法的立法权是由联邦和州共同拥有。基于《宪法》第 3 条权力的一般划分，州被推定为拥有立法权，除非《宪法》明确规定联邦立法权。《瑞士民法典》第 6 条第 1 款规定州在公法领域的立法权不受联邦民法限制。无论如何，这仅能确定可以从《瑞士宪法》第 3 条中获取什么。[22]《瑞士民法典》第 6 条第 1 款的相关性受联邦和州都有立法权的情况的限制，因此，同一主题领域受州立公法和联邦民法规制。[23] 在这种情形下，《瑞士民法典》第 6 条第 1 款指明在《瑞士宪法》第 49 条第 1 款中确立的联邦法律限制权力的原则不适用，州在公法领域的立法权不受限制。[24]

9

为了有效处理相对于联邦民法立法权的各州公法立法权的膨胀，在法律实践中发展了三项准则，其中都必须满足：①联邦民法条文必须不是结论性的。②必须存在站得住脚的公共福利理由在具体的情形中击退联邦民法而支持州立公法。③联邦民法主要是作为各州立法权力的一般界限来适用，也即：受联邦民法规制、影响关系的州立公法必须遵守联邦民法，并且在其内涵和目标上不可以与之相

10

20 *H. Schmid*, in: H. Honsell/N. P. Vogt/Th. Geiser (eds.), Basler Kommentar, Zivilgesetzbuch I, Art. 1–456 ZGB (BSK ZGB I-*Schmid*) (3rd ed. 2006) art. 5 no. 3, with further references.

21 BSK ZGB I-*Schmid* (fn. 20) art. 5 no. 1.

22 参见，例如，*A. Marti*, in: Kommentar zum Schweizerischen Zivilgesetzbuch, Art. 1-7 ZGB (Zürcher Kommentar) (ZK-*Marti*), vol. I/1 (1998) art. 6 ZGB no. 24; BSK ZGB I-*Schmid* (fn. 20) art. 6 no. 1.

23 BSK ZGB I-*Schmid* (fn. 20) art. 6 no. 2 f. ; ZK-*Marti* (fn. 22) art. 6 ZGB no. 39.

24 ZK-*Marti* (fn. 22) art. 6 ZGB no. 45 ff. ; BSK ZGB I-*Schmid* (fn. 20) art. 6 no. 3.

矛盾。[25] 除非三个条件都被满足，否则州立公法就不能优先于联邦民法。[26] 通过这种方式，民法和公法协调一致的假设就可以实现。[27]

3. 除了法定规定之外，违反哪种类型的行政法规（比如：规章、官方通知）的情形之下，能引起侵权责任？

11　　人们普遍承认规则的违反可能构成违法性贯穿于整个法律制度，也就是说，不仅在（主要的）民法典中，而且在任何其他法令中，无论是在私法领域，还是刑事法领域或者是在行政法领域。这些规则可能是联邦法的一部分，州法的一部分或者是市政法律的一部分，不管是成文还是不成文。[28,29] 在一些案件中，法院甚至已经提及"软法"（例如，职业的或者体育协会的指令或者行为规则，像《医疗科学学会的指令》或者《国际滑雪联合会规则（FIS)》)。[30]

4. 当行政法（比如法律或者由政府或者具有公共职能的实体所作的决定）本身违反法定规定的时候，根据私法，会有怎样的后果？因遵照约束其行为的违法的行政法规，而造成损害的人，是否不用承担责任？如果是，它是否与造成损害的人已经知道或者应该知道行政法规是违法的，有任何相关？

12　　这方面的一个例子是界定不正确的安全标准的法令、官方许可或者建筑物检查、技术制度等，在其开始或者授权之前，此时，错

25　BGE 58 I 32.

26　关于这三个要件细节 ZK-*Marti*（fn. 22）art. 6 ZGB no. 50 f.；进一步参考 BSK ZGB I-*Schmid*（fn. 20）art. 6 no. 10 ff.

27　ZK-*Marti*（fn. 22）art. 6 ZGB no. 54 f.

28　BK-*Brehm*（fn. 8）art. 41 OR no. 42 ff. 给出不成文法的例子（例如在人格权领域：隐私权和肖像权等等）。

29　*Widmer*（fn. 7）122；BK-*Brehm*（fn. 8）art. 41 OR no. 33 and 33d；*Oftinger/Stark*（fn. 15）§ 4 no. 42 f.；*Rey*（fn. 3）no. 697, with further references；BGE 116 Ia 169, with further references.

30　*Widmer*（fn. 7）122 f.，with further references；*P. Widmer*, Privatrechtliche Haftung, in：*P. Münch/* Th. Geiser（eds.），Schaden-Haftung-Versicherung, Handbücher für die Anwalts praxis, vol. V（1999）no. 2.46.

误未被发现或者错误地未被看做是缺陷。

（1）就公务员的责任或者国家责任而言，国家和公务员在公法 13
上的责任在有关主权诉讼的情形中适用，如同上文引用的两个例子
一样。除非公法上的联邦责任是由另外的法律规制，否则，它的责
任的确立与《国家责任法》相一致。[31] 该联邦法律以及绝大多数州
法律主要地和大部分地规定公共共同体（联邦、州或者当地共同
体）[32] 专有的严格[33]责任。公共共同体专门对公务员和它的雇员在他
们的"官方活动"[34] 过程中由于他们违法行使职权导致第三人损害
的受害方承担责任。"官方活动"包含物质行为、现实行为（例如，
垃圾处理）、具体法令（命令）和一般法律规则的颁布（例如，条
例）。[35] 公共共同体对它的代理人有追索权。但是追索权诉讼常限制
在有故意或者重大过失的行为中（例如《国家责任法》第 7 条）。
该种保护背后的思想是代理人不应由于害怕承担他们的活动可能引
起的最终损害责任而被劝止做他们的工作。[36]

民法下的国家和公务员责任，是这个问题的讨论主题，如果导 14
致损害的诉讼不是主权性质的诉讼，[37] 或者如果相关私的侵权法规则
的适用不依赖于联邦或者州是否作为主权者的行为的问题，就仅适
用瑞士法。[38] 无论何时，导致损害的诉讼不具有主权的性质时，国家

---

31 《国家责任法》第 3 条第 2 款关于国家责任的公法性质，参见 *Rey*（fn. 3）no. 103 and
113.

32 在它不需要机构成员或者公务员的过错的意义上，责任是严格的。但是，通常必须存
在某些（客观的）义务的违反，参见 *P. Widmer*, Liability for Damage Caused by Others
under Swiss Law, in：J. Spier（ed.），Unification of Tort Law：Liability for Damage Caused
by Others（2003）259 ff.，265 no. 14）.

33 *Widmer*（fn. 32）265 no. 14；*Rey*（fn. 3）no. 113 ff.

34 *Rey*（fn. 3）no. 113.

35 参见 *Rey*（fn. 3）no. 130.

36 *Widmer*（fn. 32）265 no. 14.

37 尤其参见 art. 61 OR and art. 11 par. 1 VG.

38 参见，例如 art. 73 SVG：liability of the confederation and the cantons for traffic accidents.

行为就与个体公民具有平等地位。在这种情形下，国家像其他任何私的个体一样受民法约束，包含有关民事法律责任的条款。[39] 民事法律责任条款适用于在行政辅助活动、金融资产（Finanzvermögen）管理和与"商业"相关的活动过程中导致的损害（《瑞士债法》第 61 条第 2 款）。[40] 在这样的情形中，公务员和雇员原则上也将根据民事法律责任规则承担责任。但是事实上，这仅适用于州的公务员和雇员。在联邦层面上，联邦法律（国家责任法）认为在这样的情形下联邦也应专门地对受害方承担责任，即由于公务员和雇员违法行使职权给第三方造成损害的责任（《国家责任法》第 11 条第 1 款和第 2 款）。正如在主权诉讼语境中一样，联邦对其代理人有追索权，如果他们的行为属于故意或者重大过失（《国家责任法》第 11 条第 3 款，同时参照《国家责任法》第 7 条）。[41]

15 　　（2）正如在上文边码 6 中提到的一样，遵守法律和条例中的行政和技术规则并不必然意味着过失不存在。该种情况可能需要考量额外的注意义务，在例外情形中，可能要求违反规则。相应地，它与责任方是否熟悉规则无关。[42] 过失的存在仅从民法的角度来衡量。[43]

16 　　在涉及简单的或者轻度的客观（严格）责任（*einfache oder milde Kausalhaftung*）和风险责任的情形中，某些人采取的观点是遵守强制法律规定或者官方法令构成正当化的理由，例如，如果一种有毒阻燃剂的利用被规定。[44] 但是，该观点并不是无异议的：有人主张

39　*Rey* (fn. 3) no. 131 f.

40　*Rey* (fn. 3) no. 132, with reference.

41　详细参见 *Rey* (fn. 3) no. 131 ff.

42　*Oftinger/Stark* (fn. 15) § 5 no. 98, 进一步参考法院裁决；也参见 *Rey* (fn. 3) no. 874, 进一步参考瑞士学说和法院裁决。

43　*Oftinger/Stark* (fn. 15) § 5 no. 99, 进一步参考法院裁决。

44　*H. Honsell*, Schweizerisches Haftpflichtrecht (4th ed. 2005) § 22 no. 41, 进一步参考 *Jäggi*, SJZ 1996, 253; *G. Schmid/U. Fankhauser*, Industrieunfall, in: Münch/Geiser (eds.) (fn. 30) no. 20.91, with further references.

非法定的正当理由的推定与风险责任的概念格格不入，其根本不取决于违法性（在这种形式下是不真实的[45]）。另外，有人认为主权诉讼要求某些作为或者不作为，但当然不是第三方损害的因果关系。责任方对国家拥有追索权，如果该规章是错误的。[46]

《产品责任法》第5条第1款规定了通过具体法律制定正当化的   17
理由。根据该规定，如果产品生产商证明错误归咎于产品遵守强制法律规章，它不承担责任。该条文基于强迫生产商在违背规则和引起责任之间进行选择是不合理的观念。[47] 但是，只有有关产品质量的强制规章在这方面是相关的，那些仅包含最低产品安全要求并且由生产商决定是否要超越这些要求的规则不具有相关性。[48] 如果法定条文（法律、条例）存在，那么法律要求仅是推定的。公法中的许可和批准以及私立的规则（像瑞士《工程师和建筑师协会规则》）和私的规章不被看做是合法的规章。[49]

这种正当理由的情形在环境法中没有明确的表述。立法资料表   18
明这样的条文被摒弃掉，因为立法者推定，无论如何，"正当理由"在这种情形下可以源于侵权法一般原则。[50]

（3）在官方批准或者建筑物检查、技术制度等情况中，在开始   19
或者委托之前，错误未被发现或者错误地没有看做是缺陷，并且如果由于适用批准或者检查导致第三方损害的，责任方不能否认责任。

---

45 也参见下文边码49。

46 在这个意义上，例如 USG-*Trüeb*（fn. 10）art. 59a no. 92.

47 *W. Fellmann*，in：H. Honsell/N. P. Vogt/W. Wiegand（eds.），Basler Kommentar, Obligationenrecht I, Art. 1 – 529 OR（BSK OR I-*Fellmann*）（4th ed. 2007）art. 5 PrHG no. 12, with further references.

48 BSK OR I-*Fellmann*（fn. 47）art. 5 PrHG no. 13, with further references.

49 BSK OR I-*Fellmann*（fn. 47）art. 5 PrHG no. 14, with further references；也参见 *Rey*（fn. 3）no. 1214 f.

50 参见 USG-*Trüeb*（fn. 10）art. 59a no. 92，进一步参考联邦议会的官方公报（Amtliches Bulletin der Bundesversammlung, Amtl. Bull.），volume of the National Assembly（Nationalrat, N）1995, 2419（*Baumberger*）.

因该情形中的专家对损害可预见性的评估构成重要的间接证据，所以法院裁决过失问题不考虑进行检查的行政机构的决定。如果它的安全措施是不充分的，那么，该机构在检查时的过度宽容及未实施注意义务和缺乏专门知识不能免除责任方的责任。[51]

在瑞士联邦法院"92 IV 86 ff."案件判决的情形中，醉酒的人在有丙烷汽灯和通风不足的浴室里一氧化碳中毒死亡。水管工人主张整个建筑已经被建筑部门接受和批准。但是，根据他的经验，因为他本不应不知道，那样的缺陷常在官方建筑检查中被忽视，这种理由不足以免除他的责任。

20   在瑞士法律学说中有异议的观点是设施的官方批准不能构成作业人在严格责任以及风险责任情形中的辩护理由。[52]

5. 如果行政法规自己调整违反它本身规则的结果，特别是给予刑事制裁，这样的规则是否被认为是综合性的（即不包括侵权请求）？在这方面侵权法和刑法如何相互影响？

21   如果行政法包含了刑事制裁，它并不意味着侵权请求被排除。这已经由包含刑事规定的公法也包含关于民事法律责任的规定的事实表明，例如《道路交通法》、[53]《环境保护法》、[54]《电力法》、[55]《航空法》、[56]《管道法》、[57]《内河航运法》、[58]《爆炸物法》、[59]《核能责任

---

51 *Oftinger/Stark* (fn. 15) § 5 no. 101 f. ; *Rey* (fn. 3) no. 875 f. , each with further references.

52 *Schmid/Fankhauser* (fn. 44) no. 20.91, with further references; BGE 91 II 208 E. 3d（《瑞士债法》第 58 条：建筑物或者其他构造物所有人责任）.

53 Art. 58 ff. SVG (liability), art. 90 ff. SVG (penal provision).

54 Art. 59a ff. USG (liability), art. 60 ff. USG (penal provision).

55 Art. 27 ff. EleG (liability clauses), art. 55 ff. EleG (penal provisions).

56 Art. 64 ff. LFG (liability to third parties), art. 88 ff. LFG (penal provisions).

57 Art. 33 ff. RLG (liability and insurance), art. 44 ff. RLG (penalties and administrative sanctions).

58 Art. 31 ff. BSG (insurance), art. 40 ff. BSG (penal provisions).

59 Art. 27 SprstG (liability), art. 37 ff. SprstG (penal provisions).

法》、[60]《辐射防护法》、[61]《基因工程法》、[62]《渔业法》、[63]《狩猎法》、[64]《集体投资法》[65] 和《国家责任法》。[66] 另外，《瑞士债法》第53 条在"一般责任"的标题下调整与刑法的关系，其简单描述民事法院的审理和刑事法院的裁决之间的关系。如果刑事制裁排除侵权请求，就不会引起这个问题。《瑞士债法》第53 条不仅适用于《瑞士债法》，而是适用于所有的民法，[67] 包括前面提到的确立在具体法律中的责任规则，其具有民事法律责任规则的特质。

　　在公法除了包含侵权规则之外还包括刑事条文的情形中，刑事　22
制裁与侵权主张并存，它们中的每一个基于它们各自的要件来评估。《瑞士债法》第53 条明确规定民事法院在判断过错或者无辜以及合理判断意识能力或者无行为能力时，不受有关刑事责任的刑法规定或者刑事法院的无罪宣告的约束（第1 款）。同样的，刑事法院关于犯罪的判决和损害（《瑞士债法》第42 条）的裁决不受民事法官的约束（第2 款）。在这些观点中，联邦立法者进入程序法的范围，否则（迄今为止[68]）其就保留给各州。[69] 不由《瑞士债法》第53 条调整的其他事项——尤其是事实裁决问题、违法性问题以及充分的因果关系——民事法院独立于刑事法院裁决是由各州的民事诉讼法的

60　Art. 3 ff. KHG（liability），art. 31 ff. KHG（penal provisions）.
61　Art. 39 f. StSG（liability），art. 43 ff. StSG（penal provisions）.
62　Art. 30 ff. GTG（liability），art. 35 GTG（penal provisions）.
63　Art. 15 BGF（liability），art. 16 ff. BGF（penal provisions）.
64　Art. 15 f. JSG（liability and insurance），art. 17 ff. JSG（penal provisions）.
65　Art. 145 ff. KAG（responsibility），art. 148 ff. KAG（penal provisions）.
66　Art. 3 ff. VG（liability for damage），art. 13 ff. VG（criminal liability）.
67　BK-*Brehm*（fn. 8）art. 53 OR no. 12, with further references.
68　对在联邦法律中的民事诉讼法进行协调的当前状态参见 www. bj. admin. ch（Themen/Staat & Bürger/Gesetzgebung/Zivilprozessrecht）.
69　A. K. *Schnyder*, in：Honsell/Vogt/Wiegand（eds.）（fn. 47）（BSK OR I-*Schnyder*）art. 53 no. 2.

规定调整的。[70] 实践中，法律文献强调《瑞士债法》第53条可能太过于强调民法独立于刑法，因为刑法裁决常在"绝大多数案件"中被当做解决民事请求的基础，例如，在《道路交通法》中。[71]

6. 在何种条件下，行政法规则被认为是所谓的"保护性目的规则"？行政法规则的保护目的是否仅由行政法规决定，还是也由侵权行为法的总则决定？

23　　　瑞士行政法和侵权法都不界定何种公法规则构成侵权法条款中的"保护规则"。相反，这是在法院裁决和侵权法学说中决定的。不是每一个公法规则都必然是侵权法意义上的"保护规则"。保护规则包含行为规则、规定或者禁令，其目的是对财产提供选择性保护。[72]如果行为规则被违反，在规则本身被违反的意义上，违法性就存在。但是，就这一违反达到侵权法的相关性而言，损害属于规则的范围之内以及规则是为了保护受害方而制定也是必需的。[73] 在瑞士法中，这些额外的要求可以由"违法性的关联"（Rechtswidrigkeitszusammenhang）和"规范目的"（Schutzzweck der Norm）的术语来归纳，其被视为与违法性要件结合，而不是与因果关系要件结合。[74] 保护性规则区别于行政规章，行政规章的功能仅是作为衡量过错的一个因素。[75]

7. 如果行政法规则约束一个法律实体，谁将对未遵守该规则承担责任？如果该实体机构的个人不得不承担各自的刑事责任或者行政责任，这是否也引起该人承担侵权责任？像这样的责任如何与法

70　参见，例如，BSK OR I-*Schnyder*（fn. 69）art. 53 no. 2 and 4，with further references；BK-*Brehm*（fn. 8）art. 53 OR no. 22 ff.

71　*Widmer*（fn. 30）no. 2. 29.

72　参见 BK-*Brehm*（fn. 8）art. 41 OR no. 38e.

73　*Oftinger/Stark*（fn. 15）§ 4 no. 41；*Rey*（fn. 3）no. 698 ff.

74　详细参见 *V. Roberto*，Schadensrecht（1997）83 ff.；*Widmer*（fn. 7）123.

75　BK-*Brehm*（fn. 8）art. 41 OR no. 54 ff.

律实体的替代责任相互影响?

(1) 法律实体从它的机构的行为中获得权利与义务。法律实体 24
对其机构的责任适用于该机构的合同行为和合同外行为(《瑞士民法
典》第 55 条第 2 款:"其他行为")。在《瑞士民法典》第 55 条第 2
款中的"机构"的定义包含法律上的机构和有效履行管理功能或者
在法律实体决策中起有效和决定作用的事实上的机构。[76]

如果不遵守行政法规则不是因为机构的作为和不作为,而是因 25
为雇员或者其他辅助人员的作为或者不作为,法律实体仅承担基于
《瑞士债法》第 55 条(主要的替代责任)给第三人造成损害的责
任,该条规定委托人承担其雇员和其他辅助人的侵权责任。提及的
责任被看做是简单或者轻度客观(严格)(einfache oder milde Kaus-
alhaftung)责任,其并不视辅助人或者委托人的过错而定。有些人也
主张这种责任由过错责任和举证责任倒置组成。与法律实体对它的
机构的责任相反,如果适用委托人责任,对法律实体免责的原因有
两个:为了避免这种损害实施了最大的注意(有关选择、指示、监
督、公司内部组织和控制)或者即使实施了最大注意该损害仍然会
发生的抗辩。[77] 委托人责任的要件是:损害的存在,违法性的确认,
辅助人行为与损害之间充分因果关系的存在,委托人与辅助人之间
的从属关系和代理活动与损害行为之间的功能联系(损害必须是因
为实施其职能引起和不仅是该职能的偶尔实施)。[78] 应该补充的是,
所有风险责任的情形是由瑞士特别法规定的,包括辅助人的委托人

---

[76] *C. Huguenin*,in:Honsell/Vogt/Geiser(eds.)(fn. 20)(BSK ZGB I-*Huguenin*)art. 54/
55 no. 12 ff.,进一步参考法院裁决和学说,关于法律实体的行政(刑事)责任,参见
下文边码 29。

[77] 参见在 BSK OR I-*Schnyder*(fn. 69)art. 55 no. 15 ff. 中的概述,进一步参考。

[78] 再参见在 BSK OR I-*Schnyder*(fn. 69),art. 55 no. 6 ff. 中的总结,进一步参考。

责任，从而排除《瑞士债法》第 55 条的适用。[79] 如果委托人依照《瑞士债法》第55条承担责任，那么依照《瑞士债法》第41条，法院裁决反对过错责任的额外适用。[80] 例外仅适用于，除了根据《瑞士债法》第 55 条委托人负责的辅助人之外，如果委托人通过自身过失行为或者不作为亲自参与导致损害，或者委托人做出的指示本身是违法的。[81]

26 　　（2）和（3）如果组织内的个人承担刑事或者行政责任，这并不意味着当要件得到满足时，法律实体不会因为它的机构的行为承担民事责任（也参见上文边码21 及其之后内容）。[82]

27 　　依照《瑞士民法典》第 55 条第 3 款，机构也可能亲自为受害方负责。根据该条款的措辞，机构的个人责任视过错的存在而定。但是，依照《瑞士债法》第41 条，受害方侵权请求的基础不需要过错责任，而可以是任何其他责任规则。[83] 除了法律实体责任之外，机构的个人责任也适用并且不被法律实体责任所排除。[84] 就《瑞士债法》第 50 条第 1 款和第 143 条及其之后内容[85]而言，机构和法律实体一般作为连带债务人对受害方承担责任。因此，法律实体可以对它的

79　BK-*Brehm*（fn. 8）art. 55 OR no. 103, with references, amongst others to BGE 99 II 202 E. 3（"L'art. 58 LCR（ = SVG）, lex specialis, exclut l'application de l'art. 55 CO（ = OR）, lex generalis, qui prévoit en faveur de l'employeur une preuve libératoire"）; BGE 64 II 161 E. 3 in fine, with reference.

80　BGE 115 II 242.

81　参见 BK-*Brehm*（fn. 8）art. 55 OR no. 97, with further references.

82　参见，例如 BSK ZGB I-*Huguenin*（fn. 76）art. 54/55 no. 8.

83　*R. H. Weber*, Juristische Personen, in: Schweizerisches Privatrecht, vol. II/4（1998）§ 10/IV, 196; *H. M. Riemer*, Berner Kommentar zum schweizerischen Privatrecht, Das Personenrecht, Die juristischen Personen, Allgemeine Bestimmungen（BK-*Riemer*）, vol. I/3/1（3rd ed. 1993）art. 54/55 ZGB no. 64 f., with further references; BSK ZGB I-*Huguenin*（fn. 76）art. 54/55 no. 31.

84　BK-*Riemer*（fn. 83）art. 54/55 ZGB no. 63; *Weber*（fn. 83）§ 10/IV, 195 f.

85　*Widmer*（fn. 32）262 no. 10; BK-*Riemer*（fn. 83）art. 54/55 ZGB no. 68.

机构进行追索。[86]

依照《瑞士债法》第55条（其可以适用在确立风险责任规则之 28
外的范围，参见上文边码25）法律实体的委托人责任和就《瑞士债
法》第50条第1款而言的雇员个人责任不能确立对第三方的真正连
带请求。换句话说，他们在《瑞士债法》第51条的意义上确立了并
存之诉因。如果辅助人和委托人之间的合同关系存在（如同雇员的
情形一样），内部追索一般由该合同关系来调整。[87]

8. 在贵国，法律实体本身是否也要承担行政责任？像这样的责
任在私法领域会有怎样的结果？如果适用行政责任，法律实体承担
的行政责任是否也会引起侵权责任？法律实体的行政责任与它的替
代责任如何相互影响？

（1）依照《瑞士民法典》第53条，法律实体可以拥有不依赖 29
于自然人自然特质的所有权利和义务，这些自然人的特质例如，性
别、年龄和家庭关系。就法律实体的行政责任而言，条文可能在补
充的惩罚性法规中发现（联邦的、州法的和市政法的）——尤其是
行政法和经济犯罪法中[88]——其可能规定法律实体被要求支付罚金，

86　BK-*Riemer*（fn. 83）art. 54/55 ZGB no. 68.

87　参见 BK-*Brehm*（fn. 8）art. 55 OR no. 39, 96 and 109.

88　*Rey*（fn. 3）no. 1688.

或者法律实体和自然人可能被要求作为连带债务人支付罚金。[89] 自从2003 年 10 月 1 日以来，《刑法典》在总则部分规定了公司的一般刑事责任的规则（《刑法典》第 102 条，对应以前《刑法典》第 100 条[90]）。根据《刑法典》第 102 条第 4 款，"公司"包括法律实体。采用该规定是为了加强与资助恐怖主义作斗争。另一方面，《刑法典》第 102 条构建了在行为不能归因于任何具体自然人而应归因于他们有缺陷的机构时公司的附属刑事责任。在这种情形下，犯罪或者罪行归因于法律实体，其可能被要求支付高达 5 百万瑞士法郎（约等于 3.1 百万欧元）（第 1 款）的罚金。另一方面，公司的刑事

89　也参见 BK-*Riemer*（fn. 83）Systematischer Teil no. 187. Examples：Art. 7 par. 1 Bundesgesetz über das Verwaltungsstrafrecht（Federal Act on Administrative Offences, VStrR, SR 313.0）其适用于——根据制定在该法第 1 条中的适用范围——只有在控诉行政违法的责任落在联邦行政机关的身上而不是州的情形中："如果罚金未超过 5 000 瑞士法郎是可能的并且符合第 6 条承担刑事责任的人的调查要求与产生的处罚不成比例的调查措施，这些人的起诉可能被免除，因此代之以，法律实体、一般或者有限合伙（Kollektiv-or Kommanditgesellschaft）或者一人公司（Einzelfirma）可能被要求支付罚金。"基于《环境保护法》第 62 条第 1 款，《水保护法》第 73 条和《渔业法》第 18 条，《联邦行政犯罪行为法》第 7 条也适用于环境、水和渔业法律。另外的例子是：Art. 89 par. 1 Bundesgesetz über die Alters-und Hinterlassenenversicherung（Old Age and Surviving Dependents Insurance Act, AHVG, SR 831.10）：一般地，法律实体、合伙和一人公司的所有人与犯下作为或者不作为违法行为的自然人对罚金和成本承担连带责任。Art. 77 par. 4 Bundesgesetz über die berufliche Alters –, Hinterlassenen-und Invalidenvorsorge（Occupational Pension Act, BVG, SR 831.40）："如果罚金未高于 4 000 瑞士法郎和符合第 1 – 3 项承担刑事责任人的调查要求与发生的处罚不成比例的调查措施，这些人的起诉可能被免除，因此代以之，法律实体、一般或者有限合伙或者一人公司可能被要求支付罚金。"（version of the 1st revision of the BVG entered into force on 1 January 2005）. 也参见 art. 181 par. 1 and 2 Bundesgesetz über die direkte Bundessteuer（Act on Federal Direct Taxes, DBG, SR 642.11）and art. 57 par. 1 and 2 Bundesgesetz über die Harmonisierung der direkten Steuern der Kantone und Gemeinden（Act on Harmonisation of Direct Taxes of the Cantons and Municipalities, StHG, SR 642.14）.

90　当《刑法典》总则部分在 2007 年 1 月 1 日生效时，该条文序号被改变。

责任起初是为了某些侵权而规定的，[91] 为此，公司可以直接承担刑事责任，并且是以主要责任的形式，而无视实际犯罪者的刑事责任（第 2 款）。[92] 在 2003 年该新的条文产生效力之前，法律实体一般不承担他们机构的犯罪行为的责任，除非对法律实体（行政的）刑事制裁是由特殊法律规定的（这些特殊法律的例子在上文脚注 89 中提到）。[93]

（2）有关行政（刑事）责任的民事法律后果，《瑞士债法》第 53 条清楚地表述为，对于某些特定问题，民事法院的审理不受刑事法院裁决的限制（有关《瑞士债法》第 53 条的细节在上文边码 22 中描述）。　　　　　　　　　　　　　　　　　　　　　　30

同时与民事法律责任相关的是《瑞士债法》第 60 条第 2 款法律时效的规则，其指出，在民事诉讼是由于刑法规定的较长时效期间的刑事犯罪行为引起的情形下，该期间也适用于民法。因为损害赔偿和清偿索赔的时效期间较短（从知道损害和责任方起 1 年内和从损害行为起 10 年内），所以此规则在实践中具有高度相关性。它相应适用于在《瑞士债法》第 41 条及其之后内容侵权法范围之外规制　31

91　他们是：参与犯罪组织（art. 260ter StGB），资助恐怖主义（art. 260quinquies StGB），洗钱（art. 305bis StGB），贿赂瑞士公职人员（主动行贿）（art. 322ter StGB），向公职人员提供、允诺或者给予好处（Vorteilsgewährung）（art. 322quinquies StGB），贿赂外国的公职人员（主动行贿）（art. 322septies par. 1 StGB）和《联邦反不正当竞争法》第 4a 条第 1 项意义上的私人主动行贿的罪行（Federal Act Against Unfair Competition, UWG, SR 241）.

92　关于法律实体新的一般责任制定在《刑法典》的总则部分，参见 e. g., *G. Heine*, Praktische Probleme des Unternehmensstrafrechts, Schweizerische Zeitschrift für Wirtschaftsrecht（SZW）2005，17 ff.；*M. A. Niggli/N. Schmuki*, Das Unternehmensstrafrecht（Art. 100quater StGB/Art. 102 revStGB），Anwalts-Revue 2005，347 ff.

93　BK-*Riemer*（fn. 83）Systematischer Teil no. 187；*Rey*（fn. 3）no. 1688；BSK ZGB I-*Huguenin*（fn. 76）art. 53 no. 14 and art. 54/55 no. 8.

的类似请求。[94] 某些公共法律法规明确参照《瑞士债法》第 41 条及其之后内容侵权法规则的适用,包括《瑞士债法》第 60 条,例如,《爆炸物法》(《爆炸物法》第 27 条第 1 款)和《狩猎法》(第 15 条第 2 款)。[95]

32　　(3)法律实体的侵权责任基于适用的相关责任规则的要件进行评估。行政责任不能自动引起侵权责任,也不能自动排除侵权责任。

33　　(4)正如由相关法律制度中损害赔偿规则和刑事规定同时存在所表明的一样,法律实体的行政责任与它的损害赔偿义务在侵权法中一起存在。每种责任类型追求不同的目的。

二、旨在环境保护的安全规章和规定

1.(1)法定的安全规章和(2)旨在环境保护的规定对于侵权法有何重要性?

34　　(1)安全和技术规章广泛地分散在瑞士法律法规和条例中。[96] 正如上文边码 6 中简要说明的一样,这些规章构成考量过错的旁证。不遵守这些规章一般在民法上构成过失,这种观念的理由是颁布规

94　BK-*Brehm*(fn. 8)art. 60 OR no. 7 ff. , in no. 7 列举一系列的责任规范,其中包括《瑞士民法典》第 333 条(户主责任)、《瑞士民法典》第 679 条(由于财产权侵害的土地所有人责任)等。

95　参见 BK-*Brehm*(fn. 8)art. 60 OR no. 8(就《环境保护法》的诉讼时效而言,其中也有提到,参见下文 no. 80 and fn. 194)。

96　有关仅是安全规则的一部分的产品安全规则的说明 E. *Holliger-Hagmann*, Produktsicherheit, Zuerst Verantwortung definieren und dann erst kontrollieren, Jusletter(www. jusletter. ch)9. 2. 2004, no. 8 ff. ; *id.* , Produktsicherheit-denk-und dankbarer Gegenstand einer Gesetzgebung, Jusletter 21. 2. 2005, no. 1 ff. In the year 1998, 存在大约 30 种法律和 160 种条例涉及产品安全方面(参见 *Holliger - Hagmann*, Jusletter 21. 2. 2005, no. 1 and *id.* , Jusletter, 9. 2. 2004, no. 8)。有关产品一般安全的联邦法或者有关安全的一般规则至今为止不存在(参见 *Holliger - Hagmann*, Jusletter 21. 2. 2005, no. 1),但现在是政治争论的主题。

章的机构已经对该情况做过评估，并且，其他当事人可能期待那些规章被遵守。但是，具体情境可能使得偏离这些规则是被许可的，甚至是必要的。[97] 出于同样的理由，遵守这些规则并不必然意味着民法上的过失不存在，因为某些情境可能要求额外考量注意义务。[98] 但是，根据威德默（Widmer）的观点，风险的增长要求更高的注意义务，该种注意义务一旦被违反就自动构成过错，但这不应走得太远。他主张，只有不必要的风险才应像这样被禁止，并且一般规则是未禁止的一切都是允许的。[99] 总之，可以说，践行民法的一般注意义务必须被遵守，即使该义务比安全规章更进一步。

在某些情况下，违反私人专业协会一般被承认的规则也可能构成《瑞士债法》第 41 条及其之后内容的过错，[100] 一个例子是瑞士《工程师和建筑师协会规则》。专业协会的建议在界定注意义务的一般标准上备受重视。[101] 35

（2）环境保护规章（限制等）对侵权法而言也很重要。环境责任法在何种程度上应该依赖于行政环境法是有争议的问题。协调一致的主张援引法律制度的统一和法律确定性。那些赞成独立的人主张行政法的结构性弱点，主张行政法只承认事先有充分确定性认知的某些风险并且运用一般平均标准来衡量结果。他们主张，协调一致将会使剩余风险合法化。这种考虑支持民法的责任要件与行政环境规章要件的根本分离。行政法标准是相关的，但仅是作为多种准 36

---

97 参见上文脚注 18 的引用。

98 参见上文脚注 19 的引用。

99 *Widmer*（fn. 18）293 no. 48.

100 BK-*Brehm*（fn. 8）art. 41 OR no. 186，进一步参考法院裁决；也参见 *A. Keller*, Haftpflicht im Privatrecht, vol. I（6th ed. 2002）124，参照 BGE 126 III 116 E. 2b；也参见 BGE 131 III 117 E. 2.1 in fine.

101 BK-*Brehm*（fn. 8）art. 41 OR no. 186，进一步参考法院裁决和另外的私营机构的规则。

则之一。[102]

2. 在贵国，有关这些主题，在何种范围内认为侵权法与管制法
有相同或者相似的目的？

37　　　与安全和技术规章以及环境保护规章相反，侵权法作为一种恢
复原状或赔偿的法律，仅在公法防御和预防规定失败后适用，并且
损害已经发生。[103] 因此，侵权法的功能主要是赔偿（补偿）；它的预
防功能仅是次要的，尽管是令人向往的。[104] 该情形不同于主要功能是
预防的环境和技术规则。[105]

38　　　侵权法的客体在于保护个人的财产，然而，例如环境保护规章
主要是服务于一般大众的利益，为私人利益服务仅是其次。这种不
同的重点尤其在与纯粹环境损害结合时显得重要。一般地，只有对
能被个体化和控制的客体的损害，才能根据侵权法赔偿。[106] 如果客体
不能被个体化，就不存在受害方。

39　　　另一个差异是——正如在上文边码 36 提到的一样——行政环境
法规章仅承认人们事先确定知晓的某些风险并且运用"一般平均标
准"来考量结果。行政规章通常在高排放行业的经济利益的压力下

102　参见 *P. Loser*, Kausalitätsprobleme bei der Haftung für Umweltschäden（1994）23 ff.，进一
　　　步参照；*D. Petitpierre*, Zivilrechtliche Haftpflicht für Umweltschädigungen nach schwei-
　　　zerischem Recht, unter Berücksichtigung der Bestimmungen von Art. 138 IPRG und Art. 59a
　　　USG（Entwurf）（1993）16 f.，with further references.

103　*P. Widmer*, Perspektiven einer Umwelthaftung, Möglichkeiten und Grenzen, in: M. Haller/
　　　H. Hauser/R. Zäch（eds.），Ergänzungen, Ergebnisse der wissenschaftlichen Tagung
　　　anlässlich der Einweihung des Ergänzungsbaus der Hochschule St. Gallen（1990）591 ff.，
　　　591.

104　*Widmer*（fn. 103）591；*id.*（fn. 30）2. 5 f.

105　*Keller*（fn. 100）353.

106　*Schmid/Fankhauser*（fn. 44）no. 20. 26.

由当局颁布。[107] 另一方面，侵权法考量案件中的每一个体，而不仅是一般大众的那些案件。

另一个主张是因为侵权法保护个人权利，所以其仅是间接保护 40 环境；所述的另一种方式中，环境进入侵权法的角度仅是通过个人权利反射地被保护。[108] 该主张一定备受质疑，因为侵权法至少在个体拥有的环境范围内确实提供了主要保护。另外，存在一些关于征收费用的规则，甚至存在未涉及私人利益损害的情形。应该提及的是，市政府享有对污染者环境损害的补救费用的追索权（例如参见《环境保护法》第 59 条[109]）。[110]

3. 这些规章和规定本身是否被认为是具有保护目的的制定法？个人是否也包含在这些保护性规则范围之内？在你们的法律制度中，对这些规则的违反是否构成不法行为？或者它是否引起严格责任？

（1）和（2）在瑞士与违法性相关的学说中，"保护规则"这个 41 术语被用作如同上文边码 5 所解释的行为的违法性（Verhaltensunrecht）意义上与违法性结合的一个责任要件。保护规则是保护受害方利益免受实际发生的损害的所有行为规则。它们区别于行政规章，其功能仅是考量过错的一个因素（参见上文边码 6）。

在法律文献中存在有关环境损害的一般行政规则是否构成保护 42 规则的争论，以至于违反这些规则，就侵权法而言，存在是否构成

107　参见 *Loser*（fn. 102）24，参照 A. *Meier-Hayoz*, Technische Entwicklung und Fortbildung des privatrechtlichen Immissionsschutzes, in: Die Rechtsordnung im technischen Zeitalter, Festschrift der Rechts – und Staatswissenschaftlichen Fakultät der Universität Zürich zum Zentenarium des Schweizerischen Juristenvereins 1861 – 1961（1961）35 ff. , 56.

108　E. A. *Kramer*, Das Schweizerische Umwelthaftungsrecht – De lege lata, in: Haller/Hauser/Zäch（eds.）（fn. 103）565 ff. , 565 f.

109　《环境保护法》第 59 条："当局为了避免迫近的危险的影响或者为了确定并且补救这样的影响而采取措施的费用，应该施加给污染者。"

110　特别参见 A. -S. *Dupont*, Le dommage écologique, Le rôle de la responsabilité civile en cas d'atteinte au milieu naturel（2005）7 ff.

违法性从而是否对违法者苛以责任的争论，例如，赔偿纯粹经济损失，或者这种规章是否仅与决定过错有关。[111]

43   反对该观点的人认为对有关环境损害的行政规章的任何违反都构成违法性，例如主张保护一般大众利益的规则，像《水保护法》和《环境保护法》的规定，如果它们也为保护个人服务，尤其是为受害人服务，只有作为保护性规则被违反才构成违法性。但是，水法和环境保护法的条文主要是在自然资源保护中为保护公共利益服务并且不意味着保护个人免受纯粹经济损失（例如利润损失）[112]。

44   将与环境损害有关的规章看做是保护规则的人会参照《水保护法》。《水保护法》第3条禁止所有水污染。[113] 许多作者用该条文规定作为论证所有水污染都是违法的基础。[114] 尽管它没有被明确承认，但在风险责任框架内的违法性可以仅以结果违法（Erfolgsunrecht）的形式存在。因为《环境保护法》第59a条的责任规则取代了《水保护法》第69条的责任规则，所以为了避免责任的空白，有关水污染和其他影响水的行为的解释应该继续适用。[115] 另一方面，《环境保护法》，不包含对这些行为的一般禁止。因此，违法性视违反环境保护法的具体规则或者实行的规章而定。如果基于《环境保护法》的责任应该被否认，那么将引起责任的空白或者外部责任。[116]

45   折中的观点主张关于环境损害的行政规章主要意味着保护人和物；纯粹经济损失应该被赔偿，但仅是在对人或者物直接影响而引起纯粹经济损失时，或者是构成对人或者物的直接危险的层面上。[117]

---

111 参见 *Honsell*（fn. 44）§ 22 no. 38；*Jäggi*, SJZ 1996, 251 f., with further references.

112 *Schmid/Fankhauser*（fn. 44）no. 20. 49，进一步参考学说。

113 《水保护法》第3条："人人都有根据情境实施最大注意义务，以避免水资源的不利影响。"

114 For detailed references see *Jäggi*, SJZ 1996, 251 fn. 19 and 20.

115 *Jäggi*, SJZ 1996, 251.

116 参见 *Jäggi*, SJZ 1996, 251.

117 In this sense *Jäggi*, SJZ 1996, 251 f., with reference.

最后，应该注意的是，即使限制性的观点被适用，必须假设的是，法院一般将认定其他确立违法性的保护规则，例如，在过度注入的情形中《瑞士民法典》第 679 条与《瑞士民法典》第 684 条结合适用，在排放超出《瑞士民法典》第 684 条范围的情形中适用《瑞士民法典》第 28 条或者《刑法典》的规定，比如《刑法典》第 224 条（带有犯罪故意接触爆炸物和有毒气体），《刑法典》第 233 条（有害生物的传播）和《刑法典》第 234 条（饮用水的污染）。[118]   46

（3）在上面提到的保护性规则的范围内，违反它们就以行为违法（Verhaltensunrecht）的形式构成瑞士法中的违法性，甚至在绝对权利未被侵害、损害是由纯粹经济损失构成的情形中也是如此。   47

（4）风险责任不是由于违反安全规章或者环境规定而自动引起的，而必须由法律加以规定。   48

其至在通常规定于环境法范围之内的风险责任情形中，根据瑞士法律学说的一般观点，责任依赖于违法性。[119] 但是，有些人不同意这种观点。[120] 当他们主张风险责任是依赖于结果违法性（Erfolgsunrecht）定义而不是依赖于行为违法性（Verhaltensunrecht）定义时，他们对一般观点的批判是正确的，因为就风险责任而言，自然人的行为并未被规定。[121] 但是，当某些批评家试图将风险责任完全地从违法性准则中分离出来时，他们甚至走得更远。例如，他们主张充分限制适合赔偿的损害能够基于风险责任规范的保护目的和范围得以实现（"规范目的理论"，Normzwecktheorie）。[122]   49

---

118 *Jäggi*, SJZ 1996, 252.

119 *Rey* (fn. 3) no. 1246, with further references.

120 有关制定在《环境保护法》第 59a 条中的风险责任违法性要件的批评，例如，USG-*Trüeb* (fn. 10) art. 59a no. 33 ff., with reference.

121 *K. Oftinger/E. W. Stark*, Schweizerisches Haftpflichtrecht, vol. II/2 (4th ed. 1989) § 24 no. 30; USG- *Trüeb* (fn. 10) art. 59a no. 28.

122 USG – *Trüeb* (fn. 10) art. 59a no. 34, with further references.

4. 如果是适用（严格责任），请详细描述有关安全规章或者环境保护采用的强制责任保险的法定方案。

50　　　在风险责任的情形中，受害方的境况通过许多法律也规定强制责任保险的事实得以巩固，例如，《核能责任法》第 11 条，《管道法》第 35 条，《狩猎法》第 16 条，《航空法》第 70 条，《内河航运法》第 31 条和《道路交通法》第 63 条。它们其中的一些，比如《道路交通法》第 65 条第 1 款，也给予受害方直接起诉保险公司的权利。[123]《环境保护法》第 59b 条本身并未规定获得保险的一般义务。它只是说明瑞士联邦委员会为了保护受害方，可能要求某些企业或者设施的所有人以及受许可和处理病原微生物的报告义务约束的人通过保险或者其他形式来保证他们的责任。

三、过错责任

（一）对行政法规则的违反

1. 在过错责任领域，违反安全规章和环境法规则扮演何种角色？

51　　　在过错责任的框架内，不遵守技术安全规则和环境规章是过错存在的一个强有力的暗示。该问题在上文边码 6、边码 15 及其之后内容和边码 34 及其之后内容中有详细的讨论。但是，基于个案的情境而偏离行政规章可能不仅是允许的，而且是必须的。[124]

2. 仅违反这样的规则就能构成不法性还是有额外的要求，比如：违反注意义务和过错？

52　　　根据瑞士法律学说中的主流观点和法院的裁决，如果损害行为违反了成文的或者不成文的法律规定或者禁令并且因此违反法律义

123　参见在 *I. Schwenzer*, Schweizerisches Obligationenrecht, Allgemeiner Teil（4thed. 2006）no. 54.01 中的概述。

124　参见在上文脚注 18 的引用。

务，违法性就存在（正如在上文边码 4 及其之后内容简短描述的一样）。违法性存在于客观违反法律之中（违法性的客观理论）（*objective theory of wrongfulness*）。[125] 违反法律的违法性以两种形式出现：侵害绝对权利（生命、肢体、隐私、财产、占有）（结果违法性）（*wrongfulness of the result*）和违反具体保护规则，即为了保护受害方利益的具体行为规则（行为违法性）（*wrongfulness of conduct*）。[126] 侵害绝对权利依法引起受害方受保护的范围的违法侵害，除非存在侵害的正当理由。[127] 在违法性视人们行为（在违法行为的情况下）而定的情形中，将违法性（有时被称为过错的客观方面）从过错（其可能被定义为违法性的主观方面）中独立出来有些困难。[128] 违法性，在违法行为的意义上，从过错的"客观方面"区别开来比较困难。但是，违法性和过错必须作为过错责任的两个独立的要件来考虑，所以一个相同的问题〔即违反应该实施的注意义务的客观义务（客观注意义务）〕是从两个角度来检视的。仅当违法性是基于结果违法时，过错才保留其自治功能。[129]

3. 如果实施侵权行为的人违反了行政法规，他的责任在何种程度上依赖于规则的保护目的？

根据瑞士法律学说中的主流观点和法院裁决，规则的保护性目的是用来考量违法性（而不是关于法律上的因果关系）的。[130] 正如上面反复提到的一样，如果绝对权利被侵害，违法性就存在（结果违法）；或者如果这样的侵害不存在，当行为规则被违反时（行为违法），违法性就存在。但是，行为规则只在该违反影响受规则保护的

53

---

125 参见，例如 *Rey*（fn. 3）no. 670 f. , with further references；*Widmer*（fn. 7）119 f.

126 *Rey*（fn. 3）no. 672；*Widmer*（fn. 7）119 ff.

127 *Widmer*（fn. 7）117.

128 *Oftinger/Stark*（fn. 15）§ 4 no. 50；*Widmer*（fn. 7）122，each with further references.

129 详细内容见 *Widmer*（fn. 18）286 no. 19.

130 详细内容见 *Roberto*（fn. 74）87 f. , with further references.

个人或者团体的范围内是相关的，而且该规则的目的是预防实际上已经发生的损害。[131] 规则的保护目的旨在限制责任。

4. 在何种范围内，实施侵权行为的人被允许证明即使他遵守相关的规则行事，他仍然会造成损害？

54　　合法的替代行为在瑞士是与作为和不作为都相关的有争议的问题。

55　　就作为而言，一个可能的解决方式是在被违反的规则保护目的的学说中见到的：由合法行为以同样的方式导致的损害不能由法律规则保护目的涵盖，因为该规则是不合适的并且并不意欲预防实际已经发生的损害。换句话说，违反规则与该结果无关。另一方面，基于预防的考量，有些人反对这种主张。[132]

56　　就不作为而言，"不合法的替代行为"的主张正如不作为不是损害的必需条件的主张一样，即缺乏与损害之间的自然因果关系。在不作为的语境中，"合法的替代行为"的主张在法院裁决中被明确地接受。[133]

5. 违反行政法规则在举证责任的分担上，有何种结果？尤其是就因果关系、不法性和过错而言？

57　　依照《瑞士民法典》第 8 条，除非法律另有规定，被主张的情境的存在必须由任何试图从该情境获得权利的人来证明。因此，证明责任要件的举证责任一般由受害方承担。

58　　一些具体法律包含减轻举证责任的规则。但是，它们的适用范

131　参见 BK-*Brehm*（fn. 8）art. 41 OR no. 38b；*Rey*（fn. 3）no. 698 ff.，each with further references；*Widmer*（fn. 7）123.

132　参见 *Rey*（fn. 3）no. 648 ff.，with further references；也参见 *Widmer*（fn. 30）no. 2.63（58 f.），其注意到法律规定的委托人的替代责任（art. 55 OR）和动物"保有人"的责任（art. 56 OR）作为免除法律责任原因的"合法替代行为"问题。

133　参见 *Rey*（fn. 3）no. 647，其中参考 BGE 122 III 232 ff. E. 5a/aa；117 Ib 207 ff. E. 5c；115 II 446.

围限于风险责任和那些法规中规定的简单或者轻度的客观（严格）责任的情形，并且不包含过错责任的情形，其是当前讨论的话题。[134] 行政法规则的违反的举证责任不倒置，除非倒置是由法律规定的。[135] 据此可以看出，根据瑞士法，这也可以适用于涉及违反保护规则情形下的因果关系的证明。不同于德国法，瑞士法不包含证明违反规则与恰好是保护性法律意图预防的损害之间的因果关系的举证责任倒置的任何详细的教条建议。[136]

举证责任的减轻由法院在论证自然因果关系的裁决中发现。举证责任在这种情形下不用倒置，但是它在那种高度或然性（表见证据）（überwiegende Wahrscheinlichkeit）（*prima facie evidence*）[137] 和间接证据（*Indizienbeweis*）中被削弱，[138] 其允许有关被证明事实的结论被看做是充分的。法律学说赞同法院的裁决。[139]

59

---

[134] 一个例子是《基因工程法》第 33 条。然而，《基因工程法》第 33 条第 1 款规定，在《基因工程法》适用的范围之内，因果关系必须由寻求损害赔偿的人证明。依照一般的证据规则，《基因工程法》第 33 条第 2 款表明，无论何时，该证据不能确切地被提供或者不能期待承担举证责任的人提供证据，相反，法院可能会接受表见证据。同样的是《电力法》第 38 条（损害赔偿的数额由法院对证据的自由裁量来决定，不受适用的程序法证据原则的约束）。

[135] 即与《德国环境责任法》不一样的是，《瑞士环境保护法》不包含因果关系的推定，这样，受害方承担具体的设施和损害之间因果关系的证明责任。其可能具有很大的问题，尤其是在多种原因的损害的情形下（参见 *Schwenzer*（fn. 123）no. 54. 18；*Honsell*（fn. 44）§ 22 no. 43 f.）。

[136] 参见 *Loser*（fn. 102）190 f.，with further references.

[137] 参见，例如，BGE 121 III 363 E. 5，参考瑞士联邦法院的早期裁决：表面证据足以证明未曾使滑雪跑道保持安全和引起损害之间的因果关系。

[138] Vgl. BGE 109 II 312 E. 5（apricot case）：从铝厂排放的氟如果与其他因素一起导致对杏树的损害的，那么根据《瑞士民法典》第 684 条就属于"过度侵害"。

[139] *Oftinger/Stark*（fn. 15）§ 3 no. 34 ff.；BK-*Brehm*（fn. 8）art. 41 OR no. 117 and 119；*P. Widmer/P. Wessner*, Revision und Vereinheitlichung des Haftpflichtrechts, Erläuternder Bericht 243（no. 2. 9. 4. 3）（www. bj. admin. ch, Themen/Wirtschaft/Gesetzgebung/Haft pflicht），each with further references to court decisions and doctrine；also in detail *Schmid/Fankhauser*（fn. 44）no. 20. 85 ff.；Loser（fn. 102）159 ff.，each with further references.

60   但是，在一些情况下，法院的实践对于举证责任有影响。在医疗责任的范围内，例如，有通过因果关系的推定进行举证责任倒置的趋势。[140] 但是，在瑞士法律学说中，一般不愿意接受举证责任的倒置。[141]

61   如果以预防实际已经发生的损害为客体而制定的行政规章被违反，违法行为和损害之间的因果关系一般有足够把握地确定，只要该事件的过程具有典型性。

6. 违反行政法是否能导致主张惩罚性赔偿？

62   在瑞士法律学说看来，像惩罚性赔偿这样的惩罚性要素与计算损害赔偿的一般原则不一致，并且一般看作是对公共秩序的违反。[142] 在个案中，惩罚性赔偿需要一个明确的法律基础，[143] 而不管民法规则或行政法规则是否被违反。在民法的范围内，例如，《瑞士债法》第336a 条，其要求恣意结束雇佣关系的一方支付另一方补偿金和《瑞士债法》第337c 条第3 款，根据该条文，在无正当理由的解雇事件中法院可能要求负责人赔偿雇员，这些条文除了它们提供的修补功能之外，还被看做具有惩罚功能。[144]

（二）遵守行政法规则的行为

1. 即使侵权人遵守了所有相关的行政法规则，他是否也要承担侵权责任（以获得损害赔偿或者禁令为目的），或者你们的法律制度是否允许"管制性许可抗辩"？

63   正如在上文边码6、边码15 及其之后内容和边码34 及其之后内

140　*Rey*（fn. 3）no. 656 f. ；*Honsell*（fn. 44）§ 1 no. 94；也参见，例如 BGE 120 II 250 f.

141　参见，例如 the opinion of *Honsell*（fn. 44）§ 1 no. 94, in comparision to Germany.

142　BGE 122 III 467.

143　*M. Sidler*, Die Genugtuung und ihre Bemessung, in：Münch/Geiser（eds.）（fn. 30）no. 10. 31 fn. 20, 参照 BGE 122 III 467.

144　*Sidler*（fn. 143）no. 10. 31；*W. Portmann*, in：Honsell/Vogt/Wiegand（eds.）（fn. 47）（BSK OR I-*Portmann*）art. 336a no. 1 and art. 337c no. 7；也参见 BGE 123 III 391 ff.，particularly 394 E. 3c.

容里描述的一样，遵守行政规章并不必然排除未实施足以构建责任的注意义务。[145] 如果违反实施应有注意义务基于一般规则存在，个案情境可能要求注意义务的一种额外考量。在某些作者的观点中，尽管遵守了行政规章却导致损害的一方，如果基于个案情境没有任何明显的理由相信行政规章提供的安全不充足，就能逃脱过错。[146] 另外一种说法认为，符合法律规定不能给予任何人逃脱责任的通行证。[147] 但是，威德默强调高风险自动要求额外注意义务的观念不应该被带得太远：因此仅这样的不必要的风险是被禁止的；否则，指导原则是没有明确被禁止的任何事就是被允许的。[148]

就管制性许可抗辩而言，[149] 在过错责任的语境中，过错的存在是不被官方批准（或许可）的存在而自动排除的，因为个案的具体情境可能要求额外的注意义务的考量。[150]

2. 一般注意义务能否超过这些规则的范围？

上文边码 63 的陈述证明任何个案中实施注意义务可能会超出行政法规则。 64

3. 如果侵权人能够成功证明他是合法地行为（就相关的行政法规则而言），那么关于不法性和过错的举证责任的分担是否会有所不同？

145　参见上文脚注 19 的引用。在这一明确地限制意义上参加 *Widmer*（fn. 103）598；也参见 *Loser*（fn. 102）25. 以前有不同的意见 A. *Petitpierre-Sauvain*, le principe pollueur-payeur en relation avec la responsabilité du pollueur, Zeitschrift für Schweizerisches Recht（ZSR）1989 II, 429 ff., 505 f., 最初其主张完全的责任豁免；之后更加显著。id., L'incidence des autorisations administratives sur la responsabilité, Umweltrecht in der Praxis（URP）1992, 427 ff., 429 ff., especially 435（conclusions）.

146　*Loser*（fn. 102）25, with further references, amongst others to I. *Schwenzer*, Grundzüge des Umwelthaftungsrechts in der Schweiz, Produkthaftpflicht International（PHI）1991, 113 ff., 114.

147　USG – *Trüeb*（fn. 10）art. 59a no. 103.

148　*Widmer*（fn. 18）293 no. 48, with further references.

149　该问题在下文边码 78 及其之后内容中将被再一次强调。

150　参见 *Rey*（fn. 3）no. 875 f., 进一步参考瑞士法院裁决和学说。

65   这个问题可参考上文边码57及其之后内容中瑞士法院裁决有关举证责任的分配和减轻的陈述。举证责任不能通过遵守行政规章倒置：受害方必须证明违法性和过错。但是，这种情形下的问题是，尽管遵守了目的在于预防损害的行政规章，仍然发生的损害是否构成表见证据，即存在另一对损害负责的原因。鉴于行政规章通常代表最低的要求的事实，我认为相对于情形相反时，即如果行政规则被违反时是否仍是这样的而言，该种情境构成存在另一原因对损害负责的表面证据这一点是不太清楚的。

四、其他原因的损害赔偿

1. 除了侵权法之外，是否还有其他法律的原因，比如：行政法本身或者是更加广泛的法律责任领域，强调因违反这样的规则所引起的损害赔偿责任？

66   在行政法范围内，例如《环境保护法》第59条指明当局为了避免临近的危险的影响或者确定并且补救该影响而采取措施的费用应该施加给污染者。[151]《环境保护法》第59条规定污染者和致污者承担责任，即偿还国家清理的费用。[152] 类似的规定可以在《水保护法》第54条、《基因工程法》第20条第4款和《核能责任法》第4条中找到。法律实践已经将征收的费用发展成具有行政责任规则特征的环境法文件，即使它本身的措辞是有限制性的，难以超越一般行政法原则（allgemeines Polizeirecht）。[153] 法律实践已经将征收费用由政

---

[151] 详细内容见 *Schmid/Fankhauser*（fn. 44）no. 20. 96 ff.

[152] 有关偿还费用的详细内容见 USG-*Trüeb*（fn. 10）art. 59 no. 38 ff.

[153] 在这一意义上见 USG-*Trüeb*（fn. 10）art. 59 no. 3，who is explicitly referring to art. 59 USG and art. 54 GSchG，进一步参考法院裁决；也参见 *Keller*（fn. 100）357，with regard to art. 59 USG.

府代替（verwaltungsrechtliche Ersatzvornahme）从执行领域中排除。[154]
在法律制度中，仅在《核能责任法》第 4 条中有所反映，其归类在
"责任"标题之下。上面提到的其他规则是列在"执行"的标题之
下，或者在《环境保护法》中在"程序"之下。在民法和环境法领
域都发现，瑞士法律学说一直包含参照环境责任法的二元概念。[155]

　　在民法的其他地方应该提及根据《瑞士民法典》第 679 条结合 　67
《瑞士民法典》第 684 条所规定的土地所有人（Grundeigentümerhaf-
tung）责任。该责任可能由特殊法律规制的风险责任以并发之诉来
主张：一方面是根据《瑞士债法》第 58 条[156]规定的建筑物或者其他
建造物（Werkeigentümerhaftung）所有者的责任；另一方面是根据
《瑞士债法》第 55 条规定的委托人替代责任[157]［二者都构成简单或
者轻度[158]客观（严格）责任］。[159] 在《环境保护法》第 59a 条生效之
前，《瑞士民法典》第 679 条作为因为环境损害导致的个人损害赔偿
的请求基础发挥着主要的作用。《瑞士民法典》第 679 条相对于《环

154　USG-*Trüeb*（fn. 10）art. 59 no. 3
155　USG-*Trüeb*（fn. 10）art. 59 no. 3, with reference to S. *Fuhrer*, Die Haftung für
　　Umweltschäden und deren Versicherung, Basler Juristische Mitteilungen（BJM）1992, 225
　　ff., 227 f.
156　依照《瑞士债法》第 58 条，建筑物或者其他建造物的所有人应该为因为建造物的过
　　错设计或者建造或者不充分的维护导致的损害承担责任（所谓的建筑物或建造物的缺
　　陷），而且在这样的语境下，损害的发生与是否归咎于环境污染损害是无关的
　　（*Schmid/Fankhauser*（fn. 44）no. 20.77）。
157　根据《瑞士债法》第 55 条，委托人应该对由他的雇员或者其他辅助人员在他们的职业
　　或者业务过程中导致的任何类型的损害承担责任，不管委托人或者辅助人是否具有个人
　　过失，委托人仅能通过证明在选择、指示和监督他的辅助人的情境中以及依照法院裁决
　　在有效地组织他的或者她的业务中尽了最大的注意来逃脱责任。尤其证明注意义务的后
　　面的要件，开脱罪责的证据变得越来越难提供［参见 *Rey*（fn. 3）no. 941］。《产品责任
　　法》的责任规则在 1994 年 1 月 1 日生效之前，瑞士联邦法院已经将《瑞士债法》第 55
　　条发展成缺陷产品的一种一般标准［*id.*（fn. 3）no. 951 ff.，进一步参考法院裁决］。
158　在简单或者轻度客观（严格）责任的情形下，与风险责任形成对照，合格的标准被要
　　求，而不是过错责任，尽管不要求存在过错。
159　参见 *Oftinger/Stark*（fn. 15）§ 13 no. 20.

境保护法》第59a条的优点在于其也允许直接导致的损害赔偿请求，而不是通过环境损害。[160]《瑞士民法典》第679条规定了财产权利的侵害。《瑞士民法典》第679条的适用范围是限于邻里之间的关系，尽管法院一致裁决以及法律学说也无异议地支持以下观点：依照《瑞士民法典》第679条，即使更加遥远的财产也符合"邻近"[161] 的要求。根据该法律，过路人和只是在受影响的邻近财产上暂时停留的人没有起诉的权利。[162] 除了仅被认为是附属特征的损害赔偿诉讼之外，受影响的邻近财产的所有人或者占有人可能申请消除（Beseitigung）影响、禁令救济、预防损害救济或者宣告性判决的诉讼。[163]

2. 如果行政法规则许可侵害另一个人的利益，贵国的法律制度是否提供损害赔偿（或者是来源于受益者、基金或者是政府）？该赔偿请求的必要条件是什么？

68　　在瑞士法中想到的第一种情形就是征收法中的赔偿，该赔偿作为形式或者实质征收的结果必须予以支付。"征收"被界定为由国家主权行为限制或者剥夺财产权利，所有者对此基于《瑞士联邦宪法》第26条第2款中的私有财产担保所包含的价值担保而必须被赔偿。[164]

69　　在正式征收的情形中，受私有财产担保保护的全部或者部分权利通过国家的主权行为被收回。征收的客体包括不动产、动产、对物权利的限制、对人权利的限制、合法获得（wohlerworbene Rechte）的公法权利和邻人权利。[165] 对于私有财产担保中固有的制度上的、个

160　也参见，例如 Schmid/Fankhauser（fn. 44）no. 20. 72.

161　Schmid/Fankhauser（fn. 44）no. 20. 74，进一步参考法院裁决和学说。

162　Schmid/Fankhauser（fn. 44）no. 20. 73.

163　H. Rey, in: H. Honsell/N. P. Vogt/Th. Geiser（eds.）, Basler Kommentar zum Schweizerischen Privatrecht, Zivilgesetzbuch II, Art. 457 – 977 ZGB, Art. 1 – 61 SchlT ZGB（BSK ZGB II-Rey）（2nd ed. 2003）art. 679 no. 4 ff.

164　W. Wiegand, in: Honsell/Vogt/Geiser（eds.）（fn. 163）（BSK ZGB II-Wiegand）art. 641 no. 103.

165　BSK ZGB II-Wiegand（fn. 164）art. 641 no. 107.

人的和价值的担保的实现，下面四个要件必须都满足：①必须有充足的法律基础（在立法程序中正式颁布的一般规则）;[166] ②征收必须为了公共利益；③对于预期目的而言，征收必须是必要的和适当的；高于一切的公共利益必须存在以便于均衡要件得到满足;[167] ④财产权利的损失必须被赔偿。[168] 征收者支付赔偿费用，征收者是——联邦一级——一般是联邦，尽管征收者可能将征收的权利转移给第三方。[169]

实质征收不同于正式征收，因为只有法律或者实际的处理权力被撤销或者限制，而私有财产权本身并没有易手。[170] 瑞士联邦法院在两种变化中区分:[171] ①基本情况，剥夺从所有权派生的实质权力；②迫使所有者做出不合理的牺牲，但其没有达到基本情况要求的强度［所谓的特别牺牲（个人牺牲）]。[172] 这些情况应该区别于必须忍受的没有赔偿的所有权的公共限制。赔偿的要件如下：①现存客体利用或者不久的将来可能实现的利用的限制，②必要的强度。[173] 赔偿是由引起存在实质征收理由的共同体支付的。

就基金解决方案而言，应该提及的是依照《核能责任法》第15条的核损害基金，其由核电产所有人和联邦政府保险责任包含的运输许可证的持有人支付给联邦政府的捐款组成（《核能责任法》第14条）。联邦政府利用基金支付超过工厂所有人私人保险或者是被私人保险排除的损害以及逾期索赔。联邦政府的保险限制在每一个

166 BSK ZGB II-*Wiegand*（fn. 164）art. 641 no. 108；参见，例如《环境保护法》第58条第1款，就执行《环境保护法》的必要性而言，联邦和州有权力征用各自所管辖的权利。
167 参见 art. 36 BV and BSK ZGB II-*Wiegand*（fn. 164）art. 641 no. 108.
168 BSK ZGB II-*Wiegand*（fn. 164）art. 641 no. 109.
169 Art. 2 Expropriation Act（Enteignungsgesetz, EntG, SR 711）.
170 BSK ZGB II-*Wiegand*（fn. 164）art. 641 no. 103 and no. 111.
171 BGE 119 Ib 127 ff. E. 2.
172 BSK ZGB II-*Wiegand*（fn. 164）art. 641 no. 112 and with regard to the "individual sacrifice"（Sonderopfer）also no. 115, with further references.
173 BSK ZGB II-*Wiegand*（fn. 164）art. 641 no. 112 ff.

核电厂或每一次运输 10 亿瑞士法郎和额外利息和诉讼成本 1 亿瑞士法郎以内（《核能责任法》第 12 条和第 13 条）。

五、案例

1. 1976 年，一家由 A 公司经营的化工厂，被允许可以排放一定量的废气到空气中。根据最近的技术标准，所规定的量可以以一个合理的费用显著地降低。然而，自从 20 世纪 70 年代以来，政府管制就没有升级校正调整过。因排放废气而遭受农作物损害的当地农民，能否向政府或者工厂经营者主张损害赔偿？这与农民本应该根据行政审查程序，申请审查或者撤销许可有关吗？

72 （1）根据现行法律，作为化工厂所有人责任可能的基础，四个规定将脱颖而出：①确立在《环境保护法》第 59a 条中的风险责任；②按照《瑞士民法典》第 679 条结合《瑞士民法典》第 684 条规定的土地所有者因为过度排放的简单或者轻度客观（严格）责任；③依照《瑞士债法》第 58 条［也是简单或者轻度客观（严格）责任］的建筑物或者其他建造物所有者责任；④依照《瑞士债法》第 41 条及其之后内容的过错责任。如果多种责任的理由存在于承担赔偿责任的一方当事人，原则上，受害方可能选择其中的一个或者其他理由：这些规定之间的关系是选择其一。但是，一方面，根据主流观点，责任依据《瑞士债法》和《民法典》产生；另一方面，风险责任由特殊法律确立，它们是不可互换的：作为特别法的风险责任，专门地适用于确立在《瑞士债法》和《民法典》中的责任。[174]

---

[174] *M. Keller/S. Gabi-Bolliger*, Haftpflichtrecht, vol. II（2nd ed. 1988）159；*Rey*（fn. 3）no. 45 and no. 1247, with further references；反对意见：例如，*Honsell*（fn. 44）§ 20 no. 24，其一方面主张《债法典》和《民法典》中的规定，并且另一方面主张风险责任的规定应该视为替代品。

依照《环境保护法》第 59a 条的风险责任，首先应该指出这些 73
规定直到 1997 年 7 月 1 日才生效。基于该情况的简洁描述，如果涉
及在 1997 年 7 月 1 日之前的利润损失，它没有清楚地规定。在《环
境保护法》本身的过渡规章缺失时，必须假定的是先前的法律适用
于该法令生效之前引起的情境。[175] 相应地，根据《环境保护法》第
59a 条不能请求 1997 年 7 月 1 日之前发生的损害赔偿，只有基于那
时生效的法律，即它主要基于《瑞士民法典》第 679 条和《瑞士民
法典》第 684 条（参见下文边码 75）。[176] 关于 1997 年 7 月 1 日之后
引起的损害，《环境保护法》第 59a 条规定的责任要件应该更详细描
述：

依照《环境保护法》第 59a 条，基于风险责任，企业或者设施 74
的所有者[177]对环境损害导致的人身伤害、财产损害和金钱损失承担责
任。[178] 除了责任的一般要件、损害的存在、违法性和因果关系之外，
所涉及的企业或者设施一定会构成对"环境某种特殊的危害"。这种
既代表责任的基础也代表责任的限制的"特殊的危害"必须是这样：
即使实施最大的注意，剩余的风险仍然存在，因为导致损害的趋势
是活动或者业务中固有的不可避免的。[179]《环境保护法》第 59a 条第
2 款包含的非结论性业务清单推定这些业务对环境构成特殊的危害。
如果业务不在《环境保护法》第 59a 条第 2 款的清单中，受害方必
须证明特殊危害指示的情境。[180]

175　参见 *Tschannen/Zimmerli*（fn. 1）§ 24 no. 24 ff.：根据前面的法律，就个案的情境是完
　　全实现的而言，新法的追溯力［echte Rückwirkung（real retroactivity）］不被允许，如
　　果这样的追溯性未被制定在新法案的过渡性规定中。

176　就诉讼时效问题而言，参见下文边码 80。

177　在影响产生时的企业管理或者设备运营为了谁的利益、为谁负责以及为谁承担风险的
　　当事人［参见 USG-*Trüeb*（fn. 10）art. 59a no. 51 ff.］。

178　因此，《环境保护法》第 59a 条不包含纯粹环境损害。

179　USG- *Trüeb*（fn. 10）art. 59a no. 60 f.

180　USG- *Trüeb*（fn. 10）art. 59a no. 72 f.

75　　　　对 1997 年 7 月 1 日之前引起损害的经营者的请求基础（在《环境保护法》第 59a 条生效之前）主要是《瑞士民法典》第 679 条和《瑞士民法典》第 684 条。依照《瑞士民法典》第 679 条，土地所有人责任（Überschreitung des Grundeigentumsrechts）除了一般的要件之外（损害的存在、违法性和因果关系），需要有对土地所有人权利的侵害行为。在本案中，就《瑞士民法典》第 684 条而言，"过度排放"的存在是有争议的。过度的标准由法院来衡量。在民法和公法中有关排放的保护性规定本质上彼此独立，尽管在那些法律中间存在交叉和重叠的地方。在某些情形中，公法的排放规定也必须考量，即衡量哪些是正当的影响程度并且基于场所、条件和当地习惯必须忍受的程度。[181] 就《瑞士民法典》第 684 条而言，导致损害的排放（正如本案中一样）一般就符合了"过度"的条件，从而因此是违法的。[182] 只有在例外的情况中，证明损害的因果关系具有正当性的情境才可能存在（例如，在土地所有人建筑施工的情况中）。[183] 依照《瑞士民法典》第 679 条和《瑞士民法典》第 684 条，拥有诉权的人（Aktivlegitimation）是土地所有人或者《瑞士民法典》第 684 条第 1 款意义上的相邻财产的占有人。但是，基于一贯的法院裁决和一致的法律学说，"相邻财产"不仅包含直接与提及的财产相邻的财产，而且包含受到过度排放影响的比较远距离的财产。[184] 基于法律文本，仅只有财产所有人能被起诉（Passivlegitimation）。但是，依照法院裁决和学说，该种责任也扩展到受限制的财产权利持有人，其独立的行为是造成排放的原因。[185] 瑞士联邦法院也已经裁决租户（Mieter）

181　详细地描述民法和公法中的侵入保护性规定之间的独立性，BGE 126 III 223 ff. , particularly 225 ff. E. 3.

182　参见 *Rey*（fn. 3）no. 1105 f. ; BSK ZGB II-*Rey*（fn. 163）art. 684 no. 11, with reference.

183　*Rey*（fn. 3）no. 759, with reference to BGE 91 II 107 E. 3（土地所有人进行建筑施工）.

184　*Schmid/Fankhauser*（fn. 44）no. 20. 74, with further reference; BGE 120 II 17 E. 2a.

185　*Rey*（fn. 3）no. 1117.

和承租人（Pächter）根据法律可以被起诉，尽管这个在法律文献中是具有争议的问题。[186]

依照《瑞士债法》第58条，除了赔偿的一般要件之外（损害的 76 存在、因果关系和违法性），建筑物或者其他建造物所有人责任要求建筑物或者建造物有缺陷（设计、建造或者非充分的维持过失），衡量缺陷基于：①建筑物或者建造物预期目的；②客观标准；③避免损害的合理措施（成本——利润比率）。建筑物或者其他建造物的所有人不能通过证明注意义务而逃避责任。[187]

依照一贯的学说和法院裁决，仅通过证明设施已经由政府检查 77 和批准，建筑物或者其他建造物的所有人不能逃避责任。[188] 依照瑞士联邦法院的意见，设施已经由政府检查或者批准的事实可能表明，至少在某种程度上而不是在所有的案件中，设施依照民法不存在缺陷。[189] 但是，首先明显的是，如果情形相反，即在未遵守为预防损害的管制规定的情形中，民法意义上的建筑物或者建造物的缺陷可能被推定。[190] 以合理费用本应显著地减少排放的事实表明预防损害的措施是合理的。因此，在本案中，作为建筑物或者其他建造物所有者责任要件的缺陷可以被确定。

总之，上面提到的三条规定的所有情形（《环境保护法》第59a 78 条，依照《瑞士民法典》第679条和《瑞士民法典》第684条的土地所有人责任以及依照《瑞士债法》第58条建筑物或者其他建造物所有人的责任）提供了请求的可能基础，一贯的法律观点是如果适用简单或者轻度（客观）严格责任或者风险责任，官方批准的存在

186　*Rey*（fn. 3）no. 1118，进一步参考联邦法院裁决 104 II 19 f. E. 2a；101 II 249 E. 2.

187　*Rey*（fn. 3）no. 1058 ff.

188　BGE 91 II 208 E. 3d, with further references；BK-*Brehm*（fn. 8）art. 58 OR no. 58；*Rey*（fn. 3）no. 1062.

189　BGE 91 II 208 E. 3d；BK-*Brehm*（fn. 8）art. 58 OR no. 58；*Rey*（fn. 3）no. 1062.

190　BGE 91 II 208 E. 3d；*Rey*（fn. 3）no. 1062；BK-*Brehm*（fn. 8）art. 58 OR no. 58a.

不能构成正当理由。如果事故可能归咎于遵守强制法律规则或者官方法令，例外将被适用。[191] 但是，案件简单的描述在这方面没有给予任何指示。

79　　鉴于其他可能的请求基础与《瑞士债法》第 41 条过错责任根本相关，化工厂所有权人过错的存在不能因为官方批准的存在而自动地被排除，因为个案的具体情境要求额外的注意措施。[192] 证明注意义务的违反与有关证据的典型困难相联系。

80　　《瑞士债法》第 60 条诉讼时效规则的规定（确立所谓受害方知道损害和责任方起的 1 年的相对诉讼时效以及从损害行为发生之日起的 10 年的绝对时效），不仅适用于依照《瑞士债法》第 41 条的过错责任，而且适用于依照《瑞士债法》第 58 条的损害赔偿请求（建筑物或者其他建造物所有人责任）和《瑞士民法典》第 679 条与《瑞士民法典》第 684 条的损害赔偿责任（土地所有人责任）。[193]《瑞士债法》第 60 条也适用于基于《环境保护法》的损害赔偿请求，除因病原微生物引起的损害赔偿请求之外。[194] 基于超过 10 年所为的行为的损害赔偿请求是超过时效的，不管损害实际发生在何时。

81　　（2）根据瑞士《国家责任法》第 3 条，联邦对它的公职人员在他们的官方活动中违法导致第三方的损害承担责任，不管公职人员是否存在过错。公职人员的作为（正如本案中所审视的一样）或者不作为可能构成违法性。[195] 违法性和因果关系要件在本案中有争议。

82　　依照《国家责任法》，很长时间以来，违法性要件是争议的主

191　对于更加详细的内容参见上文边码 20 和边码 16 及其之后内容，并予以进一步参考。

192　参见上文边码 19，并予以进一步参考。

193　BSK ZGB II-Rey（fn. 163）art. 679 no. 29.

194　参见 art. 59c par. 1 USG. 根据《环境保护法》第 59c 条第 2 款，病原微生物的损害赔偿主张的诉讼时效被扩展到 3 年，从受害方开始知道损害和责任人时起以及 30 年，从损害事故发生或者结束（a 项）起或者从当病原微生物投入流通时起（b 项）。

195　关于不作为的违法性，参见 J. Gross，Schweizerisches Staats haf tungs recht, Stand und Entwicklungstendenzen（2nd ed. 2001）183.

题。争议中的问题这些要件是否应该与以民法中同样的方式评估（即，基于违法性的结果和如果没有这种结果但处于危险中，就基于行为的违法性）或者是否国家责任要求在每一个案件中都有违法行为的存在，因此仅有权利的侵害（结果违法）不是必然构成国家责任法意义上的违法性。在联邦法院"123 II 577 ff"案件中，尤其是"581 ff. E. 4b ff"案件中，瑞士联邦法院表明，在法律学说详细的讨论之后，法院裁决，违法性以民法中同样的方式进行考量。相应地，只要涉及侵害绝对权利，依照《国家责任法》违法性就存在，甚至在缺少行政违法行为或者违反官方义务（行为违法）时。[196] 但是，本案是该规则的例外，因为国家责任是源于不作为。在该案中，违反国家义务必须存在，例如不充分地履行国家监督危险性或毁坏性的私人活动的义务。[197] 不作为行为导致的损害责任要求违反了必须作为的义务（*Garantenpflicht*）。这样的义务只能通过法律来确立。因此，违反作为的义务是视违反界定国家作为义务以及预防损害义务的种类和范围的法律规定而定的。[198] 在实践中，该种义务的违反是，例如，国家监督义务的过失，司法迟延以及公共机构，尤其是法院的不作为。[199] 在本案中，不作为是未将排放限制调整到与当前技术能力一致的程度。问题是政府是否有以及何种程度上有这样的义务。《环境保护法》第11条第2款作为限制排放污染环境的原则，其在1985年1月1日已经生效，该条文规定：基于预防的理由，排放在某种程度上受到限制，其在技术上和操作上是可能的并且在经济上是可忍受的。依照《环境保护法》第12条第2款，排放限制由条例界定或者如果条例没有具体限制，由直接基于《环境保护法》的法

196　BGE 123 II 582 E. 4d/bb in fine.

197　BGE 123 II 583 f. E. 4d/ff.

198　BGE 123 II 583 E. 4d/ff; *Gross*（fn. 195）183.

199　*Gross*（fn. 195）183, with further references.

令界定。另外，《环境保护法》第 16 条规定了改善未满足《环境保护法》或者其他联邦法律（第 1 款）的环境规定的要求的设施的义务。根据《环境保护法》第 16 条第 2 款，瑞士联邦委员会颁布了有关设备、采取措施的范围、截止日期和程序的规章。只要法律明确包含政府（取代采取行动的共同体）作为责任主体，那么就一般情况而言，违法的或者不合时宜的（并且考虑到本案可以增加的：过时的）的法令的国家责任就是没有争议的。[200] 但是，必须记住的是，排放限制包含了高度的政治成分。[201] 与最初颁布的规章相比较，规章的修改一般没有时间限制。因此，对于政府何时未以及时的方式行为和这一行为何时才被看做是引起国家责任的违法不作为的考量一直是困难的。

83   国家不作为的因果关系要件依赖于遵守已经违反了的保护性规则是否理论上本应预防了损害（基于违法性关系的规范责任）（normative Zurechnung kraft Widerrechtlichkeitszusammenhanges）。[202] 如果提高排放限制本可以预防目前的损害，不作为和损害之间的因果关系就可以被确定。

（3）有关上面提到的规定，与农场主是否根据行政审查程序审查或者撤销许可证无关。换句话说，如果政府已经被要求修改许可证，它也与农场主的请求无关。[203]

2. 一个有关职业危害的特定法规 A 迫使雇主在他们的车间里采取一定的保护措施。B 经营着一间一人车间，在那里没有雇工和参观者曾出现过，假设在该情形下管制规定不予以适用，一个偶然到车间参观的人受到伤害，B 是否仍然要承担侵权责任？

84   问题是依照《瑞士债法》第 58 条，建筑物或者其他建造物所有

---

200 *Gross*（fn. 195）219（causation）.

201 *Gross*（fn. 195）280.

202 *Gross*（fn. 195）217.

203 参见，例如，BSK ZGB II-*Rey*（fn. 163）art. 684 no. 42（基于《瑞士民法典》第 679 条和《瑞士民法典》第 684 条由于过度侵入的索赔的语境下）。

人的责任要件是否被满足（参见上文边码 76 中建筑物或者其他建造物所有人责任的要件总结）。决定性的问题是建筑物或者其他建造物的缺陷是否被确定。正如上面提到的一样，三项准则必须被考虑：

首先，建筑物或者其他建造物的所有人被要求保证典型的利用 **85** 不能构成风险（注意义务，Verkehrssicherungspflicht）。建筑物或者其他建造物所有人一般对正常风险承担责任，而不是为每一个遥远的可想象的风险承担责任。如果涉及的风险是参观者本应该以最低的注意保护自己免遭其害的风险，建筑物或者其他建造物的缺陷就不存在。[204]

鉴于个案中的具体情境，缺陷也基于客观标准来衡量。关于个 **86** 案的具体情境，例如，它与雇员和参观者不占有工作车间，而仅是企业所有者他自己占有（没有公共交通的私人工作空间）有关。[205] 瑞士联邦法院认为，为了避免风险遵守管制规定可能表明，至少在某种程度上，建筑物或其他建造物在民法上不具有缺陷。[206] 但是，在本案中应该记住的是，没有雇员，企业就不被规则的保护性目的所包含，其是保护雇员的。

衡量建筑物或者其他建造物的缺陷的最后一个准则是保护性措 **87** 施是否合理。合理性是基于技术的可能性来衡量，尤其是成本对利润的比率。成本相对于用户受保护的利益（在这个案件中，这就是一次性的参观者）以及建筑物或者建造物的目的是合理的。[207] 如果那些可适用于雇员的法定制度一般地应该类推适用于参观者，该准则就是具有决定性的。

该案含糊的描述似乎暗示《瑞士债法》第 58 条意义上的建筑物 **88**

---

[204] *Rey*（fn. 3）no. 1058 f. , with further references.

[205] *Rey*（fn. 3）no. 1059 ff. , with further references.

[206] BGE 91 II 208 E. 3d.

[207] *Rey*（fn. 3）no. 1063 f. , with further references.

或者其他建造物的缺陷不存在，因此，建筑物或者其他建造物所有人的责任要件没有得到满足。

3. 公司 B 违反有关公共安全规则的各类规章很多年，尽管存在有权力处以罚金、甚至让 B 公司关门倒闭的政府机构，但是这些政府机构几乎没有采取行动，通知公司 B 这些违法行为。他们曾经参观该公司一次，并且列出一系列的公司应该补救的缺陷的清单。公司一直未补救这些问题，政府机构从未再回头来惩戒该公司。一段时间之后，一严重的事故在 B 公司发生，如果该公司严格遵守相关安全规则，该事故本应该可以避免发生的。

（1）受伤害的人能否让公司承担损害赔偿责任？如果可以，公司能否以缺乏监管部门的监督提出抗辩？

89　　不考虑 B 公司责任基础是过错责任（《瑞士债法》第 41 条），还是简单或者轻度客观（严格）责任或者是风险责任，甚至是在过错责任的情形中，如果安全措施是不充分的，公司就不能通过主张属于该机构或者它的顾问的过度容忍、不充分的注意义务或者不充分的专业知识来赦免自己的责任。[208] 民事法院裁决问题不受主管行政机构裁判的约束，但是，机构对情况的评估作为损害可预见性的指示是相当重要的。[209] 在本案中，机构通知公司它未遵守公共安全规章，所以公司不能主张损害是不能预见的。

（2）受到损害的人能否主张从政府机构获得损害赔偿？

90　　官方批准和检查的目的是给机构提供任何缺陷的补救通知和命令。如果机构没有充分地履行它的义务并导致损害发生，机构可能依照适用的《国家责任法》（无论是联邦的或者州的）承担责任。[210]

---

[208]　*Oftinger/Stark*（fn. 15）§ 5 no. 101 f.，进一步参考法院裁决；也参见上文边码 19 及其之后内容。

[209]　*Oftinger/Stark*（fn. 15）§ 5 no. 102.

[210]　*Oftinger/Stark*（fn. 15）§ 5 no. 102 fn. 113.

但是，机构仅承担如果提供了缺陷通知，本应该可以预防的损害责任。

在某些情况下，政府委托非政府组织履行这样的安全检查。根据《国家责任法》第 19 条第 1 款 a 项（参考《国家责任法》第 3 - 6 条），在这样的情形中，那些组织承担导致第三方损害的责任。如果该组织不能够支付所欠的赔偿金，国家对受害方未被支付的数额承担责任。国家和组织对其失职的机构或者雇员的追索权的能力由《国家责任法》规制（《国家责任法》第 19 条第 11 款 a 项，同时参照《国家责任法》第 7 条和第 9 条；进一步的描述参见上文边码 13）。

美国侵权法与管制法

马歇尔·沙波[*]

短文

一、问题

1   侵权法与管制法之间的关系是法学一个极具吸引力的方面,因为它确实勾连着公法与私法。放眼全球,这些部门法被迫的互动使得法官在设计制度时为了实现技术领域的安全而面临专业知识的作用。在美国,存在两种现象之间的重叠问题,其对美国法律有特别的意义:产生数以万计司法裁决的普通法判例制度和共和国的联邦性质。美国法的这些特征附加在很长的法律清单上,这些法律创立处理问题的机构,从而激发国会在工业社会典型的风险领域努力实现更高水平的市民保护。仅作说明的是,在产品责任诉讼里存在争议的法规目录就涉及有关联邦规章是否"优先"法院裁决的问题。

---

[*]   美国西北大学法学院费雷德里克·沃斯(Frederic P. Vose)教授,美国迈阿密大学文科学士(1958年),哈佛大学文科硕士(1961年);迈阿密大学法律专业学士学位(1964年);哈佛大学法学院法学博士(1974年)。

仅涉及产品案件的法律范围就包含从规制机动车安全[1]的立法到规制药品和机械[2]安全的法律制度。这些法律也包含《职业安全和健康法》[3]、《消费产品安全法》[4] 和《电子产品辐射控制法》。[5]

法院面对涉及安全法规和行政规章的侵权案件必须努力识别国会意图，并且往往通过界定来努力填补所涉的具有争议的政策。这些争论背后的激烈本质是国会通过有关该主题的立法的事实。典型的是涉及安全规章的联邦法律意味着各种竞争利益中的一种妥协——例如，生产商能够销售带有固有风险产品的利益；消费者在创新方面的利益；消费者和其他接触产品以及过程风险的人获得免受他们不知道的危险导致伤害的利益。

2

二、规则的违反

1. 法规的初始适用

有关法律或者行政规则在民事诉讼中的适用，首要的问题是规则是否适用于所有争议事件。一个例子是涉及聚焦于铁路车厢安全的法律的案件，法律要求车厢必须装备有"通过撞击自动连接的联结器，并且不必个人在车辆两端之间来回奔走，就能够脱钩"。[6] 最高法院解释："（1）联结器由一个肘形接头连接到一个挂钩的末端

3

---

1 参见 National Traffic & Motor Vehicle Safety Act, now codified as 49 United States Code Annotated (U. S. C. A.) § 30101 – 30170 (1997 & Supp. 2005).

2 参见 Federal Food and Drug and Cosmetic Act, 21 U. S. C. A. § 301 – 397 (1999 & Supp. 2005).

3 29 U. S. C. A. § 651 – 678 (1999).

4 15 U. S. C. A. § 2051 – 2085 (1998 & Supp. 2005).

5 21 U. S. C. A. § 360hh – 360ss (1999).

6 该规定是《联邦安全设备法》的一部分，49 United States Code (U. S. C.) § 20302 (a) (1).

组成，其本身固定在车厢的一个遮蔽装置上。"[7] 挂钩经常偏离方向，并且铁路雇员必须用手重新对准它们，以便使车厢能够连接在一起。当原告行走在车厢之间去调整偏离方向的挂钩时，他的背受到损伤，但是法院认为他的损害赔偿请求不能成功，因为法院不能裁决"一个偏离方向的挂钩作为一个法律问题是机能失常的挂钩。"由于挂钩偏离方向时常发生，法院表示它"对于该法律采取另一种理解存在犹豫，因为新的理解意味着几乎将近服务了一个世纪的每节铁路车厢已经违反了"立法。[8]

4 　　因此，规则中即使看上去简单的语言也可能需要解释。一个有趣的对比出现在涉及一个年轻人在黑夜里的公路上滑冰受伤的案件中。明尼苏达州上诉法院实际上得出滑冰鞋是必须遵守公路安全规则的"交通工具"的结论。也就是说如果滑冰的人在公路上滑冰，"他们必须遵守相关的法律规定"，例如，灯光或者反射器的利用，"它们（灯光和反射器）在恰当的位置是为了他们的安全或者其他旅行者的安全"。[9] 在这样的前提下，当陪审团发现滑冰者在因果关系上有85％的过失时，法院就作出了有利于被告的判决。

　　2. 标准是什么

5 　　在开篇的另一个问题是行政标准是什么。关于这个问题的一个有争议的例子是在广为宣传的"三哩岛"事件中引起的，该事件中一核工厂事故释放辐射物到大气中。法院面对的论点是有关主张被告违反注意义务的恰当标准要求辐射物的释放合理地"降到尽可能的低"。但是，法院得出相反结论认为，由核能管制委员会公布的有关核辐射程度许可的大量具体规章"构成联邦注意标准"。它指出这些规章"代表相关管制主体——联邦辐射委员会、美国环境保护署、

7　*Norfolk & W. Ry. Co. v. Hiles*，516 U. S. 400，401－02（1996）.

8　同上第412页。

9　*Boschee v. Duevel*，530 N. W. 2d 834，840（Minn. Ct. App. 1995）.

美国陆军电子司令部和美国国家科学研究委员会——有关一般公众可能接触到的辐射物合理标准的深思熟虑的判断。"[10]

不考虑这些标准界限问题，存在违反法律或者行政规章可能影响民事诉讼的一些主要路径。

3. 法律在条文中规定侵权标准

有时，立法机关创建诉因。一个例子是《消费品安全法》，其规定：任何受害人"由于明知地（包含故意）违反消费品安全规则"或者其他由消费者品安全委员会颁布的规则或者命令，可以为"承受的损害"以及在法院酌情裁量中的律师费起诉违法者。[11] 立法机关也可以修改既存的侵权规则，如同侵权诉讼中在原告取得赔偿的金钱数额上施加限制或者"盖子"的法规的情形。[12]

4. 默示的诉因

在某些情形中，法规不以某种方式显示它涵盖的标的物是否规定有民事上的诉因，法院可能推断立法机关意图是允许受害人基于违反法令提起诉讼。美国最高法院的一个裁决宣布一个四部分的检验标准作为法规中默示的私人诉讼权利的标准。由这个检验标准提出的问题包含原告是否是"法律被制定特别保护其利益的群体一员"，是否存在"立法者意图的任何指示，明确的或者含蓄的，或者创建如此的补救措施或者否认它"，以及默示给原告这样的补救措施是否"与立法计划的基本宗旨一致"。该检验标准的第四个要素与美国法的联邦性质有关，是"在州法基本关注的领域之内，诉因是否

---

10 In re TMI 67 F. 3d 1103, 1113 – 1114 (3d Cir. 1995).

11 15 U. S. C. A. § 2072 (a).

12 例如，参见 Cal. Civil Code § 3333. 2 (West 2005)（在对医疗机构"职业过失"的诉讼中，施加 250 000 美元的"非经济损失"限制）。

传统上移交给州法，因此它不适合仅基于联邦法推断诉因。"[13]

9　　　法院在允许索赔者从法定违反中默示私的诉因方面一直很保守。一个例子是当指示灯在炉子上燃烧时，索赔者点燃产品"杀虫炸弹"，该室内"杀虫炸弹"导致爆炸的原告索赔的案件。原告试图将它的请求建立在被告违反《联邦杀虫剂、杀真菌剂和灭鼠剂法》的基础上，因为被告未报告之前有关产品利用的火灾事故。法院参考先例，拒绝原告的部分控告，即强调"环境和公共的、健康的立法"的目的是"为了使公众受益，而不是任何其他具体的个人或者某类人"。[14]

5. 责任本身

10　　　在某些情形中，法院将会认定法定规则的违反是决定性的，不仅有关违反注意标准的问题，而且有关责任问题。这些本身责任规则无视基于被害方行为的抗辩。法院通常将法定违反的强大效果限定于那些类似明显意欲保护特殊的、易受伤害的群体的法律。例举的情形涉及违反儿童劳动法雇佣的儿童受伤害的案件。在这种情形下，雇主一般主张被雇佣的儿童的家庭需要钱，因此他并未违反过失原则，并且将进一步主张儿童促成过失。但是，因为法律确切的目标是保护儿童免用危险的机械工作，法院将拒绝这些抗辩并且得出法律的违反就是责任本身的结论。正如南达科塔州最高法院解释的一样，立法的目的是"保护儿童免受他们自己过失的损害"。[15]

6. 过失本身

13　*Cort v. Ash*，422 U. S. 66，78（1975）. 对该检验标准的持续效用存在一些争议。在 *Thompson v. Thompson*，484 U. S. 174，179（1988）案中的多数意见指明它"依赖的四要素载于 *Cort v. Ash* 案中"，但是法官斯卡利亚（Scalia）附并存意见（同上第188页至第189页）宣布科特案（Cort）已经被"我们后来的意见有效地否决"。

14　*Rodriguez v. Am. Cyanamid Co.*，858 F. Supp. 127，130（D. Ariz. 1994），参考 *Gammill v. United States*，727 F. 2d 950（10th Cir. 1984）.

15　*Strain v. Christians*，483 N. W. 2d 783，789（S. D. 1992）.

规则违反的一个稍微不太严重的效果是"过失本身",一份裁决 11
表明即使法院没有发现根据普通法标准被告的行为是过失,违反仍
然是"事实"上的过失。在涉及违反《国家交通和机动车辆安全
法》的情形中,联邦上诉法院指明当制定的保护包含原告在内的一
类人的法律"创建最低注意标准"时,那么"一个不可原谅的违反,
即比最低注意标准还要少注意的行为,将一定是过失"。[16] 在另一情
形中,法院认为违反要求口服避孕药的生产商为病人提供信息的规
章——即公众认知的患者药品说明书——是过失本身。[17]

7. 过失推定

某些法院适用于规则违反的一个独立的法律类别是过失推定。 12
传统上,推定是要求某人从某些事实得出某些结论的一种法律规则。
推定的概念在下列意义上与过失本身原则重叠:如果被告没有反驳
推定,法院将有效地认定被告存在过失。该推定类别也与以下直接
讨论的过失证据的类别重叠。在"可以反驳的推定"的情形中,推
定可能仅有过失证据的效果,被告可能用表明他没有过失的证据来
反驳它。人们可能会将可反驳的推定与不可反驳的推定作比较,根
据后者,法院必定得出被告是过失的结论。这至少会对过失本身的
认定有影响。在某些情形下,如果法院并不允许被告提供证据证明
是原告自己的过失,它就等同于绝对责任的施加。

8. 过失证据

许多法院会简单地将安全规则的违反视为过失证据。陪审团考 13
虑原告提供的其他证明被告降至注意标准以下的证据,而且也权衡由
被告提供的否定过失的证据。这是最具弹性的标准,允许法官和陪审
团有决定适当行为标准以及标准如何适用于案件事实的最大空间。

---

16 *Lowe v. Gen. Motors Corp.*, 624 F. 2d 1373, 1380–81 (5th Cir. 1980).

17 *Lukaszewicz v. Ortho Pharm. Corp.*, 510 F. Supp. 961 (E. D. Wis. 1981),被修改是为了
反映原告的诉讼原因产生时的规章文本,532 F. Supp. 211 (E. D. Wis. 1981).

14 选择给予违反安全规则在民事诉讼中何种效果时牵涉重大政策问题。一方面，它可能主张违反肯定性标准应该被给予有力的效果，因为该标准代表整个共同体对有争议的问题的政治认定。标准执行得越严格，就可能对视为社会不良的行为达到更好的威慑，以及确保赔偿许多情形中的受害人。它也将对行为者发出清楚的、可预见的关于潜在责任的信号，并且它提供给决策者一个清楚的规则。

15 通过比较，那些偏好过失证据路径的人主张个案的高度事实本质要求一个精确的判断，基于案件的具体事实，关注行为者是否降至注意标准之下。另外，集体制定标准可能牺牲立法机关规范裁判的效率，这是许多经济学家觉得不可取的结果。另一个问题与责任本身的类型有关，该责任类型在不太适合作出个人责任判决的情形中认为存在过错；许多机动车事故可能表明这种情形，因为交通情况要求瞬间的裁判。还有一种反对责任本身的主张是这些规则是有利于保证侵权赔偿率的正面论据。这就是为什么通常侵权赔偿大幅度大于惩罚，像立法机关为违反提及的规则制定的罚金。

16 在最后的分析中，选择本身路径还是过失证据类型规则的问题将依赖于法院的判断，即哪种机制更加适合于对争议的行为妥当性作出裁决：一方面，立法机关或者行政机关；另一方面，法官和陪审团。

9. 法定目的和行政规则

17 《侵权法重述》（第 2 版）设置了四个主要因素来处理原告归咎损害于违反立法或者行政规则的情形，但是该损害明显不是被塑造规则所针对类型的损害。《侵权法重述》（第 2 版）谈到规则被设计是否为了"保护包含利益被侵害的人在内的群体"；它被设计是否为了"保护被侵害的特殊利益"和"保护这些利益免受已经引起的那种损害"；并且规则的目的是否是"保护这些利益免遭损害引起的特殊风险"。[18]《侵权法重述》（第 2 版）特别指出法院不应该采取法律标准，如果它的"目的被发现是专门地……保护国家利益"，或者保护"仅作为公众成员"[19] 的个人。《侵权法重述》（第 3 版）的草案包含将过失本身适用于法定违反的一般规则内的法定目的原则的压缩版本。它指出："当行为者无故违反为了保护免受行为者行为导致的事故类型而设计的法律以及如果事故受害人是在法律意图保护的群体之内时，行为者就具有过失。"[20]

应该指出的是用来描述法定目的问题的惯用语是多种多样的。某些观察者发现将这看成是被告是否亏欠原告有关产生的损害的义务的问题是有用的；其他的观察者则会就法定违反是否是损害的"近因"发表看法。

有关该主题的一个典型的裁决是 19 世纪英国戈里斯诉斯考特（*Gorris v. Scott*）案，[21] 其中原告用没有家畜栅栏的船运家畜，家畜在暴风雨中被水冲走。尽管大概可以推论如果家畜被圈在栅栏中，就不会被冲进海里，但是法院拒绝了原告的请求。它取决于法律是为了预防疾病在这些动物之间传播而设计的事实。一个法官说当"损害是不被法律所关注的类型"[22] 时，将不存在过失责任。

美国最高法院对依靠被违反的海岸警卫队导航规则的原告更加青睐，该规则要求敞篷平底驳船"每端携带一盏白色的灯……在不低于 8 英尺的水面上"，并"在地平线周围显现不间断的灯光"。原告的被继承人是一个在河面上不超过 3 英尺的平面上有明火煤油灯的敞篷平底驳船上的海员，该河面上有浮油。灯点燃了石油蒸汽，导致火灾而烧死了被继承人。最高法院的多数意见推翻了对被告的

18（右侧边注）
19（右侧边注）
20（右侧边注）

18　《侵权法重述》（第 2 版）第 286 节（1965 年）。
19　同上第 288 条。
20　《侵权法重述》（第 3 版）第 14 节（最终的建议草案 2005 年 4 月 6 日第 1 号）。
21　L. R. 9 Ex. 125 (1874).
22　同上 128 (Kelly, C. B.).

裁决，在被推翻的裁决中，审判法庭指出海岸警卫队规则的目的仅是预防碰撞。多数意见参考了由联邦法发展而来的扩大铁路工人过失赔偿金的"自由"原则，该原则也调整由海员根据联邦法提出的放宽限制的请求。法院强调，根据保护铁路工人的法律，它已经"反复拒绝"仅将责任限制在"法律企图预防"的损害上。[23] 这两项裁决合并一起暗示着法定目的司法解释范围的宽度。

三、遵守规则

1. 一个普通的判决：胡珀案（T. J. Hooper）

21　　在民事活动中，遵守规则对裁决支持被告是否具有决定性的问题体现了政治进程产物的标准与具体案件事实之间的张力。由美国最伟大的法官之一所作的判决主张，在被告信赖行业习惯而不是遵守实在法的案件中，反对遵守作为普遍的抗辩。该案的争议点是拖船的所有人没有给它的船舶提供无线电接收设备。被告主张他只需遵守行业标准——也就是说，拖船的所有人在他们的船上"普遍尚未采用接收设备"。勒尼德·汉德（Learned Hand）法官拒绝了这样的主张，指出：

　　"（1）大多数情形中，合理谨慎实际上是一般的谨慎；但是严格来说，它从来不是它的测量标准；整个行业可能过度地滞后于采取新的并且有效的设备。它从未设定自己的检验标准，然而，具有说服力的是它的用途。法院最后必须说明什么是必需的；由于预防措施是当务之急，以至于甚至他们普遍的漠视也不能成为他们不作为的辩解。"[24]

22　　由汉德法官明确表达的哲学可能适用于遵守管制以及遵守行业

23　*Kernan v. Am. Dredging Co.*, 355 U. S. 426, 432（1958）.

24　The *T. J. Hooper*, 60 F. 2d 737, 740（2d Cir.）, cert. denied 287 U. S. 662（1932）.

标准。为了拒绝以遵守为基础的抗辩，可能给企业提供有益的激励机制，使企业超出立法和行政规则要求，从事"技术推动"研究和发展。但是，被告可能会辩解，在立法领域或者管制机构里已经解决的有关特殊事项的裁判在共同体标准问题上应该具有决定性。

2. 政府规范

政府规则越是接近规范，法院就越有可能得出遵守对于责任具有决定性的结论。在某个案例中，法院裁决吉普车生产商的严格遵守政府技术规范阻止了侵权诉讼，当"美国政府有意识的、故意的决定安全带的安装将会与车辆用途不相符合时。"[25]

在另一个案例中，被告遵守法律中的数量界限，即多功能汽车上的保险杠不能"超过 28 英尺高"。卡车的所有者运用"吊车套件"提高汽车前保险杠，从 19 英尺高度——生产商设计的保险杠的高度——提高到大约 24 英尺的高度。在作出有利于"吊车套件"制造商的判决中，法院说本案未表明"特殊的情形"需要"额外的谨慎"，遵守"28 英尺"的法定最高额足以击败缺陷索赔。法院裁决："很明显的一点是，立法机关已经从有关汽车碰撞不匹配的保险杠的角度考虑过汽车保险杠高度的问题"。它得出的结论是，明显地，立法机关已经"考虑到不同类型的汽车之间保险杠错误的匹配"是"不可避免发生的事情，因此，这一做法被立法机关认可为一项公共政策"。[26]

3. 大规模管制程序下的遵守

遵守作为抗辩的问题与当被告辩解他的活动或者产品已经遵守由政府机构根据大规模管制程序所作的决定的问题是有区别的。一

23

24

25

---

[25] *Sanner v. Ford Motor Co.*, 154 N. J. Super. 407, 410, 381 A. 2d 805, 806（App. Div. 1977），cert. denied, 75 N. J. 616, 384 A. 2d 846（1978）.

[26] *Beatty v. Trailmaster Products, Inc.*, 330 Md. 726, 742 – 43, 625 A. 2d 1005, 1013 – 14（1993）.

系列特别有趣的案件涉及一部有效地确认民事诉讼语境中联邦管制程序结果的密歇根法律。该法律指出药物"是没有缺陷或者不合理危险的，且生产商或者销售者不承担责任，如果药物被美国食品和药物管理局证明是安全和有功效的，并且药物和其标签与美国食品和药物管理局批准药物离开生产商或者销售者的控制时的标签一致。"

26   密歇根州最高法院裁决该法令不是"不适当的立法权委托"。[27]同时裁决法律合宪性的联邦法院指出："如果州裁决联邦管制方案给它的公民提供的保护足以防止免受新药意料之外的效果的潜在伤害，该州有特权撤销赔偿和救济保护措施。否则的话，侵权赔偿制度可能会提供这些措施。"[28]

27   然而，俄勒冈州最高法院在面临该问题的一个不同的技术表现时，拒绝裁决遵守联邦药物批准程序对责任具有决定性。在一个"明确被驳回的"之前案例的裁决中，俄勒冈法院指出药物警告"可能会被发现有所不足，'尽管在药物生产和销售以及文献资料的变迁中所有的政府规章和规定已经圆满地被遵守。'"[29]

28   美国法学会某个项目的研究报告主张当被告能够满足许多条件时，管制遵守应该是"对侵权责任完全的阻止"：（1）由"在该领域内具有检测风险创建活动的法定责任的专门行政机构发布规章并且确立和定期修改调整企业行为的具体标准"；（2）该机构具体解决

---

27 参见 *Taylor v. SmithKline Beecham Corp.*, 468 Mich. 1, 19, 658 N. W. 2d 127, 137 (2003).

28 *Garcia v. Wyeth-Ayerst Labs.*, 265 F. Supp. 2d 825, 833 (E. D. Mich. 2003).

29 *McEwen v. Ortho Pharm. Corp.*, 270 Or. 375, 398, 528 P. 2d 522, 534 (1974)（quoting *Yarrow v. Sterling Drug, Inc.*, 263 F. Supp. 159, 162 (D. S. D. 1967), affirmed, 408 F. 2d 978 (8th Cir. 1969)）. 也参见 *Hegna v. E. I. du Pont de Nemours & Co.*, 806 F. Supp. 822, 830 (D. Minn. 1992), 其总结公共机构有关"美国食品和药物管理局认证和产品规章或者一方遵守美国食品和药物管理局或者其他政府规章，并不自动解除一方的任何责任或者它的警告义务"的建议。

在诉讼中牵涉的问题以及"作出有关何种类型的法律控制是适当的明确判断";（3）被告已经"遵守所有由该机构制定的相关标准";（4）被告已经向该机构披露有关讨论中的危害或者控制风险的办法的"任何它占有（或者它有很好的理由意识到）的资料。"[30]

管制遵守抗辩存在妖妖的魅力，其深植于这种理念：因为管制机构的专业知识和他们的法定存在，管制机构是作出有关政策负重问题，尤其是带有技术成分问题判断的恰当机构。但是，我注意到，这种带有体制争论的问题是"失踪沙皇的问题"。我观察到，尽管"人们可能轻易地谈到'分配'损害的法律任务的一种（制度化的）'体制'或者其他"——例如侵权或者管制，但"那不是（美国）制度的运行方式"。[31] 尽管人们可能幻想"不知疲倦的……行政人员"，该人"一天24小时坐在一个很大的控制板上调整风险"，但那是不现实的。"在一个每隔10年发生变化的政治法律氛围中，在一个没有沙皇的制度中"，"侵权具有特殊的效用"。正如可争辩的一样，侵权"在我们的损害法中提供了确定的领地：作为对市场运作的援助，作为恰当行为的一组强大象征，作为正在改变的政治氛围中的一种螺旋机制。"[32]

特别是，正如罗伯特·雷宾（Robert Rabin）已经指出的那样，有理由相信侵权诉讼给公众提供有关"对公共健康有害以及对社会有危害的不道德的商业实践"的信息，和"带有一些规律性"[33] 的这么做的信息。雷宾教授也已经写到有"赔偿差距"存在，因为

29

30

30　两个报告人的研究：Enterprise Liability for Personal Injury 110（Am. Law Inst. 1991）.

31　*Marshall S. Shapo*, Tort Reform：The Problem of the Missing Tsar, 19 Hofstra L. Rev. 185, 187（1990）.

32　同上第188页。

33　*R. L. Rabin*, Keynote Paper：Reassessing Regulatory Compliance, 88 Georgetown Law Journal（Geo. L. J.）2049, 2068 – 69（2000）.

"管制机构不是意外伤害赔偿的商业机构。"[34]

4. 遵守作为证据

31　　许多美国法院赞成有利于被告的遵守管制是可以采纳的规则，但不具有决定性。[35] 一个例子是宾夕法尼亚州上诉裁决，它指出，承认遵守联邦机动车安全标准的证据是恰当的，"尽管遵守仅是一个'证据的迷惑'并且不准许豁免严格责任。"[36] 一个有趣的比较出现在一个案件中，该案中联邦上诉法院"拒绝食品及药物管理局许可优先基于设计缺陷的国家产品责任请求"的主张，但法院也指出陪审团可以考虑将食品和药物管理局的批准作为药物有效的证据。[37]

32　　伊利诺伊州两级上诉法院的一系列有启示性的裁决充实了遵守作为可接受的证据的理念，但不对责任问题具有决定性。该案件中的被告生产商寻求采纳证据，即它已经遵守了罐车结构运送液化石油气的联邦标准。生产商提供证据证明它已经遵守联邦标准以支持基于州的该条款的抗辩。但是，伊利诺伊州上诉法院得出的结论是，安全技术在讨论的事故发生时已经存在，所以表明遵守"本来就不相干"。[38] 伊利诺伊州高级法院在某种意义上不同意这一说法，它认为遵守的证据是与缺陷和不合理危险的问题相关的。但是州高级法院不认为遵守在责任问题上具有决定性，指出联邦规则不能排除"根据比联邦管制中更加严格的州侵权法标准施加侵权责任"。因此，最高法院指出"事实的裁决者可能得出的结论是产品处在不合理的

34　同上第 2073 页。

35　《侵权法重述》（第 3 版草案）指出："行为者虽然因遵守相关法律而有无过失的证据，但不能因此排除"根据过失的一般定义，"裁决对未曾采取除了那些由法律批准之外的预防措施的行为者有过失"。Restatement（Third）of Torts：Liability for Physical Harm § 16（a）（Proposed Final Draft No. 1, 6 April 2005）.

36　参见 *Jackson v. Spagnola*, 349 Pa. Super. 471, 479, 503 A. 2d 944, 948（1986）.

37　*Tobin v. Astra Pharmaceutical Prods.*, *Inc.*, 993 F. 2d 528, 537–38（6th Cir. 1993）.

38　*Rucker v. Norfolk & W. Ry.*, 64 Ill. App. 3d 770, 781, 381 N. E. 2d 715, 724（1978）.

危险缺陷状态中，虽然如此，但是它与联邦标准一致。"[39]

这个领域特征的复杂性在一个联邦上诉裁决中体现得很明显，该案涉及被主张缺陷设计的汽车上的遮阳板。在这个案件中，上诉法院提请在设计标准和履行标准之间做出区分，该遮阳板满足适用的联邦机动车安全标准，但是审判法院得出标准无效的结论，因为它缺乏遮阳板应该吸收能量的数量定义。通过比较，上诉法院认为地区法院的判决实质上是将标准看作履行标准，然而，上诉法院认为它仅是一个设计标准。上诉法院裁决，允许仅因为遮阳板有不充分的吸收能力的材料就认定生产商未遵守该标准的论证是错误的。上诉法院评论说："许多规章一事无成是因为它们几乎没有要求，但这并不是抨击他们的有效性。"[40]

《产品责任重述》普遍清楚地阐述证据缺陷的规则，但提及某些类型案件的例外。重述中的黑色文字说明遵守管制可能"在决定产品是否有缺陷中被恰当地考虑"，但是"这样的遵守并不排除作为法律问题的产品有缺陷的判决"。[41] 某评论指出这个原则"反映传统的观点，即由大多数产品安全法律或者规章制定的标准一般仅是最低标准"，其"留下一个开放的问题，即是否更高的产品安全标准应该被适用"。但是，尽管这个"一般规则在多数情况下可以适用"，评论指出："偶尔……法院可以适当总结由法律或者规章设定的特殊产品安全标准充分服务于侵权法目标，并且，遵守标准的产品在法律上不视为有缺陷。"评论指出，该结果"在安全标准或者规章最近被公布时，并使标准通行……；当具体标准……于庭审中旨在产品设计或者警告的问题时；并且当法院有信心认为安全标准确立的审议程序是全面的、公平的，并且是彻底且反映大量专业知识时，可能

33

34

39　*Rucker v. Norfolk & W. Ry.*，77 Ill. 2d 434，440，396 N. E. 2d 534，537（1979）.

40　*DePaepe v. General Motors Corp.*，141 F. 3d 715，718 – 19（7th Cir. 1998）.

41　《侵权法重述》（第 3 版）：产品责任第 4（b）节（1998）。

是恰当的。"[42]

35 　　遵守是否对责任或者过错的证据起决定性作用的类似的平行问题涉及联邦法优先的话题——也就是说，国会法是否占据了排除普通法规则的特殊产品领域。这个问题已经在超过二十多个涉及安全问题领域的法律制度中引起——从机动车安全到药品、疫苗和设备安全，从除草剂到船舶安全并且包含危险材料的运输。它需要一个单独的、篇幅较长的论文来详细讨论这些优先问题，[43] 并且它应该强调管制遵守抗辩的论据强度在产品和活动中是变化的。[44] 但是，我注意到在这个领域它只是论据强度的象征，该领域优先问题已经至少有三个话题到了最高法院——机动车安全、[45] 香烟[46]和医疗设备。[47] 这些案件实际上可能证明是非常接近的；虽然在设备案件中，最高院势均力敌的大多数拒绝优先，[48] 但是在涉及汽车气囊缺失的案件中，法院以 5：4 的大多数裁决原告的请求是默示优先。[49]

36 　　围绕着管制遵守抗辩的许多重要问题，反映了该主题的高政治

42　Id. § 4，cmt. e.

43　对不同类型的优先购买权的全面总结，参见 *V. D. Dinh*，Reassessing the Law of Pre-emption，88 Geo. L. J. 2085（2000）.

44　参见，例如，*M. D. Green/W. B. Schultz*，Tort Law Deference to FDA Regulation of Medical Devices，88 Geo. L. J. 2119，2131 – 45（2000）（有关"管制遵守抗辩的案例"在药品和设备之间注意到的差异以及对在这两种领域采用的抗辩表示怀疑，尤其是在器械领域）.

45　*Geier v. Am. Honda Motor Co.*，529 U. S. 861（2000）.

46　*Cipollone v. Liggett Group*，*Inc.*，505 U. S. 504（1992）.

47　*Medtronic*，*Inc. v. Lohr*，518 U. S. 470（1996）.

48　参见在 *Medtronic*（fn. 47）518 U. S.，484 – 503 案中史蒂文斯（Stevens）法官的多数意见，布雷耶（Breyer）法官单独的并存意见有所区别，同上第 503 页至第 508 页。

49　参见布雷耶法官的多数意见，其中，他指出运输部门偏好于"帮助发展有关比较效益的数据，将允许工业时代克服安全问题和与气囊有关的高生产成本以及将推动可供选择的、更加便宜的、更加安全的被动防护系统的发展"的"混合装置"。布雷耶法官指出有效地施加安装气囊义务的"州侵权法规则"将要求汽车制造者类似于被告"安装气囊而不是其他被动防护系统"，并且"因此，给联邦规章寻求的装置的品种和组合形成障碍。" 529 U. S.，879 – 881.

性内容以及重大的法学张力。该问题涉及立法机关和法院之间关系的论辩。在法院已经起着很重要立法作用的人身损害诉讼领域的法律制度中，它尖锐地提出谁调整的问题———实际上是谁代表"人民"的问题。潜流包含在风险规避和革新之间取得平衡的必要中——消费者具有两方面的利益是其中的复杂课题。

存在一个很强的论据支持在推进技术的领域依靠行政官员利用　37
专家优势的模式。然而，在作为具体问题解决者的法院以及不仅是事实裁决者而且是争端的辅助解决者的陪审团模式中也存在强大的号召力。

一个特别具有挑战性的关于遵守管制程序应该赦免侵权被告的　38
建议的检验标准在 2004 年引起。这是关于经过了长时间销售后，被发现显著增加了心血管疾病风险的止疼药销售的争议。在这个故事中，关键的事件是制药商默克公司决定从市场上撤出它的药物万络（Vioxx）。[50] 这个故事中另一个显著的事件是美国食品和药物管理局关于三种止疼药是否应该上市问题的一个顾问小组的一系列投票。最有趣的两票涉及万络和伐地考昔（Bextra），后者作为辉瑞药物的一种也已经被证明具有严重的心血管疾病的风险，但是它的生产商仍然没有撤回该药物。专家组以 17 比 15 的投票结果允许万络再次被销售，并且以 17 对 13 的票数允许伐地考昔仍然可以留在市场上，投票结果的接近性代表讨论的争议。[51] 一个成员说他被"从辉瑞的一些简短文件所发现的一些矛盾困扰"，并且宣布"他想知道我们可以对这些报告投入多少信任"。[52] 一个惊人的事实就是已经从默克和辉

50　参见，例如，*G. Kolata*，A Widely Used Arthritis Drug is Withdrawn，N. Y. Times，1 October 2004，A1 & C4.

51　参见 *G. Harris/A. Berenson*，10 Voters on Panel Backing Pain Pills Had Industry Ties，N. Y. Times，25 February 2005，A1 & A16.

52　参见 *G. Harris*，Medical Panel Poses Pointed Questions to Drug Makers Over Risks of Painkillers，N. Y. Times，17 February 2005，A22.

瑞的咨询中受益的十名顾问中，9 票允许该药物上市。[53]

39　　与我们话题有关的问题不是科学问题的是非曲直或者允许药品上市的智慧。它是当那些产品已经通过管制程序的检验时，在作出有关损害是否归咎于应该由制造者赔偿的产品的决定中侵权司法程序应如何参与。强调这样程序的存在不能保证产品风险的全面评估的观点是事实，即在这些事件的压力下，美国食品和药物管理局宣布它正创建董事会为在市场上的药物风险提供建议。[54]

40　　许多年以前，美国最卓越的侵权学者之一解释道："侵权法是变相的公法。"[55] 管制遵守的问题处于解决具体争议的私法与像风险和革新之间权衡这些问题反映一般社会立场的公法的交口处。

四、其他原因的赔偿

41　　重要的要求环境损害赔偿的联邦立法规定是被称为《综合环境反应、赔偿责任法》的法律，其通过什么被定义为"设施"，施加责任给"释放，或者威胁释放导致反应成本发生或危险物质产生"的四种类型的人。这些类型是：

"1. 船舶或者设施的经营者和所有者，

"2. 当时处理拥有的任何危险物质或者经营处理这样的危险物质的任何设施的任何人，

"3. 通过合同、协议或者其他处理或者对待的安排，或者是为处理或者对待运输装置的安排，拥有危险物质的人或者是由这样人占有，由任何他方或者实体，以任何设施或者有任何他方或者实体

53　参见 *Harris/Berenson*（fn. 51）.

54　参见 *G. Harris*, F. D. A. to Create Advisory Panel to Warn Patients About Drugs, N. Y. Times, 16 February 2005, A1 & A16.

55　*L. Green*, Tort Law Public Law in Disguise：I, 38 Tex. L. Rev. 1（1959）；II, 38 Tex. L. Rev. 257（1960）.

拥有或者经营的焚化船只以及保留这样危险物质的任何人，和

"4. 任何为运输处置或者处理设施，焚化船只或者由这样的人挑选的场所而接受或者已接受任何有害物质的任何人……"[56]

法律定义"释放"包含了一个将危险物质投入到环境中的宽泛活动范围——任何"溢出、泄露、抽吸、流出、发射、倒出、排出、注入、逃逸、过滤、倾倒或者处理进环境里（包含抛弃或者丢弃油桶、容器和其他封闭的容纳任何危险物质、污染物或者污染源的容器）。"[57] 法律未规定所谓的涉及"不是被告的雇员或者代理人的第三方当事人的作为或者不作为，或者与合同关系相关的人的作为与不作为，与被告直接或者间接存在的'第三方抗辩'（不包括由共同的铁路承运人公布运价和承运的唯一合同安排）"。如果被告"由优势证据确立：（1）考虑这样的危险物质的特性，按照所有相关的事实和情景，他对有关风险物质实施了应有注意和谨慎；（2）对可预见的任何这样第三方的作为和不作为，以及由这样的作为和不作为引起的可能预见的结果，他采取了预防措施"，[58] 那么该抗辩就有效。

在联邦法官定性被告"以优势证据证明"在被告购买提及的财产之前，另一方停止倾倒物质的情形中，《综合环境反应、赔偿责任法》施加给土地所有人负担的严重性是明显的。因为法院根据法律来界定被告的义务，所以他们的责任是"在不知情被污染财产的所有权的基础上被断定，而不是基于自从他们购买起在财产上发生的任何垃圾处理"，这意味着他们承担"证明完全不相关的第三方是释放提及的危险物质的唯一原因"。由于已经被弃置的另一物质在"被污染或者……未被污染"方面各占一半可能性，也由于另一方可能

42

43

---

56   42 U. S. C. § 9607（a）.

57   Id. § 9601（22）.

58   Id. § 9607（b）（3）.

是在购买财产之后的一段时间处置物质，所以被告的举证责任失
败。[59] 然而，尽管法院得出被告不能依赖于"无辜的买方或者第三方
抗辩"[60] 的结论，但是法院对该法规进行了尖锐的批评。法院认为：
"许多面临《综合环境反应、赔偿责任法》责任的财产所有人参与的
唯一应受谴责的活动是他们未遵守一大堆模糊的、未被界定的对确
立《综合环境反应、赔偿责任法》的积极抗辩是必要的注意标
准。"[61]

44　　　其他法院已经明确，虽然《综合环境反应、赔偿责任法》没有
明确规定严格责任，但该法实际由严格责任标准统领。[62] 而且，根据
《综合环境反应、赔偿责任法》的责任不仅是严格的，而且是连带
的，这意味着一方可能完全承担很多方促成的损害责任。联邦上诉
法院表示，众所周知的是，"这可能引起被告支付比其损害的份额更
多的赔偿金"，但其注意到法院"继续有规律地施加连带责任，理由
是所有造成（损害）的原因不能公平地被调查，国会意欲使那些证
明至少应部分地承担不确定性的成本"。[63] 尽管承担连带责任的被告
可以向其他人索赔环境损害中他们合理的份额，但避免连带责任的
初始评估的负担是"严格的"。[64]

45　　　因此，《综合环境反应、赔偿责任法》规定了一种导致或者甚至
是参与环境污染的企业责任的严格立法框架。应该指出的是，当所
有者不能确认或者破产时，国会设立的为清理被污染位置的后备基
金——所谓的超级基金——在糟糕的时候倒塌。超级基金的钱来源

59　参见 *United States v. A&N Cleaners & Launderers, Inc.*, 854 F. Supp. 229, 233, 241–43
　　S. D. N. Y. 1994).

60　参见 Id. 244–45.

61　Id. 241.

62　参见，例如，*New York v. Shore Realty Corp.*, 759 F. 2d 1032, 1042 (2d Cir. 1985).

63　*O'Neil v. Picillo*, 883 F. 2d 176, 179 (1st Cir. 1989).

64　参见 Id. 183.

于经常卷入土地和地下水污染的处理化学品的企业的税收。但是，国会使得产生超级基金的税收在 1995 年到期，因为由国会在年度基础上提供的资金不足以满足数百个带有最糟污染的位置的清理需要。据估计，在 2004 年，每 4 个美国人中就有 1 人生活在"超级基金的污染位置 4 英里以内"。[65] 因此，《综合环境反应、赔偿责任法》确立有清偿能力的私的当事人责任，但遭到严厉的批评——甚至是联邦法官——因为它的不公平。到 2004 年，践行清理的政治意愿看似已经消退。

许多其他法规规定有关环境损害和人身损害的各种民事以及刑事处罚，在至少一种法律的情况下。它们包括：

· 《清洁空气法》规定因为违反空气质量控制"实施计划"，行政部门施加的民事处罚每天可高达 25 000 美元。[66] 行政官员或者法院考虑的标准包括"侵害者全部的遵守历史以及为遵守所做的真诚努力"[67]。法规为各种罪责施加了一系列的刑事处罚，包括"故意地违反"的人的行为法定要件[68]和"过失释放"危险污染物到周围空气里的人。[69]

· 《清洁水法》规定因为违反导致的民事处罚每天可以高达 25 000美元，处罚的程度取决于像"违反的严重性……任何为遵守适用的要求而真诚的努力，违法者处罚的经济影响以及法官可能要

46

65　参见，例如，*J. J. Fialka*, Money Shortage Threatens Superfund, Wall St. J. , 7 September 2004, originally in 2004 WL-WSJ 56939865, printout from ProQuest data base; Not-So-Super-fund, St. Paul Pioneer Press, 12 March 2004, 2004 WLNR 3558528 ("［t］he Superfund (…) went bankrupt last fall").

66　42 U. S. C. A. § 7413 (d).

67　42 U. S. C. A. § 7413 (e) (1).

68　参见 42 U. S. C. A. § 7413 (c) (1). 也参见 Id. , § 7413 (c) (3), (5) 其他"故意地"作为或者不作为。

69　参见 42 U. S. C. A. § 7413 (c) (4).

求的其他事项".[70] 这项立法为一系列的罪责施加了刑事处罚，包括过失；[71] "故意违反"法律的某些部分，[72] 特别是包括其明知违反"使另一方置于迫近的死亡危险或者严重人身伤害"的"故意违反"部分法规。[73]

·《有毒物质控制法》对每次违反施加高达 25 000 美元的处罚，同时列出行政官员"考虑"的因素。这些因素包含"性质、情境、程度和违反的严重性"以及违法者的"支付能力、继续营业的效果、之前这样违反的历史、罪责的程度和法官可能要求的其他事项"。[74] 刑事处罚的标准是明知或者故意违反法律。[75]

·为了执行饮用水管制，《公共健康服务法》规定对"违反、没有或者拒绝遵守命令的任何人"[76] 每天的民事处罚高达 25 000 美元。它也授权行政官员"提起民事诉讼……来要求遵守""任何适用的规定"[77]。

·联邦杀虫剂立法也规定对违反者每次违法的民事处罚高达 5 000 美元，或者在化学制品的"私的涂抹器"的情形中，每次违法高达 1 000 美元。[78] 正如上文概述的法规，行政官员将参考因素目录，包含违反者的"企业规模"和处罚对违反者"继续经营能力"的影响，以及"违反的严重性"。[79] 根据法律，如果行政官员"发现尽管行使应有的注意或者未对健康或者环境造成重大损害，违反依然发生"，[80] 他就可能发布警告，而不是施加处罚。如果不承担赔偿

70　33 U. S. C. A. §1319 (d).

71　参见 33 U. S. C. A. §1319 (c) (1).

72　参见 33 U. S. C. A. §1319 (c) (2).

73　33 U. S. C. A. §1319 (c) (3).

74　15 U. S. C. A. §2615 (a) (1), (2) (B).

75　参见 15 U. S. C. A. §2615 (b).

76　42 U. S. C. A. §300g-3 (g) (3) (A).

77　42 U. S. C. A. §300g-3 (g) (1).

78　7 U. S. C. A. §1361 (a) (1) - (2).

79　7 U. S. C. A. §1361 (a) (4).

80　同上。

责任，作为处罚的决定因素，这尤其是罪责性的明确参考。

国会规定了与违反消费产品安全规则和标准相关的一组特别有趣的补救措施。"故意违反"法律的人可能不得不为每次违反支付5 000美元，[81] 尽管当违反者"既不拥有……他违反的实际认知"也未曾被产品安全委员会通知他的行为将违反法律时，他对某些违反的最大处罚不会适用。[82]

如上所述，由于"任何明知（包含故意）违反消费品安全规则"或者"由委员会发布的命令或者规则"遭受损害的个人可以为"持续的损害赔偿金"起诉违反者，并且"如果法院判定它是在正义的利益中"，可能追回"诉讼的费用，包含合理律师费"[83]。法律明确规定，这些补救措施"应该是额外的，并且不能替代由普通法或者根据联邦或者州法规定的其他补救措施"[84]。而且，个人可以在联邦法院起诉要求"执行消费产品安全规则"或者有关"实质性的产品危害"的委员会命令，以及可以请求禁令救济。[85] 完善法律广泛的补救措施的是"遵守消费品安全规则或者根据法律的其他规则或者命令"不应该"减轻任何人"根据"普通法或者国家制定法"[86] 对其他人责任的规定。而且，"委员会未曾采取任何行动或者开始有关消费品安全的诉讼不应该在根据与这样的消费品有关的普通法或者国家制定法的诉讼中被采纳为证据。"[87] 法律也规定给"明知或者故意"违反它的人施加刑事处罚，罚金高达50 000美元和（或者）1年监禁。[88]

47

48

---

81 15 U. S. C. A. § 2069（a）（1）.

82 15 U. S. C. A. § 2069（a）（2）（B）.

83 15 U. S. C. A. § 2072（a）.

84 15 U. S. C. A. § 2072（c）.

85 15 U. S. C. A. § 2073.

86 15 U. S. C. A. § 2074（a）.

87 15 U. S. C. A. § 2074（b）.

88 15 U. S. C. A. § 2070.

附录——问卷的回答

一、总述

1. 总体上来讲，在贵国，行政法规则对侵权法的影响是什么？

49　　它是相当实质性的，并且由于健康和安全规章的数量在不断增加而正在增加。

2. 在行政法规和侵权法相互作用的问题上，是否存在宪法上的界限或准则，比如：关于联邦法与州或者当地可适用的法规之间以及与行政法规则的保护目的之间的关系准则等？

50　　存在相当大的一批涉及在侵权诉讼中联邦法律和规章"优先的"效果的案例法。仅是产品责任领域，我就确认了作为司法裁决主题的超过 20 种的法规。参见马歇尔·沙波《产品责任法》一文（Marshall S. Shapo, The Law of Products Liability 11.03 ［6］ (4th ed. 2001 & Annual Supplements 2002 – 07)）。

3. 除了法定规定之外，违反哪种类型的行政法规（比如：规章、官方通知）的情形之下，能引起侵权责任？

51　　许多州认为违反行政法规则或者规章是过失或者产品缺陷的证据。但是，大多数法院赋予违反法律比这更多的力量——即通过认定违反法律就是"过失本身"——不给予违反规章这种强烈的效果。

4. 当行政法（比如法律或者由政府或者具有公共职能的实体所作的决定）本身违反法定规定的时候，根据私法，会有怎样的后果？因遵照约束其行为的违法的行政法规，而造成损害的人，是否不用承担责任？如果是，它是否与造成损害的人已经知道或者应该知道行政法规是违法的，有任何相关？

关于这个问题的一篇有趣的评论文章出现在一个案件中，该案 52
中，原告主张联邦生物制品局的雇员"故意许可的一种疫苗的大量
发行"，"而这是不符合安全标准的"。鉴于该局的政策没有给"执
行的官员留下任何实施独立的政策判断的空间"的主张，最高院得
出的结论是：如果该生物制品局的政策"基于政策的考量，未许可
采取受质疑行为的官员发行不遵守（标准[89]）的大量（疫苗）"，那
么，《联邦侵权赔偿法》通过"自由裁量功能"的例外提供给政府
的保护不会被适用。贝尔科维茨诉美国（*Berkovitz by Berkovitz v. U-
nited States*，486 U. S. 531，546 - 47（1988））案件。

至少在抽象的层面上，行为遵守其相信具有正当性的法律规则
的官员有"有限制的豁免"是可能的。例如参见，米切尔诉福赛斯
（*Mitchell v. Forsyth*，472 U. S. 511（1985）. Cf）、哈尔珀林诉基辛格
（*Halperin v. Kissinger*，807 F. 2d 180（D. C. Cir. 1986））（有关窃听
装置安装并且持续超过 1 年存在的分歧）。

5. 如果行政法规自己调整违反它本身规则的结果，特别是给予
刑事制裁，这样的规则是否被认为是综合性的（即不包括侵权请
求）？在这方面侵权法和刑法如何相互影响？

行政法规定违反行政法本身的惩罚的事实不必然阻止侵权索赔， 53
假设没有任何证据证明立法机关意欲该规则优先于侵权诉讼。可以
说，行政法目的——包括安全法规的刑事条文——与侵权法目的具
有区别：例如，这样的法律典型地未规定对违反规则而受害的人进
行赔偿补救。但是，我将推想在违反行政法是过失证据的权限范围
内，被告也许能够采用行政法规定的相对较轻的制裁证据为他在当
时的情境中不具有过失而辩解。

6. 在何种条件下，行政法规则被认为是所谓的"保护性目的规

---

89 译者注。

则"？行政法规则的保护目的是否仅由行政法规决定，还是也由侵权行为法的总则决定？

54　　（1）如果这个问题提及特别保护易受伤害的群体免受特定类型损害的规则，该种规则将具有特殊的强大的效果。参见短文中第二部分的第 5 小节。

　　（2）如果这个问题提及违反规则是否应列入规则的目的的问题：有关这个主题存在一批复杂的法律，其在《侵权法重述》（第 2 版）第 286 节和第 288 节中有总结，提及法律的目的是否保护（例如）特殊的人群免受特殊类型损害的问题。该领域的一场激烈的争论在克南诉美国疏浚公司（*Kernan v. American Dredging Co*）案的不一致意见里出现，参见短文第二部分第 9 小节。

　　7. 如果行政法规则约束一个法律实体，谁将对未遵守该规则承担责任？如果该实体机构的个人不得不承担各自的刑事责任或者行政责任，这是否也引起该人承担侵权责任？像这样的责任如何与法律实体的替代责任相互影响？

55　　官员的责任依赖于他们是拥有绝对的豁免权还是受限制的豁免权。描述这个话题观点的争论的是尼克松诉菲茨杰拉德（*Nixon v. Fitzgerald*, 457 U. S. 731（1982））案（"总统在他的官方责任'外围'范围内的行为"有绝对豁免权）和在边码 52 所引用的米切尔和哈尔珀林案件中。

　　8. 在贵国，法律实体本身是否也要承担行政责任？像这样的责任在私法领域会有怎样的结果？如果适用行政责任，法律实体承担的行政责任是否也会引起侵权责任？法律实体的行政责任与它的替代责任如何相互影响？

56　　也许在这个领域内的大多数争议与政府的"自由裁量功能"的定义有关——例如，根据《联邦侵权赔偿法》和《州侵权赔偿法》。解释有关这个主题的联邦法的复杂性是戴尔海特诉美国（*Dalehite v.*

United States, 346 U. S. 15（1953））案（无责任）和印第安拖车公司诉美国（*Indian Towing Co. v. United States*, 350 U. S. 61（1955））案（有责任）。在因接触原子弹测试产生的辐射尘导致的疾病的戏剧性背景中，一个特别有趣的案件是艾伦诉美国（*Allen v. United States*, 816 F. 2d 1417（10th Cir. 1987））案，在该案中，法院根据自由裁量功能例外裁决政府豁免。法院这么做，不顾若干"偏离"政府自己的保护顺风居民不受辐射尘影响的方案。参见麦凯法官（McKay, C. J.）的并存意见，同上，第 1425 页。尤其值得注意的是，最高法院根据《联邦侵权赔偿法》基于严格责任使联邦政府获得赔偿的豁免。参见莱尔德诉内姆斯（*Laird v. Nelms*, 406 U. S. 797（1972））。

二、旨在环境保护的安全规章和规定

1.（1）法定的安全规章和（2）旨在环境保护的规定对于侵权法有何重要性？

沿着边码 51 所描述的相同思路，有时它们很重要。 57

2. 在贵国，有关这些主题，在何种范围内认为侵权法与管制法有相同或者相似的目的？

由于上文边码 53 所描述的理由，这两种类型的法律会产生分 58
歧。一个理由是旨在环境保护的行政法规则不一定聚焦于或者甚至处理受害个人的损害赔偿。

3. 这些规章和规定本身是否被认为是具有保护目的的制定法？个人是否也包含在这些保护性规则范围之内？在你们的法律制度中，对这些规则的违反是否构成不法行为？或者它是否引起严格责任？

可能大多数的管辖区域，违反行政规则像违反法律一样，是过 59
失的证据。在违反法律具有较强效果的管辖区域，一般地，违反行政规则将仍然是唯一的过失证据。也参见短文中第二部分第 8 - 9 小节。

4. 如果是适用（严格责任），请详细描述有关安全规章或者环境保护采用的强制责任保险的法定方案。

60　　　存在一系列的要求从事风险活动的人投保责任保险的法律方案。这些方案包含申请驾驶执照人的责任保险的全部要件以及要求有车辆事故的人显示他们的投保的"财产责任"法律。在环境领域，《综合环境反应、赔偿责任法》要求处理危险垃圾的企业出示财产责任的证明，参见 42 U. S. C. A. § 9608（a），（b）.

三、过错责任

（一）对行政法规则的违反

1. 在过错责任领域，违反安全规章和环境法规则扮演何种角色？

61　　　总体上参见短文第二部分。

2. 仅违反这样的规则就能构成不法性还是有额外的要求，比如：违反注意义务和过错？

62　　　在一些仅违反规则的案件中可能会被认为是过错，无须独立地表明过错。参见短文第二部分，尤其是第 5－8 小节。

3. 如果实施侵权行为的人违反了行政法规，他的责任在何种程度上依赖于规则的保护目的？

63　　　参见短文第二部分第 9 小节。

4. 在何种范围内，实施侵权行为的人被允许证明即使他遵守相关的规则行事，他仍然会造成损害？

64　　　我想被告将被允许提供这个证据。被告将主张由于实际上未显现有因果关系，因而他不是侵权者。

5. 违反行政法规则在举证责任的分担上，有何种结果？尤其是就因果关系、不法性和过错而言？

65　　　这依赖于管辖区域。在某些管辖区域，违反规则是"过失本身"

或者创建有举证责任转移效果的过失"推定"。也参见短文第二部分第 6 - 7 小节。

6. 违反行政法是否能导致主张惩罚性赔偿?

违反行政法规则可能导致惩罚性赔偿,如果原告能够证明被告　66
的行为上升到极其恶劣或者应受适用的法责难的程度。各州在设定标准的术语上有所不同,用一些像"无耻行为"或者"公然漠视"原告权利的行为这样更经常的术语。

(二) 遵守行政法规则的行为

1. 即使侵权人遵守了所有相关的行政法规则,他是否也要承担侵权责任 (以获得损害赔偿或者禁令为目的),或者你们的法律制度是否允许"管制性许可抗辩"?

这个问题存在一系列的回答,参见短文第三部分。　67

2. 一般注意义务能否超过这些规则的范围?

参见短文第三部分。　68

3. 如果侵权人能够成功证明他是合法地行为 (就相关的行政法规则而言),那么关于不法性和过错的举证责任的分担是否会有所不同?

在遵守是过失不存在的唯一证据的州,它可能仅是一个证据问　69
题。

四、其他原因的损害赔偿

1. 除了侵权法之外,是否还有其他法律的原因,比如:行政法本身或者是更加广泛的法律责任领域,强调因违反这样的规则所引起的损害赔偿责任?

《综合环境反应、赔偿责任法》允许由私的个体以及政府提起追　70
索污染清理费用的诉讼。在环境领域之外,一个著名的例子是《消费品安全法》，其允许由于违反代理规则而受损害的私的个体提起私的诉讼。一般参见短文第四部分（上文边码48），文本所附脚注83－84、86。

2. 如果行政法规则许可侵害另一个人的利益，贵国的法律制度是否提供损害赔偿（或者是来源于受益者、基金或者是政府）？该赔偿请求的必要条件是什么？

71　　对合法地许可的活动赔偿的最直接例子是《美国宪法第五次修正案》中的条文，其说明"私的财产"不应该"当做公用，如果没有公平的赔偿。"《美国宪法第五次修正案》。

五、案例

1. 1976年，一家由A公司经营的化工厂，被允许可以排放一定量的废气到空气中。根据最近的技术标准，所规定的量可以一个合理的费用显著地降低。然而，自从20世纪70年代以来，政府管制就没有升级校正调整过。因排放废气而遭受农作物损害的当地农民，能否向政府或者工厂经营者主张损害赔偿？这与农民本应该根据行政审查程序，申请审查或者撤销许可有关吗？

72　　我认为不存在针对政府的情形。同时，针对工厂经营者的情形也很难见到。这不是法律一般许可的活动的简单情形，而是通过假设，政府给予数量上界定许可的情形。肯定的是，可以说气体的标准根据风险效用或者成本收益分析具有过失，或者是侵扰。正如上文指出的一样，遵守政府标准不必然决定过错问题。但是，鉴于该问题给予的条件，似乎许可的特殊性会侵蚀原告的诉讼基础。从问题中似乎可以显现：这不是常规的被看做以严格责任对待的危险活动。

2. 一个有关职业危害的特定法规A迫使雇主在他们的车间里采

取一定的保护措施。B 经营着一间一人车间，在那里没有雇工和参观者曾出现过，假设在该情形下管制规定不予以适用，一个偶然到车间参观的人受到伤害，B 是否仍然要承担侵权责任？

明显地，如果参观者能够证明有关表明车间所有者违反了普通法注意标准的基础的独立理由，责任就将存在。这样看来参观者可能提供该法律作为一件过失证据，同时工厂所有者有机会提供他自己在该情境下没有过失的证据。

3. 公司 B 违反有关公共安全规则的各类规章很多年，尽管存在有权力处以罚金、甚至让 B 公司关门倒闭的政府机构，但是这些政府机构几乎没有采取行动，通知公司 B 这些违法行为。他们曾经参观该公司一次，并且列出一系列的公司应该补救的缺陷的清单。公司一直未补救这些问题，政府机构从未再回头来惩戒该公司。一段时间之后，一严重的事故在 B 公司发生，如果该公司严格遵守相关安全规则，该事故本应该可以避免发生的。

（1）受伤害的人能否让公司承担损害赔偿责任？如果可以，公司能否以缺乏监管部门的监督提出抗辩？

根据任何州适用的有关违反规章的侵权效果的法律标准，受害人可能利用规章支持侵权诉讼。在所有的可能性中，原告至少能证明规章的违反是过失的证据。机构缺少监督当然不能视为批准违反既存规章。特别注意的是，被告从缺乏监督导出的任何法律效力的否定是这些机构通常有效的、有限制的调查和执行资源。

（2）受到损害的人能否主张从政府机构获得损害赔偿？

受害人可能不能从该机构获得损害赔偿。这样制作的裁决可能将被判定为"自由裁量功能"，尤其是考虑到"有限的执法资源"。参见欧文诉美国（*Irving v. United States*, 162 F. 3d 154, 168 – 69（1st Cir. 1998））案。

73

74

75

第二部分
专题报告

Tort and Regulatory Law

意大利法中的行政侵权：
公共机关的责任与私人的勤勉

法布里奇奥·弗拉基亚[*]

一、意大利法中的行政责任：概述

即使在意大利，由于违法拒绝许可，或者未恰当地实施它们的权力，公共机关可能给私人导致损害。　　1

这句话明显允许我们勾勒出这篇论文准备评论的领域：违反行政规则[1]的行政行为引起的不法损害（换句话说：政府责任）。　　2

事实上，首先有必要指出与这个问题最相关的理论问题（与行政行为相连的侵权），而不是由"事实"（经营行为）导致的责任。　　3

尽管这样，即使在这些情形中，直到几年以前，解释侵权法的结构和行政法责任不存在任何具体的复杂性。　　4

考虑到责任和侵权在意大利传统上由适用一般原则和规则（而不是基于个案基础或者整体侵权制度）来解决，使用的法律框架是　　5

---

[*]　法布里奇奥·弗拉基亚（Fabrizio Fracchia），意大利米兰博科尼大学行政法教授。我要感谢阿尔韦托·蒙蒂（Alberto Monti）和弗兰切斯卡·卡莱西（Francesca Carlesi），感谢他们的意见和帮助。

[1]　行政法决定组织和行政机关的活动：参见 E. *Casetta*, Manuale di diritto amministrativo (2006) 8 ff.

《意大利民法典》第 2043 条。[2]

6　　　通常，有关举证责任的结果（由原告来证明侵权要件）和时效的期限（5 年）被强调。

7　　　补充重要的一点是，在过去，《意大利民法典》第 2043 条传统上被解释为要求有侵害主观权利的规则：因此，根据这种观点，只有违反主观权利才会使"不法性"成为必要。

8　　　除了民事制度之外，政府责任的五个具体特征必须考虑：

（1）法律制度中反映公民特殊立场的合法权益（*interessi legittimi*）的存在。尽管合法权益（*interesse legittimo*）能使合法权益被授予的人对公共机关的合法活动索赔，但它不确保任何个人旨在维持或者获取的最后结果的担保，因为，这样的结果取决于行政选择。个人通常被授予合法权益（*interessi legittimi*）。因此，在这些情形中，公民在民事诉讼中不能获得任何损害赔偿，因为请求仅是基于权利的侵害。换句话说，合法权益的侵害并不足以被认为构成民事损害赔偿责任，并且，行政行为的不法性不能构成侵权。

而且，至少在很长一段时间内，当个人的合法权益被侵害导致损害起诉政府要求普通法官裁决公共机构承担责任时，该诉讼被同一法官拒绝。理由是由于权利不存在，缺乏司法管辖权。因此，合法权益并不赋予在普通法官面前提起诉讼的地位，而仅可在行政法官面前提起诉讼，尽管后者没有权力提供损害的补救措施。实际上，只有民事法官能够提供损害的救济措施。

（2）心理要件：在过去，如果损害是由不法行为引起的，基于违法行为——违反规则——不是必需的引起过失（*culpa in re ipsa*）的理由。这对原告意味着很大的优势，其不必证明违法者的心理要素。

2　根据本条："任何导致他人不法损害的欺骗、恶意或者过失行为迫使为这些行为的人支付损害赔偿金"。

（3）行为的不法性：传统上，这被认为是构成侵权的条件，尽管该观点至今仍然有争论。[3]

（4）公共政府机构和它的公务员之间的关系。实际上，机构的公共责任被认为是直接责任（严格责任）的一个类型之一，强调所谓组织机构和它的公务员（作为一个机关）之间的内部联系。按照这样的理由，公务员个人的行为由于机构身份关系应该归咎于它的组织机构。[4]

（5）除机关责任之外的公务员责任（对受害的第三方和被迫赔偿前者损失的政府机构两者）。这样的责任必须服从法律中制定的具体规则。为了满足侵权的要件，这些规则中最重要的——至少对我们的目的而言——要求不是轻微过失，而是严重的过失。为此，由于行政活动受害的个人通常愿意对公共机构提起诉讼而不是起诉公务员。另外，这样的选择归因于公共机构比它的公务人员更具有偿付能力的事实：实际上，发现行政机构的可供执行的财产比发现公务员的可供执行的财产要相对容易些。

二、1999 年 7 月 22 日，第 500 号最高法院裁决

在此背景下，作为最高法院 1999 年的第 500 号裁决的结果，一项重要的路径改变产生。 9

上述法院确定普通法官具有涉及公共机构侵权争议的司法管辖权，并且，重要的是，指明合法权益的侵害可以构成侵权。 10

实际上，法院裁决认为，伴随合法权益侵害（也就是说：行为 11

---

3 参见 A. *Bartolini*, Il risarcimento da attività amministrativa tra inadempimento, responsabilita precontrattuale e danno da contatto, Urbanistica e appalti（Urb. app.）2003, 939 ff.

4 参见 M. *Clarich*, The Liability of Public Authorities in Italian Law, in: J. Bell/A. W. Bradley（eds.）, Governmental Liability: a Comparative Study（1991）231 ff.

的不法性）的公共活动必须已经对置于法律保护之下的实质利益有所影响。因此，详细地专注于该问题，不能说法院简单地承认仅违反合法权益就有责任。

12　　尽管这样，但是有关损害赔偿领域的扩大，法院参考侵权的其他要素采用一种受限的约束，从而重绘公共侵权的地图。在这方面，有人认为心理因素要件是成立侵权的必需条件，作为结果，它不能仅因行为的违法性而确立。但是，确定的是，侵权的推定不必参考公务员的过失，而是直接指向其组织。[5]

13　　而且，最高法院（意大利最高法院）1999 年第 500 号裁决，强调指出普通法官具有预留不法行为的权力（也就是说：好像行为没有产生任何影响一样解决争端），其排除了责任的可责性附属于先前无效的违法行为这一事实。

14　　为了证明普通法官的司法管辖权的正当性（基于权利，正如前面所解释的一样），法院确认权利一直存在：它就是每个公民因为侵权受到损害获得赔偿的权利。

15　　值得注意的是，争论中的裁决表明合法权益持续的意义，因为侵权基于合法权益。当每次一些作者反对主观权利和合法权益之间的区别似乎无用的事实，甚至特别考虑到欧洲法律并不知晓这样的概念，认为合法权益在科学的辩论中已经失去任何效用时，该持续

5　参见 *S. Tarullo*, La colpa della pubblica amministrazione nel nascente modello di responsabilità risarcitoria per lesione dell'interesse legittimo. Proposte e prospettive, Tribunali amministrativi regionali 2001, II, 193 ff. Precedently, 参见 *E. Cannada Bartoli*, Introduzione alla responsabilità della pubblica amministrazione, in: E. Cannada Bartoli（ed.）, La responsabilità della pubblica amministrazione（1976）18 ff.

意义就产生。[6]

三、从侵权法到合同责任

一旦侵害合法权益的公共政府责任得到承认，很多法律学者和 16
法官就开始寻求新的路径。特别是，一些人放弃基于合法权益的方
案，重新回到主观权利上来。

例如，一些法律学者援用公共机构的合同责任，强调在政府和 17
受害人之间以前的约束关系本应该存在的事实。这样的关系是基于
引起主观权利的行政诉讼。

更一般地，一系列的侵权模式显现出来。 18

责任框架的这一增加，至少在开始是归咎于专属管辖的扩张。 19
在这方面必须澄清的是，参照具体领域（例如公共服务），2000 年
第 205 号法律确定了行政法官对牵涉主观权利和合法权益的争端的
权限。有关行政机关责任的争议也落入到行政管辖权的范畴。

在这些情形中（被称为专属管辖），由国家委员会发布的裁决 20
（也就是，我们的行政管辖权限内的第二等级）仅基于司法管辖权的
理由可以在最高法院上诉。作为结果，法院没有任何权力使行政法

---

6 侵权的一个重要要素法院似乎不特别考虑：当局的违法行为和个人损害之间的因果联
系。事实上，这甚至也是学者没有恰当解决的问题：考虑到违法行为的存在，当不得
不考虑这样的要素时，理论问题就被引起。仅当损害是被违反的规定（导致行为违
法）旨在避免的风险的实现时，制定的法令和损害之间的联系才应该被承认。考虑下
面的例子：当局没有给它的裁决（例如拒绝许可）提供理由，虽然如此，但从实质上
讲其是正确的。鉴于此，即使遵守迫使公共机构给出理由的条款（in Italy：art. 3, Law
No. 241/1990），这项裁决也不会有所不同，因此很难支持申请人遭受的损害是违法
的结果。换句话说，被违反的条款不是为了保护公民的利益而制定。因此，损害赔偿
金与条款欲避免的风险不协调。这种观点引起的结论是责任仅由实质的缺陷决定。事
实上，一个错误的裁决可能被认为是公民遭受损害的真正原因。再次，一份宣告公共
机关违法的司法裁决基于只是侵害了合法权益的利益不能被获得：它取决于影响行为
的缺陷。

官违反法律的裁决无效。所以新的法律模式——当然，甚至超出侵权领域——可能由这些没有任何可能性被最高法院控制的法官塑造。

21　　这种情形鼓励了几种尝试，以行政法官为首来界定新的侵权模式。

22　　尽管如此，当法院显示出适用哪一种侵权模式的混乱和疑虑，甚至有时各种方案（尤其是侵权和合同责任[7]）混合时，学者采取的解决方式更加明确清晰，为各自理论分类标准进入不同的框架铺平了道路。

23　　引述的责任方案扩大的趋势似乎基于面临具体需求的必要性，而不是严格遵守意大利法表明的原则：保护受害方，程序利益的适当保护（也就是说：利益置于行政诉讼之内而不受正撤销的最后行为的保护）等。

24　　实际上，侵权模式增长需求可以揭示：问题是答案（即侵权模式的提供是由法官和学者塑造的）是否正确并且适合于满足需要。

四、侵权法和不履行义务：过错问题

25　　此时，关注适用于公共政府责任的合同责任是值得的。

26　　我们已经解释——至少从一种观点——这个模式着眼于过去，因为它再次强调委托给受害个人的主观权利的重要性。

7　参见 Consiglio di Stato（Council of State，C. Stato），sezione（section，sez.）Ⅴ，6 August 2001，no. 4239，Foro italiano（Foro it.）2002，Ⅲ，1 ff.，commented by *V. Molaschi*，*E. Casetta* and *F. Fracchia*；Cass. 10 January 2003，no. 157，Foro it. 2003，Ⅰ，78，commented by *F. Fracchia*.

　　根据这种路径（也称为合格的社会责任联系），其被许多学者倡　　27
导，[8] 某些责任作为启动行政诉讼的结果因为公共机构和个人之间仅
有的合同而引起。

　　该种思想是基于责任的来源可能是双方协议以及任何根据法律　　28
能够创建责任的行为或者事实。

　　因此，违反规则导致行政行为的违法性等同于义务没有履行，　　29
至少从抽象的角度来看将决定责任。

　　毫无疑问，该模式具有突出公共机构相对受害公民不能被看做　　30
是非专业主体的事实的优点，基于这一好的理由双方当事人之间的
合同已经由程序创建。

　　但是，行政诉讼所产生的关系（1990 年呈递的第 241 号法律）　　31
不具有合同意义上的约束关系，因为最后利益的确认有赖于公共选
择。[9]

　　另外，依照《意大利民法典》，义务的客体必须是履行，但是很　　32
难假定官方的履行与个体债权人的利益相对应，一个简单的理由是
被违反的规则不直接保护私的利益。

　　这个理论导致的结果是，在公共行政机关和个人程序性联系的　　33

8　在这众多学者中，参见 C. *Castronovo*, Le frontiere mobili della responsabilità civile, Rivista
　di diritto privato（Riv. dir. priv.）1989, 587 ff.; C. *Castronovo*, L'obbligazione senza pres-
　tazione ai confini tra contratto e torto, Le ragioni del diritto, Scritti in onore di L. Mengoni, I
　（1995）150 ff.; C. *Castronovo*, La nuova responsabilità civile（2000）177 ff.; G. D. *Com-
　porti*, Torto e contratto nella responsabilità civile delle pubbliche amministrazioni（2003）; L.
　Ferrara, Dal giudizio di ottemperanza al processo di esecuzione（2003）; M. *Protto*, La
　responsabilità per lesione di interessi legittimi come responsabilità da contatto amministrativo,
　Reponsabilitá civile e previdenza（Resp. civ. e prev.）2001, 235 ff.; M. *Cavallaro*, Potere
　amministrativo e responsabilità civile（2004）. See also F. *Figorilli*, Il contraddittorio nel
　procedimento amministrativo（dal processo al procedimento con pluralità di parti）（1996）and
　A. *Zito*, Il danno da illegittimo esercizio della funzione amministrativa（2003）.

9　事实上，学者们假定，面临义务，已经作为客体存在的主观权利不是最后利益的履
　行，而是一个公平的交易。

情形中，义务——几乎奇迹般地——得以产生，这里不考虑一些要素，例如具体案件的特征，双方当事人的特质，私的当事人的实力和他的行为，官方找到解决方式的难度，等等。

34 　　另外，延续该争论中的论题，每一个程序规则的违反将导致义务的不履行，作为结果，产生政府责任。因此，在行政诉讼中涉及的所有个人（在规则对他们产生一些影响的范围内——例如，施加说明理由义务的规则），理论上可能被认为是侵权行为的受害者，独立于利益的种类和他们的地位。这个事实将暗示着有关责任领域的扩大，远远超过传统的限制。

35 　　相反，似乎仅当公民可以证明一项被排除于诉讼路径之外并且在不考虑程序视角而适合被挑选出来的特殊利益受到影响时，政府责任必须被认定。除了违法行为之外，存在实质利益被侵害的必要性来自最近的声明。根据这些，法官可能被要求裁决行政机关承担损害责任，只要原告要求——在非常短的 60 天的期限内——撤销该行为（该原则被称为干扰原则）。这暗示损害的补偿可能不会被所有个人获得，而仅是那些被赋予了合法权益的人可以获得。

36 　　无论如何，着眼于行政法官的裁决，人们可以说采用合同责任模式仅转变了损害赔偿金量化时的责任边界问题。在这方面必须指出，即使当责任被认为已经承担时，为了谴责公共机关，法官仍必须评估损害赔偿的数额。在这个阶段，法官应该考虑促进个人地位以及合法期待的赔偿的机会和前景。

37 　　因此，我们可以假定与责任联系理论（或者一般地讲，不履行的责任）相关的最明显的结果不是与受影响的利益相关的具体责任领域的扩大；相反，他被发现必须参考两个其他因素：诉讼时效和心理要件。

38 　　准确地说：由于许多行政法官裁决最近采用干扰（*pregiudi-zialità*）规则——在这种情形下，迫使侵权案件中的原告要求先撤销

行为——实际上，不管何种责任模式，个人不得不在上面提到的 60
天简短期限内提起诉讼。

因此，真正的问题（或者是此处被批判的观点的最初方面）似 39
乎是心理方面的问题。

事实上，根据《意大利民法典》第 1218 条，债务人（在这种情 40
形下：公共机构）将为有关它的没有履行（违法性，依据责任联系）
的损害承担赔偿责任，如果它不能证明不履行是由不能归咎于它的
原因决定的。换句话说，个人解除了证明政府部门过失或者故意[10]的
责任，并且政府机构必须证明《意大利民法典》第 1218 条所要求的
内容。

五、为什么过错应该被规定？

为了把重点放在过失问题上，我们从分析侵权要素[11]的作用开始。 41

首先，我们必须放弃依据过失反映相关行为应受谴责的评价和 42
侵权仅有惩罚功能的说教见解。在意大利，这样的路径是错误的，
因为一个简单的理由，即正如上面所陈述的一样，我们的法律确立

---

10 参见 R. *Caranta*, From fault to illegality: shifting patterns in governmental liability, in: A.
   Gambaro/A. M. Rabello（eds.），Towards a New European Jus Commune, Essays on Europe-
   an, Italian and Israeli Law, in occasion of 50 years of the E. U. and of the State of Israel
   (1999) 621 ff.

11 更一般地，关于侵权的功能参见 J. *Bell/A. W. Bradley*, Governmental Liability: a Prelimina-
   ry Assessment, in: Bell/Bradley（eds.）（fn. 4）11 ff.；关于社会和反社会的责任观参见
   D. *Howarth*, Three Forms of Responsibility: on the Relationship between Tort Law and Welfare
   State, Cambridge Law Journal（CLJ）2001, 552 ff. 我们不得不考虑，在意大利体系中，因
   （作为救济）请求公共机关最初的和特殊的履行而触发的侵权模式的事实使得这一问题
   颇为复杂（例如，某行为的发布）：参见 D. *Vaiano*, Pretesa di provvedimento e processo
   amministrativo（2002）；F. *Trimarchi Banfi*, Tutela specifica e tutela risarcitoria degli interessi
   legittimi（2000）；contra: A. *Travi*, La reintegrazione in forma specifica nel processo amminis-
   trativo fra azione di adempimento e azione risarcitoria, Diritto processuale amministrativo 2003,
   222.

公共机构的责任以及公务员责任，要求后者重大过失，不仅是过失。因为行为总是由个人来履行，那么在不涉及重大过失的范围内，该模式不会阻碍公务人员偶尔发生的行为。因此，侵权的教化功能（有关公务员）完全消失。

43　　这样，必须由不同的推论和基于不同的理由来发现责任功能。

44　　上文所述表明过错在某些领域具有显著性的意义，例如惩罚性措施的采取，现在我们应该从一个具体的角度来考虑过失，即考虑个案的具体特征，它是作为允许在违法者和受害人之间分配谨慎义务的一个规则。

45　　只有在政府机构自己过失的情形中它才承担损害赔偿责任的意识对被害人意味着运用谨慎以避免损害发生的非常强烈的推动力，[12]更一般地说，即小心处理与政府机构的关系。实际上，如果政府的行为是谨慎的，公民知道他将遭受承担损害赔偿的风险，并且这样的事件变成一个重要的自我保护的因素。

46　　另一方面，严格责任的相反模式（当不存在任何必要证明违法者过失时，其会发生）是基于只有一方当事人可以保护另一方当事人的理由。[13] 这种情形至少在很多情况下，当个人参与到政府机关的活动时不能被发现。[14]

47　　相当有趣而必须强调的事实是，在法律学者中通常没有人真正关注私的当事人的谨慎，尽管许多人（那些支持合格社会责任联系理论的人或者援用不履行责任的人）主张个人和公共机构之间完全

12　*P. G. Monateri*, Responsabilità civile, Digesto IV, discipline privatistiche（disc. priv.），sezione civile（sez. civ.），XVII, 1998, 2 ff.

13　更一般地，参见 *P. Trimarchi*, voce Illecito（diritto privato（dir. priv.）），Enciclopedia del diritto（Enc. Diritto），XX, 1970, 90 ff.

14　另外，严格责任的实施似乎是将那些不能生产的公司排挤出市场的一个重要推动，通过衡量以及面对行为后果。然而，有关当局——我们正涉及的机构——根据法律，它们的存在是必要的。他们不考虑市场前景，而追求公共目标。

平等，但其引起凸显的不仅是权利，而也有义务。

当然，有些人可能反对，对于公民而言，与公共机构之间的关系是无法选择的，鉴于此，在某种程度上，他们是被迫参加行政活动。但是，考虑到可能发生的大量的各种情形，在仅有的分类框架内满足所有这些情形似乎不可能，尤其是没有考虑到私的个人有时呈现得比公共机关更加强大。 48

从这种观点看，我们的建议是要非常详细地考虑每一个单独的案例，而不是采取通常作为单纯联系的后果而导致责任的一般模式。 49

六、责任和减少低效，混乱和违法行为

如上所述（上文边码42），责任的功能不是教化公务人员，因为他们仅为他们重大过失行为承担责任。 50

话虽如此，我们可以补充的是，此处提示的侵权结构为了降低行政效率低下、混乱和违法行为而强调责任的重要性。 51

当活动没有谨慎执行时，公共机构应该承担损害责任：鉴于心理因素必须提及自然人，所以当公务人员——实际上实施活动的人——犯有过失的行为时（也参见下文边码70），我们能注意到公共责任将要发生（自动地）。 52

上文所描述的情形引起的悖论是谨慎行为可能对组织机构有用而且便利，但不是对公务员（有关他的侵权），因为后者只会为他的重大过失承担责任，并且他不会被惩罚或者奖赏——从民事责任的观点来看——关于他的行为出现过失或者谨慎的事实。 53

然而，即使是这个原因，政府部门有动力加强对他们的工作人员的控制。因为组织机构冒着为它们公务员的不当行为导致的损害承担责任的风险（没有任何减轻赔偿受害人责任的可能性），它们被鼓励对它们的公务员运用每一个有效的手段避免低效、混乱、违法 54

行为以及——更一般地——它们公务人员的过失。

55   提及的效率的激励在公共机构责任比公务人员责任更加广泛时发生。因为当行为是重大过失时，公务员的责任就被确立，讨论中的结果——侵权——发生，在双方仅是过错责任以及公共机构严格责任的情形时没有任何区别。这两种模式之间的选择必须做出，不考虑"政府—公务员"的关系，而考虑"政府—公民"的关系。

56   在这方面，正如已经讲过的一样，适用于公共机构责任的过失规则诱导双方当事人（政府机关和个人，尤其当后者不能说是"无辜的受害者"时：参见下文边码58）在他们的关系中谨慎行事，因此，避免臆断——以一种相当自动的方式——在任何情况下，联系产生义务。

57   最后，根据公务人员只为重大过失直接承担责任的规则，消除公共官员在行使他们公共职能时担心发生责任的忧虑。

58   值得一提的是，争论中的路径不能没有限制地被执行。实际上，很难断言，在真实的世界中，私的个体（用来代表"一般人"）洞察到作为法律规定的特殊过错规则结果的一种特殊谨慎义务。因此，心理因素要件实际上最终仅是作为强调应受谴责行为的要素脱颖而出。相反，当行政诉讼旨在给实施相关经济活动授予许可时，通常它牵涉特别强大和"训练有素"的私的个体。它与激励或者非激励的责任模式可能呈现很大重要性的侵权中潜在的受害者相关。

七、为他人行为的责任（替代责任）

59   在意大利法律制度中，存在似乎反映上面概述的不同方面的规则。[15] 我们将要提及《意大利民法典》第2049条，其规定了关于雇

---

15 关于美国制度，参见 S. *Carroli*, La responsabilità vicaria della pubblica amministrazione in Italia, Stati uniti e Inghilterra, Responsabilità comunicazione e impresa (2003) 161 ff.

主为其员工的（侵权）行为的"替代责任"。

另外，因为该条文强调雇员身份，听起来似乎比《意大利民 60
典》的其他条款阐明的其他框架更加接近于行政责任的宪法惩戒。[16]

将《意大利民法典》第2049条的方案适用于行政侵权，我们可 61
能假设，不管联系（contact）的一般概念，只有公务员所为的侵权
存在（根据《意大利民法典》第2043条描述的一般侵权规则[17]），
才会引起损害赔偿责任，并且毫无疑问，公共机构被认为有责任。

遵照这点，我们可以比较容易地解释政府为何必须为它们公务 62
员的每次侵权负责，如同某种类型的担保人一样。但是，这不被意
大利大部分学者所支持。[18]

在这方面，我们强调，《意大利民法典》第2043条的适用创建 63
了确定公务员的不当行为能否被看做同一公共机构的行为的问题。
例如，当公务员故意地为某行为，复杂的困难就产生：某些裁决表
明，在这些情况下，公务员与公共机构（机构身份）之间的联系就
被打破，从而该活动不能归咎于组织机构。为了避免这种不公平的
结果，法官裁决如果它们的公务员在他们的职业范围内行为（因此，
当活动和任务之间"必要的联系"存在时），其目的不在于任何严格

16　实际上，第28条规定："国家官员和其他公共机构的雇员，根据刑法、民法、行政法
　　为他们侵犯权利的行为直接承担责任。民事责任扩展到国家和公共机构"。很明显，
　　这样的规定强调公务员特征，且仅在次要步骤将其责任扩展到公共机构。一般参见
　　Clarich（fn. 4）233 ff.

17　这种模式的特征是，为了使公共机构承担责任，侵权确实存在，尽管公务员不用为此
　　负责，因为，如上所述，法律还要求公务员的重大过失。

18　文中所概述的论点由以下学者发展：E. *Casetta*, L'illecito negli enti pubblici（1953）；E.
　　Casetta, voce Responsabilità civile della pubblica amministrazione, Enciclopedia giuridica
　　Treccani 1991, XXVI, 1 ff.；E. *Casetta*, voce Responsabilità della pubblica amministrazi-
　　one, Digesto discipline pubblicistice（Digesto pubbl.）1997, XIII, 210 ff.；*Casetta*（fn. 1）
　　601 ff. 也参见 A. *Torrente*, La responsabilità indiretta della pubblica amministrazione（ap-
　　punti）, Rivista di diritto civile（Riv. dir. civ.）1958, I, 27 ff.；R. *Alessi*, voce
　　Responsabilità civile dei funzionari e dei dipendenti pubblici, Novissimo digesto 1968, XV,
　　662 ff.；R. *Alessi*, L'illecito e la responsabilità degli enti pubblici（1972）46 ff.

自我的目标，那么行为可以归咎于公共机构。[19]

64   相反，此处概述的意见，依照《意大利民法典》第 2049 条，仅对奉行公务人员在权限内的行为约束政府机构的个人信赖给予保护。它也涵盖最关键的——并且值得更多保护的受害个人——的情形，也就是说公务员以故意的方式行为的情形。[20]

65   另外，关于《意大利民法典》第 2043 条的运用存在另外一种疑惑：为了假定公务员的侵权变成了政府机构的侵权，这个理论暗示公务员履行的每一个活动适合归咎于他的组织机构，不管它严格来讲是一个机构（因为被赋予行为能力，从而直接对政府机构产生影响）还是一个普通的公务员。但是，在这种情况下，这样的论点与只有机构可以出借它们的意志并且为实体行事的意大利一般意见不协调。

66   因此，似乎更容易参考《意大利民法典》第 2049 条，从而可以说政府机构替代地为其他人的行为承担责任，[21] 消除公务员必须为自己的行为承担责任的虚构事实，并且降低了作为两种责任（同时与公共机构和自然人都相关）的原因的同一侵权事实的理解困难。

八、如何检测在复杂组织机构中履行的程序活动的过失（并且判定个人责任）

67   直接针对上文提到的概述意见的一个严肃反对理由是，鉴于行

---

19   例如，参见 Cass. , sez. III civile, 12 August 2000, no. 10803, Foro it. 2001, I, 3289；Cass. 26 June 1998, no. 6334, Corriere giuridico 1998, 1029.

20   关于这一问题，参见 *F. Merusi/M. Clarich*, Rapporti civili, art. 28, in：G. Branca/A. Pizzorusso（eds.），Commentario della Costituzione（1991）356 ff.；*M. Clarich*, Sul modello di responsabilità civile dell'art. 28 Cost.（spunti da un confronto con le esperienze straniere e con la prassi interpretativa），Giurisprudenza costituzionale（Giur. cost.）1987, I, 1870 ff.

21   一般而言，参见 *L. Corsaro*, Responsabilità per fatto altrui, Digesto civile（Digesto civ.）1998, XVII, 383 ff.；*L. Corsaro*, voce Responsabilità civile, I. Diritto civile, Enciclopedia giuridica Treccani 1991, XXVI, 21 ff.

政活动是在一个非常复杂的结构内由许多公务员强制执行，在实践中发现谁过失地行为相当困难。因此，损害似乎是由全局引起，既不是公务员也不是受害人的影响。另外，混乱在于超出了受害方的控制，并且因此，为了避免其中的损害，施加该方当事人具体的谨慎义务听起来似乎不公平。

但是，克服该问题的路径可能通过假定过失证据可以由相对推定来提供而被找到。　　　　　　　　　　　　　　　　　　　　68

换句话说，获得撤销裁决的个人将有利用该结果的可能性：行　　69
为的违法性将可能被认为是推导过失的一个因素。[22] 实际上，违法性可能被看做是"重要的"和"精确的"情境，如同《意大利民法典》第 2729 条规定的一样。

因此，它由政府机构证明相反面（实际行为的公务员的过失不　　70
存在），这样就背离了前面的趋势。根据前面的趋势，违法性将自动必要地使过失要件成立。

当然，有人可能认为因此达到的结果并不是远离责任联系的理　　71
论。

但是，从理论的观点来看，证明不存在过失与证明不履行义务　　72
是由不能归咎于公共机构的原因决定的不完全相同（《意大利民法典》第 1218 条）。

除了其他评论之外（例如，基于《意大利民法典》第 2043 条和　　73
第 1218 条阐明的两句不同的意思），在前一种情况下，研究聚焦于自然人，后者聚焦于有责任的实体。

更一般地，我们希望避免提及（或多或少直接地）实体的过失，　　74

22　参见 C. Stato, sez. V, 6 August 2001, no. 4239（fn. 7）1 ff.；C. Stato, sez. VI, 19 November 2003, no. 7473；sez. VI, 12 March 2004, no. 1261, Urb. app. 2004, 799 ff. 根据对立的意见，严重违法等同于过失，参见 *R. Caranta*, La pubblica amministrazione nell'età della responsabilità, Foro it. 1999, I, 3201 ff. More generally, 参见 *M. Comporti*, Le presunzioni di responsabilità, Riv. dir. civ. 2001, I, 650 ff.

因为过失是一个心理上的要素。[23]

75   但是，主要是案例法规定支持上诉概述的理论。

九、案例法和责任选择者

76   在这一点上，必须指出法官已经采用某些责任选择器（以减少侵权领域）和一些具体的规则（以帮助受害人）：它是靠学者（它是他们的"责任"）努力以系统的方式将它们表达出来。

77   此处应用的推论旨在达到这个目标。

78   我们已经提过意欲减轻受害者证明公务员行为被看做是公共机构行为的义务的裁决，尽管官员们的行为追求他们自己的利益。法官为达到这样的效果，扩展机构的概念以及采用当行为在公共履行能力内进行时，它就可能归咎于公共机构的思想。相反，我们建议运用《意大利民法典》第2049条，这样做，也许法官想满足的需要可能会更好地满足。

79   关于干扰规则，这方面是行政法官所需要的，[24] 它可能被看做是致力于以下的设计：

    ·确定违法行为已完成；

    ·作为结果，指出过失证据的推定；

    ·限制原告的范围（只有被赋予合法权益的人才有身份提出谴责行政机构的诉讼），从而发挥着"选择者"的作用；

    ·通过深入的分析，使受害者的个人行为与行政机关责任范围之间形成重要的联系：该人知道，如果他在短期内不提起诉讼，损

---

23 参见 *F. G. Scoca*, Per un'amministrazione responsabile, Giur. cost. 1999, 4052 ff.

24 然而，关于最高上诉法院，参见 sezioni unite（United Sections, sez. un.），no. 10180/2004, Foro it. 2004, I, 2738 ff.，根据它，该规则不存在。也参见 Cass., sez. un., no. 5078/2005 and ordinanza（ord.），no. 6745/2005.

害赔偿金将降临在他身上，虽然他是受害者。

有关（联系的）违法要件——除了假定法律行为可能产生违法 80
性，还存在相同的行为不能被法律承认但却违法的原则的违反——
我们可以观察到：

·它与限制原告范围有关；

·它鼓励政府机构执行它的控制，以避免无效行为，因为如果
行为有效，公共机构将不被科以责任。换句话说，违法性变成了责
任条件，这样预防政府有避免个别损害赔偿金压力的风险，而不是
以合法的形式追求公共利益；

·它也鼓励个人在有效行为情况下，运用他们的谨慎限制损害；

·它保护政府机构免遭风险，即在责任的审判中，法院用他们
自己认为的法律依据取代决策者的法律依据；例如，如果不存在滥
用自由裁量权（所谓的越权），责任问题就不能引起，同时法院就不
能加以控制。[25]

最后，我们回到过失方面，[26] 这也是其他制度所要求的，例如在 81
英国制度中。[27]

通过推定，弱势的当事人不被置于证明与公民无法识别的特定 82
公务员有关的要件的劣势条件中。

在这方面，司法裁决表明，为了克服过失推定，政府机构必须 83
证明可以免除的错误的存在（在事前评估中）。

---

[25] 一个类似的问题在 *Dorset Yacht Co. Ltd. v. Home Office* [1970] Appeal Cases (A. C.)
1026 案中被裁决。

[26] 关于作为选择者责任的过失，参见 L. *Torchia*，La risarcibilità degli interessi legittimi：
dalla foresta pietrificata al bosco di Birnam, Giornale di diritto amministrativo (Giornale dir.
ammin.) 1999, 848 ff.

[27] 参见 D. *Fairgrieve*，The Human Rights Act 1998, Damages and Tort Law, Public Law 2001,
698 ff.; *Carroli* (fn. 15) 151 ff.; 关于法国制度，可以参见：N. *Brown/ J. Bell*, French
Administrative Law (1998) 193 ff.; 有关美国制度，参见 G. *Bognetti*, La responsabilità
per tort del funzionario e dello Stato nel diritto nordamericano (1963).

84   例如，错误是当适用的法律是模糊、不清楚、含糊不清时引起，或者当情形极端复杂，之前在任何法院都没有被裁决过时引起，又或者当没有确立的司法先例时或者当存在裁决但是未与公共机构所给予的规则保持同一解释时引起。[28]

85   与讨论的趋势最相关的方面是这种错误（即取消过失）仅涉及活动才能被发现：它与组织机构无关。

86   换句话说，即使问题没有得到明确解决，组织机构的缺陷（我们可能认为，证据的缺失归因于实体内的公务人员的缺乏）看起来不像能够排除过错的错误。

87   如此的结果与我上文提到的责任功能（即"自动保护"）完全一致：组织的结构，实际上，不能为避免损害而被个人"影响"，因此，任何有关这方面的谨慎义务施加于个人是不公平的。

88   另一方面，鉴于责任与具体情形中公务员的活动相关，所以似乎比较容易观察到，侵权中的心理要件（和可免除的错误相关的问题）必须依据活动来审视，无需考虑组织机构。实际上，只有前一个要素"干扰"公务员控制的范围。

89   但是，在我看来，某些组织机构缺陷可能会落入公务员责任的范围内，根据最新的改革，至少在运用意大利法律赋予他们更多的权力克服该问题的程度上。

90   然而，最重要的可免除的错误的例子涉及关注活动的解释，并且不能完全与行为违法性重叠。

91   因此，即使面对行为的违法性，当公务员的行为处于灰色领域

---

28   例如，参见 Cass. 9 February 2004, no. 2424（尽管谈到组织机构的过错）；Cons. Stato, sez. IV, 14 June 2001, no. 3269；sez. VI, 4 November 2002, no. 6000；3 April 2003, no. 1716 and Tribunale Amministrativo Regionale（Regional Administrative Court, TAR）Puglia, Bari, sez. II, 18 July 2002, no. 3399, www. giustizia-amministrativa. it. 一项调查可能在 G. Saporito/M. Pagliarulo, L'amministrazione paga se c'è colpa 中看到, www. giustit. ipzs. it.

时，可以说侵权不存在（并且公共责任不能自动引起）。就每个个案特征而论，该灰色领域可能被包含。[29] 所以，法官必须看具体情况，甚至是双方当事人的行为。从这个角度看，增强参与很重要，因为公民可能有助于澄清情况，但是仍伴随着不确定性可能不会引起公共机构责任的意识。[30]

总之，我们可以总结前面的评论如下：程序规则的违反导致行 92 为的违法性；法律的错误适用——其可能在诉讼的任何阶段引起——相反，在混乱的背景中可能使一个可免除的错误成为必要，除非它是缺乏谨慎的结果，[31] 也就是说，除非它显示为与违反注意义务有关的过错。[32]

所以，可免除的错误引起过失和侵权的不存在，这样就敦促公 93 民谨慎小心，促使组织机构加强公务员培训。

这样，在我看来，此处概述"提供"的侵权模式能满足其中的 94 公平需求并且能确保效率和使侵权法有效，同时平衡存在于像公共责任这样的关键领域的各种需要。

29　它表明有关公共机构的公平交易和采取合理注意的义务不以该规则的恰当适用为主要部分。

30　所概述的意见不意味着，在一些考虑到情况具体特征的情形下，一种非常接近于通过援引"负责联系"可以适用情形的惩罚可能被个性化。例如，当公务员的作用真正有限时，因为法律框架已经确立行为的所有要素，因此很难发现选择规则适用的余地，并且作为结果，没有可免除的错误适用的空间。一般情况下，参见 *R. Caranta*, La responsabilità extracontrattuale della pubblica amministrazione（1993）203 ff., with regard to the French system. 但是，这不以一种自动的方式发生。

31　该路径没有远离 *Dunlop v. Woollahra Municipal Council*［1982］A. C. 171 ff. 案。关于"抛弃无效作为过失诉讼先决条件的运动"，参见 *D. Fairgrieve*, Pushing back to the Boundaries of Public Authority Liability: Tort Law Enters the Classroom, Public Law 2002, 298 – 299.

32　这句话表明我们不能在违法性和同一缺陷侵权之间作一种转换。有关公共机构的过失责任和英国的趋势（主要由于 *Beret v. Enfield LBC*［1999］3 Weekly Law Reports（W. L. R.）79 和 *Phelps v. Hillingdon LBC*［2000］3 W. L. R. 776 案），被描述为偏离于义务，参见 *Fairgrieve*, Public Law 2002, 288 ff.

十、组织缺陷的问题

95   从理论的视角来看组织缺陷如何呢?

96   遵照上面所描述的理论,鉴于政府机构为其公务员的"侵权"承担责任以及通过考量包含过错在内的所有要件来确立这一侵权,所以过错应该一直是需要的。

97   但是,在这样的情形中(准确地说:至少当问题在公务员的控制之外时),就其本身而言就与公务员无关了。

98   为了尝试解释并且详述案例法的结果,讨论的分析不得不达成一个相当矛盾的结论:从为他人行为的责任模式开始,我们勾勒出一种事实的责任,说实话,该事实不能归咎于公务人员,因为在其控制之外。

99   换句话说,我们不能接受政府机构不为有关组织缺陷的损害承担责任的结论。

100   因此,我们应该承认侵权是基于公共机构的过错(但其总是存在)吗?其是上文批判观点的起点。

101   值得注意的是,甚至运用《意大利民法典》第 2043 条最一般的解释(公共机构对自己行为的直接责任,但过错是必要的),除了其他理论评论之外,我们应该接受——根据案例法所遵循的路径——组织缺陷总是意味着过错的存在。

102   合同责任的理论似乎更加有用并且一致,因为它将心理要素排除在责任框架之外,而且它清楚地阐述政府机构将承担责任,如果它未证明决定不履行义务的原因不能归咎于它。然而,正如上文所讲的一样,考虑到这样的义务(至少严格来讲)不能被观察到并且这一观点使得我们忽视合法权益,困难就产生了,尽管为了描述个人和行政机构之间的复杂关系,这样的观念是有用的。

从实用主义的观点来看，就牵涉到侵权的组织缺陷（至少如果 103
不存在公务员决定它的空间）而言，一个普通法的学者可能找到该
制度的严格责任的例子。相反，意大利律师不得不继续参考传统规
则，因此利用两种供选择的虚构事实：其思想是，如果损害与组织
缺陷相关，则总是存在组织或者它的公务员的过错。

尽管这样，但在意大利制度中，考虑到公务员被赋予的重要行 104
政权力，我们应该得出的结论是组织内的某人的经常性的过错可以
被查明：作为结果，毫无疑问，如果公共机构未证明可免除的错误
存在，应该考虑公共机构的责任。

十一、欧洲法院和证明过错的义务

其至在欧洲层次上，过错问题已经被解决。一般来讲，重要的 105
是注意由欧洲法院在弗朗科维奇（Francovich）确立的欧盟成员国责
任的一般原则："它是共同体法的一项原则，即成员国有义务支付由
于违反能使它们承担责任的共同体法给个人造成损害的赔偿金。"根
据法院的意见，当"违反能使它们承担责任的共同体法"，包括不执
行指令，国家责任就引起。更一般地，责任的条件是：侵害由共同
体法赋予的权利；那些权利的内容能够基于指令的条文而确立的事
实；在违反义务和损害之间存在因果关系。在这样的情形下，国家
必须根据国内规则作出补偿。

随后，欧洲法院将国家责任的条件改善为[33]："在三个条件都被 106
满足的地方，共同体法赋予获得补偿的权利：违反的法律规则必须
意图赋予个人权利；违反必须是足够严重；而且必须在违反国家义

33　参见欧洲法院（ECJ）joined cases C－46/93 and C－48/93, *Brasserie du Pêcheur v. Germany － The Queen v. Secretary of State for Transport*, *ex parte Factortame* (*Factortame*III) [1996] European Court Reports (ECR) I－1029.

务与给受害人造成的损害之间存在直接的因果关系。首先，这些条件满足共同体法规则的全部有效要件和这些规则赋予的权利的有效保护的要件。其次，这些条件实质符合由法院在它的案例法第215条中界定的共同体的机构采取违法立法措施导致的个人损害的共同体责任的内容。"因此，欧洲法院将其注意力集中在"严重违反法律"上，而不是主要聚焦于被违反的规则的清晰度以及可免除的法律错误。由此，欧洲法院处理违法性要素，这被认为是可以查明责任的条件。违法性已经被看做是侵权行为充足的理由："在进行侵害的当时，谈论的成员国不要求做任何立法选择而只有大幅度地减少或者甚至没有自由裁量，仅有共同体法的违反可能足以确立存在相当严重的违反。在这方面，在这一特殊的案件中，英国甚至没有任何立场出示出口许可证要求的动物被指定的屠宰场未履行指令的证据"。

107   最近，[34] 但不是关于成员国责任，法院指出，葡萄牙共和国由于未废除判予违反与证明存在欺诈或者过错为条件的公共合同有关的共同体法而遭受损害的人损害赔偿金的法令，从而未履行欧共体《89/665/EEC》指令下有关公共工程合同的义务。

108   因此，我们应该假定严格责任的情形在欧洲范围正在发展吗？事实上，从判决的更深入分析来看（尽管提及公共合同的具体领域），似乎欧洲法院只是旨在避免证明公务员过错的义务自动地归于原告，因为原告可能在证明该要件时面临太多困难。从这种观点看，意大利的推定模式似乎与欧洲法院的裁决兼容。

---

[34]   参见 The ECJ C – 275/03, *Commission v. Portugal*, Urb. app. 2005, 36 ff.

管制与侵权法之间的关系：目标与战略

安东尼·奥格斯[*]

一、导言

我被要求通过提交关于"普通法角度的管制样态"的论文加入   1
到侵权法与管制法之间关系的研究项目中。这个主题是一个相当宽
泛的命题，我将自己的任务理解为试图回答三个原则性的问题：

·管制法的目标如何区别于侵权法的目标？

·某种程度上，他们的目标是共同的，在达到这些目标时，这
两种法律工具的优势和劣势分别是什么？

·在这两种工具的实体内容之间，是如何产生重叠和分歧的，
是如何处理的？

这些问题使得我给我的论文增加了副标题"目标与战略"。

除了在根据自由活动的基本普通法概念以及公法与私法之间关   2
系的意义上，我不确定我关于这些问题的讨论将反映特殊的"普通
法视角"，只有私法（这里指侵权法）未能够充分地解决正在被处理
的问题时，管制才能被证明是合理的（参见我下文的讨论，边码28
－34）。

---

*   安东尼·奥格斯（Anthony Ogus）文科学士；民法学士（牛津）；英国曼彻斯特大学法
学教授；荷兰马斯特里赫特大学研究教授；英国科学院院士。

二、管制和侵权法的目标

3   "管制"是一个不精确的和模糊的概念，[1] 但是，似乎很清楚地从这个项目的召集人陈述中看出，在他们心里，管制就是指公法领域制定的调整个人和公司行为的安全和质量标准。这种被审视的关系是在这些法律领域之间，例如，健康和工作安全，公共健康和环境保护，产品安全，道路安全和某些领域的消费者保护，以及产生遵守这些或者类似部门的同等标准的私法义务的侵权法领域。

4   在这些领域，管制法的目标是清楚的：它引导人们遵守这些标准，从而产生政策制定者认为合适的质量和安全级别。这些标准可能反映政策制定者分配正义的观念，但是为了本文的目的，我将假设的是在经济的意义上，政策制定者意图将社会福利最大化。换句话说，鉴于有关风险，他们旨在产生最佳的质量和安全级别，它的出发点是提高的质量和安全的边际效益约等于它的边际成本。[2]

5   从传统的法律角度来看，侵权法的主要作用是在特定的情况下给因为他人的行为而受损害的人提供赔偿；责任的基础一般认为是某种形式的矫正正义。[3] 尽管如此，但是存在一种认识，不仅是经济学家，即侵权法的另一个功能是制止致害活动，以必须支付损害赔偿金作为威胁而诱导更加谨慎小心的行为。[4] 而且，从认识到制定侵权法诱导最佳注意是一个比较短的步骤，因此，它等同于我们上面已经看到的管制的效率目标。

6   当然，在侵权法的两个主要功能之间，可能存在不和谐；认为

---

1   *B. Mitnick*, The Political Economy of Regulation (1980) chap. 1; *A. Ogus*, Regulation: Legal Form and Economic Theory (2004) 1 – 3.

2   *Ogus* (fn. 1) 153 – 154.

3   *E. J. Weinrib*, The Idea of Private Law (1995).

4   E. g. *G. Williams*, The Aims of the Law of Tort, Current Legal Problems (1951) 137.

是对索赔者恰当的赔偿金额也许并不是引导最佳注意的金额。正如我们将看到，一个有关致命事故的清晰的例子产生。既然死亡的人不再可能生存，他们的生命损失也不能被赔偿：而金钱被支付给依靠死者生活的第三方。因为对于死者自己，生命的价值不是反映在损害赔偿的数额上，至少在严格责任制度[5]下，被告没有充足的诱因来采取最佳的注意。

受这些考量因素的约束，现在，我们可以来比较管制和侵权法。[6] 因为根据我们已经采纳的管制定义，它不具有赔偿功能，唯一的比较恰当的比较是侵权法和管制之间诱导最佳注意的相对能力。 7

三、诱导最佳注意：制裁制度

主要存在两种通过法律工具诱导最佳注意的方法，而且他们切断了侵权和管制之间的区别。[7] 第一种方法将标准合并到法律当中，任何没有达到这些标准的都是不法，然后通过制裁的方式执行它：对于风险制造者而言，如果满足标准比支付制裁要便宜的话，显然，他们会遵守这些法律。 8

在侵权法中，这个方法被运用到过错制度中。如果由过失法明示或者暗示地要求的注意标准相当于最佳注意，如果这比支付损害赔偿便宜，那么风险制造者将采取最佳的注意。请注意这样计算的 9

5　根据过失或者过错制度，采取注意的风险制造者将不用承担责任。因此，只要可支付的损害赔偿金超过采取注意的费用，风险制造者将有恰当的诱因，即使损害赔偿金不足以反映导致的损害：*S. Shavell*, Economic Analysis of Accident Law（1987）chap. 2.

6　至于其他的比较，参见：*P. Cane*, Tort Law as Regulation, Common Law World Review（C. L. W. R.）31（2002）305；*K. N. Hylton*, When Should We Prefer Tort Law to Environmental Regulation, Washburn Law Journal（Washburn L. J.）41（2002）515.

7　*R. Cooter*, Prices and Sanctions, Columbia Law Review（Colum. L. Rev.）84（1984）1523；*A. Ogus*, Corrective Taxes and Financial Instruments as Regulatory Instruments, Modern Law Review（Mod. L. Rev.）61（1998）767.

目的，风险制造者支付损害赔偿的潜在损失一定低于考虑到受害方不提起法律请求的可能性（所以如果潜在的损失判决是 50 000 欧元，存在50%的机会受害者不会起诉，相关的数字就是 25 000 欧元）。尽管如此，潜在损失包含的不仅是可以支付的损害赔偿金，而且包含法律请求引起的其他任何费用（例如，法律费用）。

10　　根据管制路径，等效的策略是将标准或明或暗地并入适用于风险创造者行为的管制，如果存在违法行为，通过行政或者刑事制裁的威胁使这些标准得以执行。除了由执行机构侦查违法行为引起的正式制裁之外，另外还要考虑成本，以及不采取执行程序的扣减概率。

11　　为了比较这种模式中的诱导最佳注意的两种制度的相对效率，我们需要探究一些重要的特征。

1. 标准的设定

12　　在私法方面，标准必须被法官具体化，解释制定在法律中或者是普通法中的一般原则，例如风险制造者必须采取"合理的注意"。为了这个目的，有关风险本质、可能发生损害的数额以及预防或者降低风险的费用的充足信息必须提供给法庭。当然，我们不能期待所有变动因素的完全信息，也不能期待非常精确地解释和运用它。在一定程度上，我们在制定最佳注意的时候，正寻找一些合理的近似值。因为司法程序中的体制限制，即使这点也是很难达到的，尽管在某种程度上，由于通常是对抗性诉讼，困难被减轻，反对方可能积极地产生充分的证据。随着时间的推移，案例法也将为特殊情形积累一些标准。[8]

13　　鉴于政府官僚机构更强大的信息能力和更高的专业程度，管制标准的设定可能被推定为稍微容易些。虽然如此，仍然存在达不到

8　*W. M. Landes/R. A. Posner*, The Positive Economic Theory of Tort Law, Georgia Law Review 15（1981）851.

恰当标准的风险，可能是因为管制太具体并且太容易过时，或者因为存在一些受管制行业"俘获"的规则—制定程序。[9]

2. 监测和执行

侵权法的执行是通过受害者（或者在受害者死亡情形中由受其抚养者）进行的，当然，对个人或者组织提起的法律请求、产生足以构成违反恰当标准以及违反标准与遭受损害之间的因果关系的证据、裁决谁将承担责任等会引起巨大的费用。如果这个请求是被资助的（比如通过法律援助制度）或者如果存在一个集体诉讼，这些费用中的一部分可能被降低；所以，在大多数的欧洲司法管辖区，某些费用从成功索赔者身上转移到被告身上。普通法院沉重的诉讼成本也意味着许多请求在庭外和解。

相关管制执行机构的政府官员可能没有像事故受害者那样执行法律的动机，因为他们未曾从程序中获得金钱上的利益，但在其他方面的管制制度的执行预计可能更加容易并且成本更低。[10] 第一，与私法索赔者比较，执行机构可从可观的规模经济和范围获利。第二，许多管制机构有权力施加制裁而无需求助于正式的司法程序，尽管这样的裁决可能遭受向行政法庭的上诉。但是，如果为了施加刑罚制裁而必须援引刑事司法制度，那么，成本将剧烈地增加，并且可能比侵权法的成本更高，因为在刑事诉讼中必须履行的举证责任会更重。

3. 制裁和其他成本

为了使法律制度在诱导最佳注意中有效力，基本的威慑模式要求：由违反标准的风险制造者招致的成本应该超过不法性行为的利润（财产的或者是非财产的）。实践中，这可能被重新解释为：要求

14

15

16

9　比较 *Tuohy*, Regulation and Scientific Complexity：Decision Rules and Processes in the Occupational Health Arena, Osgoode Hall Law Journal 20（1982）562.

10　*A. Ogus*, Costs and Cautionary Tales：Economic Insights for the Law（2006）108–112.

已经招致的成本超过如果风险制造者遵守了法律、采取必要程度的注意发生的利润损失降低额。换句话说，没有满足法律标准，随之而来的财政负担必须超过采取注意的成本。正如我们已经看到的，法律不被执行的可能性应该被考虑进去，以及辩护或者处理案件引起的非正式成本也应被考虑。

17　　除非采取最佳注意的必要开支极其高，否则，一般地，侵权法或者管制法中威慑条件的满足就不应该有问题。但是，我们应该注意一些重要的考量因素。一个没有能力支付制裁的风险制造者将不会被它威慑。在这样的情境中，为了使侵权法仍然有效，第三方支付损害赔偿金或者是有一些替代性的方式诱导风险制裁者的注意是必要的，例如雇主或者保险公司[11]（比如降低薪水或者解雇；提高保险费或者规定可扣减的项目）。在这方面，管制法有优势，因为它通常是非金钱制裁，例如可采用监禁。但是，管制机构不对刑事犯罪控诉时，其施加给风险制造者的制裁以及其他费用可能相对适中；而准备刑事诉讼案件的成本也许比较大（鉴于可能要履行较高的举证责任）。

　　4. 风险制造者的反应

18　　为了诱导行为改变而设计的制度最终取决于能充分认识相关制度以及它的后果的个人或者公司。在这方面，管制制度比侵权法具有优势是可能的，至少就工业活动而言它们熟悉由特殊机构施加的标准。[12] 由侵权法适用的标准可能仅被相关领域的专家所知晓，事实上，对个人而言，侵权法的存在和它的救济可能有点神秘。

11　　*Shavell*（fn. 5）chap. 7 – 8.

12　　*Ogus*（fn. 10）134 – 135.

四、诱导最佳注意：价格机制

诱导最佳注意的第二种方法有很大不同，但是它也截断了侵权   19
法和管制法的区别。该思想是使风险制造者的活动导致的任何损害
的成本内部化。这将产生一个采取最佳注意的最恰当的诱因，因为
风险制造者将有动机注意这样做的成本超过那一水平上的注意引起
的损害的数额，从而界定该点就是最佳注意。原则上，侵权法中的
严格责任以这样的方式运作。所以管制制度根据个人或者公司导致
损害的额度，将税或者是费施加给它们。[13] 例子包括污染税、交通拥
堵费和根据公司事故记录校准的雇主工资税。但是，侵权法中的严
格责任原则上可能适用于各种各样的情形，[14] 由于行政成本的理由，
管制税制度仅被运用于通常重复发生的制造损害的活动，这些活动
与损害之间的因果联系相对容易识别，并且给有责任的人施加费用
在行政上是可行的。[15]

这和诱导最佳注意的制裁方法之间的区别是显著的和重要的。   20
根据制裁方法，标准在近似恰当的级别上被设定是非常重要的，但
是，只要最低门槛通过，该制裁的金额就无关紧要。[16] 根据价格路
径，法院和管制机构不需要制定标准，但是损害赔偿金或者税金完
全地反应活动成本是重要的。在这点影响之下，我们可以运用相同
的三个标题来比较侵权法和管制制度的相对效力。

1. 标准的设定

从上文的讨论中可以看出，与制裁制度不一样，最佳注意的标   21

---

13   *Ogus*, Mod. L. Rev. 61（1998）767.

14   在法国，有关的例子是《民法典》第 1384 条第 1 款。

15   *A. Ogus*, Nudging and Rectifying：The Use of Fiscal Instruments for Regulatory Purposes，Legal Studies（Leg. Stud.）19（1999）245.

16   *Cooter*, Colum. L. Rev. 84（1984）1523.

准不是在法律条款中制定，因此，其也不是立法者、管理者和执行者关心的。

2. 监测和执行

22　　乍看之下，执行价格机制也许比执行制裁制度看上去要容易和便宜些，因为遵守标准不需要被检测或者是执行，但是这是误导。因为所有最佳注意标准之下的注意标准引起的损害成本必须被内部化，所以更多的交易不得不发生。[17] 随着公共收费制度的建立，交易的性质也许相对来说简单，尤其是如果它能被整合进现行税收制度中，但是（参见下文边码 26）当局仍然必须证明恰当的金额被支付。侵权中的严格责任也许不像违反注意标准那样难以确定，但是许多的责任请求必须通过民事司法制度来处理。

23　　关于管制与侵权责任之间相对的优势与劣势，在其他方面的立场与在制裁制度上的立场相似。尤其是，在利用公共执行机构上显然存在相当大的规模经济。

3. 制裁和其他成本

24　　正如我们已经看到的一样，为了恰当地诱导最佳注意的运作，风险制造者必须满足他们活动的全部社会成本。正如根据制裁制度制定的恰当标准一样，我们不能期待完美的制度回应：那么，问题就变成侵权中的严格责任和税收制度中给风险制造者施加象全部社会成本类似的成本如何发生效力。

25　　回答这个问题首先与侵权法有关，当然，我们关心的不仅是支付损害赔偿的数额，而且也包括任何偶然的和非正式的伴随侵权请求的成本。即使有此限制条件，依然存在侵权法满足条件的证据障碍。第一个问题是，除非惩罚性赔偿可行，[18] 否则可支付的损害赔偿金仅反映法律请求当事人的损失；也许仍然存在因风险制造者的活

17　*Ogus*, Mod. L. Rev. 61（1998）767.

18　它们几乎不会在严格责任案件中遇到，除非所承受的损害是故意的。

动引起的其他人的损失却没有提起请求。这或许是因为确保赔偿的成本要远远高于可能被裁决的数额；或者因为如同在导论部分所给的例子一样，相关个体已经死亡。或者侵权制度也许不容易承认蒙受损失的人的权利：考虑到某些环境影响的情形仅在将来的某个不确定的时间内发生。第二，法院一定能够根据有效的信息，对索赔者所遭受的损害作出合理的评估，虽然可以说，这相比根据制裁制度制定注意标准是一个更加容易的任务。

管制机构决定恰当税收等级当然比法院拥有更多的有效信息，而且原则上，其应该促进税和费数额的恰当评估，尤其是像污染这样，成本普遍分散。尽管如此，但是不像侵权法——评估不是基于个别基础的事实能导致高度投机性的计算。另外，政府运作的税收方案不会无视该方案增加税收以及诱导行为改变的事实，并且潜在的税收的增加可能扭曲诱导最佳注意必要的决定。[19]   26

4. 风险制造者的反应

在不依赖风险制造者认识到法律适用的标准的范围内，价格机制相比制裁制度拥有很大的优势。当然，风险制造者必须仍然能够评估价格机制将施加给他们的可能的成本，但是如果（在某种程度上）该制度的设计是使他们活动成本内部化，如果他们认识到内化机制的存在以及他们的活动将导致的可能的损害，那么就已经足够。在这方面，税收制度可能比侵权中的严格责任更有效，因为几乎所有个人和公司都受税收制度约束，都会认识到它的存在，但是在侵权法中却不能这样讲。   27

---

19 *Ogus*, Leg. Stud. 19（1999）258.

五、侵权法与管制法的合理化利用[20]

28   正如我在导论部分所言，如果存在"普通法"视角的侵权和管制各自的作用，那么它就在于普通法里所显示出的私法治理优于公法治理的偏好：受公共政策里国家剩余利益的约束，个人最好运用法律工具来满足他们自己的偏好，如果能以相对低的成本这么做的话。[21] 这种观点暗示诱导最佳注意的法律安排应该坚持下面的模式。

私法治理（合同）

↓

如果失败

↓

私的法律权利（侵权）

↓

如果失败

↓

管制

29   解释：风险制造者对潜在受害者采取的注意等级最好应成为相关双方个体之间的协商主题，因此，有关注意的各方偏好和支付的价格可以由相互协议决定。当然，合同法是这种路径运用的法律工具。但是，这类合同的发生通常很少有现实可能性，或者换种说法，风险制造者和所有可能受损害的人之间的交易成本将过高。那么，如果他们能够达成相关的协议，法律的任务就是通过侵权法规定当事人之间据推测已经同意的注意等级。侵权法作为将要适用的一套

---

20   本节借鉴 *Ogus*（fn. 10）chap. 3.

21   *R. A. Posner*, Economic Analysis of Law（6th ed. 2003）chap. 8.

未履行债务的规则有效地运行，除非偏好相关的所有当事人[22]在某些替代标准上达成一致。

在考虑为什么以及何时管制可能成为正当理由之前，认识到合同里的义务或者侵权可能由法律施加是重要的，不是因为它满足了当事人的（假定的）偏好，而是因为它提及的分配正义或者是善良家父制度的观念被认为是可取的，也许为了达到这个目的会牺牲一些效率。[23]分配正义牵涉到结果公平（或者是不公平）的判断；善良家父制度沿着这样的观念前进：个体在所给定的情境中不应被允许根据他们自己的偏好自由做决定，因为会担心这些决定是不明智地作出的。这样路径的结果是相关标准将会被强制，而不是违约规则：当事人没有自由通过协议修改它。 **30**

但是，请注意关于私人权利侵害的救济措施的弹性可能促进效率目标和公平目标之间的妥协。假定法律为了正义的目的而施加无效率的高等级的环境保护：虽然违反该标准可能引起损害赔偿责任（这样，赋予权利人经济补偿），但是法院拒绝通过禁令保护该权利（因此拒绝实施国家警察权力支持无效率的标准）。[24] **31**

从侵权中私人法律权利转移到公法制度下的行政管制的情形，可能通过参考在某些方面我们已经确定的管制优于侵权法的优势来理解。[25]所以第一重要的一套正当理由是源于执行的或者统筹私人权利相对较高的成本。对于受害者而言，识别个体所为的不法性行为可能是困难的，因为经常存在的情形是当侵害是故意时，违纪的人 **32**

[22] 包括受活动影响的第三方。

[23] *D. Kennedy*, Distributive and Paternalist Motives in Contract and Tort Law, 特别参照 Compulsory Terms and Unequal Bargaining Power, Maryland Law Review 41（1982）563.

[24] 这段反应"财产规则"和"责任规则"之间的区别，参见 *G. Calabresi/D. Melamed*, Property Rules, and Inalienability : One View of the Cathedral, Harvard Law Review 85（1972）1089.

[25] 也参见 *S. Shavell*, Liability for Harm versus Regulation of Safety, Journal of Legal Studies 13（1984）357.

会努力避免被发现。即使该障碍被克服，受害人也没有足够的动机去执行请求，因为提起诉讼的成本将超过赔偿方式收到的任何金钱总额。它的发生往往与不法活动有关，比如环境污染，其影响稀疏地散布在许多受害者之间。但是这一问题也引起，例如在涉及复杂因果关系或者技术问题的情形中，对个体权利持有者而言，获取确保宣告违法的必要证据的代价非常昂贵。公共执行制度可能解决这些问题，因为他们享有相当的规模经济；并且他们在经费上独立于结果。

33 　　还必须考虑的是，私法权利一般仅只是事后执行的事实，也就是在侵害和损害发生之后；法院一般愿意通过颁布像预防（侵害）禁令那样的命令来预防不法活动。主要的私法救济——损害赔偿金，发挥威慑功能，但是如果违纪者没有充分的资源满足判决，确保遵守义务可能不充分。公法具有较宽范围的有效制裁；它也有权力在损害发生的早期阶段进行干预，比如通过使其归咎于不法性活动，而不是处罚损害；或者当活动的许可证被要求时，规定活动必须有事先授权。[26]

34 　　最后，我们应该注意，正如合同和侵权一样，管制的解决方式也许通过提及分配正义或者善良家父制度的考量证明可能是具有正当理由的。[27] 事实上，目标更适合处理管制范围内的问题是受争议的。这不是简单的，因为管制是强制的并且不能成为同意豁免或者修改的主题的一般假设[28]。这也是因为推定塑造管制的主要法律形式

---

[26] *S. Shavell*, The Optimal Structure of Law Enforcement, Journal of Law and Economics 36 (1993) 255.

[27] *Ogus* (fn. 10) chap. 8.

[28] 在实践中，如果不是在原则上，在一些管制领域存在一些共识，即管制意图保护的当事人如果充分地被告知具体的情况，也许会赞同放弃或者修改该规则：*T. M. Palay*, Avoiding Regulatory Constraint: Contracting Safeguards and the Role of Informal Agreements, Journal of Law, Economics, and Organization 1 (1985) 155; and see *Griffith v Earl of Dudley* [1892] Law Reports (LR) 9 Queen's Bench Division (QBD) 357.

的民主程序比在制定私法原则中起重大作用并且被期待是政治中立的司法程序更容易与分配正义和善良家父合并。

六、侵权法与管制之间的重叠和分歧

侵权法和管制法都控制最容易产生损害的活动。如果制裁制度被运用并且标准大致相同，这将具有明显优势，因为威慑作用由于这样的结合而将增强。同样也适用于价格机制，只要风险制造者的财产责任总和不超过所提及活动的社会成本。 35

但是，侵权法下适用的标准与管制制裁制度有时并不一致。这提出关于哪一个制度将占优势的重要政策问题。该问题有效地有两个维度：私权利应该被管制工具合并不同的标准而废除吗？在何种程度上，管制标准应作为私权利可起诉？第五部分中包含的结构分析能够帮助回答这些问题。 36

1. 由管制废除的私权利

首先，从私法标准高于管制规定标准的情形来看。例如，下游河岸拥有者以上游工厂所有者导致水污染损害的侵权或者是财产权的侵害为基础的请求。工厂所有主能否以排放的污水满足管制许可证要求作为抗辩理由？ 37

作为一个法律事实，公法标准是否应该优先于私法标准取决于提及的立法机关的意图，但是，因为该意图通常不是明确做出，法官应该如何解释立法的问题提出了重要的政策考量。在解决解释的问题上，如同我们的结构分析一样，建议我们应该考虑干预措施的正当理由。如果它可以被定性为描述所有受影响的当事人会同意什么的尝试，如果不被交易成本禁止，那么其作为有社会效率的解决方式就推定它应该占优势。 38

但是，这应受两个重要的限制。首先，也是最明显的，私权利 39

也许能更好地反应当事人的偏好，如果没有外部性（也就是第三方的偏好在法律中没有反映），私法应该占优势地位。其次，更高的私法标准也许能反映分配正义的考量。[29] 参考上文边码 31 折中的解决方式似乎最贴切。河岸拥有者可以请求损害赔偿金，但是不能通过禁令的方式迫使工厂所有者遵守私法标准。

2. 侵权法中管制可控诉的情形

40　　从管制标准高于私权利中描述的标准的情形来看。受害者能否运用管制的违反作为私法损害赔偿请求的基础？不同的法律制度对这个问题采取路径的多样化是显著的。[30]

41　　在法国，为了确立过错侵权责任，过错条件依照违反授权的管制的证据被满足。[31] 在德国，原则上，凡是违反意在保护其他人的法定规定，支付损害赔偿金的民事责任就引起。[32] 在美国，管制的违反被设置在过失的一般法中。[33] 根据"过失本身"原则，违反管制的违法行为自动地看做是过失，只要在法官的意见中该违反不是"可免除的"；并且立法的目的是制定适合过失的标准。根据替代性的"过失证据"原则，管制违反引起过失推定，其中如果被告能够证明实际上他们没有过失，他们就可以反驳。在英国，法定义务的违反可以提起民事诉讼，不论标准是否与过失一致，而只有当法院裁决立法机关的意图是赋予受害者该种诉讼时。但是，法官不愿在立法不明确的地方裁决这样的意图。[34]

42　　这篇论文采用的分析框架有助于最好地解释美国对这个问题的

29　如果这些不对管制标准产生影响，那么反应善良家父制度的关注是非常不可能的。

30　*J. A. Jolowicz*, International Encyclopedia of Comparative Law, vol. XI (1972) chap. 13.

31　*J. Carbonnier*, Droit Civil, vol. IV (21st ed. 1998) par. 231.

32　Bürgerliches Gesetzbuch (BGB) § 823 (II).

33　*C. Morris*, The Role of Criminal Statutes in Negligence Actions, Colum. L. Rev. 49 (1949) 21.

34　*K. Stanton et al.*, Statutory Torts (2003).

路径。该框架建议我们应该聚焦于公法标准是否意在作为私法治理的工具或者私法治理的代理，如果交易成本允许他们如此做的话，在它旨在合并相关当事人赞同的标准的意义上。公法标准可能以这样的方式运作，即他们适用于特殊的情境时等同于私法原则或者是与私法原则一致。有时，例如与环境或者安全有关的标准，私法施加了采取合理注意的一般原则；并且相当于该原则的标准在公法中规定。更常见的是，与获取相关信息或者制定法律规则相关的规模经济导致管制标准更加具体，但是，其仍然规定与私法的一般标准一致的行为要求。在这样的情形下，管制标准在私法中的可诉性是恰当的。

在私法和公法标准分歧明显的情形中，美国法院不会接受私的权利，我们能够看到这种路径的优点。干预措施也许被分配目标激发，然后，私权利的否认可能基于公法制度和原则是决定如何追求再分配目标的恰当方式而被合理化。这完全是个公共治理问题，因为设想当事人在市场环境下达成协议没有任何意义。 43

另一个可能性是，当公法制度适用于私的市场安排中已经达成协议的代理权时，差异就产生，因为在私法或者在公法制度中，决策者也许没有充分的信息或者可能做出错误的判断。例如，管制决策者可能比私法法官拥有更加容易获取信息的渠道或者更多的技术技能。基于这个假设，违反公法标准在私法中的可诉性可能被接受；在这个基础上，法国和德国路径可能被合理化。 44

七、结论

从这篇一般的、主要是理论的文章中，我仅得出了很少的简洁的结论。我已经比较过侵权法和管制作为诱导规定注意标准的法律工具能力。主要的结论是在大多数情形下，制裁制度更受偏好，从 45

而管制可能以更低的成本达到所想要的结果。这主要是因为在运用专家作为规则制定者和专业执法人员时存在大规模经济。有两种额外的因素指向相同的结论。首先，存在行政制裁管制制度范围内的可利用性和较小违反的较便宜裁决，以及对例外和严重违反的监禁的可能性与刑事司法定罪。第二，管制制度可能比侵权制度有更高的公众形象，因此促进风险制造者有关制裁和标准信息的交流。尽管如此，但存在两种侵权责任相对抗的优势，在某些情形中这可能证明是决定性的。侵权法的原则倾向于比在管制法中运用的规则更具有一般性，因此侵权案件在此处更具有弹性，从而更加容易适用于个案和技术改变。它也不容易受到风险制造企业的"俘获"。第三，侵权法中受害者的积极作用和他们接受损害赔偿的事实激励并且促进了执行。[35]

46　　通常发生的活动与损害之间因果联系比较强的地方，价格机制也许比制裁制度受欢迎。管制价格制度可能比侵权价格计划（严格责任）要便宜，但仅只是在它们能够比较容易被现行税收和费用制度容纳的情形下。

47　　管制和侵权的结合可能增大诱导被期望的安全等级的几率，假设——在制裁制度——与标准等同的情形下，并且——在价格机制的情形之下——总的责任不超过活动引起的成本。根据制裁制度，在标准不同的情形下，应该允许侵权的解决方式优先，但是仅限于第三方不受影响和管制的解决方式不用于再分配或者善良家父制度目的的情形。

35　*Hylton*, Washburn L. J. 41 (2002) 520 – 521.

管制法与保险

伊娜·艾伯特　克里斯蒂安·兰施泰因[*]

一、一般方面

法律限制、安全规章和其他行政法规定有对保险实践的影响比对侵权法影响少的趋向，在某些方面，国家管制包含的问题与风险责任保险没有关系，而另一方面，保险公司本身的管制活动超过了国家管制。

1

这部分是由于这样的事实，虽然责任政策下的请求一般是在违反管制之前，但也不一定是这样。另外一个原因是可适用的法律限制常常是如此的低，以至于损失或者损害不可能发生，即使他们被大幅度地超过了。既然被保险事件通常是因为损失而不仅是因为管制的违反而引发的，[1] 那么责任保险人就将他们的政策不包含的项目和条件建立在其他限制的基础之上（经验法则），这些规则比国家管制少些严格，而且常常更加一般，并且相应地更加简单。

2

---

[*] 伊娜·艾伯特（Ina Ebert），德国基尔大学兼职教授，博士，慕尼黑再保险公司"风险、责任和保险"部律师和法律顾问。克里斯蒂安·兰施泰因（Christian Lahnstein），律师，慕尼黑再保险公司"风险、责任和保险"部主任。

[1] 但是，不包括歧视和骚扰案件，参见 European Court of Justice（ECJ）C – 180/95, *Nils Draehmpaehl v. Urania Immobilienservice OHG* [1997] European Court Reports，（ECR）I – 2195 ff. , 2196 f.

3   财产保险的情况就截然不同。在每一天的财产业务中，与令人惊叹的重大损失相对照，实践中的或者社会的原因要求更加具有包容性的解决方法，由保险人适用的标准常常比根据管制法适用的标准要严格。根据财产政策，作为不予任何国家管制相矛盾的行为结果，保险甚至可能被排除。我们仅必须考虑基于重大过失的理由而排除的损失。德国法院已经接受这种论据的有效性，例如，当因为被保险人使公寓无人看管，而洗衣机却在运转，[2] 水渍损害发生，或者因为被保险人出去了却在倾斜的位置留下方便进入的窗口，贼破门而入公寓。[3]

4   责任保险和财产保险不能负担相同国家管制关系的理由是他们有不同的目标。责任保险的目标是补偿由于被保险人的不当行为引起的相关第三方损失或者损害。因此，它涵盖了被保险人应该负责的各种类型的损失，除非损失是由于故意行为造成的。但是，财产保险的主要问题是防范被保险人遭受天灾、不可知的第三方或者是被保险人自己粗心大意的行为。因此，如果损失已经由被保险人造成，那么，与责任保险的情况相比，在保险合同当事人之间有更大的谈判余地。为了避免道德风险并且保持最低的保险费，经常使用的工具是由该谈判范围来合理地确定区分被保险的因果关系与未保险的因果关系的严格标准，哪些地方被保险人有轻微程度过错，哪些地方被保险人的行为接近于重大过失。

5   尽管国家管制和保险实践是彼此独立的，但是也存在管制法规定直接影响保险存在或者保险范围的多种途径。在一种极端情形中，如果调整一定活动的管制是不合适的并且模糊的，结果将是不可预见的，并且风险是无法承保的。如果一个不令人满意的管制与一个

---

2 比较，例如，由科布伦茨上诉法院所作的裁决（Oberlandesgericht, OLG）20 April 2001, Versicherungsrecht（VersR）2002, 231 f.

3 例如萨尔布吕肯的一个裁决 OLG 4 June 2003, VersR 2004, 1265 f.

特别严格的责任形式相结合的话，这尤其是真实的。关于这最好的例子是德国有关非故意混合常规的和转基因的作物责任的现行法律立场。

但是，这种情形构成例外。作为规则，如果违反管制的结果是很难预见的，那么保险人就通过运用免除或者施加被保险人为了避免承担丧失（完全）由保险人赔偿的权利的风险而必须遵守的条件来处理这种情形。 6

国家管制的另一方面是它可能影响保险范围。例如，如果一个工业厂房被毁损，没有理由建立一个不满足现行更高安全标准的一模一样的复制品，因为当局将拒绝许可它的经营运作。类似地，管制法可能规定，在土壤污染之后损失最小化或者清理行动必须被保证。 7

最后，如果保险人被迫规制那些国家不规制或者不再愿意去规制的领域，国家管制可能对保险实践有影响。 8

二、具体问题

1. 由于管制模棱两可而不能被承保的风险

欧盟指令常常特别要求本国立法者对某些给第三方造成损害的活动甚至是简单的法律违反适用严格地、无过错责任。通常情况下，这本身不是保险人不可克服的问题。但是，当谈到责任构成要件的详细规定或者被界定的责任标准必须在何种程度上适用时，可能就出现困难。在某些情形中，他们可能如此不精确、含糊或者除此之外的不清晰以至于使保险人合理精确地评估所涉风险是不可能的。如果被要求贯彻欧盟指令的管制涉及所有或者一些成员国中具有政治争议的行为，这尤其是真实的。这也许是，例如因为政府设法阻止某种特定的违反欧盟要求的行为，通过采取如此严格的管制以致 9

于它的后果是无法预料的。作为选择，在某些情形中，执行管制的截止日期仅能通过妥协得到满足。这往往会产生模糊、自相矛盾的、不符合指令的结果。

10　　这样的情况比较稀少，但并不是没有，例如，与环境责任相关和与新风险有关的管制。一个例子是与德国转基因作物责任规则相关的。即使没有违反任何规章，如果偶然的混合引起周边传统作物农场主的农作物市场价格下降，无需因果关系的证明，转基因作物农场主和同在一个地区的其他农场主将承担严格责任。不仅如此，而且这样的责任限制在许多方面是模糊的，例如，作物混合的许可界限（仅是法定的限制还是任何在传统农场主与他的顾客之间的合同中具体规定的更低限制）。类似问题在某些类型生态损害或者歧视的责任中可遭遇到。

2. 违反规章以及排除

11　　通常，保险当然是可能的，但是适用限制是为了避免各种形式的道德风险。这些可能基于法定要求或者基于保险人与被保险人之间处理像遵守安全规章或者需要获取某些授权之类事项的合同协议。不遵守构成义务的违反并且使保险人免除赔偿责任。最常见的例子是倘若发生归因于任意行为或者依赖于保险业务的类别以及国内有关法律的重大过失的损失情形中赔偿的例外。[4]

12　　如果基于重大过失或者故意的理由而排除赔偿，那么主要关注的问题是谁具有过错？我们不能简单地根据责任法采取过去分摊过错的规则，并且将其适用到保险实践中，因为投保人最关注的是确保免受不当行为的后果——并且尤其是严重的不当行为——就他们

4　比较 *E. Deutsch*, Die grobe Fahrlässigkeit im künftigen Versicherungsvertragsrecht, VersR 2004, 1485 ff.; Ch. *Armbrüster*, Künftige Sanktionen der Herbeiführung des Versicherungsfalls undder Verletzung der Rettungsobliegenheit, Zeitschrift für die gesamte Versicherungswissenschaft (ZVersWiss) 2001, 501 ff.; *E. Lorenz*, Zur Leistungsfreiheit des Versicherers bei einer grob fahrlässigen Obliegenheitsverletzung, VersR 1999, 1006.

负责的代理人或者其他第三方而言。相应地，只有损失是由被保险人恣意导致的，即通常是被保险公司的手段，赔偿才会通常被免除。

相应条款的例子能被找到，例如环境责任保险，这是一个以宽 13 范围限制和模糊的投保限制为特征的传统领域：

·德国 2006 年 8 月 3 日环境整治保险一般条款和条件的草案：

7.1 条，以下的内容不给予保险：

2.1. 任意或者重大过失导致损害的人索偿。

至于已经在强制执行的刑事判决中得以确立的损害发生的因果关系，应该被认为是获得第 1 款中所载条件的证据。

2.2. 某种程度上，这种赔偿请求是向那些（投保人或者其他被投保人投保险的人）由于他们的恣意或者重大过失未遵守环境保护法、指令或者为被保险人颁布的行政命令或者条例而造成损害的人作出。

2.3. 某种程度上，该种赔偿请求向那些（投保人或者其他被投保人投保险的人）由于他们的恣意或者重大过失未遵守准则或者有关使用说明、常规检查、视察或者由生产商提供的或符合当前技术状态的服务而导致损害的人或者是因任意或重大过失未进行必要补救的人作出。

·意外环境损害责任保险：[5]

第 3 条，免除。

下列各项应该被免除：……

13. 损失或者损害起因于

a）未遵守在特殊条件下提及的法律规定或者取代它们的任何规定以及由有权限的政府机构根据这些规定制定的任何措施，无论何种情况下，被保险人、主要管理人或者如果被保险人是法律实体，

5　法国责任保险池。

替代管理职能的任何人，在环境损害发生前知道这种未遵守或者应该知道这种未遵守。

·责任保险的一般条款和条件的补充（EHVB，2003）：

A节，第3条：管制的任意违反：

如果损害是由于重大过失以及可适用于已投保的业务或者已投保的职业或者已投保风险的法律、管制或者行政规定被被保险人或者被保险人的法定代表人或者主管和《劳工宪法法案》意义内的官员任意违反导致，保险人应该被解除他的赔偿义务……

14　　同时，可以想象的是，损害可能是被保险公司故意不当管理行为的结果，通常这在证明上存在困难。这也解释了为什么保险政策可能赔偿涉及个人对管制的恣意违反，例如，在工作车间的歧视或者道德骚扰。相应地，故意行为不能被保险的原则远远不如一般认为的意义重大。

15　　如果保险人必须首先解决由受害第三方直接做出的请求，基于被保险人重大过失的除外责任可能引起特殊的、新的难题。大体上，这关系到机动车第三者责任保险。问题是，保险人是否并且何种程度上能够从被保险人那里收回其费用开支。[6] 这在很大程度上取决于被保险的事件是否是由于恣意导致，以至于该行为根本不被政策所涵盖，或者被卷入有关预防或者限制损害的义务的违反中，例如，

6　比较 on this point *Ch. Lahnstein*, Grobe Fahrlässigkeit im Versicherungsrecht europäischer Nachbarländer, in: Arbeitsgemeinschaft（ARGE）Versicherungsrecht（ed.），Die schuldhafte Herbeiführung des Versicherungsfalls, Deutscher Anwaltverein（DAV）（2000）89 ff.，96 f.

在喝酒的状态下开车。随着保险法中摆脱全有或者全无原则[7]的趋势上升，其结果通常是对保险的限制，以至于补偿是部分的。[8]

3. 解决和赔偿范围

在责任保险中，除了任何减免条款和赔偿限制，赔偿范围通常留给侵权法。但是，存在一些特殊的保险，在这些特殊保险中，可能导致行政法偏离这一原则。举一个更早些的例子，一个工厂已经获得授权继续经营，尽管它已经违反了最新的并且是更加严格的安全管制。但是，如果该工厂被毁损，就没有理由恢复到它以前的条件，因为这样的工厂不被允许重新开放。在这种情况下，保险人满足额外成本的义务不仅依赖于在性质上什么可被合理地认为能够恢复原状，尤其还取决于在条款中界定的赔偿范围以及政策中的条件。这在财产保险中更加准确，财产保险要求明确说明赔偿是否基于新的、实际现金价值或者重置价值之上。[9]

16

但是，行政法条款也可以通过规定损失最小化或者如同有毒物质污染土地发生之后的适用于被保险人的其他清理义务来决定赔偿

17

7　进一步资料：*H. Baumann*, Quotenregelung contra Alles-oder-Nichts-Prinzip im Versicherungsfall, Recht und Schaden (RuS) 2005, 1 ff.；*J. Prölss*, Das versicherungsrechtliche Allesoder-Nichts-Prinzip in der Reformdiskussion, VersR 2003, 669 ff.；*M. Terbille*, Das Alles-oder-Nichts-Prinzip im Versicherungsrecht, RuS 2001, 1 ff.；*W. Römer*, Alles-oder-Nichts-Prinzip? Neue Zeitschrift für Versicherung und Recht (NVersZ) 2000, 259 ff.；generally also：*E. Schwarz*, Das Alles-oder-Nichts-Prinzip im Versicherungsrecht unter Berücksichtigung des allgemeinen Schadensrechts (1995) passim；*A. Katzwinkel*, Alles-oder-Nichts-Prinzip und soziale Sensibilität von Versicherungen (1993) passim；*R. Raiser*, Rechtsunwürdige Versicherungsnehmer? Zur Funktion versicherungsrechtlicher Verwirkungsklauseln, in：E. Frey/H. Möller (eds.), Ausblick und Rückblick, Festschrift für E. R. Prölss zum 60. Geburtstag (1967) 265 ff.

8　比较，例如，sec. 7 VI Allgemeine Bedingungen für die Kraftfahrtversicherung（机动车辆保险一般条款和条件，AKB）；sec. 13 item 3 Allgemeine Feuerversicherungs - Bedingungen（一般火灾保险条件，AFB）87；sec. 13 item 3 Allgemeine Bedingungen für die Einbruchdiebstahl - und Raubversicherung（盗窃保险一般条款和条件，AERB）87.

9　比较，例如 art. 14 Allgemeine Wohngebäude-Versicherungsbedingungen（家庭楼宇保险一般条款和条件，VGB）88.

的范围。在第 16 条和第 17 条中提到的条文例子是：

·全球优势工厂共同政策：拆迁和增加的建设成本

1）该政策包含合理并且必须发生的成本，下面第 3 项所描述的，为了满足任何规制拆迁、建造、修理、更换或者在被保险位置的建造物或者房屋利用的法律或者条例实施的最低要求，倘若：

a）这样的法律或者法令是在投保有形损失或者损害的日期生效；并且

b）它的执行是这些已投保的有形损失或者损害的直接结果。

2）这种额外的承保范围不对只要被保险人被要求遵守任何法律或者法令，损失就不会发生的损失承保。

3）这个额外承保范围，因为考虑上面第 1 款中被保险的财产，所以，赔偿：

a）用材料修理或者重建这些财产的有形损害部分和以某种方式满足这样的法律或者法令的成本；以及

b）以下成本：

（i）拆毁这些被保险财产未损害的有形部分的成本；和

（ii）用材料重建它并且以某种方式满足这些法律或者法令的成本，

当拆毁被保险财产实际损害部分被要求满足这些法律或者法令时，在某种程度上这样的成本产生。

4）该额外的承保范围排除了执行规制包含但不限于污染或者危险物质存在的任何形式污染的法律或者法令直接或者间接的结果引致的任何成本。

5）公司对每一个被保险位置任何事件中的这种额外承保范围的最大责任将不会超过上面第 1 款中的拆毁被保险财产未实际损害的部分实际发生的成本加上下面较少的成本：

a）合理的并且实际发生的必要成本，排除在另一位置重建的土

地成本；或者

　　b）在相同地方重建的成本。

　　4. 国家放松管制和作为监管者的保险人

　　国家有时选择不颁布对某些风险处理的综合管制。这些问题的   18
详细国家管制可能被视为政治上不可接受或者不合时宜，可能因为
国家追求提高投资，从而将所涉风险责任转移给责任保险人。作为
选择，国家可能期望将更加详细的管制下放给有关当事人。因此，
为了能够计算和保证所涉风险，保险人必须担当管制的角色。这可
能只限于详细指明允许的限度和涉及报警系统的需要以及逃生路线
和它们的详细说明书的安全规定或者在容易发生地震的地区建筑物
的最低标准。另一方面，更广泛的问题可能被涉及。例如，德国工
人赔偿保险公司，其大力强调它们的预防功能，已经起草了大量的
管制。以及由它们自己的技术委员会策划的具有法律约束力的职业
安全规定，这包含了国家职业安全管制和技术规范，连同详细的解
释。

侵权法与管制法的经济分析

米夏埃尔·富尔[*]

一、前言

1   这不是如同问卷中要求的传统国别报告，因为这篇论文从特殊
角度，即法律与经济学角度论述侵权法与管制法之间的关系。因此，
在问卷中提出的顺序在这篇报告的范围内不能被遵守。我只是尝试
解决法律和经济学文献已经涉及的责任规则与安全管制之间选择的
方式和安全管制对侵权法影响的路径。这些问题对于这个项目而言
至关重要，并且的确是丰富的法律和经济学文献所涉及的。

2   在很大程度上，我们之前的报告已经涉及侵权的经济学分析。
因此，这篇报告可能相当简短。在更早的项目中，我们讨论过错的

* 米夏埃尔·富尔（Michael Faure），法学学士（安特卫普 1982 年），法学硕士（根特
1985 年），法学博士（阿尔布莱希特－路德维希－弗莱堡大学 1989 年）。他目前是跨
国法律研究马斯特里赫特欧洲研究所学术主任和荷兰马斯特里赫特大学比较国际环境
法教授。我很感谢杰梅尔·普罗切（Jelmer Procee）有用的研究协助。

经济学分析，[1] 严格责任的经济学分析 [2] 和共同过失的经济学分析。[3]
在这些报告中，从经济学的角度看，侵权法的一般目标被勾勒出来，
所以，这在该项目范围内将不再重复。我们假定读者知悉经济学将
责任规则看作是对可能影响意外风险的潜在各方提供诱因，从而采
取最佳注意的工具。如同我们下面将勾勒的一样，从经济学的角度，
该目标可能用不同的工具达到，不仅是用责任规则。文献资料有更
广泛地涉及该问题，在该问题的具体的情境下，它可能更适合利用
管制方式，而不是责任规则来提供预防的诱因。在这篇报告的范围
之内，被强调的就是这些文献。

　　问卷处理不同的概念，比如像管制法和行政法。继萨维尔　　3
（Shavell）开创性的文章之后，大多数运用在法律和经济学文献资料
中的概念仅是安全规章。基于这个，我们参考政府事前已经定义并
且由公共权力机关强制执行的管制规范。

　　问卷特别注意安全规章和旨在环境保护的条款。[4] 因此，我们特　　4
别注意这些环境保护问题以及强调为什么从经济学的角度，可能理
解在预防环境损害中，安全规章明显地起着特殊的作用。

　　这篇文稿的结构如下：在这篇前言之后，我们将首先从法和经　　5
济学的角度勾勒出在侵权法与管制之间的一些基本差异（二）。接下
来，由前面萨维尔所讲的安全规章的准则将被探讨（三）。然后，它
将讨论这些准则如何适用于环境保护（四）。我们将注意有关安全规
章实证文献资料的问题（五）和放松管制工具的问题（六）。然后，

1　参见 *M. Faure*, Economic Analysis of Fault, in: P. Widmer（ed.），Unification of Tort Law:
　　Fault（2005）311 – 330.

2　*M. Faure*, Economic Analysis, in: B. A. Koch/H. Koziol（eds.），Unification of Tort Law:
　　Strict Liability（2002）361 – 394.

3　*M. Faure*, Economic Analysis of Contributory Negligence, in: U. Magnus/M. Martin-Casals
　　（eds.），Unification of Tort Law: Contributory Negligence（2004）233 – 256.

4　参见问卷第二部分。

我们将转向责任和管制是否互相排斥（七）以及违反管制是否应该立刻引起责任（八）的重要问题。同时，管制遵守抗辩也应被讨论（九）。最后是总结（十）。

6　　　应该强调的是另一个报告专门涉及管制法。[5] 因此，像侵权法与管制法目标的差异，运用的标准和强制实施过程等这样的一些问题将不会在这篇论文内讨论，因为这些会在涉及管制法的文稿中被强调。

二、侵权法和管制之间的差异

7　　　如果不是聚焦于侵权法和管制目标的不同，[6] 我们不会注意到侵权法和管制法在给潜在意外事故中的当事人设定最佳注意激励的运作方式时具有重大的差异。[7] 第一个差异考虑规范的设定。在侵权法内，正如我们在前文有关法律与经济学这组文稿中所解释的一样，规范被遵守，即有效的标准不是事前在公共管制中被界定。是当事人他们自己或者是法官发现预防损害的最佳方式是什么。事实上，根据过失规则，是法官通过案例法来界定在法律制度中要求的谨慎注意标准。这将引导潜在加害者遵守谨慎注意标准以避免责任。根据严格责任规则，是潜在的风险制造者衡量成本与收益以发现预防损害的最佳注意等级是什么。因为这个，它意味着当事人不能被强迫遵守这些标准，并且这些标准不能由政府施加给他们。当事人甚至可能违反这些标准，只要他们愿意付出相应的代价，即如果意外事故发生应该给予受害人的损害赔偿。其结果还是，既然规范是由

5　是由厄乌什（*A. Ogus*）所起草的报告，管制和侵权法之间的关系：目标和战略。

6　其在厄乌什有关管制法的文稿中被强调。

7　同样地参见 *P. Cane*, Tort law as regulation, Common Law World Review（CLWR）31（2002）305 – 331.

私的当事人或者法官设定，那么，所有发现最佳标准是什么的信息成本就落在当事人（根据严格责任）或者法官（根据过失）的身上。

这与管制下的情形完全不同。在那种情况下，管制机构将事前固定在事故环境中所有潜在当事人必须强制遵守的标准。因此，侵权制度固有的发现最佳标准的弹性和自由在管制路径下完全丧失。是政府（或者当然地与公共机构有关的）将界定标准，也是政府强制潜在的风险制造者（有时也是潜在受害者）遵守标准。因为这样，在管制的情形下，所有的信息成本都由政府承担。在此条件下，我们已经发现管制和侵权法之间的第二个差异，即管制中的标准是在事前设定，在事故发生之前。不管事故是否发生，管制中的标准也必须被遵守。因此，违反的人，例如，交通信号灯不能作为他没有导致损害的抗辩理由。另一方面，侵权法基本上是在事故发生后起作用。侵权法是因为损害所引发的。只要没有损害发生，侵权法就不会发挥作用。但是，即使侵权法本质上是事后起作用的制度，但法律的经济分析当然地认为它对潜在事故环境中的参与当事人的诱因上有事前的影响。

第三点差异是，与侵权法相比，规范的设定不仅不是私人的，也是强制执行的。[8] 原则上是私的当事人（特别是受害者）将执行侵权法，正是因为它是由于损害引发的。另一方面，管制是通过公共机构执行的。警方或者其他侦查人员将监督管制规范是否被遵守并且将关注违反。

第四个差异当然是制裁的不同。侵权法中的制裁原则上是私的制裁，也就是说制裁直接对接受恢复原状或者损害赔偿的受害者有利。与之相反，在违反管制法的情形中，制裁是公共制裁。是由政

---

8 关于执行制度的差异，参见 *K. N. Hylton*, When should we prefer tort law to environmental regulation? Washburn Law Journal（WLJ）41（2002）515 – 543.

府（行政或者刑事法院）施加制裁，从而制裁产生的好处不是给私的当事人（像受害者）而是政府。例如，罚金的支付就是这样的情形。

11   因为这个，第五个并且可能是两种制度之间最重要的差异是侵权法当然要灵活、弹性得多。在这个意义上，侵权制度有时被赋予市场制度的资格：私的当事人或者法官确定规范，执行和制裁也是私的。同样在侵权法内存在很多灵活性以适应不断变化的情境。另一方面，管制法更多的是干涉主义：规范由政府设定，执行制裁也是公共的。因此，毫无疑问，管制路径比侵权法包含更大程度的政府干预。侵权法仅假定存在一个法官设定谨慎注意标准（在过失规则的情形下）并且执行受害者的侵权请求或者仅假定后者（严格责任的情形中）。

12   尽管这些差异一般可能被主张，但是当然存在一些灰色区域和重叠地带。在一些法律制度中，政府也可能运用侵权法去执行管制（并且因此在侵权法与管制之间存在重叠）。在一些法律制度中，管制规范的执行不总是由政府进行的；一些法律制度也允许管制规范由私的主体执行。[9] 然而，作为一般规则，刚才所描述的差异将在大多数情况下适用。

13   鉴于侵权法比管制更依赖于市场，并且成本（仅需要一个法官，但是司法裁决的过程比仅是执行侵权法做得更多）比管制（管制中设置规范、执行规范和制裁它们需要成本的发生）要少得多的事实，经济学家的自然偏好（所有事情都是平等的）将支持侵权法。它肯定是最具灵活性而又少成本的制度。因此，应该将论证转向管制。鉴于对侵权法的自然偏好，人们能够理解为什么"管制标准"（而不是侵权法的标准）被制定。鉴于管制需要更大程度的政府干预的事实，人们可能也理解关于市场与管制的这场争论在很大程度上不得

---

9   关于私主体执行的经济分析，参见 *W. M. Landes/R. A. Posner*, The Private Enforcement of Law, Journal of Legal Studies（JLS）1975，1–46.

不被政治化了。法律的经济学分析最大的优势和萨维尔那篇文稿的更加特别之处是它将这场辩论抽离政治新闻的舞台，从而为安全管制提供清晰的经济标准。另外，正如我们将要展示的一样，这些标准是非常均衡的，而不是在赞成或者反对管制中提供非黑即白的答案。读者也应该注意到这篇文稿也将表明：所有法律和经济学者将支持市场解决方式和反对管制，这个长期以来的误解一般来说是不正确的。该篇文稿更加特殊地表明像萨维尔这样的法律和经济学者明确地指向提供采取最佳预防措施诱因的管制的重要性，尤其是在市场失灵的那些情况中。

三、安全管制的标准

现在，让我们检视，在何种情境中责任规则可能不足以预防环境损害并且管制干预可能是必要的。管制和责任规则之间的选择被彻底审视是 1984 年由史蒂文·萨维尔（Steven Shavell）进行的，在这篇论文里，他提出了几条影响安全管制和责任规则之间选择的标准。[10]　14

（一）作为管制干预标准的信息不对称

信息不足已经作为市场失灵的原因和政府管制干预的正当理由被提出。[11]　同时，为了责任制度的恰当运行，信息是有效威慑的先决条件，例如，有关现行法律规则的信息，意外风险的信息和预防事故的有效措施的信息。根据萨维尔的观点，在意外事故背景中的当　15

10　*S. Shavell*, Liability for Harm versus Regulation of Safety, JLS 1984, 357 – 374; *S. Shavell*, A Model of the Optimal Use of Liability and Safety Regulation, Rand Journal of Economics（RJE）1984, 271 – 280 and *S. Shavell*, Strict Liability versus Negligence, JLS 1980, 277 – 290.

11　参见施蒂格勒（G. Stigler）的基本文章，*G. Stigler*, The economics of information, Journal of Political Economics（JPE）1961, 213 and see *A. Schwartz/L. Wilde*, Intervening in markets on the basis of imperfect information: a legal and economic analysis, University of Pittsburgh Law Review（UPLR）1979, 630 – 682 as well as *E. Mackaay*, Economics of information and the law（1982）.

事人拥有比管制主体占有的有关事故风险的信息要多得多。[12] 原则上，当事人他们自己拥有最好的有关他们自己进行的活动和预防事故最佳方式的成本与收益的信息。但是，如果一些风险很显然不能轻易被事故背景中的当事人意识到的话，这样的"信息假设"将会被扭转过来。如果成本是外部的，这可能更加是一个问题。这些总是不能轻易地被密切相关的当事人所评估。因此，对于任何一种活动而言，将必须被问的问题是政府或者当事人任何一方是否能够以最低的成本获取信息。

（二）无力偿付的风险

16　　如果潜在的损害赔偿可能很高以至于它们将超出个体加害者的财富，责任规则将不会提供最佳的诱因。理由是注意的成本直接与预期的损害赔偿幅度相关。如果所预期的损害赔偿金比加害者的个人财富要大得多，加害者将只会考虑与它财富大小相同的事故。因此，他将仅采取必要的注意来避免和他财富相同的事故，其有可能低于避免全部事故风险需要的注意。[13] 只有加害者有财产支付他导致的损害赔偿金，这才是侵权责任运行的威慑效果原则的完全适用。如果加害者免受这种责任，低度威慑的问题就会引起。[14]

17　　安全管制能够克服由无力偿付导致的低度威慑问题。[15] 在那样的情形中，有效的注意将由管制事前决定并且受诱导潜在加害者遵守管制标准的执行工具影响，不考虑其财富多少。

18　　因此，如果管制也是通过金钱制裁的方式执行的话，问题可能仍然会引起。甚至，如果这些超过加害者的财富，无法偿付的问题

12　*Shavell*, JLS 1984, 359.

13　*Shavell*, JLS 1984, 360.

14　*S. Shavell*, The judgement proof problem, International Review of Law and Economics（IRLE）6（1986）43－58.

15　如果保险形成构想，只要保险导致的道德风险可以被克服，它可能克服低度威慑的问题。

可能仍然存在。因此，如果安全管制由于潜在的无法偿付问题而被采取，那么，管制本身应该通过非金钱制裁的方式来执行。[16]

（三）责任诉讼的威胁

一些活动可能导致大量的损害，但是即使如此，恢复这些损害的赔偿诉讼可能不会被提起。如果是这样的话，当然不会存在任何责任规则的威慑效果。因此，责任诉讼的缺失成为通过安全管制而不是通过责任规则来执行有效注意义务的再一个论据。[17] 不提起诉讼可能会有很多的理由，即使导致大量的损害。 19

某些加害者可能会逃脱责任，因为损害是稀疏地散落在一些受害者中间。结果，每一个个体受害者所遭受的损害是如此微小以至于没有提起诉讼的动机。特别是，如果不是导致个人损害而是导致共同财产损害，比如每个成员只有很小利益的地表水，这个问题就会引起。另外，在损害变得明显之前，可能会经过一段很长的时间；在这样的情形中，很多必要的证据要么可能丢失，要么未被保留。另一个问题是如果损害仅在活动之后的很多年才表现出来，加害者可能已经倒闭。 20

相关的问题是通常很难证明活动和某种类型的损害之间存在因果关系。[18] 因果关系的举证责任在损害事件发生后随着时间的流逝而变得更加困难。受害者常常不会认识到损害已经由侵权行为导致，而可能认为他的特殊疾病即"癌症"，是由一般健康欠佳的"自然原因"引起的。由于所有这些原因，责任诉讼可能不会被提起，那么 21

16　*S. Shavell*, Criminal law and the optimal use of non-monetary sanctions as a deterrent, Colombia Law Review（CLR）1985，1232－1262。

17　*Shavell*, JLS 1984，363。

18　参见 *W. Landes/R. Posner*, Tort law as a regulatory regime for catastrophic personal injuries, JLS 1984，417 and *H. Kunreuther/P. Freeman*, Insurability, Environmental Risks and the Law, in: A. Heyes（ed.），The Law and Economics of the Environment（2001）304－305。

因此，安全管制有必要确保潜在的污染者采取高效的注意。[19]

（四）行政成本

22   当审视责任与管制的利弊时，两种制度的行政成本也应该被比较。由于双方当事人的时间和在庭上的费用，责任规则成本显然是比较高的。一部分成本是由整个社会来承担，像法律制度的成本、法官的费用等等。管制产生社会成本，包含制定管制、设定标准、通过法规等的成本以及随后的执行成本。[20]

23   在这方面，责任制度似乎具有优势：法院制度的行政成本仅会在如果事故已经确实发生时才会引起。侵权制度的主要优势在于许多事故将会通过承担责任并且必须给受害人支付损害赔偿金的威慑效果而被阻止。在安全管制的情形下，管制通过和执行管制的成本将一直存在，而不管事故是否发生。

四、对环境污染管制的必要性

24   在讨论这些管制的标准之后，[21] 我们现在讨论这些标准是如何与环境污染相关联的问题。如果人们采取上文讨论过的安全管制的标准，并且将它们适用到由环境污染导致的潜在风险中，毫无疑问，仅有责任规则是不够的。

25   如果人们看第一个标准，也就是信息成本，它一定强调某种活动风险的评估需要专门的知识和判断。小的机构可能缺乏动机或者资源来投资研究发现最佳的注意等级是什么。同时，如果该结果是

---

19   对于责任诉讼的替代选择，参见：*H. Bocken*, Alternatives to Liability and Liability Insurance for the Compensation of Pollution Damages, Tijdschrift voor Milieuaansprakelijkheid (TMA) 1987, 83 – 87 and TMA 1988, 3 – 10.

20   *Shavell*, JLS 1984, 363 – 364.

21   正如公共选择学者所提出的一样，这些常被看做是与管制的"私的利益"解释相比较的"公共利益"的管制标准。

自动地对市场上的竞争者有效的话，几乎不存在动机去进行深入的研究：这就是人尽皆知的"搭便车"问题。这个问题可能会通过法律文书授予这项研究成果知识产权而部分地遭到反驳。但是，问题仍然是小公司进行有关预防环境损害的最佳技术的研究不太可能。因此，通常允许政府本身做最佳技术的研究工作更加有效率（比如在政府的环境研究所）。那么，这个研究结果可通过管制传递给市场中的各方当事人。因此，管制中环境标准的设定可以被看做是传递有关所需求的最低环境技术信息的手段。明显地，政府获取有关最佳排放标准的信息比私人公司获取它更加有效率，例如，发现在污染中何种程度的额外降低将引起所预期的排放损害的最佳降低。在管制中存在不可否认的"经济衡量"的优势。

  同时，无法偿付的理由指向管制的方向。污染可能由个人或者财产一般低于其污染可能导致的损害的公司造成。在这方面，不应该忘记的是即使是一个小公司也可能导致许多个体的损害或者是给整个生态系统带来损害。由排放导致损害的数量可能当然地大大超过个人公司的财产。而且，大多数公司已经被纳入到法律实体中，从而从有限责任中获利。因此，个人股东在他们个人的财产范围内不承担责任，但是公司债权人仅能向公司股东在该公司购买的全部财产中的部分资产主张权利。 26

  同时，提起由于违法污染导致损害的责任诉讼的可能性自然是非常低的。损害常常分布在许多人中间，他们自己组织起来提起诉讼将具有困难。另外，损害仅在排放发生一些年之后变得明显。这将引起因果关系和潜伏期的证明问题，其仅是使针对污染者提起诉讼变得困难。 27

  因为这些理由，一些环境污染的政府管制形式很明显是必要的。进一步表达为：这表明单有责任规则不足以预防环境损害，而可能存在其他的除了命令和能够被用来达到这个目标的控制型管制之外 28

的公开实施的工具。税收明显是这样的替代选择。但是，这些也是公开征收的，并且因此能被看做是"管制"。另一个问题，其将在下面第（七）部分讨论，即这是否必然暗示环境法应该完全依赖于管制或者是否责任仍然能够发挥补充作用。

五、实践中的安全管制

29   当萨维尔的安全管制标准被适用于环境风险时，人们比较容易注意到，一个有力的论据可能会被作出，即为了避免环境损害采取的有效注意也应该通过管制事前固定。

30   在很多情形中，管制由许可证或者许可组成，在许可证或者许可中，行政机关设定潜在污染者必须遵守的排放标准。这些许可证在大多数国家的环境政策中起着关键作用。环境质量的改善通过在行政许可中施加更加严格的排放标准大多数可以达到。因此，通过许可证控制的排放以及许可证条件规制的排放的质量和数量的总体要求是环境法的基石。因为这些许可证是行政行为，在大多数的法律制度中，所以环境法被考虑作为行政法的一部分。刑事法律通常仅在违反行政管制或者许可证中的排放标准时才会形成构想。

31   尽管环境污染首先是通过这些行政许可证来控制，但在个案中仍然存在对环境的损害。那么，侵权法下的责任再起作用，并且管制对责任制度的影响问题被提起，反之亦然。[22] 侵权法和管制之间的互补关系将在下文被讨论。

---

[22] 侵权法和管制之间的互补关系已经由以下作者所强调：*S. Rose-Ackerman*, Environmental Liability Law, in: T. H. Tietenberg (ed.), Innovation in Environmental Policy, Economic and Legal Aspects of Recent Developments in Environmental Enforcement and Liability (1992) 223 – 243; *S. Rose-Ackerman*, Rethinking the Progressive Agenda, The Reform of the American Regulatory State (1992) 118 – 131 and *S. Rose-Ackerman*, Regulation and the Law of Torts, American Economic Review/Papers & Proceedings (AERPP) 1991, 54 – 58.

虽然在降低环境损害中审视环境管制是否一般也起作用比较困　32
难，但是一些研究已经试图检视在控制环境损害中安全管制的效率。
这些研究不强调每一个环境法律的具体特质，但是它们审视管制在
降低环境损害中是否比责任规则一般更加重要。德威斯（Dewees）
阐明北美环境质量实质性的改善与其说是侵权法律诉讼的回应，不
如说是管制努力的结果。[23]

与侵权法相比较，管制成功的经验证据在德威斯、达夫（Duff）　33
和特里比尔科克（Trebilcock）[24] 最近的书中已经被强调。他们认为
当通过降低排放来衡量时，众多的改善环境的管制尝试已经取得很
大的成功，但是很难主张说 20 世纪 70 年代美国的环境管制同样地
对周遭的环境质量产生相当大的影响。另外，他们也强调，当环境
管制是污染物质排放和空气中的含量的决定因素时，其他的像经济
增长甚至是天气等非管制因素也影响环境质量。[25]

六、撤销管制的工具？

从上面呈现的经济分析来看，我们能够确定，管制大多数是作　34
为处理侵权法弱点的必要工具而出现的。鉴于管制和侵权法实际上
是为了达到类似的目标而作为相互补充的工具出现的事实，我们同
时也注意到实现撤销管制的方式之一正是改善侵权法的功能。可以
提供几个例子。

23　*D. Dewees*, The Comparative Efficacy of Tort Law and Regulation for Environmental Protec-
tion, Geneva papers on risk and insurance（GPRI）1992, 446 – 467 and *D. Dewees*, Tort
Law and the Deterrence of Environmental Pollution, in: Tietenberg（ed.）（fn. 22）139 –
164.

24　*D. Dewees/D. Duff/M. Trebilcock*, Exploring the Domain of Accident Law, Taking the Facts
Seriously（1996）.

25　*Dewees/Duff/Trebilcock*（fn. 24）307 – 323.

35   首先，人们认为侵权的弱点是对受害人赔偿的责任限制，特别
是当对事故的监测概率小于零时。经济学家认为，如果监测概率较
低，制裁应该高于受害者所遭受的刚好的损害。但是，传统的侵权
法并不允许受害者获得赔偿的数额高于应予补偿的损害赔偿。因此，
作为支持管制的论据，低的检测概率以及超过补偿性损害赔偿的必
要性被提出。但是，如果人们意识到侵权法的主要问题是所获得的
赔偿限于受害人遭受损害的数额，那么，提供与低监测概率抗衡的
一个方式是根据侵权法增加由加害者可支付的损害赔偿数额。这恰
恰是惩罚性赔偿观念背后的经济原理。[26]

36   第二个例子指的是民法作为环境污染的威慑往往是不起作用的
理由，因为损害可能是分散的，整个社会可能会受害或者可能给不
属于任何个人的集体物品带来损害。在那些情形中，没有个体受害
人会提起侵权诉讼，通常这是作为支持管制的一个论据被提出来，
因为侵权法可能缺乏它的威慑效果。但是，人们通过允许国家、公
共机构或者非政府组织代表政府，比如为了阻止环境污染发生的禁
令请求，同样能改善民法的运行。

37   第三个例子与上文我们提到的作为支持管制的理由——无力偿
付的风险有关。处理无力偿付问题的方式是给潜在的加害者施加寻
求金钱债务准备金的义务，例如通过保险。传统上，经济学家已经
主张加害者潜在的无力偿付是支持强制保险的有力论据。[27] 在这一点
上，人们从而找到能够改善侵权法功能而不必立即运行管制的管制
性干预的第三个例子。因此，这些旨在改善侵权法功能的促进策略，
也已经被考虑。

---

[26] 对于经济分析参见 *R. D. Cooter*, Economic Analysis of Punitive Damages, Southern Califor-
nia Law Review（SCLR）1982, 97 – 101 and *W. Landes/R. Posner*, An Economic Theory of
Intentional Torts, IRLE 1（1981）127 – 154.

[27] 参见 *M. Faure*, The view from law and elonomics, in: G. Wagner（ed.）, Tort law and lia-
bility insurance（2005）239 – 273.

七、责任和管制：排斥性？

根据萨维尔的标准，我们只是强调存在通过事前管制（或者税 38
收）控制环境风险的有力论据。但是，在个案中仍然可能存在对环
境的损害。于是，侵权之下的责任被卷入，以及在文献资料中强调
的问题——管制如何影响责任制度，反之亦然。侵权法和管制之间
的互补关系已经被罗斯—阿克曼（Rose-Ackerman），[28] 富尔和吕格
（Ruegg），[29] 科尔斯塔德（Kolstad）、乌伦（Ulen）和约翰逊（John-
son）[30] 以及最近的阿尔库里（Arcuri）[31] 和伯罗斯（Burrows）[32] 详细
地检视。罗斯—阿克曼也比较了美国和欧洲在环境政策中通过侵权
法运用管制的经验。[33] 通常强调的第一点是存在许多支持事前环境管
制的理由的事实并不意味着侵权制度不再被用作威慑和赔偿功能。
仍然依赖侵权制度的一个理由是（环境）管制的效率依赖于强制执

---

28 *S. Rose-Ackerman*, Law versus Private Law in Environmental Regulation: European Union Pro-
posals in the Light of United States Experience, Review of European Community and Interna-
tional Environmental Law (RECIEL) 4 (1995) 312 – 332; *Rose-Ackerman*, in: Tietenberg
(ed.) (fn. 22) 223 – 243 and *S. Rose-Ackerman*, Public Law versus Private Law in Environ-
mental Regulation: European Union Proposals in the Light of United States and German Expe-
riences, in: E. Eide/R. Van den Bergh (eds.), Law and Economics of the Environment
(1996) 13 – 39.

29 *M. Faure/M. Ruegg*, Standard Setting through General Principles of Environmental Law, in:
M. Faure/J. Vervaele/A. Weale (eds.), Environmental Standards in the European Union in
an Interdisciplinary Framework (1994) 39 – 60.

30 *Ch. D. Kolstad/Th. S. Ulen/G. V. Johnson*, Ex Post Liability for Harm vs. Ex Ante Safety Regula-
tion: Substitutes or Compliments? American Economic Review (AER) 80 (1990) 888 – 901.

31 *A. Arcuri*, Controlling environmental risk in Europe: the complementary role of an EC environ-
mental liability regime, TMA 2001, 39 – 40.

32 *P. Burrows*, Combining regulation and liability for the control of external costs, IRLE 19
(1999) 227 – 242.

33 *Rose-Ackerman*, RECIEL 4 (1995) 312 – 332 and *S. Rose-Ackerman*, Controlling Environ-
mental Policy: the Limits of Public Law in Germany and the United States (1995).

行，其可能较弱。另外，公共选择理论正确地表明：有关管制的院外游说团体的影响可能通过安全管制和责任规则的结合，在某种程度上被克服。而且，安全管制，例如许可证中的排放标准，可能很快变得过时并且常常缺乏弹性，这同样值得与侵权规则结合在一起。

39　　因此，从上面的论述得出的结论是，尽管安全管制控制环境风险具有充分的理由，但是侵权规则仍然起着重要作用。[34] 这明显地引起遵守管制是否将影响责任问题的问题。我们将在下面的章节中强调这点。[35]

八、管制的违反和责任

40　　在这方面被回答的第一个问题是违反管制标准是否应该自动地被看做是侵权法中的过错和这样是否导致许可证持有人的责任。[36]

41　　假定许可证是以有效注意等级设定管制标准，那么违反管制标准实际上导致责任，这对许可证持有人在注意上花费时间提供诱因。但是，萨维尔主张遵守管制标准的成本对于所有加害者不是相同的。遵守标准对某些加害人是效率低下的。以高的成本费用才有可能遵守管制标准的加害人不应该被坚持要求遵守这些标准，因为它将引起效率低下。[37] 问题是如果加害者违反管制标准，是否意味着这些加害者不应该承担责任。

42　　该问题可能与侵权法中运用的善良家父标准作比较。虽然详细

34　对于最近不同的分析也引起相同的结果，即责任和管制应该结合起来，参见 *P. W. Schmitz*, On the joint use of liability and safety regulation, IRLE 20（2000）371–382.

35　这个问题同样在本卷上个章节厄乌什（脚注5）的文稿中被强调。

36　这也正是在问卷中的第三部分被强调的问题。

37　参见 *Shavell*, JLS 1984, 365–366 and *M. Faure/R. Van den Bergh*, Negligence, Strict Liability and Regulation of Safety under Belgian Law: An Introductory Economic Analysis, GPRI 1987, 109–110.

有效的个性化注意标准在一流的最好的世界是最佳的解决方式,但是,鉴于个性化标准设定的成本,这通常是不可能的。因此,法律制度以平均水平设定需要的注意水平,即所谓的善良家父标准。对管制同样可以这么说。如果各种群体可以以低成本被确定,则对某些群体的独立标准是有效的,只要选择另外群体的收益比选择另外的行政成本更有价值。但是,在大多数情形下,管制者将不可能以低成本确认可能避免损失的非典型当事人,例如因为他们造成比正常情况下更低的风险。因此,单一的管制标准将会被运用。[38]

因此,尽管人们能够主张未满足管制要求不应该必然引起过失的裁决,但是为了避免造成低风险的一些当事人采取浪费的预防措施,[39] 大多数法律制度一般将违反管制义务看做是过错。[40] 正如上面所述那样,采用预防环境损害的安全管制的原因之一是管制者通常比所涉当事人占有更好的信息来衡量有效的注意标准。因此,管制给各当事人传递有效的注意标准信息。管制也向在责任案件中必须事前衡量加害者行为的法官提供信息。法官可能缺乏在特殊的情况下查明加害者是否不应该被坚持要求遵守管制标准的必要信息,例如因为他造成比通常更低的风险。因此,尤其在环境案件中,一旦某管制标准被违反,法官将接受过失的裁决。[41] 这样,法定标准可能在界定过失中适用。[42] 因此,我们可以主张,在这方面,侵权法也可

43

38　关于善良家父标准,请比较,*R. Posner*, Economic Analysis of Law (6th ed. 2003) 171 and *S. Shavell*, Economic Analysis of Accident Law (1987) 74.

39　*Shavell*, JLS 1984, 365 – 366.

40　大多数法律制度实际上将管制违反看做是过失本身。例如参见 *K. S. Abraham*, The relation between civil liability and environmental regulation: an analytical overview, WLJ 41 (2002) 379 –398.

41　富尔和范·登贝赫 (Van den Bergh) 也主张这种制度的优势在于它提供受害者诱因去证明管制标准已经被违反。这使得受害者成为安全管制的实施者。只要违反管制标准和他的损害之间的因果关系确立,受害者就能够根据过失规则请求损害赔偿。(*Faure/Van den Bergh*, GPRI 1987, 110 –111).

42　*Rose-Ackerman*, Rethinking the Progressive Agenda (fn. 22) 127.

能被用作执行管制。[43]

九、遵守管制和责任

44　　上文我们解释，在很大程度上，环境损害的预防也是作为管制结果得以实现。[44] 许多注意力集中在管制和责任之间关系的文献资料上。在这方面，问题在于遵守管制标准是否会排除个人引起的责任。

45　　环境法中，这尤其重要，因为根据被允许的污染物质的排放条件大多数制定在许可证中。明显地，这些许可证和它们对责任的效果可以采取各种各样的形式。在一些情形中，许可证和管制相当普遍，但是在其他情形中它们明确说明排放限制。尤其在后者情形中，也就是在许可证中特别许可的排放得到尊重时，业界常主张只要他们遵照许可证的条件，侵权法中不裁决过失是可能的。这就是通常提及的作为"正当效果的许可证"或者"管制性遵守抗辩"。因此，在这点上，这个问题值得讨论。[45]

46　　但是，管制性遵守抗辩在法律制度中是被拒绝的，像比利时和荷兰，[46] 以及在美国。[47] 人们可能找到该规则清晰的经济原理。如果遵守管制标准或者许可证将自动引起责任免除的话，潜在的加害人将没有动机投入比管制要求他的更多注意，即使额外注意还减少预

43　详情参见 *P. Kane*, Using tort law to enforce environmental regulations? WLJ 41（2002）427 – 467.

44　参见第 5 章。

45　这个问题也在问卷中的第三部分提起。

46　对于遵守许可证是否排除刑事责任的问题的比较分析，参见：*M. Faure / J. C. Oudijk*, Die strafgerichtliche Überprüfung von Verwaltungsakten im Umweltrecht, Ein rechtsvergleichender Überblick der Systeme in Deutschland, den Niederlanden und Belgien, Juristenzeitung（JZ）1994, 86 – 91.

47　参见 *Abraham*, WLJ 41（2002）395.

期的事故成本。[48] 尽管加害人遵守管制标准，但仍坚持加害人负责的首要理由是（如果其他责任的条件满足），实际上该标准通常仅仅是最小的。完全的"遵守抗辩"阻止在超过管制标准时采取预防措施的任何动机。[49] 曝光责任将促使潜在加害者采取所有有效预防措施，即使这比仅遵循许可证要求得更多。顺便提一下，这在过失责任和严格责任下都得以坚持。因为管制标准不能一直考虑加害者可能采取所有有效的预防措施以及检验加害者采取的措施，即使管制标准被遵守也将提供额外的诱因。允许管制性遵守抗辩也将大大消除严格责任的有益激励效果。因为我们上面已经证明，严格责任有提供加害者采取所有降低风险措施（预防和活动等级）的诱因的优点，即使管制条件被遵守。这结果已经由科尔斯塔德、乌伦和约翰逊[50]以及更近的伯罗斯[51]正式证明。他们主张完全的遵守抗辩防止任何超过管制标准的预防措施。如果存在严重低于标准的执行，责任作为采取预防措施诱因的作用仍然重要。

第二个理由是曝光责任可能对不可避免的俘获是较好的补救，并且当许可被授予时发挥公共选择效果的作用。如果许可证总是使个人逃脱引起的责任，所有的工厂经营者将必须做的是从友善的公务员那里以轻松的条件取得良好的许可证。那么，这将排除任何潜在受害者的损害赔偿诉讼。明显地，俘获和公共选择的效果也应该通过直接的工具来解决。在这方面，人们可能考虑许可人的责任，

47

---

48 *Shavell*, JLS 1984, 365; *Faure/Van den Bergh*, GPRI 1987, 110.

49 So *Burrows*, IRLE 19 (1999) 242. 最近施瓦茨（Schwartz）通过讨论遵守联邦安全法律是否在国家侵权案件中应该视为具有正当的效果加入该争论。参见 *A. Schwartz*, Statutory Interpretation, Capture, and Tort Law: The regulatory compliance defence, American Law and Economics Review（ALER）2000, 1–57.

50 *Kolstad/Ulen/Johnson*, AER 80 (1990) 888–901.

51 *Burrows*, IRLE 19 (1999) 227–244.

甚至是根据刑法。[52] 许可人的责任（以及在行政法内适当的制裁）可能给公务员在授权许可时高效地作为提供激励。[53] 但是，这仍然要求侵权法考虑管制标准并不是一直都是有效地被设定的事实。如果最佳水平的注意比管制标准高，责任将有效地提供额外的激励。

48　　最后，侵权法同时也被看做是制定法未涉及的情形的"权宜之计"。[54] 尽管如此，但这使得曝光许可证责任是工厂经营者将采取有效注意的重要担保变得清晰起来。

49　　因此，仅是遵守许可证条件或者——更普遍地——管制标准不应该在侵权中有辩护的效果。如果行政机构在设定许可条件时将所有有利害关系的第三方的所有潜在损害考虑进去是明确的，其对立面才可能是真实的。的确，理论上，管制者和许可人理应以反映福利最大化的风险等级的政治选择方式在管制和许可证中设定标准。因此，观念上，当设定客观的污染物质标准时，管制者应该衡量不同规范的成本与收益，并且选择实现最高社会利益的标准。在这样的情形下，在民事责任诉讼中的法官不应该"第二次推测"高效机构的裁决。但是，当设定许可条件时，机构能够事前考虑所有这些利益和可能的损害是比较稀少的。因此，作为一般规则，遵守许可证或者管制标准不应该免除责任；相反将是例外。这就是根据过失责任以及严格责任规则都会有的情形。事实上，认定加害者承担责任——尽管他遵守管制标准——根据严格责任将起重要的作用，因

52　*M. Faure/I. Koopmans/J. Oudijk*, Imposing criminal liability on Government Officials under environmental law: a legal and economic analysis, Loyola of Los Angeles International Comparative Law Journal（ILR）1996, 529－569.

53　但是，请注意企业反对这种许可人责任，声称如果这引起他们的责任，可能使许可人也不愿意允许排放的风险成为必需: G. J. Niezen/M. J. G. C. Raaijmaker/A. J. S. M. Tervoort（eds.），Aansprakelijkheid voor milieuschade in de Europese Unie, Ongebonden Recht Bedrijven（2000）171.

54　*Rose-Ackerman*, Rethinking the Progressive Agenda（fn. 22）123 and *Arcuri*, TMA 2001, 43－44.

为这将导致加害者采取有效的注意并且采取高效的活动等级，即采取所有降低潜在事故成本的高效措施，尽管这也许要求比管制要求的做得更多（就预防措施而言）。根据过失规则，如果有效的注意标准（其被假定与由法律制度要求的注意标准相同）比管制标准要高，这案例法也是意义重大。基本理由仍然是上文规范中通常被描述的高效预防措施可能被采取。要求潜在的污染者采取这些高效的预防措施，因此增加社会福利。

在环境责任的语境内，许可证的正当效果是当然地由企业和一些作者大力支持的。尤其被这么认为的是，在环境法中损害将在很大程度上依赖于之前区划和规划的裁决并且依赖于管制和许可的框架。人们可能想象政府机构已经适当地平衡所有有密切关系的利益并且基于有效的信息，在听取了所有有密切关系的当事人关于被允许的环境损害的数额之后采取高效裁决的情形。在那样的情形中，人们可以想象它不是有效的，例如，已经卷入到许可程序（并且因此先前已经被听取其发言）的当事人之一在后来被允许生物多样性环境损害的责任诉讼，尽管损害明确地由许可证已经预见到的损害组成。[55] 尤其是在罗斯—阿克曼主张民事责任诉讼中的法官不应该"第二次推测"有效的机构裁决[56]和伯坎普（Bergkamp）主张污染者不应该"支付两次"，一次因为他必须遵守管制条件以及一次因为他必须赔偿受害者的情形中。[57] 因此，伯坎普主张将来的欧洲共同体环境责任制度应该包含管制性遵守抗辩。[58] 尽管人们原则上不应该再次接受先前管制裁决的正当效果，但或许存在例外情形，该情形中管制裁决可能是如此：所有密切相关利益被恰当地衡量并且一个有效

50

55　比较 Niezen/Raaijmaker/Tervoort（fn. 53）170 - 171.

56　*Rose-Ackerman*, Rethinking the Progressive Agenda（fn. 22）123.

57　*L. Bergkamp*, De vervuiler betaalt dubbel（1999）.

58　*L. Bergkamp*, The Commission's White Paper on Environmental Liability: A weak case for an EC strict liability Regime, European Environmental Law Review（EELR）2000, 5.

标准源于这种衡量程序。在那样的情况下，当这个有效标准通过管制被遵守时，侵权责任被排除，这似乎是合乎逻辑的。但是，这与一般规则相比似乎更多的是一种例外情形。

51 　　因此，从经济学的角度来解决第五部分的案例 1 相对容易些：当公司 A 能够以合理成本显著降低排放数量时，经济学家认为使侵权人持更高的注意标准将是有效的。因此，违反应该导致过失。公司持有过期许可排放的许可证的唯一事实，从经济学的角度来看，应该不能构成正当理由。因此，适用非常简单的经济模式，人们可能认为由于排放使其农作物遭受损害的当地农场主至少应该被允许在有效的注意标准没有被遵守的意义上向被认为行为违法的工厂经营者主张损害赔偿。

十、总结

52 　　我们已经在关于侵权法与管制法之间关系的经济文献资料的概述中尝试表明法律和经济学提供恰当的平衡标准来决定在何种情境下管制比责任规则可能提供更好的最佳注意诱因。这种表明管制并不仅有（因为它有时被构想）对企业不利的平衡观点被提出。一个有利是管制也可能提供关于注意等级的信息，从而基于企业必须达到的最低注意标准来引导产业。

53 　　同时，从经济学的角度来看，因为侵权法的失败，管制被需要也变得清晰。因此，反之亦然：在改善侵权法运作方式是可能的程度上来讲，管制可能不太被需要。这样，人们可能想象无力偿付问题能够通过施加寻求风险制造者金融保险的义务部分被解决。那么，至少支持管制的一个理由失去了它的力量。如果人们允许政府或者非政府组织利用侵权法来反对污染者，即使没有个性化的损害能够被证明，损害的分散性质也许仍然能够引起责任诉讼。这些正好表明，通过改善侵权法运作方式，运用管制的必要性能够被降低的一些例子。另外，因为管制通常用刑事制裁来执行，所以改善侵权法运作方式的方法也是合法化的方法。

我们还发现经济学文献资料表明即使存在重要的论据，例如，规制环境污染，但是没有理由仅依赖管制。由于许多理由（太具体、太稳定、并且缺乏弹性），管制可能必须由侵权法来支持。这也是我们在实践中能看到的。即使实证研究表明美国的环境质量因为管制的努力已经大大提高，并且因为侵权法而降低，但是这并不意味着侵权法不能有重要的功能。特别是在管制失败的领域里，侵权法更是起着重要的补充作用。这点可能特别如此，之所以我们在这篇论文中不能详细讨论的理由是因为管制可能一直服从于私人利益。萨维尔的标准假设政府将在公共利益中设定管制。属于公共选择学派的学者认为这个往往并非如此。私的利益可能有一个结果，即在许可证中的环境标准是效率低下的宽大。因为这些原因，尽管污染者遵守管制的事实，但是使污染者承担责任的可能性可能相当重要。因此，由于影响立法的人的努力以及通过私的利益，侵权法也变成重要的补救办法。

54

第三部分

比较分析与结论

Tort and Regulatory Law

侵权法与管制法之间的
相互影响——比较分析

威廉·范博姆[*]

一、导言

我们已经说过"管制法"是一很模糊、不够精确的术语，它包   1
含了各种各样的控制和限制工具。[1] 它已经被宽泛地定义为"任何意
图规制主体行为的规则制度"。[2] 在这个定义中，行政法和刑法都是
管制总体框架的一部分。[3] 而且，严格来讲，甚至私法可能也是管制
框架的一部分，只要它是被相关立法主体当做满足管制政策目标的
手段来使用。在更加具体和严格的意义上来讲，管制法被讲成是

---

[*] 荷兰鹿特丹伊拉斯谟大学鹿特丹私法研究所私法教授。作者希望表达他对梅丽莎·蒙
卡达·卡斯蒂略（Melissa Moncada Castillo）的研究帮助和舒加·苏亚拉纳亚兰（Suja
Suryanarayanan）语言编辑的感激之情。

[1] *P. Cane*, Using Tort Law to Enforce Environmental Regulations? Washburn Law Journal
（Washburn L. J.）2002, 450 f. 也参见 *A. Ogus*, Regulation: Legal Form and Economic
Theory（1994）1, stating that the term regulation has acquired a "bewildering variety of
meanings". Cf. *A. Ogus*, The Relationship Between Regulation and Tort Law: Goals and
Strategies, no. 3.

[2] *H. Collins*, Regulating Contracts（1999）7.

[3] 尽管我们所分发的问卷所指的是"行政法"，诚然在这里管制法是更好的概念。比较
K. Morrow, England and Wales, no. 1. 行政法是用来强制执行管制法目的的法律体，刑
法也一样。

"被国家使用的一套与众不同的控制市场运行的技术"[4]。在更狭窄的意义上，传统上，管制是与公法相联系在一起——行政和/或者刑法——被考虑为是政府机关赋予公法权力的领域。[5] 所以，似乎大部分的律师倾向于认为管制法是私法领域之外的法律制度，并且在从职业健康管制到环境标准和竞争法的各种社会情形中设定行为规则和标准。这本书的大部分稿件都是从这个假设出发的。[6]

2   但是，以一种更加抽象的方式，并且回到前面所提到的定义上来，侵权法也能够被理解为有某些管制的特质。例如，违反雇主应提供给其员工人身安全设备的法定规定可能引起刑事诉讼或者是雇主的行政罚款以及对受损害员工的侵权责任。在这样的情形中，侵权法可能被认为是实质性规则的强制执行工具之一。举个例子——欧洲产品质量规制主要是通过公法的手段强制执行，但是还应该受比如竞争者的损害赔偿请求和禁令救济等私法执行工作的支持。[7] 于是，损害赔偿的私法权利可能作为加强公共管制政策目标的审慎的

---

4   *Collins*（fn. 2）7.

5   P. *Cane*, Tort Law as Regulation, Common Law World Review 2002, 305.

6   参见，例如，M. *Jagielska/G. Żmij*, Poland, no. 1; B. *Askeland*, Norway, no. 1 and U. *Magnus/K. Bitterich*, Germany, no. 2 fn. 11. For a mixed definition, cf. P. *Billet/F. Lichère*, France, no. 3.

7   European Court of Justice（ECJ）17 September 2002, C – 253/00, Antonio Muñoz y Cia SA and Superior Fruiticola SA v Frumar Ltd and Redbridge Produce Marketing Ltd［2002］European Court Reports（ECR）I – 7289；比较 G. Wagner, Prävention und Verhaltenssteuerung durch Privatrecht – Anmaβung oder legitime Aufgabe? Archiv für die civilistische Praxis（AcP）206（2006）414 f.

政策工具。[8]

　　而且，在最广泛的"管制法"定义中，侵权法本身可能被看做　3
是自治的管制制度。如果我们定义管制为控制人们活动的规则[9]并且
如果我们接受侵权法设定行为标准，那么这对于监督行为以及对那
些不遵守这些标准的人执行这些标准就特别能适用。[10]诚然，这是稍
微有点不被普遍认同的侵权法工具论视角。

　　在这一章中，"管制标准"或者"管制法规则"指的是公法规　4
则——无论它是清晰的和具体的或者是含糊的和概念性的，也无论
它是法定规则的形式、政府规章还是公共机构的命令、指导原则，
等等。我不曾尝试在规则和标准之间作出详细的区分；因为对于比
较分析的目的，这种区分不是实质性的，并且，这些术语可以交替
使用。[11]

　　在本章中，比较分析从本卷书提供的法律制度着手进行的。在　5
问卷的基础上，我们让本卷书的撰稿者提供他们法律制度的综述以
及侵权法与管制法之间复杂的相互作用。各撰稿者所呈现的图景是
完全不同的，并且结果证明互相妥协是困难的。所以，这个比较分析
充其量是欧洲规则在法律发展的过程中的一个印象深刻的图景而已。

　　本章的结构如下：首先，我将提供许多有关管制法和侵权法　6

8　也参见 ECJ 20 September 2001, C‑453/99, *Courage Ltd v Bernhard Crehan* [2001] ECR I
　　‑6297. 在这种情形下，参见，例如，*A. P. Komninos*, New prospects for private enforce-
　　ment of EC competition law: *Courage v Crehan* and the Community right to damages, Common
　　Market Law Review (CML Rev.) 2002, 460 ff.; *A. Jones/D. Beard*, Co-contractors, Dama-
　　ges and Article 81: The ECJ finally speaks, European Competition Law Review (E. C. L. R.)
　　2002, 246 ff.; *O. Odudu/J. Edelman*, Compensatory damages for breach of Article 81, Eu-
　　ropean Law Review (E. L. Rev.) 2002, 327 ff.; *G. Monti*, Anticompetitive agreements: the
　　innocent party's right to damages, E. L. Rev. 2002, 282 ff.; *Wagner*, AcP 206 (2006) 402 ff.
9　参见，例如，在脚注 1 中的引用。
10　对于管制的这个定义，参见 *Cane*, Common Law World Review 2002, 309.
11　Seminal with regard to the dichotomy rules/standards, 参见 *L. Kaplow*, Rules versus Stand-
　　ards: An economic analysis, Duke Law Journal 1992, 557‑629.

（第二部分）相互影响的总体评论，以便勾勒出比较分析的相关因素。第三部分（"作为相互影响形式的行政法责任"）分析公共机构的责任以及与公共机构相关的违反管制法规则和标准的作为与不作为的责任。

7   然后，第四部分（"作为违法行为的违反管制法"）认为侵权法和管制法在具体的侵权责任法律要件中契合，而第五部分（"在违反管制法的情形下，根据侵权法谁将被给予保护？"）涉及管制法规则保护的相关范围。谁受到规则的保护，并且因此，当规则没有被遵守的时候，谁能够进行侵权主张？第六部分（"违反管制法在侵权上的具体结果"）分析了在未遵守管制法规则时侵权法的技术问题（例如举证责任的分担和因果关系）。

8   另外，第七部分（"作为责任抗辩的管理遵守和管制性许可"）集中于侵权法与管制法之间相互影响的具体问题，即遵守相关管制法标准与明确由管制许可引起的损害行为的违法性之间的相关性。这里，问题是根据侵权的请求是否是由相关公共机构的"侵害许可"所预设的（例如阻止或者禁止）。

9   第八部分（"保障损害赔偿"）和第九部分［"合法（管制）干预的赔偿"］涉及侵权法作为损害赔偿机制的扩张与替代。

10   最后，在第十部分（"案例"）我们考虑了3个复杂的案例，并且评述各种法律制度对案例中提出的侵权法与管制法同时存在的问题的观点。

11   本篇文章中的资料来自于本书中的国别报告和专题报告。这些报告将通过下面的方式被引用（作者的姓名，国别或者专题报告的标题，边缘页码）：迈因霍尔德·卢卡斯，奥地利；卡伦·莫罗，英格兰和威尔士；菲利普·比耶和弗朗索瓦·利谢尔，法国；乌尔里希·马格努斯和克劳斯·比特里希，德国；阿蒂拉·迈尼哈德，意大利；罗布·科滕哈根和佩皮塔·科滕哈根—埃德泽斯，荷兰；比亚特·阿斯克兰,挪威;莫尼卡·雅盖尔斯卡和格热戈日·兹米亚,波兰;佩德罗·德尔奥尔莫,西班牙;克丽斯塔·基斯林,瑞士;马歇尔·沙波,美国;法布里奇奥·弗拉基亚,意大利法中的行政侵权:公共机关的责任和私人的勤勉;安东尼·奥格斯,管制与侵权法之间的关系:目标与战略;伊娜·艾伯特和克里斯蒂安·兰施泰因,管制法与保险;米夏埃尔·富尔,侵权法与管制法的经济分析。我们要求撰稿者围绕着问卷开始写作(载入在本书的开篇)。为了处理这章中的一系列的问题,问卷并不是严格地按照从一个问题到另一个问题,而是在合适的时候被提及。相关的问题按照主题的顺序被考虑,并且问卷中的相关问题在注解中提及。

二、管制法与侵权法相互影响的一般评论

1. 共存还是等级制度?

侵权法是与行政法和刑法并列的独立的部门法。[12] 想来,正如雅盖尔斯卡(Jagielska)和兹米亚所陈述的一样,同样的行为,违法者可能承担民事、刑事和行政责任。[13] 特别是,刑法似乎与侵权法孑然独立:刑事制裁并不排除侵权法上的损害赔偿。[14] 尽管如此,在法的不同领域之间也确实存在相互影响。某些法律制度在私法与管制法之间有原则性的等级结构,设想前者作为后备选择——缺陷的填补——如果后者不存在或者不全面的话。[15] 但是,大部分法律制度不认

---

[12] 比较,我们收到的问卷中第一部分第 5 个问题的答案["如果行政法规自己调整违反它本身规则的结果,特别是给予刑事制裁,这样的规则是否被认为是综合性的(即不包括侵权请求)?在这方面侵权法和刑法如何相互影响?"]。

[13] *M. Jagielska/G. Żmij*, Poland, no. 24. Cf. *C. Kissling*, Switzerland, no. 21.

[14] *A. Menyhárd*, Hungary, no. 10; *A. Monti/F. A. Chiaves*, Italy, no. 13; *P. Billet/F. Lichère*, France, no. 7; *B. Askeland*, Norway, no. 8; *U. Magnus/K. Bitterich*, Germany, no. 11; *P. del Olmo*, Spain, no. 20; *C. Kissling*, Switzerland, no. 22.

[15] *K. Morrow*, England and Wales, no. 1.

为管制法比私法具有优越性或者是比私法级别更高。然而，实践中，一方面是行政法院和刑事法院并存的权限问题，另一方面是民事法院，使得地区之间的司法权限的一些划界排序成为不可避免的必要。

13　　这种划分通常遵循民事法院在侵权案件中遵循的一些"平行路径"以及它们倾向于根据"违法性"、"过错"、"因果关系"等这些自治概念来评估行为。但是，这并不意味着，民事法院忽视由专门行政法院作出的那些涉及相同案件的决定。例如，在某些管辖区域内，行政行为的"违法性"仅能在有关首先支持该行为可以着手的公共机构责任的民事诉讼之前由行政法院确认。

14　　从以上可以看出，我们可以归纳出侵权法与管制法是独立的法律线路。事实上，对于这个问卷的回答成为了侵权法与管制法之间分水岭的见证。[16] 但是，仔细看看就会发现明显存在两个法律领域之间较大的相互影响。在这方面，安全管制和环境保护领域提供了很好的例子。以预防原则为例，其来源于环境政策，并且以这样的方式进入环境保护立法。[17] 当下，在环境侵权领域，预防原则的适用范围存在学说上的争论。如果最终预防原则有改造或者修改"违法性"和"注意义务"概念的权力，那么，管制法可能被说成是推动侵权法发展。同样的，侵权法促进管制法进步的镜像发展是可行的。某些职业病雇主责任的司法裁决可能就是这种情形。

15　　另一个例子是由有关一般产品安全的《欧盟指令 2001/95/EC》提供的。[18] 例如第 5 条，指明"生产者应该给消费者提供在其使用产

16　参见，例如，问卷第一部分第 1 个问题的答案［"总体上来讲，在贵国，行政法规则对侵权法的影响是什么？"和第二部分第 1 个问题的回答"（1）法定的安全规章和（2）旨在环境保护的规定对于侵权法有何重要性？"］。

17　比较 *P. Billet/F. Lichère*, France, no. 13.

18　2001 年 12 月 3 日的欧洲议会和理事会有关一般产品安全的指令 2001/95/EC，Official Journal（OJ）L 011, 15 January 2002, 4–17. Cf. *M. Jagielska/G. Żmij*, Poland, no. 44；*P. Billet/F. Lichère*, France, no. 14；*M. Lukas*, Austria, no. 4.

品期间，通过正常的或者是合理的预见能够使他们估计产品内在风险的相关信息，这样的风险没有充分的警告是不立刻显现的，以及采取对这些风险进行防范的措施"。如果根据国家的侵权法制度，之前不存在根据侵权责任有相同的效果的案例法，那么，该指令的管制法框架就提供给国家法院制定有关产品信息义务的注意义务的工具。这样，该指令第 5 条的管制标准实际上能够通过运用侵权法得以执行。[19] 反过来，这并不一定适用。例如，如果产品责任是建立在"消费者合理期待检测"的基础上，[20] 那么消费者可能期待制造商遵守有关产品质量和安全的行政法规提供的安全等级。[21] 但是，他们也可能——依赖于案例——有合理的期待超过由法定的管制标准保持的安全等级。[22] 因此，在某些方面，管制法可能被说成是在侵权法之下给予了最低的保护。我们将在第七部分再讨论这个问题。

2. 侵权法与管制法目标的接轨

前面部分给我们提出的问题是侵权法与管制法在环境和安全领域实际上是否有相同或者稍微有点相似的目标。[23] 正如我们已经提到的一样，在政策层面上，侵权法能够被看做是管制的自治体系：它设定行为标准、事后监测行为，并且对那些不遵守标准引起损害的人强制执行这些标准。本卷书的一些撰稿者实际上主张侵权法与管制法有类似的隐秘的目的，特别是预防私的或者公共利益的损害。[24] 但是，再仔细看看，我们会发现在各种法律制度中，有关侵权法与管制法目标的全面接轨方面，似乎不存在一个坚实的法律理论基础。

16

---

19   Cf. *M. Lukas*, Austria, no. 25.

20   Art. 6（1）EC Directive 85/374/EEC 规定："当产品没有提供人们有权期待的安全时，将所有的情境考虑进去，产品具有缺陷……"

21   *B. Askeland*, Norway, no. 20.

22   Cf. *M. Jagielska/G. Żmij*, Poland, no. 44

23   参见问卷第二部分第 2 个问题（"在贵国，有关这些主题，在何种范围内认为侵权法与管制法有相同或者相似的目的？"）。

24   参见下文边码 20 中的表格及其参考文献。

另外，法院也似乎并未明确地提及任何特殊目标，在法律实践中也似乎不反映这个。[25]

17　　本卷书的一些撰稿者强调侵权法与管制法在目标上的分歧。[26] 这里的中心思想是侵权法目标在于保护私的、个人的权利与利益，然而管制法的目标在于保护预先确定的公共利益，其本身并不关注个人损害。[27] 所以，一些类型的损害（例如环境损害）只有在损害关乎个人财产权利时，才能成为侵权法的客体。[28] 最后，介于两者之间的人所持的观点是管制法和侵权法的目标在某种抽象的层面上是相似的，但是所使用的工具和执行的规模不同：[29] 管制法目标在于"直接预防"，并且在管制法未得到遵守的情况下会有刑事处罚，侵权法的目标在于通过事后赔偿的方式预防。[30]

18　　在这一点上，我们可以采用禁令救济作为检测侵权法和管制法目标接轨的尺度。实际上，在侵权案件中的有关禁令救济的司法能动主义具有一些管制法和侵权法之间平衡的意思。以工业经营者排放有毒废气为例。通常情况下，管制法会设定标准，这些标准能够通过发布行政性的停止命令和关闭经营来得以执行。如果民事法院也有类似的权力，授权禁令和通过经常性支付罚款来加强强制禁令

25　比较 *A. Menyhárd*，Hungary, no. 17.

26　*P. Billet/F. Lichère*，France, no. 13；*K. Morrow*，England and Wales, no. 35.

27　比较 *P. del Olmo*，Spain, no. 57.

28　*K. Morrow*，England and Wales, no. 35.

29　比较 *M. Jagielska/G. Žmij*，Poland, no. 46.

30　Seminal *S. Shavell*，Liability for Harm Versus Regulation of Safety, Journal of Legal Studies（JLS）1984, 357 ff, 在这方面有关侵权法的"事后"特征，参见，例如 *S. Shavell*，Foundations of Economic Analysis of Law（2004）585 f.；*S. Shavell*，The optimal structure of law enforcement, Journal of Law and Economics（JLE）1993, 255 ff. Cf. *C. D. Kolstad/T. S. Ulen/G. V. Johnson*，Ex post liability for harm vs. ex ante safety regulation: substitutes or complements? American Economic Review 1990, 888 – 901；*Ogus*，Regulation: Legal Form and Economic Theory（fn. 1）261. Cf. *M. Faure*，Economic Analysis of Tort and Regulatory Law, no. 7 ff. Cf. *W. H. van Boom*，Efficacious Enforcement in Contract and Tort（2006）18 ff.

的话，那么我们可以比较行政和民事工具的运用。这些工具的汇聚使用可能指示着侵权法和管制法目标的接轨。另外，如果民事法院在经营者遵守了所有的管制标准的情形下限制运用前面提到的权力，那么，这可能象征着管制法框架比私法以及它的救济具有优越性。如果工业经营者排放有毒废气被发现遵守了所有的相关管制，尽管如此，但这个工厂的经营仍然被民事禁令停止或者是暂停，那么人们可能会主张侵权法标准明显比公共管制法标准更具重要性。

让侵权法扮演次要地位的角色可能是理性的做法。仅是赔偿而 19
不停止或者阻止的侵权法制度实际上可能对侵权法而言更加有利。在这样的结构中，活动本身和结果应该被容忍，[31] 但是，任何消极结果将不得不被赔偿。实际上，如果侵权法仅是运用在赔偿活动的消极影响方面的情形中（例如，内化外部性），而不是禁止或者组织这样的活动，那么就存在很强的暗示：管制法的目标和侵权法的目标存在分歧。于是，前者的目标在于禁止和允许某些活动（根据一定的条件），而后者的目标在于赔偿（某些）受害者。所以，侵权法和管制法的目标与工具实际上是否存在接轨或者分歧依赖于在侵权案件中提供禁令救济的司法权力和这些权力何种程度上在实践中被适用。

从政策角度来看，包含安全和环境保护的管制体制似乎优越于 20
侵权责任。[32] 最后，现今对任一制度的偏好似乎应该归结为政策选择。总之，下面的图表将显示出管制法和侵权法在目标和工具方面可能的分歧。

31　比较 A. Ogus, The Relationship Between Regulation and Tort Law: Goals and Strategies, no. 31.

32　K. Morrow, England and Wales, no. 34. For a nuanced law and economics approach, 参见 M. Faure, Economic Analysis of Tort and Regulatory Law, no. 13.

<table>
<tr><td align="center">管制法</td><td align="center">侵权法</td></tr>
</table>

目　标

管制法	侵权法
·一般利益的保护[33]	·保护个人权利不受侵害[34]
·令人生厌的行为的预防[35]	·过失受害者的赔偿，分配损失[36]
	·预防违法行为，[37] 即通过对承担责任的威胁的行为反应（威慑）[38]
·执行管制目标的辅助工具	

达到这些目标的工具

管制法	侵权法
·事前[39]	·事后，金钱赔偿
·无须损害[40]	·保证赔偿（例如，通过强制保险）[41]
·清楚并且具体的规则	·事后：禁止令形式的禁令救济[42]
·命令或控制结构[43]	
·刑事控诉[44]	
·恢复原状的义务[45]	

33　*K. Morrow*, England and Wales, no. 34 f.；*P. del Olmo*, Spain, no. 57；*U. Magnus/K. Bitterich*, Germany, no. 11（with regard to criminal law）.

34　比较 *P. Billet/F. Lichère*, France, no. 15；*B. Askeland*, Norway, no. 24.

35　*U. Magnus/K. Bitterich*, Germany, no. 22；*K. Morrow*, England and Wales, no. 35；*M. Jagielska/G. Żmij*, Poland, no. 47.

36　*A. Menyhárd*, Hungary, no. 17.

37　*P. Billet/F. Lichère*, France, no. 13；*A. Menyhárd*, Hungary, no. 17；*B. Askeland*, Norway, no. 24. Cf. *M. Faure*, Economic Analysis of Tort and Regulatory Law, no. 2.

38　比较 *M. Jagielska/G. Żmij*, Poland, no. 48.

39　*A. Monti/F. A. Chiaves*, Italy, no. 22；cf. *M. Faure*, Economic Analysis of Tort and Regulatory Law, no. 8.

40　比较 *P. Billet/F. Lichère*, France, no. 7.

41　*A. Monti/F. A. Chiaves*, Italy, no. 22.

42　*M. Jagielska/G. Żmij*, Poland, no. 46.

43　比较 *P. del Olmo*, Spain, no. 15.

44　参见下文边码51及其之后内容。

45　*U. Magnus/K. Bitterich*, Germany, no. 1；*M. Jagielska/G. Żmij*, Poland, no. 80；*B. Askeland*, Norway, no. 42；*R. J. P. Kottenhagen/P. A. Kottenhagen – Edzes*, The Netherlands, no. 46 and *P. Billet/F. Lichère*, France, no. 6 and 13；*M. Jagielska/G. Żmij*, Poland, no. 48；*M. Lukas*, Austria, no. 44.

3. 宪法限制

我们让撰稿者详细描述法定管制和侵权法之间相互作用的宪法 21
限制，例如，有关州法与联邦法之间的关系。[46] 有关这些宪法限制，
大多数依赖于宪法设定的具体的管辖权。每个国家的宪法设置总体
上决定了哪些是约束性的法律规则，哪些不是。根据大部分的法律
制度，不遵守任何类型的管制法都可能成为承担侵权责任的原因，[47]
从法律架构到授权规则以及由管制机构发布的标准等等。[48] 如果手头
的法律文件未满足构成具有约束力的法律的宪法要求（例如，在管
制机构没有法定依据情形下设定的指导原则），仍然存在该文件获得
具体法律地位的可能性——例如，一个好的习惯或者是其他一些不
成文渊源的注意义务。[49]

三、作为相互影响的形式的行政法责任

1. 两种类型的"行政责任"

侵权法与管制法之间的相互影响也可能表现在另一方面，尤其 22
是在"行政责任"领域。我们给撰稿者设置了一些有关责任类型的

46　参见问卷第一部分第2个问题（"在行政法规和侵权法相互作用的问题上，是否存在
宪法上的界限或准则，比如：关于联邦法与州或者当地可适用的法规之间以及与行政
法规则的保护目的之间的关系准则等？"）。同时参见问卷第一部分第3个问题["除了
法定规定之外，违反哪种类型的行政法规（比如：规章、官方通知）的情形之下，能
引起侵权责任？"]和问卷第一部分第4个问题["当行政法（比如法律或者由政府或
者具有公共职能的实体所作的决定）本身违反法定规定的时候，根据私法，会有怎样
的后果？因遵照约束其行为的违法的行政法规，而造成损害的人，是否不用承担责
任？如果是，它是否与造成损害的人已经知道或者应该知道行政法规是违法的，有任
何相关？"]。

47　*P. Billet/F. Lichère*, France, no. 5; *A. Monti/F. A. Chiaves*, Italy, no. 11; *C. Kissling*,
Switzerland, no. 11.

48　比较 *B. Askeland*, Norway, no. 4; *U. Magnus/K. Bitterich*, Germany, no. 7 ff. and 13 ff.;
M. Lukas, Austria, no. 6 f.

49　比较 *P. Billet/F. Lichère*, France, no. 5.

问题。[50] 然而，"行政责任"这个术语对于不同的律师意味着不同的事情。认为"行政责任"是政府当局责任的法律制度中同时坚持民事法院和行政法院的管辖权严格分离，以及行政责任是公共机构的责任。[51] 在其他一些管辖区，"行政责任"的术语是用来指代行政法中对公共实体的责任。我们将涉及的"行政责任"包含这两种理解。

2. 公共机构的责任

23 公共机构的责任不是本卷书的焦点，但是相互影响的一个具体方面在这里应该被介绍：公共机构的行为和裁决的行政复议与公共机构责任之间的关系。明显地，这两种法律体制的相互影响对于国内宪法和行政法的架构依赖非常大。例如在英格兰和威尔士，这是一个处于运动中的法律领域，1988 年《人权法案》的制定就是该结果的一部分。在马尔契奇诉泰晤士水务有限公司（*Marcic v Thames Water Utilities Ltd* [2002] Queen's Bench（QB）929）案的情形中，泰晤士水务有限公司被控诉使用过时的污水处理系统，并且在面临财政紧张时，它必须优先考虑某些运营。马尔契奇的经常被淹没的后花园不是这些运营之一。在上诉法院决定允许马尔契奇走行政程序的快捷方式并且直接起诉侵权（许多其他的所有权人无疑会接着按照这样来做）之后，泰晤士水务有限公司面临相当大的财政负担。对比之下，根据普通法规则的优先权责任，上议院裁决 1991 年《水业法》的管制架构足够作为一项救济措施（它提供行政程序和优先级设定程序的司法审查）。[52]

24 这本书的贡献在于表明公共机构违法立法和违反现行法定（管制）法律标准的责任在大多数的法律制度中是个复杂的问题，因为

---

50 参见问卷第一部分第 8 个问题（"在贵国，法律实体本身是否也要承担行政责任？像这样的责任在私法领域会有怎样的结果？如果适用行政责任，法律实体承担的行政责任是否也会引起侵权责任？法律实体的行政责任与它的替代责任如何相互影响？"）。

51 比较 *P. Billet/F. Lichère*, France, no. 12.

52 *K. Morrow*, England and Wales, no. 13.

这个主题太复杂，以至于在这里不能很广泛地涉及，仅仅只一般性的评论。一些法律制度承认国家违法立法的责任似乎仅是一个过渡阶段。[53] 其他的法律制度正在从严格限制豁免的路径改变到一个更加亲民便民的责任制度。[54] 一些法律制度正在与违法立法行为责任的技术构造做斗争。[55] 通常，在公共机构和索赔者之间的一些"邻近"原则被用来限制潜在的索赔范围。[56] 有时，确定公共机构的过错是需要克服的有难度的障碍。[57] 一般趋势似乎是保持沉默：对公共机构的索赔一般不容易得到允许。[58]

3. 与公共机构有关的责任

行政法中在与公共实体有关的责任意义上的"行政责任"是关 25
于被视为为了整个社会的利益而对具体活动的财政负担承担责任的特定群体的财政追偿的法律构建。在这方面，责任类似于特定税收的目的。责任法在许多管辖区就是用作此目的。[59] 如果允许这样的追索诉讼的条件未在侵权法的总则部分制定，而是制定在具体的立法中，人们可能称这个为真正的"行政责任"。一个明显的我们将在下文（边码57）涉及的例子是允许公共机构为了环境清理费的行政追偿诉讼。

一般来讲，在许多法律制度中，包括自然人和法人，都可能受 26

---

53 *A. Menyhárd*, Hungary, no. 8.

54 比较 *K. Morrow*, England and Wales, no. 25 ff.

55 *P. del Olmo*, Spain, no. 17.

56 参见，例如，*F. Fracchia*, Administrative Tort in Italian Law: Liability of Public Administrations and Diligence of Private Individuals, no. 35.

57 比较 *F. Fracchia*, Administrative Tort in Italian Law: Liability of Public Administrations and Diligence of Private Individuals, no. 45.

58 有关这个主题的更多文献，参见 *W. H. van Boom/A. Pinna*, Liability for Failure to Regulate Health and Safety Risks; Second-Guessing Policy Choice or Showing Judicial Restraint? in: H. Koziol/B. C. Steininger (eds.), European Tort Law 2005 (2006) 1 ff.

59 参见，例如，*C. Kissling*, Switzerland, no. 29 and 66; *A. Monti/F. A. Chiaves*, Italy, no. 18.

行政法中的损害赔偿义务的约束。[60] 但是，仅这一事实不能决定侵权责任，所以有关替代责任的具体规则——或者任何其他可归咎于法律实体行为的构建——不会由行政法责任预设。[61] 这可能暗示一个企业法人执行人员可能因没有干预业务流程允许企业法人违反管制标准而承担个人责任。[62] 另外，雇员构成违反管制标准的行为似乎是归咎于雇主的。[63]

四、作为违法行为的违反管制法

27　　仅违反管制法就能构成侵权行为吗？对这个问题的答案依赖于本国侵权法的结构。总之，似乎存在许多种可能的路径：

　　·未遵守管制标准，那么构成可归责的违法行为；[64] 因此，被告的不遵守行为提供索赔者侵权请求赔偿权一个坚实基础：未遵守管制标准，侵权就构成。[65]

　　·未遵守管制标准是不法行为，并且过错被推定，但是被告可以反驳这个推定。

　　·未遵守管制标准的行为是不法的，但是过错仍然必须被证明。[66]

28　　诚然，违反管制法标准不被认为是侵权责任的构成要件。[67] 可归

60　参见，例如，*R. J. P. Kottenhagen/P. A. Kottenhagen-Edzes*，The Netherlands，no. 31；*A. Monti/F. A. Chiaves*，Italy，no. 17；*M. Jagielska/G. Żmij*，Poland，no. 38.

61　参见 *A. Monti/F. A. Chiaves*，Italy，no. 18；*P. del Olmo*，Spain，no. 33.

62　参见 *U. Magnus/K. Bitterich*，Germany，no. 18.

63　参见 *P. del Olmo*，Spain，no. 36；*M. Jagielska/G. Żmij*，Poland，no. 34 ff.；*C. Kissling*，Switzerland，no. 24 ff.

64　*A. Menyhárd*，Hungary，no. 23；*P. del Olmo*，Spain，no. 94.

65　参见 *A. Monti/F. A. Chiaves*，Italy，no. 28 ff

66　*M. Jagielska/G. Żmij*，Poland，no. 60.

67　*A. Menyhárd*，Hungary，no. 22；*P. Billet/F. Lichère*，France，no. 17；*P. del Olmo*，Spain，no. 89；*C. Kissling*，Switzerland，no. 6，15 and 34

责的不法行为是一个独立于法定违反的自治概念。[68] 但是侵权法和管制法之间相互影响有时确实引起后者优先于前者。这样，如果管制标准被违反，这通常等同于该行为违反了法律，从而该违反构成违法行为。[69] 在这方面，管制标准充当最低的注意标准。[70] 这可能与过错责任具有实际的相关性：这样的管制标准可能引起潜在受害者的期待并且因此可能成为在这些期待未被满足的情形下诠释责任的有用工具。[71] 因此，不遵守管制标准，在给评估被告行为提供一个尺度的意义上，可能加强索赔者的案件。[72]

在一个更加具体的层面，人们可能问，仅违反由管制法定义的规则就构成违法性吗？正如阿斯克兰（Askeland）正确评论的一样，这依赖于手头的法律制度下的"违法性"的定义。[73] 为了侵权责任的目的，一些法律制度坚持划分"违法性"和"过错"（或者"可归责性"），然而，其他著作中的"过错"总体概念包含了行为自身的评估以及有关行为者的动机和非议。[74] 话虽如此，但是，法律制度实践中的区别似乎并不依赖于这些定义的差异。

相当多的法律制度貌似采取的观点是，违反管制法标准足以确立违法性但是不足以确立整个责任。[75] 相反的是，一些法律制度并不

---

68 虽然从技术上讲，根据英格兰和威尔士的法律，违反法定义务的侵权将是该规则的例外，但是当然也存在其他的侵权可能被援引（例如过失侵权），其中与违反法定义务本身可能相关，但不是决定性的。比较 K. *Morrow*, England and Wales, no. 46.

69 R. J. P. *Kottenhagen/P. A. Kottenhagen-Edzes*, The Netherlands, no. 53; P. *Billet/F. Lichère*, France, no. 18; P. *del Olmo*, Spain, no. 90.

70 U. *Magnus/K. Bitterich*, Germany, no. 20 and 28.

71 B. *Askeland*, Norway, no. 29; C. *Kissling*, Switzerland, no. 34.

72 B. *Askeland*, Norway, no. 29; A. *Menyhárd*, Hungary, no. 16.

73 参见问卷的第三部分（一）第 1 个问题（"在过错责任领域，违反安全规章和环境法规则扮演何种角色？"）和问卷第三部分（一）的第 2 个问题（"仅违反这样的规则就能构成不法性还是有额外的要求，比如：违反注意义务和过错？"）。

74 有关这些不同的路径，参见，例如 C. *van Dam*, European Tort Law (2006) no. 801 ff.

75 参见 A. *Menyhárd*, Hungary, no. 24.

自动认为违法行为是侵权行为。[76] 实际上，大部分的法律制度为了引起侵权责任而要求比违法性更多的要件。违法行为者的过错常常被推定或者有关违法行为的可归责性的举证责任转换是允许的。[77] 但是，其他的法律制度对违反管制法与侵权责任的任何要素的自动连接更多的是保持沉默。[78] 德国法似乎持一个中立的态度，因为它多少倾向于将未遵守管制标准与基于《德国民法典》第 823 条第 1 款的责任联系起来，在第 823 条第 1 款中，该标准构成不侵害索赔者主观权利的注意义务。[79] 另外，违反法定义务本身构成违法性。[80]

五、在违反管制法的情形中，根据侵权法谁将被给予保护？

31　　我们要求撰稿者报告侵权法下所谓的管制法的"保护范围"。[81] 当侵权者违反了管制法的规则时，何种程度上，他的责任依赖于这些规则的保护目的？或者，换种方式讲：这些所遭受的损害能作为违反管制法规则结果对违反的个人的损害赔偿请求吗？答案无疑是否定的。侵权法常设定索赔者数额以及他们请求范围的界限。这能够轻易地被西班牙的一个案例得以例证：该案中的雇员星期天在工

76　参见 *B. Askeland*, Norway, no. 25.

77　*R. J. P. Kottenhagen/P. A. Kottenhagen-Edzes*, The Netherlands, no. 53; *P. Billet/F. Lichère*, France, no. 18; *B. Askeland*, Norway, no. 31.

78　参见，例如，*M. Jagielska/G. Żmij*, Poland, no. 51.

79　*U. Magnus/K. Bitterich*, Germany, no. 30. 请注意交往安全义务本身是侵权法中的一个自治概念。但是，实践中违反管制标准很可能等同于违反交往安全义务。

80　*U. Magnus/K. Bitterich*, Germany, no. 31.

81　参见问卷第一部分第 6 个问题（"在何种条件下，行政法规则被认为是所谓的'保护性目的规则'？行政法规则的保护目的是否仅由行政法规决定，还是也由侵权行为法的总则决定？"），问卷第二部分第 3 个问题（"这些规章和规定本身是否被认为是具有保护目的的制定法？个人是否也包含在这些保护性规则范围之内？在你们的法律制度中，对这些规则的违反是否构成不法行为？或者它是否引起严格责任？"）和问卷第三部分（一）第 3 个问题（"如果实施侵权行为的人违反了行政法规，他的责任在何种程度上依赖于规则的保护目的？"）。

厂上班时，因为附近发生爆炸而受伤。他们对雇主的损害赔偿请求
——因为违反了禁止工厂在星期天工作的管制法——因为缺乏"保
护目的"而被拒绝：法律的目标在于保护休养，而不是预防像爆炸
这样的安全威胁。[82]

在侵权法中，用来评估保护范围的工具是什么？不出所料，这   32
些限制"工具"在一种法律制度与另一种法律制度之间是有区别的。
在一些管辖区，这些问题被当做管制法规则的"保护目的"或者
"保护范围"来考量。[83] 这些概念一般重点强调两个相关问题。第
一，根据立法意图，受害方是否是规则声称保护的群体中的成员。
第二，立法者设计的规则是否为了防范所遭受的损害类型。明显地，
各种制度可能在措辞和"保护目的"的概念范围上存在差异。例如，
在挪威法律中，"相关"或者是"平行"的概念被用作相同的目的，
就像"保护法"概念在德国法中运用一样，在波兰法律中是"相对
违法性"的原则，以及在荷兰法律中是相对论的概念被运用。[84] 在英
格兰和威尔士，法定解释的相关概念在确定法律是否意味着允许因
为违反法律主张侵权中起到决定性作用。[85]

其他法律制度更加隐蔽地通过运用其他一些概念表达类似的   33
"遏制政策"来运作。例如，根据法国侵权法，管制标准的"保护目

---

82 *P. del Olmo*, Spain, no. 29.

83 *A. Monti/F. A. Chiaves*, Italy, no. 28; *R. J. P. Kottenhagen/P. A. Kottenhagen-Edzes*, The Netherlands, no. 23 ff.; *B. Askeland*, Norway, no. 32; *K. Morrow*, England and Wales, no. 46 f.; *P. del Olmo*, Spain, no. 91; *M. Lukas*, Austria, no. 15.

84 *B. Askeland*, Norway, no. 32; *R. J. P. Kottenhagen/P. A. Kottenhagen-Edzes*, The Netherlands, no. 23 ff.; *U. Magnus/K. Bitterich*, Germany, no. 32; *C. Kissling*, Switzerland, no. 41 ff.; *M. Lukas*, Austria, no. 3 and 35; *M. Jagielska/G. Żmij*, Poland, no. 14. See also the Swiss concept of *Rechtswidrigkeitszusammenhang as explained by C. Kissling*, Switzerland, no. 23.

85 *X (Minors) v Bedfordshire County Council* [1995] 2 Appeal Cases (AC) 633; cf. *K. Morrow*, England and Wales, no. 5.

的"是不存在的。[86] 但是，根据法国法，当评估所遭受损害性质的时候，该项规定是直接相关的：如果索赔者遭受了与立法者试图通过制定管制标准预防的损害不同类型的损害，他将不能主张损害赔偿。[87] 有时，"保护目的"的概念隐含在因果关系的要件中。于是，因果关系要件被用来限制受法令所保护利益的责任范围。[88]

34   正如雅盖尔斯卡和兹米亚评注的那样，决定管制法规则的实际保护范围可能是极其困难的。[89] 解释那些在这方面模棱两可的法律提供给法院裁决的指导令人满意的较少。[90] 当受公法标准保护的利益似乎指向清洁的环境和健康的竞争环境之类的"公共产品"时，更是这样的情况。在某些管辖区，清晰立法的缺失可能导致推定否认保护目的。[91] 因此，法院可能从管制法转移到过错责任的一般原则，并且完全地忽视管制架构。

35   作为选择，在"公共产品"的领域内，有时细分为：一方面由有具体人或者接受端的人的群体的公共产品组成；另一方面由没有具体的接受者的公共产品组成。有时，法院认为管制的目标在于保护属于第二类型一部分的一般环境保护，从而否认基于违反该种管制的个人损害赔偿请求。[92] 运用这种细分的例子是荷兰的一个案件，该案件是关于公共机构过失执行莱茵河里的一艘驳船检查。公共机构承认过失，从而，当这艘受过失检查的驳船沉没时，第三方遭受财产损害，索赔者的财产受到损害。尽管如此，荷兰最高法院（Hoge Raad der Nederlanden）判决国家不用承担赔偿责任。根据具

---

86   *P. Billet/F. Lichère*, France, no. 8

87   *P. Billet/F. Lichère*, France, no. 19

88   *A. Menyhárd*, Hungary, no. 11 and no. 25.

89   *M. Jagielska/G. Żmij*, Poland, no. 61 f.

90   比较 *M. S. Shapo*, USA, no. 3 ff.

91   *U. Magnus/K. Bitterich*, Germany, no. 14. 比较 *M. Lukas*, Austria, no. 24 and 27.

92   比较 *A. Monti/F. A. Chiaves*, Italy, no. 24；*R. J. P. Kottenhagen/P. A. Kottenhagen-Edzes*, The Netherlands, no. 34；*M. Jagielska/G. Żmij*, Poland, no. 47.

体标准，促使公共机构履行检查义务的管制法规则一般坚持以运输安全为目标，而不是保护具体的个别财产利益。[93] 因此，国家不用承担驳船因为它的不安全条件导致其他船舶损害的赔偿责任。[94] 类似限制管制法保护范围的工具在其他法律制度中也被运用。[95]

六、违反管制法在侵权法上的具体结果

1. 举证责任

违反管制法规则在举证责任的分担上有何影响，例如，关于因果关系、违法性和过错?[96] 大多数的法律制度不赋予违反管制标准具体的后果，[97] 尽管引用一个已经被违反的法律规则可能会给索赔者的请求带来实质性帮助。另外，在具体的情境中，如果不遵守管制法具有很严重的性质的话，法院可能更愿意将有关责任和因果关系的举证责任倒置。[98] 这由 1996 年 1 月 22 日西班牙最高法院的判决得以

36

93　Hoge Raad 7 May 2004, case C02/310HR, Nederlandse Jurisprudentie 2006, no. 281（duwbak Linda）. 荷兰最高法院还认为承认这种情形下的责任将允许对无限制的第三方利益集团可能无法预见的损害给予保护。

94　因此，船主的海事责任限制得以有效地为法院支持。需要注意的是，如果过失检查导致了人身伤害，裁决可能就大不相同（法院对于裁决是否也适用于人身伤害的推理并不清楚）。有关与人身伤害、财产损害和纯粹经济损失之间的区别，比较 R. Rebhahn, Staatshaftung wegen mangelnder Gefahrenabwehr（1997）482.

95　比较 M. S. Shapo, USA, no. 9 and 19, 参考 Restatement（Second）of Torts § 288（1965）. 也参见 K. Morrow, England and Wales, no. 36, 参考 Stovin v Wise［1996］AC 923. 比较，例如运用在 Pyrenees Shire Council v Day; Eskimo Amber Pty Ltd v Pyrenees Shire Council［1998］High Court of Australia（HCA）3 中的一般概念和具体信赖（有关公共机构的执法）。

96　参见问卷第三部分（一）第 4 个问题（"在何种范围内，实施侵权行为的人被允许证明即使他遵守相关的规则行事，他仍然会造成损害?"）。

97　A. Menyhárd, Hungary, no. 27; B. Askeland, Norway, no. 34; K. Morrow, England and Wales, no. 49. Cf. M. S. Shapo, USA, no. 65. Contrast Austrian law, 参见 M. Lukas, Austria, no. 29.

98　比较 M. Jagielska/G. Żmij, Poland, no. 66.

例证，该案中，一个非法雇佣的工人在矿产开采地点死亡，该地点不持有开采许可证，并且没有遵照适用的管制。最高法院认为，该地点的所有人应该承担责任，有关过错的举证责任倒置。因为整个致命事故的全部事实仍然不清楚，所以这似乎也是因果关系推定的情形。[99]

37   关于因果关系，下面的内容就是相关的。因果关系的证明在许多管制标准被违反的情形中仍旧是最困难的。[100] 例如，在管制标准的目标是预防累积的个人细微损害的情形中——微小的排放增加导致总的环境损害——未遵守法律的个体不能导致整体的环境损害，从而评估违法行为对总体损害贡献度的程度是不可能的。所以，管制法的目标越是保护一般的利益——环境、公平竞争等——给由于违法行为导致的确切损害一个准确的定位就越困难。

38   在未遵守那些声称要防止索赔者实际遭受损害的管制法的情形中，一些法律制度允许有关因果关系的举证责任倒置。那么，作为经验法则，驳斥因果关系的义务可能转移到被告（表面证据）。[101] 在一些管辖区，违反法定规则是过错的证据。例如，在意大利法中，违反行政规定本身可能就暗示着侵权者部分的"过错"。[102] 因此，根据意大利法，违反以保护目的为特征的行政规则等同于《意大利民法典》第2043条意义上的过错。

39   相反的情形也可能相关：遵守管制法的行为对关于侵权责任举证分担有影响吗？[103] 如果被告证明他遵守了相关的所有管制标准，这

---

99   *P. del Olmo*, Spain, no. 98.

100 *P. Billet/F. Lichère*, France, no. 21.

101 参见 *U. Magnus/K. Bitterich*, Germany, no. 36；*M. Lukas*, Austria, no. 29；*R. J. P. Kottenhagen/P. A. Kottenhagen-Edzes*, The Netherlands, no. 36 ff.

102 *A. Monti/F. A. Chiaves*, Italy, no. 9.

103 参见问卷第三部分（二）第3个问题［"如果侵权人能够成功证明他是合法地行为（就相关的行政法规则而言），那么关于不法性和过错的举证责任的分担是否会有所不同？"］。

能够改变有关举证责任的分担吗？自然，如果默认的立场是索赔者必须证明可归责的违法行为和因果关系，那么，很清楚的是没有必要转移举证责任：它已经依赖于索赔者。[104] 但是，因为遵守抗辩是由被告提出的，所以通常他必须证明基本事实。[105]

2. 因果关系的要素

何种程度允许侵权者证明即使他的行为遵守了相关规则，他同样会导致损害？[106] 在大多数管辖区，这样的抗辩是允许的。[107] 提交必要的证据更困难。例如，被控诉未遵守当地责令在结冰表面铺撒的管制的被告，可能会主张——并且如果有必要的话会证明——如果他实际上遵守了该管制，事故也仍然会发生。根据德国法，这个就是被指称为"合法的可替代行为"的抗辩。[108] 这种抗辩成功的情形似乎很罕见。在波兰最近的案件中，波兰最高法院甚至指出："矫正损害请求申请所针对的被告不能恳求，如果他合法行为，受害方仍然会有同样的损害发生为理由提出辩护——当被告的实际行为构成了对应该预防损害的规范的违反时。"[109]

但是，在一些情形中，该抗辩可能会更多地成功。例如，考量一个案件，在这个案件中，工厂经营者未获得必要的许可证，从而，它的行为与严格的法律要求相违背，但是实质上，他确实遵守了如

40

41

---

104 参见 *M. Jagielska/G. Żmij*, Poland, no. 75.

105 参见 *K. Morrow*, England and Wales, no. 54.

106 参见问卷第三部分（一）第 4 个问题（"在何种范围内，实施侵权行为的人被允许证明即使他遵守相关的规则行事，他仍然会造成损害？"）。

107 *A. Menyhárd*, Hungary, no. 26；*A. Monti/F. A. Chiaves*, Italy, no. 32；*R. J. P. Kottenhagen/P. A. Kottenhagen-Edzes*, The Netherlands, no. 55；*B. Askeland*, Norway, no. 33；*U. Magnus/K. Bitterich*, Germany, no. 33；*M. S. Shapo*, USA, no. 64. 请注意这样的差异并不排除基于其他基础的责任（即过失代替违反法定义务）。也参见 *M. Lukas*, Austria, no. 36，在法学和经济学中何者被看做是"财产规则"和"责任规则"之间作区分（参见 *M. Faure*, Economic Analysis of Tort and Regulatory Law, no. 7）。

108 *U. Magnus/K. Bitterich*, Germany, no. 33. Cf. *C. Kissling*, Switzerland, no. 55.

109 *M. Jagielska/G. Żmij*, Poland, no. 64.

果他被授予许可证应该遵守的关键规则。在这样的情况下，存在一个不法行为，但是该不法性似乎不是造成损害的原因。诚然，这并不排除违反管制法之外的其他责任基础。损害行为本身基于可替代的理由可能仍然是违法的。[110]

3. 赔偿而不是惩罚

42　　违反管制法在侵权法中像其他责任理由一样被对待。所以，责任的赔偿功能似乎是最显著的。[111] 欧洲大陆的一般观点是惩罚性赔偿不被允许，无论是根据私法原则还是根据管制法。[112] 诚然，在评估非财产损失的过程中，可能会考量惩罚性因素。[113] 比较而言，普通法中的惩罚性损害赔偿诉讼本质上是惩罚性的。[114] 尽管这样的诉讼仅在数量有限的案件中被允许。它可能与这样的情形相关，被告行为被计算取得利润超过了任何对索赔者支付的赔偿。[115] 所以，惩罚性赔偿可能在故意违反管制标准，并且取得超过给他人可能造成损害的利润的情形中才可能获判决。

七、作为责任抗辩的管制遵守和管制性许可

43　　遵守管制法的行为可能是决定责任的相关要素。一般来讲，遵守的相关性似乎依赖于手头的管制法的性质、目标和范围。因此，

110　*P. Billet/F. Lichère*, France, no. 20.

111　参见问卷第三部分（一）第 6 个问题（"一般注意义务能否超过这些规则的范围？"）。

112　*A. Monti/F. A. Chiaves*, Italy, no. 34；*A. Menyhárd*, Hungary, no. 28；*R. J. P. Kotten hagen/P. A. Kottenhagen-Edzes*, The Netherlands, no. 58；*P. Billet/F. Lichère*, France, no. 22；*P. del Olmo*, Spain, no. 100 ff. ；*M. Jagielska/G. Żmij*, Poland, no. 67；*C. Kissling*, Switzerland, no. 62；*M. Lukas*, Austria, no. 39. For an economic rationale of punitive damages, see cf. *M. Faure*, Economic Analysis of Tort and Regulatory Law, no. 35. .

113　参见 *B. Askeland*, Norway, no. 36；*U. Magnus/K. Bitterich*, Germany, no. 38.

114　也参见 *M. S. Shapo*, USA, no. 66.

115　*K. Morrow*, England and Wales, no. 50.

遵守法定条款行为的相关性依赖于条款的性质。如果这些规则设定了最低的质量标准，那么，这似乎就不存在责任上的相关障碍。但是，如果规则的目标在于高度的协调性，不留有任何自治的空间，那么遵守管制法可能事实上完全优先于责任。

这样完全禁止的例子可能在欧盟《产品责任指令》第7（d）条   44
中发现："由于本指令产品生产商不应该承担责任，如果他能证明：……缺陷产品是归因于遵守由公共机构颁布的强制管制造成的。"[116]
一个类似的例子由《环境责任指令》第8（3）条提供："经营者不必要根据该指令承担预防或者是救济行为的成本，当他能证明环境损害或者该种损害迫在眉睫：……（b）是因为遵守公共机构发出的强制命令或者指示引起，而不是因为经营者自己的活动造成排放或者事故引起。"[117]

这些例外的核心是管制遵守的抗辩思想。但是，这绝不是绝对   45
的责任抗辩；大多数依赖于管制的强制等级。一般来讲，合乎逻辑的是，管制预留的随意处置的余地越大，例如，达到所描述的管制结果的工具的选择，侵权责任不被预设的可能性就越大。管制性许可抗辩涉及更加具体的问题：相关当局根据法律运用它的权力允许具体的损害行为，例如河流污染。允许侵权者援引管制性许可抗辩，禁止受害人的损害赔偿请求。

我们要求撰稿者描述各个法律制度如何处理管制遵守抗辩和管   46

---

116 各成员国关于缺陷产品责任的法律、行政法规定和管制相似性的 1985 年 7 月 25 日理事会指令 85/374/EEC, OJ L 210, 7 August 1985, 29 – 33. Cf. *C. Kissling*, Switzerland, no. 17.

117 欧洲议会和理事会 2004 年 4 月 21 日关于预防和救济环境损害的环境责任的 2004/35/CE 指令, OJ L 143, 30 April 2004, 56 – 75.

制性许可抗辩。[118] 一些法律制度断然拒绝这样的抗辩思想；其他法律制度在允许这些抗辩上徘徊。[119] 而且，一般都认为一般注意义务能够超过公法管制所要求的谨慎。[120] 就像艾伯特和兰施泰因所评注的一样，这反映在责任保险包含的一般实践中。[121]

47   所以，在欧洲法律制度中，侵权法的注意义务可以超过管制法的注意等级有着坚实的根基。但是，例外也是可能的。大多数取决于那些适用的具体管制法标准。也许，立法者意图实际上是使受质疑的不需任何赔偿的行为的有害本质正当化。例如，如果管制架构本身明确预先设定民法责任，那么明显地，实际上存在被描述效果的抗辩。[122] 如果不存在明示的预先设定，法定解释将会被适用来评估在遵守管制的情形中，立法主体实际上是否会考虑侵权责任成为可能。[123] 如果管制标准已经平衡了索赔者和被告之间的利益，那么就可能成为民事法院不再考虑后面索赔请求的理由。[124] 因此，正如迈尼哈

---

118 问卷第三部分（二）第 1 个问题［"即使侵权人遵守了所有相关的行政法规则，他是否也要承担侵权责任（以获得损害赔偿或者禁令为目的），或者你们的法律制度是否允许'管制性许可抗辩'？"］和问卷第三部分（二）第 2 个问题（"一般注意义务能否超过这些规则的范围？"）。

119 *P. del Olmo*, Spain, no. 11, 53 and 106；*B. Askeland*, Norway, no. 37；*P. Billet/F. Lichère*, France, no. 10 in fine and 23；*A. Monti/F. A. Chiaves*, Italy, no. 35；*A. Menyhárd*, Hungary, no. 29；*M. Lukas*, Austria, no. 12 and 40.

120 Cf. *M. Jagielska/G. Żmij*, Poland, no. 72（尽管存在一些关于该义务应有的确切教条形式的学说争议；也参见 *M. Jagielska/G. Żmij*, Poland, no. 13 – 14）；*P. del Olmo*, Spain, no. 107 描述的在波兰进行的有趣的关于"违法性"概念教条式的讨论；*U. Magnus/K. Bitterich*, Germany, no. 43；*B. Askeland*, Norway, no. 39；*P. Billet/F. Lichère*, France, no. 24；*R. J. P. Kottenhagen/P. A. Kottenhagen-Edzes*, The Netherlands, no. 62. For an economic rationale, 参见 *M. Faure*, Economic Analysis of Tort and Regulatory Law, no. 38 ff.

121 *I. Ebert/C. Lahnstein*, Regulatory Law and Insurance, no. 2.

122 比较 *U. Magnus/K. Bitterich*, Germany, no. 41（*Genehmigung mit Präklusionswirkung*）.

123 *K. Morrow*, England and Wales, no. 51 ff. ；*A. Ogus*, The Relationship Between Regulation and Tort Law：Goals and Strategies, no. 38. See also supra no. 31 ff.

124 比较 *R. J. P. Kottenhagen/P. A. Kottenhagen-Edzes*, The Netherlands, no. 61.

德（Menyhárd）正确观察的一样，它归结于一个问题，是否"管制本身使导致的损害合法——并且或明或暗地使侵权者免除提供赔偿责任。"[125]

一个值得注意的例子是，在罗马上诉法院 2005 年 3 月所判决的注意义务超过管制标准的案件。在这个案件中，雪茄生产商被判决因为他未警告吸烟者抽烟的风险而承担责任。尽管在 1990 年之前，并不存在管制规则强调生产商在雪茄包装上设置警告，警告消费者与抽烟相关风险的义务，法院仍然判决雪茄生产商承担未警告吸烟者该风险的责任，即使烟草行业遵守了那时存在的调整烟草产品的所有管制。[126]

其他法律制度从一个不同的立场开始，但是粗略达成相同的结论，即认为管制许可原则上是有效抗辩，但是可以通过主张更加严格的注意义务是可适用的来反驳。波兰一个关于电视机设备自燃的案件例证了这个观点：生产商对其顾客承担更加严格的注意义务，使产品遵守了相关管制标准的事实与承担责任无关。[127] 在这方面，有趣的也是德国法律制度中的《邻居责任法》（《德国民法典》第 906 条），似乎在某种意义上其是混合制度，即根据行政法，未超过边际值或者近似值的废物排放必须忍受，但是仅只是"作为一个规则"，即指导准则，其对民事法院不具有约束力。所以，实际上，法院在确定侵权责任的时候，应该考虑行政许可，但是他们不应该将这种许可作为责任的完全抗辩。[128]

48

49

125　*A. Menyhárd*, Hungary, no. 32.

126　*A. Monti/F. A. Chiaves*, Italy, no. 36. Cf. *van Boom/Pinna*（fn. 58）no. 21 ff. on the French tobacco "saga".

127　*M. Jagielska/G. Żmij*, Poland, no. 73.

128　*U. Magnus/K. Bitterich*, Germany, no. 2 and 49. Cf. *M. Lukas*, Austria, no. 44.

50   最后，我们要问的是遵守违法的管制，后果将会如何？[129] 侵权者能否以遵守违法规则而被免除责任？假定法院——无论是是民事法院还是行政法院——被允许评价手头法令的违法性，[130] 那么问题就转为"法律错误"和"按照官方命令的行为"实际上是否是有效的抗辩。在刑法中，"遵守法律义务"的抗辩有时可以被提起。[131] 伴随着这样的抗辩，常常存在某种预见能力的检验。[132] 那么，相关的问题是被告是否知道或者是否应该知道管制的立法例是违法的或者是不违法的。类似的检验可能决定了被告的侵权责任。[133]

八、保障损害赔偿

1. 违反管制法情形中的强制保险和基金

51   正如我们通过本卷书看到的一样，违反管制法可能会受到侵权法损害赔偿制裁。侵权者如何支付这样的赔偿？通常，第三方自愿保险是该赔偿的筹资机制。但是，也许存在阻碍这种分散损失机制正常功能的当地情况。在那种情形下，无论因为何种原因，立法政策的目标可能是保障损害赔偿的备选方案，例如，通过使第三方强制保险（如同撰稿者报告的一样）。[134] 替代路径的选择似乎取决于国内保险市场的特点。

---

129 问卷第一部分第 4 个问题 ["当行政法（比如法律或者由政府或者具有公共职能的实体所作的决定）本身违反法定规定的时候，根据私法，会有怎样的后果？因遵照约束其行为的违法的行政法规，而造成损害的人，是否不用承担责任？如果是，它是否与造成损害的人已经知道或者应该知道行政法规是违法的，有任何相关？"]。

130 关于这个问题，参见，例如，*A. Menyhárd*, Hungary, no. 9.

131 *A. Monti/F. A. Chiaves*, Italy, no. 12；*P. Billet/F. Lichère*, France, no. 6.

132 *A. Monti/F. A. Chiaves*, Italy, no. 12；*B. Askeland*, Norway, no. 7.

133 比较 *P. del Olmo*, Spain, no. 18.

134 问卷第二部分第 4 个问题 ["如果是适用（严格责任），请详细描述有关安全规章或者环境保护采用的强制责任保险的法定方案。"]。

在安全管制和环境保护领域，一些国家运用强制保险方案相当 52
频繁。然而，其他一些国家几乎根本不利用这种方案。例如，德国
法倾向于将严格责任和强制保险相结合（有关机动车责任、民航、
货物运输）。[135] 另外一个例子是 1969 年《油污污染损害赔偿民事责
任国际公约》和 1971 年《基于油污污染损害赔偿国际基金建立的国
际公约》。这些公约确立了责任限制、强制保险和海上石油运输船导
致的过度损害的国际赔偿的管制架构。[136] 存在类似的有关核能的国际
安排。[137]

另外，强制责任保险实际上可能是管制法规则迫使具体活动的 53
操作者使自己在责任风险时具有足够的财政担保的结果。这是环境
管制下被许可人广泛运用的一种工具。[138]

对于第三方强制保险，一个更加激进的选择是由综合赔偿方案 54
完全取代责任法。特别是，雇员在其执业过程中的人身损害通常被
社会保障方案涵盖。[139] 这种替代赔偿方案的转换在本卷书研究范围之
外。[140]

2. 赔偿的替代来源

与管制法相联系的损害赔偿的替代来源是什么？首先，合同法 55
可能是未遵守管制法而赔偿受害方的义务来源。[141] 其次，可能存在获

---

135 *U. Magnus/K. Bitterich*, Germany, no. 27. 当然，机动车所有人强制责任保险在所有欧
盟国家都适用，但是这并不属于违反管制法责任，也参见 *M. Lukas*, Austria, no. 30 ff.

136 比较 *P. Billet/F. Lichère*, France, no. 16；*M. Jagielska/G. Żmij*, Poland, no. 55.

137 参见《1963 年 5 月 21 日核损害的民事责任维也纳公约》（已修正）和《1960 年 7 月
29 日核能领域的第三方责任的巴黎公约》（已修正）。

138 *K. Morrow*, England and Wales, no. 44；*U. Magnus/K. Bitterich*, Germany, no. 27；
A. Menyhárd, Hungary, no. 21；*P. Billet/F. Lichère*, France, no. 16；*C. Kissling*, Switzer-
land, no. 50.

139 *A. Monti/F. A. Chiaves*, Italy, no. 27；*B. Askeland*, Norway, no. 27.

140 参见，例如，*W. H. van Boom/M. Faure* (eds.), Shifts in Compensation between Private
and Public Systems (2007).

141 *U. Magnus/K. Bitterich*, Germany, no. 40.

得损害赔偿的替代程序。在刑事犯罪中尤为明显，一些法律制度允许在刑事程序中损害赔偿作为受害方的一种附属赔偿请求。[142] 第三，在一些法律制度中，当国家决定在管制法被违反之后进行干预时，无因管理可能是国家赔偿责任的来源。在这个标题之下，"干涉的国家"有时可以要求违法者偿还由于"代表"违法者而遭受的费用。[143] 粗略地讲，这等同于在第三部分提到的与公共机构有关的责任。第四，在一些管辖区中的有关邻居法的具体规则，就其被编撰在侵权法一般框架之外而言，也是因为未遵守管制标准而导致损害赔偿义务的来源。[144] 第五，可能存在除了侵权法一般框架之外的有关责任的具体立法。在许多管辖区，在为赔偿提供法律依据的侵权法一般框架之外有具体的法律。[145] 例如，1997 年意大利的一个法令使得违法者承担土壤污染的补救责任；[146] 挪威关于环境责任的具体法律以及当未遵守公法安全标准时，游乐场经营者责任可能导致责任的具体法律；[147] 英格兰和威尔士有关污染者清理费用责任的具体立法；[148] 美国法中规定在违反消费者产品安全规则时提供给受害消费者救济的具体立法。[149] 有时，相关的行政法重新提及侵权责任的一般原则。[150]

56　　　　除了所有这些具体的赔偿来源之外，西班牙行政法似乎提供了在未遵守管制标准时责任一般框架的独一无二的特征。根据西班牙行政法，存在建立违反行政立法本身管制标准责任的可能性。根据

142　*P. Billet/F. Lichère*, France, no. 26；*R. J. P. Kottenhagen/P. A. Kottenhagen-Edzes*, The Netherlands, no. 64.

143　*U. Magnus/K. Bitterich*, Germany, no. 46；*C. Kissling, Switzerland*, no. 66.

144　*B. Askeland*, Norway, no. 42；*U. Magnus/K. Bitterich*, Germany, no. 47；*M. Jagielska/ G. Żmij*, Poland, no. 80；*C. Kissling*, Switzerland, no. 67.

145　比较 *M. Jagielska/G. Żmij*, Poland, no. 76（侵权法之外的产品责任）.

146　*A. Monti/F. A. Chiaves*, Italy, no. 38.

147　*B. Askeland*, Norway, no. 41.

148　*K. Morrow*, England and Wales, no. 24；*C. Kissling*, Switzerland, no. 66.

149　*M. S. Shapo*, USA, no. 48.

150　比较 *A. Menyhárd*, Hungary, no. 32.

《行政程序法》第 130 条，违法者有义务恢复状况到原始状态，并且支付相应损害赔偿。所以，除了任何可能适用的行政制裁之外，违法者同时可能有义务修理和/或者赔偿任何由于该违反导致的损害。[151]

当比较各种法律制度时，一个共同的起源貌似以公共机构对环境清理费用的追偿行动出现的。许多立法者选择执行侵权法之外的具体立法例来推动公共机关或者机构清理费用的请求。[152] 当然，这并非巧合。政府设计独立的土壤清理费用追偿的行政框架可能的理由似乎是以下这样的。首先，在一些管辖区，侵权法上的请求是以被污染土壤中私有利益作为先决条件的。如果公共机构并不拥有土地，侵权请求就被禁止。其次，侵权法可能有其内在的特质，比如时效期间、因果关系的要求、证据标准、过失证据等，这些也许并不适合公共政策的追求。 57

总之，赔偿的替代路径是多种多样的，并且有正当的分歧理由。该正当理由可能推动公共机构的追偿诉讼或者是由一种快捷的、高效的赔偿替代性来源取代侵权法，但是同时可能在于责任法权威的划分，例如，在过失行为缺失时，无因管理作为一种赔偿来源。 58

九、合法（管制）干预的赔偿

我们要求本书的撰稿者报告有关根据管制法合法侵害其他人利益时的赔偿制度（无论是从受益方、基金或者政府）。[153] 似乎除了征 59

151　*P. del Olmo*, Spain, no. 44 ff.

152　也参见 *M. S. Shapo*, USA, no. 41 ff. on the USA Comprehensive Environmental Response, Compensation, and Liability Act（CERCLA）.

153　参见问卷第四部分第 2 个问题［"如果行政法规则许可侵害另一个人的利益，贵国的法律制度是否提供损害赔偿（或者是来源于受益者、基金或者是政府）？该赔偿请求的必要条件是什么？"］和问卷第四部分第 1 个问题（"除了侵权行为法之外，是否还有其他法律的原因，比如：行政法本身或者是更加广泛的法律责任领域，强调因违反这样的规则所引起的损害赔偿责任？"）。

收的公共赔偿之外不存在此主题广泛的适用原则，或者在严格意义上或者在更加广泛的意义上（强制地役权等等）。这自然构成补偿的一个坚实理由。[154] 实际上，对被征收人的赔偿通常受《宪法》保障。[155]

60   明显地，在征收的严格范围之外，与管制标准一致的干预也可能导致损害。那么，一些管辖区允许合法干预的责任。[156] 与这种责任理由相一致，对某人财产的合法干预通过公共利益正当化，例如，由航空站导致的侵扰——可能与管制标准一致但是尽管如此，仍然可能引起赔偿受害人的义务。[157] 一个相关但是稍微有点不同的构建是有时遵循《荷兰民法典》中第 6 章第 168 条的规定，在侵权责任的情形下（例如工业侵扰），民事法院可能基于普遍高于一切的社会利益，侵权行为应该被容忍的理由而拒绝获取禁令的诉讼，但是这无损于接踵而至的损害赔偿的权利。[158] 因此，原则上，尽管侵权活动可以通过申请禁令救济而被停止，此处例外也是被允许的，即留给受害者的仅是从侵权者那里获得损害赔偿。其他管辖区似乎是根据民事程序法的主题提出这个问题，例如，通过提供法院自由裁量事项的禁令救济，而不是活动停止的实体权利。

61   最后，作为合法管制行为或者"管制不作为"正当化的结果，存在"过度合法负担"的责任事项。在这方面，法律制度呈现不同。例如，法国法呈现出非常详细的图景。根据法国法，首先，法律本身必须被评估。如果它提供赔偿的一些形式，这就被认为是详尽的，

---

154 比较 *P. del Olmo*, Spain, no. 111 f. ; *C. Kissling*, Switzerland, no. 68 ff. ; *A. Menyhárd*, Hungary, no. 33.

155 *A. Monti/F. A. Chiaves*, Italy, no. 39; *M. S. Shapo*, USA, no. 71; *C. Kissling*, Switzerland, no. 68.

156 例如在波兰，公共机构的合法履行可能引起"衡平责任"。比较 *M. Jagielska/G. Žmij*, Poland, no. 70.

157 *K. Morrow*, England and Wales, no. 14.

158 *R. J. P. Kottenhagen/P. A. Kottenhagen-Edzes*, The Netherlands, no. 75.

如果没有，那么立法意图一定会被重构；如果没有任何立法机关排除国家财政责任的暗示，那么因为公共政策超重负担的行政责任的概念可能开始发挥作用。[159] 因此，积极的国家干预可能引起格外负荷市民的财政赔偿，只要损害是特殊的并且是非正常的。另外，根据波兰法，由于公共权力的实施导致的"人身伤害"和以避免对生命或者健康或者高于一切的公共利益的具体危险为目标的行政决定的收回都可能引起（有限制的）损害赔偿请求。[160]

十、案例

最后，在这节中，我们考虑许多具体的案例。在我们发放给撰稿者的问卷中，我们要求他们处理这些案例，目的在于检验我们向他们提出的更加一般的问题。 62

1. 案例 1（问卷第五部分第 1 个问题）

1976 年，一家由 A 公司经营的化工厂，被允许可以排放一定量的废气到空气中。根据最近的技术标准，所规定的量可以以一个合理的费用显著地降低。然而，自从 20 世纪 70 年代以来，政府管制就没有升级校正调整过。因排放废气而遭受农作物损害的当地农民，能否向政府或者工厂经营者主张损害赔偿？这与农民本应该根据行政审查程序，申请审查或者撤销许可有关吗？

这个案件的焦点问题是工厂经营者未违反任何法定义务。事实 63 上，他的化学工序完全符合公共管制标准，所以不存在任何违反法定义务的侵权责任基础。[161] 但是在这个案件中，公共管制标准明显地不符合"最先进的科学状态"。因此，根据所有的法律制度，这可能

159　*P. Billet/F. Lichère*，France，no. 28.

160　*M. Jagielska/G. Żmij*，Poland，no. 82 – 83.

161　比较 *U. Magnus/K. Bitterich*，Germany，no. 49.

构成违法排放（即生活侵扰的违法行为）。

64　　在某些法律制度中，邻人侵扰的具体规则得以适用。在这些国家中，邻居法的原则要求排放的负担不能超过一定的门槛。如果它超过了，过重的负担构成"非正常的邻里麻烦"[162]，评估是否存在实际上的负担过重[163]必须平衡预防的成本与收益。如果存在负担过重，这或者可能引起寻求禁令救济或者损害赔偿的请求。[164] 一些管辖区甚至坚持排放工厂经营者的严格责任。[165]

65　　问题是一个无可否认的过时的许可证能否是责任的抗辩理由？该许可证的相关性似乎是过失，尤其是在那些根本不裁决相关的管制许可来决定侵权责任的法律制度中。自然地，法律在科学条件方面过时的事实并不会使它不被适用。所以，实际上，法律要求必须适用，即使是经过很长时间的推移之后。[166] 但是，法律制定的标准不是决定性的：排放可能被判决是不可容忍的，即使由公共管制许可的数量并未被超越。因此，化工厂的经营者不能援引公共许可证充分抗辩。[167]

66　　这是否与受影响的农场主已经根据行政审查程序申请审查或者撤销许可有关？在许多法律制度中，农场主主张那些也许他自己本可以通过申请审查许可证来预防的损害赔偿的事实似乎没有纳入侵

162　*P. Billet/F. Lichère*, France, no. 28; cf. *A. Monti/F. A. Chiaves*, Italy, no. 40. 比较 Granneloven 16 June 1961 no. 15（the Norwegian Neighbour Act, grannel.）§ 2 and § 9 as mentioned by *B. Askeland*, Norway, no. 42 and 44.

163　*B. Askeland*, Norway, no. 44; *U. Magnus/K. Bitterich*, Germany, no. 49. Cf. *M. S. Shapo*, USA, no. 72.

164　*A. Monti/F. A. Chiaves*, Italy, no. 41.

165　*B. Askeland*, Norway, no. 45 and 22; *A. Menyhárd*, Hungary, no. 35; *C. Kissling*, Switzerland, no. 72 ff.

166　*K. Morrow*, England and Wales, no. 58.

167　*P. Billet/F. Lichère*, France, no. 28. Cf. *P. del Olmo*, Spain, no. 114 ff.; *M. Jagielska/G. Żmij*, Poland, no. 85; *A. Menyhárd*, Hungary, no. 34; *M. Lukas*, Austria, no. 47.

权请求的行列里。[168] 它也许等同于共同过失。[169] 其他管辖区更加严格：如果农场主知道或者应该知道该排放，并且本来可以通过审查来预防损害，农场主实际上促成过失。[170]

有关对公共当局的请求，这样的情形可能更加复杂。这里，一些法律制度坚持（行政的或者是司法的）公法许可审查和侵权之间的严格秩序。马尔契奇诉泰晤士水务有限公司一案中确定了法定制度的首要地位。[171] 但是，即使我们脱离赔偿的技术障碍，将焦点集中在未升级管制的实质责任问题上，实际上，这种案件获胜的机会似乎也是很渺茫的。未升级管制的国家责任是例外。[172] 原则上，似乎在大多数国家，国家——属于该国立法主体的法律实体——不能因为未升级法律标准到有效的科学知识水平而承担侵权责任。[173] 如果政府的不作为是缺乏任何正当理由[174]或者构成合格的过失程度，[175] 可能存在这个原则的例外。如果存在公共当局升级规则的法定义务，[176] 也许能成为侵权请求。而且，如果国家不作为与保障生命或者维持居住环境的宪法义务背道而驰，[177] 也许存在允许该请求的宪法理由。

请注意对索赔者而言，国家责任的法国路径可能更加现实些。在法国，行政责任通过石棉丑闻被收紧。实际上，石棉丑闻推动了

67

68

---

[168] *M. Jagielska/G. Żmij*, Poland, no. 85；*B. Askeland*, Norway, no. 46；*C. Kissling*, Switzerland, no. 83 at lit. c）；*P. Billet/F. Lichère*, France, no. 28.

[169] *P. del Olmo*, Spain, no. 114.

[170] *U. Magnus/K. Bitterich*, Germany, no. 49. 根据奥地利法，农场主请求的一个完全障碍似乎是合理的，参见 *M. Lukas, Austria*, no. 48.

[171] *Marcic v Thames Water Utilities Ltd* [2002] QB 929. Cf. *K. Morrow*, England and Wales, no. 57.

[172] 请注意，根据波兰法，在 2004 年 9 月 1 日之前，存在作为和不作为的豁免。参见 *M. Jagielska/G. Żmij*, Poland, no. 86.

[173] *P. del Olmo*, Spain, no. 116 ff.；*A. Menyhárd*, Hungary, no. 37.

[174] *R. J. P. Kottenhagen/P. A. Kottenhagen-Edzes*, The Netherlands, no. 78.

[175] 比较 *B. Askeland*, Norway, no. 16 and 46.

[176] 比较 *P. del Olmo*, Spain, no. 118 ff.

[177] *Van Boom/Pinna* (fn. 58) no. 1 ff.

有关因未制定针对石棉危险的安全管制的国家责任的争论。2004 年，高等行政法院[178]裁决认为国家在面临有关石棉严重健康风险的科学知识时，国家有责任调整管制。而且，未调整现存管制以适应新的见解也可能等同于法国法的行政责任。[179]

2. 案例 2（问卷第五部分第 2 个问题）

一个有关职业危害的特定法规 A 迫使雇主在他们的车间里采取一定的保护措施。B 经营着一间一人车间，在那里没有雇工和参观者曾出现过，假设在该情形下管制规定不予以适用，一个偶然到车间参观的人受到伤害，B 是否仍然要承担侵权责任？

69   这个案例意味着解决的是根据侵权法扩张公法管制保护范围的问题。职业健康和安全标准目标在于保护雇员。这些法律规则的保护范围也能扩展到包含雇员之外的其他人吗？能否主张如果 B 在他的公司雇佣了其他人的话，B 根据它本应该遵守的具体的公法义务承担责任，尽管这些规则未直接适用在这个案件中？

70   本书的撰稿者的答案呈现出混合图景。其中的一些报告表明，根据公共管制，不存在具体的法定义务的扩张。[180] 否则，适用侵权责任的一般规则。[181] 挪威的一个案件例证了这种观点。在这个案件中，一个 12 岁的男孩当他父亲正在一个铁道隧道里工作时，加入了他父亲的工作。这个男孩被一辆火车撞到，部分归咎于火车司机未按照为工人安全制定的安全管制打出信号灯。该男孩请求铁路经营者赔偿。挪威最高法院的意见有分歧，但是大多数的意见否认赔偿。大

---

178 Conseil d'Etat（High Administrative Court，CE），3 March 2004，*Min. de l'emploi et de la solidarité v Xueref*，Thomas，Botella，Bourdignon，Juris-classeur périodique. La Semaine juridique（JCP）2004. II. 10098，with note *G. Trébulle*；Droit Administratif 2004，no. 87，with note *G. Delaloy*；Responsabilité civile et assurances（Resp. civ. ass.）2004，no. 234，with note *G. Guettier*.

179 *P. Billet/F. Lichère*，France，no. 28.

180 *R. J. P. Kottenhagen/P. A. Kottenhagen-Edzes*，The Netherlands，no. 80.

181 比较 *K. Morrow*，England and Wales，no. 58；*P. del Olmo*，Spain，no. 123.

多数人着重强调的事实是安全管制是为了保护工人而制定，不是为了其他非法处于隧道中的其他人。这样的判决被报道，因为管制标准的范围没有扩展到包含像这孩子这样的第三方而受到批评。[182]

在一些法律制度中，相关的职业管制标准被认为反映了工作车间内健康危害的专门知识。当评估应对路人的利益采取适当的一般义务时，这个可能被考虑进去。所以，B 行为的违法性可能部分被管制标准所决定，尽管这些不能直接被适用。[183] 那么，公法标准将是"过失的一件证据"[184]。　　　　　　　　　　　　　71

请注意在一些国家中，这个案件似乎根本不能提出违法性的具体问题：如果事故是由于有形物体所导致（即不安全的机械），一些形式的严格责任就会独立于管制法被适用。[185]　　　　　　　　72

3. 案例 3（问卷第五部分第 3 个问题）

公司 B 违反有关公共安全规则的各类规章很多年，尽管存在有权力处以罚金、甚至让 B 公司关门倒闭的政府机构，但是这些政府机构几乎没有采取行动，通知公司 B 这些违法行为。他们曾经参观该公司一次，并且列出一系列的公司应该补救的缺陷的清单。公司一直未补救这些问题，政府机构从未再回头来惩戒该公司。一段时间之后，一严重的事故在 B 公司发生，如果该公司严格遵守相关安全规则，该事故本应该可以避免发生的。

（1）受伤害的人能否让公司承担损害赔偿责任？如果可以，公司能否以缺乏监管部门的监督提出抗辩？

182　*B. Askeland*, Norway, no. 32.

183　In this vein, *U. Magnus/K. Bitterich*, Germany, no. 51. Cf. *P. del Olmo*, Spain, no. 122; *C. Kissling*, Switzerland, no. 87.

184　*M. S. Shapo*, USA, no. 73; cf. *M. Lukas*, Austria, no. 49.

185　*A. Monti/F. A. Chiaves*, Italy, no. 42; *M. Jagielska/G. Żmij*, Poland, no. 87; *P. Billet/F. Lichère*, France, no. 29.（同时也注意到雇主对员工的替代责任可能存在）。比较挪威的国别报告，其中阐明"持续、典型和特别的风险"的严格责任甚至可能适用（*B. Askeland*, Norway, no. 47）。

73   假定在违反和发生的损害之间存在充足的因果关系，[186] 那么，公司可能承担责任。缺乏监督不能被考虑为对受害人的有效抗辩，[187] 因为法国和西班牙报告人正确地观察到，否认该抗辩的基础是罗马格言"任何人不能以他人的过失作为自己抗辩的理由"。[188] 所以，受害人可以向责任公司主张全部的损害赔偿。[189]

74   在一些国家，有责公共机关监管的缺失被看做公共机构侵权责任的有效理由。[190] 参考意见用于金融市场机关未认真监管[191]的判例以及有关森林控制"疏忽"[192] 的案例中。

75   其他一些管辖区，更多地在允许对政府机构损害赔偿的请求上保持沉默。很清楚的是，法院和立法机关对有关过失监管的行政责任给予限制是实施他们的权力以给政府当局优化政策目标留下足够的空间。[193] 这些法律制度达到政府准豁免的目标的法律方法通常是一些高责任门槛的形式。[194]

76   有时，在主张成功之前，一个合格的不作为过失门槛必须通过。[195] 根据西班牙法律，例如，仅有监管第三方活动的不作为不能充分使公共机关承担责任；反而，索赔者必须提出理由证明公共服务

---

186 参见 *P. Billet/F. Lichère*, France, no. 30.

187 *A. Monti/F. A. Chiaves*, Italy, no. 43；*K. Morrow*, England and Wales, no. 59；*U. Magnus/K. Bitterich*, Germany, no. 52；*M. Jagielska/G. Żmij*, Poland, no. 88；*R. J. P. Kottenhagen/P. A. Kottenhagen-Edzes*, The Netherlands, no. 81；*A. Menyhárd*, Hungary, no. 42；*C. Kissling*, Switzerland, no. 19 and 89；*M. Lukas*, Austria, no. 50.

188 *P. Billet/F. Lichère*, France, no. 30；*P. del Olmo*, Spain, no. 128.

189 *B. Askeland*, Norway, no. 50.

190 *A. Menyhárd*, Hungary, no. 43；*A. Monti/F. A. Chiaves*, Italy, no. 44；*P. Billet/F. Lichère*, France, no. 31；*M. Lukas*, Austria, no. 51.

191 *A. Monti/F. A. Chiaves*, Italy, no. 44.

192 *P. Billet/F. Lichère*, France, no. 31.

193 Cf. *P. del Olmo*, Spain, no. 130.

194 波兰法似乎允许对机构的索赔，仅在存有积极的法定作为义务的地方，参见 *M. Jagielska/G. Żmij*, Poland, no. 89.

195 *B. Askeland*, Norway, no. 51.

的缺陷，这一点法院不会自主地在手头的案件中推定。[196]

关于提到的门槛问题，公共机构向公司列出缺陷清单的事实可 77
能在任何一方面起到作用：或者作为判决公共机构承担未运用控制
工具保证遵守的理由或者作为他们简单过失的仅有证据。挪威报告
提供的例子显示了评估公共机构认知证据的难度：消费者申诉专员
拥有旅行社不法行为的知识，却未按照这些信息行为。这样的过失
本身不构成挪威法中公共实体责任合格的必要过失。[197]

在其他一些管辖区，对公共机构的损害赔偿请求可能会因为缺 78
乏法律的保护目的而失败。根据英格兰和威尔士法律，其立场是索
赔者不得不显示他或者她是所属的具体阶层的一部分，该阶层利益
由法定制度使其产生。[198] 表面上一个比较检验被运用在德国"相关第
三人责任人义务"的概念中。[199] 明显地，这项规定给法院在自主确定
法律的保护目的方面留下自由裁量的余地，在大多数情况中，因为
如果在受保护人的类型上不是沉默的话，法律措辞本身和相关议会
程序趋向模糊。根据"相关第三人责任人义务"的概念，受害者实
际上可能被考虑作为受保护的"第三人"成员。[200]

196　*P. del Olmo*, Spain, no. 129 ff.

197　*B. Askeland*, Norway, no. 52.

198　*K. Morrow*, England and Wales, no. 60.

199　*U. Magnus/K. Bitterich*, Germany, no. 53.

200　*U. Magnus/K. Bitterich*, Germany, no. 53. 请注意德国国家责任本质的附属性质将是请
　　求赔偿的进一步障碍，除非是涉及公务员的重大过失。

侵权法语境中的管制法功能——结论

迈因霍尔德·卢卡斯[*]

一、前言[**]

1. 专门术语

1　　正如上面所显示的一样，所有有关英格兰和威尔士法的撰稿，[1]
从比较法的角度来看，没有发现术语"行政法"的任何统一形式的
理解。[2] 就在公法框架内调整自然人或者法律实体的行为而言，谈论
管制法就更加恰当。但是，范博姆已经表明，这个术语也给解释留
下了相当大的空间。[3] 那么，出于该项目的目的，管制法这一术语基

---

[*]　奥地利约翰开普勒林茨大学私法研究所私法教授。作者希望表达对菲奥娜·萨尔特 –
汤森语言帮助的感激之情。

[**]　包含在这本书的该报告依下列方式引用：*M. Lukas*，Austria，*K. Morrow*，England and
Wales，*P. Billet/F. Lichère*，France，*U. Magnus/K. Bitterich*，Germany，*A. Menyhárd*，
Hungary，*A. Monti/F. A. Chiaves*，Italy，*R. J. P. Kottenhagen/P. A. Kottenhagen-Edzes*，
The Netherlands，*B. Askeland*，Norway，*M. Jagielska/G. Žmij*，Poland，*P. del Olmo*，Spain，
C. Kissling，Switzerland，*M. S. Shapo*，USA，*F. Fracchia*，Administrative Tort in Italian
Law：Liability of Public Administrations and Diligence of Private Individuals，*A. Ogus*，The
Relationship Between Regulation and Tort Law：Goals and Strategies，*I. Ebert/C. Lahnstein*，
Regulatory Law and Insurance，*M. Faure*，Economic Analysis of Tort and Regulatory Law，
W. H. van Boom，Comparative Analysis.

[1]　*K. Morrow*，England and Wales，no. 1.

[2]　参见 *W. H. van Boom*，Comparative Analysis，no. 1.

[3]　*W. H. van Boom*，Comparative Analysis，no. 1.

本上限定在私法之外直接对具体行为控制的法律领域。自然，可能不会忽视的是，私法在大体上也具有一定的管制特质，尤其是侵权法：除了损害赔偿请求的威胁——正如刑事惩罚的威胁——自然地具有预防功能这一事实之外，侵权法通常以禁令的形式规定优先的解决方式。在这样的情形下，不仅负责执行管制法相关规定的机构，而且处于风险中的当事人，都有办法回应第三方的不法行为（的威胁），即使是在遭受任何损害之前。此处的管制法和侵权法都以一种管制的方式运行。这样，两个法律领域功能方面的本身差异表现得较少，但是它们被执行方式上的差异则表现得较多。[4] 在其中的一个领域，它主要是由权力的持有者运用它的特殊地位来采取管制行动。在其中的另一个领域，遭受危险的人必须利用私法工具来保护他们自己——尤其是通过民事法院采取行动保护自己。

2. 核心问题

更甚者，"管制法"这个术语的定义暗示着侵权法和管制法互相补充。[5] 因此，应该考虑到，"管制法"立法者通常想到的情形是，例如，使由于具有危险本质或者潜在冲突的公共利益中的具体管制成为必需。[6] 管制法不聚焦于单个的个体情况上，而是聚焦在许多人可能受影响的情况。因此，很明显，甚至只是在这个背景的基础上，管制法不能将所有倾向于引起损害的相关事物都考虑进来。另一方面，侵权法主要通过规定一般注意义务来考虑现实生活的复杂性。这样的义务很明显不能在管制法（作为公法的一个部分）中被发现，至少根据此处调研的法律制度是如此。这同时指向此次调研的中心主题：核心是在（合同外的）损害发生的时候，相关的管制法规定

---

4   比较 *P. Cane*, Tort Law as Regulation, Common Law World Review 2002, 305; *W. H. van Boom*, Comparative Analysis, no. 1; 参见下文边码11。

5   参见 *M. Jagielska/G. Żmij*, Poland, no. 24; cf. *C. Kissling*, Switzerland, no. 21.

6   参见 *P. del Olmo*, Spain, no. 57; *M. Lukas*, Austria, no. 12; 参见下文边码6。

有何影响的问题。当这样的规定被违反或者例如，如果即使相关的管制法规定被侵权者遵守，但是损害仍然发生，那么管制法在损害的归咎上扮演怎样的角色？

3. 实体法和程序法方面的区别

3　　　在国别报告中，对于第一部分第 5 个问题[7]的回答清楚地表明，侵权法和管制法彼此之间没有任何根本上的等级关系。[8] 甚至当管制法规定了具体的法律后果——例如刑事制裁——针对其本身的规定被违反时，这些法律后果也不是全面的。[9] 换句话说：刑罚不豁免罪犯的损害赔偿义务（反之亦然）。就两个法律领域拥有独立的地位而言，其在一定程度上——尤其是在联邦法律制度中——同时也是宪法所保障的：就不同的立法机构负责侵权法和管制法而言，这样的权限划分本身一般排除了等级关系。

4　　　作为私法的侵权法和作为公法的管制法仅有的共存脱颖而出，特别是涉及这两个法律领域的执行时。[10] 通常，对损害赔偿请求有管辖权的民事法院在相同事实上完全不受专门行政法院判决的约束。这——正如范博姆已经表明的一样——首先与这样的事实相关，即建立在侵权法基础之上的损害赔偿请求依赖于（与管制法有关）自主的归责条件（违法性、过错、因果关系等）的满足。[11] 而且，在有关对侵权人的管制法规定的执行中，受害方通常没有全面的当事人地位也是决定性的。因此，如果民事法院对控诉的裁决受行政法

7　"如果行政法规自己调整违反它本身规则的结果，特别是给予刑事制裁，这样的规则是否被认为是综合性的（即不包括侵权请求）？在这方面侵权法和刑法如何相互影响？"

8　*W. H. van Boom*, Comparative Analysis, no. 12.

9　比较 *A. Menyhárd*, Hungary, no. 10；*A. Monti / F. A. Chiaves*, Italy, no. 13；*P. Billet / F. Lichère*, France, no. 7；*B. Askeland*, Norway, no. 8；*U. Magnus / K. Bitterich*, Germany, no. 11；*P. del Olmo*, Spain, no. 20；*C. Kissling*, Switzerland, no. 22；*M. Lukas*, Austria, no. 13.

10　比较 *W. H. van Boom*, Comparative Analysis, no. 13.

11　*W. H. van Boom*, Comparative Analysis, no. 13.

院约束，将会存在《欧洲人权公约》第 6 条所保障的公平审判权利的冲突。[12] 这种考量同时表明，首先，必须区别实体管制法对实体侵权法的影响以及另一方面行政法院的裁决和民事法院权限之间的联系。因此，完全可以想象得到，即使侵权法明确地将侵权者因为违反管制法规定导致损害赔偿义务与这样的违反联系起来，民事法院仍然不受有权限的行政法院裁决的约束，甚至也不受争论中的管制法规定是否被违反的问题的约束。[13] 情况就是这样的——刚才提到——例如，当受害人在行政法院未被赋予充足的当事人身份时。当损害赔偿请求取决于在这样类似的事情中对管制法规定的违反时，尽管如此，民事法院在这个问题上仍然不受行政法院裁决的约束。

但是，在这个项目的语境中，焦点不是在程序方面，而是在实体的管制法和实体的侵权法之间的互动上面。在此范围内，关于面临侵权请求的民事法院如何处理行政法院就相同事实做出的裁决的意见仅有有限的意义。相反，甚至当民事法院必须自主裁决违反这样的规定时，在衡量损害赔偿请求时，会赋予相关的行政法何种意义起决定性作用。

二、管制法和侵权法之间的功能区别

1. 公法与私法

侵权法与管制法之间一个很大的区别自然是源于他们各自属于

---

12 《欧洲人权公约》第 6 条第 1 款："在决定某人的民事权利或者义务或者任何针对他的刑事控诉时，任何人都被赋予在合理的时间内由独立、公正的法庭进行公平和公正的审讯的资格。判决应公开宣布，但为了民主社会中的道德、公共秩序或国家安全的利益，而该社会中为了少年的利益或保护当事各方的私生活有此要求，或法院认为在此种特殊情况下公开将有损于公平的利益而坚持有此要求，可以拒绝记者与公众旁听全部或部分的审判。"

13 比较 B. *Forgó-Feldner*, Die Bindung des Zivilrichters an strafgerichtliche Verurteilungen, Österreichische Juristenzeitung (ÖJZ) 2005, 866.

不同管制等级。[14] 作为私法一部分的侵权法任务是规制合同之外有关私的当事人之间的损害赔偿。[15] 国家和个体当事人之间的损害赔偿通常仅涵盖国家作为私法主体范围的行为。另一方面，国家责任通常遵循特殊的规则。[16] 尽管这样，但侵权法的应用领域是非常宽泛的。尽管一个损害事件可能令人感觉到陌生，但在侵权法的个人适用领域，根据谁必须承担损害责任的规则，裁决一定是有可能的，并且与公共利益是否受影响无关。侵权者和受害人作为私法主体，处于一种相互衡平的关系之中。这个尤其显示在民事法院的损害赔偿请求的执行程序中，[17] 在这个程序中，投诉人和答辩人有平等的武器。

7   管制法——依照其作为公法部分的法律特质——仅描述只有在公共利益受影响时的行为标准，尤其是在特殊风险可能存在的情形。诸如此类的特殊风险的可能在规定具体的行为标准时被考虑进去。在公共利益受到威胁的范围内，它都是有正当理并且也是有必要充分利用专门知识具体指定行为标准。[18] 当然，同时必须承认——与可能源于侵权法的一般注意义务做比较的话——确立的这种类型的行为标准有许多劣势：首先，它对最新的有关具体危险情形的调查结果的足够快速回应是不可能的，因为可能涉及受影响群体在内的复杂的立法程序。这牵涉在某些案件中的行为标准实际上远远落后于由管制法延续的现行认知标准的风险。其次，仅有典型的风险或者冲突的情形可能被管制法涵盖。因此，管制法不可能规定全面的系列的行为标准。

---

14   比较 *A. Menyhárd*, Hungary, no. 1；*C. Kissling*, Switzerland, no. 1；*M. Lukas*, Austria, no. 1；*R. J. P. Kottenhagen/P. A. Kottenhagen-Edzes*, The Netherlands, no. 1；*K. Morrow*, England and Wales, no. 34 f.；*P. del Olmo*, Spain, no. 57.

15   参见 *A. Menyhárd*, Hungary, no. 17.

16   参见 *F. Fracchia*, Administrative Tort in Italian Law: Liability of Public Administrations and Diligence of Private Individuals, no. 8；*W. H. van Boom*, Comparative Analysis, no. 23 f.

17   参见 *M. Lukas*, Austria, no. 1.

18   *A. Ogus*, The Relationship Between Regulation and Tort Law: Goals and Strategies, no. 13.

2. 被决定的行为标准的范围

在侵权法框架内，它是基于受害人是否必须承担作为损害事件 [8] 结果发生的损失或者是否损害能够归因于损害引起者的语境中决定的具体行为标准而被决定的（除了其他事物之外）。违法者的行为因此在赔偿被提交考虑的范围内事后被审判。[19] 而且，在面对它全面适用的领域，侵权法通常只是提供一个非常一般的判断这些的标准。因为侵权法特殊的功能，它仅是为具体的情形指出行为标准——如果有的话。除了这些之外，一般注意义务通常是侵权法的关键。因此，它就是在这样的语境中——不仅在普通法的管辖区——（最终）法官的主要任务是界定权威标准。[20] 这必然意味着评价差异——取决于各主管法院。因此，最高法院的任务是在同一个法律制度中尽可能保证运用统一评价尺度。

在该项目中被审视的管制法规则描述具体的行为标准。在理想 [9] 状态下，它们是各种利益考量的结果，通过这样的利益衡量，法律利益的保护在某些领域得到最优化，当然也要将成本考虑进去。管制法的任务是通过规定从一开始阻止损害发生的行为标准来发挥预防效果。为了支持这些预防功能，当规范的规制对象违反相关规定的时候，[21] 惩罚常常被预见到。同时，在这点上，描述具体规定的行为标准相应是必要的，由于被违反的规范的裁决缺失，其他违法者的惩罚将是困难的。该结果可能是非常清晰的行为标准，如同在欧洲大部分统一的交通法所表明的一样。无论任何人超越停止标志，

---

[19] *A. Monti / F. A. Chiaves*, Italy, no. 22; *M. Faure*, Economic Analysis of Tort and Regulatory Law, no. 8; *W. H. van Boom*, Efficacious Enforcement in Contract and Tort (2006) 18 ff.; *W. H. van Boom*, Comparative Analysis, no. 16; *S. Shavell*, Liability for Harm Versus Regulation of Safety, Journal of Legal Studies (JLS) 1984, 357 ff.; *S. Shavell*, Foundations of Economic Analysis of Law (2004) 585 f., *A. Ogus*, Regulation: Legal Form and Economic Theory (1994) 261.

[20] *W. H. van Boom*, Comparative Analysis, no. 13.

[21] 参见 *M. Jagielska / G. Žmij*, Poland, no. 46.

忽视红色交通灯或者超过速度限制很明显是违反义务。这里不存在像与侵权法一般注意义务联系在一起的衡量困难。同时，这样的违反义务也标志着其他马路利用者濒临高度的危险（我们将回到这一点）。当然，交通法明确表明，甚至在管制法领域，简单的理由规则是不充分的，即使当它们构成核心部分时。除了遵守速度限制，作为规则，机动车辆的驾驶者有基于交通法独立地调整他们的速度符合给定的条件（街道、交通和能见度条件等）的义务。这样，除了非常具体的行为标准（速度限制）之外，存在考虑其他具体危险的一般标准，该标准并不被速度限制所考虑。就其被界定的微小程度而言，这样的行为标准几乎很难从民法的注意义务中区别开来。

3. 预防效果

10　　正如已经强调了多次的一样，管制法的规则具有预防效果。[22] 不取决于损害的威胁，违反这些规则本身引发法律后果。管制法条文通过例如颁布停止命令和/或者实施刑罚来执行。如果侵权法的目的仅是损害赔偿，那么侵权法不能履行这个功能。侵权主张的认可仅在事后运作。如果使禁令优先于侵权法损害赔偿的威胁也是可能的话，该情形就完全不同。在这样的情形下，就预防效果而言，侵权法和管制法之间的差异仅表现在法律执行的类型中。[23]

4. 法律执行

11　　在管制法领域，监督规定的遵守以及惩罚违反行为是有权限的机关或者有权限的行政法院的工作。无可否认，受害者通常有报告（构成威胁）义务违反的选择权。但是，作为规则，负责的政府机构必须独立地采取行动。另一方面，在侵权法的语境中，潜在的受害

22　参见 *W. H. van Boom*, Comparative Analysis, no. 13.

23　参见 *W. H. van Boom*, Comparative Analysis, no. 19; cf. *U. Magnus/K. Bitterich*, Germany, no. 1; *M. Jagielska/G. Żmij*, Poland, no. 48 and 80; *B. Askeland*, Norway, no. 42; *R. J. P. Kottenhagen/P. A. Kottenhagen-Edzes*, The Netherlands, no. 46; *P. Billet/F. Lichère*, France, no. 6 and 13; *M. Lukas*, Austria, no. 44.

者本身负责它的权利的执行。侵权法与管制法的这一差异也尤其在经济分析[24]中得以显示出来：民事程序涉及各方当事人的大量开支。即使有关民事诉讼程序的国家法律预见到成本是由败诉方来承担，但是至少存在法律成本的风险。管制法通常不涉及类似风险（至少不在相同程度）。而且，行政法院的程序通常简单、迅速，从而在整体上比在民事法院的程序更加有效率。另一方面，在行政程序中的当事人未参与到程序中的类似权利，特别是因为他们不是诉讼的主人。

三、管制法的责任理由

1. 作为侵权法中最低标准的管制标准

违反管制法规定本身并不提供违法者支付损害赔偿的侵权法律责任的理由。[25] 至少，假设原告的伤害和违反管制法之间的相应联系一定是可能的。但是，面对侵权法的违法性要件，管制法规定被违反的事实具有决定性的重大意义。根据许多法律制度的侵权法，违反管制法行为标准同时意味着违反侵权法一般注意义务。[26] 当然，相反的结论，即仅遵守管制法就满足侵权法的注意义务要件，也许绝对不会得出。更确切些，管制法有助于一般注意义务的具体化。这点可能由交通法规定来例示：约束道路利用者的规则考虑特殊的危险（例如交通繁忙），禁止他们在特殊的区域超过时速限制。因此，该规则对侵权法中对他人的某些法律利益采取一定额度的注意义务不可能没有影响。但是，它不包含任何基于具体条件下正确速度选

12

24 *M. Faure*, Economic Analysis of Tort and Regulatory Law, no. 14 ff.

25 参见 *A. Menyhárd*, Hungary, no. 24；*W. H. van Boom*, Comparative Analysis, no. 30.

26 参见 *R. J. P. Kottenhagen/P. A. Kottenhagen-Edzes*, The Netherlands, no. 53；*P. Billet/F. Lichère*, France, no. 18；*P. del Olmo*, Spain, no. 90；*U. Magnus/K. Bitterich*, Germany, no. 20 and 28；*B. Askeland*, Norway, no. 29；*C. Kissling*, Switzerland, no. 34.

择的全面陈述。这表明，从侵权法的角度来看，管制法规定通常仅制定最小标准。[27]

2. 因果关系要件

13　　如果违反管制法规定已经被确立，这一满足通常比仅归责要件要多。在各种法律制度中，这个事实也可能创建因果关系的推定。[28]因此，举证责任倒置可能依赖于侵害的严重性以及由侵害造成危险的强度。[29] 关于被违反的管制规定是意图阻止这样的损害发生的因果关系，它可能是决定性的。因为这样的保护性目的依赖于管制法立法者的意愿，该关联也显示具有管制功能的管制法与侵权法息息相关。

14　　这个现象也可能在另一语境中被发现：在特殊的情况下该问题可能会引起，如果管制法规定被违反，在人们违背因果关系的严格理解的情形下，侵权责任才可能被讨论。这点强调所谓的最小因果关系的情况，其也被范博姆在他的比较报告中讨论：[30] 仅在许多人违反管制法规定的情况中（例如，为了保护环境的）损害确实引起。另一方面，每个违法者的行为（例如，低度的排放）本身不与损害构成因果关系或者仅是微不足道的程度。被调查的侵权法法律制度对这样的案例似乎很难提供满意的答案。因此，它可能考虑被违反的管制规定的保护性目的是否不能成为背离个案中严格因果关系要件的正当理由。如果管制规则的目标在于阻碍个人违法者的损害性结合效果，那么，这个也必须在损害归责的问题中被考虑。

27　比较 *U. Magnus/K. Bitterich*, Germany, no. 20 and 28；*W. H. van Boom*, Comparative Analysis, no. 28；see also *I. Ebert/C. Lahnstein*, Regulatory Law and Insurance, no. 2.

28　参见 *U. Magnus/K. Bitterich*, Germany, no. 36；*M. Lukas*, Austria, no. 29；*R. J. P. Kottenhagen/P. A. Kottenhagen-Edzes*, The Netherlands, no. 36 ff. ; cf. *W. H. van Boom*, Comparative Analysis, no. 36 ff.

29　比较 *M. Jagielska/G. Żmij*, Poland, no. 66.

30　*W. H. van Boom*, Comparative Analysis, no. 37.

另一个较深远的方面也应该在这种语境中被考虑：在大多数法律制度中，如果违法者遵守了讨论中的规定，损害仍然会发生的抗辩是对已违反行政规则并且因为他的行为导致损害的违法者开放的。[31] 如果人们首先漠视违法者立场上的举证责任，这就意味着支付损害赔偿的责任取决于违反具体法律的因果关系。换句话说，违反法律必然对损害产生某种效果。

15

3. 管制法的保护性目的

当行政法中行为标准规则的保护性目的问题被提起时，行政法和侵权法之间的相互影响尤其明显。[32] 首先，该目的源于讨论中的行政法规则的立法者的管制意图。[33] 但是最终，该管制意图在衡量赔偿请求中是如何被考虑进去的是侵权法的问题。一方面，侵权法可能在被要求的程度上更加广泛，特别是由于它的赔偿功能。另一方面，如果其他在侵权法制度内的矛盾将接踵而来，保护性目的更加保守的衡量也将被考虑。这引起行政法对侵权法影响的一个限制。尤其是有关安全管制，就侵权法而言，行政法也起着重要作用。例如，在产品责任领域，这个变得更加清晰。在这方面，欧洲立法已经明确地调整行政法和侵权之间的相互作用。欧洲范围的产品安全标准与统一的产品责任制度一起提供产品安全。当然，这可能在检视产品责任请求中不会被忽视。为了确立产品是否有缺陷，除了其他方面的原因，还应该决定产品是否遵守产品安全管制。但是，甚至欧

16

31　参见 *A. Menyhárd*, Hungary, no. 26；*A. Monti/F. A. Chiaves*, Italy, no. 32；*R. J. P. Kottenhagen/P. A. Kottenhagen-Edzes*, The Netherlands, no. 55；*B. Askeland*, Norway, no. 33；*U. Magnus/K. Bitterich*, Germany, no. 33；*M. Lukas*, Austria, no. 36, cf. *M. S. Shapo*, USA, no. 64；*M. Faure*, Economic Analysis of Tort and Regulatory Law, no. 7.

32　参见 *W. H. van Boom*, Comparative Analysis, no. 31 ff.；cf. *B. Askeland*, Norway, no. 32；*R. J. P. Kottenhagen/P. A. Kottenhagen-Edzes*, The Netherlands, no. 23 ff.；*U. Magnus/K. Bitterich*, Germany, no. 32；*C. Kissling*, Switzerland, no. 41 ff.；*M. Jagielska/G. Żmij*, Poland, no. 14；*M. Lukas*, Austria, no. 3 and 35.

33　参见 *W. H. van Boom*, Comparative Analysis, no. 34 f.

洲立法已经制止确立强制的关联。即使产品安全法的规定被遵守，从产品责任法的观点来看，产品仍然可能是缺陷的。从欧洲法的观点来看，通过侵权法比通过行政法来评估安全标准更加具有灵活性似乎是必要的。但是，这个事实不能削减侵权法对安全管制的重要意义，因为违反这些管制也可能引起基于过错的责任。

4. 过错要件

17 在侵权法区分过错和违法性的地方，违反管制法规定在何种程度上也影响过错要件满足的问题引起。[34] 就国别报告而言，其揭示了一个彻底混杂的图景。一些国家的报告似乎表明，其中被调查的法律制度不可反驳地推定侵害管制法规定情况下的过错。[35] 这就引出了一个问题：如果违法者被证明不应因为侵害而受谴责，违反管制法规定是否为损害归结提供真正的正当化理由而无需再费周折。然而，这样的观念在欧洲无论如何似乎是例外。过错的存在，大部分必须被证实，即使违反管制法已经被确认。当然，不同的国家确实在这种情形中就违法者的过错作出推定。因此，他承担举证责任证明管制规定的违反不具有可责性。[36] 如果过错问题不能被澄清，违反管制法的违法者承担风险。

5. 赔偿的思想

18 在侵权法的赔偿义务是基于违反管制法规定的范围内，侵权法的目标不是对违反行为的惩罚，而是对因为该行为导致的损害的修复。大多数的欧洲法律制度不判决受害者惩罚性赔偿，即使是建立

---

34 参见 *W. H. van Boom*, Comparative Analysis, no. 30 and 36 ff.

35 参见 *M. Jagielska/G. Žmij*, Poland, no. 51; *A. Monti/F. A. Chiaves*, Italy, no. 9.

36 *R. J. P. Kottenhagen/P. A. Kottenhagen-Edzes*, The Netherlands, no. 53; *P. Billet/F. Lichère*, France, no. 18; *B. Askeland*, Norway, no. 31.

在违反管制法规定的基础上。[37] 任何对违法者的惩罚必须根据管制法本身发生。另外，这一处罚由那些执行管制法的机构所保有。众所周知，情况在普通法制度中是不同的。[38] 对惩罚性赔偿，在欧洲法律制度中占显著地位的否定性观点越来越多地、当然地被所认可的非金钱损失赔偿请求缓和。这类赔偿请求也特别依赖过错的程度，在某些方面，它们建立在惩罚性要素之上。[39]

6. 过渡的结果

从经济分析的观点来看，行政法和侵权法是互相关联的。行政 19 法描述行为规则越精确，一般地，侵权法中的行为标准越能被确切地阐述。[40] 即使行政法提供某个领域有效且均衡的调整，侵权法仍然具有重要的补充功能。这点不仅适用于法律的违反。归因于侵权法更加弹性的路径，它同时能够处理非典型性案件，这些案件的真实特质没有或者没有完全由行政法精确规则所涵盖。因此，即使仅为经济上的原因，行政法规则没有明确地调整相关行为标准看上去是恰当的。该路径同时也考虑到这一事实，即详细的行政法规则常只在一定的迟延后才频繁地被调整以适应变化了的情境。在这方面，侵权法很明显更加具有灵活性。

立法仅部分调整行政法规则和侵权法规则之间的相互影响作用。 20 通常，不存在管制的合适概念。因此，两个法律领域彼此独立存在，或多或少没有任何联系。这样的理由是一方面的行政法规则和另一

---

[37] 参见 *A. Monti/F. A. Chiaves*, Italy, no. 34；*A. Menyhárd*, Hungary, no. 28；*R. J. P. Kottenhagen/P. A. Kottenhagen-Edzes*, The Netherlands, no. 58；*P. Billet/F. Lichère*, France, no. 22；*P. del Olmo*, Spain, no. 100 ff.；*M. Jagielska/G. Żmij*, Poland, no. 67；*C. Kissling*, Switzerland, no. 62；*M. Lukas*, Austria, no. 39.

[38] 参见 *M. S. Shapo*, USA, no. 66；*K. Morrow*, England and Wales, no. 50；cf. also *M. Faure*, Economic Analysis of Tort and Regulatory Law, no. 35.

[39] 参见 *B. Askeland*, Norway, no. 36；*U. Magnus/K. Bitterich*, Germany, no. 38；*W. H. van Boom*, Comparative Analysis, no. 42.

[40] 参见上文边码12。

方面的侵权法规则的目标在于不同的法律关系。当立法者调整国家和它的市民之间的关系时，市民自身之间关系的调整通常被忽视。在这样的情况下，侵权法相应地补充行政法规则是侵权法的任务。

21 提交的国别报告确认《欧洲侵权法原则》[41] 阐述作为一般原则的第4：102（3）条[42]的内容。当确立需要的行为标准时，规定或者禁止某些行为的规则必须被考虑。但是，作为规则，它们没有最终决定一般注意义务的功能，因为它们仅规定典型的危险情形。然而，一般注意义务也必须与未被行政法的标准涵盖的情形相一致。鉴于此，遵守相关的行政法规则并不必然排除违法性行为更是一致的。

22 只要侵权法被限制在一般注意义务的语境中考虑行政行为规则，就会不公平对待这些规则的意义。如果行政法规则不仅仅服务于公共利益的保护，而且还意图保护个人，那么将这种侵权法语境中的特殊保护目的也考虑进去似乎是合理的。[43] 这样规则的违反本身应该足以构成被规则的保护性目的所涵盖的损害归责于侵权者的基础。该责任路径可能较容易地并入过错责任制度，因为检视过错是否发生在具体的保护性法律中也会被考虑。[44] 在这种关联中，简化证据规则也似乎是正当的。例如，如果侵权者已经犯下足够危险的行为，它与举证责任倒置的《欧洲侵权法原则》（第4：201 条)[45] 相一致。具体危险的类型通常被提及的违反行政法规则的情形所预先设定。

23 在上面的基础上，一般行政法和安全规章，尤其是有关环境的行政规则对于侵权法具有可观的影响。它可能取决于侵权者能否为

---

[41] 参见 European Group on Tort Law（ed.），Principles of European Tort Law, Text and Commentary（2005）.

[42] 《欧洲侵权法原则》第4：102（3）条："当确立要求的行为标准时，指定或者禁止某些行为的规则必须被考虑"。

[43] 参见上文边码16。

[44] 参见上文边码17。

[45] 《欧洲侵权法原则》第4：201（1）条："鉴于因活动呈现的危险的严重性，证明过错的责任可能被倒置。"

过错承担责任这样规则的存在。因此，为了对法律确定性有利，它看上去确实是合理的。更何况从侵权法的观点来看，一般注意义务通过具体的行为规则被确定。但是，这也给设计行政法规则的立法者在侵权法领域大量的责任。它主要取决于立法者，某些管制仅为公共利益服务还是也保护个人。进而，这决定管制是否作为损害索赔的基础来考虑。

四、管制法可能如何排除责任

1. 管制遵守抗辩

造成损害但是其行为是遵守管制法规定的一些人将试图运用这作为责任的抗辩。这个抗辩也被称为管制遵守抗辩。正如范博姆已经恰当地解释的那样，这种抗辩的正当理由取决于受到影响的管制法条款的管制目的。[46] 在管制法仅设定最低标准的范围内，它自动遵循侵权法一般注意义务不会被管制法推翻。[47] 但是，管制法规定决定某种情形中被要求的行为越详细时，自然地，根据侵权法一般标准，这样的行为自动衡量的空间越少被留下。因此，不考虑各种欧洲法律制度的侵权法分析表明：通过这样制定的注意义务可能超过由管制法预见的行为标准。

但是，最终，管制法的立法者拥有以一种深远的方式构建相应的规定来干预侵权法的权力。例如，当导致损害的行为特殊过程的偏好明确地被考虑到它的管制中时就是这种情形。当然，管制遵守抗辩在这种情形下获得重大意义。当由侵权者遵守的管制法规定是

24

25

---

46 *W. H. van Boom*, Comparative Analysis, no. 43 ff.

47 参见 *M. Jagielska/G. Żmij*, Poland, no. 72；*P. del Olmo*, Spain, no. 107；*U. Magnus/ K. Bitterich*, Germany, no. 43；*B. Askeland*, Norway, no. 39；*P. Billet/F. Lichère*, France, no. 24；*R. J. P. Kottenhagen/P. A. Kottenhagen-Edzes*, The Netherlands, no. 62；cf. also *M. Faure*, Economic Analysis of Tort and Regulatory Law, no. 38 ff.

直接基于违法者和受害人之间利益全面衡量时也是这样的情况。[48] 在这样的情况下，侵权法的申请人可能被禁止通过判予损害赔偿来侵害由管制法立法者意图平衡的利益。例如，人们考虑的由侵权人遵守的管制法规定要求他很努力地保护随后的原告的情形。如果尽管有这些努力，损害的发生仍不可避免，这就可能意味着免除违法者的责任。整体上，这表明管制法的基础法律价值能够影响（针对损害赔偿的）侵权法的法律价值。

26　　　当然这种遵守引发这样的管制法对侵权法的影响何种程度上满足宪法界限的问题。[49] 当不同的立法者负责讨论中的管制法规定而不是侵权法时，这个问题尤其具有争议。对这个问题的回答——正如由国别报告所显示的一样——直接依赖于具体管辖权的宪法设定。尽管在立法水平上有不同能力，但是却明显被广泛接受且同时涉及宪法方面的是：管制法能够影响侵权法的结果。当然，这可能较好地与管制法相应的反映已经制定在侵权法中的事实相联系。

　　2. 管制性许可抗辩

27　　　由法律或者建立在行政授权上的明确允许侵害他人法律利益的一些相关的事情必须区别于管制遵守抗辩。而且这排除（某些）侵权请求。《欧洲侵权法原则》也考虑了这样的现象，正如表现在第7：101（1）条[50]中的一样。像这样的管制是所谓的反对赔偿请求的管制性许可抗辩[51]的基础。该种抗辩可能直接由管制法引起。在这种情形下，管制法立法者排除根据侵权法的赔偿请求。但是，同时可以想象的是，如果行为是由有权限的政府机构或者有权限的法院授权，私法请求通过侵权法被排除。那么，管制许可的责任排除效果

48　参见 *W. H. van Boom*, Comparative Analysis, no. 43.

49　参见 *W. H. van Boom*, Comparative Analysis, no. 21.

50　《欧洲侵权法原则》第7：101（1）条："如果并且在行为者合法行为的程度上……通过合法授权，例如许可证，责任可能被排除。"

51　参见 *W. H. van Boom*, Comparative Analysis, no. 45.

最终建立在侵权法的基础上，并且这样在管制法立法者和侵权法立法者之间并不引起任何（可能本质上相关）权限问题。

特别如同案例1[52]所显示的一样，欧洲法律制度理所当然地非常 28
怀疑侵权法语境中的管制性许可抗辩：[53] 尽管公司 A 仍然低于法定门槛的排放，但单单这个不足以排除根据侵权法的损害赔偿责任。由于许可证被颁发，减少排放的技术手段已经相当地提高的事实必须根据侵权法被考虑进去，尽管——从管制法的角度——许可证有效。在被调查的大多数的法律制度中，公司 A 的责任是不会因为以下事实被排除的：受影响的农场主本应根据管制法规则、通过指责基于已被更改的技术可能性的始于 1976 年的许可证来避开他所受的损害。[54] 这种情境将被考虑——如果有的话——仅作为农场主的共同过失。[55]

3. 过渡结果

然而，侵权法作为规则对存在的行政法规则作出反应，某些情 29
况下，行政法通过列举某些活动被允许的具体情境来干涉一般侵权法。这尤其涉及通常由行政行为许可侵害邻人法律利益的工业财产。在某些具体情境下，这可能排除邻人的忍耐索赔和过错损害索赔，因为工厂经营者的行为因行政行为而正当化。这样的侵害，类似于

---

52 "1976 年，一家由 A 公司经营的化工厂，被允许可以排放一定量的废气到空气中。根据最近的技术标准，所规定的量可以以一个合理的费用显著地降低。然而，自从 20 世纪 70 年代以来，政府管制就没有升级校正调整过。因排放废气而遭受农作物损害的当地农民，能否向政府或者工厂经营者主张损害赔偿？这与农民本应该根据行政审查程序，申请审查或者撤销许可有关吗？"

53 比较 *U. Magnus/K. Bitterich*, Germany, no. 49；*P. Billet/F. Lichère*, France, no. 28；*P. del Olmo*, Spain, no. 114 ff.；*M. Jagielska/G. Żmij*, Poland, no. 85；*A. Menyhárd*, Hungary, no. 34；*M. Lukas*, Austria, no. 47；也参见 *W. H. van Boom*, Comparative Analysis, no. 63 ff.

54 *M. Jagielska/G. Żmij*, Poland, no. 85；*B. Askeland*, Norway, no. 46；*C. Kissling*, Switzerland, no. 83 at lit. c）；*P. Billet/F. Lichère*, France, no. 28.

55 也参见 *W. H. van Boom*, Comparative Analysis, no. 66.

征收，只有当相关的邻人是行政诉讼的当事人，而且当规定损害赔偿请求独立于过错时，才似乎是具有正当理由。同时，这表明在这样的情形中，在行政法和侵权法之间可能发生特别显著的互动关系。

五、安全规章的特质和与环境相关的规章

1. 安全规章

30　　特别是关于安全规章，就侵权法而言，行政法也起着重要作用。例如，在产品责任领域，这变得清晰。[56] 在这方面，欧洲立法已经具体调整行政法和侵权法之间的互动关系。欧洲范围的产品安全规章连同统一的产品责任制度，提供产品安全。当然，这在产品责任请求的审视中可能不会被忽视。为了确立产品是否有缺陷，除了其他事项之外，产品是否遵守产品安全规章必须被审视。但是，甚至欧洲立法也没有采取确立强制关联。即使产品安全法的规定被遵守，从产品责任法的观点来看，产品可能仍然具有缺陷。从欧洲法的观点来看，就侵权法而言，衡量安全标准比就行政法而言更具有灵活性。但是，这个事实并不能削减侵权法对安全规章的重要意义，因为违反这些规章也可能引起基于过错的责任。

2. 与环境相关的规章

31　　与环境相关的规章更要求有区别的评估。[57] 在许多情况中，它们由具体的责任规章补充。但是，除了这种情况之外，由于公共利益具有特殊的位置，特别是在环境法领域，所以环境法规章会特别提

56　参见 *M. Lukas*, Austria, no. 22 ff.；也参见 *W. H. van Boom*, Comparative Analysis, no. 15.

57　参见 *I. Ebert/C. Lahnstein*, Regulatory Law and Insurance, no. 10，根据保险法的有关问题。

示它们真正的目标是否是个人保护的问题。[58] 个人的保护可以变得如此次要，以至于损害赔偿请求不再是选项。也同时由于其他的原因，与环境有关的规章通常对侵权法仅有有限的影响。即使受害者成功证明违反法律，但对于受害者而言，证明违反对损害的持续存在之间的因果关系通常很困难。因此，严格责任的适用在有关环境损害的损害赔偿中尤其具有重大的意义。

六、结束语

该项目已经表明管制法对侵权法是如何多方面影响的：侵权法的注意标准可能通过管制法的规定具体化，违反管制法也可能构成在侵权法尺度情形下的不法行为。除此之外，违反侵权法规定也可能影响侵权法另外的归责因素。例如，这适用于因果关系证据问题或者过错证据问题。与责任的两种标准都相关，违反管制法可能转移违法者的举证责任。因为管制法立法机关最终决定它制定的规定的保护性目的，所以它也影响何种损害根据侵权法能获赔偿。在一个非常具体的条件中，允许侵害其他人的法律利益可能也是管制法规定的目的。如果是这种情况，管制法规定可能排除（一种不同性质的存在）根据侵权法赔偿损失的义务。 32

尽管管制法对侵权法有如此深远广大的影响，但这样的影响应该有界限——有时也根据宪法：由管制法指定的注意义务通常创建侵权法角度的最低标准。相应地，无论所有相关的行政法规则是否被遵守，违法者的行为都可能构成违反侵权法的注意义务。因此， 33

58　比较 *A. Monti/F. A. Chiaves*，Italy，no. 24；*R. J. P. Kottenhagen/P. A. Kottenhagen-Edzes*，The Netherlands，no. 34；*M. Jagielska/G. Žmij*，Poland，no. 47；*M. Lukas*，Austria，no. 24；也参见 *W. H. van Boom*，Comparative Analysis，no. 35；*F. Fracchia*，Administrative Tort in Italian Law: Liability of Public Administrations and Diligence of Private Individuals，no. 7.

管制遵守抗辩并不确实地排除损害赔偿请求。并且甚至存在源于管制法规定的管制性许可抗辩时，根据侵权法原则，违法者可能仍然得负责。例如，因为根据侵权法基于新的技术诀窍以及技术进步考虑一般注意义务，行政许可必须被看做已经过时。

34 　　那么，总之，这样的比较法调查确定了在《欧洲侵权法原则》（第4：102（3）条）中至少已经暗示的内容：[59] 当侵权法权威要求的行为标准被法定的规定（尤其是管制法）所影响的时候，它不是全面地被调整。同时，其他本来会存在的责任通过或者基于管制法（"凭借合法授权，例如许可证"）可能被排除。但是，这是否是真正的特别情况由侵权法本身决定（《欧洲侵权法原则》第7：101（2）条）："责任是否被排除，一方面取决于这些正当理由的分量，另一方面取决于责任的条件。"就此没有更多需要说的了。

59　上文脚注42。

索　引